Franz Baader

Franz von Baader's sämmtliche Werke

Franz Baader

Franz von Baader's sämmtliche Werke

ISBN/EAN: 9783741166952

Hergestellt in Europa, USA, Kanada, Australien, Japan

Cover: Foto ©Andreas Hilbeck / pixelio.de

Manufactured and distributed by brebook publishing software (www.brebook.com)

Franz Baader

Franz von Baader's sämmtliche Werke

Franz von Baader's
SÄMMTLICHE WERKE.

Systematisch geordnete,

durch reiche Erläuterungen von der Hand des Verfassers
bedeutend vermehrte,

vollständige Ausgabe

der gedruckten Schriften

dem Nachlasse, der Biographie und dem Briefwechsel.

Herausgegeben

durch einen Verein von Freunden des Verewigten:

Professor Dr. **Franz Hoffmann** in Würzburg,

Prof. Dr. Julius Hamberger in München, Prof. Dr. Anton Lutterbeck
in Giessen, Baron F. von Osten und Prof. Dr. Christoph Schlüter in
Münster.

Zwölfter Band.

Leipzig.
Verlag des literarischen Instituts
—
1860.

Franz von Baader's

NACHGELASSENE WERKE.

Zweite Hauptabtheilung

der

sämmtlichen Werke.

Zweiter Band.

Leipzig.
Verlag des literarischen Instituts.
1860.

Franz von Baader's
Erläuterungen

zu sämmtlichen Schriften

Louis Claude de Saint-Martin's.

Herausgegeben und mit einer Einleitung begleitet

von

Baron Friedrich v. Osten
auf Wormen in Kurland.

Leipzig.
Verlag des literarischen Instituts.

1860.

Druck von F. E. Thein in Würzburg.

Inhaltsverzeichniss.

| | Einleitung des Herausgebers | S. 1— 80. |

I. Des Erreurs de la Vérité .... S. 81—160.

II. Tableau natural des Rapports qui existent entre Dieu, l'Homme l'Univers .... S. 161—200.

III. L'Homme de Désir .... S. 201—282.

IV. Le Nouvel Homme .... S. 288—260.

V. De l'Esprit des Choses ou Coup-d'Oeil philosophique sur la nature des êtres et sur l'objet de leur existence; ouvrage, dans lequel on considère l'homme comme étant le mot de toutes les énigmes .... S. 261—366.

VI. Le Ministère de l'Homme-Esprit .... S. 367—420.

VII. 1. Ecce Homo .... S. 421—428.

2. Lettre à un ami, ou Considérations politiques, philosophiques et religieuses sur la révolution française S. 429—433.

3. Eclair sur l'association humaine .... S. 434—438.

4. Le Crocodile ou la Guerre du Bien et du Mal etc. S. 439—444.

VIII. Ouvres posthumes. Tome second. .... S. 445—468.

IX. Quarante Questions sur l'origine, l'essence, l'être, la nature et la propriété de l'Ame etc., de la base profonde et sublime des six points, et instruct. fondam. sur le Mystère céleste et terrestre en IX textes, par J. Böhme S. 469—498.

X. Des Nombres. Oeuvre posthume .... S. 499—528.

XI. MAΓIKON (von Kleuker) .... S. 529—554.

Einleitung.

Der innige Wunsch, als Theilnehmer bei der Herausgabe der Baader'schen Schriften nicht völlig passiv zu erscheinen und auch mein Scherflein zu einem Unternehmen beizutragen, das, wenn nicht alle Zeichen der Zeit trügen, für die Wissenschaft von den segenreichsten Folgen begleitet sein wird, hat mir den Muth verliehen, der mir zu Theil gewordenen Aufgabe entsprechend den Baader's Erläuterungen zu St. Martin's Schriften gewidmeten Band mit einer Einleitung dem wissenschaftlichen Publicum zu übergeben. Ich darf hiebei wohl um so mehr auf Nachsicht rechnen, wenn ich die Bemerkung hinzufüge, dass ich nicht das Glück gehabt, ein unmittelbarer Schüler des grossen Philosophen gewesen zu sein, und dass meine erste philosophische Bildung in einen Zeitraum fiel, wo der Pantheismus die philosophirende Welt noch so sehr beherrschte, dass die Spannung des speculativen Geistes dieser Richtung vorzugsweise zugewandt war. Ich muss bekennen, dass auch ich eine geraume Zeit mich in eben dieser Region bewegt und erst nach langen Kämpfen meinen Rettungsanker in den Baader'schen Schriften gefunden habe, wo das verirrte Selbst sich freudig wieder vor seinem Gotte beugen konnte. Je mehr das religiöse Bedürfniss in der schweren Schule des Lebens erwachte, um so mehr erkannte ich, dass die christliche Wahrheit in keinem Systeme der neueren Zeit so kräftig vertreten sei, wie in dem lange von der wissenschaftlichen Welt verkannten und nur von Wenigen beachteten Systeme Franz von Baader's. Wenn wir einen Blick auf das bewegte Drama der geschichtlichen Entwickelung der Speculation werfen und hier in allgemeinen Umrissen, in wie weit eben der Raum einer Einleitung es gestattet, den tiefen Gang des Geistes belauschen; wie der nach tiefer Erkenntniss dürstende Geist unter den mannigfaltigsten Gegensätzen erschütternder Kämpfe das Feld der Speculation zu erweitern sucht, so ergreift uns bei dieser geistigen Rundschau speculativer Entwickelung einerseits zwar das erhebende Gefühl von der grossen Bestimmung unseres Geistes; andererseits ist es aber auch nicht zu verkennen, dass, je mehr die Speculation als die hohe Gabe der inneren Freiheit des Geistes zu betrachten ist, um so mehr in unserem mit der Sünde behafteten Zustande auch alle Irrthümer und Verirrungen ihren Sitz haben und ganze Perioden einer derartigen geistigen Entwickelung mit Verblendung und Abkehr von den höchsten Quellen der Wahrheit beherrscht wurden. Aber trotz aller dieser Irrthümer, welche die geistige Welt in dunkeln Schattenbildern umlagern, tritt uns dennoch der belebende Trost entgegen, dass die absolute Wahrheit über allen diesen Gegensätzen thront und den Geist in seinem Ringen von Stufe zu Stufe zur höchsten Einheit führt.

Julius Müller in seinem Buche über die Sünde (I, 12) sagt sehr wahr: „Die philosophischen Systeme sind an ihrem Widerspruche mit dem Christenthum gefallen, sie haben darum nicht vermocht, feste Wurzel zu fassen in dem geistigen Leben der neueren Zeit, weil sie an die tiefste und mächtigste Wurzel desselben sich nicht wahrhaft anschliessen konnten. Und eben diesen Zwiespalt mit dem Lebensprincip der neueren Geschichte, in welchem zugleich das über alle Geschichte hinausragende, ewige Leben ist, dieses Unvermögen wider den Stachel zu lecken, (Apostelgesch. 9, 5.) ist es, was die philosophische Entwickelung rastlos vorwärts treibt, was sie zwingt, immer wieder umzukehren und nach neuen Anfängen zu suchen, bis sie das Ganze speculativer Erkenntniss gefunden haben wird, das sich mit dem wesentlichen Inhalt der christlichen Religion von selbst zu einem allumfassenden Ganzen zusammenschliesst."

Daher hat auch die Speculation in ihrer geschichtlichen Strömung theils positiv, theils negativ, der absoluten Wahrheit dienen müssen und die fortlaufenden Systeme sind nichts weiter, als die Ansätze oder die verschiedenen Stufen, auf denen der Geist darnach strebt und ringt, die Tiefen des Geistes und der Natur in begrifflicher Weise zu erfassen. Hat also die Speculation die Aufgabe, sich in die Wahrheit zu vertiefen, und die Gegensätze zu vermitteln, um diese auf ein bestimmtes Princip zurückzuführen, hat sie die Aufgabe, das Verhältniss des Geistes zur Natur und das Verhältniss des Geistes und der Natur zum Absoluten zu erfassen, so muss sie sich in das Reich der ewigen Ideen erheben. — Das Bedürfniss nach Erfassung speculativer Erkenntniss ist immer um so lebendiger in einer Zeit gewesen, je mehr eine solche Periode von der Begeisterung grosser Ideen getragen wurde und je productiver ein Stadium der Entwicklung war, um so mehr hat auch in ihm die Speculation geblüht. Daher der Indifferentismus gegen die Speculation stets als eine krankhafte Erscheinung der Zeit bezeichnet werden muss.

Nachdem die Wissenschaft im Mittelalter wie alle Effulgurationen der geistigen Strömung einzig und allein der Kirche dienten, so hatte die damalige Speculation, nemlich die Scholastik, sich die Aufgabe gestellt, zwischen dem Dogma und dem wissenschaftlichen Bewusstsein vermittelst logischer Formen eine Verständigung zu erzielen. Wie äusserlich auch dieser Process in der Vermittelung zwischen Glauben und Wissen geführt wurde, so war er doch in so weit von grosser Bedeutung, als sich hier schon die ersten Anfänge einer Selbstbethätigung des Geistes aussprachen, wenn auch noch in den ersten Perioden ganz und gar von der Auctorität der Kirche beherrscht.

Diese geistige Richtung der mittelalterlichen Speculation war in ihrem Gange mehr auf das Aeussere als das Innere gerichtet, weil es sich vorzugsweise um die Rechtfertigung des Dogma's auf logischem Wege handelte, — eine Verstandes-Operation, die zuletzt in einen dem tieferen Zuge des Geistes widersprechenden Formalismus ausarten musste. Als der Formalismus den höchsten Culminationspunkt erreicht hatte, musste in der mittelalterlichen Anschauungsweise eine neue Evolution erfolgen.

Die Richtung, welche diesem Formalismus mit der tiefsten Erhebung des Geistes und des Gemüthslebens entgegentrat, ist die Mystik. Wenn nun aber auch die Mystik sich zur Aufgabe gestellt hat, dem Formalismus gegenüber die tiefsten Schwingungen des inneren Lebens zu entfalten, so war sie dennoch in ihrer subjectiven Auffassung bei aller Gluth der religiösen Begeisterung nicht geeignet, die Reformation zu erzeugen. Die Mystik wirkte nur vorbereitend und gab den ersten Impuls zu der später eintretenden Reformation. — Je mehr der Geist sich in das neue durch die reformatorische Bewegung gegebene Princip vertiefte, um so mehr mussten Theologie und Speculation einen anderen Charakter annehmen. — Die Speculation, im Gegensatze zu dem Scholasticismus von dem subjectiven Princip getragen, begünstigte die Selbstbethätigung des Geistes und entfernte sich allmälig von der Verbindung mit der Kirche, um ungebunden von aller äusseren Auctorität sich dem Fluge der Speculation hinzugeben.

Wenn nun die eigene Selbstaffirmation ohne Assistenz der göttlichen Wahrheit der treibende Factor der nach der Reformation entstehenden Speculation ward und in dieser subjectiven Erhebung der Speculation zwar die Ansätze des späteren Rationalismus liegen, so müssen wir dennoch den Vorwurf als eine Verkennung des protestantischen Princips der Reformation bezeichnen, wenn man diesen Charakterzug der neueren Speculation einzig und allein aus dem reformatorischen Principe ableiten wollte. Allerdings vertritt die Reformation das subjective Princip: darin liegt der Angelpunct ihrer tiefen Bedeutung. Sie hat protestirt gegen eine todte Auctorität; sie hat aber in dem Maasse, als sie mit dieser todten Auctorität brach, das Insichgehen des Geistes befördert und den Geist in seine innigste und tiefste Heimath zurückgeführt. War es denn die natürliche Subjectivität, von der die Reformatoren sprachen? Die konnte es nicht sein, da ja nach der tiefen Auffassung der Reformatoren im Gegensatz gegen den Pelagianismus die natürliche Subjectivität mit der Sünde behaftet war. So war denn nach der Anschauung Luther's hier vielmehr die mit dem rechtfertigenden Glauben erfüllte Subjectivität in ihrem Rechte. Nur von dieser konnte Luther sagen: der Glaube allein macht frei, in dem Maasse, als dem Gläubigen die Auctorität eine immanente ist. Luther protestirte daher nicht gegen jede Auctorität, sondern gegen die todte Auctorität und führte den Menschen wieder zum lebendigen Glauben zurück, wo nicht der natürliche Mensch, sondern Gott selbst das Impuls gebende Princip vermöge der ewigen Gnade ist, die durch den heiligen Geist in dem Menschen diese Palingenesie bewirkt.

Wenn wir nun, vor der Hand von dem Gange der Theosophie absehend, unseren Blick auf den als den Anfänger der neueren Philosophie bezeichneten Cartesius wenden, so finden wir theilweise in der Anschauung desselben einen Gegensatz gegen die Speculation des Mittelalters. In der neuen, durch Cartesius eingeleiteten Aera philosophischer Evolution sucht die Speculation sich von ihrer Mutter, der Kirche, zu emancipiren durch den berühmten Satz: „cogito, ergo sum". Dieser Ausspruch als das polarirende Princip der neueren Speculation hat in speculativer Beziehung eine gleiche Bedeutung, wie in politischer Beziehung das von Mirabeau ausgesprochene Wort: „la revolution française fera le tour du monde." — In diesem Ausspruch des Cartesius lag die Tendenz, sich von jeder Auctorität loszusagen und durch eigene Selbstaffirmation die Wahrheit zu erfassen, und in dem aus derselben Tendenz stammenden Ausspruch desselben Philosophen: „de omnibus dubitandum est", war schon dem Keime nach jenes später (bei Hegel) Epoche machende Princip der Negation, nemlich der Voraussetzungslosigkeit, ausgesprochen, womit der Geist zu beginnen habe, um aus sich selbst Alles zu deduciren. Aber trotz des: cogito, ergo sum, wird uns ein tieferer Blick in das Cartesianische System nicht übersehen lassen, dass dasselbe doch noch dieses subjective Princip nur andeutet und zu anderen Resultaten kömmt, die nicht consequenter Weise aus dieser Selbstaffirmation des Bewusstseins folgen. Indem Cartesius das Princip der: cogito, ergo sum, hinstellt, so thut er es nur, um die idea innata als das einzige Gewisse in dem menschlichen Denken nachzuweisen, die Gott selbst in den Menschen gelegt hat, der wir uns nicht entziehen können, wenn wir nicht an uns selbst verzweifeln wollen. Cartesius hat daher nach Baader's Ansicht durch den Ausspruch seines: cogito, ergo sum, der falschen Speculation den Weg eröffnet, um durch Selbstaffirmation seinen Weg zu geben; er hat ebenhiemit auf die Assistenz der göttlichen Wahrheit verzichtet. Streng genommen konnte aber Cartesius dieses Princip nicht durchführen, weil seine Anschauung noch theilweise in der kirchlichen wurzelte und weil er eben darum im Laufe seines Systems stets das Selbstbewusstsein dem Gottesbewusstsein und das Gottesbewusstsein dem Selbstbewusstsein supponirt, was am klarsten aus seinem Beweise für das Dasein Gottes aus der Verkettung von Ursache und Wirkung hervorgeht. Bei der Trennung von Denken und Sein als verschiedenen Substanzen, die durch Gott selbst in ihren Beziehungen zueinander zusammengehalten werden, gelangte Cartesius zu einer völlig mechanischen Auffassung der Natur und kann daher als der Vater der neueren Atomistik bezeichnet werden, die bis jetzt noch leider in unseren Naturwissenschaften herrscht. Wenn man seit Cartesius einander nachsagt, dass nicht der Glaube, sondern der Zweifel der Punct sei, von dem man ausgehen müsse, um die Nordwestpassage zu entdecken, so erklärte dies Baader für eine philosophische Taschenspielerei. Obgleich in dem Ausspruche des Cartesius das Bestreben lag, unsere ganze Speculation auf die Thatsachen des Bewusstseins zurückzuführen und in seinem System die ersten Anfänge der Subjectivitäts-Philosophie der neueren Zeit vorliegen, so war dieser Philosoph dennoch in dem Maasse von der kirchlichen Anschauung beherrscht, dass er sich in keine directe Opposition gegen die Kirche setzte. Dieser vollständige Bruch mit dem Mutterschoose der Kirche war einem anderen Denker vorbehalten, der das Princip des Cartesius mit völliger Consequenz durchgeführt hat. — Diess war Spinoza. Spinoza's System ist die Grundlage des neueren Pantheismus in allen seinen verschiedenen Phasen. So sehr nun auch Spinoza's System die strenge Consequenz des Cartesianischen Systems ist, so mussten in der Art, wie Spinoza sein System aufstellte, bald zwei Richtungen sich kund geben, die in ihrem Gegensatze bis in unsere Zeit hineinspielen und ihre Lösung suchen.

Baader gab zu, dass mit der Alleinigkeit der absoluten Substanz, die eben darum, weil sie die alleinige absolute ist, bedingte Substanzen nicht ausschliesst, eine ewige Wahrheit ausgesprochen sei, erblickte aber doch in dem Gott des Spinoza (weil er nur als Substanz, und nicht zugleich als selbstbewusster Geist gefasst war) nur einen erstarrten Steinabdruck des lebendigen Gottes. Nur ein lebendiger Gott, sagt Baader, kann auch supramundan sein. Der supramundane Gott ist allein der freie Gott, und allein derjenige, der freie Wesen schaffen kann. Spinoza's Irrthum besteht darin, dass er Gott nur als Substanz fasst, womit die Leblosigkeit und Ideelosigkeit des Absoluten ausgesprochen ist und die völlige Unfähigkeit dieses Systems eine Ethik zu schaffen. Spinoza, obgleich er keine Verschiedenheit oder Mehrheit der Substanzen zugibt, sondern Alles in die éine Substanz versenkt, kann dennoch nicht den Begriff des Absoluten als puren Seins festhalten, denn die Erfahrung bietet Vielheit, Mannigfaltigkeit, Entstehen und Vergehen. Aus der todten Substanz lässt sich diese Mannigfaltigkeit nicht erklären, weil die Substanz die unterschiedslose Identität ist und keine Negation in sich enthält. Nach Spinoza würde die Substanz nicht Substanz sein, wenn sie etwas Anderes als diese Unterschiedslosigkeit wäre. Die Erfahrung, welche Vielheit, Werden, Entstehen und Vergehen zeigt, will aber erklärt sein. Es bleibt also Spinoza nichts anderes übrig als anzunehmen, dass Unterschiede, Vielheit, Werden, Entstehen und Vergehen als verschieden von der Substanz nur scheinbar sind, nur Affectionen der Substanz, ohne selbst, getrennt von der Substanz, etwas Reales zu sein. Spinoza sieht sich gedrungen, um nicht bei der todten Substanz stehen bleiben zu müssen, diese Negationen des Seins irgendwie anzunehmen; sie sind zwar, wie bemerkt, nichts Reales, weil eben nach Spinoza's Begriff der Substanz nichts Wirkliches existiren kann, was nicht die Substanz selbst ist; aber da diese Negationen nicht aus der Substanz selbst abgeleitet werden können, so sind sie nur von Aussen an die Substanz herangebracht und fallen nur in das reflectirende Bewusstsein über die Substanz.

Es liegt also in dem Systeme Spinoza's ein unüberwundener

Dualismus, der zwar durch die Verstandes-Operation verdeckt wird, aber doch wieder im Laufe der folgenden Systeme zum Vorschein kommen musste. Der Repräsentant der neuen Richtung war Leibniz, der Vertreter des Idealismus. Ich kann in wenigen Worten sein System nicht besser bezeichnen, als mit den Worten Professor Hoffmann's. — Leibniz stellt die Monade als ein einfaches Wesen ohne alle inneren Unterschiede vor, welches seinen Inhalt sich nur durch seine idealen Beziehungen zu allen anderen Wesen gibt. Die Monade ist daher ein vollkommener Widerspruch als ein Wesen, das sich selbst nur durch seine Vorstellungen von Anderen vorstellt, indess doch nur ein Wesen Anderes vorstellen kann, das sich selbst vorstellen kann und vorstellt. — Wie einerseits, sagt Hoffmann sehr richtig, die Monade zu einem in sich und an sich leeren Wesen herabgedrückt wird, so wird sie andererseits zu einem Alles, das ganze Universum aus sich erzeugenden Wesen hinaufgeschraubt und ihr im Widerspruch mit der vorausgesetzten Abkunft aus Gott (und hiemit Abhängigkeit von Gott) unverhohlen Absolutheit beigelegt. Der Idealismus des Leibniz löset alle Realität in die blosse Vorstellung der Realität auf. —

Man sieht, dass die drei Hauptrepräsentanten der seit der Reformation entstandenen Speculation in der Selbstaffirmation des Geistes eine ganz andere Richtung einschlagen, als die durch das ganze Mittelalter im Dienste der Kirche sich bewegende Speculation verfolgt hatte. Aus dieser neuen Bewegung treten nun aber zwei Richtungen hervor, die ihrem Keime nach schon in dem Realismus und Nominalismus des Mittelalters gegeben waren. Diese beiden Richtungen der neueren Philosophie waren der Idealismus und der Empirismus.

Die erste findet darin den Angelpunkt ihrer Anschauung, dass der Geist seinen Gehalt in sich selbst trage, dass die Erfahrung mit allen ihren Erscheinungen erst durch die geistige Thätigkeit gesetzt werde, so dass alle Realität nur als ein Product unserer geistigen Thätigkeit erscheint. Die Erfahrung an sich selbst hat gar keinen Inhalt, wenn der Geist nicht durch seine Operation den Inhalt hineinbringt. Der Empirismus dagegen behauptet, der

Geist habe gar keinen ursprünglichen Inhalt, sondern sei mit einem Stück weissen Papiers zu vergleichen, also völlig tabula rasa. In dem Kampfe zwischen diesen beiden Extremen, zwischen Idealismus und Empirismus, werden wir die neuere Speculation bald von dem einen, bald von dem anderen Pole angezogen finden. In dem Systeme Spinoza's war, wie wir gesehen, dieser Gegensatz schon vorhanden, indem die Modi, die Summe der Negationen, als das Feld der Erscheinungswelt neben der Substanz unvermittelt stehen blieben. —

Daher mussten in dem weiteren Verlaufe der Speculation aus Spinoza's System sich diese beiden Richtungen entwickeln. Wie Leibniz nun als Repräsentant des Idealismus in seiner Lehre von den Monaden hervortrat und in Ermangelung eines jeden realistischen Momentes die ganze Natur in seinem Systeme streng genommen als ein Phantom erschien, so hat sein Nachfolger Berkeley diesen Idealismus in seiner Consequenz auf die äusserste Spitze getrieben. — Auf der anderen Seite machte sich in demselben Maasse als Gegengewicht der Empirismus durch Locke und Baco geltend, indem diese Denker jeden tieferen Inhalt des Geistes leugneten und den Geist völlig von der Erfahrung abhängig machten. — Wir finden daher von dieser Periode an bis auf Kant, dass die eine Seite, die idealistische Richtung, von Leibniz durch Berkeley bis zur höchsten Consequenz geführt ihren Abschluss in Wolf findet, der sich bemüht, vermöge einer abstracten Reflexion das System des Leibniz in einen scholastischen Formalismus umzubilden, der als Dogmatismus bezeichnet werden muss, während der Empirismus von Baco und Locke in einen flachen Realismus umschlägt, wo alle Idealität des Geistes geleugnet wird. Je mehr sich nun bei dieser mageren Behandlung die Speculation zuletzt in einem populären Eklekticismus breit macht und einem vulgären Rationalismus das Feld eröffnet, um so mehr wurden alle Grundlagen des christlichen Lebens untergraben. In dieser für die Speculation so dürren Zeit war es nothwendig, dass durch einen hervorragenden Geist ein neuer Aufschwung erfolgte, um der deutschen Nation ihr angestammtes Erbtheil zu sichern. In dieser Periode des Eklekticismus und

eines flachen Empirismus, wo alle Quellen der speculativen Kraft
versiegt zu sein schienen, erschien der Reformator der neuen,
speculativen Aera, Immanuel Kant.

Kant hatte sich in seinem Systeme die Aufgabe gesetzt, als
Vermittler zwischen Idealismus und Realismus aufzutreten. Aber
indem er diese Vermittelung nur äusserlich durchführte, können
wir das Kant'sche System nur als ein System des juste milieu
bezeichnen. Einerseits protestirte er gegen den willkürlichen
Dogmatismus der Wolf'schen Schule; andererseits aber ebenso
mit aller Schärfe gegen den allen Inhalt des Geistes leugnenden
Empirismus und Scepticismus. Diese beiden Seiten suchte Kant
dadurch zu vermitteln, dass er sie in eine blosse äusserliche Ausgleichung brachte. Die Erfahrung hat den Stoff zu geben, dem
Verstande aber liegt es ob, Einheit (Form) in diese Mannigfaltigkeit der Erfahrung hineinzubringen. Die Form besteht aber
a priori in den Kategorieen unseres Geistes. Indem nun Kant
in dem weiteren Verlaufe seines Systemes den ganzen Schwer-
punkt auf die dem Verstande zu Grunde liegenden Kategorieen
legt, kommt er zu dem Resultate, dass wir nicht die Dinge an sich
erkennen, sondern nur die Erscheinungen, in wie weit sie vermöge
der Kategorieen gedacht werden. — Kant vergleicht die Um-
wälzung, die er selbst in der Philosophie hervorgebracht habe, mit
der durch Copernicus in der Astronomie bewirkten Revolution.
„Bisher nahm man an, alle unsere Erkenntniss müsse sich nach
den Gegenständen richten; aber alle Versuche, über sie a priori
Etwas durch Begriffe auszumachen, wodurch unsere Erkenntnisse
erweitert würden, gingen unter dieser Voraussetzung zu nichte.
Man versuche es einmal, ob wir nicht in der Aufgabe der Metaphysik damit besser fortkommen, dass wir annehmen, die Gegenstände müssen sich nach unserer Erkenntniss richten, welches so
schon besser mit der verlangten Möglichkeit einer Erkenntniss
derselben a priori zusammenstimmt, die über Gegenstände, ehe
sie uns gegeben werden, Etwas festsetzen soll. Es ist hiermit
ebenso, wie mit dem ersten Gedanken des Copernicus bewandt,
der, nachdem es mit der Erklärung der Himmelsbewegungen nicht
gut fortwollte, wenn man annahm, das ganze Sternenheer drehe

sich um den Zuschauer, versuchte, ob es nicht besser gelingen möchte, wenn er den Zuschauer sich drehen und dagegen die Sterne in Ruhe liess." Das Princip des subjectiven Idealismus ist in diesen Worten aufs klarste und bewussteste ausgesprochen. — So gross auch die Verdienste Kant's um die Fortschritte der Speculation über den Dogmatismus und den seichten Empirismus hinaus waren, so konnte er doch vermöge seines kritischen, subjectiven Idealismus keine Vermittelung zwischen Idealismus und Empirismus bewirken, weil sich die ganze Erscheinungswelt nur um die Kategorieen bewegte und das Ding an sich eine terra incognita für den Geist blieb. — Fichte's System war die Consequenz des Kantischen subjectiven Idealismus, indem dieser Denker sogar die bei Kant noch stehen gebliebenen Dinge an sich leugnete und den ganzen Process auf das Bewusstsein zurückführte. Nach Fichte ist die ganze Erscheinungswelt nur ein Product der Thätigkeit unseres Bewusstseins. — Nachdem die deutsche Speculation durch die Hauptrepräsentanten der neueren Speculation, nemlich Kant im Gegensatze zu dem Substantialitäts-Princip Spinoza's das subjective Princip der Speculation wieder geltend gemacht hatte und Fichte als die Consequenz dieses subjectiven Idealismus betrachtet werden muss, war es die Aufgabe der Speculation, aus diesem subjectiven Principe, von der die damalige ganze romantische Schule beherrscht wurde, zur Objectivität zu gelangen.

Fichte gab schon in seinen letzten Schriften den Impuls dazu, aber freilich in einer Weise, die bereits Annäherung an Spinoza war und es noch mehr werden musste. — Die Repräsentanten dieser neueren Richtung waren Schelling, Hegel und Schleiermacher. Bekanntlich ist die neuere Theologie grösstentheils auf Schelling, Hegel und Schleiermacher gegründet, so sehr im Einzelnen ihre Systeme auch auseinandergehen; wenigstens stimmten sie darin überein, dass sie dem gemeinen Ratio- und Suprarationalismus den Krieg erklärten, wodurch sie im Gegensatze zu dem trockenen Deismus der wissenschaftlichen Theologie einen ganz anderen Unterbau gaben durch eine tiefere, immanente Fassung nemlich des Grundverhältnisses zwischen Gott und Welt. Und namentlich war es das Verdienst der Schelling-Hegelschen Schule, dass im Gegensatze zu der äusserlichen Orthodoxie und zu dem aus der Kantischen Schule hervorgegangenen Rationalismus die absolute Idee der Offenbarung tiefer erfasst wurde als die von Ewigkeit her durch die ganze Geschichte hindurch gehende Manifestation des göttlichen Geistes und dass die Menschwerdung Gottes als der Mittelpunct der Geschichte betrachtet wurde. — In der Schule Hegel's traten zwei Richtungen hervor. — Man unterschied eine rechte und eine linke Seite der Hegel'schen Schule. An die erste Richtung schlossen sich viele von unseren geistreichsten Theologen der neueren Zeit an. — So sehr nun die rechte Seite der Hegel'schen Schule das System ihres Meisters auf dem positiven Wege weiter fortzubilden bemüht war, indem sie die Einseitigkeit einer Immanenz ohne Transcendenz zu vermeiden suchte und durch Annahme eines transmundanen Gottes über das System ihres Meisters hinausging *), so sehr trat die linke Seite, die sogenannte kritische Negation, auch gnostische genannt, auf, um die eigentlichen Consequenzen aus dem Hegel'schen System zu ziehen. — Hier wurde nun der

---

*) Schon hier zeigte sich das Bestreben, eine höhere Mitte, Ausgleichung und Versöhnung zwischen Pantheismus und Deismus in dem ächten Theismus zu gewinnen, welches dann von Fichte dem Jüngeren, Weisse, Wirth, Carriere u. A. fortgesetzt wurde. Wenn Apelt in seiner Religionsphilosophie (S. 80 ff.) dieses Bestreben oder diesen Versuch für misslungen erklärt, weil man die Behauptung der Immanenz Gottes entweder auf sein Wesen (seine Substantialität) oder auf seine Wirksamkeit (Causalität) beziehen müsse, im ersten Falle aber Pantheismus, im letzteren den bekannten Gedanken der göttlichen Weltregierung, also in keinem Falle etwas Neues erhalte, so mag er in Beziehung auf manche hierher gehörige Forscher Recht haben. Jedenfalls aber wird Baader's Vermittelung zwischen Pantheismus und Deismus von dieser Einwendung nicht getroffen, da nach ihm die Substanz Gottes ewig unterschieden bleibt von den geschaffenen und hiemit bedingten Substanzen. Ausserdem ist zwar allerdings der Gedanke der göttlichen Weltregierung nicht neu, sondern allbekannt. Die Frage ist nur, ob und wie die göttliche Weltregierung vom Deismus mit Consequenz gelehrt werden kann.

ganze Inhalt der Dogmatik als eine unwahre Form durch den zersetzenden Gedanken der Auflösung mit dialectischer Consequenz zugeführt. Die ganze ethische Seite des Christenthums, die von Rationalisten einseitig festgehalten worden war, wurde hier völlig untergraben. — Es war lediglich die falsche Auffassung des Absoluten als des erst in der Welt Werdenden, durch sie zum Bewusstsein Kommenden, welche mit Nothwendigkeit den vollständigen Bruch zwischen Theologie und Philosophie hervorrufen musste. Dieses Grundgebrechen der Hegel'schen Philosophie, welches noch von der Schelling'schen herstammte, die Fassung des Absoluten als des Blindseienden, das erst durch den Process der Weltgeschichte zu sich selbst kömmt, wurde freilich vielfach verdeckt, aber es brach wieder von Neuem hervor, da es mit der Methode zusammenhing. Das Absolute ist zwar nach Hegel als Identität der in ihm enthaltenen Unterschiede transcendent, aber nur metaphysisch und nicht ethisch, da das Absolute sich nur als Resultat in dem Process der endlichen Welt als das wahrhafte concrete Sein erfasst. — Es gibt hier kein Welt setzendes, sondern nur ein in der Welt werdendes Princip. Wenn das Absolute seine Wirklichkeit nur durch Vollendung im menschlichen Bewusstsein gewinnen kann, so gibt es, streng genommen, gar kein Absolutes, sondern der wirkliche Gott ist der Mensch. Der Standpunkt der Hegel'schen Speculation musste also nothwendiger Weise in seiner Consequenz bei dem Festhalten der blossen Immanenz in einen Anthropologismus umschlagen, aus dem Strauss, Feuerbach, Bauer und Consorten hervorgingen. —

In Schleiermacher war das kritisch-speculative Element eben so bedeutend, wie seine tief religiöse Innerlichkeit. Die seltene Verbindung dieser beiden Elemente gab ihm die tiefe Wirksamkeit auf die theologische Richtung seiner Zeit. Schleiermacher hat seine tiefe Bedeutung in der Verinnerlichung des Glaubens im Gegensatze gegen Rationalismus und Suprarationalismus. Indem Schleiermacher mit dem religiösen Bewusstsein an die Glaubenssätze ging, hat er, auf der Basis des Gefühles stehend, ein bedeutendes dogmatisches Material über Bord geworfen. Trotzdem ist die Schleiermacher'sche Richtung so tief und gewaltig in ihren Wirkungen gewesen, weil es Schleiermacher vorzugsweise darum zu thun war, das materiale Princip, welches dem Ratio- und Suprarationalismus völlig abhanden gekommen war, in lebendiger Weise wieder zu erfassen, und Schleiermacher hat trotz der scharfen Section, welcher er die kirchliche Dogmatik unterwarf, in einer vom flachen Verstande unterhöhlten Zeit wie ein befruchtender Strom auf die Theologie eingewirkt. Weil er aber trotz seiner speculativen Neigung in seiner dogmatischen Anschauungsweise auf der Basis des Gefühles stehen blieb, so musste nothwendiger Weise die ganze transscendentale Sphäre von ihm theils ausgeschlossen, theils falsch aufgefasst werden. Daher auch das Absolute bei Schleiermacher nur die Indifferenz ist, in die keine Unterschiede gesetzt werden dürfen. Von Kant unterschied sich Schleiermacher in seiner Auffassung des Absoluten dadurch, dass bei Kant das Absolute nur ein nothwendiges Postulat des Sittengesetzes war, hier also reiner Deismus stattfand, während bei Schleiermacher das Absolute in der innigsten Verbindung zum Menschen gefasst wurde. Schleiermacher konnte aber nicht dazu kommen, im Absoluten selbst einen transscendentalen Selbsterzeugungsprocess anzunehmen, sondern hält an der Immanenz des Absoluten fest, wie sich denn nach ihm das Absolute als oberste Ursache in seiner Wirkung, in dem Abhängigkeitsgefühle des Menschen, wiederspiegelt. Schleiermacher ist daher auch gezwungen, sich ebenso sehr Spinoza zu nähern, als er sich in seiner Anschauungsweise von einem abstracten Theismus zu entfernen sucht. Bei dieser Auffassung des Absoluten als der absoluten Einheit mit Ausschluss aller Unterschiede konnte das Schleiermacher'sche System seinen Angelpunkt nicht in der historischen Menschwerdung Gottes finden, sondern verfiel in einen Doketismus. Daher ist es trotz der grossen Verdienste dieses Theologen um die Entwickelung der neueren Theologie nicht zu leugnen, dass auch er wie Hegel in seiner Einseitigkeit der Schule der sogenannten neueren speculativen Theologie ein bedeutendes Material zu ihrer negativen Richtung geboten hat. Beide Richtungen haben zur Genüge bewiesen, dass man weder durch das Gefühl allein, noch auch durch den Gedanken allein den Inhalt der göttlichen Wahrheit in seiner Tiefe erfassen kann. —

Auch Schelling hat hinlänglich gezeigt, dass er, obgleich späterhin stark von der Idee des höheren Theismus angezogen, dennoch in den verschiedenen, bis jetzt bekannten Stadien der Entwickelung seiner Philosophie nicht dazu kommen konnte, zum reinen Theismus durchzudringen. Die neuere Speculation hat in ihrem Gange und den daraus hervorgehenden Consequenzen hinlänglich gezeigt, dass die Wissenschaft, wenn sie zur allmäligen Erkenntniss der höchsten Probleme der absoluten Wahrheit führen soll, bei diesem Process stets aus jener ewigen Urquelle zu schöpfen hat, die uns einzig und allein den Schlüssel zu den höchsten Lösungen reichen kann. — Finden wir sie hier nicht und suchen wir durch Selbstaffirmation ohne Assistenz der göttlichen Wahrheit selbst die göttliche Offenbarung unseren Einfällen zu unterwerfen, dann haben wir den Compass verloren und bewegen uns in dem Nebel abstracter Theorieen, die nimmermehr unserem Geiste und unserem Gemüthe wirkliche Befriedigung zu verleihen im Stande sind.

Wenn wir nun in einer so tief bewegten Zeit, wo die Wissenschaft so grosse Fortschritte gemacht hat, die verschiedenartigsten Richtungen eingeschlagen finden, so muss es, je mehr ein neuer, belebender Geist durch die Kirche dringt, um so mehr die Aufgabe der Speculation sein, nach neuen Anknüpfungspunkten zu suchen. Und je mehr die gewaltige Bewegung der geistigen Evolution einer Speculation bedarf, um in ihrer lebendigen neuen Bewegung zu einer klaren Auffassung zu gelangen, um so mehr geht der Zug unverkennbar nach einer solchen, die den tiefen Bewegungen des Geistes wie des Gemüthslebens gleichsehr Genüge leistet. — Wie die Mystik im Mittelalter in ihrer Innerlichkeit dem Formalismus gegenüber einem befruchtenden Strome gleich einwirkte, ebenso thut es in unserer Zeit vor Allem Noth, einen neuen Anlauf gegen den abstracten Formalismus und Materialismus zu gewinnen, um eine neue Aera der Speculation anzubahnen, die von christlichen Elementen getragen wird. Blicken wir hier auf das weite Feld der speculativen Bewegung, so finden wir, dass die Theosophie in dieser Beziehung ein Erhebliches geleistet hat und zu dieser neuen bevorstehenden Evolution der speculativen Entwickelung bedeutende Elemente in ihren tiefsinnigen Anschauungen birgt. Diese theosophische Strömung bildet den goldenen Faden, der sich neben der Verstandes-Speculation durch die Geschichte der neueren Philosophie seit der Reformation hinzieht. Wie sehr die Theosophie in ihrem tief gehenden Process sich von der gewöhnlichen Speculation unterscheidet, erkennt man schon daraus, dass man, nach dem beliebten oft willkürlichen Verfahren der Hegel'schen Methode, die ganze Geschichte der Philosophie als den logischen Process der absoluten Idee selbst nach den Kategorieen zu bestimmen, derselben in diesem Cyklus keine Stelle anzuweisen vermochte. Aus diesem Grunde konnte auch die Verstandes-Speculation sich nicht dazu erheben, die Tiefe der Theosophie zu erfassen. —

Wir müssen diese daher als eine ganz besondere, eigenthümliche Strömung der geistigen Entwickelung betrachten. Während die Verstandes-Speculation in eigener Autonomie ihre Systeme gebaut hat, so hat die Theosophie, von einer religiösen Erkenntniss ausgehend, sich stets in die absolute Wahrheit des Christenthums zu vertiefen gesucht und von diesem Standpuncte aus einer christlichen Speculation reiche Elemente geboten. Je mehr deshalb ein tieferer Blick in den Gang der neueren Speculation uns erkennen lässt, dass diese Verstandesoperation nicht im Stande ist, die Tiefen des Geistes und der Natur zu erfassen und dass dieser Formalismus in seiner Consequenz zu einem vollständigen Bruch mit unserem tieferen Sein geführt hat, um so mehr thut es Noth, unsere Aufmerksamkeit auf eine Richtung zu lenken, die dazu berufen scheint, eine Regeneration der Speculation zu erzeugen. Diese Richtung einer theosophischen Anschauungsweise zieht sich gleich nach der Reformation durch die deutsche Wissenschaft, und wird in der grossartigsten Weise repräsentirt durch Jacob Böhme.

Wenn die Reformation sich die hohe Aufgabe gestellt hat, einer todten Auctorität gegenüber die subjective Thätigkeit durch den rechtfertigenden Glauben geltend zu machen und in dieser subjectiven Thätigkeit die Wahrheit nicht äusserlich, sondern nur durch ein unmittelbares Verhältniss des religiösen Bewusstseins zum göttlichen Geiste erfasst werden konnte, so war durch den lebendigen Glauben, wodurch einzig und allein eine Assimilation mit dem formalen Princip der Schrift statt finden konnte, jede Aeusserlichkeit ausgeschlossen, die nicht ein immanentes Criterium in dem lebendigen Gottesbewusstsein hat. Es musste daher aus dieser reformatorischen Anschauungsweise, aus diesem Ineinandersein des Realismus und Idealismus, eine neue Evolution für die christliche Speculation hervorgehen. Das Verhältniss Gottes zum Geiste und zur Natur wurde tiefer begründet. Und wenn nach dieser Anschauungsweise das Absolute in seinem Verhältnisse zum Menschen und zur Natur als das Thätige, Lebendige gefasst wurde, so konnte es nicht anders kommen, als dass das Absolute als Einheit innerer Unterschiede gefasst wurde.

Gerade damit hat Jacob Böhme den wahren christlichen Theismus festgestellt, dass er die in Gott gesetzten Unterschiede nicht allein ideell zu erfassen, sondern ihnen auch einen realen Grund zu geben wusste, ohne dabei in Pantheismus zu verfallen. Daher sagt der tiefsinnige Baader, der grösste Kenner dieses Theosophen: „was Jacob Böhme's Principien der göttlichen Manifestation betrifft, so sind diejenigen in grossem Irrthume, welche meinen, dass eine Mehrzahl von solchen Principien innerhalb eines und desselben Wesens dessen Einheit widerspreche. — Eine innere Scheidung in mehrere Anfänge der Selbstformation bedingt ja gerade die Gemeinsamkeit dieser als Produkt jener Principien, indem nur das Unterschiedensein von einem Anderen die Einheit mit ihm aufhebt, nicht aber die Selbstunterscheidung. So hebt auch das Bestimmtsein von einem Anderen, nicht aber die Selbstbestimmung die Freiheit auf, wie denn auch das sich selber Verändernde und Bewegende sich hiermit nicht in seiner Unveränderlichkeit aufhebt." — Jacob Böhme lässt diese potentiâ in das Absolute gesetzten Unterschiede stets actû überwunden d. h. geeinigt sein, weil der absolute Geist in seinem Processe stets das freie, sich selbst setzende Princip ist. Soll das Absolute wirklich in seiner Lebendigkeit gefasst werden, so muss es ad intra sich magisch in Unterschiede setzen, welches als der Process des Selbstbewusstseins des Absoluten bezeichnet werden muss, andererseits aber auch ad extra einen realen Grund in sich haben. Der reale Grund, die ewige Natur ist hier nicht dem Begriffe nach früher, als der Geist gesetzt; der Geist ist das freie absolute sich selbst erfassende Princip, das Vermittelnde zwischen der inneren und äusseren Manifestation des Absoluten. Würde Jacob Böhme den Geist früher setzen als die Natur, so fiele die Natur aus dem Process des Absoluten heraus. Jacob Böhme hat die Selbstbestimmung des Absoluten als das ewig sich in Unterschiede setzende Princip erfasst, ohne diese Unterschiede, wie es im neueren Pantheismus geschieht, in ein Anderes fallen zu lassen — welcher pantheistischen Auffassung der Geist nicht mehr durch sich selbst bedingt erscheint, und nur dadurch zur Manifestation kömmt, dass diese Unterschiede das Absolute selbst bedingen, womit das frei setzende, nur sich durch sich bedingende Princip des absoluten Geistes aufgehoben wird *).

---

*) So wenig ist noch immer J. Böhme gründlich studirt worden und so wenig hat man Baader's tiefsinnige Nachweisungen und Erläuterungen über die wahre Natur der Lehre des grossen deutschen Theosophen bis jetzt beachtet, dass die Behauptung (welche die Einen beschuldigend, die Andern lobpreisend erheben), Böhme's Lehre sei Pantheismus, noch immer in zahlreichen Schriften wiederholt wird. Diesen ungründlichen Stimmen gesellt sich auch neuerlich Dr. Hermann Adolph Fechner zu in seiner kritischen Untersuchung: Jakob Böhme. Sein Leben und seine Schriften, mit Benützung handschriftlicher Quellen dargestellt (Neues Lausitzer Magazin: Im Auftrage der Oberlausitzer Gesellschaft d. Wissenschaften besorgt durch deren Secretär C. G. Th. Neumann. Dreiunddreissigsten Bandes viertes Heft. Görlitz, im Selbstverlage der Gesellschaft und in Commission der Buchhandlung von G. Heinze u. Comp. 1857) S. 443, wo Fechner sagt, nur ein reformirter Prediger und ein gewisser Dippel hätten Böhme schon damals mit Spinoza zusammengestellt, als noch die Theologen im heftigen Kampfe über ihn gelegen wären, und auf seinen Pantheismus aufmerksam gemacht. Fechner verweist dabei auf die Unschuldigen Nachrichten 33 S. 795 u. 35 S. 483. Mit gleicher Seichtigkeit behauptet Fechner S. 444: „In der That, wäre Schelling nicht mit seiner

Daher legt Böhme einen so scharfen Accent auf den Unterschied der intelligenten und der nichtintelligenten Natur. Die letztere ist

---

Identitätsphilosophie erstanden, hätte Hegel den dialektischen Process nicht zum Mittelpunkte eines Systemes und der gesammten Philosophie gemacht, nimmermehr hätte man den wahren Kern der Böhme'schen Theosophie entdeckt, und ihn für den Verkünder einer deutschen Philosophie gehalten." Fechner weiss also nichts davon, dass Oetinger lange vor Schelling und Hegel Böhme's Lehre von ihrer philosophischen oder speculativen Seite weit tiefer und gründlicher würdigte und erläuterte als diese beiden Philosophen, es ist ihm unbekannt, was Saint-Martin ungefähr gleichzeitig mit Oetinger, aber unabhängig von ihm, über Böhme dachte und schrieb, er weiss nichts davon, dass Baader mit ganz unvergleichbar grösserer Tiefe als Schelling und Hegel und schon vor ihnen auf Böhme's Theosophie hingewiesen hatte und er ist in seiner Unkunde der Tiefen unseres Theosophen ohne alle Ahnung davon, dass Böhme die Systeme Schelling's und Hegel's, wenn er sie hätte erleben und verstehen können, mit Entrüstung verworfen haben würde. Selbst jenes Stadium der Schelling'schen Philosophie (seit den Untersuchungen über das Wesen der menschlichen Freiheit), in welchem Schelling ohne ihn zu nennen Böhme nicht eigentlich folgt, sondern ihn verbessern und überbieten will, würde Böhme als eine Verderbung und Caricatur seiner Lehre von sich gewiesen haben. Wenn Fechner (l. c.) sagt: „In Böhme geht die Mystik in die Philosophie über", so kann man dies wohl gelten lassen; denn so hoch man auch Böhme stellen muss, so wird doch Niemand behaupten wollen, dass seine Darstellungs- und Entwickelungsart den strengen Forderungen ächt philosophischer Methode entspreche, wiewohl er sich in mehren Schriften dem speculativen Ausdrucke auf überraschende Weise nähert. Dass Hegel der Lehre Böhme's zu sehr seinen eigenen geistigen Charakter einprägt, hat Fechner im Allgemeinen richtig erkannt. Auch rügt er mit Recht, dass Hegel seiner Darstellung der Böhme'schen Lehre vorzugsweise die Aurora zum Grunde legte, was ungefähr auf dasselbe hinausläuft, als wenn ein Kritiker oder Aesthetiker uns den Dramatiker Schiller aus den Räubern erläutern wollte. Wenn ferner Fechner wenigstens flüchtig der Darstellungen Ast's, Schwegler's, Carriere's, Ritter's und Noack's gedenkt, so muss man fragen, weshalb er die Darstellungen einerseits Feuerbach's, andererseits Hamberger's nicht erwähnt. Namentlich Hamberger's Werk: J. Böhme's Leben und Lehre, durfte ihm schlechterdings nicht unbekannt bleiben. Uebrigens ist Fechner's Schrift — als Beitrag zur Geschichte der neueren Philosophie äusserst schwach — verdienstvoll als kritische Untersuchung über die Quellen, aus wel-

nur ein Nachbild (ein Abglanz) der höheren, göttlichen Natur und hat nur in so fern Realität, als sie an der ersteren participirt. Vergegenwärtigen wir uns diese Grundprincipien der Böhme'schen Speculation, so wird es einleuchtend sein, dass nur bei der Annahme einer ewigen Natur in Gott dem Pantheismus und Materialismus zu entrinnen ist. Diese beiden Seiten des Idealismus und Realismus, die von der Verstandes-Speculation auseinandergehalten werden, finden in der Böhme'schen Anschauungsweise ihre Versöhnung und hierin gerade hat die von Böhme geschaffene Theosophie ihre tiefgehende Bedeutung. — Durch die tiefe Erfassung des Ternars und des Verhältnisses der unendlichen zur endlichen Natur, durch die tiefe Begründung der Lehre von der Sünde, sowie ferner der Christologie, der Eschatologie und endlich durch die tiefe realistische Begründung der Abendmalslehre hat Jacob Böhme hinlänglich bewiesen, in welchem innigen Connex seine Anschauung mit den Grundfundamenten der göttlichen Offenbarung steht. Obwohl sich Christus nach der Abendmalslehre Böhme's mit dem irdischen Leib und Wein als solchen nicht verbindet, so vereinigt er sich doch mit der in diesen verborgen liegenden, höheren Kraft und bietet uns hiermit sein himmlisches Fleisch und Blut dar. Im Brod und Wein werden zwei Eigenschaften unterschieden. Erstens, das grobe, elementarische, irdische Wesen, das dem tödtlichen Menschen gehört, und dann die Kraft davon, darin die Tinctur des Brodes und Weines liegt, welche über das elementarische Wesen erhaben und eine himmlische, paradiesische Kraft ist. In jedem äusserlichen Dinge liegt noch ein Ewiges, Unveränderliches verborgen, welches aus dem erstorbenen Wesen dieser Welt in schönen Bildungen wieder hervordringt. Dieses Ewige, Unveränderliche, von unserem Theosophen hier die Kraft genannt, darin die Tinctur liegt, findet sich denn auch in den Nahrungsmitteln, und zwar in besonderem Maasse in Brod und Wein, weshalb auch Christus hierunter das Abendmal verordnet

---

chen unsere Nachrichten über das Leben Böhme's geflossen sind. Ueber den Werth einer umfassenden Vorarbeit geht aber doch das Verdienst des Verfassers nicht hinaus.

hat. Diese Kraft steht denn einerseits in einer offenbaren Beziehung zu dem Brode und Wein selbst, andererseits aber auch zu dem Leibe und Blute des verklärten Heilandes, indem sie ja für sich, wie dieser selbst über die vergängliche, materielle Welt hinausliegt. Seiner Freiheit zufolge kann sich der Mensch der göttlichen Kraft oder auch der Qual der Finsterniss ergeben und hiermit entweder einen Engel oder einen Teufel aus sich machen. Wir sehen in dieser Auffassung Jacob Böhme's, dass die Lehre von den Sacramenten ihre tiefe realistische Begründung durch die Annahme gewinnt, dass über dieser endlichen Natur die ewige Natur steht, worin unsere Natur ihr dynamisches Agens besitzt und nur in so weit eine Realität hat, als sie in der ewigen ihre Wurzel hat. Nur von diesem Standpuncte aus betrachtet gewinnt auch die Eschatologie ihre wahre Bedeutung und kann sie sich der Verflüchtigung des Spiritualismus entziehen.

Louis Claude Saint-Martin, ein Schüler des Martinez Pasqualis, vor Franz Baader der berühmteste Anhänger Jacob Böhme's, lebte in einer Zeit (1743—1803), wo die Revolution in Frankreich in ihrer tief zerstörenden Wirkung alle politischen und sittlichen Fundamente in Trümmer geschlagen und der gröbste Materialismus wie ein dunkles Nachtbild auf sein Vaterland sich gelagert hatte, in einer Zeit also der gewaltigsten Gährung, wo ein edles Gemüth kaum noch eine Zufluchtstätte fand. — Er war eben auch einer von jenen grossen Propheten auf dem Gebiete der christlichen Speculation, die nicht für die Zeit, in der sie lebten, gearbeitet haben: in seinen gedankenreichen Schriften liegen die Keime einer schöneren Zukunft für die Wissenschaft verborgen. Aber auch jetzt ist dieser tiefsinnige Theosoph nur wenig oder doch bei weitem nicht genug gekannt. Je mehr indessen die Wissenschaft in ihrem Gange darauf hindrängt, sich von einem leeren Formalismus zu befreien, je mehr Anzeichen tieferer geistiger Evolutionen sich kund thun, um so mehr darf man sich wohl der freudigen Hoffnung hingeben, dass endlich der in St. M.

Schriften liegende reiche Ideenschatz gehoben werde und der sich vorbereitenden Entwickelung einer wahrhaft christlichen Speculation als Anknüpfungspunkt dienen dürfte. Die Anerkennung St. Martin's wird um so wichtiger sein, als er nächst Oetinger zwischen Böhme und Baader ein wahres Mittelglied bildet, und ebenso mit Baader geistesverwandt ist, wie er auch stets auf Böhme zurückgeht. Wenn Baader von St. Martin's Schriften sagt, dass in ihnen die Gedanken gleich schönen Blumen lose aneinander gereiht wie auf dem Wasserspiegel schwimmen, so ersieht man schon hieraus die Schwierigkeit des Unternehmens, von den reichen Ideen St. Martin's eine Darstellung zu geben. Doch werde ich mich bemühen, in dieser Einleitung aus seinen Hauptschriften gewisse Grundgedanken hervorzuheben, welche hinlänglich von der Tiefe seiner Ideen zeugen und vor Allem das Hochwichtige erweisen werden, dass St. Martin nichts weniger als ein abstracter Idealist, sondern zugleich einem höheren Realismus ergehen und daher bestrebt war, eine Vereinigung zwischen Idealismus und Realismus hervorzubringen.

Seine Speculation fängt nicht vom Absoluten an, sondern sucht von der empirischen Betrachtung des menschlichen Wesens aus durch Induction ihr Princip zu gewinnen. — In seinem Werke: De l'Esprit des choses, spricht er sich über die Grundfundamente seiner theosophischen Anschauungsweise in folgender Weise aus: Der Mensch wird hienieden nur mit einem passiven Gefühl geboren. Unser Leben entwickelt sich allmälig; während wir uns im Anfange nur leidend verhielten, treten wir nun selbstthätig in vielseitige Beziehung zur Aussenwelt. Das Vermögen, wodurch alle diese zusammengefassten und vielfachen Operationen erfolgen, bezeichnet St. M. mit dem Worte Empfindung. Es ist selber die $\delta\upsilon\nu\alpha\mu\iota\varsigma$ unserer ganzen geistigen Entwickelung in unserer Beziehung zur Aussenwelt. Wir würden keine Idee, kein Selbstgefühl und Selbstbewusstsein haben, ohne Wechselwirkung und Berührung mit irgend etwas Aeusserem, von uns Unterschiedenen. Wir haben daher zu unterscheiden zwischen dem, was in uns Eindrücke aufnimmt und dem, von welchem wir sie empfangen. Empfinden in diesem höheren Sinne bezeichnet

ihm daher das Resultat der Vereinigung zweier von einander
verschiedener und getrennter Wesen, die Wechselwirkung zweier
einander ähnlicher, dabei aber von einander abgesonderter Kräfte —
nur aus der Vereinigung beider kann uns Vorstellung, Idee, Urtheil entstehen. Man kann das Wort Empfindung entweder passiv
nehmen, wo es sich auf den Gegenstand bezieht, durch welchen
sich uns das eine Element der Empfindung mittheilt; oder man
kann es activ nehmen, alsdann bezieht es sich auf das Wesen,
das durch eigene Selbstthätigkeit bis zum Sitz der Ursache seiner
Empfindung vordringt, diese auffindet, empfindet. Zwischen
den äusseren Dingen und uns muss daher ein wechselseitiges
Zusammentreffen stattfinden. Die Objecte müssen aus sich herausgehen und wir andererseits in sie hineindringen, und das
Letztere muss noch mehr geschehen, als jenes, weil wir es sind,
die über den empfangenen Eindruck urtheilen müssen. St. Martin
behauptet demnach, dass sowohl in der physischen als in der
geistigen Welt alle Entwickelung nur durch eine Einigung oder
Harmonie verschiedener Kräfte entsteht. Es ist daher von ihm
die tiefe Wahrheit ausgesprochen worden, dass die Einheit stets
eine unterscheidende Mannigfaltigkeit in sich habe. Wie die
physische Zeugung nur dadurch stattfindet, dass zwei von einander unterschiedene getrennte Kräfte, die dabei wirksam, Einheit
oder Centrum geworden sind, wo jede ihre Grenze verlässt, damit
sich beide in dem unsichtbaren Punkt, in dem sinnlich unbegreiflichen Moment einer zeugenden centralen Einheit verhüllen und
versenken, so findet etwas vollkommen Aehnliches bei der Erzeugung unserer Ideen statt. Auch sie sind nemlich das Ergebnis
einer Vereinigung der verschiedenen Kräfte und das Neuerzeugte
bedarf nicht minder einer neuen Anstrengung, um sich als etwas
Selbstständiges und Individuelles aus dem Chaos seiner Entstehung
darzustellen. Da nun aber beide Kräfte im Zustande ihrer Verbindung als eine einzige zu betrachten sind, so muss ihnen noch
eine andere Kraft zu Hülfe kommen, die sich mit ihrer Einheit
verbindet. In der Ordnung der körperlichen Zeugung ist jene
höhere Kraft die Natur, als das allwirkende Gesammtvermögen
der Elemente und Stoffe des Universums, aus welchem nach ihren

verschiedenen Stufen alle natürlichen Erzeugnisse, demnach auch unser physisches Dasein und die Einheit jener beiden, besonderen, zeugenden Kräfte hervorgehen. In der Reihe der Zeugungen unserer Gedanken und Erkenntnisse muss es eine jener Verbundenheit unserer Kräfte analoge Quelle sein, aus welcher jenen ihre Gestaltung kömmt, wie den körperlichen Zeugungen die ihrige aus der Natur.

Nur indem jede Kraft der unmittelbar über ihr stehenden ähnlich wird, vermag sie zu wirken, und nur auf diese Weise können sich die zeugenden Einheiten bilden, und nur wenn die verbundenen Einheiten sich allmälig zu der über ihr stehenden Stufe erheben, werden sie lebendig und selbstständig thätig; denn sie gelangen von Stufe zu Stufe, indem immer eine höhere Kraft zu den schon vereinigten Kräften sich hinzugesellt, bis man bei einer höchsten über ihnen allen waltenden Einheit anlangt, welche allen anderen unter ihr stehenden Einheiten Leben gibt, indem sie ihre Macht mit der Macht der Letzteren verbindet. —

Es gibt also zwei unterschiedene, aber sich stets thätig einigende Kräfte, die durch ein über ihnen liegendes Princip vermittelt sind. Diese Dreiheit von Grundkräften, die ewig miteinander verbunden sind, bildet das letzte Grundprincip alles Seins und Lebens, das Letzte, zu dem der Gedanke durch eine wenn auch noch so lange Kette von untergeordneten Kräften und Erzeugungen aufsteigen muss, weil eben dieses hohe Princip alle jene untergeordneten Kräfte und Zeugungen bedingt. Das letzte Princip alles Seins ist Gott.

Jene drei Grundkräfte, die ewig mit einander verbunden sind, wirken stets nach ihren unwandelbaren Eigenschaften und bilden so einen unauflöslichen Verein, nicht bloss, weil kein Wesen sie trennen könnte, indem keines in das Geheimniss jener Verbindung einzudringen fähig wäre, sondern auch weil sie selbst jene ewige feste Vereinigung nicht aufzulösen vermögen, indem sie in wechselseitiger Anziehung ewig sich selber gebären und so eine aus der anderen Leben und Dasein empfängt. Dieses ist das innerste Heiligthum, vor welchem sich der Gedanke des

Menschen in tiefem Schweigen niederbeugen muss, versunken in die selige Tiefe einer unaussprechlichen Bewunderung.

Wenn das Gemüth in einfältiger treuer Demuth in jener heiligen Tiefe verweilt und sich so der ganzen Lebensfülle jenes Grundprincips der Dinge bewusst wird, drängt sich ihm eine eben so auffallende als natürliche Wahrheit auf, dass nemlich alle diese Wunder eines ewigen unauflöslichen Daseins in einer so tiefen geheimen Verborgenheit wirken, dass jenes Grundwesen selbst sie nicht kennen würde, wenn sich dieselben nicht in seiner Umgebung abspiegelten. Die allwaltende Einheit bedarf desshalb gewisser Bilder oder Spiegel, welche diese erhabene Bestimmung erfüllen. Diese Spiegelbilder müssen von ihr unterschieden, doch aber zugleich aus ihr entsprungen und ihr analog sein. Obgleich unsere Vorstellung von der Zeit sich mit dieser Ordnung der Dinge nicht vereinen lässt, wird man doch erkennen, dass jene Bilder, aus dem allgemeinen Grunde des Seins entsprungen, ihrem Range gemäss, nur in ihm ihren Anfang haben konnten, obgleich sie von Ewigkeit mit ihm waren. Obwohl von dem Grundwesen verschieden, aus ihm als Product hervorgegangen, mussten sie doch fähig sein, unaufhörlich von dem lebendigen Einfluss ihres Urquell's befruchtet, das neu erzeugte Leben in dasselbe zurückzustrahlen. Zugleich müssen diese Spiegel aber als Spiegelbilder des höchsten Grundwesens wieder ihrerseits Spiegel haben, von denen ihnen die Wunder ihrer besonderen erschaffenen Leiber zurückstrahlen, eben so wie das Grundwesen seine eigene wunderbare Natur in ihnen anschaut. Das erste Spiegelbild des Grundwesens ist der Mensch, und der Spiegel des Menschen, in welchem dieser sich beschaut und sich manifestirt, ist die Natur.

Jetzt noch sind wir in einem Zustande, der uns unsere alte verlorene Grösse im Widerschein zeigt; noch jetzt dringen Strahlen des göttlichen Wesens in das verborgene Innere des Menschen und durchbrechen das Dunkel desselben. Denn in der Seele erkennen wir die Haupteigenschaften des göttlichen Wesens; sie lehrt uns durch unmittelbares Gefühl, dass ausser und über uns ein lebendiges Wesen sei, dessen Haupteigenschaften Liebe und

Heiligkeit sind, und dass der Eindruck, welchen jenes Gefühl und der Gedanke an jenen höchsten Namen in uns erregen, uns über jede andere Empfindung geht, sobald wir so glücklich waren, jenen Eindruck in uns zu erfahren und ihn nicht wieder erlöschen zu lassen. Doch jenes Gefühl, jene Strahlen zeigen uns, dass wir nicht mehr in unserem normalen Zustande uns befinden; der Mensch, der dazu bestimmt war, die Fülle seines Geistes zurückzustrahlen, konnte das nicht mehr, als das Band, durch welches er mit Gott verknüpft gewesen, durch die Sünde zerrissen war.

In seinem bedeutendsten Werke: Le Ministère de l'Homme-Esprit, und zwar in der ersten der 3 Abtheilungen dieser Schrift betrachtet Saint-Martin den Menschen in seinen Beziehungen zur Natur, um mittelst dieses Schlüssels die Räthsel der Schöpfung zu lösen. — Er geht hiebei von der Grundanschauung aus, dass weder der Mensch, noch die Natur sich gegenwärtig im normalen Zustande befinden. Die menschliche Intelligenz in ihrer Selbstaffirmation ohne Assistenz des göttlichen Lichtes richtet sich nur auf Dinge der äusseren Ordnung, und in dem Maasse, als sie des höheren Lichtes entbehrt, verschliesst sich ihr sowohl die Erkenntniss ihres eigenen Seins als auch die der Natur. Je mehr der Mensch sich nun auf dem Wege der Selbsterhebung befindet, um so blinder wird er auch in Betreff der göttlichen Quelle, aus welcher er stammt; statt durch den Spiegel des ewigen Lichtes sich und die Natur zu beschauen, tritt ihm das dunkle Bild eigener Intelligenz vor die Seele. In dieser Geistes-Richtung geht der Mensch nicht nach Innen, um hier das Zeugniss der ewigen Wahrheit von dem Dasein Gottes zu finden, sondern, abgelöst von jenen ewigen Urquellen, sich dem kühnen Fluge seiner Intelligenz anvertrauend, sucht er das Dasein eines höchsten Wesens in der Natur zu finden und durch die Logik zu beweisen. Diese Beweise sind aber in dem Maasse aus der äusseren Ordnung der Dinge entnommen, als dem Menschen auf diesem Standpuncte das innere Auge für die Tiefe der Natur verschlossen ist. Daher sagt St. Martin, in keiner Zeit sei der Atheismus und Materialismus herrschender gewesen als gerade in der Zeit einer solchen Geistes-richtung. Es sei aber, bemerkt er weiter, ein grosser Ruhm für unser Geschlecht und eine grosse Weisheit der Vorsehung, dass alle aus der äusseren Ordnung dieser Welt entnommenen Beweise so mangelhaft sind. Hätte nemlich diese Welt ein vollständiges Zeugniss von Gott ablegen können, dann würde sich Gott mit diesem Zeugen begnügt, und nicht nöthig gehabt haben, den Menschen zu schaffen. In der That, Gott hat den Menschen geschaffen, weil das ganze Universum, trotz aller Herrlichkeit, die es vor unseren Augen ausbreitet, niemals die wahren göttlichen Schätze hätte offenbaren können. St. Martin weiset also darauf hin, dass nicht die äussere Natur und die darauf vom Verstande gebauten Begriffe uns vom Dasein eines höchsten Wesens überzeugen können, sondern im Menschen selbst müssen wir die Wurzel dieser Idee suchen. Nichts in der Welt kann uns dies innere Zeugniss ersetzen; finden wir selbes nicht in der Tiefe unseres Geistes, so ist es vergeblich, Gottes Dasein zu beweisen. —

In gleichem Sinne hat sich schon Jacob Böhme in dem dreifachen Leben des Menschen (c. 1, v. 48—49) vernehmen lassen: „Forschet nach der Schrift Herzen und Geiste, lesen wir hier, dass Er in Euch geboren werde und Euch das Centrum der göttlichen Liebe aufgeschlossen werde, so möget Ihr Gott erkennen und wohl von Ihm reden; denn aus der Historie soll sich Keiner einen Meister im Erkennen und Wissen des göttlichen Wesens nennen, sondern aus dem heiligen Geiste, welcher in einem anderen Principio, im Centro des menschlichen Lebens dem rechten ernstlichen Sucher erscheinet: Wie uns denn Christus bei seinem Vater, als im Centro des Lebens mit rechter ernster begehrender Demuth heisst anklopfen und suchen. Denn Niemand kann Gott seinen Herrn erkennen, recht suchen und finden ohne den heiligen Geist, welcher aus dem demüthigen Herzen ausgeht und das Gemüth erleuchtet, dass die Sinne erleuchtet und die Begierde an Gott gewendet wird. Der findet allein die theure Jungfrau „Weisheit", welche ihn leitet auf rechter Strasse und ihn führt zum frischen Wasser des ewigen Lebens und erquickt seine Seele." — —

Weil also der Mensch das Ebenbild Gottes ist und die Natur nur zur Offenbarung seines Wesens da ist, so kann nicht die Natur dem Menschen das Dasein Gottes erweisen, sondern nur die Idee Gottes selbst, durch die Gott sich dem Menschen zu erkennen gibt. St. Martin sagt: Weil der Mensch ein solches unmittelbares Mittel ist, die göttliche Wesenheit zu beweisen, weil alle Beweise, aus der äusseren Ordnung der Natur entnommen, nur äusserlich sind, daher mangelhaft, so ist es augenscheinlich, dass wir nichts von der Welt verstehen, in der wir sind, als durch den Schimmer der Welt, in der wir nicht sind. — So ist es in der That ein nur zu deutlicher Beweis, dass der Mensch von seinem normalen Standpuncte herabgesunken ist, wenn er statt in sich, in der materiellen Welt das Dasein Gottes sucht. Man sieht, wie sehr der Mensch in der Sünde zwischen einer dunklen und einer lichten Welt schwebt und nun bald von dem einen, bald von dem anderen Pole angezogen wird. — Indem St. Martin ferner auf den Fall des Menschen und der Natur selbst zu sprechen kömmt, fährt er fort: Ohne die geistige böse Welt wäre die Natur eine ewige Fortdauer von Regelmässigkeit und Vollkommenheit; ohne die geistige gute Welt wäre sie eine ewige Fortdauer von Gräuel und Verwirrung. — Der Mensch in seinem Falle mit verfinsterter Intelligenz hält in seinem Irrthume diese materielle Welt für die ausschliesslich bestehende Welt und verliert den Sinn für jene ewige Natur in Gott und verwechselt diese blinde und dunkle Natur mit Gottes eigener Wesenheit. — Der Mensch, sagt St. Martin weiter, würde bald die Zerrüttung durch den Sündenfall erkennen, wenn er darauf blicken wollte, dass er nur leben, wirken und denken und also bestehen kann, indem er einen Widerstand bekämpft. Unser Blut hat den Widerstand der Elemente, unser Geist den des Zwiespaltes und der Finsterniss; unser Herz den der falschen Neigungen, unser Leib den der Trägheit; unser geselliges Leben den der Unordnung zu bekämpfen. Ein Widerstand ist ein Hinderniss; ein Hinderniss im Bereiche des Geistes ist eine Antipathie und eine Feindschaft; eine Feindschaft aber in Thätigkeit begriffen ist eine feindliche kämpfende Macht. Aber trotz dieser Gesunkenheit, fährt

St. Martin fort, ist der Mensch doch ein grosses Wesen. Er hat die Macht, mit seinem Geiste und Herzen wieder in den Urgrund zurückzukehren, der ihn gebildet hat, und er kann sich hier von Neuem zum Ebenbilde Gottes erheben. Indem wir an dieser Wiedergeburt arbeiten, bestärken wir uns in der schmerzlichen Ueberzeugung von unserer Gesunkenheit und in der Gewissheit unserer ursprünglichen Erhabenheit über die äussere Ordnung. Wie hoch der Mensch in seiner ursprünglichen Bestimmung von Gott gestellt war, geht daraus hervor, dass er trotz seines Falles, indem er sich dem grössten Irrthume hingibt, doch noch ein Geist bleibt.

Ganz im Böhme'schen Sinne spricht sich St. Martin auch über das Verhältniss der Natur zum Geiste aus. — „Alles, sagt er, ist ewig in dem fundamentalen Grunde der Dinge, aber nicht im Schmerze und in jener furchtbaren Unordnung, die sich jetzt in allen Theilen der Natur kund thut. Es gibt ohne Zweifel eine ewige Natur, in der Alles regelmässiger, thätiger und lebendiger ist als in der Natur, in welcher wir eingekerkert sind; und der stärkste Beweis, dass die gegenwärtige Natur nicht ewig ist, ist der, dass sie leidet, und dass sie die Wohnung des Todes in allen Gestalten ist, während doch nichts ewig ist, als das Leben. Der menschliche Geist erscheint auch bei St. Martin, ganz wie bei Jacob Böhme zwischen Gott und die Natur gestellt, und zwar so dass in dem Maasse, als er in den Urgrund einkehrt, auch die unter ihm stehende Natur mit dem ihm von Oben geschenkten Lichte erleuchtet wird. — Es ist höchst interessant, von St. Martin da, wo er auf die Materie zu sprechen kömmt, Fragen berührt zu finden, die in gegenwärtiger Zeit als ein Hauptgegenstand die Aufmerksamkeit der Naturforscher und Philosophen in Anspruch nehmen. Wir sehen, dass sich hier St. Martin, ganz in Böhme'scher Weise, gegen jede Atomistik erklärt und der Natur ihre richtige Stellung zum Geiste gibt. Nach St. Martin ist die Materie nicht bis in's Unendliche theilbar, denn sie ist ja an sich selbst träge und bewegungslos. Unendlich theilbar ist nur die Grundlage ihrer Wirksamkeit, die spirituösen Kräfte, die man den Geist der Materie oder den Astral-Geist nennt. Diese Kräfte sind nach St. Martin unzählbar. Von dem Augenblicke an, wo sie sich in sinnliche Zeichen und Figuren umsetzen müssen, fehlt es ihnen hierzu nicht an Substanzen, weil sie damit geschwängert sind, und weil sie diese in Vereinigung mit dem elementaren Vermögen hervorbringen, mit dem sie sich verbinden. So geschieht es denn, dass Alles, was hienieden existirt, sich die Substanz seines eigenen Körpers schafft. Die unendliche Kleinheit der Körper, wie sie z. B. bei gewissen Insecten vorkommt, darf nicht überraschen, obgleich sie für ihre Gattung vollständig organisirt sind. Alle Körper sind nur eine Verwirklichung des Planes des Astral-Geistes und der in jedem Körper besonders wirkenden spirituösen Kraft. Hierbei ist zu erwägen, dass da der Geist in allen Regionen keinen Raum, sondern nur Intensität in seinen Grundkräften kennt, keine einzige spirituöse Kraft sich findet, die, wenn sie sich nicht auf materielle Weise fühlbar macht, es nicht auch ihrem verborgenen Elemente nach wäre, oder nach ihrer höheren Verkörperung, die wir die ewige Natur nennen. Der Uebergang von dieser Region zur materiellen Region findet nur durch die Schwächung dieser spirituösen Kraft statt, über welche die elementare Gewalt ihre Rechte erstreckt, um ihr behülflich zu sein, sich ihren Leib oder ihre Hülle zu bilden. Diese Elementarmacht hat in ihrem Gebiete eine vollständige Gewalt; sie übt dieselbe über alle spirituösen Grundlagen aus, die sich ihr darbieten. Wiederum wirkt die spirituöse Grundlage auch auf die Elementarmacht, welches verursacht, dass nach Maassgabe dieser Grundlage sich die Elementarmacht ebenfalls entwickelt, wie man es am Wachsthum der Bäume und Thiere sieht. Wenn diese Grundlage auf solche Weise einen Grad von Kraft erlangt hat, welche sie von der Herrschaft der Elementarmacht befreit, so trennt sie sich von dieser, wie man es an allen Blüthen, an allen Offenbarungen von Gerüchen, von Farben, überhaupt an der ganzen Reihe der Productionen wahrnimmt. Ein Jedes verlässt seine Mutter, wenn diese nicht mehr die Kraft hat, es zurückzuhalten. Alsdann fällt diese Mutter in ihr Minimum zurück, weil sie keine spirituöse Grundlage mehr hat, welche sie zur Gegenwirkung bestimmt. Daraus folgt also, dass die Materie nicht bis in's Unendliche theilbar ist, wenn man sie in Beziehung auf die Theilbarkeit der Substanz betrachtet, eine Operation, die sogar nicht einmal beginnen kann, wie man es an organischen Körpern sieht, die nicht getheilt werden können, ohne umzukommen. Zweitens ist sie sogar nicht einmal in einer jeden ihrer besonderen Wirkungen bis in's Unendliche theilbar, weil eine jede dieser besonderen Wirkungen aufhört, sobald die spirituöse Basis, die ihr als Subject der Thätigkeit dient, sich zurückgezogen hat. Auch ist das sich Zurückziehen oder Verschwinden derselben Basis die Grenze dieser Thätigkeit.

Was nun die Theilbarkeit, abstract betrachtet, anbelangt, so ist sie noch weniger möglich, weil unser eigenes Fassungs-Vermögen der vorgeblichen Materie, die wir eben nur fortwährend erdichten, als Grundlage dient. So lange wir bei dieser Theilbarkeit stehen bleiben, oder ihre sinnlich wahrnehmbaren Resultate betrachten, finden wir diese Theilbarkeit wirklich und möglich, weil die sinnliche Form sich immer nach der Grundlage richtet, die wir ihr geben. Sobald wir aber unser geistiges Auge von diesem Heerde der Wirksamkeit, dem wir auf intellectuelle Weise nahe kommen können, abwenden, verschwindet diese Form, und es gibt weder für sie, noch für uns eine Theilbarkeit der Materie.

Wenn die alten und neuen Philosophen seit Plato und Aristoteles bis zu Newton und Spinoza es verstanden hätten, darauf zu merken, dass die Materie nur eine Vorstellung und ein Bild dessen ist, was sie nicht selbst ist; dann würden sie sich nicht so sehr abgemüht, noch so sehr verwirrt haben, uns zu sagen, was sie sei. Nichtsdestoweniger gibt es in dieser Klasse der Formation der Wesen einen wichtigen Punct, der sich unserer Kenntniss verschliesst, nemlich die Magie der Erzeugung der Dinge. Doch sie verschliesst sich darum vor uns, weil wir durch die Analyse zu erreichen suchen, was an und für sich nur durch einen verborgenen Eindruck begreifbar ist, und man muss sagen, dass in diesem Puncte Jacob Böhme fast jeden Schleier weghob, indem er uns die sieben Formen der Natur bis in die ewige Wurzel der Dinge enthüllte. Der wahre Charakter der Magie ist, dass sie das Medium und der Uebergang aus dem Zustande der absoluten Zerstreutheit oder Indifferenz zu dem einer irgendwie charakterisirten Versinnlichung ist, sei dieselbe nun geistig, natürlich oder bloss elementar. Die Erzeugung oder der Weg von dem nicht-sinnlichen Zustande zu dem sinnlich wahrnehmbaren ist ununterbrochen. Sie hält die Mitte zwischen dem Zustande der Zerstreutheit und der nichtsinnlichen Dinge, und zwischen dem einer bestimmten Versinnlichung, und doch ist sie weder das Eine noch das Andere. In diesem Sinne hat die gegenwärtige Natur ihre Magie; denn sie enthält alles, was über ihr in der Zerstreutheit ist, oder alle astralen und elementaren Essenzen, die zur Hervorbringung der Wesen beitragen müssen; und ausserdem enthält sie alle verborgenen Eigenschaften der Welt über ihr, wohin sie alle unsere Gedanken zu sammeln strebt. In diesem Sinne hat selbst auch jede besondere Production der Natur ihre Magie; denn jede von ihnen insbesondere, wie z. B. eine Blume, ein Salz, ein Thier, eine metallartige Substanz, ist ein Medium zwischen den unsichtbaren und nicht sinnlichen und zwischen den sinnlich wahrnehmbaren Eigenschaften, die aus dieser Production hervorgehen, und die auf solche Weise offenbar werden. In diesem Medium bildet sich Alles aus und bereitet sich Alles vor, kurz es ist das Laboratorium, in welches wir aber nicht eindringen können, ohne es zu zerstören, und welches desswegen für uns eine wahrhafte Magie ist, wenngleich wir die Anzahl der Abtheilungen, die zur Hervorbringung beitragen und sogar das Gesetz wohl erkennen mögen, welches die Richtung ihrer Wirkung bestimmt. Das Princip dieses verborgenen Weges ist in der göttlichen Erzeugung selbst gegründet, wo das ewige Medium für immer als Durchgang für die unendliche Unermesslichkeit der universellen Essenzen dient."

Man hat in neuerer Zeit unseren tiefsinnigen Theosophen, indem man ihn in die Reihe der Mystiker setzte, des Pantheismus beschuldigen wollen und behauptet, dass nach St. Martin das Absolute nur im Menschen zum Bewusstsein komme. Daher werde ich mir erlauben, einige Belege aus St. Martin's Schrift: Le Ministère de l'Homme-Esprit, hier beizubringen, aus welchen klar hervorgeht, dass St. Martin in seinem Streben, den lebendigen

Theismus zu fördern, von der Identificirung des göttlichen mit dem menschlichen Bewusstsein weit entfernt ist. Gott ist nach St. Martin kein verschlossenes Wesen, sondern lebendig in ewiger Thätigkeit, und tritt in seiner Offenbarung stets aus seiner Magie heraus, indem Er sich unserem Sehnen und unserem Willen kund thut. Der Mensch lebt zwar auch von dieser Sehnsucht und von diesem Willen, und seine Aufgabe ist, sich darin zu erhalten; in Gott ist aber das Sehnen immer Wille, dagegen im Menschen, als dem Nachbilde, die Sehnsucht selten zum vollkommenen Ziele gelangt. Durch die dem Menschen gegebene Macht, sein Sehnen bis zur Kraft des Willens zu erheben, sollte er jedoch wirklich ein Ebenbild Gottes werden. In der That, er kann es erlangen, dass der göttliche Wille selbst kommt, sich mit seiner Sehnsucht zu vereinigen, und dass er alsdann in Uebereinstimmung mit der Gottheit arbeitet und wirkt; diese würdigt ihn also, ihn einigermassen an ihren Werken, ihren Eigenthümlichkeiten und ihren Kräften Theil nehmen zu lassen. Der Mensch kann in der That dahin gelangen, doch aber nur dann, wenn der göttliche Wille sich mit seiner Sehnsucht vereinigt; dann arbeitet er nicht aus eigener Kraft, sondern mit Assistenz der Gottheit. In dem Maasse, als Gottes Wille in dem Menschen wirkt, in dem Maasse kann der Mensch als Ebenbild Gottes an seinen Werken Theil nehmen. Darum bleibt der Mensch der Erkenntniss Gottes nicht beraubt, sondern muss eben nur bitten, um sie zu empfangen. Der Mensch ist eine Pflanze Gottes; Gott aber ist der Saft und das Leben.

Zwischen Gott und die Natur gestellt, sagt St. Martin weiter, hat der Mensch die hohe Aufgabe, das ewige Licht als Ebenbild fortzusetzen. Der Mensch und Gott sind nämlich die beiden äussersten Punkte der Wesenkette. Also sollte der Mensch hienieden das executive Wort besitzen; aber Gott allein hat auf der Höhe seines Thrones das schöpferische Wort. Alles, was zwischen diesen beiden Wesen liegt, ist ihnen unterworfen, — Gott, als von ihm hervorgebracht, — dem Menschen, als ihm unterthan. Auch würde Alles vor uns zittern, liessen wir dem göttlichen Wesen freien Zutritt: erstens die Natur, weil sie niemals dieses göttliche Wesen gekannt hat, und es niemals kennen wird; zweitens unser unversöhnlicher Feind, weil er es vor noch durch die Schrecken seiner unüberwindlichen Macht kennt. Der Mensch hat also seiner ursprünglichen Bestimmung nach nur in die Tiefe der Wunder und Werke Gottes einzudringen. Aber nur unter der Bedingung, dass er bei Gott blieb, konnte er diesen Auftrag erfüllen. Der Mensch ist ein Wesen, welches beauftragt ist, Gott da fortzusetzen, wo er sich nicht mehr durch sich selbst erkennbar macht. Nicht in seiner radikalen und göttlichen Ordnung, in seinem undurchdringlichen Ursprunge, setzt er ihn fort, weil Gott hier nie aufhört, sich durch sich selbst erkennbar zu machen, weil er dort seine geheime und ewige Erzeugung bewirkt, sondern im Bereiche der Offenbarungen und Ausströmungen setzt er ihn fort, weil Gott sich hier nur durch seine Ebenbilder und seine Repräsentanten erkennbar macht. Das ist der eigentliche normale Zustand des Menschen. Da der Mensch aber durch den Sündenfall nicht in diesem Zustande blieb, so suchte Gott ihn zu retten, zu erneuern und wiederherzustellen. Wir sehen aus den hier angeführten Worten St. Martin's, dass er sich ausdrücklich gegen jede Identificirung des göttlichen mit dem menschlichen Bewusstsein erklärt, und obwohl er den Menschen in die allernächste Beziehung zum Absoluten stellt, doch streng an dem transscendentalen Principe festhält. Kann das Absolute nur durch den ewigen immanenten Selbstentwicklungs-Process sich selbst erkennbar machen, so kann das Erkennen Gottes von Seiten des Menschen nur dadurch stattfinden, dass es ihm als Gabe Gottes geschenkt wird; daher auch St. Martin das Wissen von Gott nur als ein secundäres erfasst, und der Mensch Gott nur in seiner Offenbarung fortsetzen kann.

Hiemit soll übrigens nicht geleugnet werden, was auch Baader in seiner Weise im vorliegenden Bande rügt, dass in St. Martin's Werke: De l'Esprit des choses I, 32 ff., sich eine Aeusserung findet, die pantheistisch gedeutet werden müsste, wenn sie nicht offenbar ihr Correctiv zugleich mit sich führte. Wenn man die hierher gehörige Stelle recht genau ansieht und mit den vorausgegangenen und nachfolgenden über Gott und

Schöpfung vergleicht, so erkennt man deutlich, dass St. Martin auch hier nicht das Selbstbewusstsein Gottes in den geschaffenen Geistern erst sich verwirklichen lässt, sondern dass ihm Gott in seiner ewigen Dreipersönlichkeit schon Geist und Selbstbewusstsein ist, indem er schafft, wenn ihm die Schöpfung auch in der Ewigkeit begonnen hat. Ausdrücklich sagt St. M., dass die von Gott selbst unterschiedenen Ebenbilder oder Spiegel nicht Momente, Theile oder Glieder Gottes, sondern als aus ihm entsprungen Producte Gottes seien, von ihm verschiedene Wesen, nicht von gleicher Vollkommenheit und gleicher Natur mit Gott, wiewohl ihm analog. Auch die von St. M. an diesem Orte vertheidigte Ewigkeit der Schöpfung hat zuletzt keinen anderen Sinn, als den, dass die Schöpfung nicht in der Zeit begonnen haben könne. Dass die Schöpfung entstehen und ihren Anfang in Gott haben musste, sagt St. Martin ausdrücklich, nur behauptet er, sie könne nicht in der Zeit, sondern müsse ausser aller Zeit entstehen. Darin gibt ihm aber ja auch Baader recht und somit entfernt sich St. M. im Grunde nicht wirklich von der Böhme'schen und Baader'schen Lehre, wiewohl Baader in seinen Bestimmungen unleugbar klarer, bestimmter und schärfer ist. In seinen späteren Schriften und besonders vor Allem in seiner letzten: Le Ministère de l'Homme-Esprit, verschwinden alle missdeutbaren Aeusserungen über das Verhältniss Gottes zur Welt.

Eine erschöpfende Untersuchung über diese Streitfrage müsste die Gottes- und Schöpfungslehre jeder einzelnen Schrift St. Martin's für sich untersuchen und die Ergebnisse dieser Untersuchungen unter einander und besonders mit den Darlegungen der letzten und reifsten Schrift vergleichen. Nach meiner Kenntniss der Schriften St. Martin's würde diese Untersuchung das Ergebniss darbieten, dass in ihnen sich der Pantheismus überwunden und widerlegt darstellt. Denn auch was St. Martin von der Emanation der Geister aus Gott lehrt, enthält nicht Pantheismus, wenn man die Emanation in dem Sinne nimmt, in welchem St. Martin sie genommen wissen will. Auch der heil. Augustinus hat im Grunde über den Anfang der Schöpfung nichts Anderes als St. Martin gelehrt. Prof. Dr. Schlüter gibt diese Lehre in seinen vortrefflichen Sinnsprüchen aus dem h. Augustinus in folgender Weise wieder:

„Gott ist von Ewigkeit, neu ist die Schöpfung; aber beim neuen
  Werke wendet dennoch ewigen Rathschluss er an ...
Was, o Herr, du gethan, sie fragen, bevor du geschaffen
  Himmel und Erd', und warum stets du nicht ruhtest wie da?
Wie doch konnten vergehen zahllose Jahrhunderte, die du
  Selbst nicht gemacht, da nur du die Jahrhunderte schufst?
Oder was wären die Zeiten, die du nicht hättest erschaffen?
  Oder vergangen doch wie wären sie, waren sie nicht?
Doch bist du nur der Wirker der Zeiten, und waren die Zeiten
  Schon vor Himmel und Erd', ruhtest du wirklos denn da?
Eben dieselbige Zeit du erschufest sie, und nicht vorüber
  Konnten sie gehen, bevor selbst du die Zeiten gemacht.
Doch wenn Zeiten nicht waren vor Himmel und Erde, wie fragt man,
  Was du doch damals gemacht, als noch ein damals nicht war?
Auch nicht gehest der Zeit du voran in der Zeit; denn als-
                                                  dann ja
  Gingest mit Nichten du selbst sämmtlichen Zeiten voran.
Aber was ist denn die Zeit? Wo Keiner mich fraget, da weiss ich's,
  Aber um Antwort bemüht, ist es als wüsste ich's nicht.
Freilich begonnte zu sein nicht die Zeit in der Zeit, da die
                                                  Zeit ja
  Nimmer vermochte zu sein, ehe begonnen die Zeit."

(Aussprüche der philosophirenden Vernunft und des gläubigen Herzens aus den Schriften des h. Augustinus. Von Prof. Dr. C. B. Schlüter. Münster, Coppenrath 1859.)

Wenn Ludwig Eckardt in seiner Schrift: Die theistische Begründung der Aesthetik im Gegensatze zu der pantheistischen S. 54—57 sagt: Die Welt ist von Ewigkeit und doch hat die Welt ihren Grund (Anfang) in Gott, so sehe ich dies der Sache nach gar nicht als verschieden von der Lehre des h. Augustinus, Saint-Martin und Baader an.

Noch immer findet sich in der gesammten deutschen Literatur keine Schrift, in welcher eine nur einigermaassen befriedigende Darstellung der Lehre St. Martin's anzutreffen wäre. Das Beste findet sich noch in dem ausgezeichneten Werke Ulrici's.

Aber in der Hauptsache bleibt auch diese Darstellung weit hinter ihrer Aufgabe zurück.

Vollends aus J. Schmidt's Darstellung der Persönlichkeit und der Lehre Saint-Martin's in seiner Geschichte der französischen Literatur seit der Revolution 1789 I, 206—211 ist entfernt nicht ein richtiges Bild von der Bedeutung dieses grossen Theosophen zu gewinnen. Wenn J. Schmidt sagt: „Das Gefühl des Göttlichen, durch die öffentliche Ungläubigkeit verscheucht, flüchtete sich in das Dunkel und ergab sich den Künsten der Zauberei", so muss jeder Unkundige auf die Vorstellung gerathen, Saint-Martin habe sich Zeitlebens den Künsten der Zauberei ergeben. Ohne untersuchen zu wollen, ob die theurgischen Operationen des Martinez Pasqualis, des ersten Lehrers unseres Saint-Martin, den Namen der Zauberei-Künste verdienen, so ist doch so viel historisch festgestellt, dass Saint-Martin dieselben schon sehr früh von sich wies, sie missbilligte und sich sein Leben lang von ihnen entfernt hielt. Wenn Saint-Martin sagt: „C'est à Lyon que j'ai écrit le livre des erreurs et de la vérité. Je l'ai écrit par désœuvrement et par colère contre les Philosophes", so lässt J. Schmidt dieses Werk „weniger aus Liebe zu Gott, als aus Hass gegen seine Feinde" geschrieben haben. Anderwärts sagt Saint-Martin, dass er jenes Werk aus Liebe zu den Menschen geschrieben habe und es ist schlechterdings kein Grund vorhanden, ein geringeres Maass der Liebe zu Gott dabei vorauszusetzen. Von der Behauptung J. Schmidt's, dass es für einen Gebildeten unmöglich sei, das Buch hinter einander durchzulesen, ist soviel einzuräumen, dass allerdings die anhaltende Lektüre dieses Buches sehr schwer ist. Wenn aber Schmidt behauptet, von einem logischen Zusammenhang, von einem leitenden Gedanken sei keine Rede, es sei ein Gewebe von Einfällen, die uns zuweilen durch den Wulst unerhörtester Abgeschmacktheit erdrückten, zuweilen durch einen Funken des Genius überraschten, so ist das zum Theil ganz falsch, zum Theil nur halb wahr. Auch in diesem Werke wird man nicht bloss zuweilen durch einen Funken des Genius überrascht, sondern es enthält einen grossen Reichthum tiefsinniger Ideen und bei Weitem nicht Alles, was darin auf den ersten Blick seltsam erscheint, ist so ohne Weiteres mit Schmidt zu den Abgeschmacktheiten zu werfen. Höchst unbillig aber ist es, St. M. hauptsächlich oder doch vorwiegend nach diesem zugestandenermaassen in Betreff der Darstellung zum grossen Theil unvollkommenen Werke zu beurtheilen. Aus den eigentlichen Hauptwerken St. Martin's bringt J. Schmidt so gut wie nichts vor und will doch die Stellung und Bedeutung dieses Schriftstellers für die französische Literatur gut charakterisirt haben. Er bezeichnet die Schrift: L'homme de désir, als Saint-Martin's beste, während doch das Tableau naturel, Le nouvel homme, De l'Esprit de choses und Ministère de l'homme-esprit ungleich bedeutender sind. Höchstens könnte gefragt werden, ob: L'homme de désir, nicht die beste seiner Schriften in Rücksicht des Styles sei. Aber auch dies kann kaum zugegeben werden, da: Ministère de l'homme-esprit, jener Schrift in Rücksicht des Styls mindestens die Wage hält. J. Schmidt giebt zu, dass in St. Martin's Tagebüchern sich sehr feine Bemerkungen über die Frauen finden. Aber er hätte hervorheben sollen, dass sich dort wie in dem ganzen Umfang der nachgelassenen Schriften und in seinen Werken überhaupt ein ausserordentlicher Reichthum von feinen, sinnvollen und genialen Bemerkungen über alle denkbaren Gegenstände der Betrachtung vorfindet. In bedeutend abgeschwächter Art wird etwas davon wohl von J. Schmidt eingeräumt, wenn er sagt, man werde in seinen Schriften häufig durch einzelne Sätze überrascht, in denen eine tief empfundene Wahrheit sich poetisch ausdrücke. Wenn er aber behauptet: „es wäre nicht möglich eine seiner Schriften zu Ende zu lesen, weil aller dialectische Faden fehle", so verräth er damit nur, dass er die Schriften St. Martin's nur ganz oberflächlich gelesen hat und in den Kern derselben nicht entfernt eingedrungen ist. Allerdings kann man St. Martin's Schriften nicht so leicht wie den ersten besten Roman lesen, auch nicht so leicht wie die Schriften eines W. T. Krug, eines Garve, eines L. Feuerbach oder A. Schopenhauer. Aber sie sind immer noch so geniessbar als die Kritik der reinen Vernunft von Kant, die Wissenschaftslehre von Fichte und die Phänomenologie und Logik von Hegel, deren wissenschaftlichere Bedeutung desshalb nicht weggestritten werden soll. Wenn der zartfühlende gewissenhafte St. Martin, dessen

Seelenspiegel schon von dem geringsten Anhauch des Weltlichen
getrübt wurde, in der Reinheit seines Herzens äussert, dass er in
der Nähe der Herzogin von Bourbon mehr als wünschenswerth
verweltliche, so nimmt dies J. Schmidt ganz unbedenklich als
ein Zugeständniss, welches ihm ganz geeignet scheint ohne weiteren
Zusatz ein schiefes Licht auf den frommen Theosophen fallen zu
lassen. Vollends leichtfertig aber ist es, aus den Trostgründen,
welche St. Martin aus dem Glauben an die heiligen Absichten
der göttlichen Vorsehung in der Zulassung der Gräuel der französischen Revolution schöpfte, erläutern zu wollen, dass er den
Personen nur geringes Mitleid gespendet habe. „Die schönen
Seelen, führt J. Schmidt in seiner Leichtfertigkeit fort, nehmen
ihre Aufgabe, wie man sieht, innerhalb der sittlichen Welt etwas
leicht." Und eine solche Beschuldigung erhebt man gegen einen
Mann, dem seine Zeitgenossen einstimmig das Lob des sittlich-
reinsten edelsten Charakters geben und dessen Schriften fast in
jeder Zeile die glühendste Liebe zu den Menschen athmen. Die
ungeheuere Grösse der Uebel, unter welchen die Menschen leiden,
war der tiefe Schmerz und die ernste Trauer seines ganzen Lebens,
der glühende Eifer für Linderung der Leiden der Menschen und
für Erlösung von allen Uebeln verzehrte sein tief mitfühlendes
Herz und wenn er Strafübel für eine göttliche Wohlthat ansah,
so leitete ihn auch dabei nur seine Liebe, die eben tiefer war,
als die der gewöhnlichen Menschen.

Am anerkennendsten spricht sich J. Schmidt über St. Martin's Leistungen in seinem Kampfe gegen den Sensualisten Garat
aus. Den Vorwurf der Schwärmerei und thörichter Mystik konnte
aber natürlich ein Kritiker von der Sorte J. Schmidt's, der in seiner
Literaturgeschichte der Deutschen von Baader eine crasse Caricatur
gezeichnet hatte, unserem tiefsinnigen Theosophen nicht erlassen.

So sehr nun auch St. Martin und Oetinger in ihrer genialen, geistvollen Anschauung die Ideen Jacob Böhme's
reproducirt haben, so ist es doch keinem von beiden gelungen,
diese tiefsinnigen Ideen in eine Art von Gedankensystem zu
bringen. Hierin hat Franz Baader unstreitig Ausgezeichnetes geleistet, da in dieses Forschers grossartiger Anschauungsweise Jacob

Böhme und die beiden Mittelglieder, Oetinger und St. Martin, sich widerspiegeln. Baader hat das grosse Verdienst, die oft dunkeln Ausdrücke Böhme's in verständliche Gedanken verwandelt zu haben. Wenn auch in seinen Darstellungen die systematische Gestaltung gar sehr zurücktritt, — was mit eine Folge seiner grossartigen productiven Gedankenströmung ist, — so ist doch nicht zu verkennen, dass in seinen sämmtlichen Schriften ein System enthalten ist, und zwar ein tieferes, als die hochgerühmten, unbestreitbar genialen Philosophen, Leibniz, Kant, Fichte, Schelling dargeboten haben*). Man kann freilich Franz Baader unter den Philosophen als unsystematisch bezeichnen, dagegen muss man ihm das grosse Verdienst vindiciren, die Theosophie auf ein bestimmtes Erkenntnissprincip zurückgeführt und dadurch derselben eine feste Grundlage gegeben zu haben. Wie Platon, der Repräsentant des griechischen Geistes, in welchem

---

*) Wer freilich das eigentlich Charakteristische und Auszeichnende Baader's in seinem oft plötzlich hervorbrechenden Witz oder in der Vereinzelung seiner Schriften und Schriftchen und seiner häufig sprungweisen Darstellung sucht, der wird die wahre Bedeutung Baader's nie begreifen. Wer wollte Carriere nicht beistimmen, wenn er (Aesthetik I, 481) sagt: „Dem Auge wird das Licht eben empfindlicher, wenn es plötzlich im Dunkel aufblitzt, als wenn die Sonne fest am Himmel steht, und das Funkelnde und Glänzende imponirt mehr als der gleiche Schein der Tageshelle." Wenn er aber fortfährt: „er zeigt sich doch grösser und herrlicher bei Kant und Lessing als bei Hamann und Baader, bei Sophokles und Göthe als bei Jean Paul oder Novalis", so mag dies allenfalls für die Darstellungsart dieser Denker gelten. Aber Baader, dem übrigens Hamann an speculativer Kraft und Tiefe nicht entfernt nahe kommt, wiegt den Mangel an gleichmässiger und ansprechender Darstellung durch die Tiefe, den inneren Zusammenhang, die staunenswerthe Zusammenstimmung der Gedanken und den überreichen Wahrheitsgehalt seiner Ideen so gewaltig auf, dass selbst ein Kant in dieser Rücksicht — und dies ist denn doch die Hauptsache — hinter ihm zurücktreten muss. Kant ist überhaupt ungleich grösser als Sucher und Forscher, denn als Finder und Entdecker. Die Ergebnisse seiner Philosophie sind einerseits kein in sich harmonisches System, vielmehr ist nicht leicht ein anderes System in sich selbst zerrissener als das Kantische, während nicht leicht ein System genannt werden kann, welches in sich harmonischer wäre als das Baader'sche.

alle Adern der griechischen Spekulation zusammenliefen, obwohl ihm
bei seiner productiven idealen Richtung alle Systematik abging,
dennoch auf die spätere philosophische Strömung den grössten Einfluss ausübte, eben so wird auch Baader, in dessen genialen
Schriften die Fermente einer gewaltigen Evolution der Speculation
enthalten sind, auf kommende Zeiten eine tiefeingreifende Wirkung
üben. Baader's Speculation ist eine durch und durch christliche
zu nennen und wie tiefe Elemente in seinen Lehren enthalten
sind, davon gibt uns schon der Umstand einen Beweis, dass dieselben bereits schon so bedeutend auf die Wissenschaft in Deutschland gewirkt haben, und dass namentlich in den wichtigsten
neueren Werken der speculativen Theologie sich mehr oder weniger
Baader'sche Ideen wiederfinden lassen.

Wie gänzlich weicht aber freilich die Denkweise Baader's
von der noch immer vorherrschenden ab! Wenn das: cogito ergo
sum, als Grund-Princip der Speculation aufgestellt worden und
dieses Princip in allen verschiedenen Ausläufen der speculativen
Strömung der neueren Zeit das Grundferment geblieben war, so haben
von Jacob Böhme bis Baader die Theosophen den umgekehrten
Weg eingeschlagen, mit dem Princip: cogitor ergo sum. Diesem
Princip zufolge ist unser Wissen nicht als ein primäres, sondern
in so weit als ein secundäres zu bezeichnen, als wir nur desshalb
etwas vom Absoluten wissen können, weil Gottes Denken des
Menschen Denken durchdringt, woraus folgt, dass wir nur mit
der Assistenz der göttlichen Wahrheit selbst in die Tiefen des
Geistes und der Natur zu dringen vermögen. In diesem Sinne
sagt Baader: weil Gott mich denkend mein Denken durchdringt
und ich mich durch Ihn gedacht finde (cogito quia cogitor), ist
Gottes Gedanke mein Gedanke *).

---

*) Wenn Einige in dem Satze Baader's: cogito quia cogitor oder
cogitor, ergo sum, Pantheismus gewittert haben, so haben sie eben diesen
Satz nicht verstanden. Wollen denn unsere Theologen, dass der Mensch
von Gott nicht gedacht werde und dass der Mensch nicht denke, dass er
von Gott gedacht werde und dass er gar nicht sein könnte, wenn er von
Gott nicht gedacht würde? Wenn sie aber dies nicht wollen, mit welchem

Was aber ferner die bereits oben gerügte pantheistische Identificirung Gottes und des Geschöpfes betrifft, so ist es un-

---

Grunde verdächtigen sie dann die zwar höchst einfache aber dennoch ungemein wichtige Consequenz jedes theistischen Systemes, dass wenn Gott den Menschen (und die gesammte Welt) denkt, der Mensch von Gott gedacht werde? Oder soll vielleicht zwar Gott den Menschen denken, aber der Mensch bei Leibe nichts davon wissen, dass er von Gott gedacht werde? Aber wie soll denn dann der Mensch überhaupt etwas von Gott wissen und wie insbesondere etwas davon, dass Gott den Menschen denke? Indess die Besorgniss der Theologen scheint freilich nur die zu sein, dass Baader den Menschen in dem Gedachtwerden von Gott mit Haut und Haaren aufgehen lasse. Aber hat denn Baader hierüber nicht die genügendsten Bestimmungen gegeben, indem er Geist und Natur als bedingte Substanzen von Gott als der absoluten Substanz, die ihm absoluter Geist ist, unterschieden? Wo hätte Baader je einer Lehre beigestimmt, die wie jene des Averroes (Geschichte der Philosophie von H. Ritter VIII, 140 ff.) einen allgemeinen Verstand annahm, der in immer wechselnden (vergänglichen) Individuen thätig sei oder irgend einem jener pantheistischen Systeme, welche die bedingten geistigen Wesen als die Momente, Theile oder Glieder des göttlichen Geistes auffassen? Selbst einem Systeme, welches die geistigen Wesen als unvergängliche Momente oder Theile des göttlichen Verstandes oder Geistes aufgefasst hätte, würde Baader seine Zustimmung versagt haben; sogar dann, wenn ein solches System Gott ausser seinem in der Totalität der geistigen Wesen sich ausdrückenden, gleichsam peripherischem Bewusstsein noch ein davon unterschiedenes Centralbewusstsein beigelegt haben würde. So würde Baader einer ähnlichen Lehre Lessing's im Christenthum der Vernunft nicht beigestimmt haben. Lessing in den Fusstapfen des Leibniz sagt dort (Lessing's Sämmtliche Schriften H. v. Lachmann 11. Bd. S. 604 — 605): „Das einzige vollkommenste Wesen hat sich von Ewigkeit her mit nichts als mit der Betrachtung des Vollkommensten beschäftigen können. Das Vollkommenste ist er selbst; und also hat Gott von Ewigkeit her nur sich selbst denken können. Vorstellen, Wollen und Schaffen ist bei Gott eines. Man kann also sagen, alles was sich Gott vorstellet, alles das schafft er auch. Gott kann sich nur auf zweierlei Art denken; entweder er denkt alle seine Vollkommenheiten auf einmal und sich als den Inbegriff derselben; oder er denkt seine Vollkommenheiten zertheilt, eine von der anderen abgesondert, und jede von sich selbst nach Graden abgetheilt.... Gott dachte seine Vollkommenheiten zertheilt, das ist, er schaffte Wesen, wovon jedes etwas von seinen Vollkommenheiten hat;

leugbar freilich eine grundfalsche, aller Religion widerstreitende
Behauptung, wenn man annimmt, dass Gott (der Weltgeist, wie
ihn Hegel entgegen der Schriftsprache nennt) erst durch das
Geschöpf sich Inhalt gebe, und dass der Alles Bestimmende nur
erst durch den Schöpfungs-Act sich selber bestimme und erfülle,
das heisst durch, mit und aus Etwas, was nicht Gott ist, sich ver-
wirkliche, sich zum wirklichen Gott machend. Eben so falsch ist
die weitere Behauptung, dass Gott nicht, wie die Religion lehrt,
seine Geschöpfe vollendend und verklärend zu und in sich erhebe,
sondern dass er, aus ihnen erst zu sich selber kommend, sie wo
nicht als Saturnus aufspeise, so doch wenigstens ihrer radikalen
Schlechtigkeit wegen fallen lassen müsse. Alle Philosophen,
welche solche Behauptungen aufstellen, sind in den gemeinsamen

---

denn, um es nochmals zu wiederholen, jeder Gedanke ist bei Gott eine
Schöpfung. Alle diese Wesen zusammen heissen die Welt." Diese Lehre
Lessing's würde Baader zwar über die Spinoza's, Fichte's, Schelling's und
Hegel's, aber nicht über, sondern unter die Böhme's, Oetinger's und
Saint-Martin's gestellt haben. Vor Allem nemlich behauptet diese Lehre
offenbar die Einwesigkeit Gottes und der Welt. Gott ist hier nur die
unzertheilte Welt, die Welt ist der zertheilte Gott, beide sind ein und
dasselbe Wesen, dort nur als Einheit aller Zertheiltheit, hier als Zertheiltheit der in der Einheit aufgehobenen Unterschiede gefasst. Die
Unterschiede, welche Gott in der Entfaltung des Reichthums seines Wesens
denkt und die darum noch nicht Zertheiltheiten seiner sind, dürfen keineswegs bereits als Geschöpfe oder geschaffene Wesen angesehen werden. Sie
sind vielmehr die Selbstbestimmungen des göttlichen Wesens und damit
zugleich die Urbilder der geschaffenen Wesen und hören auch dann nicht
auf diese Urbilder zu sein und zu bleiben, wenn die nach ihnen geschaffenen Abbilder entstehen. Die Gedanken Gottes sind als solche noch
nicht zugleich von Gott unterschiedene Wesen, und namentlich sind die
Gedanken Gottes nicht schon als solche zugleich denkende Wesen. Die
Actuatio substantiae creatoralis ist ein von den Selbstbestimmungen des
göttlichen Wesens verschiedener Act, selbst dann wenn er auch als gleichewig mit dem Act der totalen Selbstbestimmung Gottes gedacht werden
müsste. Man kann daher wohl sagen müssen, dass Vorstellen, Wollen
und Schaffen bei Gott untrennbar seien, aber man darf nicht sagen, dass
sie eines und dasselbe seien. Gott stellt sich daher wohl Alles vor, was
er schafft, aber er schafft nicht Alles, was er sich vorstellt.

Irrthum verstrickt, zu meinen, dass man mit Gott aufhören und beschliessen könne, ohne doch mit Ihm (sondern vielmehr mit Etwas, was nicht Gott ist) anzufangen.

Ferner bemerke ich, sagt Baader, dass, wenn man hierbei, wie billig, den endlichen Geist im Sinne hat, man nur uneigentlich sagen kann, dass er nur sich suchend, und hiermit entäussernd, sich negire, indem sein Suchen, in so fern es absolut von ihm ausgeht, doch seine eigene Position wenigstens bezweckt, so dass also eine Selbstaufgabe im Suchen und Wirken nur in so fern gedacht werden kann, als der endliche Geist nicht sich sucht, somit in seinem Suchen und Wirken nicht von sich ausgeht, sondern ein ihm gegebenes oder von ihm anerkannt aufgegebenes Suchen und Wirken nur fortsetzt, gleichsam in demselben hiermit sich findend, nicht etwa bloss in sich durch Aufhebung des Gesetzten zurückkehrt, sondern dieses Sichfinden als ein Sichgegebensein von jenem anerkennt, den er suchte oder für den er, in dessen Namen, er wirkte und ausging.

Wir sehen aus diesen Andeutungen, wie sehr unsere Theosophen in ihren Grundprincipien mit einander zusammenhängen und wie sie das Verhältniss des Menschen zu Gott nicht als Selbstaffirmation erfassen, sondern bestrebt sind, ganz in christlicher Weise das umgekehrte Verhältniss festzustellen, wodurch sie eine ganz neue Aera der Speculation bilden. Baader bezeichnet dieses Verhältniss zwischen dem göttlichen und menschlichen Denken als das des Urbildes in Gott und des Nachbildes im Menschen, daher dem Menschen nur in diesem Nachdenken ein Wissen von Gott möglich ist, das heisst in so weit Gott sich dem Menschen durch seinen Geist zu erkennen giebt. Denn Gott, als das Urbild unserer geistigen Thätigkeit ganz zu erkennen, vermag der Mensch nicht, indem Gott nur dem, der völlig gleichen Wesens mit ihm wäre, sein ganzes Wesen aufschliessen könnte. Der Mensch, als das Nachbild des göttlichen Denkens, kann nur in so weit, als das Absolute das menschliche Denken durchdringt, das göttliche Denken fortsetzen. Dieses Verhältniss hat Baader durch bestimmte Erkenntniss-Principien auszusprechen versucht.

Wie es seiner Lehre zufolge ein dynamisches und ein mechanisches Erkennen, wie es eine mechanische und eine dynamische Gestaltung gibt, jene von Aussen, diese von Innen wirkend, so muss es auch ein doppeltes, ein mechanisches, äusseres, figürliches und ein dynamisches, lebendiges, wesentliches Erkennen und Erkanntsein geben. Nur im dynamischen, organischen Erkennen wohnt das Erkennende dem Erkannten inne; beim mechanischen Erkennen findet von Seiten des Erkennenden ein blosses Durchwohnen Statt. Wenn das Erkennende dem Erkannten innewohnt, so erkennt dieses jenes, und zwar in dem in ihm aufgehenden Bild oder Ebenbild des Erstern und erkennt hiermit dessen wesentliche, lebendige Inwohnung. Die Innewohnende Erkenntniss ist eine wechselseitige Lust des Erkennenden und Erkannten. Man sieht leicht, dass hiermit die sonst dunkle Lehre vom Einfluss des Willens oder des Glaubens auf das Erkennen ihre wissenschaftliche Begründung erhält.

Ein solches nicht primitives, sondern secundäres Wissen ist nun vor Allem das Sich-Selber-Wissen jedes endlichen Geistes. Jeder endliche Geist, wissend, dass er nicht sich selber hervorbringt, und also auch von sich selber nicht weiss, weiss hiermit sein Gewusstsein von dem ihn hervorbringenden absoluten Geist. Bekanntlich hat aber Cartesius das Sich-Selber-Wissen des endlichen Geistes (cogito ergo sum) für ein primitives Wissen, das heisst für das allein unbezweifelbare genommen. Hiermit hat er der bis auf unsere Zeit ihm hierin folgenden Philosophie, der das Ego zum Alpha und Omega geworden, eine falsche Richtung und wenigstens die Veranlassung gegeben zu allen jenen späteren sogenannten Beweisen Gottes aus Etwas, das nicht Gott ist, wo die uns so nahe liegende Ueberzeugung der Coincidenz des Sichwissens mit dem Sich-gewusst-wissen verdunkelt worden ist.

Nicht minder treffend bemerkt Baader: Mit der Lehre vom Selbstbewusstsein als einer Sichselbermanifestation gelangt die Philosophie zur Einsicht eines nothwendigen inneren, immanenten Unterschiedes, als einer Formation des Geistes, hiermit auch zur

Einsicht, dass wenn das Absolute (Geist) die alleinige Substanz, dasselbe eo ipso auch das Sich-selber-Formirende ist. Die Einheit oder Einfachheit der Geistes-Substanz ist nicht, wie man bisher meinte, eine formlose, unmittelbare, ruhende Einheit, sondern eine geformte, sich formirende, durch ihre innere Unterscheidung sich durchführende und hiermit in sich selber immer wiederkehrende und pulsirende Einheit, womit das Flache und Unwahre der deistischen Vorstellung von der abstracten Einfachheit Gottes sowohl als des endlichen Geistes eingesehen wird und die Philosophie dem Begriffe des heiligen Ternars, somit des lebendigen Gottes, sich wieder nähert. Göthe sagt: Kein Lebendiges ist ein Eins, immer ist's ein Vieles. Nicht der leiblose, sondern der leibfreie Geist ist Substanz. Tertullian sprach nicht von einem materiellen Leibe, sondern von einer übergeschöpflichen, folglich auch immateriellen Natur und Leiblichkeit Gottes.

Baader's Bestreben geht überall dahin, eine Vermittelung zwischen Idealismus und Realismus durch die Begründung eines höheren Realismus zu bewerkstelligen. Diese Grundanschauung seines Systems sucht er in allen Sphären mit grösster Consequenz durchzuführen und namentlich auch über die sichtbare und unsichtbare Kirche eine höhere Vermittelung zu erstreben. In diesem Sinne sagt er: Es ist falsch, wie protestantische Mystiker zu thun pflegen, das Innere allein für das Wesentliche, das Aeussere für etwas Unwesentliches, für eine blosse Formalität zu halten, da im Gegentheil der Begriff des Wirklichen oder Lebendigen mit jenem der Identität des Inneren und Aeusseren, so wie der Begriff der Nichtidentität beider mit jenem des Todten coincidirt. Baader sagt weiter sehr treffend: Jede Gemeinschaftlichkeit des Inneren strebt unaufhaltbar zu einer ihr entsprechenden gemeinsamen äusseren Conformation und es gibt keinen Geist, der nicht Esprit de Corps wäre. Aus dem so eben Gesagten wird begreiflich, wie jederzeit die Wahrheit nur in der Mitte von zwei entgegensetzten Parteien sich findet und erhält, von denen die eine sich für befugt hält, wenn sich das Aeussere seinem Inneren unangemessen zeigt, dieser Unangemessenheit sich sofort als Vorwandes zur gänzlichen Abschaffung dieses Aeusseren zu bedienen, wogegen eine andere Partei das Aeussere nicht anders bewahren zu können meint, als durch seine absolute Stagnation und Erstarrung.

Baader ist durchaus der Ansicht, dass das Innere und das Aeussere, das Ideale und Reale vereinigt sein müssen. Das Erfahren im Inneren oder das nothwendige Erfahren desselben Gegenstandes, den man äusserlich erfährt, nennt man bekanntlich das Innewerden desselben. Jedem Inneren (Empfundenen) muss aber immer ein Aeusseres, Schauliches, Form oder Gestalt seiner Ordnung entsprechen; der materiellen Empfindung somit eine materielle Form und ein materielles Wirken, wie der immateriellen Empfindung eine immaterielle Anschauung und ein immaterielles Wirken. Mit der Anerkenntniss der penetrirenden Coincidenz oder Inexistenz der immateriellen Empfindung, Anschauung und Wirkung mit der materiellen und durch die materielle ist der Schlüssel zum Verständniss der Geheimnisse der bildenden Kunst, der höheren Physik, ja der Religion selbst gegeben. Da aber eine schlechte Naturphilosophie das Wort: Immateriell, für gleichbedeutend mit dem Inneren, das Wort Materiell für alles Aeussere nahm, so blieb jener Schlüssel unbekannt und ungebraucht. Das Nichtmaterielle fiel somit den Philosophen wie Theologen mit der abstracten, geist- und sinnleeren Vorstellung eines empfindungslosen, gestaltlosen und darum auch wirklosen, nicht realen Undings zusammen. So meinen sie denn, dass man ihnen Märchen glauben machen wolle, wenn man ihnen sagt, dass der Mensch beständig, indem er materiell empfindet, schaut und wirkt, dasselbe zugleich auch immateriell thut, folglich sich bereits schon in der sogenannten anderen Welt actuell befindet, wenn schon das eine Empfinden, Schauen und Wirken im anderen sich bisweilen gänzlich zu verlieren und von ihm verdrängt zu sein scheint. Hieraus folgt denn besonders in Anwendung auf den Cultus, dass der Materialist, welcher die Realität des immateriellen Empfindens, Schauens und Wirkens leugnet, sich in einer eben so schlechten Abstraction befangen zeigt, als jener Spiritualist, welcher das Immaterielle völlig vom Materiellen getrennt haben will.

Von diesem Standpunkte aus sollte man die Lehre vom Sacramente fassen und vortragen, d. h. dem Menschen nachweisen, wie Gott ihm die Hülfe, deren er zu seiner Wiedergeburt bedarf, sowohl äusserlich als innerlich nahe legte und fortwährend nahe legt, und wie der Mensch weder die eine noch die andere Hülfe abstract, sondern vielmehr beide zusammen in ihrer Concretheit zu fassen hat, um sowohl dem schlechten religiösen Materialismus als dem schlechten religiösen Spiritualismus zu entgehen.

Wenn wir alle diese Aussprüche Baader's in einem Bilde zusammenfassen, so sehen wir, mit welcher Tiefe er in die religiösen Doctrinen eingedrungen ist. Baader hat seine Stellung in der Vermittelung des Idealismus und Realismus. Von allem Pantheismus entfernt, sucht er das Absolute in seiner Lebendigkeit zu fassen, und erkennt es an, dass das Absolute wahrhaft vollendeter, nicht naturloser, sondern naturfreier Geist nur ist, indem ihm eine ewige Natur immanent ist. Wäre Gott bloss reiner Geist, so könnte seine Schöpfung auch nur reine Gedankenwelt sein; da es aber eine reale Welt gibt, so kann Gott diese Welt nur vermöge seiner Natur geschaffen haben.

Je mehr wir aus der gegebenen Darstellung ersehen haben, dass B. in die höchsten und metaphysischen Fragen eingedrungen ist, um so mehr darf erwartet werden, dass seine Speculation eine tief gehende Wirkung auf den Gang der Wissenschaft ausüben wird. Wenn nicht alle Zeichen der geistigen Strömung täuschen, so wird die Zukunft unserer wissenschaftlichen Anschauungsweise um so mehr dieser Richtung sich zuwenden, je mehr diese vom Mittelpuncte des Christenthums ausgehende Speculation allein das hinlängliche Gegengewicht einem bodenlosen Materialismus gegenüber bildet, der seit einiger Zeit nicht allein von der Philosophie, sondern auch und vorzugsweise von der Behandlung der Naturwissenschaft ausgeht, und eine solche Gewalt gewonnen hat, dass die Anschauungen sehr geistreicher Männer, wie z. B. eines Johannes Richers, für Aberglauben und Unsinn erklärt werden. Soll nicht der Materialismus eine völlige Zerstörung in allen Gebieten hervorbringen, so muss die Ansicht Baader's immer mehr Geltung gewinnen, dass unsere Naturwissenschaft wieder zu einem tieferen Dynamismus zurückkehren muss. Diess kann aber natürlich nur auf dem Wege der Speculation, der wahrhaft christlichen Speculation, geschehen; denn wie Baader sagt: Wir bedürfen der (wahren) Wissenschaft, um uns gegen die (Schein-) Wissenschaft schützen zu können.

Möge denn die deutsche Wissenschaft in ihrem gewaltigen Fluge unter dem Segen Gottes fortschreiten, und immer mehr den Standpunct sich erringen, wo sich der ewige Born der christlichen Wahrheit in seinem reichen niemals versiegenden Strome eröffnet und sich mit Lebensfülle in alle Richtungen des germanischen Geistes ergiesst. Von diesem Vertrauen zum Genius der deutschen Wissenschaft geleitet, übergebe ich den vorliegenden Band der s. Werke des tiefsinnigen Franz von Baader der Oeffentlichkeit mit der Bitte, diese einleitenden Worte mit Nachsicht beurtheilen zu wollen, indem dieselben von mir unter den schwersten Gemüthsbewegungen aufgezeichnet wurden, und nur die Liebe zur deutschen Wissenschaft und zum deutschen Vaterlande mir die Kraft verlieh, diese Arbeit vollenden zu können. —

Die Redaction des vorliegenden Bandes bot erhebliche Schwierigkeiten dar. Ein ausgearbeiteter Text war in dem Nachlasse Baader's nicht vorhanden, sondern nur ein reiches Material von Aufzeichnungen, Bemerkungen, und ganz besonders von Randglossen zu fast allen Schriften St. Martin's, sowohl zu den französischen Originalien als zu den deutschen Uebersetzungen, so weit solche bis zu dem J. 1840 existirten. Bald waren die französischen Originalwerke, bald die Uebersetzungen reichlicher mit Randbemerkungen versehen. Es konnte natürlich bei weitem nicht Alles zur Mittheilung benützt werden und es liess sich mit (nicht ganz vollständiger) Ausnahme der zwei frühesten Schriften St. Martin's eine andere Mittheilungsweise nicht durchführen, als die gewählte, welche Seiten- und Zeilenzahl der Stellen angibt, auf welche sich die Bemerkungen Baader's beziehen. Bei mehreren

Hauptschriften St. Martin's schien es, wenn nicht unerlässlich, so doch förderlich, die Stellen, worauf sich Baader's Bemerkungen beziehen, in den Text mit aufzunehmen. Die Seiten- und Zeilenzahlen beziehen sich überall auf die französischen Originalausgaben der Werke St. Martin's mit Ausnahme des Werkes: De l'Esprit des choses, wo sich die Zahlen auf die deutsche Uebersetzung durch G. H. von Schubert beziehen. Durch diese ungewöhnliche, aber unter den gegebenen Umständen unvermeidlich gewesene Mittheilungsweise hat nun der vorliegende Band eine Gestalt erhalten, die nichts weniger als erfreulich genannt werden kann. Allein der Herausgeber glaubt sich der Hoffnung hingeben zu dürfen, dass sich der eifrige Forscher durch den reichen und tiefen Inhalt entschädigt finden wird und es war gewiss besser, dass dieser reiche und tiefe Inhalt in dieser Gestalt als dass er gar nicht dargeboten wurde.

Wer sich über das Leben und die Schriften St. Martin's unterrichten will, den verweiset der Herausgeber auf folgende Schriften:

1) Oeuvres posthumes de Mr. de St. Martin II vol. A Tours, Letourmy 1807. 2) Notice historique sur les principaux ouvrages du Philosophe Inconnu, et sur leur Auteur Louis-Claude de St. Martin par Tourlet. 3) Notice biographique sur L. Cl. de Saint-Martin ou le Philosophe inconnu. (Par J. B. M. Gence) Paris, Migneret 1724. 4) Des französischen Philosophen L. Cl. de St. Martin nachgelassene Werke. Aus der Urschrift und mit Anmerkungen von Dr. W. A. Schickedanz. Erster Theil. Münster, Theissing, 1833. 5) Denkwürdigkeiten und vermischte Schriften. Von K. A. Varnhagen von Ense. 2. Aufl. Vierter Band. Leipzig, Brockhaus 1843, S. 27—40. 6) Le Philosophe Inconnu. Reflexions sur les Idées de L. Cl. de Saint-Martin le theosophe etc. par L. Moreau. Paris, Lecoffre et Comp. 1850. 7) Essai sur la vie et la doctrine de Saint-Martin Le philosophe inconnu par E. Caro. Paris, Hachette 1852.

In dem letztgenannten Werke findet sich die vollständigste Angabe der gedruckten und ungedruckten Schriften St. Martin's, die bis jetzt gegeben worden ist. Ich theile sie hier vollständig mit und füge einige Ergänzungen in Bezug auf die erschienenen deutschen Uebersetzungen hinzu:

„Nous croyons à propos de joindre à cette appréciation générale des écrits de Saint-Martin une notice bibliographique. Les communications bienveillantes de MM. Tournyer nous ont mis à même de dresser cette liste, la plus complète et la plus authentique qui ait été publiée jusqu'à ce jour. Nous avons fait trois catégories; la première renferme les oeuvres publiées qui appartiennent incontestablement à Saint-Martin; la seconde contient les oeuvres apocryphes; la troisième se compose des oeuvres inédites.

Oeuvres publiées:

I. — Des Erreurs et de la Vérité, ou les hommes rappelés au principe universel de la science, par un Ph... Inc..., Edimbourg (Lyon), 1775, in-8°. Ce livre est une refutation de la philosophie de la matière, et un appel à la Cause active qui est le Verbe, et qui seule contient la vraie science. (Dass von diesem Werke eine deutsche Uebersetzung erschien, scheint dem Hrn. Prof. Caro unbekannt geblieben zu sein. Sie erlebte sogar mehrere Auflagen: Irrthümer und Wahrheit oder Rückweis für die Menschen auf das allgemeine Principium aller Erkenntniss. Ein Werk, darin etc. Von einem unbek. Ph. Aus dem Französischen übersetzt von Matthias Claudius. Verlegt bei Gottlieb Löwe in Bresslau 1782. — Neue Ausgabe. Halberstadt in der Buchhandlung der Gross'schen Erben 1795.)

II. — Tableau naturel des Rapports qui existent entre Dieu, l'Homme et l'Univers, avec l'epigraphe (tirée de l'ouvrage précédent, suivant l'usage constant de l'auteur): „Expliquer les choses par l'homme, et non l'homme par les choses;" 2 liv. en 1 vol. Edimbourg (Lyon) 1782. — Exposition de la doctrine du symbolisme universel, dont le type le plus élevé est le Verbe, expression de Dieu. Cet ouvrage a été traduit en allemand dès l'année 1784. (Diese Uebersetzung, welche von Freudenfeld herrühren soll, führt den Titel: Ueber das natürliche Verhältniss zwischen Gott dem Menschen und der Welt. 2 Bände. Reval und Leipzig bei Albrecht und Compagnie 1783—1785.)

III. — L'Homme de Désir. Lyon, 1790, plusieurs fois réimprimé. La dernière édition est celle de Metz, an X (1802), 2 vol. in-12, recueil d'hymnes et de prières mystiques. (Auch von dieser Schrift erwähnt Caro die deutsche Uebersetzung nicht, welche vorhanden ist unter dem Titel: Des Menschen Sehnen und Ahnden. Von Adolph Wagner. 2 Bändchen. Leipzig in der Joachim'schen Buchhandlung, ohne Angabe des Erscheinungsjahres, übrigens nach Schickedanz vom J. 1813. Ein Auszug in französischer und deutscher Sprache erschien zu Frankfurt bei Schmerber unter dem Titel: Stimme eines Heimgegangenen.

IV. — Ecce homo, an IV (1796), opuscule composé à l'intention de Madame de Bourbon, réfutation des écoles de thaumaturges et de la théurgie violente. (Deutsche Uebersetzung: Sehet da den Menschen. A. d. Fr. des St. M. Leipzig, H. Reclam, 1819.)

V. — Le nouvel Homme. Paris, an IV (1796), 1 vol. in-8°, avec cette épigraphe: „Nous ne pouvons nous lire que dans Dieu même." L'homme, émané de Dieu, se régénère et rentre en Dieu par la prière. Le fond du livre est le panthéisme. (Von diesem wichtigen Werke, welches ziemlich die ganze Religionsphilosophie St. Martin's enthält, existirt keine deutsche Uebersetzung. Es wäre einer solchen vollkommen würdig. Der Inhalt desselben ist keineswegs pantheistisch, freilich auch nicht schaal theistisch, sondern monotheistisch wie die Lehre des h. Paulus, welche von gewissen Theisten und Deisten gleichfalls pantheistisch genannt würde, wenn sie aufrichtig ihre Herzensmeinung an den Tag geben würden.)

VI. — Lettre à un Ami, ou considérations politiques, philosophiques et religieuses sur la Révolution française; au III (1795); opuscule. (Von diesem interessanten Schriftchen gab Varnhagen von Ense eine vortreffliche Uebersetzung in seinen Denkwürdigkeiten und vermischten Schriften. 2. Auflage. Sechster Band. S. 411—505: Sendschreiben an einen Freund oder höhere Betrachtungen über die französische Revolution. — Ein Fragment einer freien Uebersetzung mit Erläuterungen gab Baader. Siehe den VI. Band dieses Werkes S. 291—328.)

VII. — Eclair sur l'association humaine, an V (1797), in-8°.

VIII. — Réflexions d'un observateur sur la question proposée par l'Institut: „Quelles sont les institutions les plus propres à fonder la morale d'un peuple?" au VI (1798). Ces trois opuscules contiennent la théorie politique et sociale de Saint-Martin, qui se résout dans la théocratie.

IX. — Le Crocodile, ou la guerre du bien et du mal, arrivée sous le règne de Louis XV, poème épico-magique en 102 chants, en prose mêlée de vers, oeuvre posthume d'un amateur de choses cachées; Paris, an VII (1799), in-8°. — Poème obscur et grotesque. La théosophie, représentée par Mme Jof (la foi), combat les artifices du démon ou Crocodile, avec ses fidèles auxiliaires, Eléazar (la loi juive) et Sédir (le désir).

X. — Discours sur cette question proposée par l'Institut: „Déterminer l'influence des signes sur la formation des idées", avec cette épigraphe: „Nascuntur ideae, fiunt signa." Ce discours se trouve intercalé dans le Crocodile. — Démonstration de ces deux principes théosophiques: 1° Que les signes stimulent et provoquent l'idée, mais ne la créent pas; 2° qu'avant le péché, il existait une langue primitive, composée de signes fixes et parfaits, dont les langues actuelles sont l'incomplète copie. (Eine freie Umarbeitung dieser Abhandlung gab Baader in Friedrich Schlegel's Concordia in dem Aufsatz: Ueber den Einfluss der Zeichen der Gedanken auf deren Erzeugung und Gestaltung. Siehe des vorliegenden Werkes II. Band S. 125—136.)

XI. — De l'Esprit des Choses, ou coup d'oeil philosophique sur la nature des êtres et sur l'objet de leur existence; Paris, an VIII (1800), 2 vol. in-8°. Ouvrage inspiré à Saint-Martin par le traité de Boëhm, De Signatura Rerum; nouvelle exposition plus complète et plus profonde de la doctrine mystique du symbolisme universel. (Dieses Hauptwerk ist auf Veranlassung Baader's mit einer Vorrede desselben von G. H. v. Schubert in's Deutsche übersetzt worden unter dem Titel: Vom Geist und Wesen der Dinge oder Philosophische Blicke auf die Natur der Dinge und den Zweck ihres Daseins, wobei der Mensch überall als die Lösung des Räthsels betrachtet wird. 2 Theile. Leipzig bei Reclam 1811—12.)

XII. — Discussion publique de Saint-Martin et de Garat, et Réponse de Saint-Martin, imprimées au tome III des Débats des Ecoles normales (collection publiée en 1801).

XIII. — Le Ministère de l'Homme-Esprit; Paris, an X (1802), in-8°. Régénération de l'homme par la souffrance et la prière, de la nature ensevelie dans le péché, et de la parole captive sous l'étreinte du mal, par l'homme réintégré en Dieu. (Dieses ausgezeichnete Werk erschien im Deutschen: Der Dienst des Geist-Menschen von L. Cl. von Saint-Martin. A. d. Fr. von dem Uebersetzer des Werkes: „Dante und die katholische Philosophie des dreizehnten Jahrhunderts." Münster, Deiters, 1845.)

XIV. — Oeuvres posthumes, 2 vol. in-8°; Tours, 1807, publiées par M. Tournyer. — Ces deux volumes contiennent, 1° les fragments d'un journal intime, insérés sous le titre de Portrait de M. de Saint-Martin, par lui-même; 2° un choix de pensées détachées; 3° quelques opuscules théosophiques; 4° des prières dans le goût de l'Homme de Désir; 5° des fragments de littérature et des poésies, parmi lesquelles se distingue, par son étendue, le poème théosophique sur le Cimetière d'Amboise. (Theilweise und in anderer Anordnung erschien dieses Werk übersetzt unter dem Titel: Des französischen Philosophen L. Cl. de St. Martin nachgelassene Werke. Aus der Urschrift und mit Anmerkungen von Dr. W. A. Schickedanz. Erster Theil: Die theosophischen Gedanken. Münster, Theissing, 1833. Eine Fortsetzung ist leider nicht erschienen.)

XV. — Des Nombres, oeuvre posthume, publiée en 1843 par M. L. Ch...., sur un manuscrit original écrit de la main de Saint-Martin. Ouvrage autographié de 115 pages, tiré à cent exemplaires seulement, sans nom de libraire. (Der Herausgeber ist im Besitze eines Exemplars dieser seltenen autographirten Schrift. Er ist aber ausser Stand, ein Urtheil über ihren Inhalt abzugeben, und kann nur den Wunsch aussprechen, dass dazu Befähigte diese Schrift gründlich studiren und über ihren Werth öffentlich Bericht erstatten möchten. Caro verbreitet sich eingehend über die Zahlenlehre St. Martin's in seiner Monographie (p. 224—240). Sein Urtheil kann aber nicht maassgebend sein.

Ohne die Zahlenlehre der Kabbala zu kennen, wird man kaum in die St. Martin's einzudringen vermögen. Ueber die kabbalistische Zahlenlehre gibt Joh. Friedr. von Meyer lehrreiche Kunde in seinem kurzen Begriff der Kabbala in der Auswahl aus den Blättern für höhere Wahrheit I, 260 ff.)

XVI. — Oeuvres traduites de Boëhm:

1° L'Aurore naissante, ou la Racine de la philosophie, traduite sur l'édition allemande de Gichtel, avec une notice sur Boëhm (1800), in-8°;

2° Les Trois Principes de l'essence divine (1802), 2 vol.;

3° De la Triple Vie de l'homme, traduction revue par M. Gilbert; Paris, 1809.

4° Quarante Questions sur l'âme, suivies des six points et des neuf textes, traduction revue par M. Gilbert; Paris, 1807.

Oeuvres Apocryphes.

I. — La Suite des erreurs et de la vérité. Salomonopolis, 5784 (Paris 1784), livre désavoué par Saint-Martin lui-même dans sa correspondance avec Kirchberger; grossière imitation, pleine de contradictions formelles avec la doctrine de Saint-Martin. (Auf der Rückseite des Titels der Schrift: Éclair sur l'association humaine [1797] erklärt sich St. Martin selbst über das angeführte unterschobene Buch in folgender Weise: „Un filou qui s'est revêtu du titre de l'Auteur a publié, depuis long-temps une suite à ce livre [Des Erreurs etc. etc.]. Les libraires qui reçoivent les deux ouvrages ensemble dans leur commerce, ne veulent pas vendre l'un sans l'autre, et abusent ainsi les acheteurs. Le véritable auteur du livre Des Erreurs et de la Vérité dénonce hautement cette suite comme frauduleuse, et même comme étant entachée de tous les faux systèmes qu'il a pulvérisés dans son ouvrage.")

II. — Le Livre rouge, cité dans la Biographie très-défectueuse de M. Tourlet, passé sous silence, non sans raison, dans le travail de M. Gence, si exactement renseigné. Saint-Martin, qui aime à se citer lui-même, surtout dans sa correspondance, n'a fait nulle part aucune allusion à ce prétendu Livre rouge, qui ne peut être, ou qu'une falsification de quelque autre ouvrage de Saint-Martin, ou qu' une pure invention.

Oeuvres inédites.

I. — Une longue correspondance avec Kirchberger, document très-curieux, plein d'utiles renseignements sur les particularités de la doctrine, nécessaire pour l'intelligence de l'homme et de l'oeuvre. Cette correspondance embrasse sept années, de 1792 à 1799.

II. — Quelques petits traités sur les sciences naturelles, sur les gouvernements, sur la puissance politique.

III. — Observations sur les signes et les idées.

IV. — Recherches sur les Ecritures Saintes, Comparaison des apôtres et de prophètes.

V. — Recherches mythologiques et physiques, pensées nombreuses sur la morale, sur les langues; des conférences entre Saint-Martin et le chevalier de Boufflers; des notes sur les principes du droit naturel de Burlamaqui, écrites par Saint-Martin à l'âge de dix-huit ans; quelques pensées en anglais et en allemand.

VI. — Soixante-trois lettres de Saint-Martin à M. Tournyer, embrassant dix années, de 1793 à 1803. Ce sont, en général, des lettres de famille.

La plupart de ces oeuvres inédites et de ces lettres appartiennent comme propriété de famille, à MM. Tournyer.

VII. — Plusieurs manuscrits de Saint-Martin étaient passés, à sa mort, entre les mains de M. Gilbert, son disciple et son ami. M. Gilbert est mort en 1842, et ces papiers, nous dit-on, sont devenus la propriété de M. A...... Ces papiers contenaient quelques pièces fort curieuses, entre autres des procès-verbaux d'opérations théurgiques, rédigés par Saint-Martin, à l'époque où il suivait, à Lyon, les leçons et les expériences de Martinez Pasqualis.

Parmi ces manuscrits se trouve aussi sans doute ce traité de l'Origine et de l'Esprit des formes, cité par Saint-Martin lui-même à la page quatrième du Traité des nombres, et qui n'a jamais été imprimé."

Die Monographie Caro's ist unstreitig eine verdienstliche Arbeit. Es ist der erste Versuch einer Gesammtdarstellung der Lehre St. Martin's und einer kritischen Beurtheilung derselben, welche jedenfalls die Beachtung der Forscher, auch in Deutschland, verdient. Gleichwohl kann ich weder den Principien dieser Kritik, noch den Hauptergebnissen derselben beipflichten. Herr Pr. Caro wirft sich auf den von St. Martin, allerdings nicht glücklich, gewählten Ausdruck: Emanation (der geistigen Wesen aus Gott), und argumentirt daraus den vollständigsten Pantheismus des St. Martin'schen Systems. Wenn St. Martin unter dem Ausdruck Emanation ein wirkliches Aus- oder Herausfliessen der geistigen Wesen aus Gott verstünde, so würde die Beschuldigung des Pantheismus allerdings nicht abzuwehren sein, wiewohl sich dieser eigentlich emanationistische Pantheismus immer noch erheblich von andern (tiefer stehenden) Formen des Pantheismus unterscheiden würde. Allein St. Martin versteht unter dem Worte Emanation etwas ganz Anderes, als der Wortlaut zu besagen scheint. Hören wir ihn selbst, um uns in diesem wichtigen Puncte keiner Täuschung hinzugeben. In der Schrift: Des Erreurs etc., sagt St. Martin: „Wenn das gute Principium die wesentliche Einheit ist, wenn es die Güte, die Reinigkeit und die Vollkommenheit selbst ist, so kann es in sich keine Theilung leiden, keinen Widerspruch und keine Befleckung." Im vierten Capitel des Tableau naturel erklärt er sich in folgender Weise: „Der Mensch ist bestimmt, das redende Zeichen und der Ausdruck der allgemeinen Kräfte des höchsten Wesens zu sein, von dem er ausgegangen (émané) ist. Die Idee des Ausgehens (d'émanation) kommt nur desswegen den Menschen so schwer zu begreifen vor, weil sie ihr ganzes Wesen sich haben materialisiren lassen. Sie sehen in dem Ausgehen (dans l'émanation) nur eine Trennung der Substanz, so wie in der Verrauchung eines riechenden Körpers und in der Vertheilung einer Quelle in verschiedene Bäche; lauter Beispiele, die von der Materie genommen sind, von welcher wirklich die ganze Masse verringert wird, sobald einzelne Bestandtheile davon weggenommen werden. Wenn sie aber von lebendigern und wirkenden Gegenständen sich eine Idee des

Ausgehens (émanation) machen wollten, so wie z. B. von dem
Feuer, welches eine Menge gleicher Feuer hervorzubringen scheint,
so glauben sie den Zweck erreicht zu haben; allein dieses Beispiel ist dessen ungeachtet den wahren Ideen, die wir uns von
dem immateriellen Ausgeben machen müssen, noch nicht
angemessen und nur geschickt, diejenigen in Irrthum zu führen,
welche es zu untersuchen vernachlässigen..... Wir müssen in
dem Menschen selbst und in dem Geist des Menschen die Gesetze
aufsuchen, welche seinen Ursprung angeordnet haben. Wenn wir
nun den Menschen unter diesem Gesichtspuncte betrachten, so
überzeugt er uns durch die ihm eigenen Fähigkeiten, dass er
von den göttlichen Kräften ausgeben konnte, ohne
dass diese Kräfte weder eine Trennung, noch eine
Theilung, noch einige Veränderung in ihrem Wesen
erlitten. Denn wenn ich äusserlich eine geistige Wirkung hervorbringe, wenn ich einem meiner Mitmenschen den geheimsten
meiner Gedanken offenbare, so kann diese Bewegung, die ich in
sein Wesen bringe und die ihn zur Handlung anreizt, eine Kraft
mittheilen, und diese Bewegung, ob sie gleich von mir ausgegangen und gleichsam ein Auszug von mir selbst und mein eigen
Bild ist, beraubt mich jedoch nicht des Vermögens ähnliche hervorzubringen. In mir selbst habe ich immer den grossen Keim
der Gedanken, denselben Willen, dieselbe Wirkung. Und dennoch habe ich diesem Menschen ein neues Leben gegeben, indem
ich ihm meine Gedanken mittheilte, eine Kraft, welche nichts für
ihn war, bevor ich ihm zu Liebe, die Art des Ausgehens vor-
nahm, deren ich fähig bin. Indem wir immer voraussetzen, dass
nur ein Urheber und Schöpfer aller Dinge ist, so wird man
einsehen, warum ich nur vorübergehende Eindrücke mittheilen
kann, statt dass dieser Urheber das Dasein selbst und das unvergängliche Leben mittheilt. Da man aber bei den Wirkungen,
die mir mit allen Menschen gemein sind, offenbar weiss, dass
das Ausgeben meiner Gedanken, meines Willens und meiner
Handlungen nichts in meinem Wesen verändern, um so mehr
kann sich das göttliche Leben durch Ausgeben mittheilen. Es
kann ohne Zahl und Aufhören die Zeichen und Ausdrücke aus

sich selbst hervorbringen und niemals aufhören die Quelle des Lebens zu sein."

Im Esprit des choses sagt St. Martin: „Da in Gott Alles durch die innigste, allgemeinste Wechselwirkung vereint ist, so vermag nichts, was in Ihm ist (was Er selber ist), sich von Ihm zu trennen. Jede Eigenschaft seines Wesens ist Inbegriff aller seiner Eigenschaften, und der Inbegriff Aller findet sich wieder in jeder einzelnen. Die Wunder seiner Erzeugung trennen sich nie von seinem zeugenden Mittelpunkte."

Die Emanation St. Martin's ist also jedenfalls keine materielle, sie ist nicht ein wirkliches Aus- oder Herausfliessen der Geister aus Gott, sie ist kein unmittelbares Hervorgehen aus der Substanz Gottes, kein Losgelöstwerden von ihr, sondern nur ein Gewirktwerden aus den Kräften Gottes, und nicht bloss die Substanz Gottes, sondern auch die Kräfte Gottes werden durch jenes gewirkte Hervorgehen oder Gewirktwerden weder getheilt, noch vermindert, noch überhaupt verändert. Mit einem Worte der Ausdruck Emanation ist hier ein blosses Wort, welches zur Bezeichnung eines Begriffes gewählt wird, welcher mit der eigentlichen Emanationsvorstellung nichts gemein und nichts zu thun hat. Zwar wird auch in der Vedantaphilosophie der Inder die Emanation der sinnlichen Wesen aus Gott (die geistigen werden in ihr nicht als Ausflüsse, sondern pantheistisch geradezu als Theile Gottes angesehen) nicht anders gedacht als so, dass der schaffende Gott durch jene Ausflüsse nichts verliert, nicht schwächer wird, und unverändert derselbe bleibt; aber die Ausflüsse sind doch — so widersinnig es sein mag — wirkliche Ausflüsse, die nach einem naturnothwendigen Gesetze erfolgen, die wieder — in einer stetigen Stufenfolge immer schwächer geworden — zuletzt in Gott zurückfliessen, ohne dass auch dadurch Gott verändert würde. Auch Philo und die Neuplatoniker lehren die Emanation ($\dot{\alpha}\pi\acute{o}\rho\rho\omicron\iota\alpha$, $\dot{\epsilon}\kappa\rho o\dot{\eta}$;) nicht anders, als so, dass die Quelle der Ausflüsse durch dieselben nicht vermindert oder sonst verändert werde, sondern unwandelbar dieselbe bleibe. Ja es fehlt nicht in den Schriften dieser und verwandter Schulen an Stellen, in welchen, wie H. Ritter zeigt, das Verhältniss zwischen dem Grunde und dem Begründeten in rein geistiger Weise ohne Hülfe sinnlicher Bilder gefasst ist. Aber auch hier kommt die Betrachtung über die Naturnothwendigkeit nicht hinaus. „Mit Recht bemerkt H. Ritter: „wenn auch einige ihrer Anhänger es aufgaben ihr Princip als eine äussere und körperliche Natur sich zu denken, so trat ihnen doch die innere Natur desselben nur um so stärker entgegen. Das Princip ist der Nothwendigkeit unterworfen in seine Ausflüsse sich zu ergiessen; wie aus der Wurzel wächst alles aus ihm hervor. Wie der Schnee kühlet, das Feuer wärmt, das Heilmittel wirkt, alle diese Dinge dem guten Princip nachahmend, so darf das Princip nicht in sich stehen bleiben, als wenn es neidisch wäre, sondern muss von dem Guten, welches es hat, andern mittheilen, sonst wäre es kein Princip." Dagegen ist bei Saint-Martin die Schöpfung der Geister- und Naturwelt, des Universums, kein naturnothwendiger und also auch kein blindwirkender Vorgang, sondern allerdings zwar kein zufälliges Ereigniss, kein willkürlicher Act, aber doch nur eine sittliche Nothwendigkeit, welche die göttliche Freiheit so wenig beschränkt oder aufhebt, dass sie dieselbe erst recht in ihrem göttlichen Lichte erscheinen lässt. Dass freilich auch den Neuplatonikern, deren beziehungsweise hohe Bedeutung unter den Neueren am meisten Dr. J. U. Wirth (Die speculative Idee Gottes etc. S. 236—269) begriffen zu haben scheint, bei ihrer Setzung der Nothwendigkeit der Schöpfung diese höhere, intellectuell-sittliche oder moralische Nothwendigkeit dunkel vorgeschwebt hat, kann schwerlich geleugnet werden und wenigstens haben sie an diese höhere Nothwendigkeit, welche die Freiheit selbst ist, gestreift, indem sie die Schöpfung als einen bewussten und gewollten Act Gottes vorstellten und Gott nach dem Vorgange Platon's als neidlose Liebe dachten. Vergl. H. Ritter: Ueber die Emanationslehre im Uebergange aus der alterthümlichen in die christliche Denkweise in den Abhandlungen der k. Gesellschaft der Wissenschaften zu Göttingen. Dritter Band, 1845—1847. Göttingen, Dieterich 1847. S. 243—280. Wenn H. Ritter in seiner Logik und Metaphysik der Lehre von der Schöpfung aus Nichts das Wort redet, so hat er insoweit gewiss recht, als Gott die Welt weder aus irgend etwas ausser ihm Vorhandenen, noch

aus seiner Substanz, noch aus Theilen dieser Substanz gemacht
hat. Das Wie Gott aus seinen Kräften die Welt gewirkt hat,
bleibt unter allen Umständen Geheimniss. Dem Wesen nach dieselbe
Schöpfungslehre als jene Saint-Martin's finden wir in den Schriften
des angeblichen Dionysius Areopaglta, des h. Augustinus, des
h. Thomas von Aquin, des Dante, J. Böhme's und Oetinger's,
wenn sie auch den Worten nach etwas verschieden sich darstellen.
Vergl.: Die angeblichen Schriften des Areopagiten Dionysius übers.
von Engelhardt I, 59, 65, 71, 81, 84, 114, 122, 130, 140 ff. etc.
II, 300 ff., 305 ff. — Augustini Confessiones XII, 7. Thomas
Aqu. Contra gentes I, 86, IV, 13. Auch der h. Thomas bedient
sich des Wortes Emanation unter Verwahrung gegen jede pantheistische Auslegung. S. Dante und die katholische Philosophie
des dreizehnten Jahrhunderts von Ozanam. A. d. Fr. S. 197.
Dante Alighieri's Unterweisung über Weltschöpfung und Weltordnung diesseits und jenseits. Von Göschel. S. 1 — 6, 12
u. s. w. Die Lehre des deutschen Philosophen J. Böhme von
Jul. Hamberger S. 49—60. Die Theosophie Fr. Chr. Oetinger's
nach ihren Grundzügen von Dr. C. A. Auberlen S. 181—200.
Die Theologie aus der Idee des Lebens abgeleitet etc. von Oetinger
in deutscher Uebersetzung von Hamberger S. 111, 136 etc. 155.
„Die Schöpfung, sagt Oetinger, ist jener Act der Allmacht, vermöge
dessen Gott nicht aus der Nothwendigkeit der Natur, sondern aus
dem Ueberflusse seiner Güte und Freiheit dem, das nicht ist, rufet
dass es sei. Römer 4, 17. Ebr. 11, 3 wird gesagt, das Sichtbare sei geworden aus dem nicht Sichtbaren.... Man nimmt
an, dass Gott aus dem rein negativen Nichts geschaffen habe.
Wir aber, wenn wir gleich diess auch behaupten, nehmen diesen
Satz doch nicht in seinem eigentlichen Sinne. Die Schrift redet
offenbar nicht also.... Demjenigen, das nicht ist, rufen, dass
es sei, heisst nicht: aus dem rein negativen Nichts schaffen.
Dazu füge man, was Röm. 11, 36 geschrieben steht: $\dot{\varepsilon}\xi\ \text{ὃν}\ \tau\grave{\alpha}$
$\pi\acute{\alpha}\nu\tau\alpha$. Gewiss ist der Befehl erfolgt, dass etwas frei aus Gott
hervorgehe, dasjenige nemlich, wodurch er demjenigen, das nicht
ist, gerufen hat, dass es sei. Wir wissen allerdings nicht, wie es
geschehen ist, dass das Unbewegliche eine bewegliche Wirkung

aus sich herausgesetzt hat.... Es genügt, dass Gott uns im Jesaias zeigt, er sei es, der Alles erschaffen, der Alles seinem Namen nach kennet, der Alles gezählt und in gewisse Zeiten eingeschlossen hat.... Es genüget, dass die Schöpfung eine unendliche Kraft voraussetzt, die allein Gott zukommt und dass Alles im Sohne bestanden hat, bevor es gemacht worden. Kol. 1."
In gleicher Weise erklärt auch Molitor in seinem tiefsinnigen Werke: Philosophie der Geschichte oder über die Tradition II, 187: „Indem aber die Gottheit ihr schiedliches Ebenbild oder das Nicht ihrer selbst (die Welt) will und denkend erzeugt, so wird dadurch der absolute Wille und Gedanke, mit dem er sich selber will und denkt, nicht im Geringsten geschwächt und vermindert. Dieser absolute Wille bleibt durchaus unverändert. Daher man nicht sagen kann, dass, insofern die Gottheit in die Schiedlichkeit und Besonderlichkeit eingehe ihre absolute Einheit und Allgemeinheit ganz oder theilweise aufgehoben werde; und dass somit, insofern die Creatur existire, von dem Wesen der Gottheit weniger vorhanden sei. So verhält es sich nicht; sondern dieser relativ schiedliche, Schiedliches erzeugende Wille und Gedanke, welcher zwar in dem absoluten Wollen und Gedanken der positiven Einheit seiner Möglichkeit nach auf negative Weise bedingt liegt, indem die absolute positive Einheit die Verneinung aller Schiedlichkeit bezeichnet, ist jedoch als solcher seiner factischen That nach ein von dem Wollen der positiven Einheit ganz unterschiedener und gleichsam neben und ausser demselben bestehender freier Willen, der, wenn es erlaubt ist, solchen Ausdruck frei zu gebrauchen, sich zu jenem gleichsam wie die negative zur positiven Seite verhält." Unstreitig ist diess auch die Ansicht mehrer späterer Kabbalisten, wie z. B. des Menachem Recanati, der am Anfang des 14. Jahrhunderts lebte. (Die Kabbala oder die Religionsphilosophie der Hebräer von Franck. Uebers. von Gelinek S. 132). Ob aber auch die ältere und die ursprüngliche Kabbala so verstanden werden darf, wäre erst noch aus den Quellen zu erweisen. Doch spricht die Vermuthung sehr stark für diese Annahme, wenn man erwägt, dass die gründlichsten Kenner der Kabbala der Ansicht J. Fr. v. Meyer's (Auswahl aus

den Blättern für höhere Wahrheit I, 262) beistimmen, welcher
behauptet, dass die spätere Kabbala (vielfach) nur ein entstellter
Schatten der ursprünglichen und wahrhaftigen sei. Im gegenwärtigen Falle wäre also die Lehre der ältesten und ächten
Kabbala in die spätere hinübergerettet worden. Ueber die Schöpfungslehre der Kabbala verbreitet sich J. Fr. v. Meyer in der
eben angeführten Schrift I, 271 ff.

St. Martin fand offenbar kein adäquates Wort für seinen
Schöpfungsbegriff und wählte daher diesen, um nicht in Gefahr
zu kommen, einen noch ungeeigneteren zu gebrauchen. Auch
Baader bediente sich früher hie und da (nicht für die Schöpfung
überhaupt, sondern für die der Geistwesen) des Ausdrucks Emanation, aber die Einsicht in das Unadäquate desselben trieb ihn
dazu, später sich des Ausdrucks Emission, und, weil dieser zu
unbestimmt war, des Ausdrucks Spiration zu bedienen, wobei er
offenbar jene bekannte Stelle bei Moses im Auge hatte.

Leibniz befand sich unverkennbar in der gleichen Verlegenheit, indem er für die Schöpfung seiner Monaden durch die Urmonas den Ausdruck Effulguration (Coruscation) gebrauchte, der
eben so wenig das genau und richtig ausdrückt, was er eigentlich sagen wollte. Man weiss, dass auch Leibniz wegen dieses
Ausdrucks der Beschuldigung des Pantheismus nicht entging,
dessen ganzes Philosophiren doch der entschiedenste, geistreichste
und grossartigste Feldzug gegen den Pantheismus gewesen ist,
welchen die Welt auf dem Boden der freien Philosophie bis dahin
erlebt hatte. Allerdings spricht sich St. Martin mit aller Entschiedenheit gegen die Lehre von der Schöpfung aus Nichts aus,
und er bedient sich dabei sogar harber Ausdrücke, die seinem
sonstigen milden Wesen nicht entsprechen. Wenn man nun jede
Lehre, welche unter ausdrücklicher Anerkennung der absoluten
Persönlichkeit Gottes die Schöpfung aus Nichts leugnet und somit
das gesammte Reich der Wesen aus der éinen Wesenheit Gottes
(wenn auch als Kraftwirkungen) ableitet, Pantheismus nennen will,
so sollte man wenigstens einsehen, dass diese Lehre (mag man
sie auch Pantheismus schelten) jedenfalls darum nicht aufhört
Theismus zu sein, und dass also jedenfalls die Vereinerleiung

der St. Martin'schen Lehre mit dem Pantheismus überhaupt ein grobes Unrecht und ein unverantwortlicher Fehler ist, da Saint-Martin nicht einmal dem Persönlichkeits-Pantheismus huldigt, wie man z. B. Fechner's Lehre in seinem Zend-Avesta wohl wird nennen müssen, um von anderen Persönlichkeits-Pantheisten älterer und neuerer Zeit zu schweigen*). Die Lehre von der Schöpfung

---

*) Es ist hier der Ort nicht, über G. Th. Fechner's sehr geistreiches Werk: Zend-Avesta oder über die Dinge des Himmels und des Jenseits (3 Thle. 1851) eingehend kritisch zu urtheilen. Mir scheint aber dieses Werk weit nicht die Beachtung gefunden zu haben, die es durch den Reichthum seines Geistes verdient. Das System Fechner's ist ausgesprochenermaassen pantheistisch, aber es ist jedenfalls seinem Grundgedanken nach die höchste Form, deren der Pantheismus fähig ist, indem es nemlich als die Vermittlung und Ausgleichung, somit als Zusammenbestehen des Monismus und der Monadologie erscheint. Gott ist die absolute Persönlichkeit, aber zugleich wesenhaft der Inbegriff der die Welt constituirenden unvergänglichen Individualwesen. Gott geht nicht im Inbegriff der Weltwesen auf, aber diese sind Theilwesen des göttlichen Allwesens. Gott und Welt sind unterschieden, aber nur wie Inneres und Aeusseres, und eben darum dem Wesen nach Eins. „Der Begriff Welt, sagt Fechner (I, 335), theilt die Mehrdeutigkeit des Begriffes Gottes, indem er den Wendungen desselben folgt (indem er nemlich bald als von der Welt unterschieden, bald als Geist der Geister, bald als Geist und Macht der Naturwelt, bald als Geist des Universums gefasst wird). Wo, im weitesten Sinne, das ganze Gebiet der geistigen und materiellen Existenz, ohne trennende Abstraction, zu Gott gerechnet wird, fällt der Weltbegriff mit dem Gottesbegriff zusammen, und wir erhalten die pantheistische Weltansicht im vollsten Wortsinne. Unsere Ansicht ist eine solche, indem sie die weiteste Fassung des Gottesbegriffes für eine sächlich begründete hält, und die andere Fassung eben nur als für die Abstraction bestehend, obwohl sie solche allerdings gestattet, ja für Entwicklung der inneren Verhältnisse des Gebietes der Existenz nützlich hält, sofern sie sich nur nicht in sächlichem Widerspruche gegen die weiteste Fassung geltend macht; wonach die anderen Weltansichten den unseren weniger widersprechen, als sich ihr unter- oder einordnen. Vom gewöhnlichen (Hegel'schen) Pantheismus aber, den man jetzt meist schlechthin unter Pantheismus versteht, unterscheidet sich der unsere wesentlichst dadurch, dass unserer alles Bewusstsein und hiermit das Bewusstsein des Alls in ein einiges höchstes bewusstes Wesen aufhebt, indess im gewöhnlichen alles Bewusstsein in das einer

aus Nichts dürfte auch bloss den Worten nach sich von der eben angezeigten unterscheiden, da jene den Satz: aus Nichts wird nichts, gar nicht bestreitet, sondern aus Nichts nur durch Gott Etwas werden lässt. Wenn aber die Welt durch Gott wird, so wird sie auch durch Gottes Kräfte und virtuell (nicht materiell) aus ihnen, und man sieht, dass wenn man die Lehre, die alle actuatio substantiae aus Gott ableitet, Pantheismus nennen dürfte, der Theismus der Schöpfung aus Nichts um nichts weniger Pantheismus wäre. Etwas Aehnliches finde ich von Kleuker in seinem Magikon (S. 267 ff.) gesagt, woraus Folgendes hier angeführt werden mag: „Selbst die grössten Vertheidiger der Schöpfung aus Nichts müssen, wenn sie nicht blosse Worte ohne Begriffe geben wollen, dem schaffenden Willen der Allmacht dasjenige beilegen, und diesen Strahl der Gottheit, welchen man den allmächtigen Willen nennt, mit demjenigen befruchten, was Andere Emanation nennen. Denn der Wille der Gottheit kann in diesem Verstande kein blosser purus actus voluntatis sein, wie der menschliche ist, dessen wir uns bewusst sind, sondern er muss gesetzlich und reell sein, d. h. den wesentlichen Grund dessen, was durch ihn wird, nicht ausser, sondern in sich haben. Und insofern käme beides auf Eins hinaus etc."

Die Lehre St. Martin's ist übrigens dem Wesen nach die Ueberzeugung der hervorragenden Denker aller Jahrhunderte, und die letzte und tiefste Gestaltung der Philosophie des genialen Schelling näherte sich wenigstens bedeutend der Lehre St. Martin's, indem sie als unwiderleglich die Behauptung fest hielt: alles Sein sei nur das Sein Gottes. „Dass, sagt Schelling, bei Gott allein das Sein und daher alles Sein nur das Sein Gottes

---

Vielheit von Einzelgeschöpfen (nach streng Hegel'scher Fassung sogar bloss irdischer Geschöpfe) aufgehoben wird." Die Beurtheilung dieses originellen Systems muss jedenfalls von der Untersuchung über den Schöpfungsbegriff ausgehen. Mich wundert im höchsten Grade, dass keine unserer europäischen Akademieen der Wissenschaften auf den Gedanken kommt, den Schöpfungsbegriff zum Gegenstand einer Preisaufgabe zu

ist, diesen Gedanken lässt sich weder die Vernunft noch das Gefühl rauben. Er ist der Gedanke, dem allein alle Herzen schlagen*).«

Dieser Ausspruch Schelling's aus der Zeit der letzten Entwicklungsform seines Systems erinnert an eine verwandte Aeusserung St. Martin's (Geist und Wesen der Dinge), die aber in ihrem wahren Wesen weit mehr ausdrückt, was Baader will, als was Schelling behauptet. „Unser Cultus, sagt St. Martin, geht dahin: dass der Name des Herrn auch in unsern Werken selber das schaffe, was sein Licht in unserem Erkennen gewirkt hat. Soll diess geschehen, so müssen wir gänzlich aufhören zu wirken, damit Gott in uns allein wirken könne, ebenso wie all unser Denken vor dem einen Gedanken an sein Gesetz weichen musste. Auf diese Weise wird unser Wesen allmählig wieder der Name und Ausdruck seines Gottes, und jener heilige Name, indem er uns von neuem in die ewige Einheit sein selbst zurückführt, erscheint in uns als Allheit des Wirkens oder Erkennens, wie er die Allheit alles Seins und Wesens ist. Denn Gott kann nicht aufhören der Inbegriff alles Wesens zu sein, und selbst das Wesen der verworfensten Seele, in der Region des Geistigen, und der Gifte in der Region des Irdischen kommt von ihm, denn es gibt kein Gift, dem nicht ein heilsames Princip zu Grunde läge.... Ob er aber gleich der Inbegriff alles Wesens ist, kann er doch nicht der Inbegriff alles Handelns und Denkens sein, indem wir, vermöge unserer Freiheit, im Stande sind, in unserem Kreise unser Denken und Handeln an die Stelle des göttlichen Denkens und Handelns zu setzen. Es ist aber das Streben aller treuen Freunde der Wahrheit, aus allen Kräften zu schaffen, dass Gott Allheit, Inbegriff von Allem in Allem werde, denn nur so können die Wesen zum allgemeinen Glück gelangen. Der Gedanke, dass Gott ohne Aufhören der Inbegriff alles Wesens sei, ist einer der tröstendsten und erhebendsten, welche der Geist des Menschen zu fassen vermag, indem er ihm die Gewissheit gibt, dass, möge er übrigens auch noch so viel entbehren, Gott dennoch ihm bleibt, und dass, wenn er

---

*) Schelling's sämmtl. Werke II, 2, 39—40.

nur Muth und Willen genug hat, sich an Gott mit allen seinen Kräften, Tugenden und Einsichten fest zu halten, sein Glück grenzenlos werden müsse."

Will man Schelling's Stellung zum Theismus und zum Pantheismus richtig verstehen, so muss man noch Folgendes aus seinen Vorlesungen über Philosophie und Mythologie heranziehen, was hier um so besser geschieht, je mehr damit zugleich wie von selbst der Theismus oder wenn man lieber will der Monotheismus St. Martin's ins Licht tritt.

„Die Behauptung, dass alles Sein nur das Sein Gottes sei, nennt man gewöhnlich Pantheismus. Es ist auch zuzugeben, dass sie als Princip des Pantheismus angesehen werden kann, aber es ist nicht richtig, dass jene Behauptung schon Pantheismus sei. Allerdings würde der blosse, ausschliesslich und allein gesetzte Begriff der potentia existendi, des unmittelbar sein —, in das Sein übergehenden Könnenden (der Begriff Gottes als des Seins alles Seins) auf Pantheismus führen. Aber nicht in der unwiderleglichen Behauptung, dass alles Sein das Sein Gottes sei, besteht der Pantheismus (wäre diess, so wäre der Pantheismus unwiderleglich), sondern darin besteht er (was nicht nothwendig aus jener Behauptung folgt), Gott ein blindes und in diesem Sinne nothwendiges Sein zuzuschreiben, ein Sein, in dem er ohne seinen Willen und in dem er aller Freiheit beraubt ist, wie diess z. B. in dem System des Spinoza der Fall ist. Die durch unmittelbare Erhebung ex potentia in actum seiend gewordene Potenz würde nicht mehr Potenz, also auch nicht mehr Wille, sondern das nur willenlos und in diesem Sinne nothwendig Seiende sein. Es wäre die ausser sich gesetzte, von sich gekommene Potenz, was über dem Sein aufgehört hätte das Seiende zu sein. Es wäre nicht mehr wie zuvor Subjekt des Seins, sondern das bloss noch objektiv Seiende, blosses Objekt, das blindlings und nothwendig Seiende. Es wäre zur blinden willenlosen Substanz, also zum gerade Entgegengesetzten von Gott, zum wahren Ungott, geworden, den Spinoza zwar causa sui nennt, der aber in der That aufgehört hat, causa zu sein und bloss noch Substanz ist. Der wirklich als System hervorgetretene Pantheismus selbst ist zwar nicht bis auf das lautere Wesen, die absolute potentia existendi zurückgegangen. Der wahre (wirkliche) Pantheismus kennt diese potentia existendi gar nicht anders, als wie sie bereits gleichsam angekommen und untergegangen ist im Sein. Der Pantheismus wäre nicht das blinde System, das er ist, wenn er etwas vor dem blinden, sich selbst nicht fassenden und nur darum unendlichen und schrankenlosen Sein erkennte. Auch von Gott, wenn er lauteres Wesen und das Seiende selbst ist, können wir den Begriff des unmittelbar und von selbst sein Könnens nicht ausschliessen; denn das Wesen ist Prius des Seins, ist das vor dem Sein Gedachte und kann daher unmittelbar nichts anderes sein als eben potentia existendi. Dieses Princip nun ist das mögliche Princip des Pantheismus. Aber das Princip des Pantheismus ist darum noch nicht selbst Pantheismus. Die heutigen Theologen sind von einem so blinden Schrecken vor dem Pantheismus befallen, dass sie, anstatt ihn in seinem Princip aufzuheben, dieses Princip selbst zu ignoriren suchen, ihm auch nicht einmal erlauben sich zu zeigen. Aber um wirklich aufgehoben, um gründlich negirt zu werden, muss sich jenes Princip wirklich zeigen und muss anerkannt werden wenigstens als daseiend, als nicht auszuschliessendes. Man kann es nicht bloss stillschweigend beseitigen. Durch blosses Ignoriren wird es nicht überwunden. Es muss ihm ausdrücklich widersprochen werden; es ist ein seiner Natur nach nicht auszuschliessendes, ein unumgänglicher Begriff. Darum, weil sie vor diesem Princip die Augen verschliessen, bleibt ihre ganze Theologie schwankend; denn jenem Princip muss Genüge geschehen. Indem die Theologen auch das Princip des Pantheismus nicht wollen, offenbar weil sie sich nicht zutrauen es beschwören zu können, berauben sie sich des Mittels, wahren Monotheismus zu erlangen. Denn der wahre Monotheismus ist nichts anderes als die Ueberwindung des Pantheismus. Also jenes Princip des unmittelbaren Seins, die unmittelbare Macht sich in das Sein zu erheben, womit alles Verhältniss des Seienden zu dem Sein anfängt, ist von Gott nicht auszuschliessen, aber — er hat sie nicht in sich als die Materie seines Seins überhaupt, sondern seines als Gott Seins. Denn träte er in jenem Sein, dessen unmittelbare Potenz er ist, wirklich hervor, so wäre er in diesem Sein das blinde Sein, d. h. der Ungeist (also auch der Ungott), aber indem er sich als den Ungeist negirt, gelangt er durch diese Negation eben dazu sich als Geist zu setzen und so muss jenes Princip selbst zu seinem als Gott Sein dienen. Gott ist nicht bloss das Seiende selbst, sondern Gott ist das Seiende selbst, das es ist, das es wahrhaft ist, das auch im Sein nicht aufhört, das Seiende selbst, d. h. Geist zu sein, das auch im Sein sich als Wesen, als das Seiende selbst, d. h. als Geist erhält. Inwiefern Gott das Seiende selbst ist, ist er auch das unmittelbar ins Sein übergehen, sich ins Sein erheben Könnende. Die dieses leugnen und Gott abstreiten, der unmittelbar ins Sein hervortreten — insofern aus sich selbst herausgehen Könnende zu sein, berauben ihn dadurch jeder Möglichkeit von Bewegung und verwandeln ihn, nur auf andre Weise als Spinoza, in ein nicht minder unbewegliches und absolut unvermögendes Wesen, daher sie sich denn auch genöthigt sehen zu bekennen, dass z. B. jede eigentliche Schöpfung etwas der Vernunft rein Unbegreifliches sei. Hiedurch entsteht jener schaale, absolut impotente, durchaus nichts zu erklären vermögende Theismus oder Deismus, der der einzige Inhalt unserer sogenannten rein moralischen und aufgeblasenen Religionslehren ist."

Man sieht aus dem Dargelegten, wesshalb Schelling, indem er für sein System den Namen Pantheismus nicht gelten lässt, doch nicht sich den des Theismus vindicirt, sondern sein System als Monotheismus bezeichnet wissen will. Sieht man von der besonderen Form des Schelling'schen Monotheismus ab, welche Baader allerdings als noch immer persönlichkeitspantheistisch mit der Bemerkung bestritten haben würde, dass man, ganz scharf gefasst, nicht sagen dürfe: alles Sein sei das Sein Gottes (weil diess auch so verstanden werden könne, als ob alles Sein, das geschöpfliche wie das göttliche, einerlei Sein sei), sondern richtiger und genauer: alles Sein sei Gottes, und fasst man lediglich das Wesen der Sache in das Auge, so huldigten bereits J. Böhme, Oetinger, St. Martin wie Baader dem Monotheismus, inwiefern sie alle Forscher waren, welche den Pantheismus nicht ignorirten, sondern überwanden, unter welchen Forschern wohl Baader insofern die Palme gebührt, als er ihre Intentionen mit einer ihnen allen überlegenen Schärfe des Geistes zu verwirklichen wusste. Es bedarf kaum noch besonders hervorgehoben zu werden, dass Schelling mit St. Martin insoweit ganz übereinstimmt, wenn er alle ursprüngliche Seins-Entstehung und Erzeugung aus dem freilich nicht leeren, sondern von Zeugungskräften erfüllten Wollen des absoluten Geistes erklärt, und eine Schöpfung aus Nichts, wenn dabei abgesehen wird von den schöpferischen Kräften Gottes, für eine nichtserklärende Behauptung eines schaalen Theismus hält, ohne darum eine Zertheilung des göttlichen Wesens zu statuiren.

Wenn man diese Nachweisungen im Auge behält, so wird man zwar mit Baader in der Lehre St. Martin's, wie sie in dem Werke: De l'Esprit des choses, auftritt, vom Verhältnisse Gottes zur Welt gewisse Mittelbegriffe vermissen können, und überhaupt auch sonst noch manche Rectification und Correction nöthig finden, man wird aber die Kritik des Hrn. Prof. Caro und die auf diesen sich stützenden Behauptungen mehrerer französischer Geschichtschreiber der Philosophie, s. B. von Bartholmèss in s. Hist. critique des doctrines religieuses de la philosophie moderne II. 549—558, in der Hauptsache nur als verfehlt betrachten können*). Vollends die Lehre St. Martin's von der Androgyneität des

---

*) Hr. Caro beruft sich zwar zur Erläuterung seiner Auffassung auch auf die ungedruckt in den Händen Tournyer's sich befindlichen Correspondenzen und Schriften St. Martin's mit den Worten: „C'est dans la Correspondance que ces derniers secrets de la métaphysique divine sont révélés. Les restrictions habituelles s'expliquent, les réticences parlent, les derniers voiles tombent; mais, à coup sûr, la lumière ne se fait pas." P. 184. Allein es ist unmöglich, dass St. Martin in seinen Briefen etc. sollte aufgehoben haben, was er in seinen erschienenen Schriften lehrte von der Persönlichkeit und Dreieinigkeit des alleinigen Gottes, von der Schöpfung, von der Unsterblichkeit der geistigen Wesen, von dem Ursprunge des Bösen durch den Abfall der Engel und des Menschen, von der Menschwerdung Gottes, von der Erlösung, von Himmel und Hölle, lauter Lehren, die zum Pantheismus passen wie die Faust auf das Auge. Möchten die ungedruckten Schriften St. Martin's endlich noch der Oeffentlichkeit übergeben werden! Wahrlich die Welt würde mehr Gewinn davon haben,

ursprünglichen Menschen und von dem Ursprunge der Materialität der irdischen Natur beurtheilt er mit vollkommener Seichtigkeit. Was die letztere Lehre betrifft, welche Baader längst mit tiefsinnigen Gründen unterstützte, so ist es gewiss merkwürdig, dass Schelling zuletzt sich, wenn auch in eigenthümlicher Weise, ihr angewendet hat *).

---

als von der Fluth schlechter Romane und Schauspiele, womit uns Frankreich fort und fort überschwemmt. In den interessanten Auszügen aus der erwähnten Correspondenz in dem oben erwähnten Buche von L. Moreau (p. 268—317) findet Caro's Behauptung keine Bestätigung.

*) Der Unterschied zwischen der Lehre Schelling's und der Saint-Martin's in Betreff des Ursprungs der Materialität der Natur ist immer noch sehr gross. Je mehr sich aber Schelling hier von St. Martin entfernt, indem er im Widerspruche mit dem Letzteren den Menschen zum ersten Urheber des Bösen macht, um so unbefriedigender wird seine Lehre vom Bösen überhaupt wie von dessen Ursprung. Bekanntlich will Schelling den Satan der Schrift weder als geschöpflichen Geist, noch (was manichäisch wäre) als ein Gott gleichewiges Princip gefasst wissen. Er sucht daher die wahre Vorstellung des Satan's in der Mitte dieser beiden Bestimmungen, als ob ein Mittleres zwischen Geschöpf und Princip gedacht werden könnte. Nach Schelling soll nun der Satan der durch Schuld des Menschen in der Schöpfung wieder erregte Wille sein, der in seiner Ueberwindung und Unterwerfung unter einen Höheren die Grundlage der Schöpfung und des menschlichen Bewusstseins sei, der aber eben darum, wenn er auf's Neue in seiner Schrankenlosigkeit hervortrete, die Schöpfung und das menschliche Bewusstsein wieder aufzuheben drohe. Auch nach Baader ist Satan nicht ein Geschöpf oder geschaffener Geist, sondern die böse Gedanken- und Willensmacht in einem geschaffenen, aber durch Abfall Gott feindlich gewordenen Geiste. Wenn Schelling diesen geschaffenen Geist, durch dessen Abfall Satan als böse Macht oder Macht des Bösen entstanden sein soll, als den Ur-Menschen bezeichnet, wodurch er ihn zu einem viel furchtbareren Verbrecher macht, als die Urkunden der Offenbarung anzunehmen erlauben, so hält Baader an der christlichen Tradition fest, nach welcher der Geistersturz dem Falle des verführten Menschen vorausging und wonach das Haupt dieser Geister- oder Engelschaar, Lucifer, sich zum Satan machte. Wenn Schelling durch seine Satanologie eine kleinliche Ansicht in eine grossartige umgestaltet zu haben meint, so hat er vielmehr in Wahrheit eine concrete in eine

Dabei kann man ganz gut zugeben, dass die früheren Schriften St. Martin's, besonders die früheste: Des Erreurs etc., sich nicht des gleichen Grades von Klarheit und von Schönheit der Darstellung erfreuen, wie die späteren und reiferen, wiewohl auch die letzteren grossentheils streng wissenschaftlicher Begründung ermangeln, dass sein Poème épico-magique: Le Crocodile ou la guerre du Bien et du Mal (A Paris, an VII de la république française), in welchem er wohl Rabelais zum (an Witz nicht erreichten, sonst aber erheblich veredelten) Vorbild nahm, ein grotesk seltsames Buch ist, aus dem es schwer ist klug zu werden, dass er nicht in allen seinen Schriften immer mit sich selbst in Uebereinstimmung bleibt, dass er öfter eine mysteriöse Sprache spricht, die zur Wissenschaft durchaus nicht passt, dass es ihm nicht gelungen scheint, seine mystische Zahlenlehre, deren Principien allerdings tiefsinnig sind, auch im Besonderen und Einzelnen wissenschaftlich durchzuführen, und dass er endlich viel zu viel auf Analogien, Bilder und Gleichnisse baut, wo man eine strenge Beweisführung zu erwarten berechtigt ist. Ueberhaupt kann es Niemanden einfallen, in St. Martin's Schriften ein Muster wissenschaftlicher Methode zu erblicken. Mag auch unter Einschränkungen Manches von dem, was Schultz-Schultzenstein in seinem merkwürdigen System der Psychologie (S. 666 ff.) von der Mystik überhaupt sagt, auf St. Martin passen, jedenfalls sind und bleiben seine Schriften eine Fundgrube tiefer Ideen und geistvoller Anregungen zum weiteren und vollkommeneren Ausbau der Wissenschaft.

Dass in diesen Band auch die Randglossen zu der Uebersetzung Saint-Martin's von einer Schrift J. Böhme's aufgenommen sind, wird man nicht tadeln wollen.

Im Nachlasse Baader's fanden sich auch „Auszüge aus einem Manuscript von St. Martin sur les Nombres". Die Vergleichung dieses wohlerhaltenen Auszuges mit dem im J. 1843 (also nach

---

abstracts, unbestimmte und nebelhafte verwandelt, welche ihn in unauflösliche Widersprüche verwickelt und seiner ganzen Lehre vom Guten und Bösen eine unheimliche Gestalt gibt.

dem Tode Baader's) von L. Ch***** lithographirt herausgegebenen Manuscripts St. Martin's: Des Nombres (Oeuvre posthume), 115 Seiten in-4°, zeigt, dass Baader eine Abschrift dieses nachgelassenen Manuscripts in Händen gehabt haben muss. Denn es findet sich in dem Baader'schen Auszuge Alles, was in der vor mir liegenden Lithographie vom J. 1843 in ausgeführterer Weise vorkommt. Dieser Auszug schien mir bemerkenswerth genug, um ihn in diesem Bande mitzutheilen, wiewohl ich mich über das Besondere dieser Zahlenlehre jedes Urtheils enthalten muss.

Der Herausgeber des nachgelassenen Werkes: Des Nombres, bemerkt in dem Vorworte zu dieser lithographirten Schrift, dass Deleuze, der zwar wohl St. Martin selbst nicht persönlich gekannt habe, wohl aber mehrere von dessen vertrautesten Freunden, die Zahlenlehre St. Martin's in seiner Schrift: Histoire critique du Magnétisme animal dargelegt habe. Ich hatte indess nicht Gelegenheit, diese Schrift zu vergleichen.

Das Magikon Kleuker's konnte um so mehr hereingezogen werden, als sein Inhalt sich durchweg auf die Lehre St. Martin's bezieht und auch sonst keine Stelle mehr in dem Werke dafür benutzt werden konnte.

St. Martin hat auch als Dichter sich versucht. In den Oeuvres posthumes (von Tournyer) finden sich die Gedichte: Stances sur l'origine et la destination de l'homme; le Cimetière d'Amboise; Planor, poëme sur la Poésie; A Racine, auteur du Poëme de la Religion; Stances (à la Sagesse sainte). Da diese Gedichte nicht unwesentlich für die richtige Würdigung unseres Theosophen, auch in Deutschland so gut wie unbekannt sind, so erlaubt sich der Herausgeber, als Probe seiner Dichtungsweise hier zwei Gedichte mitzutheilen.

---

*) Wie ich vernehme, wird Professor Hoffmann die sämmtlichen Dichtungen St. Martin's demnächst in besonderem Abdruck erscheinen lassen.

Stances
sur
l'origine et la destination de l'Homme.

1.

Flambeau surnaturel qui viens de m'apparaître,
Par toi s'explique enfin l'énigme de mon être.
C'est peu que ta chaleur te montre à mon esprit
Comme un torrent de feu qui jamais ne tarit;
Je lis à la splendeur de ce feu qui m'éclaire,
Que je suis émané de sa propre lumière;
Que des célestes lieux citoyen immortel,
Mes jours sont la vapeur du jour de l'Eternel.

2.

Que tout cède à l'éclat que mon titre m'imprime!
Rien ne peut éclipser le rayon qui m'anime;
Et vouloir attenter à sa sublimité,
C'est faire outrage, même à la Divinité.
J'en atteste ces droits dont la vérité sainte
Dans l'homme incorporel voulut graver l'empreinte,
Lorsqu'elle le fit naître au sein de ses vertus.
J'en atteste ces mots dans son temple entendus:

3.

»Symbole radieux de ma toute-puissance,
»Homme, que j'ai formé de ma plus pure essence,
»Connais la majesté de ton élection.
»Si je verse sur toi ma secrète onction,
»C'est pour te conférer l'important ministère
»D'exercer la justice en mon nom sur la terre;
»De porter ma lumière où domine l'erreur,
»Et d'exprimer partout des traits de ma grandeur.«

4.

Eléments enchaînés dans vos actes serviles,
Suivez aveuglément vos aveugles mobiles,
Vous ne partagez point les fonctions des Dieux.
L'homme ici jouit seul de ce droit glorieux
D'être administrateur de la sagesse même,
D'attirer les regards de ce soleil suprême
Dont la clarté perçant l'immensité des airs,
Vient signaler dans l'homme un Dieu pour l'univers.

5.

L'homme un Dieu! vérité! n'est-ce pas un prestige?
Comment! l'homme, ce Dieu, cet étonnant prodige
Languirait dans l'opprobre et la débilité!
Un pouvoir ennemi de son autorité
Saurait lui dérober, sans l'enceinte éthérée,
Les sons harmonieux de la lyre sacrée!
Et le tenant captif dans la borne des sens,
L'empêcherait d'atteindre à ces divins accens!

6.

» Autrefois établi sur tout ce qui respire,
» Il dictait, sous mes yeux, la paix à son empire:
» Aujourd'hui subjugué par ses anciens sujets,
» C'est à lui de venir leur demander la paix.
» Autrefois il puisait au fleuve salutaire
» Qui sourçait à ma voix pour féconder la terre;
» Aujourd'hui, quand il songe à la fertiliser,
» Ce n'est qu'avec des pleurs qu'il la peut arroser.

7.

» A nul autre qu'à lui n'impute son supplice;
» C'est lui qui provoqua les coups de ma justice:
» C'est lui qui, renonçant à régner par ma loi,
» Invoqua le mensonge, et s'arma contre moi.

« Trompé dans un espoir qu'il fonda sur un crime,
« Le Prêtre de l'idole en devint la victime ;
« Et la mort, ce seul fruit du culte des faux Dieux:
« Fut le prix de l'encens qu'il brûla devant eux. «

8.

Eternel, les humains faits tous à ton image,
Auraient-ils pour jamais dégradé ton ouvrage ?
Tes enfants seraient-ils à ce point corrompus,
Que ne pouvant renaître au nom de tes vertus,
Ils eussent aboli ton plus saint caractère,
Ton plus beau droit, celui d'être appelé leur père ?
Et verraient-ils tomber dans la caducité
Un nom qui leur transmit ton immortalité ?

9.

J'appris, quand j'habitais dans la gloire ineffable,
Que ton amour, comme elle, était inaltérable,
Et qu'il ne savait point limiter ses bienfaits ;
Dieu saint, viens confirmer ces antiques décrets ;
A tes premiers présents joins des faveurs nouvelles
Qui m'enseignent encore à marcher sous tes ailes,
Et m'aident à remplir ce superbe destin
Qui distinguait mon être en sortant de ton sein.

10.

« Si le feu des volcans comprimé dans ses gouffres
« Par les rocs, les torrents, les métaux et les soufres,
« S'irrite, les embrase, et les dissout, pourquoi
« Ne sais-tu pas saisir cette parlante loi ?
« Homme timide, oppose une vigueur constante
« A ces fers si gênants dont le poids te tourmente :
« Tu pourras diviser leurs mortels éléments,
« Et laisser loin de toi leurs grossiers sédiments.

11.

» Quand l'éclair imposant, précurseur du tonnerre,
» S'allume, et que soudain enflammant l'atmosphère,
» Il annonce son maître aux régions de l'air;
» Cette oeuvre c'est la tienne, et ce rapide éclair,
» C'est toi que j'ai lancé du haut de l'empirée;
» C'est toi qui, du sommet de la voûte azurée,
» Viens, comme un trait, frapper sur les terrestres lieux,
» Et dois du même choc rejaillir jusqu'aux cieux.

12.

» L'homme est le sens réel de tous les phénomènes.
» Leur doctrine est sans art; loin des disputes vaines,
» La nature partout professe en action;
» L'astre du jour te peint ta destination:
» Parmi les animaux tu trouves la prudence,
» La douceur, le courage et la persévérance;
» Le diamant t'instruit par sa limpidité;
» La plante par ses sucs; l'or par sa fixité.

13.

» Mais c'est peu pour mon plan qu'en toi tout corresponde
» A ces signes divers qui composent le monde,
» Mon choix sacré t'appelle encore à d'autres droits;
» Il veut, réglant tes pas sur de plus vastes lois,
» Que ton nom soit ton sceptre, et la terre ton trône,
» Que des astres brillants te servent de couronne,
» Tout l'univers, d'empire; et qu'une illustre cour
» Retrace autour de toi le céleste séjour.«

14.

Sa voix me régénère! agents incorruptibles
De ce Dieu qui remplit vos demeures paisibles,
Partagez mes transports; oui, s'il parait jaloux,
C'est de me rendre heureux et sage comme vous:

C'est de justifier ma sublime origine:
C'est d'ouvrir les trésors de ma source divine,
Pour que nous allions tous y puiser, tour à tour,
Les fruits de sa science et ceux de son amour.

15.

Si cet amour, malgré la distance où nous sommes,
Vous a fait quelquefois descendre auprès des hommes,
Ne peut-il pas aussi par ses droits virtuels,
Jusqu'à vos régions élever des mortels?
Il unit tout: amis, que rien ne nous sépare;
Mon être veut vous suivre aux cieux, dans le tartare;
Il veut mêler ses chants avec vos hymnes saints,
Et siéger avec vous au conseil des destins.

16.

Tu triomphes, j'entends la voix de tes oracles,
Oh vérité! je touche à ces vivants spectacles
Où l'oeil et le tableau, partageant ta clarté,
Sont animés tous deux par ta divinité;
Il semble, en admirant ces foyers de lumière,
Où ton éternité fixa son sanctuaire,
Que les sentiers du temps s'abaissent devant moi,
Et que dans l'infini je m'élance après toi.

A Racine,
Auteur du Poëme de la Religion.

Philosophe éclairé, sublime auteur, vrai sage,
Apôtre à qui Dieu même a prêté son langage,
Des préceptes sacrés tracés dans tes écrits,
Quel mortel peut jamais méconnaître le prix?
Ces grandes vérités que tu sais nous apprendre,
L'idolâtre est chrétien, dès qu'il peut les entendre;
Et quelqu'imbu qu'il soit de son opinion,
Il se rend aux attraits de la Religion.

Oui, Racine, ce Dieu qui vient sauver les hommes,
Ce Dieu, dont la bonté nous fit ce qui nos sommes;
Dessillant tons les yeux, s'annonce dans tes vers
Avec la majesté du Dieu de l'univers.
On se rend sans soupçon à la voix des oracles:
La raison n'ose plus contester les miracles:
Elle admire, se tait, et sans les pénétrer,
Regardant leur auteur, croit et sait adorer.

Zum Schlusse dieser Einleitung mögen noch zwei Gedichte folgen, welche auf St. Martin gedichtet worden sind (Oeuvres posthumes XXXII—XXXIII.).

Elégie.

O trop cruelle mort, tu viens nous enlever
Saint-Martin, ce savant dans la théosophie;
Il combattit l'erreur et sut se préserver
De ces systèmes vains de la philosophie.
Tendre ami, charitable, et chrétien vertueux,
Par ses profonds écrits, surtout par son exemple,
Il a voulu prouver que l'homme n'est heureux,
Si Dieu n'est dans son coeur, comme dans son vrai temple,
Prié, remercié de ces dons éternels....
Et si cet homme enfin ne voit de biens réels,
Parmi les maux affreux dont notre terre abonde,
Que dans l'amour divin, dans ce puissant secours;
Lui-seul peut le sauver de ce déluge immonde,
Jusqu'à ce qu'il atteigne aux immortels séjours.
Ces douces vérités méritent notre hommage:
Imitons, s'il se peut, les vertus de ce sage,
Qu'avec tant de sujet nous pleurons aujourd'hui,
Calamité pour nous, c'est le bonheur pour lui;
Du bien qu'il nous a fait il reçoit la couronne:
Ce Dieu qu'il aima tant, c'est lui qui la lui donne.

Acrostiche.

Sa profonde sagesse excitera les hommes,
A suivre les sentiers de l'aimable vertu.
Il se plut à prouver dans l'exil où nous sommes,
Notre haute origine... et tant qu'il a vécu,
Terrassa les erreurs de la philosophie.

Maître doux et modeste, il consacra ses soins
A ranimer pour Dieu le zèle des humains.
Respectons sa mémoire en imitant sa vie.
Tes oeuvres, ô grand homme! en ces jours ignorés,
Illustreront ton nom et feront mieux connaître
Notre religion et ses livres sacrés.

L. G. G.

I.

Des Erreurs et de la Vérité

ou

les hommes rappelés au principe universel de la science.

Ouvrage dans lequel, en faisant remarquer aux observateurs l'incertitude de leurs recherches, et leurs méprises continuelles, on leur indique la route qu'ils auraient dû suivre, pour acquérir l'évidence physique sur l'origine du bien et du mal, sur l'Homme, sur la Nature matérielle, la Nature immatérielle, et la Nature sacrée ; sur la base des Gouvernements politiques, sur l'autorité des Souverains, sur la Justice civile et criminelle, sur les Sciences, les Langues et les Arts.

Par un Ph..... inc.....

A Edimbourg, 1775.

Seconde Édition,
retouchée par le Fr. circonspect.

A Salomonopolis.
Chez Androphile, à la Colonne inébranlable.
1781.

Irrthümer und Wahrheit

oder

Rückweis für die Menschen auf das allgemeine Princip aller Erkenntniss.

I.

In einer neuen Ausgabe der Saint-Martin'schen Schrift: *Des erreurs et de la vérité*, würde ich als Motto setzen:

„Ich bin das Licht, welches jeden Menschen erleuchtet, der in die Welt gekommen ist. Ohne mich könnt ihr nichts thun. Mir ist alle Gewalt gegeben im Himmel und auf Erden."

Wenn der Mensch nach Saint-Martin (im Vorwort der vorliegenden Schrift) die Erkenntniss von dem Menschen nicht erwarten soll (er verspricht nur einen Strahl des göttlichen Lichtes zu geben), so soll er sie doch durch den Menschen (von Gott) erwarten.

Die Hilfsmittel, deren sich Saint-Martin zur Enthüllung der Irrthümer im Vorwort zu bedienen verspricht, liegen nach ihm in der Natur des Menschen selbst und mit Recht behauptet er, dass sie seit dem Ursprunge der Dinge allezeit von einigen unter ihnen erkannt worden seien und dass sie nie von der Erde ganz hinweggenommen werden würden. Offenbar wird hier auf die älteste Tradition (Kabbala) hingedeutet.

Saint-Martin ist überzeugt, dass seine Lehre in der Natur des Menschen gegründet sei. Er erklärt daher, dass er nicht der Erfinder seiner Lehre sei, indem er sie unverkennbar aus der Offenbarung Gottes ableitet. Daher seine Zuversicht auf die Wahrheit der in dieser Schrift vorgetragenen Lehre, aber er weiss, dass, obgleich das Licht für Aller Augen gemacht ist, doch nicht alle Augen fähig sind, es in seinem vollen Glanze zu sehen.

Man fasst das Gute und Böse mit Saint-Martin nur dann richtig, wenn man es als das Integre und Desintegre oder Corrumpirte auffasst. Dieser Begriff schliesst bereits ein ursprünglich und nothwendig Böses aus.

Was abhängt, das hat ein Anderes zu seiner Mitte. Divide et impera! Aber die Mitte ist Mitte von Dreien.

Der Hunger und Durst nach Erkenntniss (der Erkenntnisstrieb) bedarf der Erfüllung, insofern er wahr ist, und der Stillung, insofern er krankhaft ist.

Alle geistige Finsterniss ist eine Abimation oder ein Unbegründetsein des Sehens. Ein Auge (ein Sehen) kann nur in einem höheren Auge (Sehen) gründen, d. h. ruhig sich entwickeln.

Der Mensch hat ein Bedürfniss, zu erkennen und erkannt zu sein. Sucht, Hunger ist Actuosität, welche in der Befriedigung nicht aufhört, nur sich wandelt.

Alles Begreifen oder Erkennen ist ein Durchdringen einer Anschauung. Eine Anschauung bestimmen heisst sie zum Modell machen.

Wie es eine gegebene und eine aufgegebene Erkenntniss gibt, so gibt es eine gebotene und eine verbotene. Ebendarum gibt es auch einen gesunden und einen morbosen Erkenntnisstrieb. Nur durch Erfüllung des gesunden wird der morbose überwunden.

Es gibt keine Erkenntniss ohne den Urwissenden. Alle Lebensprocesse in der Creatur vollziehen sich nur durch Theilhaftwerden des absoluten Lebensprocesses. Wenn gesagt wird, dass ich Gottes Stimme vernehme, so werde ich als hörend nur in das ewige Sprechen Gottes eingerückt. Wie diess vom Hören gilt, so gilt es auch vom Sehen etc. etc. Die kosmischen Processe im Makrokosmus wiederholen sich als Sinnenprocesse im Mikrokosmus. Urlicht ist Ursehen. Selbersehen ist nicht von selber Sehen. Ein Sehen kann nur im Sehen ruhen. Das Ziel des Auges, sagt Platon, ist ein Auge. Dasselbe gilt vom Wollen und Wirken.

Der gefallene Mensch befindet sich in der Finsterniss. Es wäre natürlich sein erstes Geschäft, sagt Saint-Martin, die Finsterniss, die ihn umgibt, näher kennen zu lernen und von der Stelle, wo er steht, vorsichtig umherzufühlen, wie tief sie liegt. Aber statt dessen geht er dreist vorwärts, als ob es sich von selbst verstünde, dass er durch seine Kraft die Finsterniss zerstreuen und durchbrechen könne, und als ob es ausgemacht wäre, dass sich zwischen der Erkenntniss (dem Urwissen und dem Urwissenden) und ihm kein Hinderniss, keine Kluft, befinde. Indem er so seine Kräfte anstrengt, sich selbst die Wahrheit zu schaffen, kann er nur ein Phantom an die Stelle der Wahrheit setzen. Denn durch den Fall wurden dem Menschen alle Fähigkeiten bis auf den Willen und dessen Attribut, das Aussprechen desselben, genommen. Als wollend nemlich öffnet oder schliesst sich ein Wesen einem andern.

Von dem Urliebte getrennt vermag der gefallene Mensch, sich selbst überlassen, die rechte Leuchte nicht anzuzünden. Was er für einen Augenblick erkannt zu haben meint, stösst ihm die einfachste Prüfung um. Er ersinnt neue Vorspiegelungen, die bald dasselbe Schicksal haben und ihn in der schrecklichsten Ungewissheit lassen. Denn das entgründete, lichtleere Auge kann sich der Beunruhigung, der Beengung nicht entziehen und wird seiner Abmattung inne. Der Blitz seiner Gedankenversuche macht die Finsterniss nur sichtbar. Alle aus der puren Eigenheit der menschlichen Vernunft entsprungenen Systeme der Philosophie sind solche die Finsterniss nur sichtbar machende Blitze.

Wahres Erkennen ist nicht trennbar vom wahren Sein. Sei wahr, und du wirst Wahres erkennen. Weil Gott wahr ist, darum erkennt Er die Wahrheit und ist die Wahrheit. Darum heisst es mit Recht: Gott ist zugleich Subject und Object. Wo Subject

und Object sich überhaupt ändern können, da ändern sie sich
zusammen. Das Subject sucht sein entsprechendes Object, dieses
jenes. Das Objective als Criterium alles Wahren hat eben keine
andere Bedeutung als Ausschliessung alles Subjectiven, d. h. Subject und Object müssen sich entsprechen.

Wer eine Kraft dirigirt, muss sie besitzen. Der Mensch
richtet oder dirigirt sein Wollen, welches er als Odem nur hat,
wenn er es empfängt, und es empfängt, wenn er es gibt. Gibt
er sein Wollen in ein Nichtwollen oder in ein das gute Wollen
verletzendes Wollen, so ist er der Freiheit seines Wollens verlustig.

Mit Recht sagt Saint-Martin, wenn der Mensch nur einen
Blick auf sich selbst thun wollte, so würde er innę, dass es für
ihn eine Erkenntniss oder ein evidentes Gesetz geben müsse,
schon weil es ein Gesetz für alle Wesen gebe und geben müsse,
wenn es auch nicht allen Wesen innerlich oder bewusst sei. In
passiven Wesen (Naturwesen) wird das Gesetz nicht empfunden
und nicht gewusst, wohl aber in activen (geistigen) Wesen. In
der Normalität gibt ein selbsthandelndes (freies) Wesen, welches
sich im Gesetze vergisst, denselben Anblick der Infallibilität, wie
ein nichtselbsthandelndes Wesen, welches vom Gesetze nicht abweichen kann.

Vortrefflich zeigt Saint-Martin, dass das Unglück des Menschen in seiner gegenwärtigen Lage und Verfassung nicht darin
bestehe, nicht zu wissen, dass es eine Wahrheit gebe, sondern
darin, dass er über die Natur dieser Wahrheit irre gehe. Schlagender ist nie der Skepticismus widerlegt worden, als von Saint-Martin, wenn er bemerkt: dass diejenigen, welche die Wahrheit
haben leugnen wollen, immer genöthigt waren, an ihre Stelle eine
andere (vermeintliche) Wahrheit zu setzen. Wie könnte auch ein
Ableugnen ohne Anlügen statt finden! Der Atheist ist in dem
Sinne doch Theist, dass er sich selbst für Gott erklärt. Die Atheisten
haben so sehr gefühlt, dass eine Wahrheit nicht Wahrheit sein
könne, ohne wesentlich zu existiren, dass sie ihrem absoluten
Wesen Kraft, Unveränderlichkeit, Allgemeinheit, mit einem Worte
alle Eigenschaften eines wirklichen und durch sich bestehenden

Wesens beigelegt haben. Hiebei haben die Atheisten nur die Kleinigkeit übersehen, so auch Magister Spinoza mit seiner Substanz, die nur aus sich selbst begriffen werde, dass ein Wesen, welches absolut von sich ist, auch absolut für sich und folglich selbstbewusst ist. Da dem Pantheisten Gott nur im oder als Geschöpf existirt, so kann man auch sagen, dem Pantheisten sei der existente Gott das Geschöpf. Man muss aber vielmehr sagen: Das *Etre-principe* ist sich selber *Principe d'Etre*. Der Grund der Existenz und die Existenz selber fallen in Gott ineinander.

Nicht in der Anerkennung der Dualität des Guten und Bösen in der Erscheinung irrte Mani. Diese Anerkennung war vielmehr vernünftig, indem die Alleinslehre der Naturphilosophie (Schelling's) unvernünftig war. Mani irrte nur darin (und diess war freilich ein furchtbarer Irrthum), dass er den Gegensatz des Guten und des Bösen nicht anders aufrecht erhalten zu können glaubte als durch die Annahme zweier Götter, die, unabhängig von einander, beide ewig und Fürsten zweier total verschiedener Reiche seien. Zwar legte Mani dennoch dem Gott des Lichtes eine grosse Ueberlegenheit über den Gott der Finsterniss bei, zwar ist ihm nur der Gott des Lichtes der wahre Gott, der Gott der Finsterniss nur das Oberhaupt von allem Gott Feindseligen, zwar lässt er zuletzt den Gott des Bösen der Macht des Gottes des Guten erliegen, aber damit ist die heillose Vernunftwidrigkeit nicht getilgt, die in der Annahme zweier absoluter Wesen liegt, wie denn auch die Unterordnung des einen unter den andern in Rücksicht der Macht und das endliche Unterliegen des einen dem andern von der Voraussetzung der gleichen Absolutheit und somit Unabhängigkeit und Ewigkeit beider aus nur eine Inconsequenz ist. Deutlich gibt Saint-Martin zu verstehen, dass er den Dualismus Mani's verwerfe, wenn er sagt: „Auch haben sie (die Menschen), nachdem sie die zwei Principien angenommen hatten, nicht einsehen mögen, wie sie von einander unterschieden sind. Bald haben sie ihnen eine Gleichheit an Kraft und Alter beigelegt, so dass ein jedwedes ein Nebenbuhler des andern und beide gleich mächtig und gross wären. Bald haben sie, der Wahrheit gemäss, zwar das Böse dem Guten in allem Betracht untergeordnet; aber sie haben sich selbst widersprochen, als sie über die Natur dieses Bösen und über seinen Ursprung näheren Aufschluss geben wollten." Die Schelling'sche Alleinslehre aber hat Saint-Martin schon vor ihrem Hervortreten *) schlagend mit den Worten widerlegt: „Bald haben sie (die Menschen) sogar sich nicht gescheut, das Gute und das Böse in ein und dasselbe Principium zu legen, in der Meinung, dieses Principium zu ehren, wenn sie ihm eine ausschliessende Macht beilegten, die es zum Urheber aller Dinge ohne Ausnahme machte, d. h. dass dies Princip solchergestalt zugleich sei Vater und Tyrann, belebender Odem und fressendes Feuer, ungut, ungerecht durch seine Grösse und das folglich sich selbst strafen muss, damit seine eigene Gerechtigkeit aufrecht erhalten werde **)." Der Dualismus Mani's wird widerlegt durch die Einsicht, dass das Böse keine Essenz hat, dass es kein essentiell Böses gibt, dass alles Böse secundär ist und nur durch Corruption entsteht. Es bringt es auch nicht zum wirklichen Dasein als solches. Das Böse kann eigentlich nur gewollt, nicht gedacht, noch gethan werden. Es gibt keine zwei Urwesen. Das Urwesen ist Eines.

Die falsche Behauptung, dass es weder Gutes noch Böses gebe, ist die Behauptung, dass weder Integrität noch Desintegrität (Verderbtheit) sei.

Mit Recht bemerkt Saint-Martin, in einem berühmt gewordenen Ausspruch, diese Verwirrung wäre vermieden worden, wenn die Menschen das, was ausser dem Menschen ist, durch den Menschen und nicht den Menschen durch das, was ausser ihm ist, hätten erklären wollen.

Das Böse quält, weil es selbst, aber nicht von sich, gequält wird.

---

*) Die Schrift: „*Des Erreurs et de la Vérité*" erschien im Jahre der Geburt Schelling's (1775). v. O.

**) Man vergleiche z. B. Jahrbücher der Medicin als Wissenschaft. Von Markus und Schelling. Tübingen, Cotta, 1806, I, 84 u. 87. und die Nachweisungen von Prof. Hoffmann in seiner Schrift: Fr. v. Baader in seinem Verhältnis zu Hegel und Schelling. Leipzig, Bethmann 1850. S. 66 ff. v. O.

Allen Dualismus widerlegt Saint-Martin mit der Behauptung, dass Gute für jedes Wesen sei die Erfüllung seines Gesetzes, und das Böse dasjenige, was sich dieser Erfüllung widersetze. Erfülltheit ist nemlich Bestimmtheit, Bestimmtheit ist Ganzheit. Als Location ist die Gesetzeserfüllung des Gesetzes Fixirung. Da das Böse das Gesetz bestreitet, so kann es von dem Augenblicke seines Entstehens an nicht mehr in der Einheit, denn das Gesetz ist ein einiges, allumfassendes, begriffen sein. Das Böse sucht die Einheit des Gesetzes und somit den Gesetzgeber zu stürzen, indem es eine andere Einheit zu formiren strebt. Obgleich es aber von der Einheit nicht begriffen ist, so ist es doch durchdrungen von ihr und in ihrer Macht. Es kann aber die Einheit nicht vernichten und weil es nur im Widerstreben gegen die Einheit sein nur im Bestreben wirkliches Bestehen hat, so kann es nicht allein, durch sich, existiren und erweist sich als unwahr, unwesenhaft und nichtig. Die Störung, die es setzt, muss doch wieder der Erfüllung dienen. Die Einheit verwandelt alles Hinderniss in ein Mittel der Erfüllung. Aus dem vergeblichen Bestreben sich als eine andere Einheit zu setzen, entsteht der Hass des schon Bestehenden.

In der Erfüllung seines Gesetzes ruht die Beseligung des Menschen. Denn das Gesetz ist Grund, Begründendes, Bestimmendes. Determinatio est positio. Sucht aber der Mensch eine andere Stütze, einen andern Grund, als die ihm sein eigenes Gesetz gewährt, so geniesst er nur unter beständigen inneren Vorwürfen über seinen Genuss und erfährt in sich die Wirkung von zwei entgegengesetzten Gesetzen, wie Paulus sagt: Ich gewahre in meinen Gliedern ein Gesetz, das dem guten Gesetze widerstreitet. Denn da er sich von dem guten Gesetze doch nicht los machen kann, weil dieses als unaufheblicher Imperativ ihm bleibt, so erfährt er durch das daher entspringende Uebelbefinden, dass für ihn keine Einheit mehr ist.

Hat nicht Saint-Martin allen Manichäismus und Dualismus in der Wurzel getilgt, wenn er zeigt, dass nur das Gute von sich selbst alle seine Macht hat (ein Ausdruck, der wie jener der causa sui nur negativ zu nehmen ist, denn Gott ist seinem

Wesen nach nicht hervorgebracht, auch nicht von sich), dass das Böse durch sich selbst keine Kraft und Gewalt hat und die Kraft und Macht des Guten selbst über das Böse sich erstreckt, dass folglich dem Bösen keine gleiche Macht und kein gleiches Alter (keine Ewigkeit) mit dem Guten zugeschrieben werden kann? Saint-Martin hat gezeigt, dass das Böse nur durch eine freigewollte Scheidung vom Ewigen entstanden ist, also das Ewige voraussetzt und selbst nicht ewig sein kann. Zum Ueberflusse wies St. Martin noch nach, dass unter der Voraussetzung der Unabhängigkeit des Bösen vom Guten und der Gleichheit ihrer Macht entweder keines von beiden auf das andere gewirkt haben würde, oder beide sich gegenseitig das Gleichgewicht gehalten hätten und es unmöglich gewesen wäre, irgend etwas hervorzubringen. Also, folgert Saint-Martin mit Recht, kommt dem Guten eine unendliche Ueberlegenheit zu, eine Einheit und Unzertrennlichkeit, womit es nothwendig vor allen Dingen existirt hat und also auch, da das Böse nur der Creatur möglich ist, vor dem Bösen, welches allererst nach dem Guten kommen konnte. Freilich die Möglichkeit des Bösen an sich selbst als gewusste Möglichkeit desselben im göttlichen Verstande ist so ewig wie Gott selbst. Aber der Gedanke der Möglichkeit des Bösen ist selbst nicht böse. Wirklich werden konnte (nicht: musste) das Böse erst mit der Zweiheit, welche entstand, sobald Gott im Geschöpf eine Existenz ausser sich selbst anfing oder hervorbrachte. Damit war die Möglichkeit eines feindlichen Dualismus gegründet, welche sich und zwar durch beiderseitige Opferung zur unzertrennlichen, inneren, wesentlichen, nicht formalen Einheit und zum freundlichen Dualismus wieder auflösen sollte. Dass nun aber die Möglichkeit des feindlichen Dualismus zur Wirklichkeit wurde, geschah weder durch eine Wirkung, noch durch eine Mitwirkung Gottes, obwohl gewiss durch eine Zulassung, es war Folge der freien Wahl desjenigen geistigen Geschöpfs, welches zuerst sündigte. Das Böse entstund mit dem Aufhören der Action des Guten in einer einzelnen Region oder einem einzelnen Wesen der Schöpfung, womit der Anfang des Nichtguten begann. Mit der Abkehr vom guten Princip erzeugte sich die Corruption. Diese

Separation ist also causa morbi, so wie das Separirtbleiben (Sein) natura morbi. Eigentlich aber ist natura morbi jenes ausser dem Sonnenaspect Erzeugte. Denn das Böse ist nicht der Act des Abwendens, sondern das diesen Act in mir (ohne mein neues Zuthun) Reproducirende. Wie sich die Zukehr zum Rechten fixirt, so die Abkehr von ihm als Zukehr zum Nichtrechten. Die Abkehr von A ist aber Zukehr zu B. Jene Abwendung gab also Veranlassung zur Erzeugung eines Spontanen, welches nun für sich bestehend das böse Leben ist. Dasselbe Princip, welches im Aspect der Sonne das gute Leben producirt, producirt nun Böses, und diese Verderbtheit zündet nun fort, „das eben ist der Fluch der bösen That, dass sie fortzeugend immer Böses muss gebären." Der freie Act des sich in seinem Gesetze Haltens oder des von ihm (in anderes) Weichens erzeugt in der Contemplation die gute oder die böse Macht des Willens als Gegensetzung gegen das Gesetz, da im Ursprunge nur Unterlassung (Omission) war. Die Fixation der guten und der bösen That macht also die natura boni et mali. Ein einfaches und selbstthätiges Wesen kann sich nur selber dem Guten oder dem Bösen öffnen. Vor seiner Entscheidung war es also weder gut noch böse, sondern unschuldig. Freiheit der Wahl ging also bei dem Einzelnen der Fixation im Guten oder Bösen vor. Es stund der Creatur frei, sich von Gott abzukehren, aber, hat sie sich abgekehrt, so ist sie (allein) nicht mehr frei, sich wieder Ihm zuzukehren; so wie sie bei gutem Gebrauche die Freiheit nicht mehr hat, sich von Ihm wieder abzukehren. Wie das Böse gegen wahres Sein (ausser und in ihm) wüthet, so wird es die verzehrende Macht gegen sein falsches Sein oder Streben inne. Die erste (überbleibende) Folge der Abkehr vom Wahren ist Schwere und Unvermögen, sich allein wieder in selbes zu erheben oder zu setzen. Wenn die Entfernung von Gott die causa morbi ist, so ist das Uebelbefinden die Folge. In der Degeneration bildet sich das Erzeugniss einer perversen Macht, welcher nun der Wille unterworfen ist. Das Böse ist daher eine den Willen beherrschende Macht. Die Causalität muss sich nemlich gründen, um effectiver Wille (Geist) zu sein. Jede Person, jedes Ich, ist ursprünglich in Indifferenz, welche aber gebildet (Charakter) werden und hiemit aufhören soll, in diesem Sinne frei (undeterminirt oder determinirbar) zu sein. Der Wille ist also ursprünglich essentiales Vermögen, sich seinen Lebensgrund einzuerzeugen. Es besteht also Freiheit der Wahl des Grundes und diese Wahl entscheidet die Freiheit oder Unfreiheit des effectiven Willens. Der einerzeugte Grund des Wahlwillens als des Vaters kann als Sohn bezeichnet werden. Der Sohn beseligt den Vater, wenn er gut ist, und macht ihn unselig, wenn er böse ist. Wenn man fragt, wie der Wille wirke, so ist zu antworten; er wirkt sprechend, befehlend. Soll aber diese Frage den Sinn haben, wie der Wille bestimmt werde oder sich bestimme, so ist darüber keine Auskunft mehr möglich. Meine Ursache ist in meinem Willen, lässt Shakspeare Cäsar sagen. Der Wille müsste selber nicht Ursache sein, wenn er nicht durch sich selbst bestimmt würde. Wer also dem Willen eine Ursache sucht, lässt den Willen aufhören, Wille zu sein. Diese Selbstthätigkeit äussert sich aber eben so im Empfangen (Aufmerken, Verlangen, Bitten etc.) als im Geben und eigentlichen Thun (Befehlen). Der Wille ist nicht Motiv, sondern er wählt sich dieses und zu dieser Wahl allein hat er kein Motiv. Darum muss das Motiv dargeboten sein. Das Geschöpf als wollend ist aber nicht *cause premiere* (nicht *causans non causatum*), sondern *causatum causans*. Das freie, active Geschöpf ist also, obgleich *causatum*, doch *causans*, *principiens*, eigentlich als wollend anfangend. Dagegen haben alle passiven Dinge als selbst keine Ur-Sachen (sondern abgeleitete) ihre Ursache (Warum).

Uebrigens existirt eigentlich doch das Böse nur subjectiv als Wille zu sein, und da die Essenz des bösen Geschöpfes nicht selbst böse ist, mit andern Worten, da es kein essentielles Böses gibt, so kann man auch nicht von einem bösen Urwesen reden. Das Böse ist immer nur im Streben zu sein, weil es immer im Thun gehindert wird. Man kann also sagen: Das Böse ist nicht, es will sein, es wirket nicht, es will nur wirken. Nur als sein wollend ist es existent, wahrhaft und wesenhaft nicht. Wie es nicht wesenhaft ist, so kommt es auch nie zur wahrhaften Existenz. Denn Existenz und Wahrheit ist dasselbe.

Wie der Mensch gegen Gott frei oder unfrei ist, so ist er es gegen sich, andere Menschen und die Natur. Hat der Mensch seine Wirksamkeit umgestellt, und sein Wirken an die Stelle des Wirkens Gottes gesetzt, so muss er jetzt sein Wirken wieder umstellen, und wirken lassen, wo er sonst wirken sollte.

Wie das Gute eine im Willen erzeugte Macht (*puissance*) ist, so bringt der verdorbene Wille in seiner Freiheit ein Böses hervor und das gefallene Wesen hat keinen Willen mehr zum Guten. Daher ist die Quelle des Bösen verschieden von dem Bösen, in dem diese Quelle ist.

Es ist aber doch ein mächtiger Unterschied zwischen dem Falle Lucifer's, und dem des Menschen. Lucifer fiel ascendendo, der Mensch descendendo, Lucifer aus Hochfahrt, der Mensch aus Niedertracht, Lucifer brachte die Sünde in die Welt, der Mensch setzte sie verführt nur fort. Darum blieb der Mensch erlösbar. Allein die Erlösung war doch nur möglich durch Hilfe Gottes, welche des Menschen gewordene böse *puissance* suspendirte. Darum musste Christus kommen, um das Gesetz in und für uns zu erfüllen. Doch ist Lucifer mit seinen Engeln nicht in der Hölle, denn sie warten des Gerichts.

Die Menschen bilden sich ein, sich der Schmach der Unwissenheit nicht mehr schämen zu müssen und sie halten das Erloschensein des Verlangens nach Erkenntniss nicht mehr für Verbrechen.

Das *Principe* selber (als Wurzel) existirt nicht, es ist Existenz gebend.

Der Teufel gibt seine eigene Wenigkeit (sein Subject) für das alleinige Object aus.

Das *Etre-principe* ist sich selber *Principe d'Etre*.

Im Menschen mirirt sich die Wahrheit, darum admirirt er sie.

Wenn Saint-Martin sagt, dass das Böse der Qual und den Schrecknissen, die es um sich her ausbreite, selbst Preis gegeben sein müsse, so erinnert mich das an die Aeusserung, welche mir eine besessene Somnambule machte, indem sie sagte: alle Pein, die wir dieser elenden Creatur anthun (sie meinte sich), ist nur wohlthuender Thau gegen die Pein, die wir selber dabei leiden.

Der Wille ist in der Zeit noch flüssig.

Durch den rechten Gebrauch der freien Willkür erhebt sich die intelligente Creatur über die Freiheit der Wahl, durch den unrechten stürzt sie sich unter selben.

Saint-Martin sagt, die wahre Fähigkeit eines freien Wesens bestehe darin, dass es sich in dem Gesetze, das ihm vorgeschrieben ist, durch sich selbst erhalten und seine Kraft und seine Unabhängigkeit durch einen freiwilligen Widerstand gegen alles, was ihm diesem Gesetze gemäss zu handeln im Wege steht, behaupten könne. Allerdings trat die Hilfsbedürftigkeit erst mit dem Falle ein. Allein es ist nicht zu übersehen, dass im ersten Moment (der Unschuld) noch kein activer Widerstand vorhanden war, obgleich es richtig ist, dass durch Abwendung vom guten Willen die ursprüngliche Widerstandskraft verloren ward.

Wie einem Wesen ein Gesetz gegeben wird, so werden ihm auch die zu seiner Erfüllung erforderlichen Kräfte dargeboten. Nimmt er diese nicht an, so bleibt das Gesetz und es tritt die Impotenz der Erfüllung ein. Daher kann sich das Böse doch nie vom Guten wahrhaft los machen.

Nichts ist falscher als die Meinung, dass der Mensch immer, unter allen Umständen und was er auch immer gethan oder unterlassen haben mag, frei wollen, über sein Wollen disponiren könne. Vielmehr hängt seine effective Freiheit und der Grad derselben von dem guten oder schlimmen Gebrauche seiner Wahlfreiheit ab.

Der Wille muss als Ursache einen Grund in sich aufnehmen. Wenn ich als wollend schon kein Motiv bin, sondern es wähle, so habe ich doch kein Motiv zu dieser Wahl. Ich will, heisst ich handle selbst, bin also darin nicht andern Ursachen unterthan. Der Wille ist nicht bewegt, sondern bewegend. Beweggründe werden solche erst durch Einwilligen des Willens. Da Wille das Vermögen der Richtung seiner Kräfte ist, so setzt dessen freie Uebung die Freiheit dieser Kräfte voraus.

Der Ausspruch des Dichters: Der Mensch ist frei und wär' er in Ketten geboren, hat den tiefen Sinn, dass er frei sein sollte und dass die Empfindung seiner irdischen Naturunfreiheit ihm beweiset, dass er zur Freiheit geschaffen ist und frei sein sollte, also auch sein könnte.

Saint-Martin stimmt mit J. Böhme's Behauptung der Unergründlichkeit des Willens überein, wenn er sagt, der Weise suche die Ursache von Dingen, die eine Ursache haben, aber er sei zu erleuchtet, um auch denjenigen eine suchen zu wollen, die ihrer Natur nach, wie der Wille, keine hätten. Das heisst also, der Weise mache das Active nicht zum Passiven, die Ursache nicht zur Sache.

Nach Saint-Martin hat sich das Princip des Bösen durch den blossen Act seines Willens böse gemacht. Wenn er sagt, es sei also vor dem Acte seiner Abkehr vom Guten gut gewesen, so hätte er richtiger sagen sollen: unschuldig. Uebrigens ist in der Abkehr noch keine Widersetzlichkeit (weil Bilanz) und diese entsteht erst nach der Abkehr. Heute kann ich noch frei etwas thun oder lassen, morgen kostet es mich schon einen Effort es zu thun.

Man kann sagen: der Act der Abkehr ist böse, das Sein als Folge ist Verdorbenheit, die Quelle derselben (der freie Wahlwille) ist recht und gut.

Die Abkehr und Entfernung der intelligenten Creatur von Gott hat ihre Verderbtheit zur Folge, wie das aus dem Gluthstrom gesetzte Metall erstarrt, und als verderbt ist sie unfähig der guten That der Wiederzukehr zu Gott. Soll es doch dazu kommen, so ist die Hilfe Gottes dazu nöthig.

Ein jeder Mensch, sagt Saint-Martin sehr wahr, der aufrichtig und dessen Vernunft nicht geblendet und nicht eingenommen ist, gesteht es sich, dass das zeitliche materiellkörperliche Leben des Menschen eine Privation und ein fast beständiges Leiden sei. Wir können also mit Grund die Dauer dieses materiellkörperlichen Lebens als eine Zeit der Strafe und Sühnung ansehen; das aber setzt nothwendig voraus, dass es für den Menschen einen vorhergehenden Zustand und der dem, worin er sich jetzt befindet, vorzuziehen wäre, müsse gegeben haben, und wir können sagen, so sehr sein gegenwärtiger Zustand eingeschränkt, mühseelig und mit Trübsal gewürzt ist, eben so sehr müsse der vorhergegangene uneingeschränkt und mit wohlthuendem Wesen erfüllt gewesen sein. Jedes Leiden, das ihn drückt, ist ein Fingerzeig auf das Wohlsein, das ihm fehlt; jeder Mangel beweiset, dass er zur Seligkeit gemacht war, nur dass man die Seligkeit des Paradieses nicht schon für jene zu nehmen hat, welcher der Mensch durch gänzliche Erfüllung seines Berufes theilhaft worden wäre; jede Unterwürfigkeit verkündigt ihm eine ehemalige Herrschaft; wenn er jetzt fühlt, dass er nichts hat, so ist das ein geheimer Beweis, dass er ehemals Alles hatte; obgleich er diess damals nur unfixirt haben konnte, so dass er es sich nicht zu eigen gemacht hatte.

Der Mensch ist jetzt nicht Herr seiner Gedanken. Selbst Voltaire sagte: *la pensée n'est pas à nous*. Aus einem *Etre pensant* wurde er *Etre pensif*. Er muss zu seinem Leidwesen hoffen auf diejenigen Gedanken, nach denen er sich sehnt, und kämpfen gegen solche, vor denen ihm grauet, warten auf die, welche er hofft, und kann sich nicht erwehren derer, die er hasset. Er denkt weniger, als dass er denken gemacht wird. Daraus erkennen wir, dass er bestimmt war, zu walten und zu herrschen über seine Gedanken und dass er sie nach seinem Gefallen hervorbringen konnte (ohne darum doch vom Urgedanken frei zu sein) nach dem ihn leitenden Urgedanken.

Jetzt kann der Mensch nur durch endloses Mühen und durch schmerzliche Aufopferungen einigen Friedens und einiger Ruhe theilhaft werden. Daraus ist zu schliessen, dass seine Bestimmung war, eines ruhigen und glücklichen Zustandes ohne Unterlass und ohne mühselige Arbeit, wenn gleich nicht ohne Selbstthun, zu geniessen.

Begabt mit dem Vermögen, Alles zu sehen und Alles zu erkennen, schleppt er sich jetzt in den Finsternissen und knirscht mit den Zähnen über seine Unwissenheit und seine Verblendung. Ist das nicht ein gewisser Beweis, dass das Licht sein Element sei?

Endlich sein Leib ist der Auflösung unterworfen, und dieser Tod, wovon er allein unter allen Wesen in der Natur einen Begriff hat, ist auf seiner irdischen Lebensbahn der fürchterlichste Schritt, der Vorgang, der für ihn am schmählichsten ist und vor dem er zugleich am meisten zittert. Warum sollten wir aus diesem für ihn so strengen und schrecklichen Gesetze nicht lernen, dass ursprünglich seinem Leibe als Organ, Waffe und Hülle ein unendlich glorreiches Gesetz gegeben war und dass er alle Rechte der Unsterblichkeit geniessen sollte?

Wo anders hat dieser erhabene Zustand, der den Menschen so gross und so glücklich machte, herrühren können, als von der innigen Erkenntniss und der beständigen Gegenwart des guten Princips? Da Gott durch seine Natur selig ist, so ist er auch allein die Quelle aller Seligkeit und alle Wesen können nur durch Theilhaftwerden an der letzteren selbst selig werden. Der Mensch schmachtet hienieden nur darum in Unwissenheit, Schwachheit und Elend, weil er von dem guten Princip getrennt ist. Diese Trennung ist schuld, dass er nicht die volle ihm bestimmte Actionsgemeinschaft mit ihm geniesst.

Ueber den Ursprung des Menschen denkt St. Martin nicht weniger tief als J. Böhme, wenn er sagt: Es ist kein Ursprung, der den des Menschen überträfe. Der Mensch ist (im Verstande Gottes) älter (nicht zeitlich, sondern begrifflich) als jedes andere Wesen. Er war vor der Entstehung auch des allergeringsten Keimes, und doch ist er erst nach ihnen zur Welt gekommen. In Rücksicht des Grades der Nähe des Centrums oder der Urcausalität nimmt also der Mensch die erste Stelle ein. Der als Schlussgeschöpf nach allen Geschöpfen kam, war vor allen. Doch hat dies nicht denselben Sinn wie das Wort: „Ehe den Abraham war, bin Ich." Aber alle Creatur vor dem Menschen war und ist nur der Anfang zum Menschen.

Sobald der Mensch fiel und sich also von seinem Posten entfernt hatte, hörte er auf, Meister seiner Kräfte zu sein, und ein anderes Agens (Christus ging aus in des Menschen Thron) wird gesandt, seine Stelle einzunehmen. Der Mensch ward seiner Rechte beraubt und hinabgeworfen in den Abgrund, aus dem er nur durch Einleibung in die Region der Väter und Mütter, die also nicht erst mit dem Falle des Menschen entstand, gerettet wurde, wo er seitdem lebt und den Gram und die Demüthigung hat, unter allen den übrigen Wesen der Natur verkannt und wie eines von ihnen geachtet zu werden. Und doch war die Einführung in die irdische Leiblichkeit, seine Erdmenschwerdung, der Anfang seiner Wiederbefreiung. Es war die Hand eines Vaters, die ihn strafte, und es war zugleich eines Vaters Zärtlichkeit, die über ihn wachte, selbst da noch, als seine Gerechtigkeit ihn von seiner Gegenwart (wenn auch nicht ganz) entfernte. Die Entfernung war Gnade, weil die Nähe des Heiligen dem Menschen unerträglich gewesen wäre.

Saint-Martin hält nichts von den Versuchen durch entsetzliche Gemälde von körperlichen Strafen im künftigen Leben die Menschen zur Weisheit zu führen. Hätten sie dem Menschen, sagt er, doch lieber die Unruhe und die reuige Angst vor Augen zu stellen gesucht, die er empfinden muss, wenn er ein Bösewicht ist (wenn die Illusion, das Verbrechen denken und selber thun zu können, dahin sein wird und nur der Wille desselben bleibt), so hätten sie wenigstens viel leichter gerührt, weil wir hienieden die Empfindung dieses Schmerzes haben können, während jene blinden Meister uns die Marter, die sie erdenken, nur in der Vorstellung zu geben wissen und also nothwendig wenig Eindruck auf uns machen müssen. Wie viel glücklicher würden sie uns gemacht haben, und welch einen viel würdigeren Begriff würden sie uns von unserem Princip gegeben haben, wäre ihr Herz gross und erhaben genug gewesen, den Menschen zu sagen, dass dies Princip, das Liebe ist, die Menschen auch nur aus Liebe strafe; dass es aber zu gleicher Zeit, da es nichts als Liebe ist, wenn es ihnen die Liebe nimmt, ihnen auch Alles genommen habe.

Durch eine solche Lehre, fährt Saint-Martin fort, hätten sie den Menschen erleuchtet und ihm den Arm geboten, indem er so gelernt hätte, wie er nichts so sehr zu fürchten habe, als dass er aufhören möge die Liebe dieses Principes zu besitzen (welche dann nur auf seine Essenz gehen würde), weil er von dem an im Nichts wäre; und wahrlich dieses Nichts (welches nicht blosse Abwesenheit des Seins, sondern Verkehrung desselben ist), das der Mensch jeden Augenblick fühlen und erfahren kann, würde, wenn man es ihm in seiner ganzen schrecklichen Gestalt vor Augen gestellt hätte, für ihn eine viel wirksamere und heilthätigere Vorstellung gewesen sein, als die Vorstellung von jenen ewigen Martern, an denen der Mensch doch allezeit ein Ende sieht und niemals einen Anfang.

Hier lässt indess Saint-Martin doch aus dem Auge, dass dem inneren Vacuum (Höhle oder Hölle) ein äusseres entsprechen muss.

Saint-Martin nennt den materiellen Leib das receptive Organ und Instrument der Action und macht nicht den Unterschied von Organ und Princip. Indem der materielle Leib uns unter dem Himmel hält, hält er uns doch über dem Abgrund.

Nicht mit der Materie als Product des immateriellen Princips oder der nichtintelligenten Seele mit den Elementen in der Zeit, sondern mit dem letztern hat sich der ewige Mensch (Seele) verbunden, hiemit aber mit der Abomination, die in der Zeit in den Elementen eingeschlossen ist. Diese nichtintelligente Seele ward aus der Ewigkeit heraus in die Zeitregion gesetzt, wo sie ausser jener das materielle Product (Form oder Leib) bildet, und wieder zurückkehrend die Form mit dem ewigen Element gewinnt. Der ewige Leib ist der wahrhafte Tempel, der in der Zeit nicht offenbar ist.

Sehr bestimmt hebt Saint-Martin die Function des materiellen Leibes hervor, uns zur Schutzwehr und zum Schirm gegen die uns umgebenden Gefahren zu dienen. Die Gebundenheit unseres Geistes an den materiellen Leib und seine Sinne macht, dass jede Geistesaction nur mit einer entsprechenden leiblichen statt finden kann, wie eine Feder sich nicht bewegen kann, ohne dass das mit ihr verbundene Gewicht mitbewegt wird. In diesem Sinne wird gesagt: *nihil est in intellectu, quod non fuerit in sensu*. Ein Satz, der durch den andern zu ergänzen ist: *nihil est in sensu, quod non fuerit in intellectu*. Wenn nemlich auch die Communication central geschieht, so kann sie sich doch nicht anders als durch eine entsprechende Veränderung im Leibe realisiren, woraus die Meinung entspringt, dass sie wirklich nur von aussen komme. In der Ekstase fällt diese Nothwendigkeit weg.

Wenn Saint-Martin von dem Streben des bösen Geistes spricht, die schreckliche Ungewissheit und Unordnung, worin er selbst

aus Mangel an allem (Inneren) Gesetze schmachtet, auch über
den armen Menschen zu bringen, so darf man nicht übersehen,
dass mit innerer Anomie der äussere Druck des Gesetzes zunimmt. Daher ist gottleer gottschwer. Auf das Einheitsleere
drückt (lastet) die Einheit, sie trägt das Einheitsvolle. Daher
hat man einen irrigen Begriff der Schwere, wenn man sie nicht
als Einheitsleere fasst. Wenn die Einheit auf $_{b}^{a}{}_{c}^{o}$ drückt, und
sie noch so enge zusammenpresst, so bleiben sie doch einheitsleer. Man kann also nicht sagen, dass abc gegeneinander ruhen,
weil mit äusserer Unbeweglichkeit innere Unruhe, mit dem Mangel
der Einheit das Streben darnach verbunden ist. So ist auch das
Expansivstreben nicht trennend, wenn es nicht einheitsleer ist.

Die Activität des intelligenten Wesens (des Geistes) ist
Folge seines ersten Hervorgangs aus Gott (als erster Spiegel),
die (relative) Nichtactivität des nichtdenkenden immateriellen
Princips (zweiter Spiegel) ist Folge seines zweiten Hervorgangs
und dass es also in zweien (eigentlich mit Gott in dreien) besteht.
Der sich Determinirende unterscheidet sich von sich als Determinablen. Daher keine Selbstbestimmung ohne Wahl. Sich determiniren heisst sich einem *Determinans* eingeben.

Der Mensch trägt das Samenkorn des Lichts und der Wahrheit in sich selbst. Aeussert er eine Thätigkeit, so muss er das
Vermögen dazu in sich selbst haben und dies Vermögen kann
ihm nicht durch die Sensationen kommen. Hier gilt, dass nur
der Sprechende hört, nur der Bewegende empfindet. Locke sah
lauter Peripherien und keine Centra.

Die nichtverständige Sinnlichkeit, welche der nichtverständigen Wirksamkeit entspricht, ist zu unterscheiden von der Sinnlichkeit und Wirksamkeit der verständigen Wesen. Beides Wirken
ist eins in Gott, unterschieden in der Creatur und der Theilnahme
an Gottes Einheit bedürftig. Der Geist ist mit nichtintelligenter
Natur verbunden, bedarf aber dieser ausser sich zur Erhaltung
eigener, so wie die nichtintelligente Natur des Geistes bedarf.

Der Geistmensch war schon bei seinem ersten Hervorgange
mit dem immateriellen nichtdenkenden Principe in einem anderen

Verhältnisse als die übrigen Geistwesen, die nemlich nicht ohne alle Hülle sind. Des Menschen ursprüngliche Bestimmung ist es, die Geister und die Natur zu vermitteln und zu verbinden.

Etre oder *Essence double* musste der Mensch als in der Zeit nicht bloss als Geist erscheinend, sondern wesentlich seiend haben; nur sollte das *Etre spirituel (éternel)* frei vom *temporel* sein, und die *première enveloppe impénétrable* machte doch kein constitutives Element seines *Etre* als *homme-esprit*.

Um der weltbewegenden Macht zu widerstehen oder diese Welt selbst zu bewegen, d. h. um weltüberwindend zu sein, muss man ausser ihr gründen. *Da mihi punctum et coelum terramque movebo.*

Seit seinem Falle, sagt Saint-Martin, wird der Mensch bekleidet gefunden mit einer verweslichen Hülle. Denn als ein zusammengesetztes Ding*) ist diese verwesliche Hülle den verschiedenen Actionen des Sinnlichen unterworfen, die nicht anders als nach einander wirken und einander zerstören**). Aber durch diese Unterwerfung unter das Sinnliche hat der Mensch keineswegs seine Eigenschaft als verständiges (intellectuelles, geistiges) Wesen verloren, so dass er zugleich gross ist und klein, sterblich und unsterblich, frei im Verständigen, gebunden im Körperlichen durch Gesetze, die von seinem Willen unabhängig sind. Er ist also eine Zusammensetzung (ein Gemisch) von zwei entgegengesetzten Naturen***) und äussert darum wechselweise die Wirkungen derselben. Hätte der Mensch, wie er jetzt ist, nichts weiter als Sinne, wie die Materialisten behaupten, so würde in allen seinen Handlungen immer der nemliche sinnliche Charakter sichtbar sein. Allein warum kann denn nun der Mensch, fragt

---

*) Der Begriff der Zusammengesetztheit ist identisch mit dem Begriffe des Nichtinsichgeeintseins und der Versetztheit.

**) Nicht nur als nebeneinander sondern auch als nacheinander wirken sie aussereinander, also nicht zusammen.

***) Gleichwohl darf man nicht übersehen, dass die Entgegengesetztheit (Opposition) der beiden Naturen nicht in der Natur (im Wesen) dieser Naturen gegründet ist. Vielmehr ist der Widerstreit zwischen Geist und Leib erst durch den Fall in ihm entstanden.

Saint-Martin mit Recht, von dem Gesetze der Sinne abgehen? Warum kann er, was sie von ihm fordern, sich versagen? Warum ist er, wenn der Hunger ihn plagt, gleichwohl im Stande, die besten Leckerbissen, die man ihm vorsetzt, auszuschlagen, sich durch das Bedürfniss quälen, abzehren und selbst vernichten zu lassen!*) Warum gibt es im Menschen einen Willen, den er seinen Sinnen entgegensetzen kann, wenn in ihm nicht mehr als éin Wesen ist? Wie können zwei Handlungen, die sich zwar zugleich zeigen, aber einander doch so entgegengesetzt sind, aus einer und derselben Quelle herkommen? Diese zweifache Handlung des Menschen ist also ein überzeugender Beweis, dass in dem Menschen mehr als éin Principium sei.

Die Wesen, die bloss sinnlich sind, können niemals andere Anzeigen äussern, als von dem, was sie sind. Die schönsten Triebe der Thiere, ihre regelmässigsten Handlungen gehen niemals über das Sinnliche hinaus.

Freilich müssen die Thiere, weil sie äusserlich oder nach aussen sich manifestiren, nothwendig ein inneres und thätiges Princip haben. Aber dasselbe hat allein das Sinnliche zum Führer und die Erhaltung des Körperlichen zum Gegenstande. Allerdings kann also das Thier durch die Einwirkung des Menschen, indem er es durch Furcht oder Reiz der Nahrung etc. lenkt, die Fertigkeit erwerben, verschiedene Verrichtungen zu vollbringen. Allein in allem dem sieht man nicht das Geringste, worin das Sinnliche nicht Alles und nicht die Triebfeder von Allem wäre.

Da die unter dem Thiere stehenden Classen der Naturwesen, die Pflanzen und Mineralien, Wirkungen äussern, so müssen sie so gut wie das Thier ein thätiges Princip haben, welches ihnen eingeboren ist und woraus jene Wirkungen hervorgehen, obgleich zwischen den Principien dieser drei Classen von Naturwesen noch ein beträchtlicher Unterschied obwaltet. Aber von allen dreien ist der Mensch wesentlich unterschieden durch die Eigenthümlichkeit seines thätigen Principiums, indem ihm das Princip des Ver-

---

*) Denn die Begierde, die im Object bildet, zerstört, wenn sie auf sich beschränkt wird. — Das Thier kann nicht Selbstmörder sein.

standes, des Geistes, des Willens allein eigen ist. Hier macht nun Saint-Martin den Versuch, ein Princip aufzufinden, aus welchem eine strenge Classification der genannten drei Classen von Naturwesen gewonnen werden könnte.

Er bemerkt zunächst, die menschliche Wissenschaft gebe keine sichere Regel an die Hand, die drei Reiche ordentlich zu classificiren, und man werde hier nur dann zum Ziele kommen, wenn man der Ordnung folge, welche die Natur selbst einhalte. Hienach müsse man in die Classe der Thiere alle die körperlichen Wesen setzen, die den ganzen Umfang des Princips ihrer Fructification in sich trügen und also nicht an die Erde gefesselt seien. Man kann daher, setze ich hinzu, sagen, das Thier hat seine Erde *(matras)* in sich. In die Classe der Pflanzen gehört jedes Wesen, das seine Mutter in der Erde hat und so durch die Wirkung zweier Agentien Frucht und Samen treibt und eine Production ausser oder in der Erde hervorbringt. Für Minerale muss man alle Wesen halten, die gleichfalls ihre Mutter in der Erde haben, in ihr zunehmen und wachsen, die aber, da sie von der Action dreier Agentien herkommen, kein Zeichen der Reproduction geben können, weil sie nur leidend sind und weil die drei Actionen, durch welche sie zu Wege gebracht werden, ihnen nicht eigenthümlich angehören.

Ist ein Wesen an die Erde angeheftet, so dass es stirbt, wenn es von ihr losgerissen wird, so ist es eine Pflanze. Ist es nicht an die Erde gebunden, obgleich es sich von ihren Producten nährt, so ist es ein Thier. Weil Pflanzen und Mineralien viele Fähigkeiten mit einander gemein haben, ist der Unterschied zwischen der Pflanze und dem Mineral schwerer zu bestimmen, als der zwischen der Pflanze und dem Thiere.

Eine Chemie, welche ohne die Körper aufzulösen ihre wahren Principien kennen lehrte, würde zeigen, dass das Feuer das eigenthümliche Wahrzeichen des Thieres, das Wasser das der Pflanze und die Erde das des Minerals ist. Dabei bedarf es jedoch keines besonderen Beweises, dass diese drei Elemente nicht unabhängig von einander existiren können, es herrscht nur jedesmal eins vor. Die niedrigere Classe hat nie etwas von dem, was sich auf eine besondere Art und Weise in der höheren äussert, wohl aber umgekehrt hat die höhere Classe stets etwas von der niedern.

Der hier von Saint-Martin angegebene Ternar des Thiers ($\triangle$), der Pflanze ($\triangledown$) und des Minerals ($\forall$) erinnert an jenen Ternar der drei Spiegel im *Esprit des choses* (I, 50 ff.), so dass Gott alle drei Principien der Existenz in sich, der Geist nur zwei, die nichtdenkende geistige Natur nur eine in sich hätte, wonach sich die geistige Stufenfolge ihrer Selbstthätigkeit und Selbstständigkeit ergäbe. Aber bei dem Mineral wird hier gesagt, dass es keines der drei Principien der Existenz in sich d. i. alle drei ausser sich habe, und man erhielte sohin statt eines Ternars einen Quaternar jener Naturen. Aber genau besehen, ist 1) Drei in Eins, 2) Zwei in Eins, das dritte ausser ihm also die Existenz in zwei, 3) Eins ins Eins, also die Existenz in drei, Keins in Eins. (123) (12)3 (1)23 ( )123 oder ist beim Mineral Drei ausser Eins, so dass kein Factor in ihm ist.

Da wir, fährt Saint-Martin fort, bei den körperlichen Wesen, die unter dem Menschen stehen, kein Zeichen von Verstand wahrgenommen haben, so können wir nicht leugnen, dass er hienieden nicht das einzige mit dem erhabenen Vorzug des Verstandes begnadigte Geschöpf sei, obgleich er durch seine Elementarform dem Sinnlichen und allen materiellen Schwachheiten des Thiers unterworfen ist.

Allerdings kann dem Menschen in der unglücklichen Verfassung, in welcher er sich seit dem Falle befindet, in der That kein Gedanke vernehmlich werden, der nicht durch die Sinne in ihn eingegangen wäre. Allein da der Mensch, so wie er jetzt ist, in sich zwei verschiedene Wesen zu regieren hat, und da er die Bedürfnisse des einen und des andern nur durch die Sinnlichkeit in Erfahrung bringen kann, so muss diese Fähigkeit doch auch zweifach sein, wie denn jeder Mensch einen Sinn für das Verständige und einen Sinn für das Körperliche in sich findet. Zugleich lässt sich zeigen, dass unsere Sinne in Wahrheit das Organ unserer Gedanken, dass sie aber nicht ihr Ursprung sind.

Das thätige und verständige Princip im Menschen, das ihn so vollkommen von den andern Wesen unterscheidet, muss in sich selbst seine eigenen Fähigkeiten haben, die uns nur in unserer jetzigen mühseligen Situation bis auf eine, den uns angebornen Willen, genommen sind. Nur durch dieses Willens Kraft, durch welche der Mensch sich vom Guten entfernt hat, kann er allein hoffen, in seine ersten Rechte wieder hergestellt zu werden. Er kann wählen und kann gut wählen, wie sich schon daraus ergibt, dass er leidet und dass er gestraft wird, wenn er Übel wählt.

Hier lässt Saint-Martin nur ausser Acht, dass die Wahlfreiheit in der Zeit Gnade ist.

Nachdem nun Saint-Martin gezeigt hat, dass der Mensch zugleich verständig und sinnlich sei, bemerkt er, dass diese zwei verschiedenen Fähigkeiten in ihm sich nothwendig durch verschiedene Zeichen und Mittel zu erkennen geben müssen, und dass die ihnen eigenthümlichen Eigenschaften, da sie nicht einerlei Art sind, auch auf keine Weise unter einerlei Gestalt sich zeigen können.

Die geringere sinnliche Fähigkeit soll immer durch das Licht und Recht der verständigen Fähigkeit regiert werden. Geschieht dies nicht, so wird der Mensch seine zwei Naturen nicht mehr aus einander finden können und nicht mehr wissen, wo er die Zeugnisse der Ordnung und der Wahrheit finden soll.

Die Materialisten erklären sich gegen alle *qualitates occultas*. Allein kann es etwas Occulteres geben als die Begriffe, womit sie die Dinge erklären wollen? Sie erklären die Materie durch die Materie, den Menschen durch die Sinne, den Urheber aller Dinge durch die Elementarnatur! Alle diese Erklärungen sind nichtig, weil sie allezeit wieder neue Erklärungen bedürfen. Wenn die Materialisten wirklich die *qualitates occultas* nicht ertragen können, so sollten sie sich vor allen Dingen nach einem andern Wege umsehen. Denn ganz gewiss ist keiner occulter und finsterer, als der, auf dem sie uns mit sich fortziehen möchten. Ich setze hinzu: Der Materialismus ist nichts Besseres als Thiermystik. Man kann der Mystik nicht entgehen und fällt nothwendig in eine trübe und falsche, wenn man sich der klaren und wahren entzieht.

Sehr schön sagt Saint-Martin: wenn die Unwissenheit und Dunkelheit, worin wir uns über die Dinge befinden, nicht zum Wesen des Menschen gehören, sondern die Wirkung seiner ersten und aller daraus folgenden Abweichungen sind, so ist es seine Pflicht, den Rückweg zu suchen zu dem Lichte, das er verlassen hat; und wenn diese Kenntnisse vor dem Falle sein Erbtheil waren, so sind sie für ihn nicht schlechterdings verloren, weil sie aus jener unerschöpflichen Quelle, aus welcher sie ursprünglich hervorgegangen sind, ohne Unterlass noch ausfliessen. Wenn also der Mensch, ungeachtet der Finsterniss, worin er schmachtet, immer noch Hoffnung haben kann, die Wahrheit zu erkennen, und wenn dazu nichts nöthig ist, als Mühung und Muth, so wäre es Verachtung der Wahrheit, wenn wir nicht Alles, was in und an uns ist, thun wollten, um uns ihr wieder anzunähern.

II.

In seiner ersten Herrlichkeit, wovon Saint-Martin spricht, war der Mensch in Ueberräumlichkeit und Ueberzeitlichkeit. Mit dem Fall gerieth er in Unreinheit und Uneinheit. Transposition, Composition und Desintegration fallen zusammen. Dieselben Elemente, welche, transponirt, die materielle zusammengesetzte Existenz produciren, produciren in ihrer normalen Position die immaterielle spirituöse Existenz.

Wenn Saint-Martin behauptet, nur ein freies (des Missbrauchs seiner Wahlfreiheit fähiges) Wesen könne unglücklich sein, so erklärt er sich mit Recht vor Hegel gegen Hegel's Behauptung eines unglücklichen Daseins des Thieres. Das Thier leidet wohl, aber im eigentlichen Sinne kann doch nur dasjenige Wesen unglücklich sein, welches weiss, dass es seiner Natur nach glücklich sein sollte, sich aber innerlichst unglücklich findet. Das Thier ist für das Wohlsein seiner Sinne gemacht. Wird dieses Wohlsein gestört, so leidet es allerdings, aber es sieht als sinnliches Wesen nicht über seine Leiden hinaus und weiss nichts davon, dass es für dasselbe einen andern Zustand geben könne. Es weiss nichts von jenem Wurm im Herzen, welcher eigentlich des Menschen Unglück ausmacht, und von jener Nothwendigkeit, sich selbst wegen seines Elendes anzuklagen. Das Thier handelt nicht, es wird ihm gemacht und erkennt daher keine Zurechnung des Uebelbefindens und Uebelverhaltens. Wenn aber der Mensch sich freiwillig in's Unglück gestürzt hat, so kann er die Verbindlichkeit nicht leugnen, dass er sein Vergehen wieder gut zu machen hat, so weit seine Kräfte dazu ausreichen. Der Imperativ seines Seligseins kann nie von ihm weichen und Gott kann den Menschen als Mitwirker nicht ohne sein Mitwirken selig machen.

Unsere Fehler und Irrthümer in der Wissenschaft entspringen nach Saint-Martin hauptsächlich aus der Nichtbeachtung des Gesetzes zweier verschiedener Actionen, die sich in allen Wesen der Schöpfung zeigen. Diese zweifache Action, welcher die Natur als Region der Väter und Mütter unterworfen ist, ist an die körperlichen Wesen gebunden als das unentbehrliche Mittel, welches die Urquelle aller Kräfte angeordnet hat, um ihre materiellen Werke hervorzubringen. Saint-Martin nennt sie rein, inwiefern oder weil sie durch eine dritte Action, die sie regelrecht mache, geleitet werde, und bemerkt, dass der eine Terminus dieser zweifachen Action fix und unvergänglich sei, der andere nur vorübergehend. Hier unterscheidet Saint-Martin nicht blosslich zwischen dem Dualismus der Action und Reaction, *force* und *resistence* in der Normalität und in der Nichtnormalität. Zweiheit und Entzweiung sind noch — sogar nach dem Geiste seiner eigenen Lehre — zu unterscheiden. Der Dualismus der Action und Reaction kann nemlich ein freundlicher, oder ein widerstreitender sein. Insofern nun die Materie auch nach Saint-Martin durch Confundirung von Licht und Finsterniss entstand, kann das bemerkte Gesetz der zweifachen Action in aller Production materieller Wesen nicht mehr die ursprüngliche Zweiheit und auch nicht die der Reintegration sein, sondern es ist die Zweiheit oder der Dualismus der Desintegration und von dieser kann die volle Reinheit nicht ausgesagt werden. In ihr herrscht daher Polaritätsspannung, und wenn eine dritte Action ($\breve{\varphi}$) die zwei *termini* regelt *), so zeigt dies, dass dieselben in der Transposition oder Desintegration waren. Man kann daher sagen: wenn zwei Principien, die einander verneinen, sich zusammen aussprechen sollen, so kann das nur in einem (und mittelst eines) dritten geschehen, welches das eine ausspricht, das andere sich aussprechen lässt.

Die Unterscheidung der ursprünglichen normalen Dualität und der späteren abnormen ist so sehr im Geiste Saint-Martin's selbst gedacht, dass er zur Beantwortung der Frage: warum die Thiere so grossen Leiden unterworfen seien, sich auf den Zusammenhang der Dinge beruft, vermöge dessen das Böse durch die Fehltritte des Menschen in der Natur Fuss gewonnen habe. Er drückt dies in seiner Weise durch die Worte aus, dass die Erde nicht mehr Jungfrau sei, wesshalb sie und ihre Früchte allen den aus diesem Verlust erwachsenden Uebeln preis gegeben seien. Man muss hier bemerken, dass die Erde eine zweifache Alteration erlitt, in wiefern sie früher mit Lucifer, später mit dem Menschen sich vermischte. Nachdem Lucifer von der Erde ausgeschieden war, öffnete der Mensch der bösen Action in diese Natur die Thüre, und trennte dadurch die niedere Natur von ihrem Segen, machte sie zur Wittwe. Von der Entgründung zur Wiederbegründung geht der Weg nur durch eine äussere Begründung oder Corporisation. Ohne jenes Entgründungsstreben, welches doch nur einer anderen Begründung dienen muss, lässt sich weder der Urstand, noch der Fortbestand der Materie erklären.

Man sieht hieraus, wie tiefsinnig es ist, wenn Saint-Martin ausruft: „Wahrlich, man will nicht begreifen, welcher nahe Zusammenhang zwischen den Irrthümern über das Wesen des Menschen und jenen über das Wesen der Materie obwaltet. Wessen Geist hellsehend genug ist, über die Körper richtig zu urtheilen, der wird auch bald heller in den Menschen schauen."

Wenn Saint-Martin in diesem Zusammenhange auf den Gegensatz des Guten und des Bösen überhaupt zurückgeht, so sieht er sich gedrungen, auch hier, wie schon früher, und auch später, sich des Ausdrucks: zwei Naturen, zwei Principien, zwei Urwesen, zu bedienen. Saint-Martin gibt aber offenbar dem Bösen nur uneigentlich den Namen einer Natur, eines Princips, eines Urwesens, indem es nach ihm absolut gesprochen, nur éin wahrhaftes Urwesen, Gott, gibt.

Mit dem Worte Natur für das Böse will Saint-Martin nur sagen, dass das Böse nicht éiner Art mit dem Guten sei, sondern ihm entgegengesetzt, mit dem Ausdruck Princip will er nur sagen, dass das Böse keine nothwendige oder natürliche Folge aus dem Guten sei, und mit dem Ausdruck Urwesen, will er nur sagen, dass irgend ein geistiges Wesen, nach der Tradition Lucifer, das zuerst Bösegewordene und allem späteren Bösen Vorangegangene sei. Man ist also keineswegs berechtigt, aus diesen Ausdrücken auf eine dualistische oder manichäische Grundlage der Lehre Saint-Martin's zurückzuschliessen, wie gleichwohl der Unverstand gethan und in einzelnen Zurückgebliebenen bis heute nicht aufgehört hat zu thun *).

Man kann hier noch bemerken, dass, wenn Saint-Martin sagt, das gute Princip (das wahrhaft alleinige Urwesen) sei feststehend und fortdauernd und besitze das Leben in sich selbst und durch sich selbst, das Böse (das Bösegewordene durch Missbrauch seines freien Wahlwillens und Abfall von Gott), unregelmässig und gesetzlos, habe nur Wirkungen, die scheinbar seien und für den Verstand, der dadurch betrogen werden könnte, täuschend, diese scheinbaren Wirkungen die gleichfalls scheinbaren des guten Princips, d. h. die Zeitregion, nöthig gemacht haben.

Der erste Irrthum, den man in der Behandlung der Naturwissenschaft beging, war und ist nach Saint-Martin der, dass man von der materiellen Natur eine abgesonderte Classe und ein

---

*) Caro ist ein zu unterrichteter Kenner der Schriften Saint-Martin's, um eine so bodenlose Beschuldigung, wie die des Manichäismus, vorzubringen. Er konnte dies, da er seinerseits schon genug gegen Saint-Martin gesündigt, füglich deutschen Orthodoxen überlassen. Vergl. Caro's *Essai sur la vie et la doctrine de Saint-Martin p. 190.* v. O.

abgesondertes Studium gemacht hat. Das will doch wohl sagen, dass man sie gottlos und abstract betrachtet hat. Obgleich der Augenschein die Menschen belehrte, sagt Saint-Martin, dass dieser Zweig (die Naturwelt) lebendig und wirksam sei, haben sie ihn doch als vom Stamme getrennt angesehen, und weil sie dabei stehen blieben, hat der Stamm selbst ihnen so weit von dem Zweige entfernt geschienen, dass sie des erstern Dasein für entbehrlich und unnöthig gehalten (den Zweig für den Stamm selbst genommen) haben, oder, wenn sie des Stammes Dasein auch annahmen, so erblickten sie wenigstens in ihm nichts als ein isolirtes Wesen, dessen Stimme sich in der Entfernung verliert und die man nicht einmal vernehmen dürfe, um den Gang und die Gesetze dieser materiellen Natur zu begreifen. Bekanntlich machte selbst Lessing den flachen Witz, in welchem er fordert, dass die Materie (ihm Natur) nur durch die Materie erklärt werden müsse. Saint-Martin erklärt sich also sowohl gegen die atheistische, als gegen die deistische Naturwissenschaft und stellt beiden die christliche entgegen. Er leugnet zwar nicht, dass man durch eine isolirte Betrachtung der materiellen Natur ihre sinnlichen und erscheinlichen Gesetze ausfindig machen könne, aber er behauptet mit Recht, dass dann unser Begriff unvollständig sein würde, indem noch immer die Kenntniss ihres wirklichen Princips, das nur dem Verstande erkennbar sei, fehlen würde, durch welches Alles, was existirt, nothwendig regiert werde und von welchem die sinnlichen und erscheinlichen Gesetze nur die Folgen seien.

Auf der andern Seite erklärt es Saint-Martin eben so wenig für zulässig, mit Ausschluss der Untersuchungen über die materielle Natur der Erforschung des unsichtbaren Princips nachzugehen, indem auf diese Weise zu besorgen sei, wir möchten die uns vorgezeichnete Bahn überfliegen und dadurch unser Ziel verfehlen.

Der zweite Irrthum der Naturforscher besteht nach Saint-Martin darin, dass man vorausgesetzt hat, das Princip der Materie müsse in die (materiellen) Sinne fallen, wie die Materie selbst in sie fällt. Er will hiemit andeuten, dass man den Begriff der Natur mit dem der Materie vermengte und nicht einsah, dass die Natur, so wie sie materiell wird, zeitlich wird.

Das Princip der Materie und die Materie selbst können schon darum nicht einerlei sein, weil ein Princip untheilbar und körperlich unmessbar, während die Materie zusammengesetzt und messbar ist, wie die Ausdehnung. Das Ueberallsein und Immersein (Ubiquität und Sempiternität) liegt jedem Räumlichen und Zeitlichen unter. Raum ist Heraussetzen aus dem Ersten, Zeit Heraussetzen aus dem Zweiten. Doch ist dieses Heraussetzen keine Trennung. Alles im Raum Seiende (Ausgedehnte) ist Product, alles in der Zeit Geschehene Folge. In der letztern findet ein Uebergang von einem Product zum andern statt. In allem Räumlichen und Zeitlichen sind die Theile ausser der Einheit, diese ist ihnen nicht inwohnend. Daher hier begifflose Vielheit. Jede (bestimmte) Zeit wie jeder (bestimmte) Raum ist ein Ungansee, ein Bruchtheil.

Wenn aber ein Princip untheilbar und unmessbar ist, so ist es ein einfaches Wesen. Nur darf diese Einfachheit nicht abstract als Unterschiedlosigkeit in sich gefasst werden. Allerdings ist nur das (nicht abstract gefasste) Einfache Substanz. Folglich kann die Materie, die nicht einfach ist, vielmehr theilbar und dem sinnlichen Maasse unterworfen, nicht ihr eigenes Princip sein.

Man hat gemeint, wenn man die Materie (die materiellen Dinge) zertheile und das Zertheilte immer weiter zertheile, so zertheile man wirklich das Princip und Wesen der Materie, und in der Vorstellung, dass bloss die Schranken unserer körperlichen Organe hinderten, in dieser Operation mit dem Gedanken gleichen Schritt zu halten, hat man fälschlich gefolgert, die Materie sei in's Unendliche theilbar, und eben deshalb unzerstörlich und ewig. Allein die Formen der Materie zertheilen ist nicht dasselbe wie ihr Wesen theilen. Indem man die verschiedenen Theile, woraus die Körper zusammengesetzt sind, von einander trennt, zertrennt man keineswegs die Materie selber als Einheit gefasst. Denn jeder materielle Theil, der aus dieser Theilung entsteht, bleibt unberührt in seiner Erscheinung als Materie, und diese Theilung tilgt selbst nicht allen Bezug der Theile. Der Mensch kann wohl nach Gefallen die körperlichen Formen verändern, weil diese Formen nichts als eine Sammlung verschiedener Theile der Materie sind, aber er kann auch nicht ein einziges dieser Theilchen vernichten, weil das sie tragende und erhaltende Princip in seinem Wesen auf keine Weise getheilt werden kann, und in diesem Sinne ist die Materie (ihrem Wesen nach) nicht nur nicht in's Unendliche theilbar, sondern überhaupt nicht theilbar.

In aller Zeugung kann das Product niemals seinem Zeugeprincip gleich sein, auch nicht Theil desselben, obgleich die Frucht, wenn sie hernach zu wachsen beginnt, dem Individuum, das sie erzeugt hat, an Stärke und Grösse gleich kommen oder es gar übertreffen kann. In dem Augenblicke der Zeugung aber ist die Frucht nothwendig geringer und unter dem zeugenden Individuum. Sagt ja sogar der Menschensohn: „Der Vater ist grösser als Ich." Dieses Gesetz gilt indess im strengsten Verstande nur für die emanante Zeugung, wo stets Trennung des Gezeugten vom Zeugenden eintritt. Andern bei der immanenten Zeugung, wo das Product *(genitus)* als Production sich nie von seiner Quelle *(genitor)* scheidet. Insofern Gott existirt (ist), oder Existenz hat (nicht bloss Wesen und Princip ist, sondern auch ins concrete Dasein (ewig) getreten ist), denkt man sich Ihn als hervorgebracht. Hier steigt die Production immer in das Producirende, oder Existenz in Grund und beide sind im Unterschiede doch eins und untrennbar. In der Zeit trennen sich die zeugenden Potenzen durch ihren Zusammentritt unter sich und von dem Gezeugten. In der Ueberzeit einen sich jene unter sich und mit diesem im Verhältnisse ihrer Unterscheidung.

Wenn man also den höheren Rang des Princips der Materie über der Materie erkennt, und hiemit ihre Nichteinerleiheit, wenn man die materiellen Gebilde von dem Princip der Materie unterscheidet, so wird einleuchtend, dass die materiellen Formen ohne Unterlass abwechseln können, während das Princip unverrückt dasselbe bleibt, so dass also die Formen der Materie entstehen und vergehen, indess das Princip der Materie ewig, unveränderlich und unzerstörlich ist.

Unsere Naturforscher haben bemerkt, dass die Körper sich wandeln, sich auflösen und verschwinden, dass aber diese Körper auch ohne Unterlass durch andere Körper ersetzt werden. Da haben sie dann gemeint, dass diese neuen Körper von den Trümmern der alten gebildet würden, und dass, wenn auch sie wieder aufgelöst wären, die verschiedenen Theile, aus welchen sie zusammengesetzt waren, wieder in die Zusammensetzung neuer Formen eingehen müssten. Sie nahmen also an, dass zwar die Formen eine beständige Veränderung erlitten, dass aber die Fundamental-Materie allezeit die nemliche bleibe. Bei dieser Voraussetzung konnten sie keinen Grund erblicken, warum die Materie nicht beständig in Bewegung gewesen sein und warum sie nicht beständig darin bleiben sollte und so wurden sie in der Meinung bestärkt, dass die Materie ewig sei. Sie haben also die materialisirten Elemente für das Bleibende und Ewige gehalten, während doch nur die Elementarprincipien ewig sind. Denn die Principien der Körper sind allerdings unzerstörlich und unvergänglich, aber nicht die materiellen Körper selbst. Wenn man freilich wähnt, die Materie entstehe nicht, so kann man auch nicht annehmen, dass sie vergehe. Denn allerdings wäre Anhäufung der Materie (der Atome) kein Entstehen, so wie deren Trennung kein Vergehen derselben.

Wenn also, sagt Saint-Martin zusammenfassend, die Beobachter die Körper von den Principien der Körper unterschieden hätten, so würden sie den gefährlichen Irrthum vermieden haben, den sie umsonst zu bemänteln suchen, und es wäre ihnen gewiss nicht in den Sinn gekommen, dem materiellen Wesen, das in ihre Sinne fällt, Ewigkeit und Unvergänglichkeit zuzueignen. Ich denke auch wie sie über den täglichen Gang der Natur, Ich sehe alle die Formen entstehen und wieder vergehen, und ich sehe andere Formen an ihre Stelle kommen; aber ich werde mich wohl hüten, daraus mit ihnen zu schliessen, dass diese Umänderung keinen Anfang gehabt habe, und dass sie kein Ende haben werde. Denn sie geschieht und offenbart sich ja in der That nur an den Körpern, die vorübergehend sind, und nicht an ihren Principien, die davon nicht das Allergeringste leiden. Wer die Existenz und den Bestand dieser Principien (und die Möglichkeit einer andern Formung derselben), unabhängig und abgesondert von Körpern, einmal recht begriffen hat, der wird wohl zugeben, dass sie vor und nach diesen Körpern existiren können. Wenn also die Principien der Materie unzerstörlich und ewig sind, so kann doch die Materie unmöglich gleicher Vorrechte theilhaftig sein.

Die allgemeinen Principien der Materie sind einfache Wesen, jedes ist eins. Die angebornen Principien der kleinsten Partikel der Materie müssen demnach die nemliche Eigenschaft haben. Jedes von ihnen muss eins und einfach sein, wie die allgemeinen Principien eben dieser Materie. Ein Unterschied zwischen ihnen kann nur in der Dauer und in der Stärke ihrer Action gefunden werden. Nun ist aber die eigenthümliche Action eines einfachen Princips nothwendig selbst einfach und einig und kann folglich nicht mehr als einen einigen Zweck zu erfüllen haben, und indem sie Alles in sich hat, was zur gänzlichen Erfüllung ihres Gesetzes nöthig ist, kann sie weder Vermischung, noch Theilung leiden.

Obgleich die Resultate der Action des allgemeinen Princips der Materie sich in's Unendliche vervielfältigen, ausbreiten und unterabtheilen, so hat dasselbe doch nur ein einiges Werk zu thun und nur einen einigen Act zu bewirken. Ist sein Werk vollendet, so muss seine Action aufhören und von dem wieder zurückgenommen werden, der ihm geboten hatte sie hervorzubringen. Aber die ganze Dauer der Zeit hindurch ist es gezwungen, den nemlichen Act zu thun, und die nemlichen Wirkungen hervorzubringen.

Ebenso verhält es sich mit den angebornen Principien der verschiedenen besondern Körper. Auch sie sind dem gleichen Gesetze der Actions-Einheit unterworfen, und wenn die Dauer dieser Action erfüllt ist, so wird sie ihnen gleichfalls wieder genommen.

Wir können daher von ihnen keine neuen (materiellen) Formen erwarten und müssen den Ursprung der neuen Körper, die wir nach einander entstehen sehen, in andern Principien suchen, als in jenen, deren Action wir in der Auflösung der von ihnen hervorgebrachten Körper aufgehoben sehen.

Das Universum ist als eine Sammlung einer unendlichen Menge von Keimen und Samenarten anzusehen, die alle nach ihrer Classe und nach ihrer Art das angeborene Princip ihrer Eigenschaften und ihrer Gesetze in sich haben, die aber, um zu zeugen und sich äusserlich fortzupflanzen, einer äusserlichen Ursache bedürfen, die sie zum Zeugen geschickt mache*). Von aussen kommende Körper und Trümmer von Körpern können zur Bildung und zum Wachsthum anderer Körper beitragen, aber sie können sich nicht in die Substanz der Körper einmischen. Sie können ihnen Schutz- und Förderungsmittel werden, aber niemals einen Theil ihres Wesens ausmachen. Die Behauptung ist also unrichtig, dass die Principien der sich auflösenden körperlichen Wesen, sowohl die allgemeinen als die besonderen, nachdem sie sich von ihren Hüllen getrennt haben, hingingen wieder neue Formen zu beseelen, eine neue Laufbahn anfangen und so verschiedenemale nach einander leben könnten. Die Nahrungsmittel thun weiter nichts als dass sie das Leben und die Thätigkeit des Individuums, das sie zu sich genommen hat, unterstützen. Sie sind keine Vermehrung seines Wesens, sondern ein Beförderungsmittel einer Reaction, die ihm nöthig ist, um seine Kräfte zu äussern und seine zeitliche Thätigkeit im Gang zu erhalten. Obgleich kein einziges körperliches Wesen dieser Reaction entbehren kann, so hat sie doch in allen ihr bestimmtes Maass; weshalb eine zu lebhafte Reaction dem körperlichen Leben nachtheilig ist.

Wenn die Nahrungsmittel und die Principien, die sie enthalten, mit der Substanz und den Principien der Wesen, die sie reactioniren, sich vermischen könnten, so könnten sie ihnen auch substituirt werden. Dann wäre es leicht, die Individuen und Arten ganz und gar aus ihrer Natur zu rücken. Hätte man aber einmal die Classe und Natur eines Wesens verändert, so würde man das Gleiche auch an allen übrigen Classen bewirken können und diess müsste eine allgemeine Verwirrung geben. Die Natur hat vielmehr einem jeden körperlichen Wesen ein besonderes

---

*) Saint-Martin schliesst sich also dem grossen Gedanken Harvey's an: *Omne vivum ex ovo*, und erklärt sich lange vor Ehrenberg etc. gegen die *Generatio aequivoca*. v. O.

angeborenes Princip gegeben, das vermittelst hochgespannter Reactionen seine Action über das gewöhnliche Maass ausdehnen kann und oft ausdehnt, das aber niemals sein Wesen verlieren oder verändern kann. Das Princip, welches der Werkmeister und Vater seiner Hülle ist, kann sich davon nicht trennen, ohne dass die Hülle nicht augenblicklich in Auflösung ginge und sich unmerklich zerstörte, und es ist durchaus unmöglich, dass ein anderes Princip oder ein anderer Vater komme, diese Hülle zu bewohnen.

Die Nahrungsmittel sind also nichts Anderes als Reactionsmittel, durch welche die lebenden Körper vor der Uebergewalt der feurigen Action geschützt werden, die an den Nahrungswesen nagt und sie nach und nach auflöst, so wie sie ohne diese den lebenden Körper selbst auflösen würde. Sie sind also nicht Materialien, von welchen das sich nährende und gestaltende Wesen zusammengesetzt würde. Vielmehr hat dies Wesen mit dem Leben Alles in sich und die Nahrungsmittel, wenn sie aufgelöst sind, haben weiter nichts, und was ihnen etwa übrig sein möchte, verliert sich immer mehr, so wie die besonderen Principien sich von ihrer Hülle trennen und in ihre ursprüngliche Quelle zurückkehren.

Jene anscheinende Aenderung der Formen kann uns also auch nicht mehr verleiten zu glauben, dass dieselben Principien wieder ein neues Leben begönnen. Die neuen Formen, die unaufhörlich unter unseren Augen entstehen und die wir sich fortpflanzen sehen, sind vielmehr nichts Anderes, als die Wirkungen, die Resultate und die Früchte neuer Principien, die noch nicht agirt hatten. Da in Gottes Werken Alles einfach und Alles neu ist, so muss auch Alles darin zum erstenmal erscheinen.

Es sind also nicht die nemlichen angeborenen Principien, die immerwährend bevollmächtigt blieben, die fortgehende Reproduction der Körper zu handhaben, sondern jedes gegebene Princip kann nicht mehr als eine einzige Action und folglich nicht mehr als einen einzigen Lauf haben. Der Lauf der besonderen Wesen, die zusammengenommen die Materie ausmachen, hat Ziel und

Schranken, wie denn nicht ein Augenblick vergeht, in welchem wir nicht das Ende von einem oder mehreren wahrnähmen.

Die Beobachter, die kaum einen Schritt gethan haben, die Materie von dem Princip, welches sie trägt und zeugt, zu unterscheiden, legen der Materie bei, was nur dem Princip zukommt. Sie meinen ihre erste Materie bleibe immer und wesentlich dieselbe und nehme nur bloss ohne Unterlass eine Menge verschiedener Formen an. Auf diese Weise verwechseln sie die Materie mit ihrem wirklichen innerlichen angebornen Princip, und indem sie so mit einer einigen Natur in der Materie auch nur eine einige allgemeine Action vereinbar finden, können sie auch die Materie nur für ewig und unzerstörlich halten.

Allein es ist wider allen Menschenverstand, anzunehmen, dass Eigenschaften, die different sind, éine und dieselbe Quelle haben. Wenden wir dies auf die verschiedenen Eigenschaften an, welche die Materie vor unseren Augen äussert, so werden wir sehen, ob es wahr ist, dass es nur eine einige materielle Natur gebe.

Schon die Action des Feuers ist nicht gleich der Action des Wassers, diese nicht jener der Erde. Wir gewahren vielmehr an diesen Elementen Eigenschaften, die nicht bloss verschieden, sondern einander ganz und gar entgegengesetzt sind. Und doch sind diese Elemente, obgleich sie mehre sind, wirklich die Basis und der Grund von allen materiellen Hüllen.

Wir können also unmöglich annehmen, dass in den Körpern nur eine einige Natur sei, da ihre Eigenschaften sich vor unsern Augen so verschieden zeigen. Es ist also so wenig wahr, dass in der fortgehenden Umgestaltung der Formen immer wieder die nemliche Materie gebraucht werde, dass auch nicht zwei Formen sind, von denen man dies mit Recht behaupten könnte.

Die Natur oder das Wesen der Körper ist also nicht einig. Alle Formen sind vielmehr das Resultat ihrer angebornen Principien, welche ihre Action nicht anders als unter dem allgemeinen Gesetze der drei durch ihre Natur wesentlich verschiedenen Elemente offenbaren können. Ein Resultat dieser Art kann nicht als ein Princip angesehen werden, weil es nicht eins ist und also der Veränderung unterworfen ist und abhängig von der stärkern oder schwächern Action eines oder des andern dieser Elemente. Die Materie kann also nicht bestehend und fortdauernd sein, oder nach und nach von einem Körper in den andern gehen, sondern diese Körper kommen sammt und sonders von der Action eines neuen und folglich eines verschiedenen Princips hervor.

Da alle Classen der körperlichen Wesen durch auffallende Charactere bezeichnet sind, da sogar die meisten Classen einander entgegen sind, so müssen auch die den materiellen Wesen angeborenen und wirkenden Principien nothwendig verschieden sein. Wäre das thätige innerliche und angeborene Princip der Körper ein einiges oder das nemliche in der ganzen Natur, so müsste es überall einförmig wirken, und ohne Unterlass in den verschiedenen Körpern immer wieder einförmig zum Vorschein kommen.

Daher darf das Wachsthum der körperlichen Wesen nicht als Entwickelung angesehen werden. Denn wenn die Körper sich nur entwickelten, so müssten sie ganz in ihren Keimen oder in ihren Principien schon da sein. Wenn aber die Körper wesentlich und wirklich in den Principien enthalten wären, so würden diese dadurch ihre ursprüngliche Qualität als einfache Wesen verlieren und wären nicht mehr untheilbar und unvergänglich.

Diese Natur ist lebendig überall. Sie hat die Triebfeder aller ihrer Wirkungen in sich und bedarf dessen nicht, dass die Keime alle jene Theile, die ihnen einmal zur Hülle dienen sollen, in verjüngtem Maassstabe in sich aufgespeichert halten. Diese Keime bedürfen nichts weiter als das Vermögen, diese Theile hervorzubringen und das haben sie und wenn sie das haben, so werden alle anderen Behelfe, das Wachsthum und die Bildung der körperlichen Wesen zu erklären, überflüssig. Denn die Beobachter verfielen erst auf dergleichen Behelfe, als sie in der Materie das angeborene Princip ihres Lebens und ihrer Action verkannt und sich in den Kopf gesetzt hatten, dass sie ihrem Wesen nach todt und unfruchtbar sei.

III.

Die Irrthümer wie die Wahrheiten bieten sich untereinander die Hand. Daher hängen die Meinungen der Menschen über die Körper und die ungesunden Folgerungen aus diesen Meinungen wesentlich mit Dingen einer höheren Ordnung zusammen und sind deshalb in der That für sie nicht wenig verderblich.

Nachdem die Menschen bei den besonderen Körpern die Materie mit dem Princip der Materie verwechselt hatten, konnten sie weder den wahren Begriff vom Wesen der Materie finden, noch das Princip erkennen, das die Materie trägt und ihr Thätigkeit und Leben gibt. Sie hatten die zwei Naturen, aus welchen und durch welche die ganze elementarische Region besteht, vereinerleit und so verloren sie allen Sinn für die Frage: ob es nicht noch eine davon verschiedene und höhere Natur gebe.

So mussten sie entweder dem Princip die Schranken und die Fesseln der Materie, oder der Materie die Vorrechte und Eigenschaften des Princips zuschreiben. Da nun das Princip der Körper und die groben Theile, woraus sie bestehen, für sie nur ein und dasselbe Ding waren, so blieb auch in ihren weiteren Folgerungen die Vermengung und Identificirung der Körper und ihres Princips mit Wesen einer von der Materie unabhängigen Natur nicht aus.

Daraus ging sehr bald die Behauptung einer Gleichheit und allgemeinen Einerleiheit in allen Wesen hervor und man sah sich in die Alternative versetzt, anzunehmen, entweder die Materie selbst sei die Ursache von Allem, was geschieht*), oder, die Ursache, welche die Materie wirken macht, sei so wenig verständig als die Principien, die wir in dieser Materie erkannt haben. Es ist aber im Grunde eins, ob man Jenes, oder dieses folgert. Denn wenn man der Materie so weit reichende Eigenschaften beilegt, so behauptet man, dass sie Alles in sich habe. Dann aber müsste sie sich selbst regieren können, und bedürfte

---

*) Die Materialisten der neueren Zeit, Feuerbach, Moleschott, Vogt, Büchner, Burmeister etc. haben kaum etwas vorgebracht, was Saint-Martin nicht schon widerlegt hätte. v. O.

keines über sie wachenden und regierenden Wesens. Dem verständigen Wesen (Gott) die Kenntniss und die Action auf die Materie absprechen, hiesse aber ihm mit diesem Vermögen die Verständigkeit selbst absprechen.

Allein es ist oben schon erwiesen worden, dass die ausserordentlichsten Fähigkeiten eines körperlichen Wesens dasselbe niemals über das Sinnliche erheben können. Die Vergleichung der Thiere mit dem Menschen führt zu der zweifellosen Ueberzeugung, dass das Thier kein verständiges, der Mensch aber ein verständiges Wesen sei und darum einer höheren Ordnung angehöre. Wir können auch nicht leugnen, dass es auch noch andere Wesen geben müsse, die mit der Fähigkeit des Verstandes begabt sind, weil wir erkannt haben, dass der Mensch in seinem dermaligen Zustande nichts (ausser seinen Anlagen) in sich hat und Alles bis auf den geringsten seiner Gedanken von aussen her erwarten muss.

Gibt es nun unleugbar unter den Gedanken, die ihm mitgetheilt werden, einige, die seiner Natur widerstreben, und andere, die ihr analog sind, so dass er nicht beide einem und demselben Princip zuschreiben kann, so ist erwiesen, dass zwei Principien existiren, die ausser dem Menschen und folglich, da die Materie unendlich unter ihm ist, auch ausser der Materie sind.

Es folgt von selbst, dass diese zwei entgegengesetzten Principien verständig (geistig) sein müssen. Sind sie aber geistig, so müssen sie auch Alles, was ihnen untergeben ist, erkennen und mit Gedanken umfassen, und wenn dies, so müssen sie als thätige Wesen auf ihr Untergeordnetes wirken, das böse Princip muss zerstören und zerrütten, das gute muss tragen und erhalten.

Doch diese Nachweisung, dass die Materie sich nicht selbst überlassen sei, soll uns noch nicht genügen. Wir wollen die Beweise für diese Behauptung in der Materie selbst suchen.

Wir haben bereits jenes zweifache Gesetz kennen gelernt, welches über alle Actionen der Materie waltet, vermöge dessen die Principien der Materie ungeachtet der ihnen angeborenen und unzerstörlichen Eigenschaft, das Leben in sich zu haben, doch niemals etwas hervorbringen könnten, wenn sie nicht durch die äusserlichen feurigen Principien, die angeordnet sind ihre Fähigkeiten in Wirkung zu setzen, reactionirt würden. Wenn also das Princip des körperlichen Wesens das Leben in sich hat und sich doch nicht selbst in Thätigkeit setzen kann, so zeigt es sich bereits in seiner Abhängigkeit und Schwäche. Wenn aber diese äusseren feurigen Principien geringer sind als das Princip des Lebens, das sie reactioniren, so können sie noch weniger als jenes sich durch sich selbst in Thätigkeit setzen. Man kann also in dem Revolutionscirkel der körperlichen Wesen das erste Princip der Thätigkeit nicht finden. Wollte man sagen, weil diese Wesen einander wechselweise reactionirten, so bedürften sie keiner andern Ursache, um was in ihnen ist an's Licht zu bringen, so würde man doch zugeben müssen, dass zu Anfang dem Cirkel, in dem sie eingeschlossen sind, die erste Bewegung mitgetheilt worden sei. Man mag also die erste Action anfangen lassen, an welchem Puncte des Cirkels man wolle, so ist es doch durchaus nothwendig, dass diese Action anfange.

Kann nun der Anfang der Thätigkeit in der Materie nicht gefunden werden, so ergibt sich die Nothwendigkeit der Annahme einer verständigen (geistigen) und durch sich selbst thätigen Ursache, die den Principien der Materie die erste Thätigkeit, wodurch sie die Materie zeugen, ertheilt hat und unaufhörlich ertheilt.

Es ist undenkbar, dass die Materie ihren Ursprung nicht von einer Ursache habe, die ausser ihr ist, und es muss nothwendig eine Ursache da sein, die ohne Unterlass alle Actionen der Materie regiere, widrigenfalls sie auch nicht einen Augenblick leben und sich erhalten könnte.

War eine Ursache nöthig, der Materie die erste Action zu geben, war und ist der Beitritt dieser Ursache nöthig, die Materie in ihrem Gang zu erhalten, so ist es nicht möglich, sich den Begriff der Materie zu bilden, ohne zugleich den Begriff ihrer Ursache zu haben, die allein sie zu dem macht, was sie ist und ohne die sie nicht einen Augenblick Existenz haben kann. Gleichwie man aber die Form eines Körpers nicht denken kann ohne das angeborne Princip, das ihn hervorgebracht hat, ebenso kann man die Thätigkeit der Körper und der Materie nicht denken ohne eine physische Ursache, die aber immateriell thätig und verständig zugleich sein muss und eben darum höheren Rangs als die körperlichen Principien.

Die Ordnung und Abgemessenheit, die im Universum waltet, ist also als Wirkung und natürliche Folge des Verstandes jener Ursache anzusehen. Sobald man diese Erkenntniss gewonnen hat, wird uns nichts mehr in der Natur in Erstaunen setzen. Alle ihre Operationen sind nichts als eine Menge auf einander folgender Actionen und wir erblicken überall in dem Weltgebäude den Character und die Spuren der Weisheit, die es hervorgebracht hat und erhält.

Allein der Mensch wird doch in der Natur so vieler Unfälle und Unordnungen gewahr. Wollte er diese jener thätigen und verständigen Ursache, die der wahre Quell aller Vollkommenheit der körperlichen Dinge ist, zuschreiben, so würde er in den Widerspruch fallen, anzunehmen, dass diese mächtige Ursache zu gleicher Zeit für sich selbst und wider sich selbst wirke.

Was wir bereits über die Opposition des Guten und Bösen — das zweifache geistige Gesetz — festgestellt haben, lehrt uns, wem man die Uebel und die Unordnungen der Natur nur zuschreiben kann.

Das Böse kann mit dem Princip des Guten nicht Gemeinschaft haben. Es agirt wohl durch sein eigenes Vermögen auf die zeitlichen Productionen des guten Principe, in die es gebunden ist, aber es hat gar keine reelle Action auf das Gute selbst, das über allen Wesen schwebt. Die Weisheit hat die Dinge so geordnet, dass das Böse oft die Gelegenheit des Guten werde, das Böse ist darum aber doch in dem Augenblicke, wo es wirkt, nicht weniger böse, und man kann also seine Wirkung auf keine Weise dem Princip des Guten beimessen.

Die thätige, höhere, allgemeine, zeitliche, verständige Ursache, welche die untern Wesen kennt und regiert, ist es, durch deren Action alle körperlichen Wesen ursprünglich ihre Form angenommen haben und durch welche sie sich auch erhalten und fortpflanzen, so lange die Zeit dauern wird. Die Fähigkeiten eines so mächtigen Wesens müssen sich über alle die Werke erstrecken, die unter seiner Regierung stehen und es muss über Alles zu wachen, über Alles zu walten und alle Theile seines gesammten Werkes zu umfassen vermögen. Es muss also die Hervorbringung der Substanz der Körper (deren Principien) regiert haben, so wie es hernach die Verkörperung derselben Substanz regiert hat, seine Macht und sein Verstand muss sich sowohl auf das Wesen der Körper erstrecken, als auf die Actionen, durch welche sie gebildet worden sind.

Einfach in seiner Natur und in seiner Action müssen seine Fähigkeiten sich überall unter dem gleichen Stempel zeigen. Obgleich zwischen der Hervorbringung der materiellen Keime und zwischen der Verkörperung der Formen, die daraus hervorgegangen sind, ein Unterschied obwaltet, so kann doch das Gesetz, das das eine und das andere regiert, unmöglich zweierlei sein. Denn sonst wäre eine Verschiedenheit der Action.

Der Elemente, aus welchen die Körper zusammengesetzt sind, sind an der Zahl drei. Also muss sich das Gesetz der Hervorbringung der Elemente wie das Gesetz der Verkörperung dieser Elemente durch die Zahl drei offenbaren. Denn diese erfordert die Einfachheit der Action der verständigen Ursache. Die untergeordneten Ursachen oder Actionen sind auf die Zahl zwei eingeschränkt, nemlich auf die Zweiheit der allen Keimen angeborenen Action und derjenigen Action, die nothwendig bei jedem Acte der körperlichen Reproduction hinzukommen muss. Aber es ist unmöglich, durch diese zwei Ursachen, sich selbst überlassen, irgend eine Production zu erhalten. Denn sind sie einander gleich, so bleiben sie in Unthätigkeit; ist eine von beiden der andern überlegen, so wird die überlegene die geringere überwältigen und vernichten, und dann ist nur eine übrig, die wirken könnte, aber nicht zulänglich wäre, weil sie eine Hilfsaction erfordern würde. Und doch ist ohne die Zusammenkunft zweier Ursachen die Entstehung und Erhaltung körperlicher Wesen unmöglich.

Nothwendig wird also, eine dritte Ursache erfordert, die durch ihre Gegenwart und ihren Verstand jene beiden untergeordneten Ursachen leitet und das Gleichgewicht wie den gegenseitigen Beitritt, worauf das Gesetz der körperlichen Natur gegründet ist, unter ihnen handhabt*).

Es gibt nur drei Elemente, Erde, Wasser und Feuer, nicht vier, denn die Luft ist nicht Element.

Bei allen ausgedehnten Wesen gibt es nur drei mögliche Theilungen, in den Körpern nur drei Dimensionen, in der Geometrie nur drei Figuren, in allen Wesen nur drei angeborne Fähigkeiten, nur drei zeitliche Welten etc. In den geschaffenen Dingen ist nichts über drei zu finden. Wenn sich dieses Gesetz in den Resultaten der Elemente zu erkennen gibt, so muss es auch bei den Elementen selbst sich offenbaren. Die Brechlichkeit der Körper weiset zurück auf die Brechlichkeit ihrer Basis. Wären die Körper aus vier Elementen gebildet, so wären sie unzerstörlich und die Welt wäre ewig. Aber nur aus dreien gebildet haben sie keine dauernde Existenz, weil sie in sich die Einheit nicht haben.

Die hl. Dreizahl der Gottheit ist ewig, und unendlich unterschieden von der Dreizahl der Actionen, die zu den sinnlichen und zeitlichen Dingen dienen. In Gott ist drei in Einem und Gott dadurch vollkommen und unzerstörlich. Aber wo Eins in drei vertheilt ist, da ist dasjenige, welches so ist, dem Tode unterworfen. Die bei den sinnlichen Dingen werkthätige Dreizahl hat ihren Ursprung erhalten durch die höhere Dreizahl. Die letztere ist untheilbar und über der Zeit, die erstere nicht.

Die Luft ist eine Production des Feuers, nicht des materiellen Feuers, das wir kennen, sondern des Feuers, welches das materielle Feuer und alle sinnlichen Dinge hervorgebracht hat. Sie ist zum Bestand und Leben aller elementarischen Körper nothwendig, wird auch nicht länger bestehen als diese; da sie aber nicht Materie ist wie diese, so kann man sie nicht als Element ansehen und sie kann also auch in die Mischung der Körper nicht eingehen. Sie ist bloss verordnet, den körperlichen Wesen die Kräfte und die Tugenden jenes Feuers mitzutheilen, welches sie

---

*) Saint-Martin rectificirt also bereits Kant's dynamische Construction der unorganischen Natur. v. O.

hervorgebracht hat. Sie ist der Wagen des Lebens der Elemente und ohne sie würden alle Peripherien in das Centrum zurückgehen, aus dem sie hervorgegangen sind.

Es existirt eine Ursache über den drei zeitlichen Ursachen, welche diese lenkt und ihnen ihre Action mittheilt. Aber diese Ursache, die über den drei Ursachen waltet, gibt sich nicht anders zu erkennen, als darin, dass sie jene vor unsern Augen offenbart. Sie schliesst sich ein in ein Allerheiligstes, welches für alle dem Zeitlichen unterworfene Wesen undurchdringlich ist, und da ihre Wohnung so wie ihre Action ganz und gar ausser dem Sinnlichen sind, so kann man sie zu den drei bei den Verkörperungsactionen der Materie und bei jeder andern zeitlichen Action werkthätigen Ursachen nicht mitzählen.

Man findet daher allzeit eine vollkommene Analogie zwischen den drei zur Existenz der Körper unentbehrlichen Actionen und der Zahl der drei gestalteten Elemente. Denn die Luft ist in der Ordnung der Elemente das, was die erste und allwaltende Ursache in der Ordnung der zeitlichen Actionen ist, welche die Verkörperung beschaffen. Gleichwie diese Ursache nicht mit den drei Elementen vermengt ist, obgleich sie dieselben leitet, ebenso ist die Luft nicht mit den drei Elementen vermengt, obgleich sie dieselben belebt. Die Anatomen theilen den menschlichen Körper in drei Theile: Kopf, Brust und Unterleib. In dem Unterleib werden die Samenprincipien, die zur körperlichen Fortpflanzung des Menschen dienen sollen, ausgearbeitet. Da nun die Action des Mercurs die Grundveste aller und jeder materiellen Form ist, so stellt der Unterleib das Bild der Action des mercurialischen Elements dar.

Die Brust enthält das Herz, den Born des Blutes, das Princip des Lebens oder der Action der Körper. Das Feuer oder der Schwefel ist das Princip alles Wachsthums und aller körperlichen Production. Dadurch ist die Beziehung zwischen der Brust und dem schwefeligen Element klar angezeigt.

Der Kopf enthält die Quelle und die Wurzel-Substanz der Nerven, welche in den Körpern der Thiere die Organe der Empfindung sind. Da es nun des Salzes Eigenschaft ist, Alles

empfindlich zu machen, so hat der Kopf eine unwidersprechliche
Aehnlichkeit mit dem Salze, dem dritten Element.

Allein der Kopf ist ausser seiner Bedeutung als Princip der
Empfindung noch mit allen jenen Organen, durch die das Thier
das ihm Nützliche oder Schädliche unterscheidet, versehen und
also besonders beauftragt, für die Erhaltung des Individuums
Sorge zu tragen. In der Brust ist ausser dem Born des Blutes
noch der Recipient des Wassers, jenes schwammige Eingeweide,
welches die Luftfeuchtigkeit sammelt und sie dem Feuer oder
dem Blute mittheilt, um seine Wärme zu mässigen. So aber
hat man die Elemente alle drei schon in den beiden unteren
Cavitäten. Der Kopf aber erscheint so als das über sie Herrschende als im Centro des Triangels stehend und ihn im Gleichgewicht erhaltend.

Der Mensch hat alle Mittel so wie alle Beweisthümer der
Erkenntniss in sich, und er dürfte nur sich selbst erforschen, um
zu erfahren, wie die Dinge entstanden sind.

Hätten die Beobachter ihre Augen auf sich selbst geworfen,
so würden die Gesetze ihrer eigenen Körper sie auf die Gesetze
alles Entstandenen hingewiesen haben. Sie würden gesehen haben,
dass die entgegengesetzte Action, die in der Brust zwischen dem
Schwefel und dem Salz oder dem Feuer und dem Wasser vorgeht, das Leben des Leibes erhalte und dass, wenn eins oder
das andere von diesen Agentien zu mangeln beginnt, der Körper
aufhöre zu leben.

Durch Anwendung dieser Beobachtung auf alles, was körperlich existirt, würden sie hernach weiter eingesehen haben, dass
diese zwei Principien eben auch durch ihre Opposition und ihren
Kampf das Leben und die Revolution der ganzen Natur bewirken.

Zwei Agentien, die einander widerwärtig sind, müssen aber
notwendig einen Mittler haben, der ihrer Action Einhalt thue
und sie an beiden Seiten hindere, einander zu überwältigen.
Dieser Mittler ist das mercurialische Princip, die Grundveste aller
Verkörperung und mit dem die zwei andern Principien zu einem
Zwecke zusammenarbeiten. Dieser Mittler nöthigt sie überall,

nach der vorgeschriebenen Ordnung zu agiren, die Formen in Stande zu bringen und zu unterhalten.

Kraft dieser Harmonie erfährt das Thier die Action des Wassers durch die Lunge und die Action des Feuers durch das Blut. Das mercurielle Princip setzt ihnen Maass und Ziel.

Kraft derselben Harmonie empfängt die Erde die Action des Fluidums durch die Oberfläche und die Action des Feuers durch ihren Mittelpunct.

Die wahre Eigenschaft des Fluidi ist, die Hitze des Feuers zu mässigen.

Um desswillen holt das Thier Athem und die Erde ist der Fluth und der Ebbe ihres Wassertheils ausgesetzt.

Weil wir in dem Gange und in allen Acten der Natur so viel Regelmässigkeit wahrnehmen und zugleich einsehen, dass die körperlichen Wesen keines Verstandes fähig sind, so muss für diese in dem Zeitlichen eine mächtige und erleuchtete Hand sein, die sie lenke, eine Hand, die thätig ist, gesetzt über sie durch ein wahres Princip gleich ihr, folglich unzerstörlich, durch sich lebend, und das Gesetz, welches von der einen und der anderen ausfliesst, muss die Regel und das Maass aller Gesetze sein, die in der körperlichen Natur gelten.

Man muss den Grund der sinnlichen Dinge in dem Princip und nicht das Princip in den sinnlichen Dingen suchen. Wenn die Forscher ein wahres und reelles Princip suchen, wie mögen sie es in dem Schein finden? Wenn sie ein unzerstörliches Princip suchen, wie mögen sie es in einem zusammengesetzten Ding suchen? wenn sie ein durch sich lebendes Princip suchen, wie mögen sie es in einem Wesen finden, das nur ein abhängiges Leben hat, welches sofort, wenn es flüchtiger Art ist, aufhören muss? Wenn sie durchaus wollen, dass ihre Sinne begreifen, so mögen sie damit anfangen, Sinne zu finden, die reden, denn das wäre das einzige Mittel, ihnen Verstand zu verschaffen.

Der Mercur dient allgemein zum Mittler dem Feuer und Wasser, die als unversöhnliche Feinde nimmermehr gemeinschaftlich agiren könnten, ohne ein vermittelndes Princip, welches, indem es von der Natur des einen und des anderen an sich hat, sie, wenn es sie scheidet, zugleich auch zusammenbringt und so alle ihre Eigenschaften zum Vortheil des körperlichen Wesens wendet.

Der Mercurius hält also in allen Körpern das Mittel zwischen den zwei entgegengesetzten Principien, dem Feuer und dem Wasser, und thut hierin eben das bei der Bildung der Körper, was die thätige und verständige Ursache bei Allem, was existirt, thut, da sie zwischen den zwei Gesetzen der Action und Reation, die das ganze Universum gestalten, das Gleichgewicht handhabt.

So lange der Mercurius diesen Platz inne hat, ist das Wohlsein des Individuums gesichert. Denn dieses Element hält Ordnung im Umgange zwischen Wasser und Feuer und wehret ihnen. Wenn aber diese zwei letzteren Principien ihren Wehrdamm übersteigen oder durchbrechen können und sie an einander kommen, dann bekämpfen sie sich mit aller der Kraft, die in ihrer Natur ist, und bringen dem Individuum, dessen Theile sie waren, die grössten Unordnungen und die grössten Verwüstungen hervor. Denn wenn diese zwei Agentien an einander gerathen, so muss stets eines von beiden das andere überwältigen und dadurch das Gleichgewicht zerstören. Der Donner ist uns das vollkommenste Bild dieser Wahrheit. Im Gewitter sehen wir deutlich die Wirkung der zweifachen Action der Natur. Alle Gewaltthätigkeiten des Gewitters, die dem Anscheine nach so ohne Ordnung und durch einander gehen, stellen uns das unwandelbare Gesetz einer Ursache, die sie leitet, vor Augen, besonders in dem Zuge der Materien des Donners zu den gleichartigen Materien. Es ist also auch nicht ein einziger Augenblick, worin die Natur sich selbst überlassen wäre und einen Schritt ohne die ihr vorgesetzte Ursache thun könnte. Wenn man gleich die Ursache und die Agenten, welche die Inhaber und Halter der Naturgesetze sind, nicht sehen kann, so ist es doch unmöglich, mit Grund ihre Existenz zu leugnen.

Indem liegt es uns ob, durch den Menschen selbst die Realität der von dem Sinnlichen verschiedenen höheren Ursachen zu beweisen.

Die früher nachgewiesene Analogie der drei Elemente mit den drei verschiedenen Theilen des menschlichen Körpers können dem Menschen den Unterschied seiner sinnlichen Fähigkeiten und seiner geistigen oder seiner leidenden und seiner thätigen kenntlich machen.

In der Dunkelheit über diese Gegenstände haben die Menschen für eins genommen, was augenscheinlich zweierlei ist. Denn nur weil sie ihre verschiedenen Fähigkeiten nicht von einander unterschieden haben, sind sie in den Glauben verfallen, dass sie mit den Thieren gleicher Natur seien. Sobald sie einmal die Fähigkeiten der Materie mit den Fähigkeiten des Verstandes verwechselt hatten, fanden sie im Menschen nur ein einziges Wesen und weiter nur ein einziges Princip und eine und dieselbe Wesenheit in allem, was existirt. Nach dieser Betrachtungsweise stellen der Mensch, die Thiere, die Steine, die ganze Natur, nur Wesen dar, die einerlei Art und bloss durch ihre Organisation und ihre Form unterschieden sind.

Ohne Berufung auf früher schon Nachgewiesenes wollen wir nun sehen, ob nicht durch Beachtung dessen, was bei den Thieren, denen die Eintheilung der Form in drei unterschiedene Theile ebensowohl zukommt als dem Thiermenschen, vorgeht, sich eine Verschiedenheit der Fähigkeiten jedes von diesen drei Gliedern der Eintheilung herausstellt, wenn sie gleich demselben Wesen angehören und wenn sie gleich sämmtlich das Materielle zum Gegenstande und zum Ziele haben.

Alles ist gestaltet durch Zahl, Maass und Gewicht. Jedes ist verschieden vom andern. Die Zahl ist das, was die Action erzeugt, das Maass was sie ordnet und richtet, das Gewicht was sie bewirkt. Diese drei Categorien haben ihre Anwendung überall. Sie müssen aber nicht dasselbe beim Menschen wie beim Thiere bedeuten.

Beim Thier bezieht sich die Zahl auf den Kopf, weil es das Princip seiner Actionen mittelst der Organe des Kopfs in's Spiel setzt, das Maass auf das Herz oder Blut, weil es im Blut eine mehr oder minder starke Empfindung nach Maassgabe der Constitution des Individuums erfährt, der Umfang dieser Empfindung aber den Umfang der Action in dem Sinnlichen erfährt, das Gewicht auf den Unterleib und seine Eingeweide, weil diese dieselbe Action bewirken, welche sich auf die Digestion der Nahrungsmittel und die Bereitung des Samens einschränkt.

Da diese drei Arten von Actionen eine verschiedene Natur haben, so ist zwischen den Fähigkeiten, die sie an den Tag bringen, ein wesentlicher Unterschied zu erkennen. Die Fähigkeit, die vegetirt, ist nicht die, welche empfindlich macht, diese nicht die, welche das Thier treibt, seine Actionen nach Maassgabe seiner Empfindlichkeit zu bewirken.

Wenn man nun sieht, dass das Gewicht, die Zahl und das Maass im Menschen Fähigkeiten vorstellen, die nicht nur unter sich verschieden sind, sondern auch unendlich höherer Art, als die, welche diese drei Gesetze in der Materie bezeichnen, so werden wir mit Recht den Schluss machen können, dass das Wesen, das mit diesen Fähigkeiten begabt ist, ganz und gar von dem körperlichen Wesen verschieden sein muss.

Die gemachten Unterscheidungen in Hinsicht der körperlichen Verrichtungen können auf den Körper des Menschen so gut wie auf jedes Thier angewendet werden. Er kann wie die Thiere mittelst der Sinne des Kopfes seine thierischen Fähigkeiten und Verrichtungen offenbaren. Er erfährt wie sie seine Empfindungen in dem Herzen und wie sie erfährt er in dem Unterleibe diejenigen Wirkungen, welchen alle Thiere zu ihrer Unterhaltung und zu ihrer Fortpflanzung nach den körperlichen Gesetzen unterworfen sind. In diesem Sinne kommen dem Menschen also wie jedem Thier Zahl, Maass und Gewicht zu.

Diese drei Zeichen haben aber im Menschen Wirkungen, wovon alle Eigenschaften der Materie nicht die geringste Spur sehen lassen.

Obgleich alle Gedanken dem dermaligen Menschen nur von aussen kommen, so geht doch der innerliche Act und das Bewusstsein des Gedankens inwendig vor und unabhängig von den körperlichen Sinnen.

In diesen innerlichen Acten finden wir den Ausdruck der drei Zeichen: Zahl, Maass und Gewicht. Die Zahl geht auf den

Gedanken als das Princip und Subject der folgenden Acte. Das Maass geht auf den Willen, der gut oder böse ist und allein den Maassstab seines Verhaltens und der Uebereinstimmung mit der Gerechtigkeit abgibt. Das Gewicht geht auf den diesem Gedanken und diesem Willen gemässen Act, der doch im Innern wie Gedanke und Wille vorgeht, wenn er auch zu seiner Zeit einen Act erzeugt, der für die Augen des Körpers die Ordnung und den Gang von allem, was im Verstande vorgegangen ist, wiederholen muss.

In dem inwendigen oder verständigen Menschen muss man also Zahl, Maass und Gewicht als Bilder der Gesetze, durch welche Alles gestaltet worden ist, erkennen und ob man gleich diese drei Zeichen auch in dem unvernünftigen Thier antrifft, so findet doch kein Vergleich zwischen ihm und dem Menschen statt, weil sie beim Thier bloss auf die Sinne wirken und auf nichts Anderes wirken können, während sie bei dem Menschen auf seine Sinne und auf seinen Verstand wirken, nach der besonderen Natur einer jeden dieser Fähigkeiten und nach dem Range, den sie, eine gegen die andere gehalten, haben.

Alle Arbeit des Denkens und Nachsinnens geschieht im Kopfe. Alle Empfindungen, ob verständig oder sinnlich, geben sich im Herzen zu erkennen. Auch fühlen wir, dass die Acte, die in jedem dieser Theile vorgehen, einander entgegen sind und dass sie, sich selbst gelassen, ohne ein höheres Vereinigungsmittel, das sie mit einander vergleicht, unversöhnlich sein würden. Diese offenbare Verschiedenheit zeigt deutlich, dass im Menschen mehr als Eine Natur ist.

Wenn nun der Mensch in sich eine Natur findet, die höher ist als seine sinnliche und körperliche Natur, so hat er Grund, auch in dem allgemeinen Sinnlichen eine ähnliche anzugeben, die gleichfalls verschieden ist von dem Universum und über demselben steht, wiewohl bestimmt, es zu regieren.

Wenn gefragt wird, in welchem Theile des Körpers das thätige Princip oder die Seele wohne und welcher Ort der Seele angewiesen sei, um von da aus alle ihre Wirkungen zu verrichten, so ist zu antworten: bei den körperlichen und sinnlichen Wesen ist das thätige Princip (die Seele) im Blut, welches als Feuer die Quelle des körperlichen Lebens ist, also ist der Seele Hauptsitz im Herzen, von wo sie ihre Action in alle Theile des Körpers ausbreitet. Der Einwurf, dass die körperliche Seele, wenn sie im Blute wäre, bei einem Blutverlust des Thiers sich theilen und zum Theil davon gehen müsste, widerlegt sich durch die Einsicht, dass sie dadurch bloss in ihrer Action leidet, indem sie die Mittel verliert sie auszuüben, dass sie aber in sich selbst dadurch keine Veränderung leidet, weil sie ein einfaches Wesen ist, ein einfaches Wesen aber nicht getheilt werden kann.

Was von dem thätigen Thierprincip gilt, das gilt auch von dem Menschen, sofern er durch sein körperliches und sinnliches Leben den Thieren gleich ist. Da aber sein verständiges Princip nicht geschaffen war, die Materie zu bewohnen, so ist es der ärgste Irrthum, dasselbe in die Materie einzubetten und ihm einen festen Wohnort und ein Band aus der Classe körperlicher Mischungen anzuweisen. Als ein immaterielles Wesen kann es vielmehr nur mit einem immateriellen Wesen Verbindung und Verwandtschaft haben. Das verständige Princip des Menschen ruht auf einem immateriellen physischen Princip, und nicht auf irgend einem Brocken der Materie. Zwar ist es von höherer Hand an die Materie auf eine Zeit gebunden, aber seiner Natur nach herrscht es über das körperliche Princip, wie das Princip des Körperlichen über den Körper herrscht und es offenbart alle seine Fähigkeiten im Kopfe.

Der Mensch erfährt durch seine Verbindung mit dem obgleich untergeordneten körperlichen Princip in seinem verständigen Wesen so viel Leiden und Trübsal, so vielfache Unruhe und Sorge, so viele Privationen und jene schreckliche Dunkelheit, die für ihn die Mutter so vieler Irrthümer ist. Eben diese Verbindung bannt ihn unter die Action der Sinne dieses körperlichen Princips, dessen Zwischenwirkung ihm heute unumgänglich nothwendig ist, um zum Genuss der wahren Reize zu gelangen, zu denen er bestimmt ist.

Diese Erfahrungen haben die Materialisten als unumstössliche Beweise ihres Systems geltend machen wollen. Allein nach dem, was wir über die Freiheit des Menschen und die Verschiedenheit der zwei in ihm verbundenen Wesen nachgewiesen haben, verlieren diese Einwürfe ihre Stärke.

Ein Mensch mag also in seiner körperlichen Constitution und in seinen verständigen Fähigkeiten noch so grosse Zerrüttung und Unrichtigkeit haben, so mag man ihn doch darum vor der Gerechtigkeit nicht sicher und frei glauben. Der Mensch im Tollhause ist der einzige, von dem die wahre Gerechtigkeit gar nichts verlangt.

Es ist auch unrichtig, dass die körperlichen Zerrüttungen keinen andern Grund hätten als das blinde Gesetz, aus welchem die Materialisten die Natur zu erklären meinen. Es kann vielmehr nicht das Geringste in dieser körperlichen Region geschehen, das nicht einen Beweggrund und einen Zweck hätte. Nur erkennen wir den Zweck nicht immer, weil man ihn in den Gesetzen der Materie sucht, anstatt ihn in den Gesetzen der Gerechtigkeit, in dem Missbrauch unseres Willens oder in den Fehltritten unserer Vorfahren zu suchen.

Die Gerechtigkeit kann die Bestrafung der Fehltritte der Väter auf ihre Nachkommen ausdehnen, sie kann auch die Väter um der Kinder willen reinigen.

Wenn die Seele oder das körperliche Princip theilbar wäre, so ist klar, dass ein Mensch, der ein Glied verloren hat, an diesem Theile nie wieder leiden könnte. Allein es ist Thatsache, dass der Mensch, wenn er durch Zufall um eins seiner Glieder kommt, noch einige Zeit nachher Empfindungen hat, die ihm in dem verlorenen Gliede zu sein scheinen. Es ergibt sich also, dass bei der jetzigen Verfassung der menschlichen Natur so wie sein körperliches Princip den Fähigkeiten seines verständigen Wesens zum Instrument und Organ dient, ebenso sein Körper den Fähigkeiten seines körperlichen Princips zum Organ und Instrument dient *).

---

*) Die Erklärung, welche die neuere Physiologie und Psychologie von dem im Texte erwähnten Phänomen gibt, scheint dem Verfasser noch unbekannt gewesen zu sein. Er würde sie aber nicht befriedigend gefunden haben. v. O.

Wenn das körperliche Princip in den vornehmsten Organen des Leibes, die zur Ausübung der verständigen Fähigkeiten unumgänglich nothwendig sind, Schaden nimmt, so kann es geschehen, dass das verständige Princip davon leidet. Dieses Leiden kann aber nicht so weit gehen, dass dadurch das Wesen des verständigen Princips verändert oder auf irgend eine Weise getheilt würde. Man weiss, dass es vermöge seiner Natur eines einfachen Wesens immer dasselbe bleibt. Alles, was man es in diesem Falle leiden sieht, ist eine Störung in seinen Fähigkeiten und diess darum, weil die Action dieser verständigen Fähigkeiten nicht in seinem Zustande der Vollkommenheit ist, entweder null und nichtig wird, oder auf das verständige Wesen selbst zurückfliesst.

Diess kann natürlich nur bei den vier äusserlichen Gliedern oder bei den vier Symmetrien des Körpers statt haben. Denn von den drei Haupttheilen, woraus der Rumpf besteht, kann keines fehlen, ohne dass der Körper zu Grunde geht.

Um die Wahrheiten zu fassen, die ich hier vorgetragen habe, muss man mehr Vertrauen in die Grösse des Menschen und in die Macht seines Willens haben, als den meisten Beobachtern beiwohnt. Man muss glauben, dass der Mensch, wenn er über den Wesen steht, die ihn umgeben, seine Laster wie seine Tugenden, einen Bezug und einen Einfluss auf sein ganzes Reich haben müssen. Sie haben die Idee einer Ordnung und eines Gesetzes, das Alles umfasst, in sich erlöschen lassen und dann die erste die beste Chimäre, die ihrer Einbildungskraft sich darbot, an ihre Stelle gesetzt. Sie haben die thätige und den Körpern eingeborene, sie beseelende Kraft und das höhere Gesetz, das ihnen zu entstehen geboten hat, in die blossen Eigenschaften der Körper eingeschlossen, wie die Pantheisten dasselbe mit der göttlichen Vernunft gethan haben. Nach der haltlosen Meinung der Materialisten leben die Körper durch sich selbst, so wie sie durch sich selbst entstanden sind. Nach ihnen hat ein Wesen ohne Verstand und ohne Absicht alles gethan und thut immerfort alles.

IV.

Bei dem allegorischen Gemälde, womit Saint-Martin dieses Capitel eröffnet, wird man an den Spruch erinnert: „*Curiosus aut superbus scrutator majestatis opprimetur ab ea.*"

Nicht unrichtig bemerkt Saint-Martin, die Materialisten hätten in den Körpern nichts als die Hüllen der Wesen gesehen und diese in Principien verwandelt, und indem sie das ganze Universum zu einem materiellen Wesen gemacht, hätten sie auch ohne Bedenken nach diesem verstümmelten Modell den Grundriss des Menschen gezeichnet.

Aber die Irrthümer des Menschen über sich selbst werden ihm allzeit nachtheilig sein. Seine Leiden sind ein augenscheinlicher Beweis von seinen Irrthümern und den daraus hervorgegangenen Fehltritten.

Der Ausspruch des Erlösers: „Ohne mich könnt Ihr nichts thun," gilt von allen Zeitwesen.

Wenn die vermittelnde Ursache zwei oder drei Agenten zusammenbringt, so vermittelt sie solche mit der höheren Einheit. Nur vereint können sie zusammen produciren, keine einzeln oder unvereint. Trennung vom Zeugeprincip macht schwer (unfähig sich selber in ihm zu erhalten). Dieses Unvermögen wird Widersetzlichkeit.

Die Gerechtigkeit hat nach Saint-Martin die Wiederherstellung des durch den falschen Gebrauch seines Willens strafbar gewordenen Menschen an strenge und unwiderrufliche Bedingungen geknüpft. Der Mensch ist in Folge dessen von fürchterlichen und unzähligen Gefahren umringt, da er nun die materielle Region bewohnt, die seiner wahren Natur so sehr zuwider ist. Der Körper, den er jetzt trägt, und der mit den materiellen Dingen aus einer Classe ist, breitet um ihn her einen finsteren Vorhang, der seinen Blicken das wahre Licht verdeckt und der zugleich die fortwährende Quelle seiner Täuschungen und das Werkzeug seiner neuen Vergehungen ist. Der Mensch kann also nicht erkennen und wirken, nur wollen, ohne den Körper. Nur wollend ist er leibfrei, und da der Mensch nur wollend noch leibfrei ist, so muss dem Wahnsinnigen auch diese Leibfreiheit genommen sein.

In seinem Ursprunge hatte der Mensch zum Gesetz: zu herrschen über die sinnliche Region, wie er es noch heute soll. Aber damals war er mit unvergleichlicher Kraft angethan, nichts hinderte ihn und nichts widerstand ihm. Nach seiner Verurtheilung blieb ihm von allen Gaben, die er empfangen hatte, nichts übrig als ein Schatten von Freiheit, d. i. ein Wille, dessen Attribut die Sprache ist, der aber fast allezeit ohne Kraft und Macht ist. Der Mensch hat als ein intellectuelles Wesen allerdings vor den körperlichen Wesen allzeit den Vorzug, ein Bedürfniss zu fühlen, wovon sie nichts wissen; aber er kann nicht besser als sie allein sich Befriedigung verschaffen, er kann nicht besser als sie der thätigen und intelligenten Ursache entrathen, ohne die nichts Zeitliches mit Nachdruck und Erfolg agiren kann. Welche Früchte, fährt Saint-Martin fort, könnte also der Mensch wohl heut zu Tage hervorbringen, wenn er bei seiner offenkundigen Ohnmacht glaubte kein anderes Gesetz zu haben als seinen eigenen Willen und wenn er zu gehen versuchte, ohne sich von jener thätigen und intelligenten Ursache leiten zu lassen, von welcher er abhängt, er mag wollen oder nicht, und von der er — *Deus est mortali juvans mortalem* — Alles erwarten muss, wie die körperlichen Wesen, unter die ihn sein Geschick versetzt hat.

Seine eigenen Werke würden alsdann keinen Werth und keine Kraft haben und die zwei unteren Ursachen, aus denen er gegenwärtig zusammengesetzt ist und die sich unaufhörlich in ihm streiten, würden ihn nur ruhelos hin und her treiben und ihn in quälende Ungewissheit stürzen; gleich den zwei Linien eines gegebenen Winkels, die sich zwar jede in entgegengesetztem Sinne bewegen, sich von einander entfernen, sich einander nähern, zusammenfallen und sich einander decken, aber niemals irgend eine Figur zu Stande bringen können, wenn nicht eine dritte Linie hinzukommt. Denn diese dritte Linie ist das nothwendige Mittel, das den Unbestand der zwei ersteren aufhebt, die ihre Lage bestimmt, die eine von der andern unterscheidet und endlich eine Figur gestaltet.

Hiezu bemerke ich, dass nemlich, wenn zwei als solche stabil sind, sie dieses schon durch ein Drittes sind. Daher Erde dem Wasser die dritte Dimension gibt. Das Dritte geht überall auf Vermittelung gegen Confundirung und Trennung. Denn nicht die dritte Linie setzt sich selber, sondern das Vermittelnde die dritte Linie setzend macht sich zum Centrum.

Und doch, fährt Saint-Martin fort, treibt der Mensch alle Tage solch eitles Wesen. Er will ein unmögliches Ding möglich machen, er will mit zwei Linien eine Figur formiren, indem er bei der Action der zwei untern Ursachen, die gegenwärtig seine Natur ausmachen, allein stehen bleibt und von der höhern, thätigen und verständigen Ursache auf keine Weise etwas wissen will. So taumelt er denn aus einer Täuschung in die andere und kann den Ruhepunct für sich nicht finden. Es gibt kein vollkommenes Werk ohne die Mitwirkung jenes dritten Princips. Denn wenn man zu drei steht, ist man von dem Moment an zu vier. — *Trinitas reducit dualitatem ad unitatem.*

Eifer ohne Erleuchtung führt nur schnelleren Ganges zum Irrthum.

Alle Irrthümer und alle Schandthaten, welche die Menschen im Namen ihrer Religion begangen haben, kommen nur daher, dass sie sich selbst an die Stelle der erleuchteten Hand, die sie hätte leiten sollen, gestellt und dass sie geglaubt haben, sie würden von einem wahren Princip geleitet, da sie doch nur selbst leiteten.

Wenn Saint-Martin von Menschen spricht, welche in sich die Idee ihres eigenen Wesens so sehr hätten erlöschen lassen, dass sie sich für sterblich und vergänglich gehalten hätten, so drückt er damit nur aus, dass der Nichtgebrauch der Vermögen des Geistmenschen bewirkt, dass dieser nicht mehr an sich glaubt. Gott hört dann auf, sich in ihm zu spiegeln.

Saint-Martin rügt den Irrthum der Pantheisten, wenn er sagt, gewisse Forscher hätten das Maass der Irrthümer vollgemacht, indem sie die active und intelligente Ursache mit den besonderen Fähigkeiten des Menschen vermischt hätten. Dieser Irrthum findet sich in einer Reihe von neuern Systemen der

Philosophie in Deutschland. So z. B. definirt Hegel die Vernunft spinozistisch als die ihrer selbst als alles Seins bewusst sei, während doch die göttliche Vernunft sich über allem bedingt Seienden weiss.

Alle Menschen werden durch ihre Ueberlegung und die Stimme ihrer inneren Empfindung gezwungen die Existenz eines höchsten Wesens anzuerkennen wie auch die Nothwendigkeit eines ihm geweihten Dienstes. In diesem Sinne sagt schon Cicero *(de inventione II, 35): religio est quae superioris cujusdam naturae (quam divinam vocant) curam caerimoniamque affert.*

V.

Saint-Martin beginnt die politischen Untersuchungen dieser Schrift mit der Unterscheidung der zwei Gesichtspuncte: was der Mensch im gesellschaftlichen Zustande sein könnte und sollte und was er in diesem Zustande ist. Das Zusammenhalten des einen mit dem andern hält er für das einzige Mittel, die Geheimnisse, die noch den Ursprung der Gesellschaften verhüllen, aufzuklären.

Manche, die erkannt haben, dass der Mensch frei sei, haben hiermit wohl seinen Beruf zur Unabhängigkeit von Gleichen oder Unteren erblickt, aber fälschlich daraus geschlossen, dass jede Unterwürfigkeit seinem wahren Wesen zuwider sei. Ihnen zufolge sollte also der Mensch eigentlich keinen andern Herrn haben als sich selbst. Godwin trieb es wirklich bis zu diesem Extrem, welches im Grunde sagt, dass der Mensch gar nicht in Gesellschaft leben sollte.

Da sie aber doch überall in der Welt factisch auf der einen Seite Autorität, auf der andern Unterwürfigkeit wahrnahmen, so leiteten Mehrere von ihnen die Autorität aus der Unterjochung durch Talent und Stärke ab. Allein so geriethen sie in den Irrthum, in der Stärke das Recht zu suchen, wonach stets der Stärkere recht hätte. Eine ganz wurmstichige Theorie, die allen Schwankungen preis gibt und nichts Standhaltendes schaffen kann. Andere haben die Gesellschaft auf die gemeinsame Genehmigung aller Individuen gründen wollen. Allein ich kann mir so wenig mit meinem Willen eine mich bindende Autorität machen, als überhaupt einen Motor. Ich kann mir so wenig ein Gesetz als einen Gesetzgeber oder Zeugen machen. Was kein einziger hat, haben alle zusammen auch nicht. Saint-Martin erklärt daher geradezu, dass unmöglich ein Staat auf diese Art habe entstehen können. Aber, fährt er fort, wenn er auch möglich wäre, so wäre er nicht berechtigt. Denn der Mensch darf anderen Menschen keine Rechte übertragen, worüber er selber nicht disponiren kann, weil sie der höheren Hand (Gott) angehören, die ihn leiten und die alles für ihn thun muss. Die Quelle aller Autorität liegt also in Gott, und offenbart sich zuerst in der Familie. Der Mensch ist zum gesellschaftlichen Leben geboren und nicht bloss seine physischen, sondern auch seine geistigen und moralischen Bedürfnisse machen ihm die Gesellschaft unentbehrlich zur Erreichung seiner Bestimmung. Die Familie ist das Vorbild von dem, was die politische Gesellschaft sein soll. In der Familie sind allezeit Wesen da, die geben und andere die empfangen, es findet sich stets Superiorität und Abhängigkeit.

„Wenn der Mensch durch seinen ersten Ursprung bestimmt war, Herrscher zu sein und zu gebieten, welchen Begriff müssen wir uns dann von seiner Herrschaft in diesem ersten Zustande machen und über welche Wesen soll seine Autorität statt gefunden haben? Ueber seines Gleichen? Wir treffen aber in allem, was existirt und in allem, was wir mit unseren Gedanken fassen können, kein Beispiel von einem solchen Gesetz an, vielmehr sagt uns alles, es könne keine Autorität geben als über Wesen, die weniger sind, und selbst das Wort Autorität schliesst nothwendig in sich den Begriff des Höher- und Mehrseins.

Wäre demnach der Mensch in dem ersten Zustand geblieben, so hätte er nimmermehr über Menschen regiert, und die politische Gesellschaft würde nie für ihn existirt haben. Als der Mensch jene Herrlichkeit verloren hatte, wurden ihm seine Rechte nicht ganz genommen, sondern nur suspendirt und das Vermögen ist ihm geblieben, zu wirken und zu arbeiten, um durch seine Bemühungen ihre erste Gültigkeit wieder zu erringen.

In dem Stande der Sühnung, in dem sich der Mensch gegenwärtig befindet, ist es ihm nicht allein möglich die ursprüngliche Herrschaft, die alle Menschen genossen haben würden ohne Unterthanen von ihrem Geschlechte zu haben, wieder zu erwerben, sondern er kann auch noch ein anderes Recht erwerben, wovon er in seinem ersten Stande keinen Begriff hatte, nemlich das Recht, eine wahre Autorität über andere Menschen zu üben."

Alle politische wie religiöse Gesellschaft kann nur die Rehabilitirung des Menschen (Christen) zum Priester und König bezwecken.

„In dem Stande der Verwerfung nemlich bewahrt der Mensch mehr oder weniger das Andenken seiner Herrlichkeit und fühlt mehr oder weniger in sich das Verlangen, wieder dahin zurückzukommen je nach dem Gebrauche seiner geistigen Fähigkeiten und im Verhältnisse der Arbeiten, die ihm durch die Gerechtigkeit zubereitet sind, und des Berufs, den er in dem Werke haben muss.

Die Einen lassen sich unterjochen und erliegen den in diesem elementarischen Schmutz überall obwaltenden Gefahren und Fallstricken, Andere haben den Muth und das Glück, sie zu vermeiden. Derjenige, der sich am besten bewahrt, hat die Idee seines Princips am wenigsten entstellen lassen und sich von seinem ersten Zustand am wenigsten entfernt. Wenn nun die andern Menschen sich nicht eben die Anstrengungen und die Mühe geben, wenn sie nicht den nemlichen guten Erfolg und die nemlichen Tugenden haben, so ist klar, dass derjenige, der alle diese Vorzüge über sie hat, auch über ihnen sein und sie regieren muss. Diess ist der Ursprung der zeitlichen Herrschaft des Menschen über seines Gleichen wie die Bande seiner körperlichen Natur der Ursprung der ersten Gesellschaft gewesen sind."

In dieser Ansicht Saint-Martin's ist nun aber die Ordination nicht erklärt. Nach dieser Ansicht allein gälte denn doch das bekannte Wort: Der König sei der bessere Mann, sonst sei der Bessere König. Gibt man auch die Ableitung Saint-Martin's zu, so ist doch noch die traditive Fortsetzung der so über andere Menschen erworbenen Herrschaft zu erklären.

„Da das Licht, welches den Menschen in seinem ersten Stande erleuchtete, eine unerschöpfliche Quelle von Fähigkeiten und Tugenden ist, so muss der Mensch, je nachdem er sich diesem Lichte mehr nähert, seine Herrschaft über die Menschen, die sich von demselben entfernen, mehr ausdehnen und auch besser kennen was ihnen die Ordnung handhaben und dem Staate Festigkeit und Bestand geben kann.

Mit dem Beistande dieses Lichtes muss er alle Theile der Regierung umfassen und glücklich besorgen können. Er muss sogar seine Blicke richten und seine Autorität ausdehnen können auf die Religion und die Heilung der Krankheiten. Denn die Fackel, die ihm in die Hand gegeben ist, strahlt ein allgemeines Licht von sich aus und muss also alle diese Gegenstände vor ihm erleuchten.

So chimärisch diess Gemälde scheinen mag, so deutet doch schon unsere Ehrfurcht vor den Königen darauf, dass wir sie als Wesen ansehen, die da Bild und Repräsentanten Gottes sein sollen und fähig eines grösseren Maasses von Tugenden, von Kraft, von Licht und von Weisheit als andere Menschen. Daher schmerzt es uns so sehr, wenn wir sie menschlichen Schwachheiten unterworfen sehen und wir hegen stets den Wunsch in uns, sie möchten sich nur durch grosse und erhabene Thathandlungen zu erkennen geben. Daher kündigen sie sich auch unter der Autorität Gottes an und machen unter Berufung auf sie ihre Rechte geltend. Der Schauer und die Ehrfurcht, die sie uns einflössen, entspringt offenbar aus dem Gefühle der Möglichkeit, dass sie aus Gott handeln, wenn auch die Gewissheit fehlt, dass es wirklich der Fall ist. Alles beweist also, dass ihr erster Ursprung über menschlicher Gewalt und über menschlichen Willen erhaben ist."

Indem sich Saint-Martin die Frage aufwirft, was die Nationen für einen Erweis von der Rechtmässigkeit ihrer Oberhäupter haben können, und woraus sie urtheilen mögen, dass die, welche ihre Stelle besitzen, sie nicht mit Unrecht haben, so ist freilich seine ganze Antwort nur die, dass die Beweise darüber für Diejenigen, Oberhäupter wie Unterthanen, evident seien, die von ihren geistigen Fähigkeiten einen richtigen Gebrauch zu machen gewusst hätten. Uebrigens habe die geistliche Einsetzung und die politische Einsetzung nur den nemlichen Zweck, den nemlichen Leiter und Führer und das nemliche Gesetz haben sollen. Auch sollten beide allezeit in der nemlichen Hand sein. Als sie getrennt worden, habe sowohl die eine als die andere ihren wahren Geist aus dem Gesichte verloren. Dann führt Saint-Martin merkwürdiger Weise fort: „Man würde mir ohne Zweifel nicht glauben, wenn ich behaupten wollte, dass alle bestehenden Regierungen nach dem ob gezeigten Muster eingerichtet seien, weil in der That der grösste Theil von ihnen sehr weit davon entfernt ist. Aber ich bitte doch meine Mitmenschen, fest überzeugt zu sein, dass die wahren Fürsten so wie die rechtmässigen Regierungen keine Wesen der Einbildung sind, dass es deren zu allen Zeiten gegeben hat, dass es deren auch jetzt gibt und allezeit geben wird, weil das mit zu der allgemeinen Ordnung gehört und Zusammenhang hat mit dem grossen Werk, das ein anderes Ding ist als der Stein der Weisen." In diesen Worten wird also offenbar mit aller Bestimmtheit der Bestand und Fortbestand eines esoterischen und zwar theokratischen Weltregiments behauptet. —

„Der Umstand, dass fast alle politischen Körper, die auf der Erde existirt haben, untergegangen sind, bringt uns auf die Vermuthung, dass der grösste Theil der Regierungen die Herstellung der Fürsten in ihr ursprüngliches Licht nicht zur Basis haben. Denn da das nachgewiesene Gesetz durch seine Natur eine lebendige und unüberwindliche Kraft hat, so müsste Alles, was es vereinigt hätte, unauflöslich sein, so lange Diejenigen, welche seine Diener zu sein bestellt waren, es nicht verlassen hätten. Nach den Begriffen der Wahrheit, die in dem Menschen sind, vergeht das nicht, was ist, und die Dauer ist für uns die Probe von der Realität der Dinge. Ich muss aber auf das Bestimmteste bekräftigen und ich gehe nicht zu weit, wenn ich versichere, dass es Regierungen gibt, die sich erhalten seit der Mensch auf der Erde ist, und die bestehen werden bis an das Ende der Zeit, womit gesagt ist, dass es hienieden allezeit rechtmässige Regierungen gegeben habe und geben werde.

Auch folgt aus dem Gesagten, dass diejenigen Regierungen, die noch bestehen, unfehlbar fallen werden, wenn sie nicht das aufgestellte Princip zur Basis haben, und dass, wenn sie sich etwa davon entfernt hätten, das beste Mittel sie zu erhalten darin bestehe, sich diesem Princip wieder zu nähern."

Saint-Martin gibt der monarchischen Verfassungsform den Vorzug vor der polykratischen. Stets verfällt mit dem Verfalle der Religion die ächte Monarchie in Monokratie und Polykratie.

Ueber die Aechtheit aller gesellschaftlichen Einrichtungen der Erde erhält uns der Umstand in Zweifel, dass sie allgemein eine der andern Feinde sind. Diese Feindschaft würde aber nicht stattfinden, wenn das nemliche Princip bei allen diesen Associationen gewaltet hätte. Denn da der Wille dieses Principe Ordnung ist, so würden alle Einrichtungen, bei denen es vorgewaltet hätte, ohne allen Zweifel nur den nemlichen Zweck gehabt haben, und dieser Zweck wäre auf keine Weise gewesen: über einander herzufallen: sondern vielmehr: sich gegenseitig zu unterstützen gegen Verbrechen, Laster und Sünde."

Denn, setze ich hinzu, auch die Staaten haben nicht (bloss) mit Fleisch und Blut zu kämpfen und diess bleibt wahr, obgleich es dermalen den Führern lächerlich däucht, wenn man ihnen sagt, dass Ihr und der Staaten Feind die Sünde sei.

Um sich solche Betrachtungen fern zu halten, zeigt Saint-Martin, waren die Politiker bemüht, die gesellschaftlichen Einrichtungen als nach Art und Weise der Werke der Natur gebildet anzusehen. Woraus sie auch das Kriegsrecht ableiten zu können glaubten.

Der Unbestand, die Verschiedenheit der Verfassungen und der Hass der Regierungen unter einander beweisen, dass sie sich nicht von dem höheren Gesetze leiten lassen, und also von ihrem ersten Zustande ausgeartet sind. Ist aber der seines Führers mangelnde Mensch Unmensch, wie die ihres Dirigens mangelnde Natur Unnatur, so wird das Analoge mehr oder minder auch von den Staaten gelten. Da alles durch die Reaction im Universum geschieht, so hat auch die ewige Gerechtigkeit öfter Völker die Waffen ergreifen lassen, um strafwerthe Völker zu strafen; aber sie haben dessen, dass sie wechselweise Diener ihrer Rache sind,

keinen Gewinn, sondern häufen nur ihre eigenen Unthaten und
die grausamen Völkerunterjochungen, wovon wir so viele abscheuliche Beweise vor Augen haben, sind vielleicht denen, die dabei
das Opfer geworden sind, weniger nachtheilig gewesen, als denen,
welche sie betrieben haben. Man kann darauf den Spruch anwenden: Keiner thut Recht und jedem geschieht doch Recht.

Der Verfasser wendet sich nun zur Betrachtung des bürgerlichen Rechtes und findet in der Zulassung der Präscription und
der Ehescheidung aus anderen Gründen als dem des Ehebruches
Mängel, welche erkennbar machen, dass der Mensch nicht mehr
jenem Princip gemäss in der bürgerlichen Gesellschaft geleitet
wird, welches die Association leiten sollte, und er erkennt hier
die Hand des gesunkenen Menschen anstatt jener höheren Hand,
die alles an ihrer Stelle thun sollte.

Der Verfasser wirft hier einen Blick auf den Fall des Menschen
zurück, den er einen Ehebruch nennt als ein Vergehen des ersten
Menschen, welches er beging, ehe noch ein Weib war. Er
folgt hier der Lehre des Martinez Pasqualis, nach welcher das
irdische Weib die Frucht der Untreue Adams gegen die Idee als
seine göttliche Gehilfin war. Nur in Folge des Missbrauchs seiner
geistigen Zeugungskraft erhielt Adam die äussere Gehilfin. *L'homme
a perdu le droit de se produire glorieusement en faisant un
usage faux de ses privileges de sa production spirituelle.* —
Indem der secundäre Ehebruch den primitiven wiederholt, ist er
die Quelle unsäglicher Uebel für das Menschengeschlecht. Es ist
dem Verfasser nicht zweifelhaft, dass das Entstandensein aller der
bastartartigen Völkerschaften, aller der Nationen, deren Art so
widerwärtig gebaut ist, so wie aller der menströsen und übel
gefärbten Generationen, womit die Erde befleckt ist, verschiedenen
originellen Ehebrüchen, also einem Missbrauche der Zeugungskraft
zuzuschreiben ist, wie schon die Sündfluth nach dem Verfasser
einem verbrecherischen Missbrauche der physischen Zeugungskraft
beizumessen ist. Die viehischen Lebensweisen und Gewohnheiten
tiefgesunkener und verwilderter Menschenstämme gelten ihm mit
Grund für Folgen der Ausschweifungen ihrer Vorfahren. Vielleicht
kann man auf diese rohen Völker die tröstende Erfahrung an-

wenden, die man von der innern Thätigkeit des Geistes bei Wahnsinnigen und Blöden (nach ihren Aussagen vor dem Tode) gemacht hat. Uebrigens würde man in den verfeinerten Gesellschaften der sogenannten cultivirten Völker, wenn man den mancherlei Schein von Anständigkeit etc. hinwegnimmt, vielleicht nicht mehr Schamhaftigkeit finden als bei den rohesten Nationen. Diess würde aber nichts gegen das wahre Gesetz des Menschen beweisen, weil die Völker von dem wahren Gesetz gleich weit entfernt sind, die Einen durch Mangel an Cultur, die Andern durch Verderbniss. Der der Cultur ermangelnde Mensch ist ebenso im nichtnatürlichen Zustand, als der durch schlechte Cultur verdorbene Mensch. Könnte man dem irdisch beleibten Menschen den Zustand zeigen, der für ihn ursprünglich der wahrhaft natürliche war, so würde er seine jetzige körperliche Gestaltung als eine seinem geistigen Wesen sehr unangemessene und erniedrigende erkennen. Die Annahme ist daher nicht zu umgehen, dass alle Difformitäten und Entstellungen, welche die verschiedenen Nationen zeigen, an Körper wie an Geist, daher rühren, dass ihre Vorfahren ihrem natürlichen Gesetze nicht gefolgt, oder wieder davon abgewichen sind. Die Zeugung hat auch bei dem irdischgewordenen Menschen ein Gesetz und eine Ordnung, von welcher das Vieh nichts weiss. Der Geist des Verderbens verkehrt aber diese Ordnung, um die Zeugung zu hindern, oder zu verunstalten und sich selbst fortzupflanzen oder zu incarniren.

Die heutigen Politiker verdienen kein Zutrauen, da sie kein anderes Princip der Regierungsgewalt kennen als Stärke oder Convention, welche Principien doch im Grunde eins sind, da hier keine reelle, persönliche, sondern nur conventionelle Stärke gemeint ist.

Wenn, wie gezeigt, ein einziges und über Alles gutes Princip existirt, und wenn auch ein böses Princip existirt, welches zwar nicht ewig, sondern durch freien Abfall vom guten entstanden ist, welches aber ohne Unterlass arbeitet, sich der Action des guten Principe zu widersetzen, so ist es gleichsam unvermeidlich, dass es nicht in der Classe der intelligenten Wesen Uebelthäter gebe. *Oportet scandalum (in mundo) fieri.* Die Uebelthaten können aber nicht einen Augenblick die Gegenwart des guten Princips, dessen wesentliches Attribut die Gerechtigkeit ist, aushalten und die Bestrafung derselben ist so schnell als unumgänglich. Strafe aber ist Entfernung und Entfernung Strafe, doch auch wieder Gnade, wenn die Entfernung eine Verringerung der peinigenden Nähe ist (wie in der Zeit). Der Mensch in seinem Ursprung erfuhr diese Wahrheit physisch und ward mit diesem Rechte zu strafen angethan. Gerade darin bestund seine Aehnlichkeit mit seinem Princip und darum war seine Gerechtigkeit pünktlich und sicher. Als er aber von diesem herrlichen Stande abwich, verlor er seine Autorität und behielt weder das Recht noch die Kraft, die Ungerechtigkeiten zu hemmen. Es wurde also nöthig, dass eine andere Ursache es für ihn thue, da die Rechte der Gerechtigkeit unwiderruflich sind. Diese andere Ursache kann keine andere sein, als diejenige, welche auf Befehl des ersten Princips die Stelle des Menschen eingenommen hat, der Ausgang aus der Höhe (Lucas I, 78.), dieselbe Ursache, durch welche vor dem Menschen das Universum aus der Zerrüttung durch Lucifer hergestellt ward. Da aber die Ursache über den sinnlichen Dingen ist und die Bestrafungen des Menschen in Gesellschaft sinnlich sein müssen, so muss sie nothwendig sinnliche Mittel anwenden, ihre Entscheidungen zu offenbaren und die Ausführung ihrer Urtheile zu bewerkstelligen. Zu dieser Verrichtung nun gebraucht sie die Stimme des Menschen, wenn er sich dessen würdig gemacht hat. Sie bevollmächtigt ihn, seines Gleichen die Gerechtigkeit zu verkündigen und ihre Beobachtung in Gang zu setzen. Der Mensch ist also nicht Inhaber und Eigenthümer des Rechts zu strafen, sondern nur Organ des strafenden Princips. Was mir aber Organ (in mir d. i. in meiner Macht) ist, das ist mir Kraft, dem ich Organ bin, dem bin ich Kraft. Ohne den Beitritt des Organs als Agens ist die *facultas* blosses Vermögen. Der Richter, welcher es erlangte, in Wahrheit das Organ jener Ursache zu sein, würde ein sicheres Licht finden, den Unschuldigen von dem Schuldigen unfehlbar zu unterscheiden. Das Gesagte klingt fremd und ist doch schon in der gemeinen Observanz im Criminalwesen abgebildet und angedeutet. Denn wird nicht der Richter angesehen als der sich selbst zu vergessen hat, um das blosse Agens und Organ des Gesetzes zu werden? Ist dieses Gesetz, wiewohl es nur menschlich ist, nicht heilig für ihn? Uebrigens gilt die dem Richter auferlegte Verbindlichkeit, sich selbst zu vergessen und bloss die Stimme der Zeugen zu hören, auch für jede Art des Nachforschens. Darum sind Logik und Mathematik infallibel, weil hier keine Selbstheit ist und nur ein Zusehen der Mechanik des Geistes. Reflectiren beim Urtheil ist Wählen des leitenden Princips oder Suchen des verlorenen. Beim Urtheil fängt das eigene Thun, Wollen, Sprechen etc. an. — Man kann das Strafrecht weder begründen durch die Annahme, dass das politische Gesetz die Rache des Privatmanns oder Bürgers auf sich nehme, denn ein solches Vorrecht kommt ihm nicht zu, wie denn die h. Schrift sagt: „Mein ist die Rache, spricht Gott", noch durch die Annahme, dass jeder Bürger durch den gesellschaftlichen Vertrag, für den Fall eines Vergehens, sich den Strafgesetzen des Staates unterworfen habe, denn wenn die Menschen durch die blosse Wirkung ihrer Uebereinkunft politische Körper nicht rechtlich haben gründen können, so kann auch ein Bürger seinen Mitbürgern das Recht zu strafen nicht übertragen. Ebenso falsch ist es, die Rechtlichkeit des Strafens bloss in die Geschichte zu legen als Präscription. Das politische Gesetz, welches jenes höheren Lichtes mangelt, ist nichts Anderes als ein blosser menschlicher Wille, dem selbst die Einmütigkeit aller Stimmen keineswegs eine Macht mehr gibt. Diese Wahrheit gilt allgemein von Sünden wie von Concilien. Ganz verfehlt ist die Gleichstellung des Verbrechers mit dem Feinde des gesellschaftlichen Körpers, dessen Hinrichtung rechtmässig sei, wie der Soldat einer feindlichen Armee mit Recht getödtet werde. Schon die Erwägung widerlegt diese Meinung, dass der Zweck des Kriegs gar nicht ist, Menschen zu Grunde zu richten oder zu tödten, sondern nur sie zu verhindern, zu schaden. Niemals darf man im Kriege einen Feind tödten, als wenn es unmöglich ist ihn zu bezwingen, wie denn auch ein rechtmässiger Krieg niemals auf Eroberung oder Vertilgung eines Staates ausgehen darf. Weil demnach das Recht zu strafen uns nicht zugehören kann, so muss man es in die Hand zurückgeben, die uns zum Führer dienen muss. Sie wird der natürlichen Wehr des Menschen eine Kraft geben, die wahr ist und die sie in den Stand setzen wird, dass sie kann die Beschlüsse der Gerechtigkeit vollziehen lassen, ohne Verdammnisse über sich zu bringen. Wenn ich durch meinen Leib (als Organ) etwas sehen, hören, bewegen soll, so muss ich diesen selber nicht sehen, hören, als Bewegendes spüren. Wenn also letzteres geschieht, so muss ich ein anderes Organ besitzen. Wenn das Organ in der Action sich objectificirt (resistirt, wie z. B. unser Leib in Ermüdung, Krankheit), so hört es auf subjicirt d. h. Organ zu sein. Wie aber mit Durchschauen noch Schauen, so besteht das Erkennen des Organs mit seiner Subjection im Act, so wie beliebig das Subjicirende selbes als real oder Object (durch Suspension seiner Subjicirung) in sich kann hervortreten lassen. Es ist aber ein Unterschied, ob man hiebei die Macht über selbes erhält oder ob das Hervorgetretene sich substanzirt. Die Körperanschauung des Somnambulen beweiset das völlige Lösseln des Leibes oder seine Entfremdung und also Objectivirung, die aber beliebig ist. Der Somnambule muss also einen andern Leib haben.

Es hatte seinen tiefen Grund, dass bei den Völkern der Vorzeit die Priester die Rechtssprecher waren.

Es versteht sich, dass der Verf. die Tortur verwirft. So wenig der Mensch als körperlich-bewegliches Wesen sich auf sich selbst gründen kann (da er sich vielmehr auf die Erde gründen muss), so wenig kann er als sociales Wesen das Recht zu strafen in sich selbst finden. Wie er bei allen seinen körperlichen Bewegungen erst seine Gleichwichtigkeit mit der Erde erhalten muss, so muss er in seinen socialen Handlungen die analoge Gleichwichtigkeit mit dem constitutiven Princip seines geistigen Lebens zu erhalten streben. Alle Direction seines Urtheils setzt ein Gründen voraus. Diese Direction ist zur Bewegung wie zur Gestaltung nöthig. Wie Essens in Essenz gründet, so Action in dem Agenten d. h. ein niederes Agens im höheren.

Geschriebene Criminalgesetze sieht der Verf. als einen grossen Fehler der Staaten an, weil sie todte (unpersönliche) Gesetze seien, indess die Verbrechen theils zunehmen können, theils sich alle Augenblicke anders und immer wieder anders zeigen. Wenn es indessen zwar nicht zu leugnen ist, dass mit geschriebenen Gesetzen, Constitutionen etc. wie mit der h. Schrift häufig Bigotterie getrieben wird, so wäre es doch nicht rathsam, Alles dem guten Willen und der Einsicht der leitenden Personen zu überlassen, wie denn der Missbrauch die Forderung des guten Gebrauchs nicht aufhebt und es gut ist, das Eine zu thun und das Andere nicht zu unterlassen.

Dass der Materialismus für das sociale Leben der Menschen ein tödtliches Gift ist, darin ist dem Verfasser jedenfalls vollkommen Recht zu geben. In der That könnte eine Lehre, welche den Menschen zu einer blossen elenden Maschine herabwürdigt, nur damit enden, ihn zum Strassenräuber oder allgemeiner gesagt, zum Schurken und Hallunken zu machen*).

Die Medicin muss sich nach dem Verfasser auf die einfache, einzige und allgemeine Regel reduciren: zusammenzubringen, was getheilt ist und zu theilen, was zusammen ist. Dieser Ansicht liegt die Ueberzeugung zum Grunde, dass alle Krankheit unnatürlich ist, die Gesundheit aber natürlich. Krankheit entsteht durch Versetzung der normalen Ordnung der Lebenselemente. Bei aller Versetztheit ist Disjunction dessen, was conjungirt sein sollte und Conjunction dessen, was disjungirt sein sollte. Wo Einung oder Sammlung ist, da ist auch Theilung u. v. v. Im normalen wie im abnormen Zustande. Keine Einung ist ohne Unterscheidung, keine Confusion ohne Trennung. Eben die Einigung des Gleichartigen macht die Scheidung der Elemente, ihre wechselseitige Vertheilung aber ihre wechselseitige Latenz. Eine Versetzung muss bei dem ersten Urstande des Universums (durch Lucifer's Fall veranlasst) so wie bei dessen zweiter Entstellung durch den Menschen beim Menschen selbst statt gefunden haben, weil jede Entsetzung Versetzung ist. Das ganze materiell gewordene Universum ist eine gewitterschwangere Wolke.

---

*) Dasselbe sagt im Grunde Leibniz in seiner eben so scharfsinnig als tief gedachten Widerlegung des Materialismus. v. O.

VI.

P. 362. Z. 2—10. Eben in dieser Nichtsubjectivität ist die Wahrheit der Mathematik und Logik gegründet.

P. 363. Z. 10—15. Das wahre Object der Intelligenz ist das immaterielle Princip der Materie.

P. 364. Z. 10—12. Das Schaffen wird hier auf Materie beschränkt. Die nichtgeschaffenen Wesen heisst Saint-Martin emanirt. Das Schaffen bezieht sich auf die Execution eines verbrecherischen und darum ausgestossenen Wesens. Das Wort: Entsprungen, zeigt, dass alles Thun als Aeussern sich nur thun, nicht begreifen lässt oder ein *salto mortale* für letzteres ist, welches selber nur ein Thun ist, womit ich ein anderes Thun subjicire. *Scio quae facio*. Daher sagt Faust: „Im Anfang war die That", und das Urwunder war diese That oder dieses Thun.

P. 364. Z. 13—19. Unter Ausdehnung versteht man hier die des Wesens (der Essens), nicht einer Virtualität, so dass in keinem Theil (Punct) der Ausgedehntheit das Wesen ganz ist, wogegen selbes beim nichtausgedehnten (centralen) Wesen überall ganz ist. Dort also nicht *Totum in qualibet parte*.

P. 365. Z. 1—7. Materie (Ausdehnung) ist selbst nur Eigenschaft des *Principe innés* und nur bezüglich anderer Eigenschaften wird selbe als Substrat angesehen.

P. 365. Z. 17—33. ff. Um Räumlich-Zeitliches wahrhaft zu bestimmen, werden wir über Raum und Zeit hinaus gewiesen. Die dialectische Bewegung des Geistes treibt uns über Raum und Zeit.

P. 366. Z. 12—29. Hier fehlt der Begriff des intellectuellen Zählens, Messens und Wägens im Gegensatze des materiellen. — Zählen wäre Action und Reaction Bestimmen, Messen ihre Ausgleichung, Gewicht ihre Vereinung. Wenn die Energie die vereinte Action und Reaction ist, so ist sie das unmittelbare Product des jene beide einenden oder bindenden Mercurs.

P. 367. Z. 1—8. Die Kreislinie ist rectificirte Ungeradheit. Theilweise ist diess bei jeder krummen Linie, weil sie sonst keine Continuität hätte. Absolute Discontinuität des Floiden, also absolute Discretheit. Letztere ist im Festen gehemmt. Daher das Einende im Fluidum nur äusserlich ist.

P. 367. Z. 9—16. Wie die Geometer (Mathematiker) die Cirkellinie als eine Sammlung von lauter geraden Linien, die unendlich klein seien, erklären, so nennen die Materialisten das Immaterielle eine unendlich feine Materie.

P. 368. Z. 15—24. Wie man nur unterscheidend eint, und einend unterscheidet, so trennt man nur confundirend und confundirt nur trennend.

P. 370. Z. 15—24. Die Cirkellinie ist beständige Richtungsänderung. Da nur die gerade Richtung producirt, so ist die krumme ein immer wiederkehrender aber gehemmter Ansatz zur Production. Die Krümme ist demnach als Nullität nur begreiflich als getilgtes Streben einer entgegengesetzten Perpendiculäre oder Ascension. Die Zeit- oder Kreisbewegung also die Continuität eines (gesetzwidrigen) Strebens und seiner beständigen Zurückweisung, daher keine positive Production.

P. 371. Z. 3—7. Zahl ist Begriff der Action, Maass Weise derselben, Gewicht Stärke derselben. Zählen, Messen, Wägen sind drei Actionen oder drei Theile jeder ganzen Action. Der Vater zählt, der Sohn misst, der Geist wägt.

P. 373. Z. 3—10. Ein solch organisches Eins kann nur wachsen (potenziren) und abnehmen (Wurzelausziehen). Nur was zusammengesetzt ist, kann getheilt werden und bleibt immer unganz. Das Einfache kann nicht darum nicht getheilt werden, weil es keine Theile (Momente, Unterschiede) hätte, sondern weil diese Theile (Unterschiede) nicht trennbar sind. Nur in sich gedehnt (transponirt) kann es werden.

P. 374. Z. 16—20. Da alle Wahrheiten unter einander verkettet sind, so kann keine einzige von ihnen die geringste Verletzung leiden, ohne sie allen übrigen mitzutheilen. Daher der universelle Einfluss der zwei Praevaricationen.

P. 376. Z. 26—29 ff. Alles Erkennen (Zählen, Messen, Wägen) und Wirken geschieht also durch Eingehen in das Princip (Centrum). Der Zählende, Messende etc. muss also selbst in diesem Princip und dieses in ihm sein.

P. 378. Z. 2—5. Der befassende Raum ist keiner *).

P. 379. Z. 1—8. Das Bewegte ist immer in dem Bewegenden, aber nicht umgekehrt. Nur der Nichtbewegte bewegt sich und Anderes. Bewegen ist ursprünglich Weg machen, sich Verändern in Configuration mit sich oder Gestalt und Stellung.

P. 379. Z. 15—25. Bewegung als immer neu anfangend kann nur im Princip (als dem beständig Neuanfangenden) quellen. Darum ist der Logos nicht ein **Werk** des Vaters. Auch ist Senden kein Zeugen **).

P. 380. Z. 6—18. Immer neu Bewegen ist also das Characteristische des Princips. Daher sein Wunderbares. Alle Existenz ist durch Action, sei sie immanent oder transient.

P. 380. Z. 19—28. Die Behauptung, dass die Materie bloss durch die Bewegung existire und nicht die Bewegung durch die Materie ist um so richtiger, da sie nicht bloss von creativer (Wachsens-) Bewegung, sondern selbst von räumlicher gilt; denn ohne Bewegung verginge alles Gestirn und was sich mit ihm bewegt. Daher die Funktion der Materie Gestaltung und beständige Stellung (Bewegen) ***).

P. 381. Z. 1—3. Auch hier ist Aufhören der Anfang. Z. B. Aufhören der subjicirenden Action ist Anfangen der subjicirten. So ist die Suspension der Lichtaction der Beginn der selbstischen Action des *Centrum Naturae*.

---

*) Baader will mit diesen Worten nur sagen, Gott der Allumfasser des Raumes ist darum nicht selbst wieder Raum oder räumlich, so wie derselbe Gott als Allumfasser der Zeit darum nicht selbst wieder Zeit oder zeitlich ist. v. O.

**) Diess heisst nicht, dass der Logos (immanent) nicht gezeugt sei, sondern nur dass der Act des Sendens des Logos nicht dessen Zeugen sei. v. O.

***) Man kann den Materialismus auf die falsche und gedankenlose Behauptung zurückführen, dass die Bewegung durch die Materie existire. Es ist aber einleuchtend, dass eine ohne alle Bewegung fix und fertige Materie eine sinnlose Vorstellung, ein Phantom ist. Wenn man aber auch eine solche Annahme versuchsweise einräumen wollte, so müsste man doch bald erkennen, dass aus einer solchen Materie oder solchen Materien die Bewegung nie abgeleitet werden könnte. v. O.

P. 381. Z. 13—17. Diese Bewegung fängt mit der Emission des Princips vom Zeugungsprincip an. Hier ist nicht von todter (mechanischer) Bewegung die Rede, sondern von creativer, obschon beide untrennbar sind und ein absolut Ruhendes im Raume undenkbar ist.

P. 383. Z. 4—19. Nicht ist dieses Stürzen in sich selbst nothwendig eine Rückkehr in das Zeuge-Centrum, da umgekehrt gerade das Aufsteigen (Einkehr) in solches jenes einzelne Expandiren sich macht, und dessen Trennung selbes schwer; sondern dieses Verschwinden ist Folge der Zeittrennungsbedingung bei Zeitwesen. Diese Zeitmanifestation des Einzelnen setzt nemlich Trennung vom Universalcentrum voraus. — Wenn die Schwere Folge der Trennung vom Centro ist, so kann die Bewegung im Fall nur von Durchwohnung des Bewegenden kommen. — Eigentlich wäre die Bewegung zum Centro ein Aufsteigen (Erhobenwerden) und nicht ein Fallen. — Hang als Ohnmacht der Existenz oder Schwere ist keine Action. — Bei jeder Zeugung ist die sondernde und Unterscheidung gebende und erhaltende Tendenz nur die Bedingung einer höheren (inneren) Wiederausgleichung derselben. Die Unterscheidung der Essenz bedingt die Einheit der Action.

P. 385. Z. 21—23. Das Wort: Bewegen, sagt schon ein subjicirtes Bewegtes aus, handle es sich um ein Selbstbewegen, oder um ein Bewegen eines Andern *).

P. 385. Z. 23—29 ff. Nicht als ob mit dem Eintritt ins Centrum ihre eigene Action aufhörte. — Nur für die Zeit kann man sagen, dass das Wachsen eine Entfernung vom Centro sei.

P. 386. Z. 16—22. Diese beständige Erneuerung zeigt schon die beständige Wiederfluidisirung im materiellen Leben.

---

*) Alles Bewegen ist ein Wirken eines Bewegenden auf ein Bewegtes, nur ist das Urbewegende und das Urbewegte ein und dasselbe Wesen. Unterschiede desselben Wesens sind nicht verschiedene Wesen. Unterschiede sind aber nur durch Unterscheiden, so wie die Unterschiede Eines sind durch Einigen. Wenn der Absolute, Unbedingte nicht actuos und nicht actuos in sich wäre, so könnte nichts actuos sein. v. O.

Dieser Character der Bewegung als stätiger Aenderung des Zustandes ist das absolute Gegentheil der *lex inertiae*.

P. 387. Z. 1—10. Denn in die Luft setzt der Verfasser die erste Wärme- und Kälte-Quelle.

P. 389. Z. 13—16. Nur bei gewisser Kleinheit entstehen die isolirten *Particules*.

P. 390. Z. 3—11. Wie im Starren höchste Gebundenheit und Subjection des Einzelnen unter das Eine ist, so scheint im Disseminirten (Gas) höchste Entbundenheit des Einzelnen auf Kosten des Einen, im Flüssigen Indifferenz beider oder ein Schweben, aus welchem beide hervor- und in welches beide zusammensinken.

P. 391. Z. 12—15. Es gäbe also keine Körperberührung als in Puncten? — Saint-Martin statuirt keine Continuität, sondern nur Contiguität in der Materie, die er aus *molecules* aggregirt. Aber die Nichtcontinuität des Flüssigen als innerlich Solvirten kann auch ohne *molecules* bestehen, und ist nicht atomistisch zu erklären.

P. 392. Z. 4—15. Einheit als *Actuositas* ist nicht ohne Entwicklung (Einung des Vielen) und die Einheit nimmt eben zu mit dieser Gliederung, so dass höchste Unterscheidung (wechselseitig oder Selbsterkennen wie Selbst- (Glieder-) Bewegung) mit innigster Einheit coincidirt. Pantheismus besteht nun darin, dass man jene innere eigene Entfaltung (Dreifaltung) der Einheit mit dem Schaffungsact zusammenfallen lässt, nemlich nicht so als ob das gesonderte Leben des Geschaffenen mit jenem des Schöpfers (wenn auch ewig) zugleich sei (wie z. B. Saint-Martin im *Esprit des Choses* Geist und Natur als zwei Spiegel gleichewig mit Gott und also dem göttlichen Spiegel, sohin mit der innern Unterscheidung in Gott noch zwei andere ausser ihm annimmt), sondern dass es confundirt sei. Gott und Schöpfer sind nach Andern nicht identisch.

P. 393. Z. 1—8. Nur das Sein und sich Manifestiren des eingebornen Princips ausser Einheit — in Zeit — ist wandelbar. — Jede Action in Zeit producirt Raum.

P. 898. Z. 13—17. Alle krummen Linien reduciren sich auf den Kreis.

P. 393. Z. 18—27. Aller Pantheismus apotheosirt Zeit- und Raumwesen.

P. 898. Z. 2—9. Die hier ausgesprochene Behauptung der Unbeweglichkeit der Erde liess der Verfasser später fallen. — Die Erde entfiel dem *puncto solis*. Alles Materielle ist unfix und wird immer bewegt. Eben ihre Unfixheit macht die Erde fallen.

P. 398. Z. 10—25. Bei passiver Bewegung ist doch innen keine Action, wie beim Fall. Daher ist auch selbst Umlaufen kein Beweis von Selbstthätigkeit, weil es ein Fallen ist (um das Centrum). Wäre die Erde unbewegt, so wäre sie bewegend.

P. 399. Z. 18—29 ff. Mit Recht bestreitet Saint-Martin die Vorstellung, welche den Werth der Dinge nach sinnlichem Maasse schätzen will. Er hebt hervor, dass der Werth der Erde vielmehr in dem Adel ihres Berufes und in ihren Eigenschaften bestehe und nicht in der Grösse des Raums und der Ausdehnung *). Schon der Effect der Vergrösserungs- und Verkleinerungsgläser deutet auf die Relativität der Raumgrössen. — Die Materialität der Erde beweiset ihre Function gegen das Böse. — Körper und Leib (Hülle) sind nicht einerlei. Die erste Hülle des Menschen war freilich nur zeitlich, d. h. so lange die Zeit bestund, aber nicht irdisch. — Erde ist Grund des materiellen Universums, der Mensch des Geistigen in diesem *loco*. Schon der ungefallene Mensch erhielt seine Hülle aus Erde, nicht aber um sich mit ihr zu vermischen.

P. 404. Z. 1—4. Alle Peripherie als ausschliessend ist verneinend nach aussen, bejahend nach innen.

---

*) Hierin ist Schelling in die Fussstapfen Saint-Martin's getreten, besonders in seinem bemerkenswerthen Sendschreiben an Eschenmayer. Krause dagegen wollte nichts davon wissen, dass die Erde das Bethlehem des Weltalls sei und statuirte unzählige Theil-Menschheits-Welten im Universum und eben so viele Gottmenschwerdungen. Das klingt sehr grossartig. Aber wo bleibt der Erweis? v. O.

P. 406. Z. 22—26. Ausserdem gibt es aber noch eine Bedeutung dieser Zahlen im Intellectuellen.

P. 410. Z. 22—29 ff. Das Gegentheil davon ist Collapsus. Aber das Centrum geht nicht etwa hiebei darauf. Es ist Generation, nicht mechanische Explication.

P. 431. Z. 1—15. Zwei conträre Principien durch ein drittes in Circulation gesetzt geben vier Puncte, von denen zwei ihr relatives Herrschen (Nacht, Winter — und Mittag, Sommer), zwei ihre Gleichen (Morgen, Frühling — Abend, Herbst), bei deren einen das eine, bei deren andern das andre im Absteigen ist. Abend, Herbst wäre Adoption — Mitternacht Conception oder Einwurzelu, Frühling Vegetation, Sommer Frucht.

P. 433. Z. 2—23. Die Adoption als Aufnahme des Keims *(Ovum's)* in die Bärmutter und Ursprung desselben wird von der Zusammenwirkung beider Actionen als Conception unterschieden. Die erste heisst auch die Vereinung oder der Zusammentritt der beiden Actionen. Conception ist hier nemlich die Einwurzelung in der Mutter.

P. 437. Z. 11—23. „Herr! bleibe bei uns, denn es will Abend werden."

P. 440. Z. 2—10. Hier erscheint die Einheit wieder als Zahl aller Zahlen.

P. 440. Z. 22—29 ff. Erzeugung ist nicht Trennung, wie Multiplication nicht Fortpflanzung, Reintegration nicht Addition. — Multiplication der Einheit ist hier nicht successives Fortzählen (Addiren) wie in Zeitfortpflanzung, sondern Vervielfältigung derselben Einheit in allen ihren Erzeugnissen. Ebenso ist die Reintegration (Wurzelausziehen) nicht Wiedereingehen in die Einheit, sondern Wiedergabe von der Creatur.

P. 441. Z. 7—14. Nur das Einfache kann hervorbringen, jedes Unganze, Zusammengesetzte ist impotent.

P. 441. Z. 15—19. Ausgang ohne Abgang, Eingang ohne Zugang.

P. 445. Z. 3—16. Sie haben also keine wahre Tiefe und diese ist ihnen äusserlich. Daher ihre Tendenz zu zerfliessen.

P. 445. Z. 17—27. Durch den Punct werde ich überall ganz aus dem Raum gewiesen.

P. 451. Z. 5—17. Für alle Manifestation der Vermögen eines Wesens gilt das Gesetz, dass sie nur durch Attribute geschieht, welche diesen Vermögen entsprechen. Die Vermögen und Zahlen wie die Attribute des ersten Princips sind unendlich. Dieses erste Princip manifestirt Productionen ausser der Zeit, wozu es ihm inhärirende Attribute braucht. Dasselbe manifestirt aber auch Productionen in der Zeit, wozu es ausser den letztern Attributen noch andere braucht, die ausser ihm und es selber nicht sind, aber durch es wirken.

VII.

P. 452. Z. 1—21. Einen Gedanken Manifestiren heisst ihn für alle, die dieser Manifestation theilhaft werden, manifestiren, nicht bloss unmittelbar einem Andern. Sprache tilgt also die Tilgung der freien Gemeinschaft. Da nur der Wollende thut und der Wille ohne das Attribut der Sprache impotent ist, so ist nur der Sprechende der Selbsthandelnde und nicht Handeln-Gemachte. —

P. 454. Z. 14—21. Eine lebendige Sprache ist die, welche immer gesprochen wird, wenn auch die Menschen sie nicht hören.

P. 455. Z. 4—12. Wir können nicht als Geister sprechen und also auch nicht hören, wenn nicht zugleich unser Leib (Sprach- und Hörorgan) innerlich oder äusserlich mit bewegt ist. In der *Clairvoyance* fällt diess zum Theil weg. — Nur insofern der Mensch die innere Sprache ganz gelassen in sich sprechen lässt und nicht selbstisch sich formt, wird auch die äussere Sprache wahr. Bei dieser innern Sprache ist zu bemerken, dass sie durch Gebrauch unserer eigenen Sprech- und Zeichenwerkzeuge geschieht. Man macht uns sprechen und schreiben und der Mensch hört und sieht unmittelbar auch hier nur sich. Er hört und sieht aber nur sein Handeln, nicht den Handelnden, wenn er innerlich sprechen hört und schreiben sieht.

P. 456. Z. 4—12. Als der Mensch noch *être pensant* war, las er unmittelbar Gottes und Satan's Gedanken. Nachdem er *pensif* geworden, kann er dieses nur durch Vermittelung von Zwischenwesen (Geistern).

P. 457. Z. 18—24. Man vergesse nicht, dass jene innere Sprache die des Schöpfers ist.

P. 458. Z. 15—28. Durch ein Wort (einen Namen), so oft es ausgesprochen wird, muss die Distanz des Benannten (wenigstens zum Theil) getilgt, ein Rapport hergestellt oder geöffnet werden. Siehe was Swedenborg über den Effect des Lesens der Schrift bei Engeln sagt.

P. 459. Z. 1—4. Alles Repräsentiren ist ein Nachmachen, Nachconstruiren. — Wir übersetzen die Dinge ins Geistige.

P. 461. Z. 1—6. Eben weil ihm durch den Fall auch die Sprache verfiel.

P. 461. Z. 7—17. Man mache die Anwendung auf den ersten Menschen, welcher unmittelbar das Innen Gehörte aussprach.

P. 462. Z. 1—7. Denn nur der Vollendete vollendet.

P. 463. Z. 18—24. Da es innere und äussere Offenbarung gibt, so gibt es auch eine zweifache Function des Wortes.

P. 465. Z. 4—17. Insofern das Manifestationsorgan Attribut, Wort als Sprechkraft oder Sprache von dem Wesen und seinen Vermögen unterschieden und ihm doch inhärent ist, kann man sagen, dass es durch eine unmittelbare Geburt von ihm hervorgeht, nur dass diese erste unmittelbare Production zugleich der Producent oder Factor ist (der Manifestation). — Nur die Intelligenzen haben Sprache, die nichtintelligenten Wesen hat diese Sprache. Zum Theil gilt diess aber auch für jene.

P. 469. Z. 13—19. Wie der Schreibende sprechend schreibt, und denkend spricht, so spricht der Lesende nach und denkt sprechend nach.

P. 470. Z. 1—4. Der allgemeine Mitwirker spricht und schreibt allen Menschen. Denn auch hier gilt: *non est in intellectu, quod non in sensu.*

P. 470. Z. 5—13. Hier sind die materiellen Sinne von den geistigen zu unterscheiden.

P. 472. Z. 20—25. Ohne diese beständige doppelte Reaction würde die Intelligenz nicht fortbestehen. Es gibt eine unmittelbare und eine mittelbare Gedankeneingabe.

P. 476. Z. 4—17. Der Ternar des *nomen activum*, des *verbum* und des *nomen passivum* ist nicht jener dreier Vermögen, sondern jener des Princips mit seinen Grundvermögen, des Organs und des Products.

P. 478. Z. 1—10. Existenz sagt Actives und Passives aus und ihre Identität. Diese aber sagt eine verbindende Action aus, welche sohin der Träger oder die Basis der Existenz ist.

P. 479. Z. 1—6. Aus der Identität der das Wesen producirenden Action und der selben manifestirenden folgt, dass ich als Intelligenz nur das aussprechen kann, was ich thue.

P. 486. Z. 8—16. Da wir Gott in der Zeit nicht sehen, so können wir nur von Ihm lesen und Ihn hören.

P. 487. Z. 2—6. Schrift und Wort sollen das Abwesende vergegenwärtigen.

P. 492. Z. 402. Z. 11—16. Gott ist der erste Dichter. Nach ihm die thätige Ursache im Universum.

P. 493. Z. 16—23. Immer neu, weil immer werdend. Wie alles Andere Bewegen nur durch Selbstbewegung, so alles Andere Hervorbringen durch Selbsthervorbringung. Es gibt kein für sich bestehendes Hervorgebrachtes. — Das zeugende und nährende Princip ist zerstörend alles Gegentheilige.

P. 495. Z. 13—20. Indissolubilität des Guten, Schönen und Angenehmen.

P. 496. Z. 10—20. Nicht Wortschrift im gewöhnlichen Sinn, sondern Hieroglyphe.

P. 496. Z. 21—29 ff. Mittelst dieser Natur schreibt man uns immer. Urschrift ist Hieroglyphe und Wortschrift zugleich.

P. 497. Z. 12—17. Hier ist von einer fortlaufenden Schrift durch Stellung aller Naturobjecte die Rede — dem Innern *tableau* der Gedanken conform. Die *Cause active* spricht und schreibt im Univers zugleich.

P. 498. Z. 24—29. Poesie und Bildnerei Copien der göttlichen Offenbarung in Sprache und Schrift.

P. 502. Z. 4—9. Schöne Kunst und Poesie sind also höherer Natur Nachahmung (Hineinbildung der letztern).

P. 507. Z. 13—20. Wie Farben sich zur Gestalt, so verhalten Töne sich zum Wort.

P. 512. Z. 25—29 ff. Nicht als ob das böse gewordene vorzeitliche Wesen gleich dem ersten Urwesen gewesen wäre.

P. 530. Z. 24—29. Wie Colorit und Gestalt in der bildenden Kunst (Malerei) nicht getrennt sind, so sollen sie es auch nicht in der Poesie (Wort und Ton) sein.

P. 531. Z. 1—6. Alles, was offenbar wird, wird licht.

P. 532. Z. 4—18. Katholisch, weil Christus gestern und heute, hier und dort derselbe ist.

P. 536. Z. 11—22. Denn er hat durch den Fall nicht nur aufgehört ein Gestirn zu werden, sondern ist nicht einmal Trabant.

P. 539. Z. 10—16. Nur mit dem Herzen (Willen) verbindet oder trennt sich der Mensch. Im Irdischen ist der Mensch mit Herz und Kopf gebunden. Wird er erst herzfrei, so wird er auch kopf- und hand-frei.

P. 539. Z. 17—27. Das Warum von allem diesen liegt in der Innern Action (Anfang und Ende).

P. 539. Z. 30—31 ff. Nur der Sprechende hört, der Leuchtende sieht, der Wirkende leidet. — Die nichtintelligenten Wesen zeichnen keine Gedanken in den Menschen, obschon sie unbewusst als Signaturen ihm Hieroglyphen sein sollen.

P. 546. Z. 3—8. Doch braucht sich der Mensch darum von andern Menschen nicht abzuwenden.

II.

TABLEAU NATUREL

des Rapports qui existent

entre Dieu,

l'Homme et l'Univers.

> ..... Expliquer les choses par l'homme,
> et non l'homme par les choses.
> *Des Erreurs et de la Vérité*, par un Ph... Inc... p. 9.

A EDIMBOURG.

1782.

Ueber das natürliche Verhältniss zwischen Gott, dem Menschen und der Welt.

(2 Bände. Reval und Leipzig, Albrecht und Compagnie 1784—85.)

1.

„Das Streben des Menschen nach Wahrheit würde nur seine Leiden vermehren, wenn der Drang nach Erkenntniss in ihm eine Neigung wäre, die er niemals befriedigen könnte. Es würde sogar in der ersten Ursache der Bewegung, von welcher alle Wahrheiten herstammen, einen Widerspruch anzeigen, wenn sie dieselben vor unsern Augen verbergen wollte und sie dennoch allem, was uns umgibt, eingeprägt hätte. Es ist also vielmehr den Gesetzen der ersten Ursache viel gemässer, zu glauben, dass sie die Strahlen ihres Lichtes vor unsern Augen nicht deshalb vervielfältigt habe, um uns dessen Erkenntniss zu versagen, und dass, wenn sie in und um uns so viele lehrreiche Gegenstände gesetzt hat, sie auch gewollt hat, dass wir darüber nachdenken und sie zu erkennen suchen sollen, damit sie uns durch deren Vermittlung auf allgemeine und hohe Folgerungen leiten könne, welche unsere Unruhe und unsere Begierden zu stillen fähig wären."

Der Mensch will wissen und gewusst sein, schauen und geschaut sein, lieben und geliebt sein, thun und gethan sein. Der wahre Wissenstrieb soll erfüllt, die falsche Wissenssucht gestillt werden. Es gibt ein gegebenes und ein aufgegebenes oder gebotenes und also auch ein verbotenes Wissen. *Deus non vult (nicht non potest) se negare*, obwohl letzteres doch auch wahr ist. Frei (auch gegen Gott) ist der Mensch nur, wenn er Gott erkennt, aber er erkennt ihn nur, wenn er ihn (als solchen) anerkennt. Jedes Verlangen ist Kunsttrieb und bringt seine Kunst mit sich. Die unerfüllbare Wissenssucht soll durch Erweckung und Befriedigung der wahren getilgt werden. Uebrigens sind die vor unseren Augen vervielfältigten Strahlen des ewigen Lichtes für uns in Farben gebrochen, weil der Mensch dem Centrum entfallen ist. — Ruhe ist Grund der freien sichern Bewegung der Intelligenz. *Motus turbidus extra locum* ist eben so widerstreitend der Natur, als die Gebundenheit. Nicht Bewegung ohne Ruhe oder unruhige Bewegung, nicht Ruhe (Stillstand) ohne Bewegung oder bewegungslose Ruhe, sondern ruhige Bewegung verlangt der Geist wie das Gemüth. Aber nur in der Bewegungskraft derselben (nicht in dem diese Hemmenden) ruht das Lebendige. Das Gesetz ist ursprünglich nichts Negatives, negativ wird es nur durch die falsche Reaction.

„Der Mensch kann kein materielles Werk hervorbringen anders als vermittelst gewisser Handlungen, welche gleichsam dessen schaffende Kräfte sind, und die, ob sie gleich innerlich und unsichtbar wirken, dennoch an ihrer fortschreitender Ordnung sowohl als an ihren verschiedenen Eigenschaften leicht zu unterscheiden sind. Man bildet sich z. B., ehe man ein Gebäude aufführt, den Plan oder den Gedanken desselben, man nimmt diesen Plan an und endlich wählt man diejenigen Mittel, durch welche er ausgeführt werden kann."

Also er denkt, er fasst diesen Gedanken wollend in sich zum Wort und spricht dieses Wort aus. Denn das erste centrale Thun ist Sprechen, Anschaffen, *parole de commande*. Gedacht, gesprochen, gewirkt.

„Es ist klar, dass die unsichtbaren Kräfte, durch welche ich das Vermögen habe, dieses Werk hervorzubringen, ihrer Natur nach weit über ihren Erfolg erhaben und gänzlich unabhängig von ihm sind. Denn das Gebäude hätte eben so gut nicht entstehen können, ohne dass die Kräfte, welche mich in Stand setzten es entstehen zu lassen, dadurch irgend eine Veränderung erlitten. Seitdem es entstanden ist, behalten sie immer noch denselben

Vorzug, denn da sie die Macht haben, es wieder zu vernichten, so heisst: es nicht vernichten, ihm sein Dasein erhalten, und wenn es wirklich zu Grunde ginge, so würden die Kräfte, die ihm das Dasein gaben, nachher eben das bleiben, was sie vorher und während seines Daseins waren. Diese Kräfte sind also nicht bloss von höherer Natur als ihre Wirkungen, sondern auch über meinen eigenen Körper erhaben. Wenn also nun unsere materiellsten und vom Leben entferntesten Handlungen ihr Wesen von bleibenden und beständigen Mächten erhalten, die deren nothwendige Ursachen sind, wie sollten wir nicht annehmen, dass vollkommene materielle Productionen, wie das Dasein der allgemeinen und der besonderen Natur, gleichfalls das Werk von über diesen Productionen erhabenen Mächten sind? **Je vollkommener ein Werk ist, desto mehr Vollkommenheit setzt es in seiner schaffenden Ursache voraus.**... Ob nun gleich die Producte der Natur von hohem Range sind, so sind sie dennoch das Resultat von Mächten und Kräften, welche in Wesenheit sowohl als in Kraft denjenigen gleich sind, die sich in dem Menschen bei Hervorbringung seiner Werke nothwendig offenbaren.... Wenn das allgemeine Gebäude der Natur nur das sichtbare Werk von Kräften sein kann, die vor seiner Entstehung da waren, so sind wir des Daseins dieser Kräfte ebenso versichert als von der Wirklichkeit jener, die sich in uns offenbaren.... Eben so gut könnte das allgemeine Werk dieser unsichtbaren Kräfte, ihr Resultat, die Natur, niemals wirklich da gewesen sein, oder ihr Dasein, welches sie erhielten, auch verlieren, ohne dass die Kräfte, welche sie hervorgebracht haben, etwas von ihrer Macht oder von ihrer Unzerstörbarkeit dadurch verlören, weil sie unabhängig von ihren materiellen Wirkungen bestehen können, ebenso, wie meine unsichtbaren Kräfte von den Werken, die ich hervorbringe, unabhängig sind."

Die Verständlichkeit alles Producirens ausser mir gründet sich auf die Sinnigkeit, die ihm wie dem meinen zum Grunde liegt. Durch den dargelegten Nachweis Saint-Martin's offenbart sich alle gröbere und feinere Abgötterei und aller Dienst der Creatur so wie der gewöhnliche Naturalismus als Unsinn.

Wenn Saint-Martin durch Berufung auf das Sichtbarwerden neuer Sterne und das Wiederverschwinden derselben (wie des im Jahre 1572 in der Cassiopeia gesehenen, der anfangs so gross war als der helle Stern der Leyer, nachher wie Sirius, und endlich wie die Venus, nach und nach aber sein Licht wieder verlor, und verschwand) beweisen will, dass jedenfalls wenigstens einige Fixsterne eine Bewegung haben, so hätte er nicht übersehen sollen, dass, wenn sich ein Stern bewegt, sich nothwendig alle Sterne bewegen müssen.

„Der Mensch vermag also durch seine eigenen Kräfte sich bis zu dem Beweise des thätigen und unsichtbaren Urwesens zu erheben, von welchem die Welt ihr Dasein und ihre Gesetze erhält, und zu erkennen, dass sein Wesen unvergänglich ist. Aus der in der Schrift: Irrthümer und Wahrheit, erwiesenen Verschiedenheit des geistigen Wesens des Menschen von seinem sinnlichen Wesen folgt, dass unser Wille das Vermögen des Selbstanfangs in sich trägt."

Selbsthandeln ist Selbstanfangen (Zeit- und Raumfrei). Hierin liegt der Character der Intelligenz im Unterschiede nicht bloss von der Materie, sondern auch von der nichtmateriellen Nichtintelligenz. Die immaterielle Intelligenz kann auch im normalen Zustande nicht naturlos sein, sondern muss eine nichtintelligente Natur in sich haben, wenn schon das intelligente (active) Princip überwiegend ist, und bedarf einer nicht intelligenten immateriellen äussern Natur, um sich effectiv zu machen. — Die im Texte bemerkte essentielle Zweiheit (mit essentieller Vermischung zugleich) muss begriffen werden als Folge einer Einung (Vermählung) mit einer Natur, die keiner wahren Einung mit dem Geistmenschen fähig ist. Auch stellt Saint Martin in Irrthümer und Wahrheit diese zweite Natur (die verwesliche Materie) als widerstreitend dem Geistmenschen vor (obschon auch als Waffe gegen den geistigen Widerstreit).

„Indessen ist der Mensch, ungeachtet dieses unterscheidenden Characters, in Rücksicht seiner physischen und sinnlichen Ideen in einer gänzlichen Abhängigkeit. Er besitzt zwar alle auf die erkennbaren Gegenstände sich beziehenden Fähigkeiten, aber wir können von keinem sinnlichen Gegenstande einen Begriff haben, wenn dieser Gegenstand uns nicht seine Eindrücke mittheilt. Aber auch in Rücksicht der geistigen Ideen ist er abhängig. Er kann nicht eine einzige Idee selbst schaffen. Wenn also keine Idee in dem Menschen entstehen kann anders als durch Mittel, welche ausser ihm sind, so ist der Mensch sowohl in Rücksicht seiner geistigen als seiner sinnlichen Ideen abhängig und in beiden Fällen gezwungen, obgleich er den Keim aller dieser Ideen in sich selbst hat, zu warten, bis äusserliche Eindrücke sie beleben und entstehen machen. Der Mensch ist so weder Herr noch Urheber seiner Ideen."

Gewiss ist es, dass der Mensch sich den Vernunftgebrauch und also jene nichtsinnlichen Ideen nicht selbst gibt. Ohne Sprache von aussen (das Wort in seinem weitesten Umfange genommen) lernt er nie denken, geschweige reden! Also auch schon in dieser Rücksicht ist es eine Intelligenz ausser ihm (nemlich der ältere Mensch), die seine schlummernde Vernunft reagirt. Der Verfasser nennt aber hier die innere Gedankenreihe ($\lambda\acute{o}\gamma o\varsigma\ \check{\varepsilon}\nu\vartheta\varepsilon\tau o\varsigma$), über die wir einmal nicht Herr sind und die zu erklären der blinde Zufall so wenig hinreicht, als die sogenannten Associationsgesetze unserer Psychologen.

„Die geistigen Kräfte des Menschen beweisen also, dass noch andere vorhanden sind, welche weit über die seinigen erhaben sind, die aber mit seinem Wesen übereinstimmen und Gedanken in ihm hervorbringen. Denn da die Bewegursache seiner Gedanken nicht ihm gehört, so kann er diese Ursachen bloss in einer geistigen Quelle aufsuchen, welche mit seinem Wesen im Verhältnisse steht. Obgleich indessen der Mensch in seinen geistigen sowohl als sinnlichen Ideen leidend ist, so bleibt ihm doch immer die Freiheit übrig, die Gedanken, die sich ihm vorstellen, zu untersuchen, sie zu beurtheilen, sie anzunehmen, sie zu verwerfen, nachher seiner Wahl gemäss zu handeln und endlich die Hoffnung, vermittelst anhaltender Aufmerksamkeit dereinst zum unveränderlichen Genuss des reinen Denkens zu gelangen."

Diese freie Wahl ist Gabe Gottes (Lassen) und hindert nicht, dass Gott in vielen Fällen sie ihm nicht gibt, wo er keine Unfreiheit inne werden kann, aber auch weiss, dass er nicht gewählt hat.

„Als Ursache ist die Freiheit, die wahre Quelle unserer Entschliessungen, diejenige Fähigkeit in uns, vermöge welcher wir entweder das Gesetz befolgen, das uns auferlegt ist oder demselben zuwider handeln. Als Wirkung betrachtet richtet sich die Freiheit allein nach dem Gesetze unserer geistigen Natur und setzt Unabhängigkeit voraus."

Freiheit steht unter Nothwendigem und über Genöthigtem. Hier gilt: Willst du leben, so musst du dienen. Du kannst nur wählen, Wen du zum Herrn haben willst. Das Bewegtwerden von Gott ist Freiheit der Creatur und nicht mit dem Bewegtwerden von Creaturen zu vermengen.

Insofern ein Hervorgebrachtes aus seinem Zeugeprincip hervorgegangen ist, strebt es, da es vor seinem Hervorgang nur inactiv eins mit letzterm war, mit selbem activ einig zu sein und zu bleiben, nicht aber wieder in sein früheres inactives Sein zurück zu treten. Man kann also unter diesem Streben zum Centrum nur das zur Einheit der Action (nicht zur Wesenseinheit) verstehen, wie unter dem Streben zum Ausgang nur das zum Unterschiede der Wesenheit (mit Einigkeit der Action). Anders verhält es sich mit den Zeitwesen, deren geschiedenes Hervortreten aus ihrem Princip ein forcirter Zustand, eine Spannung ist, nach deren Wiederaufhebung das Zeitwesen gravitirt. Das Zusammengesetzte ist sohin als Versetztes, das Einfache als das in seinem Gesetz Seiende zu betrachten.

„Sein und alles nach seiner Klasse in sich Haben, ist eins und dasselbe. Wenn man daher die Nothwendigkeit und das Dasein der ewigen Ursache, Gottes, erkannt hat, so muss man ihm auch zugleich alle Kräfte, alle Vollkommenheiten und alle Macht zuschreiben."

Man kann und soll nicht sagen: das unendlich mächtige, weise, gütige etc. Wesen ist Gott, sondern: Gott ist das unendlich mächtige, weise, gütige etc. Wesen. Denn Gott ist kein Adjectivum, wie die Existenz, das Sein, kein solches ist.

2.

„Indem uns die Welt ein majestätisches Schauspiel von (äusserer) Ordnung und Harmonie zeigt, offenbart sie uns noch weit deutlicher auch die Zeichen der Verwirrung. Darum ist die Welt gleichsam ein abgesondertes Wesen und der Gottheit entfremdet, obgleich sie ihr weder unbekannt, noch selbst gleichgültig ist. Sie gehört also nicht mit zum göttlichen Wesen, obgleich Gott sich mit ihrer Regierung und Erhaltung beschäftigt. Sie nimmt also auch nicht Theil an der Vollkommenheit, die Gott eigen ist, ist nicht eins mit derselben und nicht mit in der Einfachheit der wesentlichen und besondern Gesetze der göttlichen Natur inbegriffen. Die materielle Welt ist eine gewaltsame Mischung von Sympathie und Antipathie, wodurch die Wesen gezwungen werden, in einer beständigen Unruhe zu leben und stets nach einem ruhigeren Zustande zu streben."

Das Leben der gesammten materiellen Natur wäre sohin — kritische Perturbation und zeitlicher Fieberschauer, erregt durch ein *Miasma malignum aëreum*, und auf Reinigung und Auswurf dieses *Miasma* losarbeitend. Wie weit haben sich also diejenigen von der Wahrheit verirrt, welche die (materielle) Welt die oder eine Lebensentfaltung Gottes genannt haben!

„Die materiellen Producte, da sie leidend weil zusammengesetzt sind, können nicht die Urheber ihres eigenen Verderbens sein, das nur von aussen in sie kommen kann."

Dasselbe gilt von den immateriellen nicht intelligenten Wesen. Die nichtintelligenten Wesen hängen in ihrer Vollkommenheit von den intelligenten ab. Diese Wahrheit gewährt eine tiefe Perspective.

„Im Gegentheil können die immateriellen (geistigen) Wesen als einfache nur selbst die Ursache ihres Verderbens sein."

Die geistigen Wesen exponiren (öffnen) sich selber, um ihren Beweggrund sich zu erzeugen. Eben das in sich Wohnen, sein ganzes Wesen in sich Schliessen, macht den Character des nicht gefallenen Geistes aus. Dennoch ist das Böse in Lucifer als *Miasma*, im Menschen *per contagium*.

„Es gab Beobachter, welche den Menschen bloss in seinem natürlichen Stande der Erniedrigung betrachteten als einen Sclaven der Vorurtheile und der Gewohnheit, seinen Leidenschaften unterworfen und den sinnlichen Eindrücken blossgestellt, woraus sie folgerten, dass er seinen geistigen sowohl als thierischen Handlungen der Nothwendigkeit unterworfen sei, und sich daher berechtigt glaubten zu behaupten, dass das Uebel in ihm entweder von der Unvollkommenheit seines Wesens, oder von Gott, oder von der Natur entstünde, so dass an sich selbst alle seine Handlungen gleichgültig wären. Da sie nun die falsche Meinung, die sie sich vom Menschen gemacht hatten, auf alle Wesen anwendeten, so leugneten sie endlich das Dasein irgend eines freien Wesens und aus ihrem System folgt also, dass das Uebel nothwendig da sein müsse."

Sobald man im Menschen nichts als sein äusseres sinnliches Materielles erkennt, so hat man den Fatalismus halb schon zugegeben. Nun ist aber die Indifferenz seiner Handlungen ein aus dieser Lehre ebenso consequenter als der Natur des Menschen äusserst zuwiderlaufender und durch jede nicht sinnliche Handlung jedes Menschenkindes widerlegter Satz. Daraus folgt sehr klar, dass dem Menschen der *vulgo* sogenannte Stand der Natur ein wahrer *status violentus* ist und dass auch die Duplicität jedes Menschen ein gewaltsamer, seiner wahren (psychischen) Natur äusserst widernatürlicher Stand mit allem Rechte genannt werden mag. Dass wir einmal ganz frei werden sollen, hat seine Richtigkeit. Denn das ist Zweck unseres ganzen (äusseren und inneren) Lebens. Ob wir es auch schon ehe waren? Dieser Schlüssel schliesst freilich mit einemmale das ganze Räthsel des Universums auf. Indessen bleibt er immer nur Wenigen brauchbar, und es ist vielleicht schonende Gnade unseres barmherzigen Vaters, dass er der Menge so reichlich vom Fluss Lethe zu trinken gab.

„Die bezeichneten Irrthümer (des Fatalismus) entstunden bloss daher, weil man in den Handlungen des freien Wesens die Beweggründe, die Entschliessung und den Gegenstand miteinander verwechselte. Der Urheber des Bösen war der Urheber des Beweggrundes seiner Entschliessung. Der Gegenstand, auf welchen wir unsere Entschliessung anwenden, kann wahr sein, aber unsere Bewegungsgründe nicht. Der Bewegungsgrund entsteht immer in uns selbst.... Das Verderben kann nicht in dem freien geistigen Wesen entstehen, ohne dass es selbst freiwillig dessen Keim und Quelle hervorbringt."

Wir selbst also verführen uns zur Sünde, kein Wesen ausser uns, kein Teufel, vermag das ohne unseren Willen und unsere thätige Beihilfe zu thun. Dieser kann mir nur die verbotene Frucht vorhalten; den Arm danach ausstrecken, danach greifen kann nur Ich. — Niemand, heisst es in der h. Schrift, sage, wenn er versucht wird, dass er von Gott versucht werde; denn Gott ist nicht ein Versucher zum Bösen; er versucht Niemanden, sondern ein Jeglicher wird versucht, wenn er von seiner eigenen Lust gereitzet und gelocket wird. Danach wenn die Lust empfangen hat, gebieret sie die Sünde; die Sünde aber, wenn sie vollendet ist, gebiert den Tod. Epist. Jacobi 1. V. 13, 14, 15. — Stolz und Hochmuth ist die erste und ewige Quelle aller Sünde. Ihr werdet mit Nichten, sprach der Versucher, des Todes sterben, sondern werdet sein wie Gott.

„So ist es deutlich, dass das göttliche Wesen nichts zu dem Uebel und zu der Unordnung beiträgt, die unter seinen Producten entstehen können, weil es die Reinigkeit selbst ist.... Wie sollte die Unordnung und das Verderben bis zu ihm dringen können, da selbst in der physischen Ordnung die Gewalt der freien und verderbenen Wesen so wie alle Rechte ihrer Verderbniss sich nicht weiter als auf die secundären Gegenstände erstrecken und niemals auf die ersten Ursachen? Die grössten Unordnungen, die sie in der physischen Natur hervorbringen können, verändern bloss ihre Früchte und Producte und erstrecken sich niemals bis auf ihre Grundpfeiler."

Das Böse existirt essentiell gar nicht. Keine Essenz ist und kann böse sein. Die Essenz der Wesen, welche böse geworden sind oder werden, ist und bleibt selbst gut. Gleichwie der Mensch über sein thierisches Lebensprincip nichts vermag, ja selbst durch Selbstmord sich nicht davon los machen kann, so vermag Lucifer nichts über die Naturprincipien. Die schöne Vergleichung, welche Saint-Martin ausführt in Rücksicht der Wirkungen Gottes und der Sonne ruhen auf dem Grunde einer tiefen Naturweisheit. Kein ächter Naturweiser hat die grosse Wahrheit verkannt, dass jedes Geistige sein Symbol im Sinnlichen hienieden habe und dass folglich die ganze Natur als Hieroglyphe vor unseren Augen liege! — Baco liefert in seiner Sprache merkwürdige Proben dieses grossen Natursinnes und unter den Neuern vorzüglich Herder.

3.

„Wenn ein Mensch irgend ein Werk verfertigt, so malt er damit nur den Plan, den Gedanken oder das Bild, welches er sich davon gebildet hat, sichtbar aus. Er bemüht sich, diesem Abbilde so viel Aehnlichkeit mit dem Original zu geben, als ihm möglich ist, damit seine Gedanken um so deutlicher verstanden werden können."

Thätige, schaffende Offenbarung seiner Gedanken oder unaufhörliche Emanation seiner selbst, seiner inneren Form, seines Bildes, macht das wahre Leben jedes Menschengeistes aus. — Die innere Formation setzt eine unformirte Präsenz und eine Adoption des Willens zur inneren Formation voraus. Auch Gott sieht den Gedanken (Weisheit) erst unformirt und er adoptirt und concipirt selben wollend zum actuellen Gedanken als innerer Formation, welche durch die Natur zur äusseren wird.

„Wenn diejenigen Menschen, denen sich der Mensch verständlich machen will, in seinen Gedanken lesen könnten, so hätte er keine sinnlichen Zeichen nöthig, um sich ihnen verständlich zu machen; alles, was er dächte, würde von ihm begriffen werden, ebenso geschwind und so deutlich als er es selbst denkt."

Wenn der Mensch zu andern spricht oder für andere schreibt, so will er dieselbe innere Offenbarung, die in ihm ist, in andern. Im magnetischen Rapport findet etwas der Art statt, wie Saint-Martin hypothetisch berührt. Diess darf aber nicht dazu verleiten, zu meinen, im originalen Zustande des Menschen falle alles Aeussere (Natur) als Medium hinweg. Vielmehr war auch im originalen Zustande innere und äussere Offenbarung, nur war die letztere zwar sinnlich, aber nicht materiell. Ebenso wird die Solidarität der innern und äussern Formation auch dann statt finden, wenn der Mensch keinen materiellen Leib mehr hat, und wo also eine immaterielle äussere Formation durch die materielle nicht mehr verdeckt wird. Desswegen ist es ebenso falsch, den innern Menschen als die blosse Innerlichkeit des materiellen Leibes zu denken, als es falsch sein würde, Gott als das Innere der Creaturen zu denken. — Das zeitliche Thier ist so gut innerlich und äusserlich formirt, als der ewige Engel und Mensch. Unter sinnlichem Zeichen *(signe sensible)* versteht oben Saint-Martin nur die materielle Signatur. In der Zeit muss freilich die Figuration erst materiell werden, damit sie nach der Zeit immateriell bestehe.

„Die Menschen haben niemals einen andern Zweck in ihren Handlungen, als ihren Gedanken das Vorrecht der Herrschaft, der Allgemeinheit und der Einheit zu verschaffen..... Und warum sollten wir nicht glauben, dass das allgemeine Werk Gottes die Ausbreitung und die Herrschaft der Einheit zum Zweck habe, die wir uns selbst in allen unseren Handlungen vorsetzen? Nichts setzt sich der Annahme dieser Aehnlichkeit (Analogie) zwischen Gott und dem Menschen entgegen."

Wie die vergleichende Anatomie für äussere Formen, so gibt das Gefühl der Analogie des Menschen mit Gott und der Geschöpfe um ihn mit ihm selbst *) einen sicheren Leitfaden an sich selbst, der ihn durch das grosse Labyrinth der lebendigen Schöpfung begleite, und wenn man bei irgend einer Methode sagen kann, dass unser Geist dem durchdenkenden und allumfassenden Verstande Gottes nachzudenken wage, so ist es bei dieser. V. Herder's Ideen I, 92. — Wer erkennt nicht in der Nachweisung des Zweckes des Menschen die Königswürde des Menschen und wer wird dabei nicht an Christi Verheissung erinnert!

„Die verdorbenen Wesen, welche den Gesetzen der Gerechtigkeit in dem sichtbaren Raume der Welt unterworfen sind, sind doch immer noch der Gegenstand der Liebe Gottes, der beständig dahin wirkt, die eingetretene Trennung aufzuheben."

Diese Offenbarung Gottes in der materiellen Natur vergleicht der Verfasser späterhin ungemein schön und treffend mit der Erscheinung des Regenbogens, welcher sich nur dann zeigt, wenn trübe Dünste am Himmel sind. Die gegenwärtige Sinnlichkeit (die materielle) ist Werkzeug, Organ der Gottheit und Vehiculum seiner Lebenskräfte und für uns Stütze und Unterlage, uns zu Ihm emporzuheben. Wirklich quillt auch hienieden nur aus dem Staube Leben, und sinnliches Wohlsein macht die Basis alles unseres edleren Kräftepiels aus. —

Uebrigens ist in Betreff der verdorbenen Wesen ein Unterschied zu machen zwischen jenen, die sich direct und jenen, die sich indirect wider Gott setzten. Insofern die verdorbenen Wesen an der Zeit Theil nehmen, scheint ihnen freilich der Zugang der Gnade nicht ganz verschlossen zu sein. Da nemlich die Teufel, so lange die materielle Schöpfung besteht, nicht in der (ungeschaffenen) Hölle sind, so hält sie Entstehen und Bestehen des Materiellen eben über und ausser der Hölle, und die Materie ist also so wenig ein Böses, dass sie vielmehr zur Rettung vom Bösen da ist.

„Alle Producte, alle Wesen der allgemeinen und besonderen Schöpfung sind, jedes in seiner Art, der sichtbare Ausdruck der Eigenschaften der allgemeinen oder besonderen Ursache, die in ihnen wirkt. Sie müssen alle die deutlichsten Zeichen dieser Ursache, aus der sie bestehen, an sich tragen; sie müssen deren Art und Kräfte durch ihre Handlungen und Werke offenbaren und mit einem Worte deren characteristisches Zeichen und gleichsam das sinnliche und lebendige Bild davon sein. Alle Wirkungen der Natur tragen den Beweis dieser Wahrheit an sich, wie Erde und alles, was die Erde hervorbringt. Die Traube weiset auf den Weinstock, die Dattel auf den Palmbaum, die Seide auf den Seidenwurm, der Honig auf die Biene zurück, jedes Mineral, wie jedes Gewächs in seiner Weise. Dasselbe gilt von den Erfindungen der Menschen.... Wir müssen daher jenes System bestreiten, nach welchem man eine fortschreitende Vervollkommnung annimmt, vermöge welcher auch die untersten Arten und Classen der Wesen zum höchsten Rang in der Wesenkette aufsteigen können, so dass man nach dieser Lehre nicht mehr weiss, ob nicht ein Stein dereinst ein Baum werden könne, der Baum ein Pferd, das Pferd ein Mensch.... Vielmehr ist in den Gattungen und selbst in den einzelnen Wesen Alles geordnet und bestimmt. Es gibt für Alles, was da ist, ein festes Gesetz, eine unveränderliche Zahl, einen unauslöschlichen Character, so wie der des ursprünglichen Wesens, in welchem alle Gesetze, Zahlen und Charactere begriffen sind. Jede Classe, jede Familie hat ihre Grenzen, welche keine Gewalt je überschreiten kann."

Wenn der dunkle kalte Kiesel mit Stahl helle flammende Funken gibt, so ist es nicht der Stein selbst, der bei dieser Behandlung zum Theil in Feuer umgewandelt wird, sondern in ihm schon ob vorhandener gebundener Feuerstoff wird hier nur frei gemacht. Und wenn aus den Trümmern der verweseten Leiche eines organischen Körpers abermals frische organische Gebilde sich erzeugen, so haben diese Trümmer hiezu nichts geleistet, als schon vorhandene schlummernde Keime dieser organischen Gebilde belebt und aufgeregt. Wollte man also, geleitet von der sichtbaren Stufenreihe aufsteigender Formen und Kräfte in der Natur auf eine wahre progressive Hinaufläuterung der einzelnen Kräfte etc. schliessen, so müsste man alle diese einzelnen Kräfte in so viele Keime umschaffen, in welchen nemlich alle jene höheren Kräfte schon präformirt lägen. Denn im Geistigen existirt Alles nur einmal und einfach, und es hat jedes einzelne Wesen seine festbestimmte Zahl und sein Gesetz. Hier ist also an keine andere Vervollkommnung zu denken als an die der Wiedergeburt der eigenen Form (Zahl), wenn anders diese, wie immer, entstellt und verletzt worden ist. Man wird leicht den Umfang dieser Idee verfolgen, die eigentlich des Verfassers Hauptaugenmerk ist, besonders in Rücksicht der Vorgeschichte des Menschen.

„Die verschiedenen Veränderungen, welche die Insecten in ihrer Gestalt erleiden, heben diese Wahrheit nicht auf, weil sie dennoch auch in ihrer grössten Erniedrigung immer noch über den Pflanzen und Mineralien stehen und in ihren vorzüglichsten Eigenschaften niemals weder einen andern Character noch andere Gesetze zeigen, als diejenigen, durch welche auch die vollkommensten Thiere regiert werden."

Alles um den Menschen herum ist vollendet oder erreicht wenigstens hienieden schon seine Vollendung. Nur der Mensch ist Raupe und Larve bis an sein Ende und eben dieser Larvenstand macht seine räthselhafte Natur hienieden aus.

Mit Recht sieht Saint-Martin eine Widerlegung des Materialismus, nach welchem der Geist nur Function der Organe des Leibes wäre, in dem Umstande, dass keine Thierart so sehr von allen andern, als der Mensch vom Menschen verschieden ist, und kein Mensch so sehr vom andern, als er selbst in verschiedenen Momenten von sich selbst. Wenn daher der Verfasser sagt: der Mensch gleiche einem Fürsten in seinem Reiche und jeder strebe nach einer allgemeinen Herrschaft, so deutet er auf die christliche Lehre, nach welcher der Mensch König und Priester sein oder werden soll.

„Der vollkommene Erzieher müsste die Kunst verstehen, den Character und die Bedürfnisse seiner Zöglinge zu erforschen, um ihnen auf eine reizende Weise diejenige Art von Stütze oder Kraft anzubieten, die ihnen mangelt."

Wir alle handeln nur nach Bedürfnissen; es kommt also Alles darauf an, die wahren Bedürfnisse in uns rege zu machen.

4.

Ich als Einzelner oder als Subject kann mich nicht von einem andern Einzelnen unterscheiden ohne diesen und mich von einem dritten zu unterscheiden, womit also die blosse Dualität von Subject und Object aufhört. Ich kann aber ferner als a mich nicht von b und c unterscheiden, ohne mich mit b und c in Einem und demselben befasst und enthalten, von und in ihm unterschieden wahrzunehmen. Wesswegen im Selbstbewusstsein das Sich-wissen, Anderes-Wissen und Gottwissen oder mein Gewusstsein- von- Gott-Wissen simultan und untrennbar sind.

„Der Atheist bekennt wider seinen Willen das Dasein Gottes, denn er kann es nicht unternehmen, zu beweisen, dass kein Gott sei, als indem er sich selbst als einen Gott vorstellt. Indem die Atheisten nemlich die Materie so sehr erheben, ist es weniger das Regiment dieser Materie als vielmehr ihr eigenes, das sie einführen wollen. Denn sie gehen mit ihrem System darauf aus, uns zu überreden, dass sie Eigenthümer der Wahrheit seien. Eigenthümer der Wahrheit sein ist aber nichts anderes als Gott sein. Und wie sollte der Atheist auch nicht das Dasein des höchsten Wesens anzeigen, da alle Wesen der Natur der sichtbare Ausdruck seiner schaffenden Kraft sind, und der Mensch zugleich der Ausdruck seiner schaffenden und seiner denkenden Kraft sein muss."

Nicht von einer Identität des Denkens und Seins in Gott, sondern von einer Identität der denkenden und schaffenden Kraft in Gott sollte man sprechen. Denken ist Gedanken Zeugen, Schaffen ein Sein Hervorbringen.

„Die Elemente, welche den Sinnen unbegreiflich sind, deren Dasein und Notwendigkeit aber die Vernunft beweiset, sind in ihrem Wesen und in ihrer Zahl bestimmt.... Sie können endlich als die ersten Zeichen der höhern Kräfte angesehen werden, von denen sie unmittelbar abhängen."

Von dieser Grundlage geht die hermetische Weisheit aus, und man sieht sohin ihre Unentbehrlichkeit und objective Wahrheit. Der Verfasser des vorliegenden Buches beruft sich auf sie durchgehends mehr als auf ein Lemma. — In der Folge wird der Zahl die Vermittelung zwischen Princip und (innerer) Form gegeben. Alle Vermittelung hat den Character des Worts. — Elemente sind die schaffenden Mächte vermittelnd mit den geschaffenen Dingen als jener erste Zeichen und Organe.

„Alle Wesen der materiellen Natur zeigen eine heilige und göttliche Ursache nicht deutlich genug an."

Die Heiden erkannten den Menschen als Spiegel, Centrum, Bild der Natur und diese — als Bild der Gottheit. *Hominem in natura quaerentes, in natura Numen.* Den von Gott Gelehrten war nur der Mensch ausschliessend Bild der Gottheit; Natur war ihnen zwar Seiner Hände Werk, das Werk zeugte vom Meister, aber (eigentliche) Offenbarung suchten sie nicht in der stummen, chaotischen Natur. — Den meisten unserer Weltweisen ist abermal die Natur ein wahres *Idolum non loquens!*

„Wenn das Ausgehen meiner Gedanken, meines Willens und meiner Handlungen nichts in meinem Wesen verändert, so kann um so mehr das göttliche Wesen und Leben durch Ausgehen sich mittheilen."

Wenn ich etwas, das schon ohne mich und ausser mir da ist, nur modificire (transferire), so bringe ich es nicht hervor, und eben so wenig, wenn ich es nur als Theil von mir absondere, oder als Glied in mir erzeuge. Was ich hervorbringe, bringe ich nur aus mir hervor, ohne dass ich mich ändere und ohne dass ich etwas verliere. — Fortpflanzung ist nicht Schöpfung, Emanation wie Explication (Entwickelung) ist schon in der Expansion der comprimirten Luft nicht als Theilung oder Versetzung begreiflich. Auch ist es falsch, wenn man die Expansion und Compression von Puncten und nicht von Flächen aus construirt. —

„Nothwendig müsste der Mensch, wenn er aus dem Nichts entstanden wäre, wieder in das Nichts zurückgehen. Allein Nichts ist ein leeres Wort, von dem kein Mensch einen Begriff hat."

Also ist auch die Creation (der Materie) nicht aus Nichts.

„Das menschliche Wesen ist zu einer erhabenen Bestimmung hervorgebracht; allein erhabener als sein Ursprung kann es nicht sein; denn die Wesen können sich nur bis zu dem Grade erheben, von dem sie herabgestiegen sind."

Kein Wesen sieht tiefer als in seine Mutter. Das menschliche Wesen ist von den Kräften des ewigen Wesens, nicht von diesem selbst.

„Die Lehre von dem Ausgeben des geistigen Wesens des Menschen aus Gott stimmt mit jener überein, welche alle unsere Entdeckungen gleichsam als blosse Wiedererinnerungen auffasst. Man kann sogar behaupten, dass diese beiden Lehren sich gegenseitig unterstützen. Denn wenn wir von einer allgemeinen Quelle der Wahrheit ausgegangen sind, so kann uns keine Wahrheit neu scheinen und eben so, wenn uns keine Wahrheit neu scheint, und wir darin bloss die Erinnerung und Vorstellung dessen sehen, was in uns verborgen war, so müssen wir auch in einer allgemeinen Quelle der Wahrheit entstanden sein."

Nichts, sagt Herder (Ideen I, 294), gewährt dem Menschen ein so eigenes Gefühl seines Daseins, als Erkenntniss; Erkenntniss einer Wahrheit, die unserer innersten Natur ist und bei der

uns oft alle Sichtbarkeit schwindet. — Und, frage ich, gäbe es
auch eine andere Wahrheit als eine solche für uns? Erkennen
wir nicht jede nicht als etwas Neues, Fremdes, sondern als etwas
unserer eigensten Natur Zugehöriges, vom Eigenthum unseres
Geistes Unzertrennliches an? Alles Aeussere um uns nennen
wir nur dann wahr, wenn es als Copie mit dem Ideal überein-
kommt, das in uns liegt. Ja selbst schon zum blossen Sinnen-
gebrauche bedienen wir uns der rectificirenden Norm (Form) unseres
Geistes! — Und trauern wir nicht über den Mangel an Erkenntniss, als über ein Eigenthum, welches wir verloren? Suchen
wir also nicht Alle und immerdar was verloren und (wenigstens
insoweit wir es als verloren anerkennen) zum Theil wieder gefunden ist! „Selig seid ihr, die ihr hie hungert; denn ihr sollet
satt werden. Selig seid ihr, die ihr hie weinet, denn ihr werdet
lachen." — Aber dagegen wehe euch, die ihr voll seid; denn
euch wird hungern. Wehe euch, die ihr hie lachet, denn ihr
werdet weinen und heulen etc.

5.

„Diejenigen, welche Gott angreifen wollen, werden schon
durch den Willen, ihn anzugreifen, verblendet."

Ebenso werden wir durch den Willen zu Gott sehend.

„Der Mensch (als er fiel) schmeichelte sich das Licht anderwärts als in dem Wesen finden zu können, welches dessen Heiligthum und Quelle ist und welches allein ihn dazu führen konnte."

Gerade wie noch jetzt die Philosophen Gott ohne Gott erkennen wollen.

„Der Mensch ist in dieser zeitlichen Wohnung darauf eingeschränkt, bloss scheinbare Einheiten zu sehen."

All unser Schaffen, Wirken und Thun im Sinnlichen ist ewig
nichts weiter als — Dislocation, also ein immerwährendes Rechnen
und Versetzen unbekannter Grössen, deren absoluter Werth nie
und nirgend in Betracht kommt, und der auch so lange das eine
Glied der Vergleichung (uns eben so unbekannt seinem Innern
nach als die übrigen), ich meine unsern Körper, dasselbe bleibt,
wenn es uns andern nur um das Fortcalculiren zu thun ist,

in keinen weitern Betracht zu kommen braucht. Nun sieht man aber leicht, dass der Exponent eines Verhältnisses derselbe bleibt, wenn sich schon die einzelnen Glieder nur nicht ausser jenem Verhältnisse vergrössern oder verkleinern. Und sohin machte die simple Theorie der Reduction der Brüche allem Disput über Idealismus und Materialismus ein Ende. —

„Ob wir gleich unsere Vorzüge mit der Schande, die uns bedeckt, nicht vergleichen können, ohne uns zur Erde zu beugen und uns in ihren Abgründen zu verbergen zu suchen, so hat man uns dennoch überreden wollen, dass wir glücklich wären, gleich als wenn man jene allgemeine Wahrheit vernichten könnte, dass kein Wesen glücklich sein kann, als insofern es seinem Gesetze gemäss lebt. — Leichtsinnige Menschen haben, nachdem sie sich selbst verblendet, sich bemüht, uns ihre Verirrungen mitzutheilen. Sie verschlossen ihre Augen über ihre Mängel und indem sie uns bewegen, auch unsere Augen über die unserigen zu verschliessen, wollten sie uns überreden, dass wir gar keine hätten und dass unsere Lage unserer wahren Natur angemessen sei."

Hierher gehören vorzüglich jene unseligen Sophisten unserer Zeiten, die auf der einen Seite alles physische und moralische Uebel aus der Welt hinaus zu sophisticiren sich mühen, und auf der andern in Wort und That einen alles zerstörenden Scepticismus an Wahrheit und Tugend zu verbreiten sich eifrigst angelegen sein lassen. Sie zeugen laut mit der That, mit ihrem Dasein selbst, für das, was ihr Mund leugnet.

„Schmerz, Unwissenheit und Furcht treffen wir bei jedem Schritte in unserer finsteren Wohnung (der materiellen Welt) an.... Alle Elemente sind wider uns empört. Kaum haben sie unsere körperliche Form hervorgebracht, so arbeiten sie schon wieder daran, sie aufzulösen.... Wir sind bloss da, um uns gegen ihre Anfälle zu vertheidigen, wir sind verlassene Kranke und beständig gezwungen unsere Wunden zu verbinden etc."

Unsere materielle Erscheinung hienieden selbst ist nur das Werk eines rastlosen Kampfes und zeitlichen Sieges der höhern unserem Gebilde inwohnenden organischen Lebenskräfte über niedrige Elementarkräfte, so dass der Stand einer völligen Gesundheit jedes organischen Gebildes ein wahrer *status violentissimus* genannt werden mag.

6.

„Hier wäre der Ort einiges Licht über das erste Verbrechen des Menschen zu verbreiten. Wir müssen bei dieser Gelegenheit anmerken, dass der Mensch nur Reue, aber keine Gewissensbisse mit auf die Welt bringt; der grösste Theil der Menschen kennt sogar diese Reue nicht einmal, weil man nur über diejenigen Uebel Schmerz empfindet, die man kennt, weil man die ersten Uebel nur mit vieler Mühe erkennen und fühlen kann und der grösste Theil der Menschen sich gar keine Mühe geben will. Diess macht die Wahrheit dieses Verbrechens in ihren Augen so ungewiss, während seine Wirkungen so offenbar sind."

Der Unterschied, den Saint-Martin macht zwischen Reue (Leidsein) und Gewissensbissen, rechtfertigt sich aus der Erwägung, dass der einzelne Mensch als Adamssohn in ihm nicht activ sündigte. — Das bemerkte Gefühl des Urübels macht alle anderen erträglich. — Es ist eine gemeine Erfahrung unter den Menschenkindern, dass ihnen Trauern besser sei, als Lachen. Denn durch Trauern wird des Menschen Herz gebessert. Woher dieses, und woher befindet sich unser Herz dann eben am frischesten und zu allem Guten aufgelegt, wenn es jene *Regret's* tief fühlt? Weisen Christi Beispiel und seine Heilslehren nicht ganz und völlig dahin? Jedem Menschenkinde ist Arbeit auferlegt nach seinem Maasse, aber das Herz kann nicht daran bleiben; das trachtet immer zurück nach Eden und dürstet und sehnt sich dahin. — Der Psyche ward ein Schleier vor die Augen gebunden und sie ausgeleitet zum Blindekuhspiel. Was wäre auch unser bittersüsses Leben unter dem Monde hienieden anders und mehr als so ein Blindekuhspiel? ein ewiges Suchen und Niefinden — des Verlorenen? — Sonst wird man sich aber auch nicht wundern, wenn man sieht, dass dem grossen Haufen Kinder und Narren, der diese *Regret's* nie gefühlt und als solche anerkannt — Wahrheiten der Art immer verschlossen und also Aergerniss und Thorheit bleiben. Was sollen wir ihnen sagen? Nichts als was Christus von sich sagte: „Und selig ist, der sich nicht an mir ärgert!!!" All eitler Zank und Streit hört hier auf. Bist du weise, so bist du dir weise, und bist du ein Spötter, so musst du allein es tragen!

„Die Zeit ist das vornehmste Werkzeug der Leiden der Menschen und das mächtigste Hinderniss, welches ihn von seinem Urheber entfernt hält. Die Zeit ist der Wurm, der den Menschen nagt, während er eigentlich die Zeit reinigen und auflösen sollte."

Zeit fängt an mit Aufhören der Gegenwart und endet mit Aufhören dieses Aufhörens. Wie Zeit eine Suspension des Jetzt, so ist Raum eine Suspension des Hier. Denn inner der Zeit ist nirgends Jetzt, inner dem Raum nirgends Hier. Gegenwart tritt in Zeit, wahre Tiefe im Raum nicht hervor. Die Zeit ist Ausdehnung (Aussereinander) in der Action, Raum Ausdehnung (Aussereinander) des Wesens. Beide müssen organisirt werden. Durch die Raumausdehnung erfüllt also das Ausgedehnte seine Entfernung von Einheit. Schwere ist Centrumleerheit. Je schwerer um so centrumleerer, entfernter, desto mehr materielle Theilung.

„Daraus, dass das Sinnliche (Materielle) dem Geistigen schaden und dessen Wirksamkeit aufheben kann, kann man nicht schliessen, dass die geistigen Fähigkeiten des Menschen die Frucht seiner Sinne und die Folgen der materiellen Grundursachen seien, die in ihm wirken. Denn Nichttödten und Lebengeben sind zwei sehr verschiedene Dinge und man kann niemals sagen, dass ein dicker Schleier die Ursache meines Gesichts deshalb sei, weil ich nichts unterscheiden kann, wenn er meine Augen bedeckt."

Daraus, dass hienieden Licht und Schatten in unzertrennlicher Gesellschaft erscheinen, folgt nichts gegen das selbständige Dasein des Lichtes.

„Wenn wir so viele Schönheiten an den Producten der physischen Wesen bemerken, deren Gesetz noch nicht gestört worden ist, so können wir uns einen Begriff von denjenigen Wundern machen, welche der Mensch hervorbringen würde, wenn er das Gesetz seiner wahren Natur befolgte, und nach dem Beispiele derjenigen Hand, die ihn geschaffen, sich bemühte, in allen Fällen seines Lebens grösser zu sein, als dasjenige, was er hervorbringt."

Jedes Werk des Menschen sollte ein wahres *Desiderium sui* (des Werkmeisters) in Andern zurücklassen, wie das von allen Gotteswerken *par excellence* gilt. Aber wie selten ist es, dass man z. B. lieber mit dem Herrn Gelehrten, als mit seinem Buch umginge, z. B. unseren heutigen Herrn Moralisten, Aufklärern, Toleranzpredigern etc.

„Der Mensch kann mit einem Blicke den Abgrund übersehen, in den er hinabgestiegen ist, weil ihm gerade soviele Kräfte fehlen, als Sterne über seinem Haupte stehen."

Gewiss! Der wahre Mensch Gottes fühlt mehr seine Schwächen und Grenzen, als dass er sich im Abgrund seiner „positiven Kraft" mit Mond und Sonne bade. Er strebt und muss also noch nicht haben, stösst sich oft wund an der Decke, die ihn umgibt, an der Schale, die ihn verschliesst, geschweige dass er sich immer im Empyreum seiner Allseligkeit fühlte. Der Strahl, der ihm bisweilen tief in sein Inneres wird, was er sei und was kein anderer für ihn sein solle? ist meistens nur Trostblick, nur Kelch der Stärkung zu neuem Fortstreben. Je unendlicher das Medium, die Weltseite, ist, für die er unmittelbar hinter seiner Erdscholle Sinn hat, destomehr wird er Kraftlosigkeit, wüste Verbannung spüren und nach neuem Saft, nach höherem Aufflüge und Vollendung seines Werkes lechzen.

Je mehr sich der Mensch dem wahren Frieden wirklich nähert, desto mehr wird er von Zeit zu Zeit innere Unruhen erfahren. — Ich kann genau die Epochen meines (intellectuellen und moralischen) Wachsthums nach jenen Aufhaltungen, von denen der Verfasser spricht, in meinem Innern angeben. Sie sind was die trübende Gährung eh der lautere Wein zum Vorschein kommt, oder wie Nachtschauerkampf vor dem Anbruche der Morgendämmerung. Das Symbol des Fortschrittes unserer Vervollkommnung ist darum nicht die gerade Linie, sondern die Spirale, wie auch unser Gang nur ein wechselweises Fallen ist.

Wer immer nur um mehr und mehr Weisheit bittet, weiss nicht was er thut. Verlange nur jedesmal so viel, als dir zur Zeit erträglich ist; mehr fordern ist Thorheit und Sünde, und mehr erhalten — Strafe!

7.

„In Folge des Falles haben alle sinnlichen Kräfte dieses Weltalls, welche in dieser Zeitlichkeit auf eine dem Menschen untergeordnete Art wirken sollten, in Verwirrung auf ihn gewirkt und ihn mit allem ihren Gewichte und ihrer Macht zusammengedrückt. Alle geistigen Kräfte, mit welchen er gemeinschaftlich wirken sollte, haben sich in Rücksicht seiner vertheilt und sich von ihm getrennt."

Der Fall des Menschen bewirkte den Einsturz des Weltalls auf ihn und dieses ward nicht minder als der Mensch transformirt. Des Menschen Fall war ein kosmisches Ereigniss, wie ein Reich mit seinem Könige stürzt. Das Regiment über das Weltall erhielten nun andere Wesen, die ehe seine Diener waren. Die Natur, welche subordinirt, also zertheilt und peripherisch ihm dienen sollte, trat nun ins Centrum versammelt, und der Geist dafür vereinzelt ihm in die Peripherie. Das Subjicirte kann gegen das Subjicirende keine Einheit vindiciren. Darum ist durch eben jene Zertheilung das Geistige für den Menschen desubstanzirt, das Sinnliche substanzirt worden. Was ausser ihm war, kam in ihn und was in ihm war, kam ausser ihn. Statt Gottesbild ist er Weltbild (Mikroskosmos) geworden. Seine materielle Beleibung, aus dem Auszug aller Theile der grossen Welt zusammengesetzt, und daher Bild dieses materiellen Weltalls im Kleinen, war jedoch schon der Anfang seiner ersten Wiederbefreiung.

„Da der Wille das einzige Mittel ist, in und ausser sich die Spuren des Irrthums und des Lasters zu tilgen, so ist die Wiederbelebung des Willens die vornehmste Pflicht aller strafbaren Wesen."

Bekanntlich arbeitet die christliche Logik auf nichts als auf Reinigung unseres unreinen Willens.

„Wenn der Mensch alle Producte der Natur um sich zu versammeln bemüht ist, wenn der Naturforscher seine Gedanken unter allen Himmelsstrichen reisen lässt, und alle Entdeckungen verfolgt etc., so sind alle diese Arbeiten ein Bild dessen, was der Mensch hienieden thun soll und zeigen ihm seine Bestimmung, alle Theile seines Reichs um sich her zu versammeln."

Alle diese in ihrer Art rühmlichen Arbeiten haben also keinen andern Zweck als dem Menschen das *Imperium in naturae*, sein Königsregale, auf das er sich gleichsam als auf einen alten Edel- und Freiheitsbrief beruft, zu sichern! Dass aber diese Art seines Suchens doch eigentlich nicht die rechte, wenigstens nicht die einzigerforderliche sei, das beweiset ja alle Wissenschaftsgeschichte und die endlose Verwirrung der Sprachen am nie weiter vor sich gehenden babylonischen Thurmbau sattsam. In Ermangelung der Einsicht in höhere Bezüge der Naturerscheinungen wird Vielen die Wissenschaft zum Spielzeug, ihnen die Langweile zu vertreiben.

„Der Mensch als Bild der höchsten Weisheit und Gerechtigkeit sollte das Uebel in seinen Schranken zurückhalten und ohne Unterlass streben den Frieden durch die ganze Welt zu erhalten.... Allein wenn er seine Thätigkeit schwächen liess, wenn er statt die Unordnung zu heben, sich selbst mit derselben verband, so musste sie nothwendig zunehmen und stärker werden, anstatt sich zu vermindern."

Wenn es gewiss ist, dass der Mensch auch nur in Hinsicht seines Materiellen die Blüthe und der sinnliche Zweck aller Erdorganisationen ist, dass also wenigstens in dieser Rücksicht das Menschengeschlecht als der grosse Zusammenfluss niederer organischer Kräfte angesehen werden mag, wie sich Herder ausdrückt, so lässt es sich wohl nicht anders denken, als dass eine Verderbung, die in seinem Innern entstand, sich nicht allein seinem eigenen Gebilde und folglich seinem Geschlechte, sondern auch dem ganzen übrigen ihn umgebenden sinnlichen All (verstehe der Erdenschöpfung) als ein *Miasma malignum* organisch mittheilte. — Dieselben *vires naturae medicatrices* sehen wir im Kleinen in jedem organischen Kunstgebilde in demselben Verhältnisse mehr sich offenbaren, in welchem die Vollkommenheit desselben wächst, und der Mensch macht mit allen übrigen Erdorganisationen gewiss das vollkommenste physische *Totum* aus, was nur in Gedanken und Worten trennbar ist!

„Man muss indessen angeben, dass alles natürliche Ungemach dieser Wesen, mit dem des Menschen nicht verglichen werden kann."

Alle Leiden, die wir den Naturwesen verursachen, sind nur wohlthätiger Thau gegen jene Qual, die wir selber dabei erleiden.

8.

„In der Ordnung der Erzeugungen müssen die Organe oder Agenten der Wirkung und Gegenwirkung ihrer Kraft nach von einander unterschieden werden; allein damit ihr Werk ihnen empfindbar werden könne, müssen sie von einerlei Natur und Wesen sein."

Der eigentliche Erzeuger ist von den beiden Geschlechtskräften als Hilfsmitteln (Mitwirkern), als Agens und Reagens zu unterscheiden, wie diese beiden vom werkzeuglichen Recipiens. Sensation sagt die Identität der Natur oder Einwesigkeit des Agens und Reagens aus mit dem Erzeuger. — Unter Gegenwirkung (Reaction) versteht man meist den *Stimulus* der Action (z. B. die herbe Fassung erweckt den Stachel der Bitterkeit oder die Attraction die Expansion) und in diesem Betrachte wäre das Negative vor dem Positiven oder dieses erst bedingend, erzeugend in sich als Vater den Sohn. Wenn nun diese zwei Potenzen für sich im Widerspruche sind, so kommen sie in der Formation zur Ausgleichung, oder wie dort eine, indem sie sich zu setzen strebt, die andere nicht setzt, so sind sie hier beide durch einander gesetzt als Intensität und Extensität. — Je intensiver das Gefühl der Union der Action und Reaction (je inniger ihre Union), desto inniger das Band, welches das Product mit dem Producens knüpft. Je einiger die Productionsfactoren, desto intenser ihr Affect, desto stärker die Union mit dem Product. — Auch in der Liebe Gottes zum Menschen waltet die innigste Einung mit höchster Distinction. Aber die Distinction fällt hier auf die Essens, die Einung auf die Action.

Indem der Bildner (Hervorbringer) sein Bild hervorbringend sich gleichsam beständig in ihm verliert, und beständig von diesem wieder sich erhält (findet), so erneuert er sich **hervorbringend beständig**.

„Da die höchste Wahrheit die einzige Quelle ist alles dessen, was wahr ist und nichts da sein kann, was nicht von ihr herkommt und abhängt, so muss, sobald ein wahres Wesen das Dasein erhält, dasselbe nothwendig auch Ihr Bild sein; da auch diese allgemeine Quelle die Wirkung (Thätigkeit), wodurch sie sich selbst wieder hervorbringt, nie unterbricht, so hört sie folglich auch nie auf im Allgemeinen ihr eigenes Bild hervorzubringen."

Auch wird also Gottheit und Gott (siehe Rusbroch), Producirendes und Producirtes (Generirtes) im göttlichen Wesen unterschieden. Auch hier gilt auszeichnungsweise, dass der Sohn den Vater, das Producirte das Producirende restituirt. Die Unermesslichkeit der Wesen ist nichts Anderes als die Unermesslichkeit der Bilder Gottes.

„Das Feuer hat die Kraft alle Körper zu reinigen."

Man sollte nicht von Feuer, Licht, Wasser und Erde als selbstständigen Wesen, sondern von Feurigkeit, Luftigkeit, Wässrigkeit und Irdigkeit als Eigenschaften desselben Wesens sprechen, welche nie von einander getrennt, obschon in Harmonie zur Erzeugung und Erhaltung des Wesens, oder in Disharmonie zur Zerstörung desselben oder wenigstens zur Tilgung seiner Manifestation wirken.

9.

„Gedanke, Wille, That sind in ihrem Wesen eins."

Ihre höchste Unterscheidung mit innigster Einheit ist Persönlichkeit.

„Da die menschliche Natur das figürliche allgemeine Gemälde der Gottheit ist, so wie ihrer Kräfte und Mächte, so muss sie auch alle diese Urbilder durch die verschiedenen einzelnen Wesen ihrer Art wiederholt sehen. Diess ist die Ursache, warum es Menschen geben muss, welche die göttlichen Dinge, andere, die die geistigen, noch andere, die die physischen und natürlichen Dinge zu offenbaren bestimmt sind."

Die allgemeine Eintheilung der Wesen in göttliche (Geister, wohin der Mensch gehört), in geistige (Geister im engeren Sinne) und physische, wiederholt sich in der Sphäre der Menschheit.

„In dem gegenwärtigen Zustande des Menschen gibt es zwischen dem Gedanken des Höchsten und den seinigen eine

Action, welche ihre Vereinigung verhindert und diese Scheidewand kann er nur durch Action (Gebet) hinwegräumen."

Diese schreckliche *vis inertiae* oder *centrifuga* seines Geistes fühlt jeder w a c h e Mensch leider zu deutlich und sie nimmt dem bekannten Naturgesetze gemäss bei wirklicher Näherung zum Centrum immer zu.

„Er (der Mensch) wird niemals dazu gelangen (die Rechte und Annehmlichkeiten seines Daseins zu erkennen), als wenn sein Eifer für das Wahre die stärkste Begierde in ihm erregen wird, wenn so zu sagen schaffende Verlangen und Bewegungen von allen Kräften seines Wesens aufsteigen, sich bis zur Urquelle des Lichtes erheben, und nachdem sie deren heilsame und geheiligte Salbung erhalten, ihm jene lebendigen Einflüsse zurückbringen werden, welche in ihm die Keime der Weisheit und der Wahrheit erzeugen sollen."

Erbärmlich seicht und trostlos ist die materialistisch-fatalistische Philosophie jener Herrn, die bei dem Gebete immer wieder mit ihrem *Nexus rerum* angezogen kommen. Nicht anders als wollten sie Kinder mit diesem lateinischen technischen Worte schrecken. Freilich gibt es einen *Nexus RERUM* im Universum, aber der ist wahrlich nur im *Commercio Spirituum* und nicht im (anscheinenden) *Nexu Phaenomenorum* (den Offenbarungen jener) zu suchen und zu finden.

„Empfängt der Mensch die geistig guten Eindrücke, so kann er nicht in Irrthum fallen, weil die Wirkung des geistigen reinen Wesens fühlbar ist, und also das Zeichen ihrer Einfachheit, Einheit und Gewissheit an sich selbst trägt."

Das Licht hat den einzig möglichen Beweis seines Daseins, seiner Erleuchtungs- und Erneuerungskraft in sich selber.

„Die unreinen Gemälde in der geistigen Sphäre, die am verführerischesten sind, zerlegen sich bald und offenbaren ihre Unregelmässigkeit."

In Wahrheit — die baldige Verwesung unreiner Gedanken war mir in manch trüber Stunde Trost. Wie Bleiglätte im Tiegel alles unreine Metall sondert und nach und nach mit sich zur

Asche verbrennt, so erfährt man ein ähnliches Feuerbad bei jeder Purification des Geistes.

„Hier werden wir nun die Gründe und die Mittel entdecken, welche dem Willen des Menschen dargeboten werden, um sein Werk zu vollenden."

Der Wille kann (bittend oder befehlend) nicht ausgehen oder aufsteigen, ohne dass ihm eine Basis (Hilfe) gegeben wird. *Da mihi punctum.* Aber das Gesetz ist allgemein, dass etwas in den Willen eingehen muss, damit er ausgebe u. v. v. Dasselbe gilt vom Schauen und Wirken.

10.

„Der erhabene Ursprung des Menschen, sein Fall, sein gegenwärtiger schrecklicher Mangel, die Nothwendigkeit, dass sichtbare Mitwirker höhere Hilfe auf die Erde herunterbringen etc., sind eben so viele dem Menschen so tief eingeprägte Wahrheiten, dass alle Völker der Welt sie gefeiert und uns sie bestätigende Traditionen davon hinterlassen haben."

Bei jedem gesunkenen sogenannten Naturvolke hat sich der Rest all ihrer Humanität an diesen manchmal wie verzerrten religiösen Sagen wunderbarlich erhalten. Auch ist die älteste Poesie (als einzige älteste Sprache) aller Völker und Zeiten überall religiös in ihrem Zweck! Alles Volk schreibt sich darum von oben her, nur unsere Weltweise mögen ihre guten Gründe haben, sich und all ihre Humanität von unten herzuschreiben.

„Von dem Augenblicke an, als der Mensch strafbar und unglücklich wurde, hat das Licht (Gottes) sich beeifert, dem Menschen entgegenzukommen, indem es sich so zu sagen theilte, damit er es fassen könne."

Die Theilung (Brechung) des Lichtes in Farben ist sein Sichfasslichmachen. Ebenso ist kein bestimmter Ton (Wort) ohne bestimmte Klangfiguration des Tönenden.

11.

„Die Zeichen sind nur Organe und Gewänder unserer Gedanken."

Wie der Mensch ein Gedanke Gottes, so ist jeder Menschengedanke selbst Menschengestalt. Die Zeichen (Illilen), die der Mensch seinen eigenen Gedanken einsenkt, sind selbst Menschengestalten im Kleinen, also wahre Erscheinungen. Der Mensch will doch nur Bilder von sich produciren. Alle Manifestation geschieht durch Gleichniss. — Der Gedanke kann nur mittelst des immateriellen Zeichens (oder des primitiven Materiellen) in die secundäre Materie gehen. — Alles Ausgesprochene ist sichtbar, Schrift.

„Um wirklich abgöttisch zu sein, muss man nicht nur anfangs ein göttliches Wesen erkennen, sondern man muss es auch so gekannt haben, dass man weiss, dass ihm ein rechtmässiger und reiner Dienst gebühre."

Verkennen setzt Kennen voraus, nicht Nichtkennen, also Anerkennenspflicht. Jede Erniedrigung eines (höheren) Wesens ist verknüpft mit usurpirter Erhöhung des wirklich niedrigeren. Wie aber der legitime Dienst erhebt (befreit), so erniedrigt (fesselt) der illegitime.

„Der Mensch ist abgöttisch geworden nicht indem er sinnliche Gegenstände vergötterte, sondern mehr dadurch, dass er sich selbst materialisirte."

Um also über alle Abgötterei sich wieder zu erheben, muss sich der Mensch wieder spiritualisiren.

„Da der Mensch ein thätiges Wesen ist, so hat er nöthig (zu Gott) zu beten."

Beten ist Wirken, weil Sprechen. Durch das Gebet wird der Mensch Mitwirker mit Gott. Mit activen Wesen kann man nur durch Acte in Gemeinschaft treten.

„Die jetzigen Menschen geniessen jener grossen Hilfe weniger allgemein als im Anfang und sind hierin strafbarer, weil jene Zeichen und Sinnbilder noch immer in ihrer Macht und Willkür stehen; überdiess wenn sie auch heutzutage derselben geniessen, so sind sie der Realität so sehr nah, dass sie darüber die Figuren ganz vergessen."

Wie man die Schriftzeichen und Töne minder beachtet, je fertiger man liest oder versteht. Wer aber den Sinn nicht versteht im Lesen und Hören, sieht und hört nur die Figur. Hier zeigt sich der Unterschied zwischen der einen (centralen, gemeinsamen) und der peripherischen, geschiedenen, mit persönlicher Manifestation des einwirkenden Geistes verbundenen Einwirkung derselben.

12.

„Die Weisheit hat es so geordnet, dass der Mensch nur nach und nach den fürchterlichen Gegnern, die ihn verfolgen, bloss gestellt werde etc."

In dieser Anordnung wird uns die Oekonomie des göttlichen Lichtes aufgeschlossen.

„Die natürlichen Gegenstände selbst müssen mit angemessenen Zeichen begleitet sein, welche eine Anzeige ihrer Wesenheit und Eigenschaften sind."

Die Zeichen sind Basen des Rapports. Die Besitzerlangung des Namens macht mich frei im Rapport der Sache, so wie die Sache durch den ihr eingesenkten Namen diesem Rapport ausgesetzt ist.

Das Zeichen des Kreuzes ist das Sinnbild des Feuers, des Mittelpunctes, des Urwesens und bezieht sich auf das geistige Wesen des Menschen. Das Feuer ist Mittelpunkt des Ternars, womit es von Wasser, Luft, Erde, als dem Ternar, unterschieden ist.

„Es war nothwendig, dass die göttlichen Kräfte sich offenbarten, damit der gefallene Mensch zu ihrem Anschauen wiedergeboren werden und die Grösse des Urbilds offenbaren möchte, welche ihn zu ihrem Bilde erwählt und ihm aufgetragen hat, sein Zeichen in der Welt zu tragen."

Eben weil der Mensch selbst Gott bezeugen soll, sucht er umsonst nach Beweisen für Ihn in der äusseren Natur. Diess will der sogenannte moralische Beweis für das Dasein Gottes sagen.

13.

„Man hat heutzutage treffende Aehnlichkeiten zwischen verschiedenen Personen der ägyptischen Götterlehre und denen der hebräischen Traditionen entdeckt."

Man glaubt wieviel damit erklärt zu haben, wenn man den alten Moses — zu einem Aegypter macht. Nun möchte es freilich ein mühsames Geschäft sein, auszumarken, wie weit und wo in Moses Geiste die *scientia infusa* mit Aegypterlehre sich vermengt oder getrennt habe. Aber auch dies bei Seite gesetzt, bleibt noch die Frage übrig: woher sie denn den Aegyptern kam? Die Priester erfanden eigentlich nichts, sie accomodirten sich nur v o r h a n d e n e n T r a d i t i o n e n. Also erklärt auch Pfaffenlist und Jesuitismus nichts, dieser Zauberschlüssel unseres erzpolitischen, jesuitischen Zeitalters.

„Man findet in den hebräischen Traditionen die Begebenheiten mit den Lehrsätzen, die Handlung mit der Lehre verknüpft, während in allen anderen Traditionen diese zwei Dinge beinahe immer getrennt sind etc."

Schön und wahr! — Auf lauter einzelnen geschichtlichen Factis beruht die Lehre der Israeliten und diese ist ohne jene eben so wenig gedenkbar, sie sind beide ebenso untrennbar verbunden als die christliche Geschichte und christliche Lehre. — Eben diese Gründung auf Geschichte erhebt darum jene Lehre weit über alle Mährlein und fabelhaften Sagen des übrigen Alterthums. Denn sie ist eigentlich nichts als eine von einer ununterbrochenen Familien- und National-Geschichte abstrahirte wirkliche (göttliche) Theokratie! Das alte (und neue) Testament ist also, was schon der Name sagt, eine geschichtlich testirte, lebendige göttliche Dramaturgie.

„Da das Feuer der Anfang und das Ende des Elementes ist, so zeigt uns Alles, dass das Feuer auch das Dasein der Welten endigen wird, so wie es dasselbe angefangen hat."

Siehe 2. Epistel Petri, 3, V. 10. „Die Elemente aber werden vor Hitze zerschmelzen und die Erde und die Werke, die drinnen sind, werden verbrennen."... — Sind wir uns selbst nicht und all das Unsere, selbst unsern Wohnplatz, die Erde, den Elementen schuldig? Wenn diese nach immerfortwirkenden Naturgesetzen periodisch aufwachen und das Ihre zurückfordern, wenn Feuer und Wasser, Luft und Wind, die unsere Erde bewohnbar und fruchtbar gemacht haben, in ihrem Laufe fortgehen und sie zerstören, wenn die Sonne, die uns so lange als Mutter erwärmte, die alles Lebende auferzog und an goldenen Seilen um ihr erfreuendes Antlitz lenkte, wenn sie die alternde Kraft, die sich nicht mehr zu halten und fortzutreiben vermag, nun endlich in ihren brennenden Schooss zöge? etc. Herder's Ideen I, 21.

Wenn eine Sucht a in eine ihr nicht entsprechende Erfüllung b aufgelöst und depotenzirt ist, so muss ihre Wiedererweckung und Sammlung sich als gegen diese Erfüllung b gehend und sie aufhebend äussern (als Feuer).

14.

„Wenn die Bücher der Hebräer die schreckliche Erniedrigung des Menschen lehren, welche durch unseren gegenwärtigen Zustand bestätigt wird, so zeigen sie auch deutlich die verschiedenen Hülfsmittel an, die ihm zu seiner Wiedergeburt ertheilt worden sind."

Schon die Sechstageschöpfung war Wiedergeburtsanstalt. Die Verwüstung der Erde und der äussern Natur durch den Fall des Menschen etc. wird in der h. Schrift nur kurz durch Austreibung des Menschen aus dem Paradies, den Fluch der Erde etc. angedeutet, so wie die Abhärtung des Menschen durch seinen Schlaf.

15.

„Mit dem Fortschreiten der Zeit vervielfältigten sich auch die Hülfsmittel und Stützen für den Menschen."

Sie werden aber auch subtiler für den zurückgebliebenen Menschen und unfasslicher. — Wie die Krankheit zunimmt, vermehrt sich die Kraft und Stärke der Arznei. Auch wächst die Kunst und äussere Schminke, wie Natur und innere Kraft abnimmt.

16.

„Die meisten Schriftsteller finden es anstössig, dass die hebräischen Bücher uns ein von der höchsten Weisheit erwähltes Volk vorstellen etc."

Die Geschichte des jüdischen Volkes ist nicht so fast Geschichte desselben oder der stufenweise sich mehrenden Moralität, sondern Geschichte des Erziehungsplanes Gottes, gnädig, barmherzig und von grosser Langmuth.

„Nicht allein alle Substanzen und Wirkungen der Natur drücken jede einen Zug von den schaffenden Kräften aus, die sie hervorgebracht haben, nicht nur alle Handlungen des Menschen zeigen an, dass er von einer denkenden Quelle herstammt, dass er durch ein Verbrechen von ihr getrennt worden ist und dass vermöge eines unabweisbaren Bedürfnisses und des Gesetzes, wodurch er besteht, die Weisheit und er beständig streben sollen, sich mit einander zu vereinigen, sondern auch alle Traditionen der Erde beweisen, dass diese Quelle niemals aufgehört hat sich dem Menschen, ungeachtet seiner Befleckung, zu nähern, dass sie ihn durch unzählige Kanäle in allen Theilen seiner verdorbenen Wohnung umgibt und dass sie sich ihm auf allen Schritten sichtbar zeigt."

Wähle wer da will und kann! Ich finde in diesem Schlüssel der Natur ungleich tiefere, erhebendere, fruchtbarere Wahrheit, als in allen *Recherches de la Nature* und *Systemes de la Nature*, die nur langweilig sind, wie die Annahme ewiger Vervollkommungsstufen, wo es am Ende jedem endlos in seiner Willkür bleibt, hinauf oder herab zu steigen, oder gar, dem Hange der *vis inertiae* gemäss, zu bleiben, wo er ist, und die Sache dem Laufe der Natur zu überlassen!

17.

„Die elementarische Natur ist uns nur schädlich, wenn wir uns von ihr beherrschen lassen, nicht aber wenn wir deren Kräfte erforschen. Die Natur nicht verstehen heisst vor ihr kriechen, sie kennen heisst sie besiegen und sich über sie erheben."

Was unter mir ist, wird mir klar dadurch, dass ich, von ihm frei, es in meiner Gewalt habe, was über mir erkenne ich nur, indem ich ihm diene.

„Der Mensch sollte nach seiner wahren Bestimmung Gott gleich das Gute verrichten, vermöge seiner Natur, aus Liebe etc."

Also das Höchste ist nicht das Gesetz auf steinernen Tafeln geschrieben, sondern das wahre Naturgesetz den welchen Tafeln des Herzens eingegraben. Wenn unsere ohnmächtigen Moralphilosophen ewig von Vervollkommnungstrieb reden, ohne selbst recht zu wissen, was sie damit wollen und ohne die wahren Bedürfnisse unserer edleren Natur zu kennen, mit deren Aufregung sie ihre todte Wortlehre beleben sollten, so umfasste dagegen unser Herr alles mit dem einfältig grossen Worte: Seid vollkommen wie euer Vater im Himmel! — Hilflose Aerzte, gesteht ihr's ja doch selbst ein, dass eure kalten Vernunft-Wahrheiten nimmer (weder bei Euch, noch bei Andern) auf das Herz wirken, dass es ihnen an Interesse, an leidenschaftlicher Beherzigung, mangelt etc. Eure Weisheit von unten ist durch jene von oben bereits lange zur Narrheit worden! Sehet hier die erste aller Vernunftwahrheiten mit dem wirksamsten Interesse, der edelsten, mächtigsten aller Leidenschaften — der Liebe Gottes — beseelt und belebt. Und wie hat Jahrtausende hinab diess lebendige Wort überall, in Hütten und Pallästen, mehr und tiefer gewirkt, als das Wort in Büchern!

„Der Mensch war zu nichts Geringerem berufen, als Priester des Ewigen in der Welt zu sein."

So gross und überprächtig dieser Adelsbrief dem Menschen lauten mag, so ist doch dieser Adel seiner wahren Natur nicht fremd. Er kann ihn wahrmachen — denn er kann das wollen!

18.

„Man kann nicht bezweifeln, dass alle Wesen eine unsichtbare Hülle haben.... In den Körpern ist die Erde die sichtbare Hülle des Feuers etc."

Erde ist sichtbare Hülle der Feuers, Luft (sichtbarunsichtliche) Hülle des Wassers. Die Luft hält das Wasser in sich verborgen, dieses die Erde, diese das Feuer. Aus der Luft tritt das Wasser, aus diesem die Erde, aus dieser das Feuer.

19.

„Soll ich die Schöpfung der Sonne am vierten Tage als ein prophetisches Zeichen einer damals vorhergesehenen Begebenheit (Auftritt des Erlösers) vorstellen?" etc.

Wie nach Vertreibung der materiellen Finsternisse die physische Sonne aufging, so nach Vertreibung der Menschenfinsternisse die höhere (geistige) Sonne. Vergleiche *Flud de Macrocosm. Histor.* T. I, p. 140.

„Die Materie, obgleich in Rücksicht der Körper und der materiellen Gegenstände wahr, ist dennoch für das Geistige bloss scheinbar."

Aechter Idealismus. Vergl. Kant *).

„Da wir uns unerachtet unserer Erniedrigung nie der geheimen Absicht des höchsten Wesens entziehen können, so möchte es wohl nicht so weit von uns entfernt sein, als wir denken etc."

Vielleicht hat man sich zu keiner Zeit so sehr vor Gott und Seiner Nähe gefürchtet, als jetzt. Aller Sophistik, aller Philologie wird feierlich aufgeboten, um nur den Gott (in dem wir leben, weben und sind) so ferne ausser unseren Horizont hinaus zu demonstriren als möglich. Der hochgelobte Deismus macht ihn nun vollends gleich Epikur's Göttern, als der der grossen Masse des Universums einmal den ersten Stoss gegeben habe und nun die Sache ihrem natürlichen Laufe überlasse, ohne dabei weiter etwas mehr als einen müssigen Zuschauer abzugeben. Die Herren sehen dann in der Natur keine andere Kraft als die edle *vis inertiae*, ohne Zweifel weil diese sich nun einmal ihrer Herzen und Köpfe bemeistert hat. *Nihil novi sub sole!* Wenn es so fort geht, so haben wir bald wieder statt der Natur einen grossen Bratenwender und als *Ressort* und *Mobile* derselben das eiserne unerbittliche *Fatum* mitten inne. Wenigstens profitiren manche christlich-sein-sollende Theologen unseres gelehrten Deutschlands ähnliche wahrhaft heidnische Begriffe von Gott,

---

*) Wenn man einmal Baader's Lehre ganz gefasst und durchdrungen haben wird und wenn man dann zum tiefern Studium der Kantischen Werke übergeben wird, so wird man finden, dass zwar der Buchstabe der Kantischen Philosophie von der Lehre Baader's stark contrastirt, dass aber gerade die tiefsten Gedanken Kant's sich bereits auf dem Wege zu der Baader'schen Philosophie befinden. Ueber diese Behauptung wird man die Achseln zucken und vornehm lächeln, zuletzt aber sie doch anerkennen müssen. v. O.

seiner Providenz etc. Rede und schreibe du von einem extramundanen Gott so viel und was du willst, häufe Räsonnement über Räsonnement, ob er ist, wie er ist etc., kein Mensch hat etwas dawider einzuwenden; rede und schreibe du von einem Gott der materiellen Natur, einem Vater des Ungeziefers und Thiergeschmeisses, der Erde etc., man wird deine Reimarsche Thiertheologie als ein Muster eines christlichen Erbauungsbuches empfehlen. — Nun führe du aber denselben Gott der Natur uns näher an den Mann, führe ihn an unsere Sünden, Laster und Verbrechen heran, führe ihn in unser innerstes Gemach — das Gewissen. — *Usque ad aram* schreit dir Alles, Priester und Priesterinnen Baals entgegen, und sehe du nur zu, dass man dich nicht geradenwegs trotz deines sehr consequenten Räsonnements — ins Tollhaus weiset. Unkluger! Wusstest du nicht, dass sich dein Gott mit dem Gott, der in ihren Herzen und Bäuchen thront, nicht verträgt, bist du also nicht ein intoleranter Friedenstörer, ein fressendes Salz in ihrer eiternden Wunde?*)

20.

„Als die Wohlthätigkeit unter den Menschen noch von dem Gesetze der Vernunft entfernt war, schränkten sie sich auf Erleichterung körperlicher Bedürfnisse ein."

Dahin will man dermalen wieder zurück. Alle Religion, alle Moral wird geflissentlich auf derlei bloss materiale Gunstbezeugungen und *actus humanitatis pure corporales, sociales* etc. heruntergestimmt. Eitles Bemühen! Sind alle Pflichten des Menschen, sagt Herder, nur Conventionen, die er als Mittel zur Glückseligkeit sich selbst ansann und durch Erfahrung feststellte,

---

*) Diese Worte, wie die meisten Bemerkungen zum *Tableau naturel* hat Baader nach allen vorhandenen Anzeichen schon früh, wohl schon in der zweiten Hälfte der achtziger oder in der ersten der neunziger Jahre des vorigen Jahrhunderts geschrieben. Man sieht, er kannte seine Zeit und sah deutlich genug, was kommen werde. Laufen unsere pantheistischen, monadologischen und materialistischen Systeme nicht alle, wenn auch in verschiedener Weise, auf das, was Baader Bratenwundertheorie nennt, hinaus? v. O.

so hören sie Augenblicks auf, meine Pflichten zu sein, wenn ich mich von ihrem Zwecke, der Glückseligkeit, lossage. Siehe Herder's Ideen II, 275. — Man fühlt es deutlich, dass man immer mehr Thier wird, und man will also auch von keinen andern Gutthaten als thierischen wissen.

21.

„Jenachdem sich des Menschen geistiges Wesen dem Lichte nähert, desto mehr nimmt sein Körper ab und fällt auf sich selbst zurück, und wenn er alle Kräfte in sich versammelt hat, so kann seine vergängliche Form nicht mehr zugleich mit ihm fortdauern."

Darum sagte Jehovah zu Moses: „Nur sehen kannst du nicht mein Angesicht; denn kein Mensch sieht es und lebet." Und wie Paulus sagt, muss der äussere Mensch ganz eigentlich abnehmen (und dem Waizenkorn gleich verwesen), damit der innere wachse. Unsere materielle Hülle ist sohin nur der Dünger und Boden, woraus die edlere Blume der Humanität emporsprossen sollte zur „Blumen Edens besserer Gespielin."

„Alle Völker betrachten den gezwungenen Zustand der Natur und des Menschen als die Folge der Unordnung und als eine Vorbereitung zu einem ruhigeren und glücklicheren Stande."

Ein angenehm-trauriger Schattengang würde es sein, die klimatischen Ausmalungen des Reichs der Schatten durch alle Völker und Zeitalter zu verfolgen.

„Alle erwarten ein Ziel der allgemeinen Leiden des Geschlechts, so wie der Tod täglich den Leiden der Menschen ein Ziel setzt, welche ihr eigenes Wesen von aller fremden Vermischung bewahrt haben. Es gibt endlich kein Volk, ja man könnte sagen keinen Menschen, das oder der, sich selbst überlassen, das zeitliche Weltall nicht für eine grosse Allegorie oder für eine grosse Fabel hält, welche endlich der Moral Platz machen wird."

Treffend und wahr! Ein viel- und allaufschliessender beruhigender Schlüssel zum Leben des Alls wie zu jenem jedes einzelnen Menschenkindes. — Eine grosse Fabel ist das Leben der ganzen Natur, eine vielbedeutende Fabel, die ihrer bevorstehenden Moral mit jedem verwesenden Momente wichtig entgegenellt. Das Leben jedes einzelnen Menschenkindes ist es nicht minder. Kindisch und unbedeutend und ekel wäre diese Fabel an sich allein, nicht werth der Mühe des Zerrens und der Plage und des Plackens. Aber sie sollte Keim und Saat sein einer herrlichen Moral, die natürlich nur erst am Ende der Fabel folgen kann, — folgen wird! Siehe hinaus in das Getümmel des grossen Haufens dieses wild durch einander aufgestörten Ameisenhaufens, welches sind die ersten *Ressorts* aller Betriebsamkeit etc. unter ihm? Im Durchschnitte genommen meist noch niedere Leidenschaft, irdische Nothdurft. Noch handeln Thiere auf dem Schauplatze dieser Welt, der einzelne (humane) Weise ist meist als müssiger Spectator im schonenden *Incognito* unter jene verflochten. So muss es sein und gerade so steht es in Phädrus' Fabeln. Aber die Lehre der Moral hintennach ist die für Thiere?*) Nein! Ausschliessend für (vernünftige) Menschen und auf eben dem Schauplatze sollten und werden einst Menschen handeln! Dann erst wird sich mit einemmale aufhellen, zu was uns die trauriglustige Posse des Fragments unseres Lebens als bedeutendes Vorspiel taugte. Vater dein Reich komme!

22.

„Um mitten unter dem Mangel, den ihr leidet, eure Hoffnung zu beleben, so bemerkt, dass nach dem Beispiel der allgemeinen Wirkung des Lebens alle Flüssigkeiten, sowohl wässerige, feuerige, magnetische und elektrische immer streben, ihr Gleichgewicht wieder zu erlangen und sich an die Orte hinzubegeben, wo sie fehlen; bemerkt ferner, dass die gröbste und in materiellen Körpern concentrirteste Luft immer mit der Luft der Atmosphäre in Gemeinschaft steht; dass diese Luft beständig durch unsern Körper geht und dessen kleinste Gefässe durchdringt; dass sie aber, so-

---

*) Es versteht sich für jeden verständnissfähigen Leser eigentlich von selbst, dass Baader hier nicht von eigentlichen Thieren spricht, sondern von Menschen, die, so viel sie nur können, wie Thiere leben, im Gegensatze von Menschen, die solche wahrhaft sind, weil und inwiefern sie ihrem Gesetze gemäss leben. v. O.

bald sie, so zu sagen, sich versinnlicht und sich nach unsern Lagen und dem Zustand unserer Form richtet, sie dessenungeachtet nicht aufhört, ihre Gemeinschaft mit der reinsten, freisten und feinsten Luft des Aethers zu erhalten."

Was diese Expansionskraft, diess immer lebendige Bestreben des Naturfeuers (und aller Medien, denen selbes inwohnt) in der sinnlichen Welt ist, sich überall gleich zu vertheilen und alles ihm Analoge an sich zu ziehen und in sich aufzulösen, das ist die Alles umfassende Liebe des Vaters im Verborgenen, welche immerdar daran arbeitet, alles Affine, Analoge in ihren mütterlich wärmenden Schoos aufzunehmen und alle Dissonanzen in eine ewige Harmonie aufzulösen. Diese ist jene himmlische Taube, die dort im Anbeginne mit zärtlich brütender Mutterwärme das finstere Chaos umfing, um alle in ihm tief schlummernden Keime des Lebens mittelst eben ihrer zarten allausgegossenen Mutterwärme zu reagiren, und sie aus dem finstern unterirdischen Reiche des Todes ins Reich des Lichtes neuverherrlicht hervorzuführen. Immer arbeitet sie am grossen Werke der Scheidung des Reinen vom Unreinen, der Befreiung und Hervorführung des Lichtes aus den Banden der Finsterniss!*)

---

*) Hier haben wir wieder eine jener herrlichen Aeusserungen, wovon die Baader'schen Schriften voll sind, die Anlass gegeben haben mit Heinrich Ritter (Die christliche Philosophie etc. II, 743) vom Prunke der Baader'schen Gedanken zu sprechen. Nun freilich Mondlicht ist bekanntlich auch Sonnenlicht, aber so abgeschwächt, dass es sich nicht einfallen lassen darf, mit seinen matten Strahlen prunken und mit den herzerfreuenden lebenweckenden Strahlen der Sonne wetteifern zu wollen. v. O.

III.

L'HOMME DE DESIR.

Par l'Auteur des Erreurs et de la Vérité.

> Si des éclairs brillants et passagers sillonnent quelquefois dans nos ténèbres, ils ne font que nous les rendre plus affreuses, ou nous avilir davantage, en nous laissant appercevoir ce que nous avons perdu.
>
> *Tableau naturel des rapports qui existent entre Dieu, l'Homme et l'Univers.* p. 90. n°. 5.

A LYON,

Chez J. Sulpice Grabit, Libraire, grande rue Merciere, No. 8.

1790.

Des Menschen Sehnen und Ahnen.

P. 1. Z. 6—9. Alle Welten und Gestirne hangen an Gott heisst: sie sind aus und durch Gott und bleiben für die ganze Dauer ihres Bestehens in seiner Macht, sei es in Durchwohnung, Beiwohnung oder Inwohnung. Ihre geheime Verbindung mit Gott macht ihren Werth aus, welche Stelle und welchen Rang sie immer behaupten. Der Abbruch jeder Verbindung mit Gott würde sie werthlos machen, wenn sie auch noch (was nicht sein kann) zu bestehen vermöchten.

P. 2. Z. 29—30. Wäre, ewiger Gott, mein Denken nicht ein Funke von dir, ich hätte nicht die Kraft dich anzuschauen. Nie könnte mich Bewunderung deiner Grösse fassen, hättest du nicht in mir einige Grundzüge deines innern Maasses ausgestreut. Göthe sagt (ähnlich wie schon Plotin) im Grunde nichts Anderes mit den Worten:

„Wär' nicht dein Auge sonnenhaft,
Wie könntest du die Sonn' erblicken?
Wär' nicht in dir des Gottes eig'ne Kraft,
Wie könnt' dich Göttliches entzücken?"

P. 3. Z. 14—16. Wer dieses Wasser trinkt, dem wird es in sich eine Quelle werden.

P. 3. Z. 26—29. Hier ist die Identität der productiven Consumtion und der consumirenden Production ausgesprochen.

P. 7. Z. 14—17. Der wahre Christ soll sich den Leiden der Liebe, welche der Erlöser auf sich genommen hat, mit unterziehen, womit er heilend auf die Feinde Gottes wirke. Hier liegt der Ursprung der Idee vom *Ministère de l'homme-esprit*.

P. 8. Z. 1—4. Indem der Producens ein Product erzeugt, reproducirt er sich selber.

P. 8. Z. 15—17. Sie suchen den Tod, aber finden ihn nicht.

P. 8. Z. 20—28. Mit Recht nennt Saint-Martin die (weithin herrschende) Lehre lügenhaft, dass Tod und Leben, Schöpfung und Vernichtung einem und demselben Keime entspresse, dass es ein und dasselbe allwirkende Wesen sei, welches sich erhalte und vernichte, d. h. welches nur im Vernichten seinen Bestand habe, und dessen Bestehen nur im Vernichten vorhanden sei. Die Lehren der Eleaten, Spinoza's, Schelling's*), Hegel's**), Feuerbach's, Schopenhauer's etc. unterschieden sich nur durch die besondere Art, wie sie denselben Grundirrthum ausführen.

P. 9. S. 6—12. Die Grundlage des Christenthums kann nicht einfacher ausgesprochen werden als mit den Worten Saint-Martin's: „Gib von deinem Leben, wenn du Leben empfangen willst. Gib von deinem Leben ohne Vorbehalt, wenn du willst, dass Leben in der Fülle seiner Einheit dir werde! So lange du noch in deinen Trieben schmachtest, ja so lange du noch beim Anschauen deiner Genüsse verweilst, ist das Leben noch nicht in dir in der Fülle seiner Einheit."

P. 11. Z. 20—21. *Etres-principes*, nicht *principes de matiere* als ihre Kräfte.

P. 12. Z. 4—18. Was die unwissenden Gelehrten im Jahre 1790 thaten, das thun sie grösstentheils noch, sie setzen das Leben aus dem Tode zusammen, sie holen ihre Physiologie von den Kirchhöfen, noch immer werfen sie ihre todten und ertödtenden Blicke auf alle Gegenstände ihres Forschens.

P. 13. Z. 1—7. Demselben ertödtenden Blicke der Gelehrten sind Sprachen nur Anhäufungen sinnlicher Merkzeichen, während sie doch Ausdruck und Frucht des Lebens sind. In ihren Untersuchungen über den Ursprung der Sprache vergessen

---

*) In der früheren, nicht ganz so in der späteren Gestalt. v. O.

**) Wie ihn D. Strauss, Michelet etc. nehmen, nicht wie ihn Rosenkranz versteht und fortbildet. v. O.

sie immer wieder, dass das Wort nothwendig war zur Einführung des Wortes.

P. 13. Z. 27—30. Suchet und Ihr werdet finden. Gebet und es wird euch gegeben werden. Kraft wird immer durch Wirken genährt, gestärkt, erhöht.

P. 17. Z. 7—8. Wer innerlich erfährt, dass keine Freude vergleichbar ist der, auf den Pfaden der Weisheit und Wahrheit zu wandeln, beweiset, dass er diese Pfade schon betreten hat.

P. 17. Z. 14—16. Was ich nicht sehe, das kann doch mich sehen (wenn es überhaupt sehend ist).

P. 19. Z. 13—19. Wenn wir Alle derselben Denkkraft der höchsten Alleinheit theilhaftig sind, so sind wir doch nicht Theile derselben. Wohl kreiset derselbe Geist in allen denkenden Wesen, doch nicht als ob er nur in ihnen, und nicht vor allem in sich selber kreiste. Gewiss schöpfen wir unaufhörlich an derselben Quelle und unsere Geister theilen sich durch geistige Nahrung mit, wie unsere Leiber durch den Kreislauf der Elemente. Denn der Geist und die (organische) Natur sind lebendig und alles Lebendige erhält sich nur lebendig durch Speise, Assimilation und aneignende Umwandlung.

P. 21. Z. 1—2. Wenn der Mensch hier als Auszug aus den Kräften Gottes bezeichnet wird, so erscheint er als Bild Gottes, als $M\iota\varkappa\rho o\acute{\vartheta} \varepsilon o\varsigma$; denn diess ist er und nicht $M\iota\varkappa\rho o\varkappa o\sigma\mu o\varsigma$.

P. 21. Z. 28—30. Die Himmel verkünden Gottes Ruhm heisst: sie verkünden die Geistesmacht Gottes. Aber Wem sollten sie ihn (sie) verkünden, wenn nicht geistige Wesen (hier Menschen) da wären, welchen sie ihn (sie) verkündigen können? Vollends aber wird allerdings das wahrhafte Zeugniss seiner Wahrheit und Liebe in das Menschenherz eingeschrieben. Es ist grundfalsch mit den Idealisten zu sagen: nehmt die Menschenseele, das menschliche Ich hinweg, und Gott ist nicht mehr. Aber es versteht sich von selbst, dass Gott für die Seele nicht wäre, wenn diese Seele nicht wäre, und dass Gott für die Seele nur ist, wenn die Seele ist. Vergl. P. 22. Z. 7—9.

P. 23. Z. 18—21 ff. „Wehe dem Lamm, das unter des Mächtigen Schwert geräth! Er wird es morden und sagen, es sei ein Tiger gewesen; und sein Wort wird für wahr gelten." Kann man kürzer und bündiger Maxime und Handeln der Gewaltthätigen, Eroberungssüchtigen, der Tyrannen und Despoten bezeichnen? Der endliche Sieg des Wahren und Guten ist ergreifend geschildert in den Worten: „Kann das falsche, böse Wort einen dauernden festen Sitz haben? Umirren wird es, weil es nur in dem Ohr des leichtsinnigen und betrogenen Menschen eine Freistatt erbetteln kann. Heilige Wahrheit, noch bist du wie in Gräbern verscharrt; aber du bist lebendig begraben. Aus allen Erdgegenden wirst du wieder aufleben, den Tod wieder zurückstürzen in seine Gruft. Der Herr wird selbst dich wieder aufrichten und deine Fahnen wehen lassen vor den Augen der Nationen." Der Verfasser ermahnt die Opfer menschlicher Kränkung die Fackel des Trostes nicht in sich erlöschen zu lassen, indem er ihnen zuruft: „Kurz ist die Ueberfahrt; schon seht ihr das jenseitige Ufer. Und blieb euch nur ein Funke belebender Hoffnung, bewahret ihn als köstlich! Wenn ihr anlangt in dem Gebiete des Lebens, dann braucht ihr nur diesen Funken, um es ganz zu entzünden und auf immer euch zu erhellen. Denn die Bestandtheile, welche es ausmachen, sind leichter zu entzünden, als die des Wetterstrahls und beweglicher als Blitze."

P. 26. Z. 9—13. Wenn Saint-Martin sagt: „Wahrheit straft nicht, sie bessert und vervollkommnet, Weisheit straft nicht, sie unterrichtet, Liebe straft nicht, sie schlichtet sanft die Wege. Wie könnte Liebe auch strafen?" so will er im Grunde doch nur Strafe nicht mit Rache verwechselt wissen, Leiden-Verhängen aus Liebe nicht mit Leiden-Verhängen aus Hass.

P. 26. Z. 16—19. Die unvertilgbare Sehnsucht des Menschen nach Wahrheit beweist die Existenz der Wahrheit und die Erreichbarkeit der Wahrheit.

P. 28. Z. 7—9. Also kann man von dem Schein auf das Sein zurückschliessen.

P. 29. Z. 16—18. Ist das Böse ein Abweg, eine Ablenkung vom Guten, so ist es nicht nothwendig, nicht ursprünglich, und wenn nicht ursprünglich, nicht wesenhaft, nicht substantiell, nicht positiv. Das bösegewordene Wesen muss also ursprünglich nicht böse gewesen sein, und dieses Wesen kann nicht Gott oder ein Gott gleiches Wesen gewesen sein, sondern es war ein Geschöpf, ein geschöpfliches geistiges Wesen, welches freiwillig sich böse machte.

P. 36. Z. 26— 29 ff. Sinnvoll schildert der Verfasser, wie der Mensch durch Leiden gereinigt werden kann, wenn er sagt: „Kann auch die Schlange den wohlthätigen Einfluss des Frühlings erfahren, so lange sie ihre in der Winterkälte verhärtete Haut noch behält? und wie erhält sie die neue Haut, welche das Leben durchdringen soll? Bloss durch schmerzliches Reissen der Dornen, indem sie durch verschränkte stechende Dorngewinde geht, wirft sie ihre Hülle ab, und wird glatt und geschmeidig, wie in den ersten Tagen ihrer Jugend. Alle Gewaltthat des Feindes ist wie ein Sieb, worin das Korn des Getraides gesichtet und ausgeschieden wird. Alle Dornen, die ich fühlen werde, werden mit jedem Riss eine Falte meines alten Gewandes wegnehmen."

P. 39. Z. 11—13. Mit dem Wachsen der Noth wächst das Erbarmen Gottes. Das deutsche Sprüchwort sagt: Wenn die Noth am grössten ist Gottes Hilfe am nächsten.

P. 39. Z. 26 ff. Wo man die Schriften Saint-Martin's aufschlage, überall begegnet man tiefen Blicken, oft in den einfachsten Worten, öfter in sinnvollen Bildern. Blumen und Blüthen wechseln mit Perlen und funkelnden Thautropfen und dazwischen lachen reife Früchte in frischen aber sanften Farben, und in der innigen und beharrlichen Gluth seiner Empfindung bemerkt er nicht, dass der Leser durch Mangel an Wechsel zwischen Spannung und Nachlassen der Spannung nothwendig in die Länge etwas ermüdet werden muss. Man vergleiche folgende Stellen: „Sterbliche, wisset, die zu Sensen geschnitten waren, kommen wieder in das Schmiedefeuer und auf den Ambos, ehe eine Pflugschaar aus ihnen wird. Die Mächte der Zeit behauen die Steine zum künftigen Bau. Sie bereiten die Metalle, den Tempel des Ewigen zu schmücken; sie werfen sie in den Schmelzofen, damit sie von ihren Schlacken gereinigt werden. Die leitbarsten und mildesten Menschen sind es, die am meisten leiden müssen. Wie das Gold kann man sie durch die engsten Zieheisen ziehen, ohne sie zu zerreissen. Strenge spröde Metalle bestehen diese Probe nicht. Was kann den Menschen von der Gottheit trennen, wenn er mit Liebe und Schmerz an Ihr hangt?... Ursprüngliche Glorie des Menschen, du solltest wachsen, und du hast immer abgenommen. Die zeitlichen Gesetze des Geistes sind ihm auf der tieferen Stufe, die er betrat, zu Hilfe gekommen. Und doch sollen sie ihn zu der Linie unendlichen Wachsthums zurückführen, die ihm durch seinen Ursprung bestimmt war. Legte sich nicht das Kleid der Liebeshuld über die Wunde, sie zu decken? Drang der Balsam nicht ein, sie zu heilen? Wunde, Kleid, Balsam, welches Feld öffnet sich hier zur Erforschung des Wortes und zum Troste des Menschen! Herr, Herr, es ist wahr, deinen Augen kann sich der Mensch nicht entziehen, weil dein Geist und deine Liebe die ganze Erde erfüllen. Weil aber dein Geist und die Liebe die ganze Erde erfüllen, so ist es gleich wahr, dass du dich nicht den Augen des Menschen entziehen kannst, der sich nach dir sehnt und dich sucht."

P. 41. Z. 9—28 ff. Unsere Gesinnungen und Handlungen greifen ein in die Entwickelung der Dinge im Fortschritte der Zeit.

P. 44. Z. 5—8. Wie einfach und schlagend widerlegt der Verfasser die Selbstgesetzgebungslehre Kant's mit den Worten: „Gebührt auch Kindern das Familiengesetz zu entwerfen? Dem Menschen Gesetzgeber zu sein? Ist er nicht vermöge seiner Natur bloss Diener eines Gesetzes, das nur insofern ihn beherrscht, als es nicht von ihm kommt?"

P. 44. Z. 16—19. Fürsehung ist Vorsehung wie Rücksehung. So wie der Mensch hienieden ist, sind Sorgen, Gefahren und Leiden Wohlthaten der göttlichen Liebe, weil er ohne sie sein Herz im Irdischen befestigen und begraben würde. „Gott liebt euch zu sehr, als dass er euch nicht Gelegenheit geben sollte, ihn zu bitten und zu Hilfe zu rufen."

P. 49. Z. 28—30. In diese Geschiedenheit ihres Wirkens (von Gott) setzen die Menschen eben ihre Moralität.

P. 53. Z. 4—6. Die Kraft mich (zu Gott) zu erheben, ist die Kraft, etwas (Natur) unter mir zu erhalten.

P. 55. Z. 22—24. Schwäche und Schlaffheit sind der Anfang des Verderbens.

P. 56. Z. 21—30. Zur Erlösung musste sich Gott tiefer lassen als zur Schöpfung.

P. 57. Z. 25—28. Trennung von Gott ist Lähmung — Ertödtung des wahren Lebens der Seele.

P. 59. Z. 1—3. Diese Impassivität schliesst die freie Sensibilität nicht aus.

P. 60. Z. 13—15. Erhebung des Geistes zu seinen Kräften ist effective Einung des aus der éinen Wurzel Erwachsenen.

P. 61. Z. 1—6. Wie sehr zu beherzigen ist des Verfassers Ermahnung: „Wohl den Seelen, die sich demüthigen vor der Wahrheit und in Frieden des langsam triefenden heilsamen Thaues harren! Wähnst du deine Wunde durch Ungeduld zu heilen? Wirst du sie nicht durch zu frühes Abnehmen des Verbandes gefährlicher machen?"

P. 64. Z. 4—6. Man kann nur auf oder in Macht ruhen oder gründen.

P. 64. Z. 24—27. Wie wenig Saint-Martin Pietismus und Quietismus begünstigt, ersieht man aus seiner tiefsinnigen Ermahnung: „Hüte dich, o Mensch, das Gebet des Schlaffen zu thun, und alles ohne Mühe erlangen zu wollen! Was ist Gebet anders als Handeln, als was Handeln herbeiführt oder begleitet?"

P. 66. Z. 7—17. Saint-Martin ermüdet nicht, die Menschen darauf hinzuweisen, dass sie alle irdische Noth vergessen oder doch mildern können durch Erweckung des Gefühls für die geistige Noth, die dann auch gehoben werden kann, wenn der Mensch ernstlich will. „Sterbliche, euch bekümmert das Böse und Unglück der Welt. Krankheiten machen euch muthlos, Unglück schlägt euch nieder, ihr erschreckt vor Staatsunruhen, der Aufruhr der Natur macht euch schaudern. Auf die wahren Uebel, die euch umlagern, richtet eure Gedanken, auf die, welche ihr alle zu ertragen habt, und all' jenes Unglück wird euch nichts mehr anhaben. Was ist ein leichtes Ungemach in den Augen dessen, den schreckliche Leiden quälen und der der Todespein hingegeben ist?"

P. 66. Z. 26—32. Es gibt Gedanken, die sich selber in uns denken, wie Gebete, die sich selber in uns beten.

P. 68. Z. 6—11. „Sterbliche, ruft Saint-Martin aus, wenn der Mensch nicht euere nichtigen Geschäfte treibt, haltet ihr ihn für nichtswürdig oder müssig. Wisset, je mehr sich der Mensch erhebt, desto mehr findet er zu geniessen und zu wirken. Seid ihr darum nichts und müssig in den Augen eurer Kinder, weil ihr ihre Kinderspiele verlassen habt?" Wird der einsame Denker, der nach neuen Gedankenschätzen gräbt, von der Menge nicht noch heute als ein unnützer Zeitverschwender betrachtet? Selbst Viele, die sich die Miene geben, anders und tiefer wie edler zu denken, theilen im Grunde des Herzens jene Vorstellung.

P. 70. Z. 10—14. Die Bemerkung, dass nur christliche Völker grosse Steuerer und Weltumsegler sind, eröffnet eine weite Perspective in den unlösbaren Zusammenhang aller weitern Völkercultur mit den Lebenswurzeln des Christenthums.

P. 72. Z. 1—4. Täglich soll der Mensch dem Geiste sollen, opfern, für ihn wirken, schaffen, für ihn streiten und Feinde besiegen.

P. 72. Z. 16—18. Das Gebet als der Liebe Sohn ist das Salz der Wissenschaft, sagt Saint-Martin, und erklärt damit, warum die Schriften der gebetlosen Philosophen so fade sind.

P. 73. Z. 3—5. Hervorbringen setzt das nichthervorgebrachte Sein voraus. Das Wort verbindet Idee und Natur und realisirt beide. — Man behält das Wort (den Namen), das (den) man ausspricht.

P. 73. Z. 25—27. Es müssen also immer solche Geheimräthe auf Erden sein.

P. 74. Z. 8—11. Die geistige Aufgabe des Menschen ist nicht bloss negativ, sondern auch positiv.

P. 74. Z. 23—29. Kein Mensch ist in der Menschheit entbehrlich. Jeder ist ein einziges Wesen. „Jeder war geboren, um irgendworin allen seinen Brüdern überlegen zu sein."

P. 76. Z. 12—14. Das Comprimiren der falschen Expansion (als Expression) bedingt die wahre Expansion.

P. 77. Z. 9—13. Für den Geist gibt es weder Raum, noch Zeit, heisst doch nur: der Geist ist seinem Wesen und seiner Bestimmung nach raumfrei und zeitfrei. Der an den materiellen Leib gebundene Geist ist es zwar ideell, aber nicht reell.

P. 77. Z. 16—19. Je grösser das Opfer, um so grösser ist der Lohn. Freilich vollzieht sich das nicht wie in einer Mechanik, aber mit innerer Nothwendigkeit. Der Ausdruck hat daher fast etwas Störendes, das Gemeinte aber ist wahr, wenn der Verfasser sagt: „Wohl dem von uns, der das grösste Opfer bringt! An der Wechselbank der Liebe, wie an jeder, bezieht auch grössere Zinsen, wer das grössere Capital einlegte." Wem jedoch Beweggrund der Einlage die Zinsen wären, der hätte nichts eingelegt.

P. 78. Z. 7—11. Licht und Trockne durch Scheidung der obern und untern Wasser und Erhebung der Trockne über letztere. Was im Anbeginn dieser Welt durch die Macht des göttlichen Wortes geschah, das wiederholt sich auf geistige Weise durch die Scheidung des Reinen und Unreinen im menschlichen Gemüthe.

P. 79. Z. 10—11. Jedes Centrum ist wieder Peripheriepunct.

P. 84. Z. 11—16. *„Tu ne cede malis, sed contra audacior ito!"*

P. 89. Z. 13—14. Der Mensch sollte von seinem Urzustande aus zur bleibenden Vollendung fortschreiten.

P. 90. Z. 29—30 ff. Der wahre Ursprung des Atheismus ist der bewusste oder unbewusste Antitheismus.

P. 91. Z. 15—16. Der Weltruhm nimmt Andern, der wahre Menschenruhm beruht im Geben und Mittheilen.

P. 92. Z. 15—18. Alles fängt ausser Zeit an.

P. 92. Z. 19—21. Der Mensch stellt sich nur in das eine oder das andere Thun hinein, indem er in die Wurzel geht.

P. 92. Z. 27—28 ff. Der Gute und der Böse wollen verschieden, aber thun beide was Gott will.

P. 94. Z. 1—3. Nur Gott producirt Essenzen aus seiner Essenz.

P. 94. Z. 11—13. Fürchtet Gott, so fürchtet Ihr nichts Anderes mehr.

P. 95. Z. 12—19. Wollet und handelt nach dem Gesetze: Alle für Einen und Einer für Alle.

P. 96. Z. 9—17. Liebe deinen Nächsten wie dich. — Liebe erfüllt und umhüllt.

P. 97. Z. 1—3. Natur führt in Geist, Geist in Gott.

P. 100. Z. 24—26. Unglaube ist Feigheit. Wir unterliegen durch Feigheit heisst: Wir unterliegen durch Unglauben.

P. 102. Z. 5—8. Liebe ist Quelle aller Vervollkommnung.

P. 103. Z. 15—18. Das Herz steht über dem Denken.

P. 104. Z. 8—11. Wie poetisch und zugleich wahr ist es, wenn Saint-Martin sagt: „Die Gestirne sind Diamanten, die du (Gott!) aus deinem Stirnband nahmst und von deinem Throne in den Weltkreis fallen liessest, damit der Mensch einen Gedanken fasste von deinem Reichthum und deiner Majestät."

P. 104. Z. 12—22. Nur was selber Gemüth hat, kann Gegenstand des Cultus sein.

P. 105. Z. 1—18. Der Zustand unserer zwar ausgedehnten, aber immer widersprechender und verworrener werdenden Wissenschaften rechtfertigt die Fragen des Verfassers: „Verfälscht sich hienieden das Denken des Menschen nicht immer mehr? Ist Abgötterei nicht ein Herabsetzen eines reinen Urgesetzes? Hätte die Wahrheit Irrthum und Unordnung zu zeugenden Principien?... Ehmals trugst du, Menschenherz, diesen Zoll (des Gebets) bis zum Throne des Ewigen; nur dort ist der mächtige Magnet, der dich immer bewegen und anziehen sollte. Sobald du aufhörtest, zu dieser Höhe empor zu schweben, fandest du wohl Wesen, die das Bild des Uranfänglichen an sich trugen; aber sie waren nur sein Bild, und als du vor ihnen dich niederwarfst, entstand Abgötterei."

P. 106. Z. 22—25. Als Stellvertreter Gottes war der Mensch zugleich zur Vermittelung der gefallenen Geister und der Natur berufen.

P. 108. Z. 7—13. Indem man für den Herrn arbeitet, arbeitet man für alle seine Untergebenen.

P. 109. Z. 16—19. Nach Saint-Martin hat der Mensch durchaus kosmische Bedeutung.

P. 110. Z. 8—13. Wie tief empfunden! „Weinen müssen wir um die Menschen, die von uns Befreiung erwarteten, und die wir in Kerkern liessen; weinen über alle die Uebel, die wir nicht hinderten, selbst über das Gute, das wir nicht thaten."

P. 115. Z. 10—13. Nur der Allsehende ist der Unsichtbare.

P. 115. Z. 14—17. Es ist Blasphemie, die Materie für ein unmittelbares Geschöpf Gottes zu halten.

P. 116. Z. 3—8 Wenn Kant die Materie (als Essenz und Substanz) von Kräften entstehen liess, so vergass er, dass diese Kräfte nicht Gottes, aber der von Gott hervorgebrachten Wesen sind.

P. 117. Z. 6—9. Jener stolze Fisch beim Propheten, der sagte: Ich habe die Flüsse hervorgebracht, in denen ich einherziehe, deutet offenbar auf den Idealisten, der sagt: Ich setze mir in der Welt ein Nichtich entgegen: Ich bin der Schöpfer der Welt!

P. 120. Z. 12 ff. Tiefen Blicken begegnen wir in den Worten des Verfassers: „Wer darf den Beistand aller Verklärungen erwarten ohne eigene Reinigung? und wer wird sich reinigen ohne erschütternden Anstoss? Bedarf es nicht des Sturms und Ungewitters, um die Luft zu reinigen, das Ungeziefer zu vernichten? So ist die Welt in Gottes Hand, der sie stets erschüttert und bewegt, um ihr alle Schlacken und grobe Hüllen zu benehmen.... Ihr, die ihr die Gestirne erforschet, und behauptet, das ganze Weltsystem bewege sich zugleich, euch leitete eine grosse Idee. Wenn die Einheit der Weisheit über der Hervorbringung waltete, wie sollte sie nicht über Verwaltung und Erhaltung walten?... Menschengedanken sind Keime, die nur die Sonnenwirkung erwarten, um zu ihrer Verklärung zu gedeihen."

P. 123. Z. 14—16. In gewissem Verstande sieht Gott die

P. 127. Z. 28—30. Wenn der Verfasser sagt: Du (o Mensch) stammst aus Gott, was sagt er anders als der Apostel Paulus, der den Menschen göttlichen Geschlechtes erklärt?

P. 128. Z. 6—10. Alle Menschen sind oder sollen sein Mitbürger des Gottesreichs, also für einander, nicht gegen einander geschaffen.

P. 130. Z. 3—7. Das Gesetz des Menschen ist constitutiv und drückt darum in demselben Maasse auf ihn als er es nicht erfüllt.

P. 130. Z. 8—12. Es ist nemlich eine doppelte Dichtung zu unterscheiden: in der einen führen die Sinne dem Geiste die Bilder vor, in der andern, ächten, führt der Geist sie den Sinnen vor.

P. 131. Z. 1—28 ff. Die Behauptung, es gebe kein Uebel in der Welt und was Unordnung im Einzelnen scheine, bringe allgemeine Ordnung hervor, fand Saint-Martin nicht bloss in materialistischen, sondern auch in idealistischen Systemen. Man verfocht ausdrücklich den Satz: Privatlaster seien öffentliche Tugenden, d. h. die Sünden und Laster der Einzelnen trügen zur Beförderung des Wohles der bürgerlichen Gesellschaft bei. Ebenso wenig erschrack oder erröthete man vor der Behauptung, der Tod alles Einzelnen sei das Leben des Ganzen. Beklagenswerther Weise pflanzte sich diese Lehre ihrem Grundgedanken nach aus dem Spinozismus selbst auf Schelling und Hegel fort und verbreitete sich von diesen imponirenden Geistern aus in einer Sündfluth von seichten Schriften über ganz Deutschland und halb Europa. Mit einer Art raffinirter Wohllust wühlte besonders L. Feuerbach in wahnsinniger Verherrlichung und Vergötterung des Todesgedankens, indem er mit seiner Verzweiflung an allem Standhaltenden eine erhaben sein wollende und sollende, in Wahrheit aber doch nur hohle und lächerliche Prahlerei trieb. Ich setze zur Illustration einige seiner Sätze aus seinen Gedanken über Tod und Unsterblichkeit hierher:

„Ewig lebet der Mensch, desshalb, wiss'tl sterben die Menschen:
  Alles Zeitlichen Tod ist ja das Ewige nur."
Kann es einen elenderen Begriff vom Ewigen geben?

„In dem Leben verzehrt dich der Geist, im Tod die Natur drauf!
Jener verzehret den Kern, dieser die Schale von dir."

Geist und Natur wären hiernach nichts als von unstillbarem Hunger geplagte, verzehrende, fressende, vertilgende Mächte und producirt würde da nur, damit immer fort verzehrt und vernichtet werden kann.

„Was ist der Tod? nicht Tod, nur die Handlung, wo du die Krone
Und den Scepter ablegst, die du im Leben geführt."

Der Tod wäre also nicht der Tod, sondern was denn? Das Leben eines Andern, und das Leben wäre dann consequenterweise nicht das Leben, sondern der Tod Anderer. Der Tod wäre da nur der Beweis, dass das Leben nur beginnender und allmälig heranwachsender Tod wäre. Dieser Gedanke ist nur die Caricatur des wahrhaften Lebensprocesses, der im Beharrlichen zugleich Wechsel verlangt, aber auch, was übersehen ist, im Wechsel ein Beharrliches. Doch sie sagen, das Beharrliche ist nicht übersehen, es gibt ein Beharrliches, aber dieses Beharrliche ist das eine, alles umfassende und alles seiende Sein, Materie, Natur, Leben, Geist, wie ihr es nennen wollt. Beim Lichte besehen ist dieses Eine aber nur ein Abstractum, ein Gedankending, kein wahrhaft wirkliches Sein, kein Seiendes, kein wirkliches Leben, kein wahrhaft seiner selbst mächtiger und bewusster Geist.

„Magische Reize allein verleihet dem Leben der Menschen
Einzig Vergänglichkeit nur: Königin ist sie der Welt."

Der Melancholischgewordene verliebt sich in seine eigenen Trauergedanken und findet einen magischen Reiz und Genuss im Hegen und Pflegen seiner eingebildeten Leiden. Das kranke Gemüth kann sogar die Vernichtung wünschen. Das gesunde freut sich des Daseins und der aus dem Glauben an die Liebe Gottes von selbst fliessenden Ueberzeugung von der ewigen Fortdauer des individuellen Geistes. Die Vergänglichkeit des Irdischen beweiset so wenig die Vergänglichkeit des individuellen Geistes, dass vielmehr der Geist diese Vergänglichkeit des Irdischen gar nicht bemerken könnte, wenn er selber vergänglich wäre, und dass vielmehr eben dieses Bemerken der Vergänglichkeit des Irdischen ihm seine eigene Unvergänglichkeit beweiset und ihn überdiess belehrt, dass er in dieser vergänglichen Welt nicht in seiner Heimath ist, und auffordert, seine wahre Heimath zu suchen. In dieser Heimath wird es aber freilich ganz anders zugehen, als Feuerbach wähnt, dass die christliche Lehre es dort zugehen lasse. Mag die geistlose Vorstellung schlecht unterrichteter Christen oder auch die dumme Auffassung manches Pfaffen von Feuerbachs übrigens stark burschikosen Verhöhnungen getroffen werden, wenn er das himmlische Jenseits eine ewige Kirchweih' (wie eben viele Kirchweihfeste sind) nennt, und dort nichts zu thun findet, als die Frucht zu schmausen, die auf der Erde gereift ist etc.; die christliche Lehre selbst wird von solchen schiefen Vorstellungen entfernt nicht berührt. Sie weiss nichts von einem Schlaraffenleben im Himmel, sondern vielmehr von einem Aufhören der Unganzheit, der Gebrochenheit und Gebrechlichkeit des Lebens und einem Beginne der Ganzheit, Vollheit, Vollkommenheit und Vollendung des Lebens, was so wenig auf ein Nichtsthun hinauslaufen kann, dass es vielmehr volles und ganzes Thun bezeichnet.

„Leben begehre vom Tod nicht; eins nur erseho' und erstrebe,
Dass der Edle noch einst deiner mit Liebe gedenkt."

Wer begehrt denn Leben vom Tod als eben Feuerbach und Seinesgleichen? Freilich nur ein Leben, das im Grunde keines ist, weil es immer im Tode wieder untergeht, so wie es nur aus dem Tode hervorging. Die Feuerbach'sche Philosophie ist das System der Identität des Todes und des Lebens. Wenn in einem solchen System von sittlichem Streben, edlem Sinne, Liebe, Dankbarkeit, Verehrung etc. die Rede ist, so sind das Kunstblumen, nicht wirkliche, lebensfrische, duftige. Was wirkliches Leben nicht hat, ist genöthigt, den Schein des Lebens hervorzubringen und zeugt dadurch doch für das Leben. Feuerbach curirt alle Noth und Erkrankung des geistigen Lebens mit der Universalmedicin der Vernichtung der Individualität im Tode, ganz wie in dem bekannten Bänkelsängerlied Doctor Eisenbart seine Patienten von ihren körperlichen Leiden durch den leiblichen Tod curirt.

Wie hoch steht Angelus Silesius über dem dünkelhaften Feuerbach in allen jenen Sinnsprüchen, in welchen er über Tod und Leben, über Zeit und Ewigkeit sich ausläsat. Des Contrastes wegen setze ich einige Sprüche des Angelus Silesius her:

„Mensch, wo du deinen Geist schwingst über Ort und Zeit,
So kannst du jeden Blick sein in der Ewigkeit.

Ich selbst bin Ewigkeit, wenn ich die Zeit verlasse,
Und mich in Gott und Gott in mich zusammenfasse.

Indem der weise Mann zu tausendmalen stirbt,
Er durch die Wahrheit selbst um tausend Leben wirbt.

Der Tod, aus welchem nicht ein neues Leben blühet,
Der ist's, den meine Seel' aus allen Töden fliehet.

Ich glaube keinen Tod: sterb' ich auch alle Stunden,
So hab' ich jedesmal ein besser Leben funden.

Ich sterb' und lebe Gott. Will ich ihm ewig leben,
So muss ich ewig auch für Ihn den Geist aufgeben.

Wenn du gestorben bist und Gott dein Leben worden,
So trittst erst recht du in der hohen Götter Orden.

Weil die Geschöpfe gar in Gottes Wort besteh'n:
Wie können sie denn je zerwerden und vergeb'n?

Mensch, werde wesentlich: denn wenn die Welt vergeht,
So fällt der Zufall weg, das Wesen, das besteht.

Schau, diese Welt vergeht. Was? sie vergeht auch nicht.
Es ist nur Finsterniss, was Gott an ihr zerbricht.

Bei Gott ist ew'ge Lust, beim Teufel ew'ge Pein:
Ach Sünder! denke doch, bei welchem du wirst sein.

Zwei Augen hat die Seel': eins schauet in die Zeit,
Das and're richtet sich hin in die Ewigkeit.

Der Tod bewegt mich nicht: ich komme nur durch Ihn,
Wo ich schon nach dem Geist mit dem Gemüthe bin.

Im Himmel ist der Tag, im Abgrund ist die Nacht,
Hier ist die Dämmerung: wohl dem, der's recht bedacht.

Kein Tod ist herrlicher als der ein Leben bringt,
Kein Leben edler, als das aus dem Tod entspringt.

Mensch, wirke weil du kannst dein Heil und Seligkeit,
Das Wirken höret auf mit Endung dieser Zeit.

Die Zeit ist edeler als tausend Ewigkeiten,
Ich kann mich hier dem Herrn, dort aber nicht bereiten.

Das Meer der Ewigkeit, je mehr's der Geist beschifft,
Je undurchschifflicher und weiter er es trifft.

Je weiter man von Gott, je tiefer in der Zeit,
Drum ist den Höllischen ein Tag ein' Ewigkeit.

Wie selig ist der Mensch, der alle seine Zeit
Mit anders nichts verbringt als mit der Ewigkeit."

Den von Saint-Martin gerügten Irrthum hat Feuerbach in allen Variationen durchgespielt, worin ihm übrigens in seiner Weise schon Blasche (Das Böse im Einklang mit der göttlichen Weltordnung) vorausgegangen war, der seinerseits sein Lichtlein an der düster brennenden Fackel der damals noch halb spinozistischen, halb platonischen, halb neoplatonischen Schelling'schen Philosophie ansteckte. Mit lichter Klarheit und mit aller Lebhaftigkeit tiefer Empfindung fährt Saint-Martin in der citirten Stelle fort: „Was ist denn eine allgemeine Ordnung, die aus Unordnung im Besondern besteht? Was ist denn ein gesammtes Gute, das aus einzelnen Uebeln zusammengefügt ist? Was ist denn das Glück der Gattung, das aus dem Unglück der Individuen besteht? So bringt doch auch Freude mit Thränen und Seufzern in Einklang! Lasst alle Gattungen sich wiedergebären und Leben aus Leichnamen erzeugen und, wollt ihr die Welt schön finden, wartet nur, bis die Hand der Zeit sie bis in ihren Grund hinein erschüttert und in einen Schutthaufen verwandelt hat! Aber sie mögen lieber ihren Verstand belügen und ihre Vernunft verfälschen, als in sich die Grösse und um sich her den traurigen

Missbrauch derselben erkennen. Umsonst wehrt ihr euch gegen den Zügel; ihr wisst nicht, wie das Uebel entsprang und darum leugnet ihr sein Dasein. Eure Urtheilskraft ist euch minder werth, als eure Finsterniss. Sie soll annehmen, was ihr doch so sehr widerstrebt, verwerfen, was ihr nur verhüllt ist. Seht ihr nicht, wohin dieser Leichtsinn eurer Worte euch führt? .... Hebt man wohl Hindernisse, wenn man an ihnen vorübergeht, oder sie leugnet? Sie werden bestehen und gegen euch zeugen."

P. 137. Z. 24—27. Die partielle Action kann nur in der universellen ruhen.

P. 142. Z. 21—26. Die Vergleichung des Materialismus mit den Göttern aus Holz oder Stein, die nach Baruch sich weder vor Witterung, noch Insectenunflath schützen, nicht gehen, sich nicht auf den Füssen halten konnten ohne, wie Verbrecher, mit Krampen angelegt zu sein, ist frappant, aber darum um nichts weniger wahr und passend, da der Materialismus das Todte, Blinde, Bewusst- und Willenlose vergöttert. Er hat auch ganz recht zu sagen, dass die, welche heut zu Tage den Thron des Ewigen anzugreifen sich erdreisten, statt Riesen zu sein, wie die Gewaltthätigen, von denen das alte Testament berichtet, nicht einmal Zwerge seien.

P. 143. Z. 17—19. Wie schön und tief ist der Gedanke, dass der Mensch wie der Diamant sei, der nur mit seinem eigenen Staube geschliffen werden könne.

P. 143. Z. 20—25. Das Gesagte gilt vom Zehrfeuer wie vom erzeugenden Feuer.

P. 146. Z. 9—16. Das Bildungsgesetz der Dinge ist Regal Gottes. Mit Recht ermahnt darum der Verfasser nach dem Warum, nicht nach dem Wie der Dinge zu forschen. Könnte er das Wie der Dinge bis auf den Grund erforschen, so müsste er die Dinge von neuem schaffen können. Dessen vermass sich eine idealistische den Menschen vergötternde Philosophie und machte Fiasco, wie es nicht anders sein konnte.

P. 148. Z. 5—9. Der Leib erscheint hier als Mutter der Seele, die Seele als Mutter des Geistes.

P. 148. Z. 10—16. Das irdische Leben des Menschen wird hier als eine Art Embryonalleben im Verhältnisse zum ewigen als dem Leben nach dem Tode, welcher zugleich Geburtsact für jenes Leben ist, vorgestellt. Die Analogie ist sinnvoll ausgeführt und der Unterschied, welchen die Freiheit des Willens herbeiführt, bestimmt hervorgehoben.

P. 149. Z. 23—29 ff. Saint-Martin bezweifelt bekanntlich nicht die Präexistenz der menschlichen Seele. Zum Nachdenken darüber mögen hier seine Hauptstütze vorgelegt werden: „Wie könnten wir uns dessen erinnern, was unserer Geburt hienieden voranging? Ist nicht der Leib Grab, Schranke und Verfinsterung des Geistes?.... Mein irdisches Leben sei immerhin das Grab meines Geistes, nie werde ich doch zweifeln, dass ich war, ehe ich diesen Schauplatz der Sühne betrat. Erinnere ich mich denn der Zeit, die ich im Mutterleibe zubrachte? der Zeit in der Wiege und an der Brust bis auf den Augenblick, wo die ersten Gedankenblicke in mir anbrachen? Diese Zeiten sind für mich als wären sie nie gewesen. Bin ich aber darum weniger gewiss, dass ich in all jenen für meine Erinnerung verlorenen Augenblicken doch war? Meine Unwissenheit also beweist nichts gegen die Zeit vor meinem irdischen Leben, und immer werde ich mich erinnern, dass das Leibliche soviel Macht über den Geist hat, dass es ihm sogar zur Verfinsterung wird. Mensch! liebtest du das Licht, wie würdest du dich schützen vor dem Leiblichen, das dich umgibt? Lässest du dich nicht von ihm verfinstern, so wirst du nach dem Tode alles sehen, was in beiden Welten vorgegangen ist und vorgehen wird. Ohne diess wirst du es nur fühlen, nichts sehen, und jede Fähigkeit, die dir blieb, wird nun zu deiner Strafe verwendet werden."

P. 151. Z. 5—31. Saint-Martin wirft oft tiefe Blicke in die h. Oekonomie der göttlichen Führungen. So wenn er sagt, oft habe Gott unschuldige Menschen das Leben verlieren lassen, damit sie Schuldigen zur Lehre dienten. So wenn er fortführt: „Oft lässest du Unwissenheit und Finsterniss gegen den Menschen wirken, und fast immer bringt der Mensch den Menschen weiter, auch wenn er, ihm zu schaden, oder statt vorwärts ihn zurück zu bringen, sich bemüht. ... Unsere Widerwärtigkeiten kommen fast immer mit Unrecht von unsern Mitmenschen, aber wir fühlen, dass uns ganz Recht geschieht, weil wir uns in das Gebiet der Ungerechtigkeiten gestürzt haben.

P. 153. Z. 10—27 ff. Die Bemühungen des Menschen für Annehmlichkeiten des Lebens, wie Schmuck der Wohnungen etc. die über das Naturbedürfniss hinausgehen, sind für unsern Verfasser Beweise für die Freiheit des Menschen, für seinen Beruf, sein Werk selbst zu verrichten, seine Freuden selbst sich zu verschaffen. Hätte der Mensch nicht die Macht, das Glück von sich zu entfernen, so hätte er auch die Pflicht nicht, das wahre Glück zu erstreben und zu erlangen. In der Behauptung des Verfassers, dass kein Wesen wahren Genuss habe ausser seinem Erzeugniss und seinen Werken liegt der Schlüssel zum Verständnisse der Freiheit.

P. 155. Z. 23—26. Je tiefer ein Künstler ist und je mehr er in den Ideen und Idealen lebt, um so gewisser wird ihm gerade in den höchsten Momenten der Begeisterung in seinem Innern der Gedanke aufblitzen: „Ach, ich habe da nur Bilder gemalt, und doch fühle ich mich für Wirklichkeiten geschaffen."

P. 157. Z. 16—19. Saint-Martin lässt sich durch die Ergebnisse der neueren Astronomie oder eigentlich Uranographie über die Bedeutung des Menschen nicht irre machen. Den Schilderungen der unermesslichen Ausdehnung des Weltalls mit seinen Myriaden von Gestirnen stellt er einfach die Frage an den Menschen gegenüber: „Darfst du dein Wesen und deine Bestimmung mit deines Leibes Augen messen?" Wahre dich, ruft er den Menschen zu, bei aller Bewunderung gegenüber jenem so verführerischen als schrecklichen Schauspiel des unermesslichen Raumes und der unzähligen darin schwimmenden Körper, dass es dein Denken nicht zerschmettere, wie es deine Gestalt dir winzig erscheinen lässt. Tritt in deine Rechte, unterscheide dich von allen diesen hehren aber stummen Wesen durch die Ueberlegenheit deines Wortes! — Es wird schwerlich bestritten werden können, dass diese Gedanken Saint-Martin's auf Schelling, Steffens, Schubert etc. von Einfluss waren.

P. 158. Z. 18—28. Der Verfasser spricht sich hier gegen das System des Traducianismus wie des Creatianismus zu Gunsten des Systems der Präexistenz aus.

P. 159. Z. 1—5. Die menschlichen Seelen sind also hier in Einheit präexistirend gedacht.

P. 160. Z. 3—7. Leider gibt es Menschen genug, die es befremdet, dass es Menschen gibt, deren Reich nicht von dieser Welt ist, und (P. 262. Z. 16—18) viele sind wirklich wie jenes unglückliche Wesen, das, weil es in Ungerechtigkeit wohnte, endlich sie als natürlich ansah.

P. 164. Z. 1—29 fl. Der Verfasser warnt auch hier, wie so oft, vor dem Quietismus, indem er der Kraft des Gebetes das Wort redet. Man muss im Texte selbst nachlesen, um zu sehen, wie tief sein Glaube an die Kraft des Gebetes war.

P. 165. Z. 20—27. Die ungeheueren Verirrungen der Menschen pressen unserem Verfasser den Ausruf aus: „Wie viele Sprachen werden nicht vernichtet werden! Wie viele Früchte menschlichen Denkens bis zur gänzlichen Erlöschung eingebent! Strom der Jahrhunderte, du scheinst in deinen trüben Gewässern nur Irrthum, Lüge und Elend zu führen. Kaum findet sich in diesen schlammigen Strömungen ein Streif reinen Wassers und dies ist noch Alles, was übrig bleibt, die Völker zu tränken!"

P. 168 Z. 16—18. Demnach ist also geistiges Leben nicht einzelnes Vermögen.

P. 173. Z. 22—25. Kein Verbrechen, wenn es auch isolirt begangen werden könnte oder würde, kann seinen Wirkungen nach isolirt bleiben. Jedes Verbrechen stört daher den Frieden und das Glück der Mitmenschen.

P. 174. Z. 1—5. Würden nicht tugendhafte Menschen unter lasterhafte gestellt, so würde die menschliche Gesellschaft bald zu Grunde gehen.

P. 175. Z. 4—6. Der Gute ist immer berufen, der Brüder sittliche Schmerzen auf sich zu nehmen.

P. 176. Z. 1—10. Es ist Widerspruch und Unsinn, Gott nicht als geistiges und moralisches Wesen anzuerkennen, wie es sinnlos ist, Gott als geistigem und moralischem Wesen nicht in allen seinen Werken einen geistigen und moralischen Zweck zuzuschreiben. Treffend fragt der Verfasser: „Können wir denn, ohne uneinig zu sein, einen anderen Zweck bei der Forschung und Untersuchung seiner Werke haben, als einen weisen, sittlichen und geistigen? und etwas anderes darin suchen, hiesse das nicht, etwas suchen, was nicht darin ist und was wir nicht darin finden könnten? Hat aber, fährt der Verfasser fort, Gott einen sittlichen Zweck bei seinen Werken gehabt, so erfragt ihn doch an der Endursache dieser Werke, und nicht an ihrem Bau, welcher sie nicht kennt, noch sie euch lehren könnte."

P. 177. Z. 7—10. Saint-Martin bezeichnet die Musik der neueren Zeit als schwach und ohnmächtig, weil sie nicht wie die des hohen Alterthums sich den Leitungsquellen anpasst, wesshalb sie höhere Tugendkräfte nicht herabziehen kann. — Das Gehör als Sinn der Musik ist übrigens der einzige, der höhere Wirksamkeiten auszudrücken vermag.

P. 179. Z. 25—29. Aller Name ist Repräsentant des Genannten.

P. 179. Z. 29 ff. Wie schädlich unrichtige Uebersetzungen wirken, davon gibt Saint-Martin ein Beispiel in dem hebräischen Worte *Nacham*, womit der Hebräer sowohl Bereuen als Sichtrösten ausdrückt. Er zeigt mit Recht, dass es in Gott kein Bereuen geben könne, obwohl Bekümmerniss, weil alle seine Werke auf Weisheit gegründet sind.

P. 180. Z. 27—29 ff. Wie die Wirkungssphäre des Menschen durch den und seit dem Fall eingeschränkt worden ist, so ist damit seine Verantwortungssphäre, wie gross sie auch noch ist, eingeschränkt worden.

P. 182. Z. 23 ff. Wenn die Rationalisten die Bedeutung Christi darein setzen wollen, dass er die wahre Moral zuerst gelehrt habe, so hätten sie nur darauf blicken sollen, dass er diese Moral auch durch seine Handlungen vollkommen bekräftigte, um in Christus mehr als den besten Moralprediger zu erkennen. Saint-Martin hebt hervor, dass der Mittler keinen Menschen sterben liess, Handlungen der Uebersterenge verhinderte, stets allen

Feinden verzieh, und selbst für seine eigenen Henker, während sie ihn marterten, bat und betete.

P. 184. Z. 1—3. Hätte jeder Mensch die nachfolgende Erinnerung in seinen schmerzlichsten Leiden vor Augen, so würde er gewiss sich doch ernsthaft besinnen, sich Linderung nicht zu verschaffen. Die Erinnerung Saint-Martin's ist aber in den Worten ausgesprochen: „Nie würden die über uns verhängten Uebel uns besiegen, wenn wir nicht die angemessene Hülfe, die sie begleitet, absichtlich zurückwiesen."

P. 184. Z. 12—16. Aufheben der einen Expansion vermittelt die andere.

P. 184. Z. 17—18. Natur und Schweigen nennt der Verfasser gleichbedeutend. Denn die Natur spricht nicht.

P. 185. Z. 29 ff. Entgegen der trefflichen Belehrung unseres Verfassers: Fürchte das Leichte! scheint sich unser Zeitalter zur Maxime gemacht zu haben: Fürchte das Schwere, welch' ihm aus, umgeh' es! Tiefblickend zeigt Saint-Martin, dass Kargheit des Handelns zur Kargheit der Ideen und diese zum blossen Nachsagen führt.

P. 187. Z. 19—23. Saint-Martin spricht aus eigensten Selbsterlebnissen, wenn er sagt, dass das Böse so schneidend gegen das Gute sei, als dass der sehnsüchtige und liebevolle Mensch einen Augenblick Ruhe haben könnte.

P. 187. Z. 24—27. Die Ueberlegenheit des Menschen über die Natur kann gar nicht verkannt werden. Aber damit hängt auch zusammen, dass je erhabener die Gegenstände seines Forschens sind, der Mensch um so leichter Entdeckungen macht und überhaupt die Wissenschaft des Geistigen weit sicherer ist als die des Leiblichen.

P. 189. Z. 6—7. Identität des Subjects und Objects.

P. 189. Z. 8—13. Jene Gaben sind die Basen der Sensibilisation.

P. 189. Z. 19—23. Hoffnung ist beginnender Glaube, Glaube vollendete Hoffnung. — Man glaubt, was man hofft und man hofft, was man glaubt.

P. 190. Z. 1—8. Wie könnte man von unserem Verfasser eine andere Bestimmung des Zweckes der Wissenschaft erwarten, als die der Scheidung des Reinen vom Unreinen. Ihm ist es zweifellos, dass Wahrheit und Wissenschaft unsere Förderung zum Zwecke haben müsse.

P. 192. Z. 14—17. Vor dem Menschen wollte Lucifer Gott werden.

P. 192. Z. 26—28. Explosion nehmen viele für Zerstreuen.

P. 195. Z. 13—15. Nur der Mensch beweiset Gott. Darum beweis sich Gott durch den Menschen.

P. 196. Z. 15—18. Wäre der Mensch hienieden an seinem Platze, so wäre sein Sehnen nach einem vollkommenen Leben, seine Unruhe unerklärlich.

P. 197. Z. 12—16. Der Mensch brachte einen falschen Gedanken aus falscher Liebe hervor.

P. 197. Z. 17—20. Der Sohn ist die Liebe, der heilige Geist ihr Agent.

P. 198. Z. 5—8. Entsprechen ist Zurücksprechen. Echo, darum ausgesprochen Wort, was zurück spricht.

P. 201. Z. 6—11. „Herz und Vernunft der Menschen zu bereichern, sagt Saint-Martin, ward die heilige Schrift gegeben. Dieser göttliche Schatz ist wie ein blühendes Beet, wo der wahrhafte Mensch immer lustwandeln kann. Immer wird er es voll frischer Blumen finden, auch wenn er sie alle jedesmal abpflückte."

P. 202. Z. 1—4. Sie wollen das göttliche Licht ohne Sonne.

P. 204. Z. 5—8. Falsche Propheten, die Vergangenes als Zukünftiges sagen.

P. 204. Z. 25—26. Der Verweis des Verfassers, Gott erkennen zu wollen, ohne ihn gegenwärtig zu haben, sein Licht beurtheilen zu wollen, erinnert an die bekannten Verse:

Desine, cur nemo videat sine lumine numen
Mirari, solem quis sine sole videt!

P. 212. Z. 26—29. Der Verfasser fragt: Warum haben wir so viele Unruhe und Unordnung auf Erden? und antwortet: Weil wir uns nicht genau genug an die Befehle der Wahrheit binden und zu sehr an den Trugbildern hängen. — Die politischen Ereignisse bestätigen von Tag zu Tag diese Behauptung und wir könnten sie täglich bewährt in unseren Familienverwickelungen finden.

P. 213. Z. 17—18. Alle Expansion ist die Folge einer Scheidung.

P. 216. Z. 26—27. Dieses Geheimniss: bald Herz, bald Geist zu brauchen, jenachdem es nöthig ist, ist unsern meisten Philosophen eben Geheimniss. Herz ist hier Herabsteigungsvermögen, Geist Emporsteigungsvermögen.

P. 218. Z. 14—19. Was hier Saint-Martin vom Menschenherzen überhaupt sagt, dass es die Finsterniss und das Böse habe hindern sollen, und nun Licht des Greuels und Führer des Irrthums geworden sei, lässt sich insbesondere auf so manches System der Philosopsie anwenden; z. B. auf jenes, welches Gott durch den Menschen zu sich selber bringen lassen will.

P. 221. Z. 10—13. Die Einfachheit (nicht innere Unterschiedslosigkeit) der menschliche Seele widerspricht der Vorstellung ihres Entstehens im Sinne des Traducianismus.

P. 223. Z. 8—11. Man kann den Manichäismus nicht ausdrücklicher und bestimmter verwerfen, als ihn Saint-Martin verwirft, dessen Verdienst es vielmehr ist, gezeigt zu haben, dass das Böse nur in einem von Gott als schuldlos hervorgebrachten Geschöpfe durch freie Wahl entstehen konnte.

P. 229. Z. 22—26. Das Gesagte gilt auch von Adam.

P. 231. Z. 18—21. Liebe wandelt Verbrechen in Gebrechen.

P. 249. Z. 12—14. Was ich erfüllen soll, muss ich penetriren.

P. 262. Z. 16—19. Raphael's Christus wirft nemlich dunkle Schatten.

P. 271. Z. 20—23. Sie nennen diese Abstraction von der Abstractheit der Materie selber Abstraction.

P. 288. Z. 18—22. Nur Gott selbst also kann erlösen, weil nur er mich mit meiner Wurzel vereinen kann.

P. 294. Z. 21—26. Der Essenz nach ist der Mensch jedenfalls ewig und unvergänglich. Denn er ist gleich ewig mit der Quelle aller Essenzen.

P. 295. Z. 1—2. Die Liebe (in Gott) gibt dem Wissen Gestalt, denn sie ist das Formende. In der Behauptung, die Liebe habe das Wissen hervorgebracht, nicht das Wissen die Liebe, will die Superiorität des Gefühls als *force* über das Wissen als *resistence* ausgedrückt werden. Daher: wo du wahres Wissen findest, da ist auch Liebe.

P. 298. Z. 4—6. Ein solcher Verbrecher kann aber mittelst freier Resignation durch seinen Tod sühnen.

P. 303. Z. 11—15. Region für ein Wesen ist selbst ein Wesen.

P. 304. Z. 9—13. Es gibt keinen leeren Raum; ein solcher wäre ein *locus*, der nichts wäre.

P. 304. Z. 18—22. Die Menschenseele ist überzeitlich. Der lebendige Gott will Leben. Er würde seinen eigenen Character (sich selbst) aufgeben, wenn er das Leben, welches er gegeben hat, vernichten wollte. Denselben Gedanken drückt Angelus Silesius in seiner durch den Character des Epigramms bedingten paradoxen (und darum für den weniger tief Blickenden leicht missverständlichen) Weise in folgenden Versen aus:

„Ich weiss, dass ohne mich Gott nicht ein Nu kann leben,
Werd' ich zu nicht', er muss von Noth den Geist aufgeben."

P. 305. Z. 4—7. Man soll die heilige Schrift mit Andacht und Erhebung zu dem göttlichen Geiste lesen, aus dem sie geflossen ist, wenn man die in ihr liegenden grossen und ergreifenden Beziehungen finden will. Sinnvoll ist, was hier der Verfasser über die Bindungspartikeln der heiligen Schriftsteller sagt.

P. 307. Z. 1—7. Es ist grundverkehrt, die Endursachen zu leugnen.

P. 308. Z. 1—4. Die Selbstgefälligkeit hemmt das Wachsthum der Einsicht.

P. 310. Z. 10—13. Der unausgesetzte Kampf für die Wahrheit erfordert die grösste Heldenkraft.

P. 312. Z. 1—17. Um unsern künftigen Zustand im andern Leben zu ermessen, in dem wir unermessliche Entwickelungen erwarten dürfen, genügt es, das herrliche Gesetz zu kennen, dass die Verhältnisse um so grösser und mächtiger werden, je mehr sie sich ihrem centralen und zeugenden Ziele nahen.

P. 313. Z. 8—12. Wenn der Satz feststeht: *Scimus quae facimus*, so begreift sich leicht, dass man die Künste üben müsse, um ihre Feinheiten zu fühlen, und ebenso die Grundsätze der Wahrheit, um ihren Zauber kennen zu lernen.

P. 317. Z. 4—10. Welche weite Perspective eröffnet sich uns in den wenigen Sätzen: „Der Vater hat den Sohn geheiligt, der Sohn den Geist, der Geist den Menschen. Der Mensch soll sein ganzes Wesen heiligen; sein Wesen sollte alle Wirksamkeiten des Weltalls heiligen. Die Wirksamkeiten des Weltalls sollten die ganze Natur heiligen, und von da an sollte die Heiligung bis auf die Ungerechtigkeit sich erstrecken."

P. 322. Z. 21—24. Diese Bildungen waren schon in des Vaters Haus, ehe das Univers (Zeitwelt) ward.

P. 329. Z. 1—3. Es gibt eine Solidarität der Tugend, wie eine des Lasters.

P. 329. Z. 4—8. Die Behauptung Saint-Martin's, die ganze Menschenfamilie sei dem Denken Gottes immer gegenwärtig, steht der schwachen Theologie des Malebranche entgegen.

P. 330. Z. 18—22. Der materielle Leib macht nicht Substanz mit dem Menschen.

P. 331. Z. 6—11. Der Regent soll diesen Engel-(Genius) repräsentiren.

P. 332. Z. 12—14. Das Univers (die materielle Welt) ist, weil und so lange der Mensch nicht (wahrhaft) ist.

P. 333. Z. 14—17. Der Grund der Wahl (der Gesetze der göttlichen Haushaltung), sagt J. Böhme, ist die Wahl der Creatur.

P. 334. Z. 19—28. Man wird hier an jenen Hausverkäufer in einem Lustspiel Molière's erinnert, der einen Stein aus seinem Haus vorzeigte.

P. 338. Z. 15—18. Weil sie erzeugen, lieb haben und thun die Lügen, hassen sie die Wahrheit, die sie hieran hindert.

P. 342. Z. 1—3. Wie Nichts muss er (der Mensch) alles betrachten, was vor seinen Augen vorgeht, und was er nicht sieht als wahr ansehen, heisst nichts anderes als der Mensch soll nicht glauben, was er sieht, und glauben, was er nicht sieht.

P. 242. Z. 4—6. Man verlangt nicht ohne verlangt zu werden.

P. 343. Z. 3—7. *Laeta venire Venus, tristis abire solet*, gilt von allem Bösen.

P. 351. Z. 6—8. Finsterniss ist forcirte Inaction.

P. 352. Z. 14—18. Der Mensch wäre ohne den Fall (Lucifer's und seiner Schaaren) anders gesendet worden.

P. 353. Z. 5—8. Die Trennung des Weibes war Folge der Sünde und erste Hilfe. Die Confusion der Tincturen macht erst ihre Trennung nöthig, um wieder zur Union zu kommen.

P. 359. Z. 4—8. Sinn des Einwurzelns als freier Schwere zum Centrum. Bei Ueberhebung entsteht eine den sich Ueberhebenden vom Princip abschliessende Macht.

P. 363. Z. 27—28. Saint-Martin will, dass die heilige Schrift dem Christen tägliche Geistesnahrung sei.

P. 564. Z. 14—22. Obwohl von der Präexistenz der menschlichen Seele überzeugt lehrt der Verfasser doch keineswegs angeborne Gedanken oder Ideen. Nach Ihm kommen wir auf die Erde aller Kenntnisse baar. Aber wir tragen in uns den Keim und die Anlage zu allen jenen Kenntnissen.

P. 366. Z. 20—24. Und nichts ist bitter in der Ewigkeit als der Tod.

P. 368. Z. 26—19. Die Wonnen der Heiligen sind ununterbrochen, weil sie fortgesetzte Abstrahlungen der Vollkommenheiten Gottes sind.

P. 371. Z. 1—5. Das Wort durchläuft die Stufen des Samenseins, der Vegetation und der Fructification. Sehr schön bezeichnet der Verfasser die Menschenseele als den eigentlichen Boden des Wortes.

P. 372. Z. 3—6. Christus definirt Gutes- und Böses-Thun als Leben-Erhalten und Leben-Verderben.

P. 374. Z. 19—22. Der, welcher den Hunger gibt, gibt auch die Speise. Die Begierde nach der Lust kommt von dieser.

P. 278. Z. 12—16. Rom.

P. 378. Z. 20—23. Wenn Saint-Martin sagt: wir müssen unsere vorige Behendigkeit, Reinheit, Thätigkeit wieder gewinnen und uns in die Lüfte schwingen, wie der seiner Wesenheit zurückgegebene Geist, so meint er den nicht mehr von einer andern Substanz desubstanzirt gehaltenen Geist. Wenn man also sagt, dass zwei Substanzen im Menschen seien, so meint man, dass die eine (Geist) noch nicht substanzirt ist.

P. 383. Z. 6. Wurzel und Potenz realisiren sich wechselseitig. Parole als Organe ist schon *puissance*.

P. 384. Z. 10—13. Der Mensch ist das einzige Wesen in der Natur, das Andere durch die Rechte seines Willens und seines Wortes zum Handeln bringen kann. Alle andern sind auf ihre physischen Kräfte eingeschränkt. Daher ist es falsch, ihnen eigenen Willen zuzuschreiben.

P. 389. Z. 7—9. Der Verfasser deutet hier auf die wahre Freiheit (der Forschung) im Gegensatze der Verknechtung der Schule.

P. 389. Z. 21—25. „Mit der Lüge greifen sie die Wahrheit an, mit dem Nichts wollen sie das Wirkliche vernichten. Wenn sich selbst Satan nicht gegen Satan rüstet, wie wird sich Wahrheit gegen Wahrheit rüsten?" Hegel wie Schopenhauer hätten in diesen Worten einen Protest gegen ihre Systeme finden können.

Aus den letzten Paragraphen dieser Schrift mögen nur noch folgende Gedanken angemerkt werden:

„Unser Gott theilt seine Geheimnisse nur denen mit, die sich seinem Dienste weihen. Sie sind es, die er seines Geistes, seiner Wissenschaft und Liebe theilhaftig macht.... Im Frieden sollen wir sein mit unsern Mitmenschen, im Krieg mit uns selbst. Nur der ist in Krieg mit sich selbst, der mit seinen Nächsten in

Frieden ist.... Sie wollen die Erniedrigung des Menschen und
seinen Fall aus seinem Urstande leugnen, und doch gibt es unter
ihnen Betrübte und Sehnsüchtige! Sie wollen das nachmalige und
jener ersten Uebertretung folgende Verderbniss leugnen, und doch
gibt es unter Ihnen Arme und Dürftige! Leugnet wenigstens
eure Uebel nicht, wenn ihr sie nicht zu heilen versteht! Wie
mag der Arzt kommen, wenn er nicht gerufen wird? Wie mag
ihn aber euer Freund rufen, wenn ihr es ihm nicht gestattet,
und ihm nicht euer ganzes Uebel vertraut?...

Der reine Mensch, der sich vor Befleckung hütete, strahlt,
wie das Licht. Er ist eine schneidende Wehr, ein Diamant; er
zerstreut und verzehrt alles vor sich her, wie Feuer.

Halte dich nicht beim Schein, nicht bei Aehnlichkeiten auf,
gönne dir keine Ruhe, bis du zur Wirklichkeit in aller Art gelangt bist. Streben danach nicht alle Menschen, ohne es zu
wissen? Suchen sie nicht alle einen Rastort? Und kann er wohl
anderswo sein, als in der Einung mit dem Wirken unseres Ur-
grundes und unseres Gottes? In dieser Einung, worein sie von
einer immer lebendigen und immer, wie das Unendliche, wachsenden
Kraft gezogen werden?

Kann unser Geist in Rücksicht auf die Materie nicht fünf
Stufen einnehmen? Auf der ersten und höchsten bemerkt er nicht,
dass sie vorhanden ist. Auf der zweiten bemerkt er es, aber er
seufzet, wenn er siehet, wie missgestaltet sie ist, und wie nachtheilig die Sinnenherrschaft der Geistesherrschaft ist. Auf der
dritten steht er im Gleichgewicht mit ihr, er hängt an ihr, findet
darin seine Freude. Aber es ist eine trügerische Freude; denn
seine Natur beruft ihn zu Freuden einer andern Art. Auf der
vierten wird er Knecht der Materie und seiner Sinne, und findet
mehr Ketten als Freuden; denn sie ist ein gebieterischer Herr,
der nichts von seinem Rechte nachlässt. Auf der fünften findet
er nur innere Vorwürfe, Leiden, Angst und Verzweiflung; denn
das ist die fernste Frucht und das letzte Ziel, wohin die Materie
den führt, der sich ihr versöhnlichte. Da sind nicht mehr Freuden,
nicht mehr Knechtschaft, da ist ein Schreckensverein der Beraubung
und wildesten Schmerzen. Gehe den umgekehrten Gang und du

wirst sehen, dass die ewige Ordnung immer mehr ihre Wahrheit und Richtigkeit offenbart, je weiter sie fortschreitet...

Durch Scheidung von der höchsten Glorie entstanden die zeitlichen Dinge.... Im Augenblicke des (ersten) Verbrechens sind alle Welten undurchsichtig und der Schwere unterworfen worden, das Verbrechen hat die Worte des Lebens gleichsam gerinnen, die ganze Natur stumm gemacht...

Ich habe das mächtige Wesen, wodurch alles ist, nicht von meinem Nachdenken geschieden. Dadurch, dass ihr (Forscher nach dem Sinne der Welt) es ausschlosset, habt Ihr behauptet uns die Wahrheit kennen zu lehren. Aber es ist ja diese Wahrheit selbst. Was sage ich? es ist sie allein. Was hättet Ihr ohne dasselbe finden können? Mögen die Seelen, denen Ihr eine fremde Sprache zu lehren bemüht seid, hier ohne Mühe die ihrige wiederlernen und die eure auf immer vergessen! Zwar gewährt Ihr Ihrem Geiste einige Freude, indem Ihr auf manchen Schimmer hinweiset, wie die wohlthätige und fruchtbare Weisheit sie bis in die letzten Zweige der Natur ausstrahlt. Aber sie sind wie der bleiche Schimmer einer verlöschenden Leuchte, wie die gelblichen Flämmchen, die sich von Zeit zu Zeit losreissen und in der Luft verschwinden, weil sie von ihrem Brennpunkt geschieden sind. Ich wollte lieber die Augen meiner Brüder auf dem Brennpunkt selbst festhalten, und auf dem Freudenöle, welches den Auserwählten meines Gottes zur Salbung diente. Dies allein ist das Mittel, das in meiner Gewalt steht, ihnen ersprießliche Hilfe zu bringen. Andere werden durch ihre Werke und Macht das Reich meines Gottes mehr fördern als ich. Mir ist nur der Wunsch zu Theil geworden, seinen Ruhm zu singen, die ungerechte Lüge seiner Widersacher zu enthüllen und meine Mitmenschen zu veranlassen, dass sie ihre Schritte nach jener Freistatt unaussprechlicher wahrer Wonne lenken."

IV.

LE
NOUVEL HOMME.

> Nous ne pouvons nous lire que dans Dieu luimême, et nous comprendre que dans sa propre splendeur. *Ecce Homo.* p. 19.

A PARIS,

Chez les Directeurs de l'Imprimerie du Cercle
Social, rue du Théâtre-François, No. 4.

L'an 4e. de la liberté.

(1796.)

Der neue Mensch.

P. 1. Z. 1 u. 2. Der Mensch ist Organ Gottes. Auf seinen Ursprung aus Gott werden in der Schrift: *Ecce Homo*, die Correspondenz und Reminiscenz der Erkenntnisse reducirt.

P. 1. Z. 13—14. Gott Verherrlichen ist seiner Herrlichkeit und Herrschaft Dienen.

P. 2. Z. 7—8. Der Affect der Bewunderung erhebt mich über ein Niedriges, von welchem ich wie von jenem mich Erhebenden mich unterscheide. Der Affect der Adoration und Liebe hebt den Unterschied nicht auf, sondern stellt in ihm die Einung her.

P. 2. Z. 17—19. Aufgeblasenheit ist nicht Erfülltheit. Wer in seinen eigenen Beutel lügt, erfüllt ihn nicht.

P. 3. Z. 11—15. Im Amalgam von zweien erkennt man keines (distinguirt). Ohne Zersetzung des Zeitlichen gibt es kein Erkennen desselben. Im Zeitlichen ist nemlich nebeneinander, was nur untereinander sein sollte.

P. 3. Z. 15—21. Jede Cur erweckt unmittelbar einen tieferen Schmerz. Nur die Erweckung dieser tieferen Sensibilität hebt die Cur an, bei welcher die Sensibilität der niederigeren Region (die morbose, abnorme) latent wird. Der Schmerz des aufgelöseten niedrigern Lebens wird vom Schmerz des wieder erwachten höheren absorbirt. In jeder Medicin ist also Urim und Thumim, Gerechtigkeit und Gnade. — Jedes Medicament (in jeder Region des Lebens) hat diese zwei Ingredienzien, das eine, welches die Basis der Krankheit zerstört, das andere, welches, mit der hiemit frei gewordenen Basis des gesunden Lebens sich verbindend, diese Basis wieder substanzirt. Wogegen die Aufreizungs- und Deprimirungstheorie der Browniaer so wie die Vorstellung einer *vis naturae medicatrix*, die sich selber helfen soll, nichts erklärt. Hieraus wird auch die *natura morbi* verständlich.

P. 4. Z. 18—20. Das Innewerden dieser Quelle als eines von uns Unterschiedenen, ihres Sichöffnens und Verschlossenseins in uns ist die Basis aller Religion.

P. 5. Z. 2—4. Wie z. B. ein Liebender sich Vorwürfe macht, wenn er den Schmerz der Trennung von der Geliebten durch Distraction zum Schweigen bringt. Denn hier bringt der Schmerz der Trennung die Union.

P. 5. Z. 8—10. Daher auch die Persönlichkeit der drei göttlichen Formen oder *facultés*.

P. 5. Z. 13—22. Der Sprecher spricht von innen und aussen in mich. Alle meine Erfülltheit (Alimentation) kommt von innen und von aussen in mich, und beide sollen sich entsprechen. Der Mensch lebt vom innern und äussern Brod.

P. 5. Z. 23—26. Wort ist das Gehörtwerdende. Ich kann das Wort nicht hören, ohne dass ich es nachsprechend gemacht werde.

P. 6. Z. 4. *Facultés* im *Microcosme* entsprechen denen im *Macrocosme* (die im *Microtheos* jenen im *Macrotheos*) als des letztern Regionen.

P. 6. Z. 11—13. Hier werden *pensée, coeur, opération* unterschieden, wie p. 1. *ame, esprit, corps* unterschieden worden sind. *Dieu même ne prend corps que par son opérer.*

P. 6. Z. 19. Dieses Herz (des Menschen) war das einzige, in dem der Schöpfer nach Schöpfung aller frühern Geschöpfe Raum fand und darum in dasselbe einging.

P. 7. Z. 2—6. Der Mensch ist *Esprit divin*, also über jenem Engel. Wir werden die Engel richten, heisst es in der Schrift. Hiemit ist der Mensch auch *Intermede* zwischen Gott und jenem Engel. Aber hier ist es das Organ, welches vom

Princip ausgeht, um die Trennung des Princips vom Product aufzuheben.

P. 7. Z. 11—16. Die Luft bläst ins Feuer oder bläset es auf (befreit es), um von ihm erwärmt und erleuchtet zu werden.

P. 7. Z. 23—26. Des Menschen Herz wird Gott untreu, wenn es seinem Engel untreu wird, und wird diesem untreu, wenn es Gott untreu wird.

P. 8. Z. 1—11. Hier ist *Sagesse* creatürlich verstanden. Wie der Engel die Weisheit als Recipiens des göttlichen Lichtes vorstellt, so das Herz des Menschen das Organ des Lichtes, welches Herz die Liebe ist. Der Name des Herrn ist beides, Liebe und Weisheit zugleich und verbindet (vermählt) darum den Menschen und den Engel. Hier gilt, dass der Mensch nicht scheiden soll, was Gott vereinte. Wo aber die Scheidung eintritt, da wird das Licht durch die Kälte, die Wärme durch Finsterniss gebunden.

P. 8. Z. 24. Das Göttliche ist durch den Fall vom Geistigen getrennt und der Mensch soll es wieder vereinen.

P. 8. Z. 26—31. Der Mensch ist die Lampe, der Geist ist die Luft. Die Wärme oder das Feuer des göttlichen Lichtes sind im Oele verborgen und die Luft bläst auf dich, damit du dich in Thätigkeit setzest und die Wärme und Klarheit dieses Oels ihr mittheilst. Auch in Gott bläset die Weisheit (Luft) das göttliche Feuer auf, um erwärmt und erleuchtet zum scheinenden Himmel zu werden.

P. 10. Z. 12—24. Hier ist die ursprüngliche Mission des Menschen als Organs der *Region divine* im Verhältniss zu den durch den Abfall von dieser Region unfreiwillig oder freiwillig abgeschlossenen Geistwesen ausgesprochen. Ohne Fall wäre die Mission des Menschen als Schlussgeschöpfs gewesen, den Eingang des Gottorgans (Wortes) in die Schöpfung durch sich zu vermitteln.

P. 12. Z. 8—9. Diess ist gegen Spinoza gesagt. Die Modification der Action wird nemlich durch die Modification des Wesens oder Seins gerichtet.

P. 12. 10—14. Eigentlich kommt es hier doch zu keiner

wahrhaften Substanz, sondern die apparente Substanz hält nur die wahre auf.

P. 12. Z. 30. Differenz ist hier Zwietracht, nicht Unterschiedenheit, welche die Eintracht bedingt, sondern eine die Zwietracht bedingende Verschiedenheit. Man darf nicht vergessen, dass drei, sie mögen eins sein oder uneins, drei sind.

P. 14. Z. 1—14. Wenn der Mensch Gedanke Gottes (keineswegs der Gottgedanke von sich selbst), wenn also der Mensch von Gott gedacht ist und ohne dieses von Gott Gedachtwerden nicht wäre, so kann er auch seines Seins nur gewiss sein, indem er sich von Gott gedacht weiss. Daher genügt nicht das *Cogito ergo sum*, sondern nur das *Cogitor (a Deo) ergo sum*.

P. 14. Z. 15—19. Der das Wort hervorbringende (immanent setzende, gebärende) Gedanke gibt sich als Geist in das Wort ein und geht mit und aus dem Wort als versöhnter Geist aus, denn der Gedanke ist Geist des Worts, wie dieses Geist der That. — Gedanke, Wort und operirender Geist sind nur dreifaches Organ der Einheit zur Manifestation. So ist auch immanent die Weisheit als *Pensée Dieu* nur Gott als Zweck dienend. Gott führt sich erst in seinen Gedanken (Weisheit) ein, sodann diesen in sein Wort, dieses ins Werk.

P. 15. Z. 3. Wenn ich innerlich nicht erfüllt bin, falls ich dieselbe Idee nicht äusserlich vor mir bringe, so kann dieses vor mir Bringen als Thun nicht unmittelbar, sondern durch ein von mir unterschiedenes Organ *(Revelator)* geschehen. Alles Produciren ist vermittelt, also mit der Production des Organs anhebend und mit dessen Reduction endend, die aber Reabsorption ist.

P. 16. Z. 1—11. Das Erfüllen setzt ein Erfüllbares, Bestimmbares, Entwickelbares voraus. Der Gedanke erfüllt und begeistet das Wort, das Wort den Agenten als Wirker oder Schaffer.

P. 18. Z. 21. Das ewige Wort bringt Alles nach Zahl, Maass und Gewicht hervor.

P. 20. Z. 14—27. Diese Dissemination ward des Menschen Ohnmacht. Jene Kräfte wurden nun durch seine Materialisirung wieder concentrirt. Die Zerstreutheit hat erst eine forcirte Sammlung (Concentration) oder Einheit im Gegensatze der developpirten Einheit zur Folge: Union ohne innerliche Continuität. Diese forcirte Einheit (Corporisation) soll als Bauhütte der Herstellung der evolvirten Einheit dienen. Diese Einheit der Formation heisst Figur, weil sie nemlich leer, nicht real oder erfüllt (Ingewohnt) ist von der developpirten wahren Einheit.

P. 21. Z. 5—8. Wenn Saint-Martin sagt: das Lamm Gottes sei geopfert worden seit dem Anfang der Welt, so heisst dies also: nicht seit dem Falle des Menschen, sondern mit Anfang dieser Weltzeit. Das Organ als in diese Weltzeit gesendet, musste sich ihr conformiren, weil diese selbes nicht hätte ertragen können. Daher für dasselbe Suspension der Verklärung und Herrlichkeit beim Vater eintrat.

P. 22. Z. 7—9. Eine andere Function des Wortes ist die Gedankenmittheilung, eine andere als Befehl die Inactionsetzung des Operativen. Durch Aussprechen wird das Wort vollendet, vollendeter Wille ist ausgesprochener.

P. 23. Z. 4—9. Nur der freie Gedanke befreit unseren Gedanken, nur das freie Wort unser Wort, das freie Thun unser Thun. Das Geschöpf kann nur das Denken, Sprechen und Wirken Gottes fortsetzen in der creatürlichen Region.

P. 24. Z. 4—6. Ich kann nicht handeln oder meinen Gedanken executiren ohne zu sprechen.

P. 24. Z. 13—17. Namengeben ist seine Macht in etwas Senken. Rufen bei Namen ist solche Erwecken. Der Genannte ist darum dem Nennenden gehörig. Name ist Base des Rapports, was für Rufen und Anrufen gilt.

P. 24. Z. 25—29. Das Geschöpf ward primitiv mit, in und zum Sohn (Organ) geschaffen. Entfällt es also der Sohnschaft, so muss es abermal dieser theilhaft gemacht werden, weil sonst Gott sich in ihm nicht als Vater findet. Der erste Moment der Schöpfung unterscheidet das Geschöpf vom Schöpfer, der zweite reunirt es in der Unterschiedenheit.

P. 26. Z. 4—5. Etwas Anderes ist das Penetriren und nicht Erfüllen, Durchwohnen und nicht Inwohnen; etwas Anderes das mit Activität Erfüllen, etwas Anderes mit nicht Activem, der Action sich Widersetzendem.

P. 26. Z. 7—9. Der Magnetisirte findet das *Uniens* seiner getrennten Potenzen im Magnetiseur.

P. 26. Z. 22—24. Wie alle Confusion zugleich Trennung ist; denn wenn beisammen ist, was nicht beisammen sein sollte, so ist entfernt, was nicht entfernt sein sollte.

P. 28. Z. 15—19. Wenn man Princip, Organ und Operator als drei Agenten unterscheidet, so kann man nicht letzteren als Operation oder als Action des Princips, des Organs oder beider vorstellen.

P. 18. Z. 19—27. Der Gedanke als Gedachtes durch das Denken Producirtes, das Wort als Gesprochenes durch das Sprechen Hervorgebrachtes, endlich das Werk als Gewirktes durch das Handeln Producirtes sind nur drei Momente derselben Production und desselben Producens. — Wie das Princip und das Organ sich wechselseitig realisiren und ausser ihrer Conjunction beide unreal wären, so gilt dasselbe vom *Factor* und vom *Faciens* in Bezug auf die beiden ersten.

P. 29. Z. 11—16. Gott ist *pensant non pensée, parlant non parlé, opérant non opéré*. Der Mensch *pensée pensant, parlé parlant, opéré opérant*. Die materialisirte Natur ist *pensée non pensant, parlé non parlant, opérée non opérant*.

P. 29. Z. 16—18. Durch das *Univers* als Zeitwelt oder *petit monde*, welche von der ewigen als *grand monde* getrennt oder abgeschlossen ist, ist der Engel von letzterer mit abgeschlossen.

P. 30. Z. 1—4. Hier wird der Hauptinhalt der ganzen Schrift berührt. Sollen wir mit Gott auferstehen können, so muss er sich mit uns und in uns begraben. — Sobald die aufsteigende Bewegung nicht der herabsteigenden entspricht, so erstarrt ein solches Wesen ausser dem Lebensstrom, d. h. es hört auf, erneuert zu werden. — In dem gangrenös Insensibelgewordenen kann die Sensibilität nur als tiefster Schmerz geweckt werden.

P. 31. Z. 1—5. Dem Muthe der Verzweiflung wird die mächtige Ruhe des Centrums, der Macht des Zornes die schreckliche Macht der Sanftmuth entgegengesetzt. — Herz-Fassen ist Grund-Fassen in einem mit Kraft Erfüllenden.

P. 31. Z. 16—25. Das Durchdringen ist ein das Durchdrungene Aufheben zur Hülle des Durchdringenden, sich Inneraden, und zur Bedingung des Ausgangs. Wenn nemlich nichts eingeht, sich occultirt, enraciniert, oder descendirt, so kann nichts aus- und aufgehen. Das Innewohnende bleibt doch frei ausser der Inwohnung.

P. 35. Z. 1—4. Die Einheit kann das Entzweite nicht wieder vereinen, ohne sich ihm gleich zu machen, gleichsam zu versetzen oder seine Einheit zu suspendiren.

P. 35. Z. 4—16. Wie roh ist dagegen die Welt- und Naturansicht unserer Naturphilosophen!

P. 35. Z. 17—24. Wie der Mensch auf den Engel als Gehülfen angewiesen ist, so dieser an jenen. Trennung der Geister von Gott war der Ursprung dieser Materie (Welt). — Expatrirung des Menschen und Bedürfniss seiner Gesellung als wechselseitiger Integrirung. Unvollendtheit der Engel (als früherer Geschöpfe) ohne den Menschen als Schlussgeschöpf. Der Mensch als Organ (dem Organe *Dieu* entsprechend) vermittelt Geist und Natur, Himmel und Erde.

P. 36. Z. 1—6. Wir müssen unsere Befreier befreien, was wir aber nur durch den in uns leidenden Gott vermögen.

P. 37. Z. 8—15. Hier tritt der Sinn alles Zeit- und Raumlebens und Wirkens hervor. Wenn nemlich die Verunreinigung unserer geistigen Elemente nicht in der Zeitregion geschah, so ist die Herstellung der letzteren und das Gehaltensein in ihr gut, weil die Wiedervereinigung bedingend. Anders verhielte es sich, wenn nicht eine Verunreinigung statt gefunden hätte und die Zeitregion nur das Wachsthum oder jene Entwickelung bezweckte, die uns zum Eintritt in die höhere Region befähigte.

P. 38. Z. 21—28. *Coquor dum destituor, digeror dum transformor, unior dum conformor.*

P. 42. Z. 8—10. Wie im ersten *Solidum* der Name eingegeben ward. *Le Seigneur à donné dans le premier Solide* une preuve matérielle que son nom demeure sur la terre. *L'Homme de désir* 20.

P. 43. Z. 4—9. Hier erscheint das (ausgesprochene) Wort als *Missus*. Nur als ausgesprochen ist das Wort ein vom Sprecher (Vater) Unterschiedenes (somit Formirtes) und für sich Producirendes. Denn im Vater (nicht gesprochen) war es still als noch ungeboren (laut- und scheinlos) das im Ungrund Disseminirte. Im Text ist ein Ab- und Aufsteigen des Worts berührt, welches dem Odem vergleichbar ist. Mit dem Ausgesprochensein (Geborensein) des Worts ist das Ausgehen des Geistes als Operators zugleich so wie das Ausgegangene oder das, von dem der Ternar innerlich ausging, und sich in ihm formirte.

P. 50. Z. 1—5. Wer nicht wider den Teufel ist, der ist für ihn.

P. 52. Z. 8—16. Alles mich Durchdringende ist als solches mir nicht wahrnehmbar oder wissbar. „Er versetzt die Berge und sie wissen nicht." *Actio vitalis.* Alles Sichtbare ist Bild eines Unsichtbaren. Wir sehen also nicht die Dinge, sondern ihre Bilder. Gott allein, sagt Tauler, geht ohne Bild in uns.

P. 53. Z. 5—6. Jede wahre Liebe ist aus Gott geboren.

P. 53. Z. 25—30. Hier ist die immanente Unterscheidung angezeigt in Vater, Mutter, Sohn, Diener etc. in demselben Wesen. Obschon jedes der drei Organe *vita propria* hat und Ich ist, so ist jedes doch nur dasselbe Ich in jedem und in allen Organen, in jedem auf andere Weise. *Deus Pater, Deus Filius, Deus Spiritus, non tres Dii, sed unus Deus.*

P. 56. Z. 11—16. Die Entzündung als Entstehen des Feuers (als in sich geschlossenen Processes) ist eben so momentan als sein Vergehen. Das Feuer urständet nicht *per generationem aequivocam*, sondern ist nur die partielle Manifestation eines allgemeinen verborgenen Feuers.

P. 56. Z. 17—18. Nur Gott vermag sich die Creatur ganz (ohne Rest) zu geben.

P. 63. Z. 25—28. Es gibt kein Ruhen als im Kraftgebenden.

P. 64. Z. 16—20. Die Seele des Menschen verhält sich zu unserem ganzen Sein, wie der Geist des Herrn zum Universum.

P. 65. Z. 17—23. Die Religion, indem sie einen tiefern (höhern) Schmerz erweckt, macht insensibel für die Schmerzen der niedrigeren Ordnung. Wogegen die Religionsquacksalber dem Menschen durch die Religion die Beschwichtigung dieser letztern Schmerzen und Leiden ohne Bedingung zusagen.

P. 66. Z. 12—20. Das ausgesprochene Wort ist das vom Sprecher unterschiedene, geborene, welches non lautend und als ausgeborenes Licht leuchtend ist. Der Sprecher und sein Wort, der Vater des Lichts und das geborene Licht geben zusammen in und durch éinen Operator aus.

P. 68. Z. 24—26. Unsere geistige Existenz ist die stätige Erfüllung (Vollbringung) des heiligen Namens, der uns hervorbrachte und beständig hervorbringt.

P. 78. Z. 23—28. Die Natur muss im Geist, dieser in Gott auferstehen.

P. 81. Z. 2—16. Christus vergleicht das fortgehende Wirken des Gottesreichs mit jenem des Sauerteigs. Das Sammelnde, Ineinsfassende, auf einmal Nehmende des Disseminirten (oder auch das Wiederfassende) kann nicht selber als zerstreut (ausgedehnt), sondern als inner dem Zerstreuten überall dieses durchdringend präsent gedacht werden. — Die *force disseminée* ist hier die Sprechkraft (Sprachgrund), welche die *vis inertiae* gegen sich erregt. Der Vater (Sprecher) des Wortes muss solches aus seiner Zerstreutheit sammeln, einen. — Der in die Erde kommende Same hält die Vielheit in sich concentrirt. — Die Erde vermag ihre zerstreuten Potenzen eben nur an jener Concentration zu sammeln. Das Vermögen, sich als Eine zu fassen, hat die Creatur nicht von sich, sondern durch Theilhaftwerden an dem primitiv als Eine Gefassten. Das Wort (Licht) ist das *Unum*, welches der Vater als *Uniens* in Eins fasst und das ihm in der Union (Collection) entsteht. — Wenn die verschlungene Laut-, Schein-Kraft durch eine Macht verschlungen und dispersirt ist, so muss durch Einung jener die letztere dispersirt (entgründet) werden. *Dissipatio tenebrarum est collectio luminis.* Wenn nun aber jene in eine besondere Region geschieden werden und bleiben, so kommt es doch hiebei nicht mehr zur Selbstconcentration oder Persönlichkeit, sondern nur zum tantalischen Bestreben hiezu.

P. 82. Z. 1—5. Das Persönliche ruft im Nichtpersönlichen Persönlichkeit hervor. Nur Persongewordenem tritt Person gegenüber. So muss also jener Widerstand gegen eigene Einung oder Persönlichwerdung als böse Person sich kund geben. Vorerst aber zeigt sich solcher Widerstand nicht als Person, was auch für gute helfende Action gilt.

P. 83. Z. 19—24. Welche also ihr Sein und Wirken ausser ihrer Region usurpirten. In ihre Region oder zu sich selber gekommen finden sie nichts mehr, in und an dem sie ihr verzehrend Feuer gleichsam entladen können, welches also im eigenen Eingeweide wüthet. Der Sünder kann nicht innerlich und äusserlich zugleich einstimmig leben, sondern er strebt, um nicht innerlich (im Streit mit dem Aeussern) zu sich selber kommen zu müssen, sich äusserlich zu distrahiren d. h. den Widerspruch des Innern und Aeussern zu verdecken.

P. 88. Z. 28—29. Eben weil das Wort Gottes nie anfing oder immer anfängt, hört es nie auf.

P. 89. Z. 18—28. Dieses dein Kind war in deinem eigenen Wesen dispersirt. — Liebe ist ein Ingeborenes, nicht Weggebärbares und doch sich von dem, welchem es eingeboren ist, als *vita propria* Unterscheidendes.

P. 91. Z. 1—6. Wie Gott eine *Societas* ist.

P. 91. Z. 7—15. Wenn das Ohr nur empfängt, die Zunge nur wirkt, so ist das Auge halb empfangend, halb gebend.

P. 95. Z. 4—22. Die Erweckung der Sensibilität (aus der gangränösen Insensibilität) des Uebels ist das einzige Mittel, alle andere Sensibilität zum Schweigen zu bringen; wie oft eine allgemeine Calamität alle kleinen Feindschaften zum Schweigen bringt.

P. 96. Z. 13—17. Dasselbe Licht blendet und erleuchtet. Nicht der Blinde ist der Verblendete oder der der Verblendung Fähige.

P. 98. Z. 24. Die beste Uebersetzung der Bibel ist der

P. 100. Z. 3. Beichten ist die Wurzel (das Geheimniss) der Sünde den zerstörenden Mächten Aussetzen. Entgründen.

P. 107. Z. 11—18. Nahest du dich zu Gott (in der Zeit), so nahet der Teufel sich dir.

P. 115. Z. 4—10. Es ist nur éin Sohn und jeder Creator wird Gott nur Vater, wenn sie dieses Sohnes theilhaft wird.

P. 117. Z. 1. Dieselben Organe, die in Gott sind, müssen secundär im Menschen sein.

P. 119. Z. 10. Der Geist ist raum- und zeitfrei, denn die Natur als geistleer ist räumlich-zeitlich.

P. 122. Z. 19—23. Nur Gott ist Selbstzweck seiner Existenz. Alles, dem Gott Sein gibt, hat seinen Zweck in Ihm. Was von Ihm, das soll und kann nur für Ihn sein. Die Vorstellung des Menschen als Selbstzwecks ist atheistisch.

P. 122. Z. 26—28. Die von Gott unterschiedene Existenz der Creatur bedingt eben ihr Organ- und Werkzeug-Sein Gottes. Der Mensch muss sterben in seinem Geist, seinem Wort und seiner Macht, um im Geist, Wort und in der Macht Gottes aufzuerstehen.

P. 123. Z. 12—15. Der Pantheist, welcher nur dem Geschöpf reale Existenz zuerkennt, sagt damit im Grunde, dass dasselbe Existenz vom nichtexistirenden Schöpfer erhalte.

P. 125. Z. 1—2. Der Mensch soll das reelle Bild Gottes sein, wie die Natur das figürliche. Alles Vergängliche wiederholt sich so lange als Figur, so lange der ewige Mensch selbe nicht in sich realisirt.

P. 125. Z. 30—32. Gott lässt dich frei im Guten und widersteht dir als Böswilligem. Innere Resistenz ist aber nicht zwinglich den Willen, nur dessen Thun.

P. 126. Z. 20—26. Primitiv ist es immer der Gedanke, welcher dem Willen Richtung weiset.

P. 128. Z. 16—18. Die Sonne verbrennt die Erde und ihre Gewächse, wenn sie ihr Wasser nicht in ihnen findet, sich also in ihnen nicht als Sonnenleib aufziehen kann. Das Licht als Klarheit blendet (verfinstert) ohne Farbe oder Temperirung, das Feuer (die Hitze) verbrennt ohne Temperirung (Wasser).

P. 138. Z. 28—30. Das Enden heisst hier nicht Aufhören, sondern Vollenden.

P. 135. Z. 13—17. Der Name Gottes ist Frucht und Geist der Essenz, welche die Action Gottes an sich zieht, und das Gesetz ist Geist und Frucht seines Namens. Geist und Frucht des Vaters ist der Sohn, Geist beider der heilige Geist, deren gemeinschaftliche Frucht oder Emission die Sophia.

P. 141. Z. 1—17. Schutzengel, der, obwohl nicht gefallen, durch uns der vollen Seligkeit entbehrt. Aber auch die höchsten geschaffenen Geister sind von der Zeitwelt afficirt, und warten der Vollendung der Creation durch den Menschen d. h. durch die Menschwerdung des Wortes.

P. 141. Z. 28—30. Jede Erhebung in eine höhere Region ist durch ein Individuum derselben Region vermittelt und jeder Einung mit einem höheren Wesen entspricht der Druck mit einem niedrigeren.

P. 142. Z. 1—6. Man muss in einer höhern Region Schmerz oder Lust fühlen, um Schmerz oder Lust einer niedrigern nicht zu fühlen. So sagte eine Somnambule, dass sie eine krankhafte leibliche Affection schmerzlich fühlen würde, falls sie nicht somnambul d. h. entleibt wäre. Die noch unreale Vorstellung oder Gestalt (Figur), welche den Geist begleitet, ist ein unempfindliches Schauen, welches vom empfindlichen zu unterscheiden ist. Nur mit der Seele tritt reale Empfindung ein als Verbindung von Geist und Leib. Lucifer ward entseelt *(exsanguis)*, daher seine Psychophobie.

P. 142. Z. 19—26. Man muss ungeschaffene Geister Gottes von geschaffenen unterscheiden.

P. 146. Z. 4—14. Was nicht unausgedehnt, was also Flächenkraft ist, das durchdringt keine Fläche. Was ungeeint (componirt) ist, kann sich also seines Durchdrungenwerdens von dem, was in seiner Action eins ist, nicht erwehren. Die anscheinende Einheit der Action der Materie *ad extra* ist doch nur eine componirte Action der Elemente.

P. 151. Z. 8. Wären alle Menschen in dieser *Communio*, so könnte die Welt sie nicht mehr ertragen und diese verginge.

P. 152. Z. 1—5. Schon jede Künstlerbegeisterung deutet auf eine solche Doppelexistenz — und ohne das Innewerden dieser zweiten (neuen) Existenzweise hat der Mensch keine Ahnung seiner künftigen Existenz. Diese Doppelexistenz meint Christus, wenn er sagt: „Ihr seid es nicht, welche reden werden, sondern euer Beistünder, der Geist, wird euch die Worte geben, die ihr reden werdet." Und von diesem Beistünder sagt er, dass er ewig bei uns bleiben werde, einzeln bei Jedem und doch derselbe bei allen. Dieser Beistünder ist nemlich dem Geist, der Seele und dem Leibe des Menschen beistehend, und Paulus nennt den von diesem Beistünder verlassenen Menschen einen psychischen, nicht als ob er darum ohne (andern) Geist wäre. Auch kann dieser Beistünder nicht mit dem Instinct der Thiere verglichen werden, weil der Naturgeist die Thiere wirken macht, ohne dass sie selber wirken; obschon der Geist bisweilen auch nicht als Beistünder wirkt, sondern den Menschen ohne dessen Selberwirken wirken macht. Petrus beruft sich am Pfingstfest auf Joel, dass zu den letzten Zeiten der Geist ohne Unterschied auf Alle werde ausgegossen werden (in Weissagen, Gesichten, Träumen, Wundergaben, Sprachen etc.).

P. 153. Z. 16—32. Alles, was ausser dem einzelnen Menschen im Grossen aus- und nach-einander gelegt sich darstellt, ist auch im *Microcosmus* neben-, nach- und ineinander. Seinen innern Sphären oder Systemen entsprechen die äussern Regionen. Soll ein verderbter Organismus restaurirt werden, so ist vor Allem ein krankheitsfreier, heilverbreitender Sitz in ihm zu fixiren.

P. 154. Z. 1—16. Das wahre Verständniss eines Gesetzes tritt erst mit dessen Erfüllung ein. Die mir ohne mein Zuthun gegebene Erkenntniss (Anerkenntniss) des Gesetzes ist also eine andere als die mir durch dessen Thun (Erfüllung) werdende und aufgegebene.

P. 154. Z. 27—23. „In mir (als *Locus*) habt Ihr Ruhe," Nur ein Wesen kann dem andern Stätte oder Raum sein, so auch Dauer. Der Mensch als Schlussgeschöpf ist Repräsentant des Sohns, in dem Gott (Vater) seinen ewigen Sabbat feiert, sich in sich zusammenschliesst oder Mitte gewinnt. Die Geburt des

Sohnes ist somit Schluss- oder Centralgeburt in Gott. Sabbat ist wechselseitige Inwohnung, Gründung und freie Expansion.

P. 155. Z. 10—19. Wir müssen also selbst unsere materiellen Finsternisse zerstreuen, um den Menschen, und unsere Geistesfinsternisse, um Gott zu finden. Es ist also das Zumvorscheinkommen einer (Licht-) Substanz A an das Zerstört- (Latent-) Werden einer (finstermachenden) Substanz B bedungen. Wie kein Leuchten ohne leuchtende Substanz, so kein Dunkel-, Finstar-Machen, Hemmen des Leuchtens, Nichtsichtbarmachen, ohne eine Finstersubstanz. Denn nur die sich ausbreitende, aus ihrer Latenz zur Potenz sich erhebende Finsterniss ist diese actu.

P. 157. Z. 1—7. Jeder Spiegel vermittelt ein Höheres mit Niedrigerem, indem durch den Spiegel das Höhere das Niedrigere, dieses jenes erblickt. Diess gilt immanent wie emanent.

P. 158. Z. 17—22. Der neue Mensch wird also zur (nicht schon in der) göttlichen Region geboren.

P. 159. Z. 24—32. Jeder Druch gebt mit seiner Potenzirung dem Nichts zu.

P. 160. Z. 1—12. Diess gilt besonders jetzt bei den vielen Apparitionen. Die leichte oder vielmehr gar nicht vorhandene innere Vorbereitung beim magnetischen Orakel ist sehr verdächtig.

P. 167. Z. 1. So wie das *Univers* vollkommen von der Ewigkeit erfüllt ist, hört selbes auf, in seiner Geschiedenheit von letzterer zu bestehen.

P. 170. Z. 10—16. Was das Gehör zur Sprache, das ist das Gefühl zur Bewegung, das Sehen zum Leuchten (Gestalten). Was der Geist in der Seele, das wirkt die Natur im Leibe. Geistige Sinne in der Seele, wie nichtgeistige im Leibe.

P. 174. Z. 1—8. Wie keine Einheit ist, die nicht Dreiheit, so keine Uneinheit, die nicht Dreiheit ist. Der Ternar der Creatur ist nicht an sich, sondern durch Theilhaftwerden des Göttlichen dreieins. Wohl nicht drei und eins oder vier Principien, sondern Dreieins oder Einsdrei gemeint ist.

P. 174. Z. 17. Was das Herz in sich nimmt, ist sein Gott. *L'âme est le Dieu du coeur.*

P. 176. Z. 17—31. Jede von den sieben Gestalten ist von allen andern bestimmt, jede von allen andern extrahirt. Jede verhält sich zu den andern wie 1 : 6.

P. 182. Z. 1—6. Hier wird ein Doppelsein (Doppelgängerei) derselben secundären Objecte statuirt ausser Gott und in (vor) Gott, und zwar letzte nicht als Figuren oder Schatten der erstern, sondern umgekehrt als wahrhaft real und ewig von ihm geschaffen, nicht zeitlich. Das Physische wird hier gegen das Geistige als innerlich bezeichnet, wonach das Göttliche als das beiden Innerliche also Innerste oder die beide zusammenschliessende Mitte, als beide vermittelnd, sich einander ergänzend, vollendend erscheint.

P. 182. Z. 7—15. Nicht also die morbose Desorganisation bedingt die Erleuchtung für höhere Regionen.

P. 182. Z. 16—21. Licht und Finsterniss können nur durch eine solche Conjunction des Innern und Aeussern (Lichtes oder Finsterniss) effectiv werden, somit durch Getrennthalten des Gegentheils. Die Innerlichkeit und Aeusserlichkeit des Seienden ergänzen sich beide nur in ihrer Conjunction (Mitte, Grund), wie jedes Organ sich nur in der Verbindung mit allen andern ganz findet und weiss. S. Joh. 17, 23.

P. 183. Z. 14—18. Durch Invocation des uns innerlich präsenten Namens sammeln wir geistige Activität, mit welcher sich die göttliche herabsteigend verbindet.

P. 186. Z. 9—20. Wenn vom zeitlichen Menschen gesagt wird, dass er aus Innerem und Äusserem Sein componirt sei, so besagt dieses, dass beide, obwohl sie eins (sich ergänzend) sein sollten, sich entzweit befinden.

P. 187. Z. 11—31 ff. Jener treue Freund oder Geist, der mit uns eingesperrt ist, kann nur dadurch göttliches Licht erlangen, dass wir die Pforte hiezu in unserm Herzen öffnen, ebenso kann der Feind nur zum Elementarlicht gelangen, wenn wir die ihm in unser Herz Zugang schaffende Pforte öffnen. Thun wir letzteres, so setzen wir unsern Freund dem schrecklichen Schicksale eines Zusammenseins mit dem Feinde in uns aus. Aber noch ungeheurer wird die Prostitution, wenn wir, nachdem wir die untere Pforte öffneten, noch die obere öffnen, und die Ihrem natürlichen Hang folgende in uns niedersteigende Wahrheit selbst dem Contact preisgeben. Wogegen wir in Verbindung mit unserm Freund und dieser obern Action ununterbrochen jene Pforte nach unten verschlossen halten sollten. Der Mensch setzte durch Essen der Frucht des Guten und des Bösen das in sich nebeneinander, was nur unter einander stehen sollte. Um von den Früchten des Baumes des Lebens zu essen, muss er jenes Nebeneinander erst trennen, Reines von Unreinem scheiden, um diese Früchte nicht der Prostitution preis zu geben.

P. 191. Z. 7—16. Das Gesetz des Menschen ist der Wille seines Urhebers. Nur ein Wille (Wollender) kann einen andern Willen sollicitiren zum Sichbestimmenlassen von ihm. Im ethischen oder Willensgesetz ist also die Präsenz des ethischen Gesetzgebers gegeben.

P. 192. Z. 19—27. Der Mensch soll die wahren Leiden den falschen Freuden, die wahren Freuden den falschen Leiden entgegensetzen.

P. 206. Z. 11—14. Sieht Gott sich in dir, so siehst du dich in Gott. In diesem Sinne ist das Object Spiegel und dieser Object. Der Spiegel zeigt nur, indem er sich nicht zeigt.

P. 208. Z. 22—30. Die uns geliehenen Fonds erhalten sich nicht in uns, wenn wir sie nicht productiv verwenden.

P. 211. Z. 1—6. Cultus beginnt mit Bedecken des Samens mit Erde. Ich bedecke die Wurzel und bewahre.

P. 211. Z. 6—9. Der Geist soll so wenig das Wachsthum im Herzen aufstören, als die Sonne in die Wurzel scheinen soll.

P. 214. Z. 1—2. Den Auferstandenen bekennt und kennt nur der von ihm Auferweckte.

P. 217. Z. 12—25. Das Thun der Gesetze (des Willens) des Herrn bedingt das Erfülltwerden mit seinem Namen und dessen Besitznahme unseres Seins, und dieser Name erzeugt dann in uns alle lebendigen Substanzen als Formen der göttlichen Kräfte. Unsere Vermögen (*facultés*) werden die Agenten oder Organe dieser Formen, welche die Weisheit conservirt. Ohne die Formen sind also die Vermögen (Agenten) nur *in potentia*, nicht effectiv und actuos.

P. 228. Z. 1—7. Was der Mensch innerlich verlor, musste sich ihm als Figur oder äusseres Geschehen darstellen. *Mutato loco eadem historia tibi (de te) narratur.* — Sinn der Zeitwelt.

P. 230. Z. 15—17. Christus sagt nicht nur vom Geist, dass er vom Vater ausgehe, sondern er spricht auch vom Wort, das Er, der Sohn, und der Geist hören und empfangen werden. Jede der drei Personen denkt, spricht, wirkt für sich, aber keine ohne die beiden andern.

P. 238. Z. 28—32. Apparenz als Schein nahm Kant für Erscheinen als Manifestheit, da doch diese Sichtbarkeit die wahre verbirgt, die Zeitwelt die ewige.

P. 241. Z. 18—23. Zweifeln und Verzweifeln ist Sinken, Abinirtwerden oder Zugrundegehen. Glaube ist Aufrichten.

P. 243. Z. 1—4. Der Christ ist Modell des neuen Menschen in Jedem.

P. 243. Z. 7—8. In der That ist das Wirken des Geistes auf den Geist durch nichtgeistige Medien allein eine *actio per distans* zu nennen.

P. 245. Z. 18—22. Die Demuth bedingt den Glauben wie dieser jene. Die Demuth ist Aliment des Glaubens. Das Empfangen ist ein Sichöffnen, somit Vertiefen unter den Geber. Glauben ist Muth-, Vermögen-Fassen.

P. 246. Z. 10—12. In jedem Strahl scheint dieselbe Sonne.

P. 251. Z. 18—21. Wie der Geist (Mensch) die reelle Figur Gottes, so sollte die Natur die reelle Figur des Geistes sein. Durch den Fall des Menschen musste die Natur die (zwar nicht reelle) Figur Gottes dem Geiste werden.

P. 261. Z. 28—33. Wenn a von zweien (b, o) gezogen wird, ist es von Keinem frei, es komme ihm denn ein drittes (d) zu Hilfe, womit es in die Mitte aller drei, sich von ihnen unterscheidend, tritt, so dass nicht eigentlich zwischen zweien, sondern zwischen dreien, Wahlfreiheit besteht.

P. 270. Z. 1—9. Die Einheit gliedert, macht jedes Einzelne zum Einzigen, Unersetzbaren. Die Einheit macht oder setzt das Einzelne, die Einzelnen aber offenbaren als Organe die Einheit.

P. 271. Z. 5—14. Das Durchdringende ist das Offenbarende. Was ich durchdrungen habe, mit dem umkleide ich mich als mit einem mir Subjicirten, Entselbstigten.

P. 274. Z. 15—20. Die Vertheilung der Organe des neuen Menschen ist nöthig zum Behuf der Sammlung des zerstreuten Namens des Herrn, eine Sammlung, welche mit der Heiligung dieses Namens zusammenfällt.

P. 275. Z. 12—13. Das Herz ist der Himmel des Menschen, und seine Seele Gott im Himmel. Wir leben nur durch das Herz.

P. 277. Z. 1—3. Wer jenes Leiden nicht kennt, über welches die Erde nicht trösten kann, weil es ein Leiden des Ewigen ist, der kann sich weder über die Erdenleiden erheben, noch die Erdenfreuden freudig verlassen.

P. 279. Z. 23—29. Ohne Einung mit Gott vermag der Mensch nichts. Ohne Reinheit keine Einheit und keine Einung.

P. 282. Z. 13—23. Ein tiefer Blick des Verfassers: die Pflicht ist dem Gesetz zur Seite, der Pflicht die Ermüdung, die Abmüdung der Entmuthigung, dieser das Elend. Das Vergnügen ist zur Seite des Glücks, die Illusion (Irrthum) zur Seite des Vergnügens, das Verbrechen zur Seite des Irrthums und der Tod zur Seite des Verbrechens.

P. 282. Z. 24—27. In der Einheit mit Gott ist Gesetzesfreiheit. Dieselbe Einheit, welche als inwohnend trägt, erhebt, leicht und licht macht, drückt, expellirt, macht schwer und finster als bloss durchwohnend.

P. 284. Z. 18—26. Schwere als der von oben kommende Druck, nicht als der magnetische Zug von unten. Was *invito marte* aus der Region oder Stelle stürzt, weil es sich nicht mehr in ihm erhalten kann, wird expellirt, und die selbes bewegende Macht ist keine inwohnende (beseelende). Der zur Erde stürzende Stein wird von ihr nicht angezogen. — Auf solche Weise ist der erste Urstand der Erde (als Expulsion) zu fassen. Ist es nicht dieselbe Luft, die auf das, worin sie inwohnt, erhebend wirkt, auf das von ihr Leere expellirend drückt? Das Schwermachende und das *Antigrave* ist ein und dasselbe Princip.

P. 292. Z. 14—15. *Le nouvel homme est l'homme primitif rassemblé de la dispersion*.

P. 292. Z. 30—32. An dem tugendhaften Menschen richtet sich der schwache auf und vor ihm zittert der schlimme.

P. 293. Z. 2—5. So wie Lucifer's Empörung diese Compensationsfunction von Seite des Menschen nöthig machte, so würde ihm auch ohne Fall die Function des Complements der Schöpfung als Schlussgeschöpf übertragen worden sein.

P. 295. Z. 7—13. Des Menschen Unglaube an Gott ist nur sein Aberglaube an die Weltzeit.

P. 297. Z. 22—29. Das ist ein Zurücksehen, aber nur in einen innern Spiegel, welcher das Innere sichtlich macht. Denn vor seinem Innern ist beständig ein solcher Spiegel, indem der Mensch sieht was im Innern ist. Wenn alles Sehen ein Vorsichsehen ist, so kann ich mein Inneres nur im Spiegel vor selbem sehen.

P. 300. Z. 17—27. Wenn der ewige Sohn die ewige Frucht Gottes als Vaters ist, so muss der bemerkte Ternar sein wie jener in ihren Vermögen als unterschiedene Personen. Aber die drei Personen in Gott bilden doch nur éin Sein, wogegen sie in der Creatur ein unterschiedenes Sein ausmachen, obschon sie in Gott vereint an jener Unität des Seins theilhaft werden.

P. 301. Z. 26—32. Für jeden Sinn gilt, dass nemlich die Sinnenpotenz erst eine Basis (Materie) aus sich in das Organ legt, auf die es reagirt. Wäre das Auge nicht sonnenhaft, so könnte es die Sonne nicht sehen. Was aber hier Licht heisst, ist selber nur primitives Sehen, dessen die Creatur nur theilhaft wird, was von jedem Sinn gilt. Diese Sinnenactionen sind aber primitiv geeint, wie auch ihre Basen, was schon in der *Clairvoyance* sich zeigt. — Nur das Leuchtende sieht, nur das Tönende hört.

P. 309. Z. 1—3. Das gebildete Wort ist schallend, wie Lichtgestalt strahlend. Nur Gestalt leuchtet (tönt) fort und pflanzt sich fort. Schon Göthe bemerkt, dass alles Sehen im Sonnen-

Licht ein Sehen im Sonnenbild ist. Ebenso geht alles Licht (Wort) im Geistigen von einer Persönlichkeit aus.

P. 313. Z. 23—24. Die nicht Enthusiasten sein wollen, bleiben Phantasten.

P. 314. Z. 6—7. Activum ruht nur in Activem. Das partielle Agens im centralen, dieses im partiellen. Der Begriff vom Grunde fällt mit dem eines Activen zusammen. Wechselseitige Activität bedingt den Sabbat.

P. 317. Z. 23—25. Nicht etwa Rückprall des schon fertigen, sondern Erzeugung des Bildes, welche bei jeder neuen Spiegelung sich wiederholt. Das Bild entsteht durch Reunion der Strahlen und setzt darum den Spiegel voraus.

P. 319. Z. 10—14. Der Vater kann nur dem Sohn Vater sein. Da also der Mensch der Sohnschaft entfiel (dieses Theilhaftsein nicht in sich fixirte), musste Gott als Sohn sich dem Menschen eingeben, damit Gott sich wieder als Vater in ihm fände und empfände.

P. 320. Z. 1—2. Der physiologische Satz, dass die Function (*actio ad extra*) dem functionirende Organ (Substanz) folgt oder begründet und die Nichtfunction selbes entgründet, gilt nur, wo diese Substanz Ganzheit hat und nicht wie die materielle zusammengesetzt (unganz, brüchig) ist, weil hier jede Entwickelung (Potenzirung) die innere Unganzheit mehrt und den Bruchwerth endlich = 0 macht. Alles, was nicht Kräfte (Organe) hat, um die Centralaction (temperirt) zu bestehen, wird von letzterer verzehrt (dieser Organe beraubt). — Dasselbe Feuer, welches durch seine Suspension (sein Innehalten) baut, verzehrt durch Aufheben dieser Suspension. *Le dévorateur doit être dévoré.*

P. 320. Z. 15—17. Mit der Zeit ist ein Brand ausgekommen, welcher nur mit dem Weltgerichtbrand aufhören wird. Und diese Feuersbrunst nehmen unsere Philosophen und ganz besonders unsere Naturphilosophen für das natürliche und ewige Leben!

P. 320. Z. 22. Zusammengesetzt ist nur das Unganze, denn nicht die Vielheit überhaupt, sondern jene Vielheit, welche ungeeint ist, macht das Zusammengesetzte.

P. 320. Z. 23—25. Hemmung der bösen Action ist Hemmung ihrer Productivität.

P. 320. Z. 26—27. In Adam fielen alle Menschen in den Abgrund, ehe selber wieder auf die Erde trat.

P. 323. Z. 23—30. Denkend, wollend (sprechend) und wirkend bin ich activ und productiv, und Gedanke, Wort und That sind nur drei Stufen der Ablösung des Productes vom Producens, welches Product aber den dreifachen Rapport mit jenem fortunterhält. Jede dieser drei Actionen hat ihre Receptivität und Spontaneität, nur dass erste vorherrscht beim Denken, letztere beim Wirken.

P. 327. Z. 8—20. Die Stufen des Aufsteigens des neuen Menschen auf den Thron seiner Herrlichkeit sind nach Saint-Martin's Darstellung in §. 56 folgende: 1) Sein Leib ist in harmonischer Activität durch die Elemente gehalten, 2) die Elemente sind gewirkt durch ihre Mächte, 3) diese dirigirt von den Geistern der Regionen, 4) diese excitirt durch die sensible und verlangende Seele des neuen Menschen, 5) diese activirt vom heil. Geist, 6) hier erhält die göttliche Seele des neuen Menschen eine Impulsion als Stachel des Feuers und der Wahrheit, 7) von da gelangt sie zum Respect und zur Liebe des Sohnes, 8) von da sie zur heiligen Furcht des Vaters gelangt und sich erhebt, der sie ganz in seiner Weisheit hält, bis sie 9) in die nicht getheilte Einheit reintegrirt wird, wo sie nichts als die Liebe kennt, welche der essentielle und universelle Character Gottes ist.

P. 332. Z. 9—13. Das Univers, welches durch die Eclipse des Menschen entstund, würde die volle Explication des wiederhergestellten Menschen nicht ertragen können. Diese Sonne würde sogleich die äussere Welt verbrennen und glorificiren. Die ganze Natur liegt in Nacht bis zum Aufgang dieser Sonne. Daher jenes Seufzen der Creatur nach der Offenbarung der Herrlichkeit der Kinder Gottes.

P. 332. Z. 25—32. Dieses Zusammenfassen ist eben das Namensaussprechen. So sprechen die Sterne den Namen in den Samen der Blume. Alles Aussprechen ist Inetwassprechen. — Klang- und Lichtfigur der Formation. Was sich nicht in sich formirt, leuchtet und tönt nicht. Nur geeint (formirt, als Klang- oder Lichtfigur) werden sie laut und scheinend. Alle höchsten Mächte müssen sich concentriren, in Eins fassen, um ihren Namen dem neuen Menschen einzusprechen, der ihn wieder aussprechen soll. Alles Prononciren geht von einem Concentriren aus und geht wieder in solches zusammen.

P. 333. Z. 1—8. Den Namen Aussprechen ist den Namen Einsenken in das, worein man spricht. Der *homme de désir* wird hiemit zum *nouvel homme*.

P. 337. Z. 13—18. Das ewige Jerusalem (die Stadt Gottes) ist in jedem Menschen, wie der neue Himmel und die neue Erde.

P. 337. Z. 18—19. Es kann nicht Friede auf Erden sein, wenn nicht Glorie im Himmel ist. *Salus Populi gloria Principis et gloria Principis salus Populi.*

P. 338. Z. 27—29. Alles Confundiren ist Fallen (Präcipitirtwerden), alles gliedernde Einen Erhobenwerden.

P. 340. Z. 1—6. Weil sie nur Kräfte, keine Individuen zeugen. Daher die Creation als successive Creaturenentwickelung keine permanente Anstalt. Das Werk kann erst beginnen, wenn alle Werkleute voll an Zahl da sind. — Schon im ersten Menschen war der Anfang zur Menschwerdung.

P. 341. Z. 3—8. Empfängniss des Geistes ist dessen Eindringen und Erfüllen, Geburt ist Ausgeführtwerden durch ihn und mit ihm.

P. 343. Z. 8—11. Blitze sollen standhaftes Licht werden.

P. 343. Z. 11—14. Der Leib, welcher Mittel sein sollte, ist Hemmniss geworden.

P. 347. Z. 1—4. *Deus Pater* nicht *Dei Pater*, *Filius Deus*, nicht *Filius Dei*, *Spiritus Deus*, nicht *Spiritus Dei*. Hier aber *Filius Dei, Filius Ternarii.*

P. 348. Z. 23—29. Auch hier gilt jenes Wort Christi zu Pilatus: Du hättest nicht Macht über mich, falls sie dir nicht von oben gegeben wäre.

P. 351. Z. 24—30. Unsere sogenannten Geistesphilosophen gehören durch ihren Oel- und Seelen-Mangel und Raub zu diesen thörichten Jungfrauen.

P. 352. Z. 1—4. Jede Verführung ist Kraftraub.

P. 355. Z. 3—11. Wie der Wiedergebärer erst in uns geboren werden muss, so muss er auch in uns sterben, zur Hölle fahren, auferstehen und in Himmel fahren.

P. 363. Z. 1—4. Der Sohn ist immer im Vater und ausser ihm, wie der Vater immer im Sohn und ausser ihm ist. Der Vater ist, der den Sohn in sich und ausser sich hat, der Sohn, der den Vater in sich und ausser sich hat. Der Vater setzt den Sohn ausser sich und indem er sich in ihn setzt (verbirgt), wie der Sohn den Vater ausser sich setzt, indem er sich in ihm setzt (aufhebt).

P. 363. Z. 4—11. Von diesem unserem Sohn gilt also gleichfalls, dass er in unserem *Etre* essentiel, wie dieses in jenem ist.

P. 363. Z. 25—27. Nur seit seiner Himmelfahrt wirkt der Gottmensch als Gott.

P. 363. Z. 27—33. Gilt nicht von jeder Creatur, dass sie nur nach vollbrachtem Zeitwerke, zu dem Gott sie entsandte, zu Gott zurückkehren kann? und soll man sich darum nicht eine Zeit auch ohne Fall denken können?

P. 364. Z. 1—24. Wenn Christus sagt, dass er nach seiner Rückkehr zum Vater den (nicht von ihm, sondern) vom Vater ausgehenden Geist den Jüngern senden werde, so sagt er: 1) dass dieser Geist primitiv nicht von ihm ausgehe, und 2) dass er ihn auch nicht seinen Jüngern senden könne, so lange er nicht wieder beim Vater sei und hiemit die Vergeistigung (Glorie) wieder empfange, die er beim Vater von ihm hatte. Dasselbe beweiset der Begriff des Sohns Gottes als eines Gesalbten, d. h. als Desjenigen, dem der Vater seinen (darum nicht von ihm abgehenden) Geist (ohne Maass) gab und ewig gibt. Man hat somit den primitiven Ausgang des Geistes aus dem Vater in den Sohn von jenem vermittelten durch den Sohn (als den versöhnten Geist) zu unterscheiden, ob es schon kein anderer Geist, den der Sohn sendet, als der des Vaters ist. Nur muss man sagen, dass der Geist vom Vater sich zugleich mit dem Sohn unterscheidet, oder dass in der ewigen Geburt alle drei nur zugleich entstehen und bestehen. Auch in der Apostelgeschichte heisst es, dass Christus am Pfingsttage den heil. Geist darum den Jüngern sendete, weil er Ihn nun erst vom Vater ohne Maass empfangen hatte.

P. 368. Z. 8—14. Alle bewährende Versuchung setzt das Alleingelassensein (Glauben) der Creatur von Gott voraus als dessen *Retraite*.

P. 369. Z. 3—11. Was der universelle *Reparator* auf die gesammte Menschheit wirkt, das wirkt der (gleichfalls universelle?) Geist auf unseren partiellen Geist-Sohn, so wie dieser auf unser ganzes Wesen wirken soll. Dieser *Fils spirituel* ist unser Weinstock, dessen Zweige unsere *facultés* sind, wie unser ganzes *Etre* ein Zweig des universellen Weinstocks oder des ewigen *Reparators* ist.

P. 372. Z. 23—28. Alles, was ausgesprochen wird, wird nach der Weise ausgesprochen dessen, in welches der Sprecher eingeht.

P. 373. Z. 18—25. Gesendet, um als Mensch geboren zu werden. Anders würde die Sendung und Menschwerdung ohne den Fall gewesen sein.

P. 379. Z. 1—5. Der Sohn ward erst wieder Geist, nachdem er zum Vater gegangen war. Hier ist also die Vergeistigung des zum Princip wieder gekehrten Organs ausgesprochen, so dass also der Ausgang des Organs einer Entgeistung gleich kommt, wenn schon der Geist verborgen in ihm bleibt („mein Vater lässt mich nicht allein"). So könnte man von einem Ausgehen des Worts als gesendet vom Denken sprechen, welches nur im Wiedereingang in letzteres zusammen mit ihm Geist wird und Operator.

P. 380. Z. 28—32. Um sich erträglich und fasslich den Unverklärten, Ungeistigen zu machen, musste er seine Verklärung und Vergeistigung suspendiren, die er beim Vater hatte und die er also nur durch Ausgang von ihm aufgeben (suspendiren) konnte. Noch nach der Auferstehung sagt Christus zu Maria Magdala, dass er noch nicht zu seinem und der Jünger Vater und Gott hinaufgegangen sei. Joh. 20, 17.

P. 381. Z. 1—7. Das war eben das Schlimme, dass der

Mensch die vom Licht geschiedene und hiezu selbem untergeordnete Finsterniss wieder neben das Licht setzte.

P. 382. Z. 3—9. „*Sans la conviction il n'y a point de force ni de courage, et sans la force et le courage il n'y a point de bonté ni dans notre coeur, ni dans nos oeuvres.*" Diese Wahrheit kann nicht oft genug wiederholt werden.

P. 384. Z. 2—10. „*Selon la loi de tout ce qui existe, l'homme ne peut trouver de repos, que dans la génération de sa propre source en lui — même.*" Alles Existente erlangt seinen Sabbat nur damit, dass es seine Quelle (Vater) in sich selber regenerirt.

P. 392. Z. 5—20. Wenn Christus sagt, dass er sein Leben, (seine Seele) als ein Weggebbares lasse, sich also gleichsam entseele, so thut er diess für Jene, deren Seele verschlungen und gebunden ist, indem seine Seele der bindenden Macht gleichsam als Köder gilt, an dem selbe beisst, und die gebundene Seele losslässt; so wie ein Liebender das Gift aus der Wunde der vergifteten Geliebten saugt. Hiemit gewinnt aber der Gebundene das Vermögen, die eigene Basis der Sünde zu tilgen, womit jener Binder keine Macht mehr auf ihn hat und also völlig weichen muss.

P. 393. Z. 20—30. Denn durch diese Suspension macht er sich ergreifbar von den Zeitmächten, wobei nur die Wurzelkraft (die Liebe) wirksam bleibt. Jene Zeitmächte ergreifen und zerstören biebei doch nur die Zeithülle.

P. 401. Z. 9—15. Die ersten Verbrecher machten Adam des Todes sterben (dem Tode absterben), weil er als nichtmateriell nicht anders sterben konnte. Aber den Christ konnten die Juden nicht des Todes sterben machen, weil er über aller Sünde war. Der Mensch soll in seinem Geiste vor seines Leibes Tod des Todes sterben, damit er nicht nach diesem nur vom oder dem Tode leben muss, anstatt vom Leben zu leben.

P. 402. Z. 4—8. Leib, Seele und Geist müssen dem Tod absterben.

P. 405. Z. 2—8. Das Eindringen und Durchdringen in das Todesbehältniss war dessen Besiegung und Oeffnung. — Wie könnte ich leben, sagt das Mädchen im Heinrich von Ofterdingen (von Novalis), wäre ich nicht gestorben? Durch Sterben in ihm tödtet er mein falsches Leben ausser ihm.

P. 405. Z. 8—15. Die Sonne der Materie wirkt in mir nur den Tod des wahren Lebens (der ewigen Sonne des Geistes), weil das Leben der Materie ein Tödten des Geistlebens und das Geistleben ein Tödten des Materienlebens ist.

P. 405. Z. 16—29. Wenn man von zwei Principien spricht, in welche als in Potenz (Höhe und Tiefe, Inneres und Aeusseres) das Indifferente geschieden wird, so ist dieses Scheidende, die Indifferenz Aufhebende (als das Nichts der Actuosität) unmittelbar als ein Differenzirendes zu erkennen, welches im Indifferenten Mitte gewinnt und ohne welche Differenz als einem *Stimulus* oder Aufstörer der Indifferenz diese wieder gleichsam in sich zurück sänke, als in die unactuose unlebhafte verborgene Stille. Von dieser Indifferenz aus ist also sowohl die Indifferenz als die erstere ausgleichende (nicht in Stille einführende) Gliederung zu begreifen. Dieser Begriff fehlte unsern Naturphilosophen, welche an die Mitte der Pole die Indifferenz setzten, womit eben das, was zu erklären war, nemlich das Auseinandergehen und Aussereinandergehaltensein oder Bleiben der Pole völlig unerklärlich, noch weniger aber das Wesen der Gliederung begriffen ward, wie nemlich nur durch Erregung der Differenz in der Indifferenz und durch Zugrundehalten (Nicht-Mitte-Gewinnenlassen derselben) die gliedernde Mitte entsteht und besteht. — Nur durch Aufhebung der falschen Mitte *(Divide et impera)* affirmirt sich die wahre Mitte. In der Getheiltheit (Subordination unter dem Lichte) sind die Finsternisse oder das Princip derselben gut, in ihrem *rassemblement* sind sie nicht gut.

P. 409. Z. 1—8. Der neue Mensch ist gleichsam der Mensch des Menschen als Schluss- oder Vollendungsgebilde des Menschen.

P. 414. Z. 1—14. Niemand steigt in den Himmel, der nicht von ihm kam, also auch Niemand unter die Erde, der nur von der Erde ist.

P. 416. Z. 8—12. Das wahre Licht erscheint Jenem als Illusion, welcher in der Illusion seiend diese für das wahre Licht nimmt.

P. 422. Z. 8—10. Auch J. Böhme weiset die Seele dem Sohn zu und hier wird sie als Essenz von ihren drei *facultés* oder *puissances* (Denken, Sprechen, Wirken) unterschieden.

V.

DE
L'ESPRIT DES CHOSES,
OU
COUP-D'ŒIL PHILOSOPHIQUE

Sur la nature des êtres et sur l'objet de leur existence;

ouvrage

Dans lequel on considère l'homme comme étant le mot de toutes les énigmes.

Quia mens hominis rerum universalitatis speculum est.

PAR LE PHILOSOPHE INCONNU.

A PARIS,
Chez Laran, Debray, Fayolle. An 8.
(1800.)

Vom Geist und Wesen der Dinge.
Erster Theil.

P. 1. Z. 1—8. „Der Mensch will so gern für alles, was er thut, für alles, was er sieht, einen vernünftigen Grund haben. Ich glaube deshalb voraussetzen zu dürfen, dass wirklich alles, was ist, einen solchen Grund seines Daseins habe, und dass das Auge des Menschen, gleich einem obersten Richter, bestellt sei, um bei allen Dingen jene Absicht ihres Daseins zu erforschen und hernach streng über die ungehinderte Erreichung derselben zu wachen."

Aller Ausgang ist nur des Einganges wegen, alles Verursachte, Producirte, Gemachte, Manifestirte, nur der Ursache wegen, aller Egress des Regresses oder Reflexes wegen da. Dieses ist der Begriff des Grundes, des Warum, des Zweckes. Wenn im Ausgang (*Descensus*) das Centrum der Anfang der Peripherie, dieses das Ende des Centrums ist, so ist hinwieder im Eingang (*Ascensus*) die Peripherie der Anfang des Centrums, dieses das Ende (Ziel) der Peripherie. Indem das Centrum sich beständig in der Peripherie aufhebt, ist diese immer neu hervorgebracht. Indem die Peripherie sich immer im Centrum aufhebt, ist dieses immer neu. Hieraus begreift sich der simultane Urstand des Anfangs und des Endes durch eine Mitte und ihre Reintegration in beider Zusammengehen.

P. 1. Z. 9—11. „Ich hielt deshalb für schicklich, mich des Menschen selber als eines Mediums zu bedienen, durch welches ich die Welt um mich her betrachtete."

Schon in seiner ersten Schrift: *Des erreurs et de la vérité* p. 9 hatte Saint-Martin den Grundsatz aufgestellt: *Expliquer les choses par l'homme, et non l'homme par les choses*, welchen er in seiner zweiten Schrift: *Tableau naturel des Rapports qui existent entre Dieu, l'Homme et l'Univers* als Motto gebrauchte.

Da der Mensch nur denkend hervorbringt (still sprechend) d. h. sich selbst (als Gedanke) gestaltend und diese Selbstgestalt nach aussen verbreitend (abbildend), so sucht er zu allem Hervorgebrachten den Hervorbringer (Gedanken). Er vermöchte das Wesen der Dinge nicht aus- (nach-) zusprechen, falls selbes nicht einem Sprechen seinen Urstand und Bestand verdankte. Er sucht zur äusseren *Apparence* die innere, zu dieser jene. — Alles, was ist, hält der Mensch für gethan (gewirkt). Er begreift aber nur sein eigen Thun. Wirken ist die äussere Gestaltung der innern gleich machen. Erkennen ist zur äusseren die innere in sich finden. Die innere durchdringt die äussere. Erkennen ist Thun, Erkanntsein Leiden. Beide geben in éinen Begriff zusammen.

P. 1. Z. 16—23 ff. „Es kann nicht umsonst sein, dass der Geist des Menschen so sehnlich nach einem Ruhepunkt verlangt, in welchem alle seine Anlagen, alle Bestrebungen seiner Natur volle Befriedigung fänden. Er fühlt die Nothwendigkeit: irgend eine vollkommene klare Gewissheit sich aufzufinden, die ihn von den Qualen der Unsicherheit, welcher er sich sonst nach allen Seiten ausgesetzt sieht, errette... mit a. W. er verlangt von ganzer Seele nach Wahrheit, nach vollkommener Wahrheit."

Ruhen ist Kraft-Empfangen. Bewegung-Ertheilendes ist unbeweglich. Selbstbegründung ist für das Nichtabsolute, Bedingte unmöglich, ein Widerspruch, vergleichbar dem Unternehmen Münchhausens, sich beim eigenen Haarzopfe aus dem Sumpfe zu ziehen. — Das Wahre ist das Bewährende.

P. 2. Z. 10—13. Nach dem Sinne eines eben so bekannten als lehrreichen Sprichwortes kann man nie nach etwas Verlangen tragen, wovon man gar keine Kenntniss hat."

Dem *Ignoti nulla cupido* (*nulla aversio*) kann man auch
beisetzen: *non cupienti nulla cognitio*, jedoch nur im engeren
Sinne, denn das erste Erkennen ist immer gegeben. Jedem
Erkenntnisstriebe geht also ein Erkennen vor und ein anderes
folgt ihm. *Ignoti nulla fides. Non cupiti nulla existentia,
non existentis nulla cupido. Cupido affectus a cupito et v. v.
Attractio, retractio. Ignoti nulla voluptas, nullum tormentum.*

P. 2. Z. 15—18. „Schon jenes Verlangen für sich allein beweist,
dass der Mensch in sich selber Spuren jener Wahrheit finden,
dass er ein sicheres Vorgefühl derselben haben müsse, wie wenig
er auch (vorerst) im Stande sei, sich Rechenschaft davon zu
geben."

Man wird hier erinnert an das, was Saint-Martin im *Tableau
naturel* über die Reminiscens sagt, wo er den Vergleich mit der
Eichel durchführt, welche in ihrem Werden zum Baume alles
thätig reproducirt, woran sie passiv Theil nahm. Jenes Vorgefühl
ist ein halbes Erkennen, was zur Ergänzung treibt. *Voluptatem
praesagit multa cupido.*

Der Mensch findet sich nemlich als vernünftig nur in dem,
worin Vernunft ist. Sein Suchen nach der Vernünftigkeit der
Dinge ist also die Ueberzeugung, dass selbe ihren Urstand und
Bestand in der Vernunft haben; woraus der Unverstand Jener
folgt, welche die vor dem Menschen entstandenen Dinge, ja den
Menschen selber einer nichtintelligenten oder unvernünftigen Ursache zuschreiben. Ohne den Glauben, dass Vernunft in der
Natur sei, sagt Hegel, könnte der Mensch nicht an das Ex-
periment gehen.

Wenn wir in den exacten und Naturwissenschaften gewisse
Grundsätze (Axiome) anwenden, so fragen wir nicht weiter, warum
sie wahr sind, sondern wir werden inne, dass sie ihre Wahrheit
durch sich selbst verbürgen, indem sie nicht *notiones causatae*,
sondern *notiones causae* sind. Das Axiom aller Axiome ist die
Wahrheit der Unmöglichkeit der Nichtexistenz Gottes, somit die
Wahrheit der Nothwendigkeit seiner Existenz. Die Anerkennung
des durch sich selbst Seienden, also Gottes, ist unumgänglich.
Als das durch sich selbst Seiende ist Gott das Unbewegliche

Allbewegende und Allbegründende. Das Unbewegliche ist aber nicht das die Intelligenz (in ihrer Bewegung) Hemmende, sondern das Befreiende und Erhebende. Der festen Grund Findende wird gewiss diesen nicht als Hemmung seines Fortfallens erklären.

P. 2. Z. 19—27. „Bei jedem Vorgefühl, das wir haben, liegt etwas schon wirklich in uns Vorhandenes zu Grunde, wäre es auch getrübt. Desshalb dürfen wir auch unser feuriges (brennendes) Verlangen nach Wahrheit und die unbestimmte Kenntniss von ihr für einen Beweis des Daseins derselben halten."

Der Beweis der Objectivität meines Verlangens liegt darin, dass das Verlangte mich selber verlangt oder mein Verlangen sollicitirt. Ich kann nur verlangen, was mich verlangt.

Feuer ist Hunger nach Licht und ergänzt sich als Licht; das, womit das Feuer verbindet, ist nicht das Licht, sondern die Speise (Same) des Lichts, welche ebenso nach Feuer verlangt, damit sie beide Licht erzeugen. Es ist dasselbe c, welches in a und b ($\triangle$) das Verlangen weckt, und eben darum ziehen sich a und b als Gehilfen an, um ihr Verlangen effectiv zu machen, um in ihrer Conjunction die Basis zu bilden, in welche c descendirt. In diesem Sinne spricht Plato von der Liebe dessen, was mir hilft das Schöne erzeugen. Die Basis von c war also in a und b vertheilt, und die Liebe ist das Kind, das in den Eltern bleibt und diese neu gebiert.

Action und Reaction (*force et résistance*, Hunger und Speise, Subject und Object) sind — sei es in Attraction und Repulsion, sei es in Intussusception und Expulsion — nur begreiflich durch die innere Präsenz eines (vermittelnden) Motors in beiden, und da Erfüllung Integrirung ist, so sind sie ausser der Union beide ungans, in der Union beider erfüllend. Man hat übrigens noch eine desintegrirende Union von der integrirenden, wie eine integrirende Expulsion von einer desintegrirenden zu unterscheiden. Hegel hat (in der Phänomenologie des Geistes) die Aenderung des Subjects und Objects in ihrer Bewegung zu und von einander richtig bemerkt, nur aber den *primus Motor* als Vermittler nicht. Es ist dagegen eine gemeine aber schlechte Vorstellung, die leere

Form (wie ein Geschirr) sich fertig zu denken, wie das sie Erfüllende, da doch Form und Erfüllendes erst in der Conjunction zu Stande kommen. Was in einer höheren (inneren) Region eins ist, kann in einer äussern nur durch Vermittelung der Unterscheidung eins sein.

Alles Vorgefühl ist nur durch den Vermittler als Geist begreiflich.

P. 3. Z. 3 — 6. „Noch ein Beweis für das Dasein der Wahrheit und für die Verwandschaft unseres eigenen Wesens mit derselben liegt darin, dass das menschliche Denken einzig aus dem Triebe zu bewundern seine Nahrung erhält und dass der Mensch das einzige Wesen in der ganzen sichtbaren Natur ist, welches der Bewunderung fähig sich zeigt."

Nur im freien Gebrauche des Erkenntnissvermögens findet der (religiöse) Affect des Bewunderns statt. Was diesen hemmt, hemmt die Adoration und Subjection. Das Bedürfniss, zu bewundern, ist das Bedürfniss der Intelligenz, dem Bewunderten zu seiner Selbstbespiegelung zu dienen und dadurch erhoben zu werden und frei zu sein. Bewundern ist sich Subjiciren, Autorität-Anerkennen, Empfangen, Alimentirt-, Begründet-, Erfüllt-, Befruchtetwerden. Als bewundernd finde ich mich durchdrungen und erfüllt.

Die Selbstaufhebung bedingt den Empfang, wie das sich Tiefen das Erhobenwerden. Bewundernd schaue ich, durchschaue nicht, werde aber durchschaut. Bewundern führt durch Adoration zur Vermälung. Im Bewundern als Effect des Geistes und seines Schau- und Denkvermögens so wie im Bewundertwerden ist die Simultaneität des *Descensus* und *Ascensus* gegeben. Als bewundernd und mich vertiefend gegen den Bewunderten unterscheide ich mich von diesem, so wie ich im Erhobenwerden von ihm und in ihn mit ihm vereint werde. Der *Ascensus* bedingt also den *Descensus* in mich, weil doch eigentlich nur das in und von mir in den Himmel steigt, was von dem Himmel kam.

Wie dieser *Ascensus* und *Descensus* zu allererst immanent in Gott selbst zu begreifen ist, so secundär im Verhältnisse des Menschen und jedes intelligenten Wesens zu Gott, und selbst in der Natursphäre spiegelt er sich *mutatis mutandis suo sensu* ab, wie z. B. im Verhältnisse des Himmels zur Erde. Der Himmel könnte nicht descendirend der Erde von seiner Fülle geben, wenn nicht der *Reascensus* aus ihr ihn wieder erfüllte. Wie denn der Dichter sagt:

> „Vom Himmel kommt es,
> Zum Himmel steigt es,
> Und wieder nieder
> Zur Erde muss es —
> Ewig wechselnd." —

Der an das Niedrige gebundene Geist will nicht frei und erhoben sein, und weiset darum die Sollicitation zur Befreiung von Seite des bewundernswerthen Gegenstandes zurück, der hoffärtige Geist will sich nicht diesem subjiciren, darum hasst er diese Sollicitation. *Nemo mirans nisi volens.* Wer das Höhere, sich nicht vertiefend, nicht bewundern will, dem ist es nur drückend, stupides Staunen erregend. Weil das Thier nicht bewundern kann, kennt es auch den wahren Schrecken nicht.

Mit gutem Grunde zeigt nun Saint-Martin umgekehrt, dass wenn Gott ist, auch in seiner Schöpfung Wesen auftreten müssen, welche fähig sind, ihn zu bewundern, zu empfinden, zu ergreifen, mit ihm zu sympathisiren und die Fülle seines Reichthums durch Sichöffnen, Hingeben, Unterordnen anvertraut zu erhalten. Er folgert daher aus der Fähigkeit des Menschen: von Gottes Existenz und Wesen zu wissen, seine Verwandtschaft mit Gott und aus dieser die Möglichkeit der Vereinigung mit ihm als der Wahrheit, ohne welche das Gefühl der Verwandtschaft mit ihm für den Menschen nur eine Marter und Qual wäre. Endlich schliesst er aus dem Bemerkten, dass in der wahren Ordnung der Dinge die Erkenntniss und der Genuss des erkannten Gegenstandes sich jederzeit bei einander finden müssen; womit er die Behauptung bewährt, dass wahrhafte Erkenntniss nie unfruchtbar, wesenlos, leer ist. Der Mensch befindet sich nicht im ungetrübten Genusse der Erkenntniss der Wahrheit, er besitzt jene Wahrheit nicht, welche er sucht, nach welcher er verlangt und von welcher er ein sicheres Vorgefühl hat. Daraus folgt für Saint-Martin mit Recht, dass der Mensch hienieden nicht in seinem naturgemässen

Zustande sich befindet, dass er also gefallen ist und seinen
ursprünglichen Zustand verloren hat. Mit gleicher Folgerichtigkeit fährt Saint-Martin fort:

P. 5. Z. 9—23. „Wenn innere Verwandtschaft (zwischen
Gott und dem Menschen) Vereinigung fordert und ohne solche
zur Pein wird, somit einen Zustand andeutet, der ausser der
Ordnung ist, so muss nothwendig jene höchste Wahrheit ihrer
Natur nach ein beständiges Streben haben, in dem Menschen
jenen naturwidrigen Zustand aufzuheben, indem das eigene Interesse jener Wahrheit die Erreichung des grossen Zweckes wünschenswerth machen muss. Denn wenn schon der, welcher bewundert,
sich glücklich fühlt, wie viel höher muss erst der Genuss dessen
sein, welcher die Quelle dieser Bewunderung ist! Ausserdem
kann jener hohe Verein nur zwischen Wesen statt finden, welche
fähig sind, mit Freiheit zu handeln. Denn nur wenn ihre wechselseitige Annäherung aus freiem Willen geschieht, sind sie fähig,
sich in ihr einen gültigen Beweis ihrer Neigung zu geben."

Auch darin müssen wir Saint-Martin recht geben, wenn er
behauptet, dass es trotz der Declarationen des Materialismus
niemals einen wahrhaften Atheisten gegeben habe, noch geben
könne, obgleich alle Menschen es in einem gewissen Sinne seien,
wenn sie gegen die Stimme der Gottheit, an die sie übrigens
glaubten, völlig taub oder ganz ungehorsam seien und Denjenigen
nicht bewunderten, der allein bewundert zu werden das Recht
habe. Kein Mensch ist nemlich in der Theorie Atheist, alle sind
es aber *in praxi*, es gibt nicht Gottesleugner, sondern nur Abgötter. Denn der Mensch kann nicht sein ohne etwas zu bewundern und zu adoriren; ist es nicht Gott, so ist es die Natur
oder das eigene Ich, welches an die Stelle Gottes gesetzt wird.
Das Verkennen setzt ein Kennen voraus. Jener Jacobiner sagte:
Je ne suis pas athée, mais antidieu. Wenn kein Gott wäre,
so müsste allerdings der Mensch oder die nichtintelligente Natur
Gott sein. Aber Mensch und Natur sind bedingt, also nicht
Selbstzweck. Der Begriff Gottes ist aber der Begriff der unbedingten Substanz als Selbstzwecks, und aller Zweck ist immanent
oder in die Ursache zurückgehend. Alles Begreifen geht von

einem Unbegreiflichen (Wunder) oder Begriffensein, alles Erkennen von einem Erkanntsein aus. Der wahrhaft Wunderthuende ist Gott. Daher ist in die Region der Wunder Erhobenwerden in die göttliche Region Erhobenwerden. Weil über der göttlichen Region keine höhere ist, so ist alles in ihr Wunder. Der Mensch fühlt sich erst wahrhaft existent, indem er sich über sich erhoben fühlt. Was ich bewundere, muss ein von mir Unterschiedenes sein. Bewunderung geht immer auf Existentes. Selbstbewundern geht so wenig in Erfüllung als Sichselbstlieben, Sichselbstgehorchen oder Sichselbst-Autoritätsein. Der Mensch soll die Wahrheit anerkennen, heisst, er soll Gott anerkennen, bewundern, verehren, lieben und das bewunderte Verehrte verbreiten, in seiner Sphäre wieder erzeugen. Der Mensch soll der Wahrheit Zeugniss geben, heisst, er soll Gott Zeugniss geben und Christum nachfolgen, der von sich sagte: „Ich bin in die Welt (des Schein-Seienden) gekommen, um dem wahrhaften Sein Zeugniss zu geben."

Die Widerlegung des Atheismus führt Saint-Martin zur Widerlegung des Materialismus. Nach einer verbreiteten Lehrmeinung (welche die des Materialismus ist) sind alle Eigenschaften eines Wesens das Resultat seiner Organisation, nach einer anderen ist vielmehr die Organisation das Resultat der Eigenschaften. Meines Erachtens lassen sich beide Meinungen in gewissem Sinne vereinigen (nicht so, dass dadurch der Materialismus erhalten bliebe, sondern so, dass er sich dadurch aufhebt), dass wir bei allen Wesen zwei verschiedene Arten von Eigenschaften anerkennen, wovon die einen ursprüngliche und schöpferische, die anderen abgeleitete und erst von jenen hervorgebrachte sind. Danach dürfen wir also alle Wesen der Natur als Instrumente betrachten, deren uns bemerkbare Eigenschaften ein Spiel ihrer eigenthümlichen Form sind, aber weder ihre besondere Bildung, noch irgend eine Eigenschaft, die wir als eine Folge dieser Bildung an ihnen bemerken, ist ihr Werk im eigentlichen Sinne des Wortes, sondern sie sind hier von einer ursprünglichen Eigenschaft abhängig, von der sie erst die Wirkung und das Product sind. Saint-Martin löset also das Problem durch die Unterscheidung von Kräften, welche die Materie produciren und Kräften, Wirkungen und Eigenschaften, welche die producirte Materie producirt. Dasselbe Gesetz und derselbe Grundsatz findet auch auf die intelligenten Wesen Anwendung, welche daher auch nicht als Folge der Bildung der körperlichen Organe können betrachtet werden. Hier ist es nun bemerkenswerth, dass Saint-Martin die Annahme (fix und fertig) angeborener Gedanken verwirft, indem dem Intelligenten Wesen nur der Keim, die Fähigkeit, das Vermögen, Gedanken zu empfangen, sie zu formiren und zu sensibilisiren, zugestehen sei. Ebendarum können wir nach ihm keine Empfindungen, Vorstellungen, Ideen, kein Selbstgefühl und Selbstbewusstsein haben, ohne die Wechselwirkung, Berührung und Vereinigung mit irgend etwas ausser uns Befindlichem, deutlich von uns Unterschiedenem. Das Selbstbewusstsein ist nemlich nicht ohne Bewusstsein eines Anderen, von dem ich mein Selbst als gleichfalls Object oder Gewusstes unterscheide. In dem Empfinden ist Eingang mehrer in Eins zugleich mit der Unterscheidung in mehrere. Die Vielen gewinnen Solidarität ihrer distincten Existenz, wenn sie gegen ein Höheres (sich aufhebend) Vieles, nach unten oder aussen Eines in einem Vielen sind. Was ich fasse, besitze, dem ich inwohne, das ziehe ich an, in dem finde (empfinde) ich mich. Was mich fasst und besitzt, das finde (empfinde) ich in mir. Daher die Duplicität aller Empfindung. Es gibt keine blosse Passivität. Nur das Thuende (Leuchtende, Sprechende, Tastende) leidet (sieht, hört, fühlt). Man kann so wenig von einem passiven Tasten als von einem passiven Sprechen reden. Das nur passive Tastgefühl ist Betastetwerden. Jede Empfindung eines Andern setzt Selbstempfindung voraus.

P. 22. Z. 1—24. „Jeder lichte Strahl, der mein Denken erhellet, entzündete sich erst durch die Verbindung mit dem ausser ihm befindlichen Lichte und öfter, wenn mein Geist dieses Licht sucht, wird er sich deutlich bewusst, dass dasselbe etwas ganz von ihm Unterschiedenes, wenn auch ihm Homogenes ist.... Empfindung bezeichnet also das Resultat der Vereinigung zweier von einander verschiedener und getrennter Wesen, die Wechselwirkung zweier einander ähnlicher, aber von einander abgesonderter

Kräfte. Nur aus der innigen Vereinigung derselben kommen uns Empfindung, Idee, Urtheil und jeder moralische Eindruck."

Licht- wie Wortererzeugung geschieht durch Conjunction eines Innern und Aeussern in mir. Es findet dabei Einung und Unterscheidung u. v. v. statt. Die verlangende (langende) Hand wird zur umfassenden. Das suchende Feuer wird Stätte dem gefundenen Licht. Alles Suchen ist ein Hinauslangen und Ausgehen. Ein sich Entäussern (Gegentheil des sich Veräussernes) bedingt das Empfangen. Die Union ist also in der Mitte, einen Mittler (des Innern und Aeussern) aussagend, der selber in und ausser, d. h. von beiden distinct ist. Wenn Gott sich in den Menschen findet, so finden diese sich in sich und in der Natur. So sehen sich auch Vater und Mutter nicht unmittelbar ineinander, sondern nur in der höhern Einheit und in ihrem Kinde als Eins und doch unterschieden. Nach oben sind sie Spiegel, wie das Kind ihr Spiegel ist, sie helfen sich, Spiegel zu sein und Spiegel zu erzeugen. Vater, Mutter und Kind treten zugleich in Selbheit, nicht etwa erste beide allein. Daher haben wir hier kein Zweieins, sondern ein Dreieins. Wie jede Einung eine Subjection (unter ein gemeinsames Höheres), so ist sie eine Production (Generation), so dass also die sich Einenden die Factoren sind, wodurch die höhere Einheit producirt. Wenn die einzelnen Wesen (Factoren, Agenten) unter dem Aspect des ihnen höhern Wesens in Union zusammengehen, sich gleichsam in eine Figur schliessen, welcher das höhere Wesen descendirend inwohnt, und wenn diese Wesen, hiemit productiv werdend, gleichfalls *per descensum* ein gemeinsames Wesen als ihr Gewirk (Gezeugtes) wieder hervorbringen, so sind in Gott alle diese Wesen (die Einheit, die Factoren und ihr Product) in einem und demselben Wesen, ohne sich zu confundiren, zusammen bleibend. Die drei Lebensaffecte der Bewunderung, der Liebe und der Zeugung bleiben als im Brennpunct alles Lebens ineinander und es ist nicht ein immer anderes, neues Wesen, welches als Product sich von, seinen Factoren sondert, sondern es ist dasselbe nur immer erneut werdende Wesen, welches wieder ins Zeugeprincip aufsteigend abermal Gegenstand der Contemplation (Bewunderung) der Zeugefactoren

werdend denselben Process immer wieder erneuert, wie es zuerst
schon als Product vorausgesetzt ist. Man sieht übrigens schon
hieraus, dass der Zeugefactoren (Zeugen) drei sein müssen, weil
nur drei in eine Figur sich schliessen, so wie die Attraction,
welche sie zusammen und ineinander führt, so dass ihr sich In-
einanderfinden (Empfinden) ihnen nicht von unten, sondern nur
von oben kommen kann.

P. 25. Z. 30—32 ff. „Erzeugung findet nur statt, wenn
die zwei von einander unterschiedenen getrennten Kräfte, die
dabei wirksam sind, Einheit oder Centrum geworden sind, nur
dann, wenn jede von ihnen ihren Umkreis, ihre äussere Grenze
verlässt, damit beide sich in den unsichtbaren Punct, in den
sinnlich unbegreiflichen Moment einer zeugenden, centralen Einheit verhüllen und versenken, woraus auf der einen Seite für
beide das Maximum der Empfindung und Empfindlichkeit, auf
der andern das Leben der gemeinschaftlichen Frucht hervorgeht."

Man kann nicht sagen, dass beide Kräfte, indem jede sich
als in ihrer Peripherie sich manifestirend als solche aufhebt, sich
unmittelbar in einander aufheben (aufgeben), so dass z. B. a sich

als Centrum dem b aufhebt und b also in a Centrum
wird, und ebenso b gegen a, sondern beide heben ihre Geschiedenheit in einem Dritten, c, auf, und aus diesem Ternar entsteht die
neue Production.

Im *Tableau n.* bemerkt Saint-Martin, dass die Intensität
der Sensation in der Zeugung jener der Union entspreche, so wie
dieser die Liebe zum Product. Diese Liebe ist die der Factoren
unter sich und zum Product so wie dieses zu jenem. Sich unterscheidend einen, einend unterscheiden sich die Factoren, erkennen
sich, personificiren sich und, indem sie in Einheit als producirend
ascendiren, generiren sie ein productives Eine.

Graf *Divonne* sagt in seiner *Voix qui crie dans le désert*
(in der Uebersetzung von *Law's Dialogen* über J. Böhme):
„*Ainsi nous voyons toutes les substances terrestres graviter
vers la terre, qui les a produites et chaque élément tendre*

à *retourner vers le centre dont il est sorti.*" Hier ist ein Doppelsinn, welcher öfter bei ähnlicher Gelegenheit Missverständnisse veranlasste. Insofern nemlich ein Gezeugtes aus seinem Zeuger hervorging, strebt es zwar nun eine active Union mit ihm (in der Rebellion freilich gegen ihn) herzustellen, da selbes früher nur passiv eins mit ihm war, es strebt aber nicht in dieses letztere nichtactive, nichtgeschiedene Sein zurück zu treten oder in den Erzeuger wieder zu versinken. Anders verhält es sich freilich mit den Zeitwesen, deren geschiedenes Hervortreten aus so wie geschiedenes Wirken mit seinem Erzeugungsprincip ein forcirter Zustand oder eine Spannung ist, nach deren Wiederaufhebung (Lösung) allerdings das Zeitwesen gravitirt.

P. 80. Z. 15—20. „Das Princip der Dinge ist wesentlich gut und besteht in so schöner Harmonie, dass es sich nicht selber betrachten kann, ohne sich zu lieben, und indem es vermögend und fruchtbar ist, muss es zugleich ein Quell der höchsten Lebenserzeugung sein."

In der That ist alle Liebe productiv. Ewiges Zeugen ist ewiges Gezeugtsein und darum immer neu. *Potentia* und *actus* (bildlich gesprochen: Ei und Henne, Same und Baum) ist immer zugleich. Nur als sich erzeugt habend sieht Gott sich und nur sich sehend (bewundernd, liebend) erzeugt er sich. *Etre* ist also so gut Resultat als Ursache. Aber das Gezeugte verursacht nur ein neues Gezeugtwerden, welches doch immer beisammen bleibt. Nachdem Saint-Martin erst von zwei Grundkräften gesprochen hatte, spricht er nachher richtiger von dreien, „die ewig mit einander verbunden sind und stets wirken nach ihren unwandelbaren Eigenschaften und so einen unauflöslichen Verein bilden, indem sie in wechselseitiger Anziehung ewig sich selber gebären, und so auf immer eins aus dem andern Dasein empfangen und leben."

Saint-Martin unterscheidet hier nicht, wie J. Böhme, den Urspiegel aller Wunder von diesen Wundern als geschieden. Eigentlich contemplirt das Princip nicht unmittelbar sich, sondern sich als Frucht, Product und Wesen. Wenn indessen die Bewunderung sich zuerst (im Gedanken) als auf ein Innerstes bezieht, so bezieht sich selbe bereits auf eine innere, nach J. Böhme dem Willen primitiv innerlich präsente, magische Spiegelung, von welcher die Erfüllung der Liebe (als concipirt) entsteht, so wie von dieser die Production des äussern Spiegels, welcher wieder den innern Spiegel neu erweckt. Hienach ist also Saint-Martin's Lehre vom Spiegel, welche keine magische Urspiegelung statuirt, zu rectificiren, und die Vermittelung des innern Spiegels mit dem äusseren durch den *genitus*, da der äussere Spiegel die Idea darstellt, wie die Natur in ihren Producten sich spiegelt. Im Zusammenhange mit diesem Irrthum gibt Saint-Martin der äusseren Spiegelung bereits geschöpfliche Bedeutung, während die ewige äussere Spiegelung des göttlichen Wesens zur ewigen Selbstvollendung desselben gehört. Nach ihm müssen jedoch diese Ebenbilder, deren Gott bedürfe zu seiner Selbstoffenbarung, von ihm als der allwaltenden Einheit unterschieden, zugleich aber aus ihm entsprungen und ihm analog sein. Sie sind ihm ausser aller Zeit, aber doch, in Gott ihren Anfang habend, entstanden; womit er also doch einen Unterschied statuirt zwischen dem ewigen Entstehen und dem in der Ewigkeit Entstehen. Als entstanden, aus Gott (seiner Liebe) hervorgetreten, sind jene Ebenbilder ihm auch etwas von Gott Verschiedenes geworden, nicht mehr von gleicher Vollendung und von gleicher Natur, womit er sich also doch gegen die Einwesigkeit Gottes und der Geschöpfe erklärt*). Wenn man übrigens mit den Theologen eine Ewigkeit *a parte ante* und *a parte post* unterscheidet, so widerspricht es sich keineswegs, einen absoluten Anfang der Creation zu denken, ohne dass man desshalb sagen müsste, dass Gott diesen Anfang der Zeit in der Zeit gemacht habe oder dass in Gott eine Zeit verflossen sei, bis er die Schöpfung begonnen habe.

P. 32. Z. 23 — 32 ff. „Ihrer Substanz nach müssen diese Bilder auf ihre eigenthümliche Weise die Züge jenes Grundwesens an sich tragen, also auch ein Symbol seines Daseins sein und ebenfalls wie das Grundwesen, dessen Gleichniss sie sind, Spiegel haben, von denen ihnen die Wunder ihres besonderen

---

*) Der Abfall der geschöpflichen Spiegel konnte also auch kein Deficit in Gottes ewiger Selbstbespiegelung bewirken.

und erschaffenen Lebens zurückstrahlen. Auch diese Spiegel der zweiten Ordnung müssen nun in etwas an den Eigenschaften der ewigen Liebe Theil haben, um den grossen Zweck ihres Daseins zu erfüllen."

Wenn die von Gott emittirten Wesen ihm nicht als Spiegel dienen können, falls sie nicht selber sich in tiefer stehenden Wesen spiegeln können, so gilt dieses vorerst immanent von Gottes *Miroir-Centre* oder von *Sophia*, welche gleichfalls ihren Spiegel haben muss, die *Nature-Centre*. Jene geht ewig unmittelbar, diese mittelbar in Gott hervor; womit denn die Trilogie von Gott, Geist *(Sophia)* und Natur in Gott selber nachgewiesen ist. Wie Gott sich in *Sophia* (Urspiegel) verherrlicht, so diese in Urnatur.

Wenn Saint-Martin von einer Extraction aus eigener Essens Gottes als der Liebe spricht, so gilt diess von den coessentialen (immanenten) Spiegeln, nicht von den geschaffenen, welche *a parte ante* nicht ewig sind. Unter den Spiegeln der zweiten Ordnung versteht Saint-Martin den Inbegriff der geschaffenen ursprünglichen Natur als den Wirkungskreis der Spiegel erster Ordnung oder der intelligenten Wesen, und wenn der jetzige Mensch, so oft er seine Gedanken in den Naturformen, die ihn umgeben, verkörpern will, nur nach unendlichen Schwierigkeiten ein Resultat zu erhalten vermag, wenn sich also die Spiegel, von denen er alles erwarten dürfte, seinen Wünschen widerspenstig zeigen und ihm nur verzerrte und täuschende Bilder zurückgeben, so erblickt Saint-Martin darin den schlagendsten Beweis, dass der Mensch sich nicht mehr in seinem ursprünglichen naturgemässen Zustande befindet, also gegen seinen wahren Spiegel versetzt ist. Denn in der That ist das Bild effectiv nur so lange und dadurch ein solches, dass es dem, dessen Bild es ist, zur Selbstbespiegelung dient. Dient es nicht mehr dazu, so bewirkt der Nichtreflex nothwendig eine Brandung der zeugenden Liebe, die durch das Refractärsein des geschaffenen Wesens irrilirt wird. Saint-Martin kommt hier auf die schon in seinen früheren Schriften aufgestellte Behauptung zurück, dass der Ursprung des Bösen weder in Gott, dessen Wesen das Gute selber ist, noch in der nichtintelligenten Natur, sondern nur in den Intelligenten und als solchen freien Wesen zu suchen sei, und zwar so, dass dabei erkannt wird, dass das Böse überhaupt nicht Substanz sei, sondern nur Folge einer frei gewählten falschen Correlation der constitutiven Lebenselemente des geistigen Wesens, und dass es also seinen Sitz nicht in der Essenz des geistigen Wesens, sondern nur in dessen Vermögen oder Facultäten habe. Weshalb man mit Recht sagen kann, dass das Böse nicht weiter als zum Seinwollen kommt. Man kann hier bemerken, dass auch Kant im Grunde das Gute und Böse im Menschen in die normale Subordination der Maximen (Motive) setzt.

P. 47. Z. 20—29. „Der Grund, warum Gott Millionen geistige Wesen erschuf, war, damit er in ihrem Dasein ein Bildniss seiner eigenen Selbsterzeugung hätte, denn ohne diess würde er sich selbst nicht kennen, weil er unaufhörlich nur vorwärts wandelt. Auch dann noch, wenn schon jene unzähligen Spiegel von allen Seiten seine Strahlen auffangen, und jeder sie auf seine eigenthümliche Weise zurückstrahlt, vermag er sich nur in seinen Wirkungen zu erkennen und ein undurchdringliches Geheimniss verhüllt sein inneres Centrum."

Hier fehlt die Lehre von der *Sophia* und der ewigen Natur und darum wird irrigerweise, wie schon oben, das Geschöpf als dem Schöpfer zu seiner Selbstkenntniss nöthig dargestellt *).

J. Böhme ging tiefer. Er zeigte, dass die innere wesentliche das Product in sich beschliessende Generation immer mit einer äussern, nachbildenden, erscheinenden verbunden ist als dem eigentlichen *Cognoscibile* oder *Visibile*. Gott erkennt sich schon in seiner Quelle und muss also einen Spiegel hiezu bereits in sich haben, sonst fände ja in Gott selber kein Reascensus statt, der doch statt finden muss. Das Geheimniss des göttlichen Centrums enthüllt eben die *Sophia* (durch den Genitus). Der Baum erkennt sich in seiner Frucht. Die äussere Darstellung ist Con-

---

*) Doch gewiss nicht zu seiner ewigen Selbstdurchschauung in seiner Dreipersönlichkeit, welche Saint-Martin überall, wenn auch nicht zeitlich, so doch begrifflich, allem Schaffen voraussetzt. v. O.

firmation und Reproduction der Inneren, bildlich zu sprechen: der Baum macht wieder Samen, wie er aus dem Samen kam, nur dass diess in Gott zumal und nicht zeitlich geschieht. Zur Propagation der Idea nach aussen ist Natur nöthig. Soll nemlich die Idea nicht bloss als Gedanke, sondern effectiver Spiegel des Geistes sein, so muss sie Verselbstigung erlangen, was nur damit möglich ist, dass ihr eine Basis zur Selbstspiegelung, nemlich die Natur subjicirt wird, welche hinwieder in ihren der Idea entsprechenden Gebilden sich spiegelt und verselbstigt.

Ganz richtig übrigens bemerkt Saint-Martin, dass wir den eigenthümlichen Umfang unseres Denkens erst durch die Bilder kennen lernen, welche wir in uns erzeugen. Wenn aber wirklich diese Bilder die Spiegel sind, in denen unser Geist sich beschaut, wenn man also sagen darf, dass unsere Gedanken uns den Dienst der *Sophia* leisten (das Analoge leisten, was die ewige *Sophia* Gott leistet), so muss auch eine Natur in uns dieser *Sophia* als Spiegel dienen, wie die ewige Natur in Gott der *Sophia* zum Spiegel dient.

P. 48. Z. 17—19. Der Spiegel verdichtet die Dünste, wie der Hauch in Tropfen sich an ihm verdichtet. — Da das Weib bei Moses Gehilfe heisst, so ist es *Cadre*, bei J. Böhme Lust oder Einsamlichkeit (nemlich das normale Weib) sowie das unrechte Weib Unlust. Aber J. Böhme nennt die Lust auch Sohn, da doch der Sohn das Gefasste ist. — Nur das immer neu Erzeugte wird immer neu sichtbar.

P. 49. Z. 2—4. Es kommt auf die Normalität oder die abnorme Versetzung der Spiegel an.

P. 49 Z. 11—15. Das Kind spiegelt beide, den Vater und die Mutter.

P. 50. Z. 2—12. Der Spiegel (das Auge) kann blind werden. Das Sehen des Auges beruht auf seiner Durchsichtigkeit d. h. Unsichtbarkeit in derselben Region.

P. 51. Z. 8—14. Durch den Fall sind wir der wahren Wirklichkeit entrückt, taub und blind geworden. Ideal ist Abbild bezüglich auf höheres Reales, Urbild bezüglich auf niedrigeres Reales.

P. 51. Z. 15—18. Der Mensch selbst ist Antlitz (Gesicht) der Natur, wie das Gesicht des Menschen zu seinem übrigen Leibe. Das Gesicht ist die alleinige für sich verständliche, begreifliche Figur. Ebenso kann man vieles von Gott sehen und sein Gesicht nicht.

P. 52. Z. 1—5. Es ist die himmlische (ungeschaffene) Natur, welche der Sitz der Schönheit ist.

P. 52. Z. 5—9. Ohne Wiederaufsuchen und Neubeleben aller reinen und lebendigen Quellen in uns als dem einzigen schöpferischen Element des Schönen können wir auch als Künstler nicht ausser uns bilden. — Religiöse Kunst ist Religiosität des Künstlers.

P. 52. Z. 26—27. Lucifer erhob sich gegen die göttliche Mitte, Adam wendete sich von ihr ab. Jener lüsterte nach der Schöpfermacht, dieser nach dem Geschöpf.

P. 53. Z. 2—8. Der falschen Admiration folgte die falsche Liebe, dieser die falsche *generatio*. Der Mensch hob ein Niedrigeres auf den Thron (des zu Bewundernden), wie Lucifer ein Höheres von demselben herunter ziehen wollte.

P. 53. Z. 9—11. Wie noch jetzt der Lehrlingsgrad des Bösen als Sinnlichkeit nur niederträchtig ist, indess mit dem Gesellengrad der Stolz sich entwickelt und im Meistergrad vollendet hervortritt.

Stolz ist übrigens immer Usurpationsstreben einer höheren Macht, aber keine Selbsterfindung des Menschen.

P. 54. Z. 20—28. Der Vorwurf, die allgemeine Tradition mit wenig Ueberlegung geleugnet zu haben, trifft die ganze Kantisch-, Fichtisch-, Schellingisch-Hegel'sche Schule.

P. 55. Z. 10—25. Um die Tiefe des Sturzes Lucifer's zu begreifen, müsste man die Höhe, auf welcher er stund, begreifen können. — Vollendet konnten freilich weder diese Engel, noch ihre Natur (Region) sein. Unvollendet heisst aber hier doch nur unfixirt. — Man kann auch hier von keiner Verführung, nur von Versuchung (als die Vollendung bedingend) sprechen. Wie aber der Mensch das erste Verbrechen nicht allein beging, so begeht er seine Verbrechen noch jetzt nicht allein. Verderbniss der Natur als Blindwerden des Spiegels folgt dem Blindwerden der intelligenten Creatur als Gottesspiegels. — Ausbesserung oder Restauration ist nicht Vollendung, obschon sie diese zugleich bewirkt. Restauration geht also vorerst auf die Region, auf den verdorbenen Thron (Erbe) Besitztbum. Diese Region bedurfte aber der Fixirung wie ihr Thronfürst, der sich des Thrones Gottes zu bemächtigen suchte, indem er diesen von Gott trennen wollte. Da nemlich, nach Früherem, die himmlische Natur der Schönheit Sits ist, so ging das Bestreben Lucifer's auf Usurpation dieser Natur als des Spiegels Gottes.

P. 57. Z. 13—19. Die zwei anfänglichen Verbrechen waren Hoffart und Niederträchtigkeit im Gegensatze der Erhabenheit und Demuth. Die Krümme des Lasters erklärt sich aus zwei centrifugalen Strebungen.

P. 57. Z. 20—30. Anderswo sagt der Verfasser, dass, wenn Adam nicht gefallen und gestorben wäre, alle Menschen direct aus ihm (wenn schon successiv) entstanden sein würden, wie alle Engel (ausser Zeit) aus ihrem Thronfürsten.

Die Gefährlichkeit der dermaligen Fortpflanzung macht den Exorcismus nöthig. — Die Uneinheit oder Nichtsubjection unter die höhere Einheit des (der) Producenten setzt sich in der Nichteinheit des Products fort.

P. 58. Z. 6—9. Die modificirende Form ist die weibliche Potenz oder die spiegelnde. Man hat überall (auch in Gott) den Spiegel vom Bild, das Weib vom Kind zu unterscheiden. Der Spiegel (Weib, Erde) ist das Sensibilisirende, das Sensibilisirte ist das Kind. — Wohin der Mensch seine Admiration kehrte, dahin gab und öffnete er auch seine Liebe. Er verlor seine Herzkraft an das Irdische, weil sie diese nicht zurückgebar. Er hat sein Weib verloren, darum musste ihm ein fremdes Weib gegeben werden. Das irdische Weib rettete den Menschen von tieferem Fall.

P. 59. Z. 6—11. Hier ist der Einfluss monströser Spiegel auf die Gattung angezeigt.

P. 59. Z. 20. Es ist unter den *germes innocents* doch nach

Obigem nicht die weibliche Eigenschaft, sondern das sie Befruchtende zu verstehen. —

P. 60. Z. 8—14. Hier ist die Verbindung mit dem ursprünglichen Spiegel oder Weib gemeint, welche Mann und Weib (beide) innerlich zur Androgyne ergänzt.

P. 60. Z. 24—27. Mann und Weib, sagt J. Böhme, sind halbe Personen.

P. 61. Z. 1—5. Aus der Mitte *(Région divine)* kam der Mensch, um Himmel und Erde zu verbinden.

P. 61. Z. 14—21. Schon im Denken ist eine Art Samenschöpfen, Befruchten, Gebären und Wahl der sich darbietenden Spiegel. Ein Anderes ist Wahl des befruchtenden Samens.

P. 61. Z. 26—32. Diese Zeugung wäre die seines Bildes *(genitus)*, welches aber mit dem *Genitor* hier gleichwesig, substantiell, nicht bloss unwesenhaftes Bild ist.

P. 62. Z. 26—29. Diese Unruhe ist aber keine Leidenschaft, dieser Schmerz ein frei übernommener.

P. 63. Z. 1—14. Wie die Mutter das formirende Princip, so wirkt sie hier als das reformirende, wozu die irdische Form die Werkstätte sein sollte. Das Kind ist vorerst nur dieses und soll erst das active Bild des Herzens der Mutter werden. — Das restaurirende Princip kann sich nicht anders effectiv machen, als durch eine dem zu Restaurirenden sich conformirende (gleichmachende) Emission oder Immission. *L'amour de l'homme personnifié humainement. Verbum caro (homo) factum.* Der Verfasser nennt dieses sich zum Menschen Machen Gottes eine Poesie der göttlichen Liebe. „Ich habe die Macht, mein Leben zu lassen und es wieder zu nehmen."

P. 64. Z. 1—2. Nur diese zweite Emission ist die centrale, nicht die erste, und darum die indissolubile. Auch ohne Fall hätte diese tiefere Emission geschehen müssen, somit die Menschwerdung. Der Fall des Menschen ging Gott zu Herzen, nicht der Lucifer's.

Nichts gleicht der Lebhaftigkeit, Wärme und Innigkeit, womit Saint-Martin die erlösende Thätigkeit der göttlichen Liebe schildert. „Das sophistische Geschrei der Betrüger, sagt er (S. 64), hat zuweilen dein Ohr (o Mensch!) übertäuben können, so dass es die Stimmen deiner Schmerzen nicht mehr vernahm, aber es hat nicht vermocht, die Ursachen dieser Schmerzen hinwegzunehmen; es hat sie selbst nicht einmal gelindert. Du leidest, und wer kann sich ohne zu schaudern den ganzen Umfang deiner Leiden denken! Alle deine Glieder sind zerbrochen, deine Säfte vergiftet und verdorben, jeder Theil deines Wesens ist eine offene Wunde, in welcher heisse Schmerzen toben. Gross war deine ursprüngliche Erhebung, ein Spiegel und Ebenbild deines Gottes, gewürdiget seiner unmittelbaren Nähe! Wenn du nicht von einer solchen Höhe herabgestürzt wärest, wie könntest du dich bei deinem Falle so fürchterlich zerschmettert haben! Aber dieses bejammernswerthe Unglück widerfuhr dir unter den Augen deiner Mutter; du warst in ihrer Nähe, wohntest in ihrem Hause. Sie sah dich herabstürzen und in demselben Augenblicke bewegte sich ihr Herz, sank (freiwillig und ohne zu fallen) dir nach, um die Gewaltsamkeit des jähen Sturzes zu lindern. Da sie die fürchterlichen Wunden erblickte, welche du dir geschlagen, kannte ihre Zärtlichkeit keine Grenzen mehr, ihre Liebe vermochte sich nicht mehr zu halten, und sie fühlte kein anderes Streben mehr, als dir dein Leben wieder zu geben, dein ganzes Wesen wieder zu heilen. Ihre Liebe, vorhin heiter und ruhig, wurde jetzt inniger Eifer, und als du bei deinem gewaltsamen Fall ihr Ebenbild, das du an dir trägst, und das der Quell deines Lebens war, zerstört hattest, konnte sie, diese Mutter voll der erhabensten Zärtlichkeit, weniger thun, als die irdischen Mütter und ihre Kinder thun? Nein, auch sie versammelte in ihrem Herzen alle wiederbelebenden, heilenden Gedanken, auch sie vermochte ihrem Verlangen nicht Einhalt zu thun, dass es nicht zu ihrem Trost ihr das Bildniss ihres eigenen Wesens, das du ferner nun nicht mehr an dir trägst, und das der Gegenstand ihrer Liebe war, sich selbst wieder darstellte, und wieder erneute; aber dieses Verlangen des höchsten Schöpfers, unendlich lebendiger und wirksamer als das des Menschen, konnte in ihm nicht entstehen, ohne dass nicht zu gleicher Zeit jenes Ebenbild nach dem ganzen Element, nach allen Verhältnissen seines ersten Daseins wirklich entstanden

wäre. So senkte sich die ewige Liebe, nachdem sie selber dieses
Ebenbild und das Erzeugniss ihres eigenen Verlangens geworden,
bis zu der Wurzel deines Lebens herab, senkte sich in die Tiefe
deiner Wunden. Sie scheute sich nicht, mit eigenem Schmerz
die Gestalt deiner zerschmetterten Glieder anzunehmen, damit
diese von neuem nach dem Bilde, das sie ihnen darbot, geschaffen
würden, und wollte, mochten die Hindernisse, die sich ihr entgegensetzten, noch so gross sein, mochte sie noch so lange Zeit
zur Vollführung ihrer Absicht bedürfen, dich nicht eher wieder
verlassen, bis sie ihren Zweck erreicht hätte, d. h. bis jenes göttliche Gebilde, jenes göttliche die Gestalt des menschlichen Gemüths annehmende Verlangen, bis endlich jener Gottmensch ganz
Wohnung in dir gefunden hätte, in dir lebte, und bis er nichts
mehr in dir übrig gelassen, das nicht er selber wäre."

So sagt der heil. Paulus: „Ich lebe, aber nun nicht mehr
ich, sondern Christus in mir." — Wenn in dem Text der angeführten Stelle vom Bilde Gottes die Rede ist, so ist dasselbe nicht
die Form der Seele, wie man von der Form des Kegels oder
des Würfels spricht, sondern es ist der Seele Leben, Seele der
Seele. Als selber entseelt oder unlebhaft steht es als eine Figur
in der Seele. Jesus (Gottes Herz) ging im Fall des Menschen
in dieses Bild unmittelbar ein und ward seine Seele oder sein
Herz. — Jesus (die Liebe) ward Christus, dieser Mariä Sohn.

P. 66. Z. 14—22. Wer kennt nicht das intensere Gesund-
heitsgefühl nach Genesung von einer Krankheit, das man gleichsam als eine Art von Versöhnung ansehen kann!

P. 66. Z. 23—29. Wer dieses active umbildende Verlangen
nicht objectiv in sich inne wird, als einen Affect, als eine Leidenschaft, als ein Verlangen, das sich selber fort verlangt, wie ein Gebet,
das sich in dir, einmal ausgesprochen, selber fortbetet und fort-
spricht, wie ein Gedanke, der sich selber fortdenkt, der rede nicht
von Christenthum und Wiedergeburt. *Taceat in ecclesia gentilis.*

P. 67. Z. 1—5. Die Macht, welche die schweren Wesen
stellt und bewegt, ist bloss durchdringend.

P. 67. Z. 10—13. Da in der Normalität des Organismus
Form und Stoff sich entsprechen, so widersprechen sie sich in

der Abnormität und bleiben doch ungetrennt. — Inhalt und Form verhalten sich wie Geist und Natur. Mitte (Seele) erfüllt sie beide.

P. 67. Z. 13—17. Es ist einer der Hauptpuncte der Lehre Saint-Martin's, dass die gährenden Elemente der jetzigen Naturwelt entfernt seien von jenen harmonischen allbelebenden Eigenschaften, in deren Mitte der Mensch hervorging und in denen er beständig zu verweilen (sich zu fixiren) vermocht hätte.

P. 68. Z. 2—8. Lucifer war und ist Menschenhasser, weil der Mensch bestimmt war, Himmel und Erde wieder gottförmig zu machen.

P. 69. Z. 3—9. Da Lucifer geistig und leiblich den Menschen angreift, so musste ihm leiblich und geistig beigestanden werden. Die erste Hilfe für den Menschen war seine Erdwerdung (materielle Beleibung). Die Erde musste dem Menschen in seiner Belebung (drittes Princip bei J. Böhme) gegeben werden, damit er die in ihr verschlungenen (zum Samenkorn zurückgegangenen) Wunder offenbarte, was kein Engel kann. So kann auch der Himmel nicht ohne die Erde seine ihm gegebenen Wunder offenbaren.

P. 70. Z. 1—4. Welchem Affect und Geist du dich hingibst, eine solche Form bekommst du. Der materielle Leib hat mehr dich, als du ihn.

P. 71. Z. 1—15. Dieses fixe Ebenbild sollte er in sich erzeugen und gebären, oder er sollte zu dieser Fixation mitwirken, d. h. mitwirkend sich erheben lassen. — Die unverschuldete (durch die Erbsünde und nicht durch eigne Sünde verschuldete) Degradation bewirkt eine höhere Erhebung. — Gut ist die Erfüllung des Gesetzes, böse was sich dieser widersetzt.

P. 71. Z. 21—28. Damit ist jedoch die Frage noch nicht beantwortet, wie es, wenn Adam sich nicht aus den Schranken seiner Bestimmung entfernt hätte, mit der individuellen Fallbarkeit und Fixirbarkeit geworden wäre. Denn ohne eigenes Wirken und Verdienst wäre doch kein Mensch fixirt worden.

P. 72. Z. 5—13. Wie die Zweige an den Schicksalen der Wurzel theilnehmen, so die Wurzel an den Schicksalen der

Zweige. Hat die Wurzel den Zweigen geschadet, so können diese der Wurzel nützen. Keins kann ohne das andere Integrität gewinnen.

P. 72. Z. 14—21. Er wäre nicht der Welterlöser, wenn er nicht jedem nahe, und wie Luft und Licht sich darbietend wäre.

P. 73. Z. 8—12. Nur die rechten Organe (Form) verlor der Mensch durch den Fall, und er soll sie wieder gewinnen durch rechten Gebrauch der ihm dafür gegebenen. Die Trennung seiner Kräfte ist bloss Versetzung und Zusammensetzung, weil (theilweise) Versetztheit zweier Regionen.

P. 73. Z. 12—16. Wie im Momente der Abkehr des Menschen von Gott in Gottes Herzen das Verlangen entstund und ausging zu seiner Reunion, welches Verlangen Mensch ward, so entstund auch in erster Regung ein Gegenverlangen im Menschen. Das Verlangen ist also ein durch Vermittelung entstandenes *Tertium*, Mitte.

P. 73. Z. 25—29. Statt vom Text in die Uebersetzung zu geben, muss er nun aus jeder Uebersetzung die relative Ursprache finden.

P. 74. Z. 1—6. Die Verbindung mit dem in sich Getrennten trennt.

P. 75. Z. 3—8. Keine Liebe ist müssig, unfruchtbar, sondern gemeinsames Wirken. Tugend ist sociales Wirken für Gottes Reich. Dein Reich komme!

P. 75. Z. 26—31. Hier werden unter Grundmassen die immateriellen Principien der Materie verstanden.

P. 76. Z. 1—5. Wie die materielle Belebung die Finsterentzündung suspendirt. Wie jene Materiezeugung gestört oder gehemmt wird, so wird der finstere Grimm oder die Giftmaterie erzeugt.

P. 76. Z. 19—23. Dieses geschieht bei jedem in die Zeit emittirten Princip, welches in dieser Vereinzelung das materielle Bild der Einheit im Kampfe mit der rebellischen Macht erzeugt. Die inneren comprimirten Heilkräfte im Samen und die äusseren zerstreuten in der Erde verbinden sich, um die Hülle *(résistance)* des ersteren zu lösen, und in ein Gewächs einzugeben.

P. 77. Z. 3—5. Diese zweite Verderbniss, nicht der primitiven himmlischen Natur, sondern der aus ihr oder von ihr geschaffenen (als Universum), wird meist ganz übersehen. Mit ihr erst fiel die Welt in die Macht des Argen und sein Reich begann in ihr.

P. 77. Z. 19—21. *L'Univers* ist hier die *Circonscription (Enceinte) invisible primitive*, in welcher die physische Welt entstand.

Jede Ordnung der Dinge, sagt Saint-Martin mit Recht, jeder Gegenstand, jedes Wesen, belehrt uns über den Grund seines eigenthümlichen Daseins und enthält in sich die Urkunden seiner Geschichte und die besten Aufschlüsse über sich selber. In mehreren seiner Werke kommt Saint-Martin auf die Behauptung zurück, dass die Natur kein hinlänglicher Beweis für das Dasein Gottes sei, weil sie für sich allerdings uns auf eine wirksame, Ordnung und Harmonie verbreitende Kraft und Macht schliessen lasse, nicht aber auch, dass diese Macht ein heiliges und liebevolles Wesen sei. Wenn er weiter behauptet, dass die physische Natur in der regelmässigen Einheit ihrer Gesetze zwar einen grossen, aber nicht einen freien Werkmeister darthue, so ergibt sich zunächst wenigstens so viel, dass ein Gott, der wie jener der Fr. M. als Architect vorgestellt wird, nicht der Gott ist, dessen wir bedürfen.

P. 79. Z. 12—15. Gerade in der taubstummen Region (der materiellen Natur) bedarf der Mensch der Rede Gottes.

P. 79. Z. 20—24. Gott offenbart sich einem Menschen, damit es andere inne werden.

P. 81. Z. 3—9. Man schaut in sichtbarer Form das (sonst) unsichtbare Princip, wie die Eltern (als solche) nur im Kind.

P. 81. Z. 10—18. Man kann sagen: wenn ich die Gestalt sehe, so höre ich den gestaltenden Geist, d. h. nach dem: *loquere ut videam te*, zeichnet mir das Wort die innere Gestalt oder Schauen.

P. 83. Z. 1—4. *Deus creaturam spirit, intelligit, creatura Deum sentit, spiritus intelligit naturam, natura spiritum sentit.* — Ebenbild ist Organ (Mitwirker), nicht Werkzeug.

P. 84. Z. 4—10. Die Nichtrealität des Scheinseienden ist seine Penetrabilität, Nichtstandhalten der Intelligenz, ein Anderes ist die positive feindliche Renitenz. Wie die Materie permeabel ist, keinen Stand hält, so ist sie auch unbefruchtbar. *Tenebras non comprehenderunt.*

P. 84. Z. 7—10. Das active Eindringen des Geistes als Intelligenz ist also Penetrans und Elevation. Sobald das Bewundernswerthe als die Höhe erreicht ist, lässt der Geist seine Activität nach und unterwirft sich empfangend, womit er aber eben erhoben wird. Der Geist ist schauend. Wenn der Mensch wahrhaft ist, sagt Saint-Martin, d. h. wenn er sich nicht selbst belügt, so muss er gestehen, dass die gegenwärtige (materialisirte) Natur bloss ein Schleier ist, durch welchen jene verborgenen Qualitäten hindurchschimmern, und dass die Gesammtheit dieser Welt einer Frucht gleicht, deren Hülse nur die sichtbaren Gegenstände sind und deren eigentliche Substanz und Keim jenes Bewunderungswürdige ist, das nur dann erkannt werden kann, wenn die ganze Hülse hingenommen worden. Die Behauptung des Verfassers sagt im Grunde nichts Anderes, als dass der bessere Mensch einen andern Himmel und eine andere Erde ahnet. Enthüllen (Enthülsen) heisst hier nicht etwa bis zum formlosen Princip Dringen, sondern zur wahren Form, und hier gilt: *Destructio unius formae generatio alterius.*

P. 85. Z. 7—6. Das Feinere ist nicht etwa Schemen, sondern kräftigere, substantiellere Form, für welche die materiell-substanzirten Formen nichts sind als Apparenz, weil es sie permeirt, und welche für diese insofern nichts ist, insofern sie ihr unfasslich ist.

P. 85. Z. 19—26. Eben weil die materiellen Wesen durch eine Umwandlung entstanden sind, sind sie umwandelbar.

P. 86. Z. 1—4. Natürlich mussten die materiellen Formen descendiren, wenn die höheren durch sie und in ihnen ascendiren sollten. Anticipation der Zukunft der Natur.

Die Schilderungskraft Saint-Martin's ist häufig nicht geringer als die Tiefe seiner Gedanken, wie in folgender Stelle (S. 87):

„Ebenso kennt die Nacht nicht das Gestirn des Tages, das mit seinem erhabenen Glanze ihre Dunkel zerstreut; die Blumenzwiebel zeigt noch nichts von der Farbenpracht, die bald hernach an ihren Blüthen sich offenbart, obgleich sie alle diese Wunder in ihrem Schoosse trägt, und überhaupt alle Herrlichkeiten, die ein jeder Keim in sich verwahrt, brechen durch ihn hindurch, lösen ihn auf, und bringen im Tempel des Lichts die Gaben dar, die dieses seinen Kindern gewährte; während die Ueberreste der gröberen Hülle, die sie anfangs als Keim verbarg, im Dunkel der Erde begraben bleiben, und von allen den schönen Wundern, die über ihnen geschehen, nichts erfahren. So darf man kühn das jetzige Weltall ein Samenkorn nennen, das einst ein majestätischer, herrlich geschmückter Baum war, und dereinst wieder ein solcher Baum mit unzähligen Blüthen und Früchten sein wird. Doch von allen diesen künftigen Blüthen weiss das Samenkorn nichts, obgleich jene mit Ungeduld den Augenblick erwarten, wo ihnen vergönnt sein wird, ihre Gaben der Region des höchsten unvergänglichen Lichtes darzubringen, wie unsere irdischen Blumen der Region des Elementenlichtes."

Von hohem Werthe für die Erkenntniss der Lehre Saint-Martin's sind die sich unmittelbar anschliessenden Entwickelungen (S. 88):

„Dem Menschen, der mit dem Weltall einen gleichen Beruf hat, ist über sein eigenes Wesen eine Obergewalt gegeben, die, indem sie das ihm aufgetragene Tagewerk vermehrt, zugleich auch ihm ungemein erfreuende Aussichten eröffnet. Er soll nemlich nicht allein seinen Körper erneuern und ihm alle Eigenschaften der einfachen und reinen Ursubstanz zurückgeben (das Nemliche strebt auch das sichtbare Weltall zu erreichen), sondern auch die göttliche Wurzel seines denkenden Wesens soll er wieder zum Ebenbild seines ewigen Ursprungs umschaffen, damit dasselbe auf diese Weise fähig werde, seinen Durst nach Bewunderung zu stillen, und jene göttlichen Wunder selber zu betrachten, die ihm verwandt sind, und die es desshalb einzig im ganzen Weltall zu empfinden und zu bewundern vermag. Jene Wiedererneuerung besteht aber nur darin, dass er sein Gemüth aus der Region der falschen Bewunderung, die ihn unter die Trugbilder einer niedern

Region herabgestürzt hat, erhebe, und es in die Region einer
lebendigen und belebenden Bewunderung zurückführe, die ihn,
hätte er sich in ihr zu erhalten gewusst, mit einer Fülle von
Wohlthaten überhäuft haben würde, weil er dann in Berührung
mit jener unerschöpflichen Quelle gestanden hätte, aus welcher
jene Güter, die über alle unsere Vorstellungen erhaben sind, ewig
entsprangen und entspringen werden.

Dies alles dient uns zum Beweise, dass sich dem verirrten
und ausgearteten Menschen ursprünglich unmittelbar Gegenstände
der Bewunderung offenbart und mitgetheilt haben müssen, nicht
allein weil jener ewige Ursprung in der Fülle seiner treuen Liebe
sich nicht enthalten konnte, solche Lichtstrahlen in den dunklen
Kerker des armen Verlassenen einbrechen zu lassen, sondern auch
weil es unter den Menschen Religionen oder unmittelbare Spuren
einer geistigen Wiedervereinigung mit ihrem Ursprung gibt, denn
alle diese Religionen, so dunkel sie auch sein mögen, konnten
keine andere Quelle haben, als die deutlich wahrnehmbare Verbreitung einiger erhabenen Gegenstände der Bewunderung; keine
Religion hätte sonst, wäre sie nicht verwandt gewesen mit dem
innern Grunde seiner Natur und fähig seinen Durst nach Bewunderung zu stillen, jemals etwas über einen Menschen vermocht, und
der Name Religion wäre noch gar nicht auf Erden vorhanden.
Denn wenn wir am Anfange dieses Werkes sagten, dass der
menschliche Geist oder sein Erkenntnissvermögen bloss von Bewunderung leben könne, so haben wir das Gemälde der menschlichen
Natur erst halb vollendet. Wir vollführen es ganz, indem wir
zu der obigen Behauptung noch hinzufügen, dass sein Gemüth
oder die Fähigkeit seiner Natur zu lieben nur durch Verehrung
und innige Anbetung besteht und fortdauert, und dass die Herrlichkeiten, die sein Geist bewundert, dazu bestimmt sind, jene
erhabene Bewegung seines liebenden Gemüths zu erwecken und
so nähren, wie ihrerseits jene Verehrung ihn in das Heiligthum
immer höherer und mächtigerer Wunder geführt hätte, wo sein
Geist unaufhörlich neue Gegenstände der Bewunderung zu finden
vermochte. Darum sind die Thiere der Verehrung nicht fähig,

dern sie nicht, weil sie keinen Sinn für Verehrung haben. Deshalb geräth auch der Geist des Menschen, wenn er sich von der Region der wahrhaften Bewunderung verirrt, in ein Labyrinth von Irrthum und Unwissenheit, und, wenn sein zur Liebe bestimmtes Gemüth nicht verehrt, wird es auf seine Weise das, was in der gegenwärtigen Natur auf ihre Weise die Versteinerungen sind, es behält nemlich nur noch die äussere Gestalt einer Seele, ohne ihr Leben, ohne ihre Eigenschaften. Und selbst dieser Zustand des Gemüths beweiset mehr für als gegen jenen Grundsatz, indem ein Zweig des versteinerten Baumes allerdings zeigt, dass er nicht vegetirt, zugleich aber auch, auf eine überzeugende Weise, dass er bestimmt war zu vegetiren."

In der Bewunderung ist Scheidung, Elevation und Descensus des Bewunderten und des Bewundernden. In der Liebe ist Reunion, weil das Bewunderte elevirt, das Bewundernde descendirt. — Die Function des Geistes ist, bis zum Bewunderbaren durchzudringen oder sich zu erheben. — Verehrung und Liebe befruchten die Basis mit den geschöpften Wundern.

P. 91. Z. 23—24. Die Behauptung, dass die Mittheilung eines Empfindbaren von höherer Art unmittelbar an den Menschen nothwendig war, ist die Grundlehre aller wahrhaften Offenbarungstheorie.

P. 92. Z. 7—10. So müssen die Ideen als Urbilder nicht Keime selber sein, sondern ich schöpfe aus ihnen den Keim zu ihrer Nachbildung.

P. 92. Z. 17—22. Diese Sinne als Organe muss also auch auf seine Weise der Geist haben.

P. 93. Z. 1—6. Der Verlust jenes höheren Rapports trat also mit jenem der Organe der Gemeinschaft (der Reaction und Activität) oder der Attribute der Fähigkeiten ein, der Form.

P. 93. Z. 24—28. Hier ist noch der Fall zu erwähnen, wo eine höhere Form sich in einer niedrigeren *species visibilis* verbirgt.

P. 94. Z. 8—12. Die Behauptung, die menschliche Seele sei ursprünglich für Gott wie ein Thermometer gewesen, durch welchen er den verschiedenen Wärmegrad aller der Regionen zu erkennen vermocht habe, in welche die menschliche Seele als Temperaturmesser gestellt gewesen sei, beruht auf der Sendung und Bestimmung des Menschen.

P. 94. Z. 12—22. Damit der Rapport mit Gott nicht unterbrochen werde, müssen immer Menschen sein, welche jene Correspondenz erhalten, so lange diese Welt bestehen soll.

P. 95. Z. 16—27. Solch ein Mensch vermag Zeit und Raum durchzublicken, durchzuempfinden, durchzuwirken. *Anima est ubi amat (videt, sensit, agit)*, was schon beim Somnambulen hervortritt. Uebrigens zeigt sich die zeitfreie Divination immer zugleich mit der raumfernefreien Ubiquität. — Barometer, Thermometer, Thiere etc. beweisen die Zeit- und Raumfreiheit des Weltgeistes.

P. 96. Z. 1—2. Wenn der Mensch durch Gott sieht, so sieht Gott durch den Menschen; so wie ein Geist durch einen Menschen in diese Welt sieht, wenn der Mensch durch diesen Geist in die andere Welt sieht.

P. 96. Z. 3—8. Liebe ist böstich, Hass ist grob.

P. 96. Z. 12—16. Die Menschen sollen sich wechselseitig *sources* und *bases* der Wunder *(merveilles)* sein.

P. 97. Z. 5—15. Der Mensch, sagt Saint-Martin, ist Erde für die Geister, wie die Erde denselben formgebenden Dienst den Astralgeistern leistet. — Hier begegnen wir wieder der Vermählung der im Korn concentrirten und der in der Erde zerstreuten Kräfte.

P. 97. Z. 15—18. Sich attrahirend und in Eins zusammenhaltend ist nur was sich in Drei entfaltend unterscheidet, sich repellirend, zur Trennung strebend, was in Drei sich verwickelt findet. Zwischen jenem positiven Ternar und diesem negativen steht der indifferente, Attraction und Repulsion *in suspenso* haltende Ternar, in Mitte.

P. 98. Z. 19—27. Wenn man sagt, dass der Geist vom Vater und Sohn ausgeht (der heil. Bernhard spricht vom Kusse beider), so heisst diess, dass beider Ausgang oder Hauch in éinen Geist als Selbstisches gegen beide und auf sie Rückwirkendes (Heiligendes) zusammengeht. Wie der λόγος ἐνθετος auch noch nicht als ἐκθετος ein Selbstiges ist.

P. 99. Z. 1 — 8. Man erinnert sich hier der drei Küsse der Templer.

P. 99. Z. 16 — 26. Keine Erweckung oder Uebung der erkennenden Kraft, die auf ihren wahren (bewundernswerthen) Gegenstand gerichtet ist, ohne die Erweckung der verehrenden (liebenden) und diese nicht ohne Erweckung der *base* zur Befruchtung und Formation der Wunder. Wie also jede Bewegung des Erkennens und Liebens im guten Sinne zugleich physisch wirkt, den eigenen Auferstehungsleib sowohl als den ihm entsprechenden in der Natur entwickelnd, so wirkt jede solche Bewegung im nichtguten Sinne auf letzteren verletzend und den Finsterleib entwickelnd.

P. 101. Z. 9 — 24. Somnambule sprechen von Organen oder vielmehr Werkzeugen, die sie noch nicht haben.

P. 102. Z. 20 — 27. Die Speise zieht den Esser dahin, woher sie selber kam. Alimentation ist Oeffnen eines Rapports von Diesseits und Jenseits.

P. 104. Nach unserem Verfasser ist der Mensch das einzige Buch, welches Gott gefallen hat selber zu schreiben und zu veröffentlichen. Desshalb, sagt er, ist es denn auch für uns eine so nützliche Sache, im Menschen unmittelbar zu lesen, als in dem einzigen Buche, das man die ursprüngliche Tradition nennen könnte. Ebendadurch, fährt er (P. 105) fort, dass der Mensch das einzige von der Hand Gottes geschriebene Werk ist, wird er auch das natürlichste und einzige Medium zwischen Gott und der Welt. Er ist das Gesetzbuch Gottes und war ursprünglich bestimmt über die Erhaltung des göttlichsten Gesetzes bei den Bewohnern aller verschiedenen Regionen zu wachen. Er ist das einzige Wesen, in welchem Gott wohnen kann, weil er das einzige Buch ist, welches der lebendige Geist selber erfüllt. Desshalb sucht Gott so sehr sich in dem Menschen selber zu gestalten (nicht als ob er ohne den Menschen formlos wäre), damit der Mensch, wenn er lebhaft in sich das Leben, die Kräfte und Eigenschaften Gottes empfindet, hernach wie ein lebendes Buch von allen diesen Wundern erzählen, die Seele seiner Leser ganz ergreifen und gefangen nehmen und in ihnen das brennende Verlangen erregen könne, in sich selber jene unaussprechliche Herrlichkeit kennen zu lernen. Denn wir selber sind Nichts, bis Gott sich selber in unseren Körper, unseren Geist und unser Herz, in unsere Seele und alle unsere Gedanken einschreibt, d. h. bevor wir uns nicht in allen unsern Eigenschaften und Kräften von göttlicher Kraft durchdrungen fühlen. Wie gross ist demnach die Verirrung des Menschen, wenn er es nicht allein verschmäht, das einzige von Gottes Hand selber geschriebene Buch zu lesen, sondern wenn er selbst, nachdem er durch eigene Schuld in sich alle Züge jener göttlichen Schrift erlöschen liess, behauptet, jenes Buch sei nie vorhanden gewesen!"

P. 106. Z. 1—17. Falls zwei Menschen in einer einem dritten unverständlichen Schrift und Sprache sich verständigten, so würde der letztere nur Figuren und Laute, die ihm sinnlos deuchten, sehen und hören. Ebenso geht es dem, der dem Geiste Gottes entfremdet ist, mit der äusseren Natur und Welt.

P. 107. Z. 21—29. Gottes unmittelbarer Zeuge ist die Seele (Gemüth), des Kunstgriffs Zeuge ist die Natur, des Architecten Zeugniss ist der Kunstgriff, des Willens und der Macht Zeuge ist der Architect.

P. 108. Z. 1—8. Wenn die Materie Selbstzweck wäre und somit das Absolute, oder wenn das intelligente Wesen das Absolute oder absolut wäre, so könnte freilich nicht mehr nach ihrem Zwecke gefragt werden. — Jedes Product ist Mittel dem Producenten oder dieses gewinnt Mitte durch dasselbe.

P. 108. Z. 23—31. Alles in der materialisirten Natur strebt nach ruhiger Bewegung aus der unruhigen Bewegung. Alles will von seinem Platze und von seiner Zeit weg, meint aber in einem andern Platz und anderer Zeit raum- und zeitfrei zu werden. Man wird an den Kranken erinnert, der glaubt, gesund oder doch besser zu werden, wenn er das Bett wechselt. Zeit- und Raumgewahrung entsteht also dem versetzten Wesen.

P. 112. Z. 3—13. Der Druck (Aufhebung) einer hemmenden Fülle bedingt den Eintritt einer positiven Fülle.

P. 113. Z. 8—19. Ueber das ewige Sein der Figur (dieser Welt) vor ihr und nach ihr im Spiegel Sophia und im Element (letzteres nach ihr und entwickelt), muss man sich von J. Böhme belehren lassen.

P. 115. Z. 3—12. Wenn jeder Somnambule selbst- und willenlos ist, so ist Jeder besessen, sei es von einem sichtbaren, sei es von einem unsichtbaren Magnetiseur.

P. 115. Z. 13—20. Um nicht eingeschläfert zu werden, muss man sich ermuntern können. Die Zeit des Schlafens, sagt der Apostel, ist aus.

P. 116. Z. 2—12. Hier ist das Erwachen als höherer Zustand genommen, was auch (in Bezug auf die Person) vom Erwachen aus dem magnetischen Schlafwachen gilt.

P. 119. Z. 8—10. Wenn das Element einig wäre, könnte kein zusammengesetzter (aggregirter) Körper sein. — Nicht als ob die Einfachheit die Vielheit der Eigenschaften ausschlösse, sondern sie schliesst nur deren Widerstreit, Versetztheit, Entgegengesetztheit und also Zusammengesetztheit aus. Versetztheit verschiedener Regionen in einen Locum macht Zusammengesetztheit und Widersetztheit. *Derangement des facultés* ist Desintegrität und hiemit Unwahrheit. Reintegration der Formen hebt ihre Sichtbarkeit als Desintegrirter auf.

P. 122. Z. 6—19. Die Behauptung Saint-Martin's, der Körper des Menschen scheine bestimmt, dem moralisch Bösen in ihm Einhalt zu thun, wie diess im Allgemeinen die ganze Natur dem allgemeinen Bösen thun solle, ist gegen die gnostische Irrlehre gerichtet.

P. 123. Z. 1—7. Theils muss das Böse beschränkt und aufgelöset werden, theils in der Wurzel getilgt. Die Natur kann das letztere nicht. — Doch lässt die Natur das Böse nicht Form gewinnen. Der Geist formt die Natur, Gott den Geist.

P. 123. Z. 16—25. Bei allem Kampfe (als abhaltend) setze ich meine Macht aus mir heraus und herab. Das im Text bezeichnete *Extralignement* der Naturwesen ist also nicht Verbrechen, obschon es durch jenes *centre extraligne* veranlasst wurde.

P. 127. Z. 24—29 ff. Die treibende ausdehnende Kraft und die zusammenhaltende kann man auch die anregende (volatile) und die hemmende (fixirende) nennen. Die letztere ist Spiegel. Aber die *Résistance* sagt *Obstacle* aus. Hier wird aber Widerstand als gegen die Kraft (sie bindend oder vertreibend) und auch für sie als sie erhaltend, sammelnd, stützend genommen. Denn auch in mir selber muss ich mich an etwas halten können als Widerstehendem und Standhaltendem, um mich zusammenzunehmen. Uebrigens ist jedes Wesen als in Mitte der Ausdehnung und Zusammennehmung zu betrachten, so dass also beide Kräfte einen Ternar bilden, aber es muss dieser Ternar mit der Mitte nachgewiesen werden. Wenn schon die ausdehnende Kraft die anregende ist, so ist doch wieder die hemmende die anregende, und umgekehrt und zwar letztere im eigentlichen Sinne als reactiv die excitirende, stimulirende. Beide helfen sich das Product zu erzeugen (in die Existenz sich zu führen) und ohne Product so wie ohne deren Identität als Producens, dessen Zeug- und Gebärkraft sie sind, sind sie nicht, möge das Product immanent oder emanent sein. — Das Producens stellt sich über (Inner) das Product (Himmel) und dieses muss sich ihm entselbstigen, es stellt sich zugleich unter dasselbe (Erde), sich dem Product entselbstigend. Als Ersteres penetrirt es das Product, als dieses gibt es sich zu penetriren. Was sich penetriren lässt, das lässt sich empfinden, ist Erfüllbares, gibt sich mir zur Inwohnung. Uebrigens soll das Verselbstigende und Entselbstigende nicht im statischen Gleichgewicht, sondern in freier Circulation ineinander bestehen. — Wie der Widerstand der Kraft, so setzt diese den Widerstand. Es ist die Kraft, welche den Widerstand sammelt u. v. v. Die concentrirte Kraft ist in der Concentration ebenso unfrei, als der Widerstand in der Zerstreuung. Energie ist das dritte zur Action und Reaction, nicht ihre Einheit. Es muss eine Mitte sein, aus welcher beide gesetzt werden und in der sie doch beide zugleich originaliter sind.

P. 129. Z. 1—9. Diese zwei (Kraft und Widerstand) bringen die drei hervor als Dreieins oder negativ als Dreiuneins. Nach J. Böhme ruht die Action auf diesen zwei Basen als zweien Ternaren. Daher die Siebenzahl, und, wenn man den Ternar, den sie hervorbringen, zählt, die Zehnzahl.

P. 129. Z. 10—18. Die aus der Mitte *(région divine)* Herausgesetzten, Geist und Natur, sind *originaliter* (als göttlicher Geist und göttliche Natur) zugleich in Gott. Im Menschen entspricht die Mitte der Seele. Ferner ist derselbe Gegensatz und Ternar, welcher zwischen den drei Regionen statt hat, auch wieder auf seine Weise in jeder.

P. 129. Z. 19—31 ff. Wenn beide (Grundlagen der Wesen) nur als zweieinig productiv sind, so sind sie dreieinig, weil Agens, Reagens in Ein Energens sich und von diesem unterscheiden und verselbstigen oder personificiren; womit die Verselbstigung Vater und Mutter in und mit dem Sohn nicht zu vermengen, aber zu verbinden ist.

Alles zusammengefasst sind folgende Puncte festzuhalten:

1) Anstatt der nur beschränkte Deutung zulassenden Ausdrücke: *force et résistance, force expansive et compressive, répulsive et attractive etc.* thut man besser, die Worte: Involution und Evolution zu gebrauchen.

2) Dieser Involutions- und Evolutionstrieb ist vorerst immanent zu fassen, so dass ein Wesen in sich selber zusammensinkend oder schwer und sich selber sich erhebend und leicht (antigrav) ist.

3) Nur in ihrer Abstractheit oder Unwahrheit stellt man sich die Evolution als für sich als zerstreuend (disseminirend), also in Nichts gehend, so wie den Involutionstrieb als confundirend, gleichfalls vernichtend vor, und denkt sich wohl, wie z. B. Kant, die eine und andere dieser sogenannten Kräfte als solche unendliche, selbständige Wesen.

4) Ebenso unwahr stellt man sich selbe ohne ihr und ausser ihrem Centrum oder Mitte vor. Wogegen J. Böhme beide als im *Centrum Naturae* entstehend und von ihm beisammen gehalten (in den zwei ersten Naturgestalten des Willens als Herbe und Bitter) darstellt, wie denn das Zusammengehaltensein in ihrem Widerspruch die Angst gibt als dritte Gestalt.

5) Keine dieser zwei Potenzen für sich gibt nach Obigem das Offenbar- oder Dasein, und es ist falsch, den Evolutionstrieb als den positiven Offenbarungstrieb, den Involutionstrieb als dessen Negation zu betrachten (was z. B. die Hegel'sche und Schelling'sche Trilogie thut), indem beide ihre Positivität nur durch ihre

Mitte (Grund) erlangen, welche den einen Trieb durch den andern bestimmt und hiemit verwirklicht oder effectiv macht.

6) Der Conflict (Widerstreit) des Evolutions- und Involutionstriebes ist keineswegs, wie alle unsere Naturphilosophen meinen, primitiv, sondern secundär und abnorm. Wie jedes Männlein sich zu seinem Weiblein hält und dieses zu jenem, und nur fremde oder entfremdete sich respuiren.

7) Spricht man von einer Mitte (einem Centrum), so ist zu wissen, dass nicht zwei, sondern nur drei eine Mitte haben, dass also der Evolutions- und Involutionstrieb ohne ein Drittes, das sie in und aus einander hält und circulirend führt, nicht begreiflich ist. Wo nun das Centrum nur durchwohnt, da tritt auch das Dritte nicht gesondert hervor, wohl aber bei der Inwohnung. Dieses Dritte macht, dass alle drei gegeneinander und die Mitte gekehrt sind, und dass die Drei weder sich confundiren, noch trennen können.

P. 130. Z. 5—8. „Aus diesen Zügen wird schon erkannt, welche traurige Verwandlung die gegenwärtige Natur im Vergleich mit der ursprünglichen und ewigen, welche einst dem Menschen zum Wirkungskreis gegeben war, erlitten hat."

Dem Menschen war die verzeihlichte Natur zur Restauration gegeben, wozu ihm zugleich die ewige offen stund. — Was sich in mir aufhebt, erfüllt mich als meine *Enveloppe* oder mein Leib: *Expansibile*, in dem ich mich ausbreite. Nur in dem sich aufheben Lassenden, somit sich Entselbstigenden, kann ich mich poniren.

P. 130. Z. 1—2 u. 8—13. Es ist hier eigentlich ein Kreislauf von vier Contrapuncten in Folge des Nie-einig-werdens beider Kräfte oder zwei Gleichwucht- und zwei Ueberwucht-Momenta. Kraft und Widerstand trennen sich in der materialisirten Natur unaufhörlich von einander und werden doch immer wieder *invito marte* beisammen gehalten.

P. 130. Wie tief Saint-Martin von der durch den Fall veranlassten Verwandlung der Natur in's Schlechtere überzeugt war, drückt sich besonders deutlich in folgender Stelle aus.

„Von jenem unseligen Zustand zeugt die ungemeine Langsamkeit des Wachsens und Zunehmens der Wesen; von ihm zeugen vor allem jene ungeheuren Massen von Steinen und Krystallen, in denen der Widerstand so gänzlich über die Kraft vorherrscht, dass er das Leben derselben ganz aufgehoben und sie zu einem völligen Tode verdammt zu haben scheint. Ist diess jenes herrliche Reich, wohin noch täglich alle Gedanken des Menschen streben, wohin er mit allen seinen Künsten, seinem Luxus, mit seinem Stolz und seinen Selbsttäuschungen zu gelangen sucht, indem er zugleich spottend behauptet, dass dieses alte herrliche Reich niemals bestanden habe? Ist das jene wohlgeordnete Natur, von welcher wir dafür halten, dass sie ganz ohne Fehler sein müsse, jene Natur, in welcher sich das Leben frei und ohne andere Gränzen als die, welche aus der Eigenthümlichkeit der Wesen und ihrer Bestimmung hervorgehen, bewegen könnte? Sind diess die reinen Spiegel, welche bestimmt waren, uns die Strahlen unseres eigenthümlichen Lichtes so lauter zurückzuwerfen, wie wir die Strahlen des Göttlichen? Und doch können wir daran nicht zweifeln. Warum will denn der Mensch nicht an das Verderbniss der Natur glauben? Vielleicht weil er nicht an sein eigenes glauben will? Verharrete er nicht freiwillig in Blindheit über alle Katastrophen, welche ihn betreffen, so würden ihm die der Natur nicht so problematisch erscheinen. Er würde erkennen, dass er durch seinen eigenen Fall eine ganze Region der Dinge verschüttet und entstellt habe; er würde sich hinfort nicht mehr rühmen völlig unversehrt geblieben zu sein, da so viele Zeugen gegen ihn rings um ihn vorhanden sind. (Hier ist also die durch des Menschen Fall geschehene zweite Verderbniss der Natur als Region gemeint). In der That, die Menschen wollen nicht an grosse Katastrophen, an grosse Umwälzungen der Natur glauben, und dennoch sehen sie sich genöthigt an eine solche Umwandlung ihres eigenen Wesens zu glauben; indem dieses, wie ein Blinder in einer Wüste umherirrt, in allen seinen Kräften und Anlagen eine grosse Verkehrung zeigt, und indem all das unreine Wesen, wodurch die Region seines Denkens überdeckt und gleichsam verbaut wird, offenbar Spuren eines gänzlichen Zusammensturzes, Trümmer einer gänzlichen Zerstörung sind. Mögen sie doch an den hohen Rang denken, der dem Menschen in Beziehung auf die Natur gegeben war, und sie werden einsehen, dass sein eigenes Unglück unvermeidlich sich auf die Natur ausdehnen musste, die ihm unterthan war; wie ein mächtiger Mensch seine eigene Unordnung und Verwirrung über den ganzen mit ihm verbundenen Kreis der Dinge und Menschen verbreitet, oder diesen unvermeidlich in seinen Sturz mit hineinzieht. Aber damit der Mensch seine jetzige Erniedrigung als eine Folge seiner Verirrung anzuerkennen vermöge, muss er sich erst als einen Geist betrachten lernen, denn sobald er dieses thut, muss er sich auch, versenkt in diese ihm fremde Sphäre, nothwendig für schuldig erkennen, weil er sonst nicht so hart bestraft werden wäre. Deshalb pflegt die Philosophie der Materie dem Menschen gleich am Eingang jener erhabenen Wahrheiten Stillstand zu gebieten. Sie hindert ihn, sich für einen Geist zu halten, indem sie ihn gern zu der Region des Thiers erniedrigen möchte. Und dennoch empört sich zugleich auf der andern Seite der Stolz des Menschen, wenn man ihn für ein Thier halten will. Er will also weder Thier noch Geist sein, oder vielmehr er wäre gerne damit zufrieden, für einen Geist gehalten zu werden, wenn er dabei wie ein Thier leben könnte."

Zu dem, was in dieser Stelle Saint-Martin von den Spiegeln sagt, welche uns die Strahlen unseres Lichts zurückwerfen, ist zu bemerken, dass wie alles Sehen und Tasten ein solcher Reflex sind, so beide diese Sinne ausgebend, ihr Object aufsuchend sind, was bei den andern drei Sinnen nicht der Fall ist. Man könnte daher von einem Lichtstab des Auges sprechen. *J'avoue*, sagt *Descartes*, *que je ne sais rien en philosophie, si la lumière ne frappe pas nos yeux comme un bâton poussé à l'autre bout.* Man erinnere sich, dass die Fledermäuse förmlich durch das Medium der Luft *in distans* tasten.

P. 183. Z. 1—4. Jedes Active sucht seine ihm helfende Reaction und flieht jede andere. Dasselbe gilt von der Reaction.

P. 133. Z. 11—27. Der aufgehobenen wahren Integration setzen sich falsche oder Scheinintegrationen entgegen.

P. 137. Z. 2—5. Eigentlich leuchtet und wärmt das Feuer zugleich. Denn das finstere nicht zum Licht ergänzte oder integrirte ist nur heiss und kalt. Hier fehlen J. Böhme's Begriffe. — Verbrennlich ist was den Widerstand empörlich in sich hat. Im Brennlichen (z. B. im Hydrogen) ist das Feuer gebunden und muss durch ein Excitans frei werden. — Wenn der verbrannte Körper (*caput mortuum*, Leichnam) jener ist, in dem der Widerstand ganz über die Kraft (diese theils vertreibend, theils bindend) siegte, so ist der Verbrennungsprocess dieser Kampf (als Opposition und Zerfallen beider), so wie die Verbrennlichkeit ihre Zersetzlichkeit anzeigt. Es kann aber auch das Uebergewicht auf die Seite der Kraft fallen, falls diese mit einer andern ihrer Natur entsprechenden Resistenz sich verbindet. Insofern aber im Processe selber ein Entfliehen und Freiwerden der Kraft statt findet (wie im Ton durch Druck, Electricität durch Reibung), so muss diese als Intensirung der Kraft gegensätzlich jener des Widerstandes gefasst werden.

P. 137. Z. 18—28. Saint-Martin behauptet, die magnetische Kraft sei unter allen Formen der allgemeinen Kraft der allgemeinen belebenden, höheren und allwaltenden Kraft des Weltalls am nächsten verwandt, indem sie fast durch die ganze Natur verbreitet sei.

P. 138. Z. 1—6. Da der Geist hier nicht spricht, so schreibt er, und zwar nicht Wortschrift, sondern figürliche und Hieroglyphenschrift.

P. 138. Z. 8—9. Unter dem Geistigen wird hier das thätige immaterielle Physische verstanden.

P. 138. Z. 11. Jedes Samenkorn entsteht auch (gleichsam als Mineral und Stein) durch Abimirung wie die Erde. — In Sünde ist jedes Zeitliche empfangen.

P. 138. Z. 16—28. Das Theilbare ist das Zusammentreibende, das Theilende ist das Zerstreuende. Zusammentreiben ist nicht Einen, Zusammengetriebensein nicht Attrahiren. Aber auch die expansive Kraft wird getheilt und getrennt durch Einung der condensiven Kraft.

P. 139. Z. 4—6. Dieser Gefangene bedarf des freien Descensus der befreienden höheren Mächte.

P. 139. Z. 6—11. Hier hatte also die hemmende Macht die Uebermacht und die Natur ging in ein Samenkorn zurück. Aber wie im Samen Zusammenpressung, so ist in der Matrix (Erde) Zerstreuung.

P. 139. Z. 11—14. Das Nieeinigwerden beider macht eben den Kreislauf der Zeit in vier Contrapuncten.

P. 142. Z. 15 ff. Saint-Martin verfolgt hier die Anwendung seiner Principien auch in das Thierreich, indem er nachzuweisen sucht, dass die Spuren der von ihm aufgestellten Gegensätze der Kraft und des Widerstandes in der Gestaltung des Verhältnisses, in welches sie nach der grossen Umwandlung der Natur versunken seien, sich deutlich auch im Thierreiche aussprächen. Bemerkenswerth ist, was er in diesem Zusammenhang vom Hunde und der Hundswuth oder Wasserscheu (woran sich die Geschlechtsscheue hätte anschliessen lassen) sagt. Noch bemerkenswerther aber erklärt er sich über den Löwen in folgender Weise:

„In dem Löwen ist, vermöge der ganzen Natur des Thieres diese Kraft noch viel grösser, und da zugleich der Widerstand in ihm allgemein und von allen Seiten gleich mächtig wirkte, verursachte er, dass die Kraft gewaltsam nach allen Theilen seines Körpers vordringt, wesshalb an ihm alles so grossartig und furchtbar ist. Es scheint, als ob, seit der grossen Umwandlung, der Widerstand, den ich hier Schrecken nennen möchte, in dem Löwen sein lebendes Sinnbild, seinen Repräsentanten auf Erden habe darstellen wollen."

Im Gegensatze dazu scheinen ihm Stier und Lamm, in jedem nach seiner Art, die Kraft und den Widerstand bis auf einen gewissen Grad in Harmonie erhalten, und dem grossen Umsturz in gewisser Hinsicht widerstanden zu haben. Der Verfasser schliesst dies aus den vielfältigen Hülfleistungen, die sie uns gewähren, Wohlthaten, die wir in solchem Ueberflusse von keinem Wesen erwarten dürften, wenn nicht seine Principien im Gleichgewicht stünden, denn Wohlthätigkeit und Harmonie im Wohlthäter scheinen unzertrennbar zu sein. Man wird hier an die Wahrheit erinnert: Man hat und gibt, was man ist.

Was Saint-Martin hier und im Weiteren vorbringt, zeigt, wie wenig noch für eine vergleichende Psychologie der Thiere geschehen ist.

P. 146. Z. 1—14. Das kann doch nur heissen, dass für die eine oder die andere Existenzweise des Menschen auch jene der Natur sich ändert. Den drei Relationsweisen des Geistes zu Gott entsprechen drei des Geistes zur Natur.

P. 147. Z. 12—24. Die äussern Ungeziefer lassen im Sommer die gemeinen unreinen Leute nicht schlafen, wie die geistigen Insecten die vornehmen Leute nicht schlafen lassen.

P. 149. Z. 1—5. Was mit einer Region nicht gleichwichtig ist, wird von ihr erhoben oder niedergedrückt. — Feuer ist Anfang des Elements, das Wasser der Belebung, die Erde der Gestalt. Dasselbe gilt *suo modo* von der immateriellen Region.

P. 151. Z. 16—31. Der Selbstlautende muss sich diese Gewalt (diese Einung oder Sammlung der widerstehenden Macht) selber anthun, um die Einung der expansiven Kraft zu effectuiren. Man erinnere sich der Einung durch Integrirung des Contacts bei Reibung. — Ton entsteht eigentlich durch Vermälung innerer mit äusserer Luft oder durch Verbindung des in demselben Körper comprimirten und zerstreuten Tonelements. Dasselbe gilt von der Electricität als Feuer. Wenn man die Starrheit jedes Körpers einer solchen innern polarischen Spannung zuschreibt, so lässt sich Vieles begreifen.

P. 152. Z. 10—27. Alle Wirksammachung geschieht durch Isolirung der Glieder. Die éine Luft kann als solche nicht ihre Töne wirksam machen, sie müssen erst geschieden wirken und diese Wirksamkeit muss geeint sein. Die Einheit (Totalität) als solche oder unmittelbar ist stumm oder stille und wird nur in der Vereinzelung (Bestimmtheit) activ oder effectiv.

P. 152. Z. 28 ff. Wer Musik macht, erzeugt sie nicht, sondern öffnet nur mehr oder minder die Thüre, durch welche wir die permanente *Musique-Principe* hören. Musik ist ganz nur

Empfindung, ohne Anschauung; man müsste denn nur das Zählen (das bewusstlose) als Anschauung gelten lassen.

Auch in der Musik zeigt Saint-Martin das Walten der zwei Gesetze, der Kraft und des Widerstandes, die im ganzen Weltall, im geistigen sowohl als im natürlichen, anzutreffen sind, und zwar in den beiden Reihen der vollkommenen und der dissonanten Accorde, aus denen die ganze Melodie besteht. Hiedurch gibt uns nach ihm die Musik ein Bild der allgemeinen Trennung, welche das erste Verbrechen unter den guten und schlimmen, regelmässigen und unregelmässigen Kräften bewirkte. Noch deutlicher aber findet er in ihr jene ewige Wahrheit ausgesprochen, dass die Wesen nur in ihrer Einheit (in ihrer Quelle) oder in jenem vollkommenen Accord Ruhe finden können, welcher in sich die Einheit in allen ihren harmonischen Verhältnissen darstellt.

„Hiedurch (fährt er fort) bekämpft sie siegreich das falsche und thörichte System jener blinden Philosophie, welche das Böse zum Ursprung des Guten machen will, das Dunkel zum Ursprung des Lichtes, die Schatten im Gemälde zum Ursprung der lichten Farben, die Null zum Quell der Zahlen, das leblose Aggregat einer todten Materie zum Erzeuger lebendiger organischer Wesen." Die Anhänger der hier berührten falschen Philosophie nennen die Scheidung des Lichtes von der Finsterniss, verblendeterweise Geburt des Lichtes aus der Finsterniss und wollen die Glieder des Organismus vor oder nach diesem bestehen oder entstehen lassen, weil ihnen Gliedsein und Entzündetsein irrigerweise eins und dasselbe ist. Das, was der Lichtmanifestation in seiner Occultation dient, ist es freilich, was, nicht occult, die Finsterniss macht, d. h. der Lichtmanifestation σ sich opponirt, um seine eigene zu erwirken. Hieraus folgt aber keineswegs, dass das Finstre als solches zur Lichtmanifestation nöthig ist. Bleibend Licht ist nur was die Verfinsterbarkeit (Verbrennbarkeit) in sich getilgt hat, in der Wurzel, als *Posse*.

P. 153. Z. 24—31. Zeitbefreiung, Lüftung von Weltschwere ist Effect und Zweck der Musik. Sie soll das Gemüth befreien, die Banden lösen. Lösung deutet auf Erlösung. Man erinnere sich des Exorcismus der Musik bei Saul.

P. 154. Z. 1—8. Nur aus diesem Grunde leidet der Geistmensch vom zeitlichen Alter, weil er ausserdem sich mit den Jahren verjüngen müsste.

P. 154. Z. 17—28. Ganz wie die vorhin erwähnten Philosophen Variationen im Glück und Leben nur im Unglück und Tod suchen, wie sie meinen, der Himmel habe Langeweile ohne Verbrechen und Teufel. Wenn zum integren Leben Gegensätze erforderlich sind, so sind darum noch nicht Widersprüche erforderlich. Gegensätze sind eben noch nicht Widersprüche.

P. 156. Z. 1—5. Der zu hohe wie der zu tiefe Ton ist unhörbar, wie das allzuschnell sich Bewegende unsichtbar wird.

P. 156. Z. 6—12. Die ursprüngliche Musik (*Musique-Principe*) ist eine für sich fortbestehende, wenn auch uns unhörbare Musik. *Verbum cantans.*

P. 156. Z. 20—28. Die Luft tönt nur, wie das Licht nur scheint. Aber die einzelnen Geister wie Körper sind die Orgelpfeifen, hier aber nicht zur primitiven Musik (denn die Orgelpfeifen zu dieser sind in Gott selber), sondern zur Wiederholung in mehr äusseren Regionen.

Voll des Tiefsinns äussert sich Saint-Martin über die Musik in folgender Weise:

„Es gibt allerdings ein Medium zwischen Gott und der Zeit; dieses ist die ewige Sprache reiner Wesen. Dieses Medium wird selbst dann noch bestehen, wenn die Zeit nicht mehr sein wird, und es wird sich dann auf die wiedergeborene Natur (anstatt auf die zeitliche) stützen. So wird die Musik in ewiger Wirksamkeit bestehen, und dann selbst noch schönere Gesänge hervorrufen, als sie jetzt vermag. Auch zwischen der Luft und der zeitlich-irdischen Musik gibt es ein Medium: die Körper, welche die Harmonie der Luft bilden und vollführen. Wenn die Zeit nicht mehr sein wird, dann wird auch diese körperlich vergängliche Musik aufhören; denn selbst die Körper, deren sie sich als Medium bediente, werden dann nicht mehr sein. Aber diese Musik wird alsdann durch jene ursprüngliche ersetzt sein, welche von neuem die Vollkommenheit besitzen wird, welche der unserigen abgeht. Auch zwischen uns und der künstlichen Musik gibt es ein Medium: unsere Stimme und unsere Instrumente. Diese Musik hängt ihrer Dauer nach ganz von unserer Willkür ab und ist sehr mangelhaft. Dennoch aber, da sie uns zu Gebote steht, wann wir wollen, und wir uns, um sie hervorzubringen, der Luft bedienen, jenes Meeres, in welchem alle höheren Lebenseinflüsse sich bewegen, so kann uns eben diese künstliche Musik ein wirksames Wiedervereinigungsmittel mit den Regionen werden, aus denen wir uns selber abgeschieden haben. Ein Mensch ist einsam, die tiefste Stille rings um ihn her, die Musik und selbst die Eigenschaft der Luft, zu tönen, sind für ihn nicht vorhanden. Jetzt aber ergreift er seine Laute oder beginnt zu singen, und siehe, ohne dass er seinen Platz zu verlassen brauchte, entfaltet sich rings um ihn der ganze Reichthum der Atmosphäre an lebendigen seelenvollen Tönen, alle Schätze ihrer Harmonie, die magische Gewalt ihrer Accorde, die durchdringende Macht der Melodien, und sein eigenes Wesen spricht in ihnen seine tiefsten Gefühle aus. Wenn sich so sein Gemüth mit den musikalischen Kräften, diese wieder mit seinem Gemüth innig vereinen, vermag er sich mit jener reinen höheren Region, an welche die Musik angrenzt, in Berührung zu setzen, und durch dieses Zwischenglied sein Wesen nicht nur bis zur Region des Göttlichen zu erheben, sondern diese auch wieder zu sich herab zu ziehen, sie mit seinem ganzen Wesen zu umfangen. Um ihm auf eine physische Weise zu zeigen, wie allgemein, überall vorhanden, jene Region des Göttlichen sei, ist ihm die Anwendung dieses Mittels, die Uebung dieses Cultus, der ihn von neuem mit seinem Princip vereinigt, zu einem so freien Gebrauch gegeben, dass er sich seiner überall und in jedem Augenblicke bedienen kann. Damit aber die Musik diese erhabene und heilsame Wirkung hervorzubringen vermöge, muss der Mensch mit ihr den reinen Geist seines Wortes vereinen; denn die Luft ist verunreinigt, so wie die ganze übrige Natur und ein unreines Wort würde sie nur noch mehr verunreinigen. Wenn sie aber durch den reinen Geist des Wortes gereinigt wird, dann vermag die Musik jenes lebendige Wort von oben an sich zu ziehen, welches ohne Unterlass sie zu seinem Organ zu machen strebt. Man darf sich nicht darüber wundern, dass eine so gereinigte Luft das lebendige Wort von oben anzuziehen vermag. Die Luft ist in der physischen Natur das einzige offen stehende Medium, nur sie kann wie das Wort, zur unmittelbaren Mittheilung alles dessen dienen, was am tiefsten in unserm Gemüthe ruht."

Die Luft ist also selber Wort, wenn auch nur *in potentia*.

P. 158. Z. 5 — 26. Die Thiere sehen, hören, riechen, schmecken und fühlen nicht was der Mensch sieht etc. — Singen ist Sprechen oder soll es sein. Daher vermag nach Saint-Martin ein blosser Körper in der ganzen Natur weder zu singen, noch zu sprechen, wenn ihn nicht ein Geist beseelt, der höherer Kräfte voll ist.

„Die höhere Atmosphäre einer vollendeten göttlichen Region, die dem Lebenseinfluss noch viel mehr offen steht, als der unserige, sie, die nichts Anderes als das lebendige Wort selber ist, ist demnach das Einzige, was singt und spricht, und mithin das einzige wahrhafte Organ der reinen Musik."

Alles was sonst noch singt und spricht ist nur nachsingend und nachsprechend diesem Wort.

P. 159. Z. 16 — 23. Man denke an die freie Macht des Tons in den Chladnischen Klangfiguren, die sich von innen heraus, nicht von aussen her gestalten. — Wie das Licht (das Sichtbare) nach dem Ton erscheint, so geht es wieder in diesen zurück. Aber das magische Schauen ist vor dem Ton.

P. 160. Z. 8 — 19. „Wie die Eigenschaften der höheren Musik auf uns gar nicht zu wirken vermöchten, riefen sie nicht erst die ihnen entsprechenden Harmonien und lebendigen Töne hervor, so würden jene Wirkungen an uns ganz verloren gehen, wäre nicht in uns selber etwas ihnen Analoges, ihnen Entsprechendes. So ist der Mensch gleichsam die Lyra Gottes, alle Kräfte seines Gemüthes streben das Wort und den Geist der Gottheit zu verkünden, alle Tiefen der ewigen Wahrheit zu erforschen, und hernach uns dieselbe mitzutheilen und zu offenbaren.

Aber eine solche Lyra würde unnütz sein, wenn sie nicht lebendig und selbstthätig wäre."

Wort ist Geist. Daher Christus sagt: „Meine Worte sind Geist und Leben." Das Wort tönt und singt, das Wort Erzeugen heisst das Sprechende oder das, wodurch der Erzeuger spricht, Erzeugen. — Der Mensch ist Mitwirker der Lyra zur Formation der erzeugten Töne.

P. 161. Z. 1—2. Instrumente sind vereinzelte Organe (Attribute) der einzelnen Fähigkeiten oder Kräfte.

Wie nachdenklich, wenn Saint-Martin sagt:

„Die organische und melodische Wurzel unseres Wesens ist einfacher Natur und hält in sich allein alle Organe ihrer Modulationen verschlossen. Sie erfährt in sich selber eine stetige neue Schöpfung, was nach aussen in vielfachen Früchten sich offenbart, und sich uns physisch in den Eigenschaften der Menschenstimme, die noch in ihrem jetzigen Zustand so viele Anmuth in sich hat, andeutet. Waren wir bestimmt die Lyra Gottes zu sein, so lernen wir daraus, welchen Rang wir in Beziehung auf dieses Grundwesen aller Melodie, aller Harmonie der Dinge einnehmen. Vor ihm sind wir wie die Orgel vor ihrem Meister, der nach seinem Willen, wann und wie es ihm gefällt, aus seinem Instrument bald traurige, bald fröhliche, bald sanfte und erhebende, bald schmerzlich zerreissende Töne hervorrufen, oder es auch ganz unberührt stehen lassen kann, ohne dass das Instrument irgend einen Anspruch an ihn zu machen hätte oder ihm etwas dagegen einwenden dürfte."

P. 163. Z. 1—7. Der Affect der Bewunderung hebt und hält den Menschen ausser und über der Zeitregion. Je wunderbarer, unbegreiflicher, unerklärlicher, desto natürlicher und heimathlicher dem Menschen. In der That strebt der Mensch in der Zeitregion nur durch die nichtbewundernswerthen und nichtverehrungswerthen Objecte hindurch bis zu den bewundernswürdigen und verehrungswürdigen empor zu dringen. Da nur Gott Wunder thut, so ist die Region der Wunder die göttliche *par excellence*. Erklären ist dem Erklärlichen ein Erklärendes finden, sei dieses absolut, also nicht wieder erklärbar, oder nicht.

P. 164. Z. 22—26. Vortrefflich bemerkt Saint-Martin „Der Mensch ist ursprünglich und seiner Natur nach wahr; die Täuschungen, denen er sich hingibt, sind bloss Abweichungen von seiner ursprünglichen Richtung und jederzeit beginnt er mit der Wahrheit."

P. 165. Z. 3—8. Ist es nicht ergreifend, wenn Saint-Martin mit erhabenem Ernste erinnert:

„Du bedarfst (o Mensch) der ruhigen Stille rings um dich her, wenn du frei Töne hervorbringen und dich ihrer erfreuen willst. So vermagst du auch die höhere göttliche Harmonie nie zu vernehmen, bis erst das wilde Getös der gegen einander streitenden Kräfte, aus denen das Weltall gebildet ist, mit aller seiner störenden Unruhe verstummt."

J. Böhme nennt dieses wilde Getöse der Welt, diesen *Charivari* der Welt, diesen Teufelslärm die *Turba*, und man erinnert sich hier des Satzes: „*Motus turbidus extra locum, in loco placidus, quietus.*"

P. 165. Z. 9—18. Dieser Weltgeist ist jetzt derselbe Eine, wie die Sonne dieselbe, die Adam sahen. — Die Region des Weltgeistes ist gemischt, weil sie durch das Astral gehen muss, welches zwei Wege hat.

P. 165. Z. 23—31. Eben in der Region der Wunder thut der Mensch selber Wunder.

P. 166. Z. 1—8. „Der characteristische, mimische und ausdrucksvolle Tanz deutet auf seine Weise auch auf jenen Zustand der Freiheit, dessen der Mensch geniessen würde, wenn ihn nicht die Bande der groben Sinnlichkeit so tief niederbeugten und unterdrückten. In diesen künstlichen Uebungen scheint sich der Mensch jene leichte Beweglichkeit vorspiegeln zu wollen, welche einst in einer freiern, der trägen Schwere minder unterworfenen Region, ihm natürlich war."

P. 166. Z. 16—21. Der zeit- und raumfreie Geist macht sich seinen Tact und seine Mensur selber.

P. 167. Z. 10—17. Der Begriff der Gebärde ist Figur; diese entspricht dem Affect.

P. 169. Z. 1—9. *Loquere ut videam te*, d. h. ich sehe zwar deine äussere Gestalt, aber nicht deine innere, die mir erst dein Wort vor das innere Auge bringen kann.

P. 169. Z. 22. Der astralische oder Sterngeist ist oben vom Weltgeist unterschieden worden. Der Weltgeist ist nicht unter dem Firmament, sondern über ihm. Vergl. P. 176.

P. 169. Z. 23—30 ff. Wenn das Siderische das Centrum des Elementardreiecks ist, so könnte die Luft im *Centro* dessen Organ sein, womit die Lehre Saint-Martin's von drei corporisirenden Elementen zusammenhinge.

P. 170. Z. 23—29. Zum Geist geworden. — Sinn heisst Centralität und Superiorität (Penetranz) Gewonnenhaben gegen das, dem selbes Geist ist.

P. 171. Z. 22—30. Der Siderismus hat einen activen und einen passiven Zweig. Der passive erzeugt den Somnambulismus und eine Menge falscher Communicationen, und hat wie der Baum einen doppelten Saft, gut und böse.

P. 172. Z. 16—26. Hier deutet der Verfasser auf den Dämonencultus, das Opfern auf den Höhen, welcher durch Christum gestürzt wurde.

P. 173. Z. 22—31. Der Materialismus (wie der Aberglaube) ist das *Caput mortuum* eines falschen und verbrecherischen Spiritualismus. „*Desinit in atrum piscem*."

P. 174. Z. 8—29. Es gibt ein successives Wiederaufsteigen der Dämonen in verschiedenen Naturregionen durch Schuld des Menschen.

P. 176. Z. 5—8. Der Weltgeist steht über dem astralen, d. h. über dem Gestirn als seinem Leib.

P. 177. Z. 3—14. Weltregenten-Besessenheit ist keine Fabel. — Der Teufel log nicht ganz, als er Christo sich als den Herrn aller Reiche angab.

P. 180. Z. 8—10. „Endlich, so lernen wir, dass wie die Erde unseren Körper trägt, und dieser wieder unsere Seele, so die Seele unsern Geist, dieser das Göttliche in sich fasse."

Was ich als Seele will, dem ich mich subjicire, das ist mir Geist, was mir subjicirt ist, dem ich inwohne, das ist mir Leib.

Ich trage als Seele den Geist, oder dieser ruht in mir, d. h. er entwickelt sich und wirkt in mir, was von mir als Seele gegen den Leib gilt. Auch Schubert hat in seiner Psychologie die Identität des die Seele begeistenden und leibanziehenden Princips im Normalzustande so wie die Nichtidentität im abnormen verkannt. — Man kann jedes Daseiende (*Etre*, Person, Sache) als Mitte ebenso gut als von innen heraus (von oben herab) gekommenes oder kommendes, denn als ein von aussen hinein (von unten hinauf) gegangenes oder gehendes betrachten. Das Producens kann sich nicht als Mitte setzen (ins Dasein führen), ohne als Einheit sich somit dreifach zu verselbstigen und aus dieser dreifachen Verselbstigung wieder sich zurückzunehmen. Man kann darum von keinem dieser drei sagen, dass es früher oder ohne die andern beiden entstehe, bestehe oder auch vergehe. Der Geist bedarf eben so gut der Seele und des Leibes zu seiner Verselbstigung, als das gleiche von der Seele und dem Leibe gilt. — Das Aeussere ist eben nicht das nach aussen, sondern nach innen Gewandte, wie das Niedrige das nach oben, das Innere das nach aussen, das Hohe das nach dem Niedrigen, Gekehrte ist. Das Innere will das Aeussere und hebt sich in ihm auf, das Aeussere das Innere, beide durch die und in der Mitte, welche sie unterscheidend eint, einend unterscheidet, ihrer Confundirung wie ihrer Trennung wehrend. Denn nur in Bezug auf dieses Dritte kann ein Ueber und Unter, ein Inner und Ausser sein. Sich Niedrigen, Aeussern ist ein Anderes Höhen, Innern; sich Erhöhen, Innern ist Anderes Niedrigen, Aeussern. Nach J. Böhme ist es übrigens der Geist, der in sich (nach innen oder oben) gekehrt ist, die Natur nach aussen.

P. 181. Z. 1—9. Was das Wollen stützt (begründet), was als Unbewegtes bewegend ist, ist ein *Cognoscibile*, welches aber erst gefasst ihm zum Beweggrund wird. Was hier im Texte Kräfte mit Fähigkeiten genannt wird, das sind Personen. Hier ist Selbstiches, das sich nicht entselbstigt, Selbstisches, das sich wieder entselbstigt und Selbstloses, das sich nicht entselbstigt, zu unterscheiden.

P. 181. Z. 10—18. Gott allein ist wahrhafte Welt und

für sich eine alleinige ganze Welt. Sich in Gott Finden ist sich in der primitiven Welt Finden. In der h. Schrift wird unter Welt das seitliche Universum verstanden.

P. 182. Z. 2—6. Hier wird dieses Sehnen (Wille) gleichsam als der abgeschiedene Geist aller Kräfte betrachtet, welcher das Erfülltsein von diesen anstrebt. — Wenn die Wahl des dargebotenen Gedankens im Willen ist, so setzt doch dieser immer jenen *(visum)* voraus.

P. 182. Z. 17—25. Wille ist Centrum unseres Geistwesens.

P. 184. Z. 19—24. Die interimistische Belebung sammelt vorerst die Kräfte aus ihrer Dissolution und dissolvirt ihre Concentration.

P. 187. Z. 23—28 ff. Wie ein Wesen seinen Ursprung nur in sich inne werden, finden und empfinden kann, indem es seine Vermögen zusammennimmt und hiemit ihre Quelle (als Unterschiedenes) hervortritt, so kann es seine Macht nur ausser sich (in seiner Aeusserung oder seinem Product) kennen lernen. Ausgehend verselbstigen, schauen und unterscheiden sich die Kräfte, eingehend, ihre geschiedene Wirksamkeit aufgebend und sich entselbstigend fühlen und finden sie sich in ihrem gemeinsamen Ursprung wieder entstehen. Daher ist in jedem Wesen Inneres und Aeusseres. Innern und Aeussern ist Empfinden und Schauen, Ruhen und Geniessen etc.

P. 188. Z. 12—21. Hier wird abermal von Saint-Martin die *Idée-Centre* und *Nature-Centre* mit der im Geschöpfe ausgesprochenen Idee und Natur vermengt und in Folge dessen die Ewigkeit der Creation des Geistes und des Menschen behauptet. Allein Gott ist als Geist λόγος ἔνθετος und ἔκθετος, und in dreipersönlichem Unterschied sich schauend in *Sophia*, (nicht in Creatur). Der Geist als Ausgegangenes nach J. Böhme's Sprache ist nemlich das, worin Gott als Geist ausgeht.

P. 190. Z. 8—14. Saint-Martin setzt den einzelnen Menschen in dasselbe Verhältniss zur Erde wie das gesammte Menschengeschlecht zum Universum. Die anfängliche Bestimmung des

Menschen, meint er, habe ihm das Recht gegeben, nach freier
Wahl alle Gegenden des Weltalls zu bewohnen, indem sie alle
in dem Umfange des uns angewiesenen Erbtheils gelegen seien.
Aber der Mensch sei durch seinen Fall auf die Erde als in ein
Gefängniss beschränkt worden. Danach ist also das übrige Universum eben durch jene Beschränkung des Menschen auf die
Erde menschenleer geworden, und man kann sagen, dass der
Mensch als *foetus* in die Erde als *Matrix* der Welt zurückgegangen ist. Die Erde ist ihm im Universum das, was
die Mutter in Beziehung auf die übrigen Theile des weib-
lichen Körpers ist, der einzige Ort, der zur Erzeugung des
Menschen geweiht ist. Die Neigung der Ekliptik deutet ihm
darauf hin, dass die Erde aus ihrem Gleichgewichte herabgesunken
also (folgre ich) dem *loco solis* entfallen sei. Damals habe die
Erde noch nicht Aehnlichkeit mit einem Gefängnisse gehabt.
Auch die Gestirne seien damals wahrscheinlich noch ungleich
wirksamer gewesen, obgleich sie bei der grossen Katastrophe
weniger gelitten hätten als die Erde. Die Gestirne seien aber
besser erhalten worden als die Erde, da sie der Wohnort der
Principien selber seien, indess die Erde nur der Ort der Erzeugung dieser Principien sei, dann aber natürlich auch der Ort
der Restauration der Centralwesen. Auch die anderen Planeten
seien nicht da, um bewohnt zu werden, sondern um zur Bildung
der physischen Natur beizutragen. Da die Erde ursprünglich zum
Schauplatz der Herrlichkeit, dann aber der Schande unseres Geschlechtes bestimmt gewesen sei, so müsse man glauben, dass,
wenn die für das menschliche Geschlecht festgesetzte Zeit
der Prüfung vergangen sein werde, auch die Erde verschwinden
werde', indem alsdann das ihr von der höchsten Gerechtigkeit
aufgetragene Amt zu Ende sein werde. „Erinnern wir uns,
fährt dann Saint-Martin fort, dass der Mensch als Ebenbild seines
Schöpfers ein harmonischer Einklang zweier Mächte — der Kraft
und des Widerstandes — sein sollte, aus denen das Dasein aller
Wesen hervorgeht. Je mehr jene beiden Mächte durch das Verbrechen jener ersten abtrünnigen und rebellischen Geister auf
Erden in Disharmonie gerathen waren, desto mehr war es die

Bestimmung des neuen Vermittlers (des Menschen), die ursprüngliche Temperatur wieder herzustellen. Der Mensch sollte das Werk, zu welchem er berufen war, mit seiner Schöpfung beginnen, und erst dann, wenn er es ganz vollendet hätte, würde ihm der Lorbeerkranz zum Lohne geworden sein. Nach seinem Falle ist er zu einem doppelten Tagewerk verurtheilt, nemlich zuerst zu dem Werke der Selbstverbesserung und Wiedererneuerung und dann auch noch zu dem Werke, das seine ursprüngliche Bestimmung war. ... Der Mensch, wie er selbst ursprünglich im schönsten Einklang seiner körperlichen Natur war, scheint auch zur Verbreitung dieses Einklangs bestimmt gewesen zu sein, und er hat unfehlbar dieses Geschäft zuerst auf der Erde, die ihm zum Aufenthaltsort gegeben war, vollbringen, alsdann aber dasselbe allmälig auch auf andere Regionen des Universums ausdehnen sollen."

P. 204. Z. 26—29. Die Fixsterne sind also nicht, wie z. B. Schubert glaubt, lichtzeugende Sonnenatmosphären, vielmehr ist das Feuer bei ihnen vorherrschend.

P. 206. Z. 26—31. Die Hülle (Form) und das Princip (als organisch) müssen eines Wesens sein. Nimmt aber ein Wesen ein anderes als Form an (Kleid), so dass seine Form sensibel wird, so muss er dieses andere erst durchdringen, um es erfüllen zu können, und dieses andere Wesen wird also desubstansirt oder seine Substanz aufgehoben. Ist aber das eine Wesen nur essentiel (ohne Form) im andern, so findet eine Deessentiation oder Transessentiation statt. Hier ist Inwohnung, nicht Durchdringung allein, ohne Form.

P. 207. Z. 13—21. „Betrachtet man die Körper als eine Zusammenhäufung und Aggregation der Atome oder festen Grundtheilchen, so muss man sie freilich, so wie die gemeinen Physiker thun, ihrer Natur nach für undurchdringlich halten. Betrachtet man sie dagegen, wie wir schon früher gethan, als das Resultat einer Zusammenwirkung zwischen Kraft und Widerstand, so verliert das Gesetz der Undurchdringlichkeit seine Allgemeinheit, und beschränkt sich auf den einfachen Satz: dass zwei Theile der

Materie nicht zu gleicher Zeit einen und denselben Raum einnehmen können."

Wenn der Vater mich nur durchwohnt (permeirt, nicht inwohnt), so gibt oder lässt sich mir auch die Mutter nicht meiner Inwohnung in ihr. Sie speiset und substanzirt mich nicht, wie ich den Vater nicht speise. Eigentlich speiset die Mutter den Vater durch mich, wie durch mich der Vater die Mutter speiset. Gebe ich mich nicht dem Vater zum Besitzthum, so gibt sich mir nicht die Mutter zum Besitzthum.

Die Nichtpenetrirbarkeit ist auch die Nichteinwohnbarkeit. Wie die Seele sucht ingewohnt zu sein, (denn was als Geist sie nur durchwohnt, das fasst sie nicht oder das fasst sich in ihr nicht) oder wie die Seele Spiegel zu sein sucht, so sucht sie wieder einzuwohnen (ihrem Leibe). Dem materiellen Leibe kann sie nicht inwohnen. — Ich will begriffen sein und begreifen, um aber zu begreifen, muss ich begriffen sein u. v. v. um ingewohnt zu sein, muss ich inwohnen, um zu schauen, geschaut sein.

Ganz richtig bemerkt Saint-Martin, daraus, dass ein Theil der Materie den andern nicht zu durchdringen vermöge, folge gar nicht, dass die Materie undurchdringlich sei, denn dazu müsste erst erwiesen sein, dass hiebei nichts als die blosse Materie im Spiele sei. Hieraus folgt, dass wohl die Materie der Materie undurchdringlich ist, nicht aber dem Nichtmateriellen.

P. 210. Z. 5—16. Jeder Durchdringungsact ist ein Subjectionsact und jeder Subjectionsact ist ein Durchdringungsact. Die Kugel z. B., die ich in der Hand haltend begreife, durchdringe ich mechanisch oder virtuell, und ohne solche Durchdringung könnte ich sie weder halten, noch bewegen. Diess gilt vom ursprünglichen Begreifen (Beschliessen, Bestimmen) sowohl, als *suo modo* vom nachgemachten.

P. 210. Z. 16—21. *Postelli (de ultima nativitate Mediatoris)* spricht von dem vollkommenen Leibe, welcher unzerreissbar zusammenhänge und alle Orte erfülle, zugleich als penetrirend von keinem Orte ausgeschlossen werde.

P. 211. Z. 16—24. Wo Durchdringung ist, da ist eben keine Durchtrennung oder Verdrängung. Man darf sich auch das Begreifende, Umschliessende nicht neben und ausser dem Begriffenen (wie etwa als ein Geschirr) wirksam denken, sondern von innen heraus überall wirkend, wenn gleich andern in eigener und fremder Berührung.

P. 212. Z. 14—21. Denken ist ein tieferes Durchwohnen und Inwohnen. Durchdrungensein ist Affect. — Es gibt ein Gefühl und Erkennen des einseitig Durchdrungenseins oder Begriffenseins von einem Höheren, des einseitigen Durchdringens eines Niedrigern, und des wechselseitigen.

P. 212. Z. 24—31 ff. „Es führt uns dieses auf das Dasein einer Durchdringbarkeit, welche höher ist als alle die Arten desselben, von denen wir vorhin sprachen. Dieses ist diejenige, vermöge welcher sich die Gottheit selber zu empfinden, zu begreifen und zu bewundern vermag. Und da ohne Zweifel in dieser ganzen Stufenfolge jedesmal die höhere Ordnung die ihr untergeordnete niedere umfasst und beherrscht, so wird hieraus begreiflich, wie die göttliche Durchdringbarkeit über alle andern Grade dieser Eigenschaft bei allen andern Wesen herrschen und lebendig walten müsse, und wie sie allgegenwärtig in allen sein müsse."

Was ich bewundere, von dem fühle ich mich ergriffen, begriffen, durchdrungen, und das begreife und durchdringe ich nicht. Wird also Bewunderung, Begriff, Durchdringung immanent als Selbstbewunderung (Gottes) genommen, so kann das nur durch eine Scheidung in ein Durchdringendes und in ein Durchdrungenes (obwohl immanent) begriffen werden. Und hier muss sich auch die Deduction eines Selbstlosen im Selbstischen anschliessen. Soll aber die Durchdringung wechselseitig sein (wie bei den Geschlechtern), so muss hier das Schema $\frac{a}{c}\!+\!\frac{b}{d}$ zu Hilfe genommen werden, wo a und b sich wechselseitig durchdringend und durchdrungen c und d bilden.

P. 213. Z. 4—12. *Tous les corps sont composés d'une force (ascendante) qui tend à l'expansion, et d'une résistance qui contient cette force et laquelle descend.* — Wenn Kraft und Widerstand sich bestreiten, so ist es der Widerstand, der eine andere Kraft, die Kraft, die einen andern Widerstand sucht. — Alles Aufsteigen ist ein sich Verselbstigen, sich Ausbreiten, Innern, alles Absteigen ein sich Entselbstigen, Verdichten, Aeussern. — Was die Entwickelung im Centrum hält, ist Gegentheil der Schwere. — Widerstand der Einung aus Trennung, der Unterscheidung aus Confusion. — Schwere hier Kraft gegen Kraft. Wenn die *résistance* die Schwere (Last) ist, so ist der Träger die *force (centrum gravitatis)*.

P. 213. Z. 13—19. Eine Verengung der Form kann diese so wenig unmittelbar aufheben als eine *rarefactio*, beide können nur in bestimmter Stufe die Zersetzung der Form selber veranlassen. Wesswegen es eine irrige Vorstellung ist, wenn man von einer bis zum Punct successiv zusammengedrückten oder von einer bis zur Schrankenlosigkeit eben so successiv gebrachten Form spricht. — Wenn jedes Zeitwesen nur durch seine Extraposition aus dem Centrum wirkt, so strebt es freilich in dieses zurück, nicht um formlos zu werden, sondern um seine wahrhafte Form zu erlangen.

P. 213. Z. 13—21. Ein solcher Contact bewirkte die Explosion der materiellen Sphäre.

P. 214. Z. 1. Man kann nicht von der *résistance* als etwa der allein formirenden Kraft reden, weil beide *(force* und *résistance)* die Form zeugen. —

P. 214. Z. 6—10. Sind die formenden Kräfte die durchdringenden, so kann man nicht sagen, dass sie von aussen (unten) wirken, und das Enthaltende ist das höhere Centrum selber, sei es, dass es in- und durchwohnend, sei es, dass es nur durchwohnend wirke.

P. 214. Z. 8—16. Wenn etwas von seinem Centrum gewichen (gefallen) ist, so fällt es um selbes herum, weil es doch der Macht desselben nicht entkommen kann. Was das Schwere (Leere, Unselbstständige) bewegt, trägt, ist das Leichte. — Wenn die *force* als *ascendante* nach innen von aussen gebend (verselbstigend) die Form zugleich erhebt und ausbreitet (nemlich nicht als mittheilende Expansion) und die ihr entgegen wirkende *résistance* also von innen nach aussen zurück- oder die Form heraus- und niederhält, so muss man wissen, dass es eine und dieselbe höhere Macht ist, welcher die *force* und *résistance* als zwei Hände dienen, welche der einen also gibt, was sie der audern nimmt. In der Schrift *Les Erreurs et de la vérité* gibt der Verfasser der Luft (als nicht constitutivem Element) diese höhere Function und spricht auch vom *poids de la sagesse*.

P. 214. Z. 27. Diese Schwere ist nicht Formen erzeugend, sondern die erzeugten Formen stellend.

P. 215. Z. 2—8. Das Wasser wird von Saint-Martin bezeichnet als die letzte, unterste Stufe der ursprünglichen Dinge, welche auf jedem Grade, um welchen sie weiter abwärts stiegen, immer mehr geronnen und erstarrten. Ja er bezeichnet alle materiellen Körper als festgewordenes, gleichsam gefrorenes Wasser, und beruft sich darauf, dass die Auflösung (Verwesung) der Körper sie alle in den Zustand der Flüssigkeit, dann in den des Wassers zurück versetze, und so unwidersprechlich zeige, dass das Wasser das Princip ihrer Verkörperung sei. Das Wasser ist ihm aber auch zugleich das Princip der Ernährung und Erhaltung der Körper und ohne dasselbe würde das Feuer, das ein innerer Bestandtheil ihres Daseins ist, dieselben zerstören. In der That heben alle spontanen oder Selbstentzündungen von einer innern Wasseractions-Abnahme an, „wie diess auch die grossen Verbrennungsprocesse beweisen, welche die Natur jemals erlitten hat, und am Ende der (irdischen) Dinge erleiden wird, indem jedes Wesen seine eigene Natur aufschliesst und offenbar macht." Die im Feuer (Weltbrand) entstandene Materie muss im Feuer vergehen.

Saint-Martin unterscheidet zwei Arten von Schwere, die active und die passive, welche jedoch in der ursprünglichen Normalität in Solidarität ihrer Existenz sind. Die Luft ist ihm das Organ der activen, lebendigen Schwere oder Attraction, das Wasser jenes der passiven Schwere *(gravité morte)*. Die letztere Schwere ist Centrumleerheit. Saint-Martin gibt zu, dass die Naturwissenschaft, welche sich fast ausschliessend nur mit der todten, abwärts steigenden Schwere, vermöge welcher die Körper herabfallen oder sich im Raume bewegen, beschäftigt habe, an ihr herrliche Gesetze entdeckt habe, die uns mit einer schönen und erfreuenden Genauigkeit und Wahrheit die Bewegungen und den Lauf aller himmlischen und irdischen Körper bestimmen lehrte. „Aber diese todte Schwere selber kann nicht als etwas ursprünglich in der Natur Vorhandenes, sondern bloss als etwas später durch das allgemeine grosse Verderbniss in sie Gekommenes betrachtet werden und steht noch ferne von jener selbstthätigen allumfassenden Schwere (Attraction), die zur Existenz der Körper mitwirkt, und welche unsere heutige Wissenschaft fast ganz mit Stillschweigen übergeht, obgleich mehrere denkende Weise der alten und neuen Zeit wenigtens das Dasein dieser Naturkraft anerkannt haben. Unsere gewöhnlichen Naturforscher sind nicht einmal im Stande gewesen, uns den eigentlichen Schlüssel zu jenen Bewegungen zu geben, deren Gesetze sie so genau bestimmt haben, denn die wechselseitige Anziehung der Körper selber, die von so Vielen vertheidigt wird, kann nicht jener trägen Schwere zugeschrieben werden, indem eine träge schwere Masse, die sich einer andern trägen Masse nähert, von dieser Verbindung durchaus nichts zu erwarten hat. Jene beiden Massen nähern sich einander, ohne sich zu suchen, vereinigen sich (sie vereinigen sich nicht, sondern aggregiren sich nur), ohne sich wechselweise zu begehren. — Die Eigenschaft, welche die Massen von der Höhe herabfallen oder sich durch den Raum bewegen macht, ist sogar an sich selbst eine wahrhafte Zurückstossung, eine Art von Verbannung und Ausstossung, welche die Natur auf ihre Substanzen ausübt.... Das Gesetz der Anziehung gehört also wirklich bloss der zweiten Art von Schwere, der selbstthätigen an, und hier verlässt uns die gemeine Physik, die bloss gewohnt ist, sich mit dem Todten und mit der Beschreibung passiver Gesetze zu beschäftigen, statt dass sie uns active Gesetze darstellen, sich mit dem Leben beschäftigen sollte. Das Gesetz der Anziehung ist unserer Meinung nach nicht das einzige, was sich auf jene active Schwere und auf die lebendige Bildungsweise der Formen bezieht, sondern selbst die berühmtesten Gesetze Kepler's und Newton's dürfen hierher gezählt werden.... Nach diesen berühmten Gesetzen kann zwar der Lauf der Gestirne mit der grössten Genauigkeit berechnet werden. Sie sind aber doch unvermögend die chemischen Anziehungen, die Anziehungen des Gährungsprocesses oder der Reproduction des Pflanzenreichs, noch viel weniger die des Thierreichs zu bestimmen. Vergebens würde man sie daher, so wie sie da sind, auf die active Schwerkraft des Wachsthums und der Bildung der Formen anwenden wollen. Freilich hat der menschliche Geist versucht, sein todtes Gesetz der Schwere in die lebendige Region des Organischen überzutragen, indem er die Entstehung derselben ebenso durch Aggregation hat erklären wollen, als sich diese bei Bildung der Steine thätig zeigt. Aber er hat hiebei fälschlich und ungeschickter Weise zwei einander ganz entgegengesetzte, ihrer ganzen Natur nach verschiedene Regionen zu einer einzigen vereinen wollen, denn das Gesetz der untergeordneten Schwere gehört bloss der todten Natur an. Der ganze Kreis des Physischen bewegt sich um die zwei früher aufgestellten Grundlagen der Kraft und des Widerstandes. Sobald die Kraft über den Widerstand siegt, erscheint unser gewöhnliches grobmaterielles Feuer. Wo Kraft und Widerstand sich das Gleichgewicht halten, erscheint das Wasser, das sich schon durch sein Niveau als Princip der Gleichheit zu erkennen gibt. Wenn der Widerstand über die Kraft das Uebergewicht erhält, erscheint die Erde und mit ihr zugleich die todte abwärtsgehende Schwere, ohne dass jedoch zugleich die andere Art von Schwere, die der Widerstand selber ist, aufhörte zu wirken, obgleich diess auf eine so verborgene Art geschieht, dass sie sich den gewöhnlichen Beobachtungen entzieht."

P. 220. Z. 23—27. „Da in Gott alles durch die innigste allgemeinste Wechselwirkung vereint ist, so vermag nichts, was in ihm ist (und was er selber ist), sich von ihm zu trennen. Jede Eigenschaft seines Wesens ist Inbegriff aller seiner Eigenschaften und der Inbegriff aller findet sich wieder in jeder einzelnen. Die Wunder seiner Erzeugung trennen sich nie von dem zeugenden Mittelpunkt."

In Gott ist weder Ohnmacht, sich im Centro zu halten, noch Repulsion. — Da in Gott Producens und Product essential eins sind, so ist keine Scheidung beider möglich. Wenn Eins ist, so ist das Andere, wo Eins ist, da ist auch das Andere. Doch ist eine Unterscheidung des Producens vom Product, welche aber immer wieder aufgehoben wird. Trennung wäre die Nichtinwohnung des Products im Producens. Gott bleibt immer in Mitte.

P. 221. Z. 12—14. Schwere ist Centrumleere. Verginge auch die Durchwohnung der Centrums, so verginge das Schwere.

P. 221. Z. 18—28. Die selbstischen Wesen sind als centrumleer immer centrumwidrig. Den selbstlosen Wesen wohnt aber selbst im Normalstand das Centrum nicht unmittelbar inne. Der verschiedene Urstand der selbstischen und der selbstlosen Creatur entspricht ihrer verschiedenen (normalen) Inexistenz oder Seinsweise in Gott (als *Omnipotens* und *Omnitenens*). Die selbstischen Wesen sind ausser ihrem zeugenden Centrum, d. i. ausser ihrem *Principe d'Etre* oder ausser dem *Etre-Principe* was sie nicht sind. Da die Materie des *Etre pervers* in Dissolution halten muss, so muss sie selber ausser der Einheit, also nur durchdrungen von dieser sein. — Streben emporzusteigen ist Streben nach Ingewohntsein vom Höhern, was des Bewunderns Zweck ist. — Durch elevirenden Aspect macht die Seele ihren Leib leicht. Auch die Mutter erwartet vom Kinde, dass selbes sie wieder zum Vater emporhebe.

P. 222. Z. 8—11. Was von seinem zeugenden Centrum fern und leer ist, das ist es auch in sich oder Separation vom Centrum der Operation ist Separation des Wesens unter sich. Abfallen ist Zerfallen.

P. 222. Z. 11—17. Nicht durchdringend, sondern wie Wasser im Schwamm stellen die Chemiker sich das *Calorique* vor, und die Materie als Atome oder *Molécules* absolut dicht oder impenetrabel.

P. 222. Z. 18—27. Das materielle Wesen existirt in der Suspension zwischen Confusion und Trennung seiner Elemente.

P. 222. Z. 28—29 ff. Eben weil sich nichts berührt, wird es nicht der allgemeinen corporatricen Action theilhaft, welche selbes einend erhöbe. Darum ist es schwer und fällt, kann sich nicht gesetzt in dieser Region erhalten. Discontinuität macht leer und schwer.

P. 223. Z. 1. Durchdringen ist absolute Theilung der Materie, somit ihre radicale Lösung, nicht bloss Division in indivise Theile. Eben in dieser Solution der Materie besteht ihre Selblosigkeit.

P. 223. Z. 7—14. Gerade die Wärme ist es auch, welche mit äusserer Unterscheidung die innere Continuität möglich macht. Mit äusserer Fluidisirung tritt innere Nichtcontinuität ein.

P. 224. Z. 3—6. Je innerlich getrennter, um so äusserlich gepresster ist das Materielle, wogegen ein Wesen um so äusserlich unbeschränkter und freier ist, je innerlich einiger es ist. Alle relative Freiheit der Glieder geht von ihrer innern Union aus. — Was in sich nicht eins ist, kann nur das vereinen, was sich mit ihm einen will.

P. 225. Z. 14—17. „Hier herrscht allgemein ein sehr sicheres Gesetz, dass nemlich je einfacher und schneller die Action gewesen, durch welche die Dinge entstanden, desto länger ihre Dauer sei, desto mehr ihr Dasein Werth habe."

Man könnte sagen, dass die Form der productiven Action Zeit oder Ewigkeit, die des Products Räumlichkeit oder Ubiquität ist. Je weniger die Zeit die Production afficirte, um so zeitfreier ist das Product. Also entspricht der gänzlichen (oder gradweisen) Zeitfreiheit in der Erzeugung die Zeitfreiheit in der Dauer des Erzeugten. Was ganz ausser Zeit (Moment) erzeugt wird, das ist auch in ihr nicht vergänglich (das geht ins Unvergängliche durch). Dasselbe gilt von der Nichträumlichkeit des Erzeugten. Die absolute Zeit- und Raumfreiheit in der Production (im Producens) gibt auch die im Product. Vortrefflich bemerkt Saint-Martin, in der Schöpfung des Geistigen seien jene Gedanken die besten und der Unsterblichkeit am würdigsten, welche dem Geiste plötzlich, ohne sein Bemühen, als schnelle Offenbarung kommen.

P. 225. Z. 25—30. Alle Zeit entsteht ausser Zeit und geht in die Ausser- oder Ueberzeitlichkeit zurück. So entsteht alles Räumliche aus Ubiquität. — Zeit- und Raum-Anschauung *a priori* bei Kant ist *Sempiternitas* und *Ubiquitas*.

P. 226. Z. 1—5. Raum- und Zeit-freies Entstehen verbürgt das Raum- und Zeit-freie Bestehen.

P. 226. Z. 5—13. Zeit, sagt M. Eckart, ist Auseinanderhalten des Vaters und des Sohnes.

P. 226. Z. 14—23. In Gott ist der Producens, die Production und das Product immer zugleich gesetzt, es ist keine Zeitdifferenz zwischen ihnen, so wie keine Raumdifferenz der Theile des Products. Die Fortdauer des *Principe d'Etre* macht die Fortdauer des Erzeugens und des Erzeugten. Dieselbe *Monas* ist immer *Genitor, Genitus* und immer *Processus*.

P. 226. Z. 23—27. *Le principe générateur divin étant universellement répandu et disséminé dans sa propre production, et sa propre production demeurant universellement dans le Centre même de ce principe générateur* (der Vater in mir, ich im Vater), *il ne peut jamais arriver aucune époque où ils se distinguent l'un de l'autre* (sie unterscheiden sich immer ohne sich zu trennen, differenziren und einen sich ohne sich zu confundiren). Was immer anfing, weil Anfänger und Angefangenes immer simultan, das hört nimmer auf (dauert immer), weil sein Anfänger sich nimmer vom Angefangenen trennt (als immanent). Hier ist nur beständiges Erhalten, Erneuern. Ewiges Produciren ist immer neu Produciren, wie ewiges Productsein immer neues ist.

P. 227. Z. 14—21. Wie die Freiheit nur in der Bestimmtheit, diese nur in der Freiheit wirksam ist, so gibt sich das Innere nur im Aeussern, dieses im Innern, *Genitor* im *Genitus*, dieser in jenem, Gedanke im Wort, wie Wort im Gedanken, Wort in That, wie That im Wort. — Alle Form (auch die geistige) ist sinnlich (auf ihre Weise). — Das uns in der Materie Unsichtige ist nur eine andere Sichtbarkeit oder Form, und auch in der höchsten Vollendung gibt sich das Unsichtbare immer nur im Sichtbaren. Nur die materielle Form (Sinnlichkeit) ist leer, denn der *Genitor* gibt sich in ihr nicht, wohnt ihr nicht inne wie sie nicht ihm.

P. 228. Z. 1—11. Vermöge seiner Freiheit vermag der Mensch allerdings bald Eigenschaften vorwalten zu lassen, welche unterdrückt werden sollten, bald andere zu unterdrücken, welche vor allen vorherrschen sollten. Gott und sein Gesetz verlangen aber von dem Menschen, dass in allen Handlungen seines Lebens die Handlungsweise den Grundsätzen und verborgenen Bewegungsgründen seines unsichtbaren Wesens genau angemessen sein und entsprechen und dass jene von diesen ganz durchdrungen, nur eine harmonische und naturgemässe Folge derselben, sein soll. Wir verlangen, sagt Saint-Martin, den Menschen selber in seinen Handlungen zu sehen. Hier heisst es also: *Loquere ut videam te!* Handle, damit ich dich höre!

P. 229. Z. 24—27 ff. Wie diese Durchsichtigkeit der Luft und Unsichtigkeit ihrer Erzeugnisse das himmlische Gestirn sichtbar machte, und also das Sichtbarwerden des Einen das Unsichtbarwerden des Andern zur Folge hatte, so verhält es sich auch mit dem Sichtbarwerden der Materie.

P. 230. Z. 1—4. Mit diesen neuen Sichtbarkeiten verschwand die frühere Sichtbarkeit, ähnlich wie wenn Laut- und Schrift-Charactere hervortreten und ihr Sinn verschwindet. — Ungewitter auf Horeb. — Geschiedenes Hervortreten und Verselbstigen der einzelnen Eigenschaften des einen Elementes in vier Elementa.

P. 230. Z. 20—23. Jedes generative Feuer wirkt positiv, um seine Form zu erzeugen, sich als Luft zu erfüllen (zu integriren) und negativ gegen jede andere Form (Luft etc.).

P. 230. Z. 24—29 ff. Das Erdeprincip steht insofern über Feuer und Wasser. Das Centrum bindet und entbindet Feuer und Wasser nicht unmittelbar, sondern durch ein Drittes △̇. Darum ist ☿ das *Formans*. Denn in der Form sind beide, △ und ▽, vereint. Wenn der Mann das Feuer, das Weib das Wasser gibt, so gibt der *Mercur* (Erde, *Matrix* oder der Geist über der letztern und den Wassern) die Form.

P. 231. Z. 21—26. So steht auch der Geistmensch nicht unmittelbar mit seinem materiellen Leibe, sondern mit dessen immateriellem Princip (Blutseele) in Beziehung.

P. 232. Z. 22—28. Man ist noch sehr weit davon entfernt, den wahren Zweck der Natur zu erkennen, weil man keine Beziehung der Naturwesen als unter sich kennt.

P. 235. Z. 1—7. Saint-Martin erklärt sich in der Frage von der Erzeugung der Seelen für das System des Generatianismus. — Nach J. Böhme urständet die Seele erst im dritten Monat der Schwangerschaft.

P. 235. Z. 8—15. Wenn Saint-Martin es widersprechend findet, nach dem Systeme des Creatianismus eine göttliche Handlung (die Erschaffung der Seele) mit einer Handlung des Fleisches (der Zeugung) zusammen zu stellen, so sagt doch J. Böhme, dass im Moment der Conception alle drei Principien sich öffnen.

P. 235. Z. 23—28 ff. Nicht nach der Essenz findet eine geschlechtliche Halbirung statt, sondern nach den *Facultés*.

P. 236. Z. 10—19. Anderswo wird gesagt, dass Adam, falls er nicht gefallen und also auch nicht gestorben wäre, der Vater aller Menschen geworden wäre. Dasselbe wäre noch im Paradiese mit Eva geschehen.

P. 239. Z. 5—12. Es gibt ein geistiges Klima, eine geistige Geographie und eine geistige Geschichte.

P. 239. Z. 13—22. Genie verhält sich zum Geist als Göttliches zum Geistigen.

P. 240. Z. 18—20. Herrlich sagt Saint-Martin: Die Quelle des Genie's ist nicht von dieser Welt und hat nichts mit ihr gemein, die des Geistes ist von der Welt und vermag viel mit ihr gemein zu haben.

P. 241. Z. 3—8. Eben so treffend erklärt Saint-Martin die eigentlichen Genie's für diejenigen, welche wirklich und im eigentlichen Sinne durch die einige höchste Ursache geweckt und gebildet sind, die nichts zusammensetzen, sondern von Natur lauter Neues schaffen, während die Andern genöthigt sind den Weg der Zusammensetzung zu gehen. Mit andern Worten kann man also einfach sagen: Jene produciren, diese componiren. In der Production ist Identität des Ganzen und der Glieder, der Materie und der Form.

P. 241. Z. 9—27. Saint-Martin erklärt hier den berühmten Satz des Cartesius: *Cogito ergo sum*, für nicht hinlänglich —

worauf es doch hauptsächlich ankomme — den wesentlichen und
ursprünglichen Unterschied des Menschen von dem Thiere darzuthun. Ich habe jenem Satze den andern entgegengestellt:
Cogitor, ergo cogitans sum.

P. 243. Z. 1—4. Man muss das Organisirende, das Organisirbare und das Organisirte unterscheiden.

P. 244. Z. 15—22. Die *résistance (reaction)* sollte *moyen*,
nicht *obstacle* des Sichsammelns und Entfaltens der innern *force*
sein, wie die *force* denselben Dienst der *résistance* leisten soll.

P. 246. Z. 9. Elemente sind nach p. 275 die Mutter des
germe als *Principe* innd. Nicht als ob sie selber die Form
wären, sondern indem sie jenem bei der Formbildung beistehen.
Das Feuer kann allein nicht Form gewinnen wie das Wasser
nicht, sondern beide vereint — aber hiezu bedürfen beide den
Vermittler (☿).

P. 247. Z. 2—12. Das Feuer hält das Wasser in sich,
wie auch die Erde das Wasser in sich hält. Feuer bringt Wasser hervor; aber das Educt ist neues Product.

P. 248. Z. 25—29. Also ist der Merkur das ◯ zu +
und — (zu Feuer (♂) und Wasser (♀). — Flüchtigkeit ist
leichte Berührbarkeit.

P. 249. Z. 23—26. Hier wird mit Vereinung Indifferenz
(Vermischung) gemeint.

P. 250. Z. 3—7. Feuer erweckt Selbheit (Innerung, *Ascensus.*)

P. 250. Z. 7—11. Hier ist unterscheidender Gegensatz,
nicht feindliche polarische Spannung gemeint.

P. 252. Z. 4—10. Wahre *anatomia comparata*.

P. 252. Z. 19—20. Wir essen was wir sind und sind was
wir essen. — Jedes Wesen lebt von seinen Werken. Jedes
lebt von der Mutterregion. Die Speise setzt den, der sie nimmt,
in die Region des Alimentirenden.

P. 253. Z. 28—29 ff. Die gesammte neuere Philosophie hat
die Einsicht verloren, dass die jetzige Naturordnung nicht die ursprüngliche und urgesetzliche ist und sein kann. Sie sieht wohl
die Gebrechen der irdischen Natur, die Unordnung, Zerstörung,

Zertrümmerung in ihr, den wilden Kampf und Streit ihrer Elemente, aber sie hält diese für die einzig mögliche Form ihres Daseins und ihres Lebens, für die urgesetzliche und nothwendige Weise ihrer Entwickelung und ihres Daseins. Was Wunder, wenn die entschlosseneren unter den neuern Philosophen von da aus zu der Ansicht gelangen, dass das Gleiche von der geistigen Welt gelte, und Sünde, Leidenschaft und Verbrechen nothwendige Entwickelungsformen des geistigen Lebens seien. Wie hoch steht hier Saint-Martin über der gesammten Sündfluth der neuern Philosophie (unter deren Coryphäen nur Schelling sich zuletzt unserm Theosophen genähert hat), wenn er sich über diese Materie in folgender Weise vernehmen lässt: „Das Wohlsein eines jeden materiellen Wesens gründet sich auf das Gleichgewicht der Principien, aus denen es zusammengesetzt ist, und auf die Harmonie der Action und Reaction, die in ihm wirken, und sobald eine über die andere überwiegt, entsteht Unordnung. So stellt denn die Natur das Milde dem Milden, das Zerstörende dem Zerstörenden entgegen, und die Insecten in ihrer apokryphischen Existenz, die giftigsten und bösartigen Reptilien, sind von der Natur bestimmt, die giftigsten und verdorbensten Theile der atmosphärischen Luft aufzusaugen, welche ohne diess den Wesen, welche sie athmen, ein Gift werden würde. Die giftigen Pflanzen haben eine ähnliche Bestimmung in Hinsicht auf die flüchtigeren, die Erde auf die dichteren und grobkörperlicheren Theile dieses Giftes. Es ist diess ein neuer Beweis von der Verunstaltung der Materie, da sie nur durch gewaltsame, schmerzhafte und traurige Mittel zu ihrem Gleichgewicht gelangen, da selbst der grösste Theil ihrer Wesen nur durch Zerstörung andrer, oft selbst solcher, die seines Geschlechtes sind, leben kann. So ruht das Leben der körperlichen Wesen auf Unordnung und Verwirrung, wie diese auch der Quell und das Gesetz ihres Daseins sind. Wenn es daher kein Böses oder keine Unordnung gäbe, so gäbe es auch keine materiellen Körper und kein Universum. (Hierunter versteht Saint-Martin nicht das Weltall als solches, sondern die irdisch gewordene Zeit- und Raum-Welt.) Wenden wir diess auf den Menschen in seinem jetzigen Zustand an, so sehen wir wohl, was er von diesem Zustande zu halten hat, wo er, solange er mit diesem Leibe vereint ist, bloss in und durch Unordnung zu leben vermag. Zugleich aber erkennen wir hieraus den weisen Grund jener Nothwendigkeit, nach welcher die Wärme die Materie ins Unendliche zertheilt und sich dem innigen Zusammenhange ihrer Theile widersetzt, indem ohne diess das Böse und das Reich der Unordnung für den Menschen unüberwindlich wären, und ihm hiedurch der Zusammenhang mit den Regionen des Lebens auf immer versagt bliebe. Indess dürfen wir aus dem Satze, dass es ohne ein Böses und ohne Unordnung keine materiellen Körper gäbe, nicht auch umgekehrt schliessen: dass, wenn es keine materiellen Körper gäbe, auch das Böse und die Unordnung nicht vorhanden wären."

P. 255. Z. 16—28. Das Mitte gewonnen habende Feuer leuchtet. — Wenn schon das Feuer das scheinende Licht ist, welches nach ihm kommt, so ist doch das nichtscheinende Licht vor der Finsterniss und vor dem Feuer. —

P. 256. Z. 3—11. Hier ist also Scheidung der Wärme- und Licht-Kraft des Feuers.

P. 256. Z. 12—23. Das Feuer producirt die Substanzen und verbindet sich (als activ) mit ihnen. Der Geher ist auch Reagent. — Das Princip wirkt nicht unmittelbar, sondern bringt unmittelbar eine Basis hervor, mit der es sich verbindend wirkt. Oder dasselbe Princip, welches unmittelbar das Princip seiner Erzeugnisse ist, ist mittelbar dieser ihr Halt (Träger), Aliment und Substanzirendes aller harmonischen Eigenschaften und regulären Vermögen der letzteren.

P. 257. Z. 18—29 ff. Das Volatile ins Fixe (und umgekehrt), das Freie ins Beschränkende eingeführt, gibt die circulirende Bewegung, — aufsteigend und ausbreitend oder descendirend, engend. Jede Bewegung kann als Bestreben gegen die Schranke der Ubiquität betrachtet werden.

P. 259. Z. 4—13. Wenn Bewegung nicht als todte Translocation genommen wird, so kann man nur Ausgang und Eingang darunter verstehen. Die Bewegung offenbart das Entzücken, die

Freude. Ausgang in Peripherie, welchem der Wiedereingang von der Peripherie entspricht.

P. 259. Z. 27—30 ff. Zeit ist Suspension der productiven Action. Zeit tritt also nur bei Hemmung (Suspension) der Action ein, diese nur wenn zwischen Action der *force* und Reaction der *résistance* eine Differenz (Nichtunion) eintritt. Zeit ist, wo keine Action (innere *force*) ist, also auch keine Raumerfülltheit (Product). Da die *résistance force externe* ist, so ist ihre Uebermacht die Entäusserung, welche die Innerlichkeit (innere Erfüllung) aufhebt. Innere Leere. —

P. 260. Z. 6—10. Wo nur *Résistance* ist (gegen *forme*), da ist immer Zeit, immer Hemmung der Production, immer innere Leerung. Wenn also das Feuer zehrend wirkt, so wirkt es als *résistance* und als entäussernd.

P. 260. Z. 11—30. Nur das Princip thut und weiss also. — Nur das Princip (Centrum) befreit von Peripherie.

P. 262. Z. 19—25. An den lebendigen Menschen und an eine lebendige Natur nicht glaubend wie könnten sie einen lebendigen Gott glauben?

P. 262. Z. 26—31 ff. Ein Anderes ist *nature externe*, ein Anderes *Externe de la Nature*. Der Geist (*Puissance* Gottes) ist gegen Gott *externe*, die Natur gegen Geist, die Naturproducte gegen Natur.

P. 263. Z. 6—20. Wie die Decomposition sich zur Composition verhält, so die Destruction zur Production oder dem Schaffen (des Genius). S. 241. — Der Organismus hat keine vor oder nach der Union bestehenden Theile. Die Glieder entstehen und vergehen mit der Einheit des Systems.

P. 264. Z. 4—12. Die Einung der Innerlichkeit kann ohne Vertheilung der Aeusserlichkeit nicht sein; ausserdem wird aus jener Einung active oder asthenische Verwirrung.

P. 265. Z. 8—16. Das Princip und der Operator bedürfen des Mittlers (Organs $\breve{y}$).

P. 265. Z. 29—31 ff. Welcher tiefer Denkende müsste nicht die Behauptung Saint-Martin's unterschreiben, dass die, welche wahrhaft erleuchtet und voll tiefer Erkenntniss sind, ihr Leben

in Schmerz zubringen, das Leben derer, welche noch im Suchen
begriffen sind, selbst im ernsten und wahren, einem Räthsel
gleicht, die, welche sich an die Wissenschaft des Scheines halten,
in beständiger Täuschung leben, während die, welche auch noch
nicht einmal hierbei stehen, — der gemeine Haufe — in Thor-
heiten und Schwächen ihre Zeit hinbringen.

P. 266. Z. 17—27. Nahrung besteht in der Erhaltung (Erneuerung) des effectiven Rapports.

P. 267. Z. 10—22. Demungeachtet heisst es von der
Résistance (als *puissance externe*), dass sie die *force (interne)*
contient — als Hülle im Normalzustande, als Gefängniss *(obstacle)*
im abnormen.

P. 268. Z. 18—27 Das Ineinandergehen oder sich ineinander Aufheben kann nur ein Neues, Drittes oder, wenn jenes
feindlich ist, ein Null beider geben. Werden aber, wenn zwei
sich Widersprechende gewaltsam ineinandergeführt werden, nicht
beide entselbstigt, so dass sie 1° geben? Wenn zwei ineinander
eingehen oder auch *(nolentes)* in einander geführt werden, so
treten sie doch wieder in oder mit dem Dritten in anderer Weise
hervor. Hier tritt uns der Begriff eines harmonischen und der
eines in Differenz seienden Ternar's entgegen.

P. 269. Z. 8—10. Danach wäre also der Perimeter nicht
Widerstand, sondern Product, Resultat der Kraft und des Widerstandes. Aber die Gleichung setzt einen Ausgleicher (Vermittler
der Abscissen und Ordinaten) voraus.

P. 269. Z. 11—19. In der Aequation sind Kraft und
Widerstand ausgeglichen, also vermittelt.

P. 270. Z. 24—29. Im *Centro* (Keim) sind Kraft und
Widerstand geeint, wie in der entwickelten Frucht.

P. 271. Z. 9—17. Widerstand und Kraft werden hier als
von der Peripherie, die ihr Product, genommen, obschon beide
erst durch und in dieser solidäre Existenz gewinnen. Alle De-
bilitation einer Kraft (sei es Widerstand oder innere Kraft) ist
übrigens nur durch Theilung (Wurzelextraction) zu begreifen.

P. 273. Z. 7—12. Man muss sich den Widerstand im
Centro denken und die Kraft vom *Centrum* aus ihn bebend oder

zerstreuend. In demselben Punct also ein Druck hinein und ein Streben heraus; dieses Heraus ist Hinauf, und in diesem Sinne steigen alle Radien hinauf.

P. 280. Z. 13—26. *Indéfini* ist von *Infini* zu unterscheiden.

P. 282. Z. 1—5. Das Todte (Aggregat) ist das *Caput mortuum* des Lebendigen. Mit diesem (Addiren und Subtrahiren), folglich mit dem Todten, fängt die gemeine Mathematik an.

P. 282. Z. 6—15. In der Zeugung ist Erhebung in Potenz, daher Multiplication, ein wahrhaftes Mehrwerden. Z. B. im Kraftmoment 6 und 6 ist 12; 6×6 ist 36.

P. 283. Z. 11—15. Wenn die Union ($+$) als Mitte der Kraft und des Widerstandes eine Multiplication ist (weil sie producirt), so ist ihre Scheidung eine Wurzelextraction, weil sie die Production aufhebt.

P. 284. Z. 1—24. Desshalb sagt Hegel mit Recht, dass die Wissenschaft mit der Definition sich vollende.

P. 285. Z. 6—8. Welche Perspective eröffnet uns Saint-Martin mit dem einfachen und klaren Satze: „Die Zahlen sind nur eine Uebersetzung der Wahrheiten und Gesetze, deren Grundtext in Gott, dem Menschen und der Natur enthalten ist!" Es folgt von selbst, dass Saint-Martin nur fortfahren kann: „Wir müssen desshalb in Hinsicht der Zahlen uns erst gründlich von dem Inhalt des Textes unterrichten, wenn uns der wahrhafte Sinn der Uebersetzung deutlich werden soll etc."

Daher behauptet Saint-Martin, dass das, was uns die Zahlen als die lebendige und selbständig wirksame Uebersetzung jenes Textes zu gewähren vermöchten, von gränzenlosem Umfange sei. Schon die gewöhnliche Arithmetik habe einen bedeutenden Vorzug vor dem materiellen Zählen, noch einen grössern die Algebra über die Arithmetik und die Differential- und Integralrechnung über die Algebra. Daraus müsse man schliessen, dass die lebendige und selbstthätige Region der physischen Dinge einen ihr eigenthümlichen Calcul haben müsse, wie nicht weniger die Region der übermateriellen und der übersinnlichen Dinge.

Zweiter Theil

P. 1. Z. 8—15. Saint-Martin setzt im I. Bande dieser Schrift die Zeit als Suspension oder Negation der producirenden Action, folglich des Products. Was zeitfrei entsteht und vergeht, das entsteht und vergeht à *l'improviste*. Man kann aber nicht sagen, dass wo die Zeit die Action afficirt, darum das Product auch zeitlich sein muss, weil eben nur Zeitfreies durch die Zeit wird. Wenn auch die Production in die Zeit fällt (durch sie geht), so doch das Productum (das Integral) nicht. — Zeit entspricht der Action, Raum dem Factum (Product). Der wahren Zeit entspricht der wahre Raum, der Scheinzeit der Scheinraum, der falschen Zeit der falsche Raum.

P. 2. Z. 1—7. Centrumleere ist Gegenwartleere, nemlich Suspension der totalen Gegenwart des Centrums. Zur totalen Gegenwart bedürfen wir nemlich sowohl dessen, was uns nur war, als dessen, was noch nicht ist, um es mit dem Gegenwärtigen zu vereinen.

P. 2. Z. 27—31. Zeit ist gebrochene Einheit wie die Curve gebrochene gerade Linie.

P. 3. Z. 1—9. Was hier von der Zeit gesagt ist, gilt auch für den Raum. Der zum Centrum (Höhe) gekehrten Tendenz steht eine gegen selbes gekehrte (heruntersieben wollend) entgegen.

P. 3. Z. 10—21. Wie sich die centrumwidrige Tendenz zur Totalität nabt, muss die Zeit ihr schwächer werden, was auch von der guten Tendenz gilt. Die Zeit fing also mit $\bigcirc$ an, aus der sich $+$ und $-$ immer mehr entwickeln, bis sie im Blitz sich berührend ihre wahre Subordination $\pm$ erhalten.

P. 4. Z. 3—7. Der Mensch verlängert die Zeit (Materie), indem er die erste Veranlassung ihrer Schaffung erneuert.

P. 4. Z. 8—14. Vergangen (verloren) ist die Zeit, welcher wir ihren guten Inhalt nicht entnommen haben, welche wir nicht verzehrt, sondern die wir gefüttert haben.

P. 5. Z. 1—10. Diesen Funken meinen die Menschen eben mit dem Tode zu verlieren. Es ist immer nur das Herz Gottes, welches den Himmel macht, welches das Zeitleben erträglich macht, und ohne welches die Hülle verginge, weil ein Gegensatz gegen das Herz Gottes nicht sein könnte, wenn dieses selber nicht wäre.

P. 6. Z. 13—19. In der That strebt der Mensch immer ein einzelnes Hier zum absoluten Hier, ein einzelnes Jetzt zum absoluten Jetzt zu erheben. — Der Scheinzeit entspricht der Scheinraum, der wahren Zeit der wahre Raum. Auch im Scheinraum suchen wir immer das unganze gegenwärtige Hier mit dem Dort zu ergänzen. — Anstatt sich (als ewig) von der Zeit aufheben zu lassen, soll der Mensch die Zeit zur Ewigkeit aufheben. — Keine Zeit und kein Raum schliesst die Ewigkeit ein oder aus.

P. 7. Z. 2—8. Unterbrechen der Zeitfolge ist Integrirung. Zeitfolge Unterbrechen — aus dem Zeitstrom an das Ufer Springen.

P. 8. Z. 17—20. Kirchenglocke in Wildniss.

P. 9. Z. 5—14. Alles ist Affect. — Liebe ist Gott, Hass ist nicht, strebt nur zu sein. Unser Sein ist nur im Affect, Fühlen (wollend) ist Sein. — Es ist eine schlechte Vorstellung mancher Theologen, die Identität des Gefühls-, Affects- und Willensgrundes zu verkennen.

P. 10. Z. 5—11. Afficirtsein ist Ergriffen-, Durchdrungensein, Bewegtsein. Man muss berühren (rühren), was man bewegen will. Wahrer Sinn der Bewegung.

P. 11. Z. 4—15. Die Erklärung des Entstehens der Zeit muss durch jene ihres Vergehens erläutert werden.

P. 11. Z. 16—20. Der Mensch, sagt das *Tableau naturel*, welcher in der *Universalité* und für sie handeln sollte, hat sich

auf einen abstracten Punct condensirt. Alle Vereinzelung einer
allgemeinen Action ist aber Krankheit.

P. 12. Z. 6—15. Die Neigung, sich den Fall des abtrünnigen Engels dem des ersten Menschen gleich zu denken, ist auch der Grund, weshalb man auch das Verbrechen des ersten für eben so restaurirbar als das des zweiten hielt, obschon jenes direct (total) gegen das Centrum gerichtet war, dieses nur schief. *Nescimus crimen Luciferi, quia non facimus.* — Lucifer wollte ein Höheres sich subjiciren, der Mensch sich einem Niedrigern subjiciren.

P. 14. Z. 1—13. Es ist darum nur des abtrünnigen Engels Schuld, wenn sein Sturz Gott nicht zu Herzen ging.

P. 15. Z. 3—13. Nur aus seinem Grunde geht der Wille als effectiv, nur in ihm ist er als sich fühlend. Nichts ist darum thörichter, als von einem affectlosen Willen zu sprechen, wie Hegel. Tiefsinnig sagt Saint-Martin: „Vielleicht sind eben darum, weil Gott ein unerschöpflicher Quell ewiger Freuden ist, seine Geschöpfe einer Abweichung von dem ursprünglichen Zustande fähig gewesen, in welchem sie sich durch beständige Wachsamkeit zu erhalten vermocht hätten. Ja, nur in der Trunkenheit seines Glücks konnte das erste strafbare Wesen sich vergehen." Dieß erinnert an Milton's *excess of joy.* Das erste sündigende Wesen trat aus Gott in sich, in der Meinung die Seligkeit doch zu behalten. Es ertrug nicht das Glück seines Daseins und fasste sich nicht in Ihm, hielt jene Freude, welche zur Elation treibt, nicht inne. Es unterliess sich vor dem Uebermaass seines Entzückens zu bewahren, wodurch eine Disharmonie entstund, aus welcher alle Unordnungen hervorgingen, wie noch jetzt nur durch Unterlassen eines Thuns ein mit der Versäumnis wachsendes Widerstreben als Affect dagegen entsteht. Dieses Entstehen einer Disharmonie ist der Schlüssel zum Geheimniss des Urstandes des Bösen. Der Anfang ist das Nichterkennen des Gebers, die Nichterkenntlichkeit gegen den Geber, Undank, Nichtdemuth gegen den Geber. Dann folgt Entstehen eines Widerstandes gegen Reunion, Affect des Stolzes, so wie der Niederträchtigkeit. Nur die Demuth hätte die innere Quelle offen gehalten, die Selbsterhebung musste sie schliessen. Das Radicalgefühl der Creatur soll das ihres Gesetzt-, Sustentirt-, Substanzirt- oder Genährtseins von Seite ihres ihr Höheren sein, somit ihres Untergebenseins oder Gelassenseins diesem Höhern. Denn dieses Untergebenheit baut, so wie das Sicherheben (Verschliessen) gegen dieses Höhere verzehrt. Im ersten Falle bist du dem Holze zu vergleichen, welches, den Saft in sich ziehend, scheinend brennt, im zweiten einer dürren nichtscheinenden Kohle. Halte dich also immer im Affect der Demuth (Tiefung) gegen dieses dir innerlich (wie äusserlich) präsente Höhere, so wird die verzehrende Hochfahrt in dir nicht brennend werden. So wie du aber von oben genährt bist, so bist du doch Feuer gegen das dir Niedrigere. Denn nur das Genährte verzehrt, und nur das Verzehrende wird genährt.

P. 16. Z. 19—24. Moralität ist Wahlfähigkeit. Die Freiheit der Wahl ist hier die zwischen dem ersten und dem zweiten Gesetze (dem Gesetze des thierischen und dem des geistigen Lebens).

P. 17. Z. 1—4. Freie Verbindung ist nicht unfreie Bindung. Nur Dienst (dem Guten) befreit vom Dienst (dem Schlechten, Falschen, Unwahren). — Durch die wirklich getroffene Wahl verliert der Mensch die Wahlfreiheit nicht, wohl aber das Object des Wählens. Wem das Böse entrückt ist, der kann es nicht mehr wählen.

P. 17. Z. 9—14. Mit dieser zweiten Epoche (der der Wahl) beginnt das Leben des freigelassenen Geschöpfs. Wir haben aber nicht zwischen zweien oder mehren Objecten (z. B. Gott, Geist, Natur etc.) zu wählen, sondern nur zwischen der Weise der Subordination und Verbindung, und gut und böse ist die Weise der Relation, in welche ich dieselben Objecte bringe.

P. 17. Z. 14—19. Frei von der Präsenz des Bösen bin ich befreit vom Wählen zwischen ihm und dem Guten, also frei von der Wahlfähigkeit des Bösen. Die Tilgung dieses *Posse* (des Wählenkönnens des Bösen) in uns ist Tilgung der Macht, die das Schlechte über uns hat.

P. 17. Z. 23—28. Im 1. Bande dieser Schrift heisst es,

dass Gott allein éine Welt ist. Hier heisst: *tout est monde*, soviel als: Alles englobirt sich, schliesst sich mit sich zusammen. Hierin ist die Negativität bemerklich gemacht, welche als Verschliessen die Oeffnung als Positivität bedingt. „Ihr sollt heilig (abgesondert) sein wie Ich."

P. 18. Z. 1—8. Aus der angedeuteten englobirenden Macht jedes Dinges für den Menschen folgert Saint-Martin die grosse Schwierigkeit, die es hat, einer ernsten Reflexion Zugang zu jenen Seelen zu verschaffen, die in den Eitelkeiten der Welt befangen sind oder auch Wahrheiten höherer fruchtbarer Art solchen Menschen nahe zu bringen, die von einem falschen Systeme der Philosophie eingenommen sind. Wir beobachten ja alle Tage die Wirkungen der Bornirtheit der Systeme, aus denen die in ihnen Befangenen nie wieder herauszukommen pflegen.

P. 18. Z. 9—14. Willensentschluss ist Beschluss, ist Englobirung (Auge) als Gründung, Selbstbestimmung, Umschluss in sein Sehen. — Da jede Sphäre nur durch Vermittelung besteht, so kann auch ihre Aufhebung (Theilung) nur von der Mitte aus geschehen. *Divide et impera*.

P. 18. Z. 15—20. Was hier Saint-Martin das Streben Gottes nennt, aus seiner universellen Sphäre sich eine Welt zu bilden, ist in Wahrheit das ewige Streben Gottes, sich in ein Auge zu schliessen (Reflex). Dieses Sichfassen des Willens (aus der Universalität als Ungrund und Dissemination) in ein Auge (*globe*) ist bei J. Böhme das Fassen in oder als Sophia, welcher nun das Sehen als Centralbegriff inwohnt (als Centralsehen elevirt über das peripherische), womit aber das Auge selber *a potentia* (Unbestimmtheit) *ad actum* (bestimmte Entwickelung) geht. Diese Idee könnte die erste geistliche *Matrix* heissen, denn die reale *Matrix* im Begehren ist die Natur.

P. 18. Z. 21—29. Der Produceens kann nur in seinem Product wohnen. — Eigentlich gibt der Spiegel (Auge) uns das zurück als Frucht, womit wir ihn befruchten, so dass die Frucht zwischen dem Produceens und dem Spiegel schwebt. — Jenes Englobiren mit eigenen Werken zeigt sich besonders im Hades.

P. 19. Z. 1—7. Der Mensch erscheint hier als Urpoet

des Universums, und man erkennt hier die Bedeutung der bildenden Kunst so wie der Cultur. Alle Geburt geht auf Form, Leib und ist mütterliche Function.

P. 19. Z. 22—28 ff. Die hier angedeuteten drei Epochen lassen sich auch bezeichnen als Patriarchal-, Gesetzes- und Befreiungs- oder Pfingst-Epoche.

P. 22. Z. 6—14. Dem Krieger ziemt der Genuss des Friedens nicht.

P. 22. Z. 15—19. Richtiger würde Saint-Martin gesagt haben, dass wir wohl in der Welt, aber weltfrei sein sollten, nicht dieser Welt eingeleibt oder vielmehr eingewollt.

P. 22. Z. 20—27. *Le temps ne fait que nous faire sortir de ce monde, et de nous démontrer sa nullité....* Es ist unsere Schuld, wenn wir uns (unsern Affect) mit der Welt identificiren lassen.

P. 22. Z. 28—31 ff. Die Verstärkung dieser socialen Wechselwirkung ist die Beschleunigung der Zeit.

P. 23. Z. 1—5. Die Menschen würden Gottes Reich mehr fördern, wenn sie besser darüber wachten, woraus sie ihr Wort schöpften und wohin sie es gaben.

P. 23. Z. 6—14. Das auf die Spitze sich getrieben, die Zeitschranke durch Integrirung durchbrochen habende Gute wird von der Ewigkeit aufgenommen als der Region der Totalität. Das auf die Spitze sich getrieben habende Böse durchbricht gleichfalls (durch gänzliche Desintegration) die Zeithülle und wird unter diese präcipitirt, womit es, von der schützenden Zeithülle los, ganz der strafenden Action sich exponirt.

P. 23. Z. 20—31 und P. 24. Z. 1—2. Es müssen also beständig solche Theile unserer geistigen Natur in der Zeit frei werden, damit Gottes Action immer der Zeit zugekehrt bleibt. Opferduft.

P. 24. Z. 3—10. In diesem Sinne sagt Paulus, dass Alles (materiell) Sichtbare und Greifliche aus Unsichtbarem und Ungreiflichem geschaffen sei. Es gibt also einen primitiven ungeschaffenen Aether. Die ganze Natur ist flüchtig und die Verdichtung des geschaffenen Aethers ist Folge der Resistenz.

P. 24. Z. 11—13. Wie dieser Schmerz der electrische Funke der göttlichen Action für den Propheten ist.

P. 25. Z. 21—31 ff. „Die ganze Welt ist voller Menschen, die ihre Existenz bloss im Schein und in der Täuschung suchen, die sich in der Zeit festzusetzen und Epoche in ihr zu machen streben (und zwar Viele noch bei ihren Lebzeiten), oder die selbst, nach dem Ausdruck der Thoren, die Zeit hin- und umzubringen suchen, als ob diese nicht schon in den Werken des Todes und den faulen Früchten, welche sie täglich erzeugt, abgestanden und umgebracht genug wäre, und als ob nicht gerade das, womit sie die Zeit tödten wollen, diese vielmehr ernährte und erhielte. Denn, könnte man ihnen einwenden, wenn ihr die Zeit tödtet, so zeigt uns die Trophäen, die Beute, die ihr von ihr gewonnen? Ist es nicht vielmehr wahrscheinlich, dass die Zeit euch getödtet hat, und dass sie euch noch jeden Augenblick tödtet, indem sie alle eure besten Güter, eure Einsichten, Weisheit, Tugend, Kraft und Männlichkeit, eure Humanität, eure Uneigennützigkeit, euren Geist als Beute mit sich fortnimmt? Ein Beweis, dass Jene, welche vorgeben, sie strebten die Zeit zu tödten, oder, wie man sagt, sie zu vertreiben, sich hierin selber täuschen, ist, dass sie vor Schrecken zittern, wenn nun diese Zeit wirklich vorbei, wenn die Stunde des Endes gekommen ist."

Diese Tödtung der Zeit ist es, welche den Unglauben an Unsterblichkeit hervorruft und nährt. Man kann sagen, dass die meisten Menschen bei Lebzeiten sterben, von der Zeit getödtet. Sie füttern die Vergangenheit. Zeitleichname.

P. 26. Z. 17—21. In seinem Gedicht *Le Crocodile* sagt Saint-Martin p. 54: „*Ils ne savent pas que la raison pour laquelle ils croient que l'univers ne passera point, c'est peut-être parce qu'ils se tiennent à un degré où il est toujours passé etc.*"

P. 27. Z. 7—17. Diese reissenden Thiere, die der Mensch in seinem Innern unterhält, sind die unerfüllbaren Süchten, die er in sich nährt. Im *Crocodile* P. 174 wird gesagt: „*Tous les êtres reposant sur leur propre racine, c'est de la fermentation de cette même racine qu'ils doivent tous attendre leur* développement;... et si cette racine n'opère pas en nous un acte végétatif de la lumière, elle opère sa propre destruction en se dévorant elle-même."

P. 27. Z. 23—26. Verlangen ist hier als freier Affect gemeint im Gegensatze des unfreien oder der Leidenschaftsbesessenheit. — Der Fallende, Stürzende hat keinen Führer (keine Assistenz). Der Fallende weiss nicht, wohin er fällt.

P. 28. Z. 1—4. Das Centralsehnen hat alle Directionen.

P. 28. Z. 20—27. „Die Zeit bewahrt wie ein treuer Archivar die Geschichte alles dessen auf, was geschieht und was Ihre Dauer ausfüllt, und diese Acten sind so genau, dass auch kein Jota darin vergessen ist, möge es nun für oder wider die sprechen, welche einst in dieser eitlen, vergänglichen Welt ihr Dasein hatten."

Es findet also ein Uebersetzen der in der Zeit entwickelten Figur in das ewige Element statt.

P. 28. Z. 28—32. Dieses Arbeiten und Ringen geht hervor aus dem Sehnen der Creatur vom Dienst des Eitlen (der Zeit) frei zu werden, von der unruhigen Bewegung, um zur ruhigen zu gelangen, von der unganzen zur ganzen.

P. 29. Z. 1—8. Das nichtentwickelte Verlangen ist nicht etwa bloss comprimirtes, sondern leeres, weil erst durch die Entwickelung die Erfülltheit entsteht. — Freiheit ist Totalität der Action, Identität der Stabilität und der Bewegung (anstatt ihres Widerspruchs).

P. 29. Z. 15—17. Jenes Gesetz hat den Zweck, die Kraftgewinnung zu bedingen, mit welcher sich der Mensch von dem Gesetze frei macht.

P. 29. Z. 9—20. Höchst lehrreich schliesst Saint-Martin diese Betrachtung mit der Nachweisung, dass jeder Act der Zeit für uns die Sprosse einer Leiter sein sollte, die uns hinan zur freien Region des Geistes führen soll, dass jeder Moment der Zeit einen gerechten Anspruch auf uns zu machen habe, und dass eigentlich wir selber am meisten uns zur Rechenschaft über das führen werden, was während ihm geschah. Diese Rechenschaft bestehe in nichts Anderem, als in dem Zustand, zu welchem wir uns im Verhältnis zu der höhern Region erhoben, die Stufe, welche wir auf der Leiter der Zeit erstiegen haben; denn am Ende dieser Zeit werde weiter nichts geschehen, als dass die Leiter, auf welcher wir empor stiegen, hinter uns hinweggezogen wird, und wir nun wirklich an den Ort gelassen werden, wohin wir uns durch unsere Weisheit oder Thorheit erhoben haben.

P. 30. Z. 1—16. „Gott kann die Zeit bloss durch Schmerzen zu ihrem Ziele führen, weil die Zeit eine Thräne Gottes ist. Desshalb weint der Geweihte der Wahrheit und trägt ruhig das lange Sehnen dieser Zeit, dessen Leitstern Gott ist, welcher ihn väterlich zum bestimmten Ziele führen wird. Dennoch hat auch die Ewigkeit noch ihre Thränen, aber so unendlich gross ist der Unterschied der Ewigkeit von der Zeit, dass man hier vor Schmerzen, dort vor Wonne weint, und diese Thränen des Entzückens sind der lebendige Quell, das heilige Oel, welches die bitteren Wasser, die Thränen der Zeit, versüssen wird, die hiedurch einst zu ihrer besseren Wiedergeburt gelangen werden. Denn nur die Thränen der Schmerzen, die wahren Thränen der Zeit, werden uns bleiben und zu Leben werden, während von allen Freuden dieser Zeit keine Spur zurückbleibt."

Schon im Zeitleben erinnert man sich wohl der Zeitleiden, aber nicht der Zeitfreuden. — Ohne Schmerz und Leid kein Bund in der Zeit. Die Menschen nennen die Trübsal Unglück, während es doch insofern Glück ist, als sie ohne dieselbe nicht zum wahren dauernden Glück geführt werden könnten. Gott muss gleichsam mit den Menschen immer von neuem anfangen, um sie dem Ziele, welches seine Liebe ihnen geschenkt hat, entgegenzuführen.

P. 30. Z. 29—30 ff. Wenn alle Bewegungen der Zeit kreisförmig (in Spiralen) geschehen und wenn es überhaupt in der Natur keine geraden Linien gibt, so zeigt sich Newton's geradlinige Bewegung *in infinitum* als begrifflos.

P. 31. Z. 15. Recht verstanden kann man wohl sagen: Alles ist Gott (Alles hat sein Sein mit ihm, in ihm und durch ihn). Aber darum ist Gott nicht Alles und Jedes.

P. 31. Z. 19—21. Wenn die Zeit eine zertheilte Ewigkeit

ist, so ist sie auch zum Theil arretirte Confusion des Unterzeitlichen.

P. 32. Z. 4—9. Wenn Saint-Martin sagt, die Natur sei keine Summe von Aggregaten und Atomen, sondern eine nie stille stehende, immer vorwärts schreitende Schöpfung, so heisst diess soviel als: sie ist keine Composition, sondern eine Production.

P. 34. Z. 1—15. Hier ist die Rede von einem Druck auf die Wesen, um sie in ihrem Maasse (Gesetz) zu erhalten. Dieser Druck äussert sich erst von innen gegen das Streben der Ueberschreitung als durchwohnende Macht, gegen welchen keine Reaction möglich ist. Das Böse bleibt immer nur im Willen und stört darum den Gang der Vorsicht nie.

P. 37. Z. 1—29 ff. Wenn uns mit der Hinwegnahme des materiellen Leibes bei dem Tode nichts genommen wird, was wir sind, so waren oder sind wir auch nicht dieser materielle Leib, indess wir doch (auch) unsterblicher Leib sein werden. Und wenn der Feind, erringen wir im Tode einen vollkommenen Sieg, alle Theile unserer Domäne, welche er uns entreissen wollte, auf immer verloren hat, so bleiben uns also in und nach dem Tode alle Theile unserer Domäne. Welch' eine andere Auffassung des Todes als die unserer Pantheisten und Deisten, wenn Saint-Martin ihn als den letzten entscheidenden Augenblick unseres Kampfes bezeichnet, wo der Feind noch zuletzt alle seine Kräfte aufbietet, und wo auf der andern Seite die Siegerkrone unmittelbar auf uns wartet, weshalb nur der Blinde oder der Thor jenen wichtigen Augenblick mit gleichgültigem Sinne betrachten könne.

P. 40. Z. 5—8. Hierher gehören jene Beispiele von Imbecilles, welche innerlich ein hohes Leben lebten.

P. 41. Z. 3—19. Anstatt des Zustandes der Erstarrung und Gerinnung (Coagulation), in welchem wir uns körperlich, dem Gesetze der Zeit gemäss, befinden, erwartet uns nach dem Tode ein Zustand geistiger Beweglichkeit und Klarheit, der uns fähig macht, uns in die Regionen aller Sphären zu erheben etc."

Diese Coagulation ist die abstracte die durch alle gebende Inwohnung der unbestimmten Einheit ausschliessende Bestimmtheit oder Erfülltheit, und mit der Expansion ist nicht die Ausdehnung als Zersetzung und Theilung der Einheit gemeint, sondern ihr freies Inwohnen in allen. Indem nun das Eine unmittelbar seine Bestimmtheit (als Erfülltheit und Gesondertheit) setzt, findet es sich als freie Unbestimmtheit und Einheit aufgehoben, was eigentlich die Angst macht, welche sie treibt, dieses ihr Aufgehobensein wieder aufzuheben, indem sie sich tiefer fasst und die Isolirtheit jener Erfülltheit aufhebt (im Feuer), sich in die von ihrer Egoität freien Bestimmtheiten ein- und ausführend.

P. 43. Z. 12—18. Wenn Saint-Martin in dieser Verbindung den Tod natürlich nennt, so meint er doch nur: nach der einmal in der Creation eingetretenen Catastrophe.

P. 43. Z. 21—27. Der im Leben angefangene Tod muss im Leben wieder enden.

P. 44. Z. 4—13. Diese Dualität gilt für jedes zugleich intelligent und nichtintelligent seiende Wesen. Die Thiere sind blos selbstloser und nicht auch selbstischer Natur. — Der Beobachtende ist Anreger und Dirigens der Handlung. Der Dirigirende ist der Thun-machende. Hätte er keine Macht auf das Thuende im Menschen, so könnte er es auch nicht richten.

P. 47. Z. 4—12. „Könnten wir uns erst ganz davon überzeugen, dass unsere Existenz weder in der Zeit noch im Raume, sondern in Neigungen (Affectionen) besteht, so würden wir erkennen, dass wir gleich dem Urquell, aus welchem wir entsprangen, weder dem Raume noch der Zeit angehören, dass wir so wie Er ohne Zeit und Raum sind, und dass wir überhaupt auf jede Weise zu sein vermögen so wie Er, indem wir, mit ihm vereint, nach dem Maasse unserer Fähigkeiten an seinen Eigenschaften Theil nehmen müssen."

Was wir nicht verlangen, lieben, hassen, was uns nicht afficirt (rührt), das ist nichts für uns. Unser ganzes Dasein ist in der Affection. Nur ein afficirendes Wesen kann einem anderen Ort und Dauer sein. Daher kommt auch die Wechselseitigkeit des Orts. Eigentlich sagt aber das Wort: Ort, die immanente Unterschiedenheit der Regionen in éinem Wesen aus. — Der Rapport mit dem Geliebten zeigt sich zeit- und raumfrei. *Anima est ubi amat.* Wo dein Schatz ist, da ist dein Herz. Man er-

laufere sich der Locomotivität nach dem Willen bei Somnambulen.
— Weil man sich die Ubiquität nur als universellen Raum, die
Sempiternität nur als universelle Zeit vorstellt, meint man auch,
dass die Zeit- und Raumbefreiung jede einzelne Intelligenz zu
Gott machen müsste, und hält die Endlichkeit (Creatürlichkeit)
für identisch mit der Materiellheit.

P. 48. Z. 1—8. Die Gemeinschaftlichkeit der Gestaltung
beruht auf jener des Affects.

P. 48. Z. 18—22. Die innere Action bildet sich in ihrer
Bewegung als Figurbeschreibung nach. Jede Figur ist Begriff
einer in sich zurück kehrenden Bewegung.

P. 48. Z. 23—31. Hier zeigt Saint-Martin sehr schön, wie
bereits das zeitliche Leben jene verborgenen Wechselverhältnisse
der künftigen Welt als Samenkorn in uns hineinlegt, dessen künftige Früchte die Zeichen sein werden, an denen wir uns wiedererkennen. Daher ermahnt er uns, hienieden so viel als möglich
nur wahrhafte und gute Verhältnisse zwischen uns aufkeimen zu
lassen. Ueberall blickt schon die Seelengestalt durch den Schleier
der Materie hindurch.

P. 49. Z. 10—19. Gleich tief lehrt Saint-Martin, dass wir
auch in der Ewigkeit nicht immer dieselbe Form behalten. Wenn
er sagt, diese Form werde ohne Aufhören an Reiz und Vollkommenheit wachsen, und mit ihr zugleich die geistige Thätigkeit, so will er doch damit nicht eine eigentliche Perfectibilität
in infinitum lehren.

P. 49. Z. 26—30 und P. 50. Z. 1—9. Welche trostreiche
Wahrheit enthüllt Saint-Martin vor unserm geistigen Auge, wenn
er uns zusichert, dass wir uns in jener Welt wieder erkennen
werden (zwar natürlich nicht an unsern materiellen Gestalten, die
nicht mehr sein werden, wohl aber) an Formen von überstofflicher Natur und an Wechselverhältnissen, die sich schon in der
jetzigen Welt zwischen uns gebildet haben und die sich erst dort
in ihrer vollen, freien Wirksamkeit zeigen werden. Und wie erhebend ist der Gedanke, dass wir uns selbst jene seligen Wechselverhältnisse im frohen Wiedererkennen bereiten können, wenn
wir hienieden in uns selbst und in unsern Mitmenschen die Keime

des Guten und Wahren austragen. Was aber von den irdisch Lebenden untereinander gilt, dass sie sich einander helfen können und sollen, das gilt ebenso auch von den nicht vollendeten Abgeschiedenen und den noch irdisch Lebenden untereinander.

P. 50. Z. 25—30. Das Kreuz ist eben Mitte $+$ und Ternar. Wie das Kreuz *(croissement et harmonie de deux puissances)* die Wurzel aller Dinge ist, so muss es die Vollendung derselben sein.

P. 51. Z. 12—24. Das Wort ist das Speisende, weil es das Hervorbringende ist. Nur das Princip eines Wesens alimentirt dieses Wesen.

P. 52. Z. 19—25. Nicht erzeugen kann der Mensch (die Creatur) dieses mächtige Wort, er kann nur mehr oder minder an seiner ununterbrochenen Rede Theil nehmen. Weil die Thüre, von Zeit zu Zeit geöffnet, die Musik vernehmen lässt, meint der Mensch, er erzeuge die Musik und ohne ihn wäre sie nicht.

P. 52. Z. 25—32. Hieraus ergibt sich also die Zunahme der Wirksamkeit des Wortes mit der Befreiung von der Materie in der Liebe und in dem Gebete.

P. 53. 1—7. Wie viel sagt Saint-Martin in den schönen einfachen Worten: „Wir wechseln im Tode bloss die Hülle, und unser ganzes Leben, wenn wir es weise anwenden, hat keine andere Bestimmung, als uns jene neue Hülle, jenes neue Gewand zu bilden."

P. 54. Z. 6—15. Die hier gezeigte Unzugänglichkeit Gottes verbürgt dessen Bewunderung.

P. 54. Z. 24—28. Die Behauptung, dass alle Wesen mit ihren eigenen Werken bekleidet seien, gilt vor Allem von Gott selber. Saint-Martin unterscheidet das Kleid vom Leib. Wenn es in der Schrift heisst: „Licht ist das Kleid, das du an hast," so ist also auch Gottes *Doxa* nicht Leib, sondern Kleid.

P. 57. Z. 26—27. — P. 58. Z. 1—3. *Dieu prononce sans cesse son propre nom, pour faire parvenir la connaissance de ses propriétés (proprietates sunt personae) à toutes ses productions.* — Wenn die Personen *Proprietates Dei* sind, so kann das Wort, das sie manifestirt, nicht eine derselben sein, sondern ihre beständige Union prononcirt den Namen Gottes als Sphäre Immanent und emanent.

P. 58. Z. 11—16. Jede Union ist Elevation, Centralisation. Wie die Union der Eigenschaften das *Prononcer* macht, so ist ihre Desunion das Verstummen (Nichtexplosion). Hier wären also zu unterscheiden: 1) das sich innerlich und äusserlich aussprechende Wesen, 2) die Eigenschaften desselben und ihre Union, 3) die Explosion, 4) der explodirte Name (das ausgesprochene Wort). Wie aber das Wort aus der Conjunction hervorgeht, so bedingt es diese wieder.

P. 62. Z. 10—30. Gott ist Universalität aller Essenz, obschon die von Ihm kommenden Essenzen *(principes radicaux)* von seiner Essenz unterschieden sind. Alle Essenzen kommen oder stammen von Gott, sind aber nicht seine Essenz. Es findet keine Homousie zwischen beiden statt. Diese Wahrheit, welche den Pantheismus ausschliesst, drückt Saint-Martin, freilich nicht scharf genug, damit aus, dass er sagt: „*Dieu ne peut pas cesser d'être l'universalité en essence, puisque toute essence vient de lui* (c. à. d. n'est pas son essence)." — Gott ist aber nicht die Universalität in Gedanken, Werken, Facultäten, weil jede freie Creatur solche in ihrem Kreise hervorbringen kann. Die Universalität in Essenz widerstreitet der Nichtuniversalität der creatürlichen Gedanken, Acte etc. mit Gott als dieser Essenz widersprechend. In Essenz ist die Creatur weder schon böse, noch gut. Daher ist das Böse nicht radical, sondern nur falsche Potenz.

P. 64. Z. 1. Gott verstummt darum aber nicht in seiner Region.

P. 64. Z. 6—16. Was ich erfülle, mit dem erfülle ich mich. Hier ist das Erfüllende über dem Erfüllten. Was sich mir als Stoff gibt, in dem entwickle ich mich als Form.

P. 65. Z. 14—19. Scheineinfach ist jeder materielle Körper, wie das *Univers* selber.

P. 66. Z. 1—9. Von Schmerz geht der Weg zur Freude durch Liebe.

P. 68. Z. 10—20. Der Sprecher trennt sich nicht vom Wort, wie sich das Wort nicht von beiden trennen sollte.

P. 69. Z. 1—8. Gott gibt uns das Wort, damit wir es weiter aussprechen.

P. 71. Z. 11—13. „Desshalb ist Gott selber ewig, weil sein Wort ohne Aufhören zugleich sein eigenes Wesen und Dasein, sein eigenes Werk, dieses wiederum sein Wort ist."

Das Wort der Schrift: Er spricht und es wird, er gebeut und es steht da, ist also hier immanent genommen.

P. 72. Z. 10—15. Das Wort als Princip alles Existirenden ist allem Aliment. Wir können nichts sein, nichts erkennen, nichts sagen, ohne dass es geboren würde. Es kann sich nur selber gebären oder hervorbringen. Das Wort ist untrennbar vom *Etre-Principe*, wie das Leben von ihm. *Le nom est sorti de la vie et a enfanté la parole*, heisst es in der Schrift *L'homme de désir*. Das Wort ist weder Subject noch Object, sondern beide vermittelnd, jenem dieses vorstellend (sich als dieses.) Abgesehen davon, dass jedes Subject einem andern Object ist, kann das Object im engern Sinne nur das Aeussere für zwei oder mehrere Innere (Subjecte) sein, deren Gemeinschaft selbes vermittelt, was immanent, wie emanent gilt; *a* influirt unmittelbar in das Object oder Zeichen *b* und enveloppirt sich in ihm. Indem nun *c* dieses *b* penetrirt und seinen Inhalt developpirt, (sentirt oder intelligirt), tritt es mit *a* in Rapport. Man muss also von *a* und *c* sagen, dass sie *in tertio (b)* conveniren oder dissentiren, und dieses *b* bedingt also ihre Unterschiedenheit wie ihre Einheit. So ist *b* vermittelnd die Action und Reaction *(force und résistance.)*

P. 72. Z. 16—21. Das Wort effectuirt und realisirt oder developpirt (formirt) die Keime der Dinge als Früchte des Denkens, ähnlich wie die Mutter nicht die Keime schafft, aber sie formirt.

P. 72. Z. 21—26. Das ewige Wort realisirt ewig das Sein vor seinen eigenen Augen und macht es zum Zeugen und Bewunderer seiner effectiven Majestät.

P. 73. Z. 1—12. Das Wort geht vom Hören aus und endet wieder im Hören.

P. 73. Z. 21—29. Die Menschen trauen sich einander nur, insofern sie zusammen auf Gott vertrauen.

P. 74. Z. 8—16. Im ersten Theile dieses Werkes hiess das reagirende, realisirende Princip das divisible, welches, wenn die *action divisante* der *force* von ihm überwogen wird, coagulirend wirkt. Eine Coagulation (Gerinnung), welche mit der Getrenntheit, Debilität, Schwere und Leere eintritt und also das Gegentheil der realisirenden Verdichtung ist. Wie aber das Fluidisirende gegen diese Coagulation lösend wirkt, so wirkt es die innere Nichtcontinuität aufhebend, somit *communio* machend, corporificirend, einend und erhebend. *Desubstantiatio unius substantiatio (formatio) alterius*. Wie Blut, Feuer etc. die eine Form lösend, die andere setzend sind. — Coagulation ist Stagnation, Heraustreten aus der Stromlinie, in welcher nichts gesondert hervortritt (als in Activität gehalten). *Substance en fluidité* ist die in Action seiende. Licht ist Action der Stromlinie. — Getrenntheit ist sowohl in Confusion als in Coagulation. Denn das Nichtunterschiedene ist so wenig geeint, als das Geschiedene, Getrennte (Coagulirte). Das ordinirende und corporisirende Wort hat also eben so dem Ineinanderfallen (Schwere, was sie Einen und Attrahiren nennen) oder Sinken zu wehren, als dem sich von einander ausscheidenden, repellirenden Coaguliren. In der Schwere (als Sinken, Untergehen) ist so wenig eine Union von Selbstheiten, als in der Repulsion. Denn im Sinken und Versinken ist Entselbstigung. Wenn darum Mystiker von einem Versinken der Creatur in Gott sagen, so wird nur die Aufhebung der unmittelbaren schlechten Selbstheit gemeint oder sollte doch nur gemeint werden, da in der Elevation die wahre Selbheit als Bedingung der Union entsteht.

P. 74. Z. 17—22. Soll die böse Action null bleiben, so muss sie durch die Natur zersetzt, aufgelöst erhalten werden, welche also selber sich in der Zersetztheit hiezu halten muss.

P. 75. Z. 1—4. *Centrum gravitatis* ist nicht etwa (wie unsere Physiker meinen) die centrirte Schwere, Leere und Ohnmacht, sondern das dem Schweren zwar nicht inwohnende, aber es durchwohnende (ihm beiwohnende) tragende Centrum. Dieses

Schwere-Centrum befreit von der gegen die Union gekehrten Geschiedenheit, wie von der gegen dieselbe Union gekehrten Confusion oder Nichtunterschiedenheit.

P. 75. Z. 21—34 ff. Der Mensch war schon bei seinem ersten Hervorgang bestimmt, eine höhere als die paradiesische Stufe zu erreichen.

P. 78. Z. 24—31 ff. Indem der Mensch etwas von Gott empfängt, und Gott sich in ihm oder als Mensch gleichsam fortpflanzt (abbildet), ist Gott Vater und der Mensch Sohn. Indem aber der Mensch (als empfangende Mutter) dieses Empfangene in sich aufnimmt und auswirkt, ist Gott des Menschen Sohn.

P. 79. Z. 1—3. Die Creatur als solche ist noch nicht Gottes Bild, sondern es ist ihr nur der Same hiezu eingeschaffen und sie muss die Befruchtung von Gott empfangen, um sich zum effectiven Bild zu gebären. Als solches ist sie Gottes Sohn und ihr (der Creatur, des Menschen) Sohn.

P. 79. Z. 4—14. Der Bestand des Univers trotz seines innern Widerspruchs ist schon ein Wunder.

P. 79. Z. 15—17. Das Sichlosmachen von der Kette der Causalität und hiemit eine neue Reihe Anfangen ist ebenfalls ein Wunder.

P. 81. Z. 5—15. Wie die Wunder des Geistes die Natur entwickeln soll, so die Wunder Gottes der Geist.

P. 82. Z. 1—6. Jedes Verlangen bringt seine Weisheit, jede Lust ihre List mit sich.

P. 82. Z. 11—17. „Gott denkt ewig und will, dass auch wir mit ihm ewig denken, damit das Gleichgewicht bestehe. Gott liebt und durchdringt ewig die ewige Weisheit, welche der wahrhafte Geist der Dinge, Gesetz und Maass ihres Daseins ist, und will, dass auch wir jene ewige Weisheit lieben und durchdringen so wie er etc."

Die Weisheit ist das Ausgesprochene Gottes nach J. Böhme. Der Universalgeist ist die *Sophia*, wie deren Spiegel die Natur. Verlangt wird die Vermälung mit dem Urgedanken, welcher der Urgeist *(Sophia)* ist. Denken ist Geist (Gedanken) Erzeugen, Lieben ist in den Gedanken Eingehen und ihn Erfüllen. Die

Seele denkt und liebt ihren Gedanken. Was also Geist im Unterschied von Gott und Natur heisst, ist die Weisheit als *Esprit des choses*, ihr Maass und ihre active Regularität. Auch wir sollen ewig diesen Geist lieben und in ihn eindringen, damit wir Gottes Verlangen erkennen und es verbreiten.

P. 82. Z. 18—24. Gott liebt ewig die Früchte seiner Weisheit (seines Geistes) zu realisiren. Auch wir sollen diese Früchte des Geistes (der Weisheit) realisiren, welche wir durch unser Verlangen entdecken, damit wir die Zeugschaft haben der Kraft dieser Weisheit und dieses Verlangens.

P. 83. Z. 7—14. Gedanken-, Willen-, Herz-los ist diese (materielle) Natur. „Denn unfühlend ist die Natur", sagt der Dichter.

P. 83. Z. 15—30. Die hier ausgesprochene Behauptung ist doch falsch, weil es derselbe Geist ist, der von aussen (mittelbar) und von innen (unmittelbar) uns beisteht. Gehe nach Samaria, sagte Christus zu Paulus, dort wird man dir sagen, was du zu thun hast. Durch Handauflegung nemlich musste Paulus erst in die Gemeine treten.

P. 84. Z. 12—23. Gemüth ist vom Herz unterschieden wie Genie vom Geist. Geist ist Organ der Intelligenz. Um unsern Kopf aufzuschliessen, genügt der Geist. Zum Aufschluss unserer Seele bedürfen wir des göttlichen Wesens selber als *âme-centre* oder Radicalprincip unseres fundamentalen und göttlichen Wesens.

P. 85. Z. 9—12. Wie der Verstand unter der Idee (Genie), so steht das Herz unter der Seele.

P. 86. Z. 1—4. Herz also verbindet Gemüth (Seele) und Geist (Genie).

P. 86. Z. 5—10. Sonst nennt der Verfasser die Seele auch *esprit animique*. Gemüth (Seele, *âme, esprit animique*) ist die Mitte von Geist und Leib. Jener als das Selbstische geht unmittelbar, dieser als selbstlos mittelbar aus der Seele hervor. Gott als Ternar ist Seele. — Wie der Verstand verdirbt, was er vom Genie erhält, so das Herz, was es von der Seele erhält.

P. 86. Z. 11—13. Die Menschen sollen sich durch die Seele und das Genie suchen.

P. 86. Z. 25—28. Die Seele ist der Focus der Reflexion des Princips des Menschen. Das Genie würde und sollte die vollständigste Blüthe der Seele sein.

P. 87. Z. 4—7. Seele ist das Herz des Genie's, das Herz der Weltleute ist die Seele ihrer Materie. Daher sind materielle, an die Materie herzgebundene Menschen herzlos.

P. 87. Z. 12—25. Geist ist hier was Verstand, Genie was Vernunft heisst.

P. 88. Z. 3—5. Unser Herz findet Gott nur in den Tiefen unserer Seele, wie unser Geist nur in der Sublimität des Genie's. — Wie sich der Verstand zur Vernunft, so verhält sich das Herz zur Seele.

P. 88. Z. 20—28. Es ist kein Freier, der nicht Besitzer ist, keine Person ohne Sache.

P. 94. Z. 16—22. Der Ursprung der Sprache ist der des Geistes.

P. 95. Z. 5—10. Die Höhe entspricht immer der Tiefe, das Vermögen der Concentrirung jenem der Ausbreitung, der Selbstnegation die Affirmation.

P. 96. Z. 13—20. Alles Heilmittel ist integrirend, nicht ein Gift.

P. 97. Z. 1—14. Wenn der Ursprung der Dinge jedem Wesen die innern Triebfedern seines Daseins verborgen hat, so spricht dieses ganz gegen die von unsern Philosophen vorausgesetzte Identität des Seins und des Wissens. Das Selbstgefühl löst sich — auch bei den geistigen Wesen — nie ganz in Selbstwissen auf.

P. 97. Z. 15—25. Sehr gut bemerkt Saint-Martin: „Das Thier weiss sich zwar aller seiner Organe und aller der Geschenke zu bedienen, die ihm die Natur gegeben hat, es erfüllt die ganze Bestimmung seines Daseins, aber dennoch ist ihm die Weise seiner Entstehung und Bildung ein Geheimniss; es ist bloss bestimmt zu wirken und seine Kräfte zu äussern, während sich die Natur das Geheimniss und Princip derselben vorbehält. Auch unser

Körper bedarf zum Gehen, Wirken und Leben so wenig als der der Thiere einer Kenntniss der Anatomie und Physiologie; in dieser Hinsicht gehört die Einsicht bloss der Natur, das Handeln und Thätigsein dem Geschöpfe."

In verwandtem Sinne bemerkt Hegel, dass man zum Verdauen des Studiums der Physiologie nicht bedürfe, und Leibniz bemerkt, dass die Menschen vernünftig seien (logisch dächten) auch ohne beschriebene Vernunftkunst (Logik), gleichwie sie singen könnten auch ohne Kunst der Musik.

P. 97. Z. 26—28 und P. 98. Z. 1—6. „Selbst in der Classe der vernünftigen Wesen, wenn diese ihrer ersten Bestimmung treu geblieben wären, würde ein Gleiches oder Aehnliches statt finden. Ihre Bestimmung war, wie die aller andern Geschöpfe, zu handeln und alle die Wunder zu entfalten, welche ihr Ursprung in sie gelegt hatte, und die Wonne eines solchen lebendigen Wirkens, das freudige Gefühl ihres Daseins, wäre ungleich süsser und nützlicher für sie gewesen, als das Vergnügen, dieses Dasein zu zergliedern und zu kennen."

Wir sehen und beneiden die Thiere, sofern sie bloss im Thun ihr Glück und Wohlsein finden als *Êtres d'exécution*. In der That könnten und sollten wir auf andere Weise dasselbe. Die Wissenschaft ist des Schöpfers, das Geschöpf soll thun. Meiden das Böse, solches nicht thun und das dir angewiesene Gute thun, ist dein Verstand (Hiob 28, 28). In diesem Sinne gilt hier *Rousseau's* Satz: *qu' on cesse de sentir, quand on commence à penser.*

P. 98. Z. 1—5. Statt zu denken erforscht er die Gesetze des Denkens, statt zu lieben, die Gesetze der Liebe, statt zu leben die Gesetze des Lebens — statt zu verdauen die Gesetze des Verdauens.

P. 100. Z. 10—24. Der Entschluss, nicht zu handeln bevor nicht alle Kräfte zum Handeln analysirt worden, wäre gleich thöricht wie der Entschluss, das Sehen einzustellen, bis die kritische Anatomie des Auges vollendet sein werde. Aehnliches proponirt Kant mit seiner Kritik der reinen Vernunft in Betreff des Gebrauchs des Erkenntnissvermögens.

P. 100. Z. 25. Magie ist das Medium der Generation und der Sensibilisation.

P. 101. Z. 6—15. Es ist ein Irrthum, ein Wesen anders als in seiner Action kennen lernen wollen.

Aller Genuss entspringt aus productivem Thun. Alles Thun ist zeugend — oder tödtend.

P. 102. Z. 10—17. Magisches Thun ist (in der Region, in welcher es vorgeht) ein unbegreifliches.

P. 103. Z. 11—19. Offenbaren ist nicht dasselbe was Hervorbringen oder Thun; denn es ist dieses Hervorgebrachte oder Thun Zeigen, zur Kenntniss seiner selbst oder Anderer Bringen.

P. 104. Z. 1—10. Das Wort (Laut) im engern Sinne ist nur für den Hörenden und selber Lautenden, wie Licht für den selber Scheinenden.

P. 104. Z. 11—16. Schon oben p. 71 heisst es, dass Gottes Wort sein Sein und Werk, dieses jenes sei. Wie nemlich das Wort das Organ der *Puissance* (des Denkens), so sind die Werke die Organe des Worts.

P. 105. Z. 9—15. Wie könnte der sprechende Gott einen nichtsprechenden Geist und Menschen schaffen?

P. 106. Z. 17—26. Was ist Aeusserung im immanenten Sinne? Immer ist ein innerer Zustand, der sich in einen andern Innern fortsetzen will durch Aeussern oder als Aeussern. Jede Expression ist eine Impression in ein anderes, doch immer vermittelt.

P. 107. Z. 11—31. Wie die Kinder die Sprache nicht schon verstehen, welche ihre Erzieher sprechen, so verstehen die Menschen jene ihrer unsichtbaren Erzieher nicht. Der Ohrsinn (mithin die Sprache) hält eine höhere und niedrigere Region offen, was bei den andern Sinnen nicht der Fall ist.

P. 109. Z. 20—22. Die Annahme, die Menschen hätten sich miteinander beredet, um miteinander zu reden, ist absurd. Die Sprache konnte nicht *per generationem aequivocam* entstehen. Wie der Geist, so ist das Sprechen primitiv. Wenn Gott nicht spräche, wäre alles stumm.

P. 110. Z. 5—11. Nur der Hörende spricht, der Sprechende hört: *a* sprechend zu *b* macht sich diesem hörend, *b* hörend gewinnt die Kraft, sich wieder dem *a* (und Andern) hörend zu machen. Die Erfüllung ins Aeussere geht zugleich ins Innere. *Bienfaisance* oder *malfaisance ad extra* ist solche auch *ad intra*. —

P. 110. Z. 23—24. Nur dass der zuerst zum ersten Menschen Redende nicht seines Gleichen war.

P. 113. Z. 17—18. Wie Hegel in der Phänomenologie des Geistes das Verhältniss des Herrn und Knechtes schildert.

P. 119. Z. 1—2. Zweck aller Sprache ist das Gemeinsame des Gesonderten und Einzelnen, innere freie Gemeinschaft (in der Geschiedenheit) herzustellen. Das Wort ist auch hier das Corporisirende, die Coagulation Auflösende, Associirende. Daher die Nothwendigkeit der Rede zwischen Gott und Menschen und durch sie mit andern Creaturen. Wenn es in der Schrift heisst, dass Gott dem Adam den Odem einbliess und selber hiedurch zur redenden Seele ward, so will diess sagen, dass Gott zum Menschen sprechend ihm das Wort, die Kraft zu sprechen, gab. Den ersten Gebrauch hievon hätte der Mensch durch Wiedergeben seines Wortes an Gott (*Adoratio*) machen sollen. Aber er wandte sein Wort an ein anderes Wesen, womit er es verlor. Dieses erste Sprechen Gottes aber ist ein anderes als das restaurirende des Organs. Vgl. p. 147.

P. 119. Z. 3—17. Was hier gesagt ist, gilt überhaupt von der ganzen langweiligen Annahme eines Entwicklungsganges der Wesen von unten herauf.

P. 121. Z. 15—16. Auch Gott sieht (weiss) seine Wunder erst nur in seiner verborgenen Weisheit.

P. 121. Z. 23—25. Spiegel ist Recipient der Figur (Gestalt), welche ein sich im Spiegel Mirirendes in diesem hervorruft, diesen hiezu determinirt. Das Wort geht in diese Gestalt ein, und nimmt sie in sich, um entweder unmittelbar in einem andern Spiegel dieselbe Gestalt hervorzurufen, oder um durch die Natur sie zum geschiedenen Werk zu machen. Spiegel ist, was der sich Spiegelnde als Gestalt bestimmt.

P. 122. Z. 22—29. Das nennt J. Böhme aus der centrumleeren Form sprechen.

P. 125. Z. 1—8. Die Vereinzelung der Mittheilung war und ist der Menschen Schuld. — So wie die Production abfällt, schickt der Producens sein Organ als Verlangen *(désir)* ihm nach.

P. 125. Z. 12—16. Diese Subdivision der Formen des Princips, welche eine Scheidung von letzterem und unter sich machen, ist nicht mit der gliedernden Entfaltung zu verwechseln.

P. 128. Z. 15—25. Der Mensch soll also Religiosität üben im äussern Sprechen wie im innern (als Denken). Wie er zwar selbst aber nicht von selber denkt, so soll er zwar selbst, aber nicht von selber sprechen wollen. *Deus sermo* innerlich wie äusserlich. — Wie der Genius nur im Bewundern (sich Demüthigen) des genialen Producirens selber erhoben (seine eigene Productivität inne) wird, so wird der Hörende nur im Hören seiner Sprechkraft inne.

P. 129. Z. 13—18. Die unwandelbaren Wahrheiten, welche die Hand des Ewigen selber in das Herz des Menschen geschrieben, würde der Mensch darin aber nicht haben lesen können, wenn ihm die Traditionen genommen worden wären. Aeussere Zeugschaft weiset auf innere. Aeussere und innere Zeugschaft müssen zusammentreffen.

P. 130. Z. 1—2. Saint-Martin lässt einen tiefen Blick in den Geist seiner Forschungen thun, wenn er sagt, er habe Gott und die menschliche Vernunft zugleich durch die Behauptung zu verherrlichen geglaubt, dass der Glaube, der unserer würdig sei, so licht und klar sein müsse als die Wahrheit selbst.

P. 130. Z. 7—16. Saint-Martin spricht hier von einer beständigen Wechselbeziehung mit dem *Deus sermo* und zwar unmittelbar mit Auserwählten und durch diese mit allen.

P. 130. Z. 17—25. Wenn hier von Mängeln oder Fehlern der Traditionen gesprochen wird, so wären solche doch erst zu erweisen. Sind solche Fehler vielleicht nur aus Mangel an Einsicht vom Verfasser erblickt worden?

P. 131. Z. 21—26. Doch hätte jedes Individuum sich in

P. 132. Z. 1—2. Gott würde Mensch geworden sein, wenn auch Adam nicht gefallen wäre. — Wie übrigens die Menschen ohne den Fall Adam's Erben der Herrlichkeit des Stammvaters geworden wären, so wurden sie, da Adam fiel, Erben des Restaurationskeims. Die Erbsünde hat zur Seite die Erbgnade.

P. 133. Z. 1—5. Wenn die Vorsehung nicht über diese Traditionen wachte, wären sie längst zu Trümmer gegangen.

P. 133. Z. 5—18. Die Religion weiss von keiner Gleichheit der Gaben, wohl aber von einer des Gebrauchs und Genusses.

P. 134. Z. 14—19. In den ungeschaffenen Himmel sind wir geschaffen, nicht in's Universum. In diesen, aus dem wir gewichen sind, sollen wir zurückstreben, nicht um in ihm wieder zu vergehen, sondern um in ihm zu beharren. In diesem Sinne soll sich die Creatur ihren Himmel formiren, wie ihre Hölle schliessen, und es ist Unverstand, Seligkeit und Unseligkeit nur subjectiv, nicht auch objectiv (äusserlich) zu nehmen. — Für das Product ist der Producent eine Region *(locus)*. Region, beschränktes Gesetz, ist beschränkende Position.

P. 135. Z. 11—16. Die Unterlassung (Omission) der Eisung geht der Renitenz gegen selbe bevor.

P. 135. Z. 17—22. Denn es blieb doch ebenso nur bei diesem ohne Gott Thun-Wollen, wie bei Lucifer's gegen Gott Thun-Wollen. Nur der Wille der Creatur ist frei und unprädeterminirt, nicht die That.

P. 135. Z. 23—27. Höchst bezeichnend für Saint-Martin ist sein Ausspruch: Wenn der Mensch durch seine Absonderung sich verirrte, indem er ein Mensch ohne Gott wurde, so ging ihm die höchste Liebe auf der andern Seite entgegen, und wollte für ihn nicht ein Gott ohne den Menschen sein.

P. 136. Z. 9—14. Der Mensch war ursprünglich Organ der Gottheit, Organ der Manifestation seiner Wunder, nicht etwa immanentes, coessentiales Organ (Logos, Wort, Sohn), sondern emanentes Organ zur emanenten Manifestation seiner Wunder. Wenn nun Gott, da der Mensch durch seinen Fall aufgehört hatte, Organ zu sein, sich selbst zum emanenten Organ machte, wowit das Wort (das immanente Organ) Menschheit annahm, so war dieses eine retrograde Suspension seiner Integrität.

P. 136. Z. 15—24. Das *Principe générateur* bleibt in geistigen Manifestationen von dem *Organe productif* verschieden, doch geeint, bei den materiellen Manifestationen sind sie verschieden und beide von der göttlichen Quelle. Auf Seite 148 dieses Theiles heisst Organ das göttliche Wort (als in Gott seiend als sprechendes), welches als restaurirend in das herausgesetzte Wort oder Organ geht.

P. 136. Z. 25—31 ff. Wie in Gott, so ist auch im Menschen *Princip générateur* und Organ zu unterscheiden. Im Falle des Menschen trennte sich das Princip von seinem Organ. Indem sich das Urprincip *(Etre-principe)* oder Gott als absoluter Vater dem Menschen als herausgesetztem (emanentem) Organ entzog, setzte sich das Urorgan (Wort) in das herausgesetzte und zog hiemit den Vater wieder an, oder vereinte das herausgesetzte, aber vom Vater gewichene, Organ wieder dem Vater.

P. 137. Z. 6—14. Gott ist sich selber sein Organ oder Geist worden, der Geist also divinisirt. Geist ist hier *Sophia*. Auf Seite 147 heisst dieses Ausgehen ein Sprechen (in's Organ). Was in Gott sprechendes Wort und (ungeschieden) Organ ist, das ist als ausgesprochenes Wort Geist.

P. 137. Z. 17—30. Da das Ausgehen kein Abgeben ist, so exponirt sich (macht sich sensibel) der Ausgehende allem, was in der Region oder in dem Wesen, in das er ausgeht, vorgeht, womit also frei ein solidärer Nexus hergestellt wird. Die Liebe leidet was und weil sie will.

P. 138. Z. 4—21. Hier gilt also in ganz besonderem Sinne jenes Wort: *Mutato nomine historia* (nicht *fabula*) *de te narratur*.

P. 139. Z. 1—3. Die Geschichte seiner eigenen Natur musste dem Menschen also in äusserer Geschichte vorgeführt werden und wird ihm darin vorgeführt.

P. 139. Z. 4—15. Jeder Künstler sollte classische Kunstwerke bilden.

P. 139. Z. 16—20. Was hier von dem Nutzen der Bücher

gesagt wird, das gilt von allem Unterricht. — Was man in einem Andern sieht, bleibt darum doch in ihm.

P. 139. Z. 21—24. Wir empfinden und finden, dass sich etwas von uns Unterschiedenes in uns ausspricht, schreibt oder gestaltet. Wir empfinden, dass wir dieses Sprechende, Gestaltende nicht selber sind.

P. 141. Z. 4—6. Aus der Schmerzlosigkeit unterm Leben (der gangränösen) gelangt man zur Schmerzlosigkeit überm Leben nur durch den Schmerz. — Das Heilende muss die Unordnung empfinden, also eingehen in das Zerrüttete.

P. 141. Z. 7—25. Indem sich Gott zum Organ machte, exponirte er sich diesem Leiden frei. Die Liebe machte sich leidend, um heilen zu können.

P. 142. Z. 15—25. Falsch ist es nemlich, sowohl unbekannte als künftige heil. Schriften als unmöglich zu leugnen. Der Protestantismus machte die heil. Schriften zu todten classischen der alterirten Tradition entgegen.

P. 143. Z. 15—25. Die Behauptung, dass Gott sich selbst Organ geworden sei, besagt etwas Anderes als die, dass Gott sein Organ von sich geschieden habe. Dieses Organ gewordene Göttliche ist der ausgegangene Sohn.

P. 144. Z. 23—31 ff. Auch das *Feu générateur* als Princip muss ein *Organe productif* haben. — Auch das zerstörendste Feuer will nur schaffen. — Das schaffende Feuer löscht immer das zerstörende Feuer aus. Es ist dasselbe Feuer, sagt Saint-Martin, welches auch am Ende der Zeit eine neue Explosion in der Natur wirken wird, um derselben ihre ursprüngliche Freiheit und lebendige Beweglichkeit zurückzugeben, welche keiner Verderbniss ferner unterworfen ist, und welches dann zugleich durch ein neues Aufflammen die Seele des Menschen zu ihrem ersten Ziele zurückführen, ihr eine Quelle ewigen Genusses, wie einst Quell des Daseins, werden wird.

P. 146. Z. 25—28 ff. Der Mensch, der als Organ Gottes nicht Gott ist, konnte diese Revelation nicht leisten.

P. 147. Z. 2—7. Sich selber zum Organ machen, ist sich (als Princip) zum Wort machen. Sprechen ist Ansströmen. Ich verliere aber das Wort nicht, das Ich (in Anderes) spreche, so ver- verliert es auch Gott nicht in seinem Sprechen. Uebrigens ist das restaurirende Sprechen ein anderes als das schaffende und erhaltende. Sich einsprechend in die zu restaurirenden Organe setzt Gott sich selber zum Organ seiner selbst herab. Aber die Creatur ist, wie gesagt, nicht immanentes Organ Gottes oder Gott, denn dieses immanente Organ Gottes ist das Wort und eben dieses machte sich zum äussern Wort.

P. 147. Z. 8—23. Es ist ein tiefer Gedanke, wenn Saint-Martin sagt: „Sobald wir wirklich glauben, dass das Wort in die Welt gekommen sei, können wir auch nicht daran zweifeln, dass Gott noch jetzt jeden Tag und jeden Augenblick ebenso zu uns spricht, wie er diess vor alten Zeiten gethan, denn jenes Wort kann auf Erden nicht müssig bleiben."

Sind nicht Rede, Schrift und Hieroglyphe Medien des in die Welt gekommenen Wortes?

P. 147. Z. 24—27. Das Wort, welches ein unzertrennlicher Gefährte des Princips ist, ist das ausgesprochene Wort zur immanenten Production, welches als *Idea*, *Sophia*, Name, in der Ehe mit Gott ist.

P. 150. Z. 3—10. Es verräth wenig Einsicht, die Menschen ohne die äussere Sinnlichkeit erfassen, sie durchdringen zu wollen. Freilich soll man die Sinne nicht captiviren, sondern man soll die captivirten Sinne aklairen, um sie zu befreien. Man soll sie nicht ihrer finstern Inaction oder destructiven Affection überlassen.

P. 150. Z. 11—18. Durchdringen (Penetriren) ist Aufheben einer Fülle zur Hülle einer andern Fülle.

P. 150. Z. 26—31 ff. Das Vergangene bleibt als Hülle des Neuen — und vergeht nicht. — Was nach aussen Fülle war und ist, wird nach innen Hülle einer höheren Fülle.

P. 151. Z. 8—19. Die nützlichste und characteristischeste Eigenschaft der heiligen Schriften findet Saint-Martin mit Recht darin, dass sie das natürliche Mittel sind, vermöge dessen die Wahrheit und ihr Geist leichter und besser durch uns hindurchgehen. „Unter Allem, was in der ganzen Welt geschrieben ist, sind die heiligen Schriften dem jetzigen Fassungsvermögen des

Menschen am besten angemessen." Wenn Saint-Martin weiter bemerkt, es gebe Werke, welche noch weiter entwickelte Ideen in sich enthielten, aber darum auch den jetzigen Menschen nicht so angemessen seien, sondern sie nützten bloss denen, welche durch ihre Wiedergeburt schon in den Regionen des Lebens und der Fruchtbarkeit einheimisch geworden seien, so hat er wohl vor Allen dabei J. Böhme im Auge gehabt. Saint-Martin fährt aber auf bemerkenswerthe Weise folgendermaassen fort: „Es gibt andere Werke, die sich auch das Ansehen geben, als offenbarten sie grössere Wunder als die heiligen Schriften selber, und die hiedurch gar leicht den leichtgläubigen, leichtbeweglichen Sinn des Menschen hinreissen; betrachtet man aber diese Sammlungen von Wundergeschichten etwas aufmerksamer, so sieht man leicht, dass ihre Verfasser den Kindern gleichen, die öfter Marionettenspiele sehen, und die dann mit grosser Begeisterung alles das wieder erzählen, was sie gesehen haben, ohne sich selbst darum zu kümmern, ob es wahr oder falsch sei. Diese Kinder können dabei recht gut sein und uns in ihren Erzählungen Züge und Regungen der Liebe und Gerechtigkeit offenbaren, für die ihre noch reine Seele so empfänglich ist; dessenungeachtet sind ihre kindischen Täuschungen desshalb nicht weniger Täuschungen." Hier hat der Verfasser ohne allen Zweifel Swedenborg mit im Auge.

P. 153. Z. 16—28. Während das Vorhergehende über das Murren Vieler gegen die Auserwählung der Juden gut gedacht ist, kann man dem in dieser Stelle Gesagten nicht ganz beipflichten. Jesaias dachte anders, wenn er ein gesundes Glied verlangte, um darauf zu schlagen.

P. 153. Z. 29—31. Es ist daher verkehrt, wenn Acerellos*) von den Wissenschaften der Aegypter die Mysterien ableitet.

P. 155. Z. 1—7. Eigentlich ist die Quelle in der Zukunft durch die Gegenwart in die Vergangenheit fliessend. Im Zeit-

---

*) Vergl. die Freimaurerei in ihrem Zusammenhang mit den Religionen der alten Aegypter, der Juden und der Christen. Nach dem Französischen des F. M. R. de S. (Raphaelini de Schio) von B. S. Acerellos. 4 Bde. Leipzig, Weber, 1885. I, 11—16, 31—36 fl. v. O.

Leben sehen wir nicht das wahrhafte Geschehen, sondern nur das abstracte Geschehensein.

P. 157. Z. 17—24. Aehnlich wie es Abgeschiedene gibt, die auf künftig Geborenwerdende warten.

P. 158. Z. 6—10. Den hier gegebenen Beweis des Nichtmaterialismus und des Glaubens an die Unsterblichkeit der menschlichen Seele der mosaischen Schriften führte bekanntlich Christus selber.

P. 158. Z. 24—27. Die materiellen Wesen wissen nichts von Zeit und Tod, weil nichts von Ewigkeit und Leben.

P. 159. Z. 14—17. Das Wort (formirt im Sprechen) geht aus ohne abzugehen, geht ein ohne zuzugehen, weil es immer wieder zurückgeht. Ohne den bleibenden *Terminus (a quo ad quem)* wäre kein Wort. Darum geht dem Sprechen das Hören, dem Leuchten das Sehen vor und nach.

P. 162. Z. 21—29. Wenn Saint-Martin die Behauptung aufstellt, dass selbst die unschuldigen Schlachtopfer in den Plan des göttlichen Haushaltes gehören, indem sich Gott ihrer als eines reinen und conservirenden Salzes bediene, welches die schuldigen Opfer, mit denen zugleich jene in's Grab sanken, vor gänzlichem Verderben und Untergang bewahre, so ist zu erinnern, dass schon bei dem Urstand des sichtbaren Univers — der Materienschöpfung — etwas Aehnliches statt gefunden hat*). Wäre die Materie nicht geschaffen worden, so wäre sogleich (nach dem Sturze Lucifer's) die Hölle aufgegangen.

P. 163. Z. 1—4. Jedes untere Gesetz attrahirt das höhere durch Figurirung, macht den Descensus des letztern möglich.

P. 164. Z. 1—8. Hier ist das stille Wachsen des Geistleibs Christi angedeutet.

P. 164. Z. 19—26. Das Herz lebt nur vom Herzen.

P. 166. Z. 1—12. Die hier ausgesprochene Behauptung hat sicher Geltung besonders in Ländern, wo das Christenthum noch unbekannt ist.

---

*) Man erinnere sich, dass Saint-Martin einen primitiven und einen secundären Optimismus statuirt. v. O.

P. 166. Z. 22—28. Des Menschen Versetzung gegen Gott entspricht die aller anderen Creatur. Wenn A (Gott) nicht bei a (dem Menschen) ist, so ist ein anderes, B (Materie), bei a, und dieses Andere macht die Distanz von a und A. — Dasselbe B soll aber selber zum Mittel werden der Nahung von A. — Ein erstes Mittel der Wieder-Annäherung an Gott deutet auf nachfolgende, also auf eine Stufenfolge der immer tiefer — in Bezug auf den Menschen — zum Zwecke der Annäherung gewählten Basen. — Alle Confusion ist eine Versetztheit *(Dérangement)*, somit zugleich Getrenntheit. Die Herstellung der Correspondenzen geschieht durch Befreiung dieser Basen von ihrer Versetztheit. Alles Opfer bewirkt eine Correspondenzversetzung.

P. 167. Z. 13—27. Daher rechtfertigt sich das Gebet: *De sanguinibus libera me, Domine!* Vom Blut Loswerden ist Oeffnen des Grabes, in welches der Mensch gefallen war.

P. 167. Z. 18—24. Das Befreiende musste erst befreit werden. Die Arznei musste selber erst curirt werden. Opfer ist theilweise Restauration der vor dem Fluch stattgehabten Relation.

P. 167. Z. 24—29. Feuer bringt alles zur Reinheit der ersten Base zurück.

P. 167. Z. 30. Verlangen (Sehnen) bedarf eines Grundes, ohne Basis kann der Wille nicht wirken.

P. 168. Z. 12—21. Es trat ein anderes Opfer an die Stelle der Thieropfer. Gottes Herz wurde Basis dem Willen.

P. 170. Z. 2—10. Die geistige Menschwerdnng ging der wirklichen voran. Jesus wurde im Momente des Falles — im Eingang und der Vermälung mit der *Sophia* (Urbild des Menschen) Christus. Gottes Herz zog Menschengestalt an, um unser allerirtes Bild geistig zu durchdringen und wieder herzustellen. Gottes Herz ward also in diesem primitiven Bilde des Menschen empfangen und mit ihm incorporirt in seiner ewigen Liebe oder in seiner ewigen Weisheit, welche ewig Jungfrau ist, obschon keine menschliche.

P. 180. Z. 11—21. Der Folgende in der Zeit ist der erste ausser ihr. „Ehe Abraham war, bin Ich." Der natürliche Mensch zuerst, sagt Paulus, sodann der geistliche und göttliche. Hieraus

folgt aber nicht, dass der Abfall nothwendig der Restauration
vorgebe oder dass Gottes Erstgeborner der Teufel sei. Wie nun
dieses secundäre Gesetz, wie es Saint-Martin nennt, in allen
Regionen des Lebens sich erfüllt, so besonders in der *generatio
primaria, originaria* als der unmittelbaren, eigentlich jener *generatio*, in welcher kein besonders erzeugter Keim von einer dem
zeugenden Sein (Vater) gleichgearteten und somit eigentlichen
Mutter, welche das Substrat des Geschaffenen gibt, aufgenommen
und empfangen wird, und in der vermittelten als *generatio
secundaria*, welche durch einen Vater und eine Gebärerin geschieht.

P. 182. Z. 18. Dieser Jemand war Saint-Martin selbst.

P. 182. Z. 21—31. Es war *Martines Pasqualis* in Bor-
deaux, dem Saint-Martin die Einführung in tiefere Lehren zu verdanken hatte.

P. 183. Z. 1—10. Der Mensch kann sich in Gott, mit
Gott, durch Gott — ohne Gott und gegen Gott vermälen. Die
Verbindung ohne Gott ist die bloss materielle. *Mariage divine*
hat den Zweck der solidären Restauration des Gottesbildes.

P. 186. Z. 20—28. Auf dieser Solidarität in Bezug einer
sonderlichen Gottesgabe und Function beruht der Begriff des
Adels einer Nation, so wie jener des Adels und der Standschaften
in ihr, ohne den das Individuelle nicht besteht u. v. v.

P. 187. Z. 8—11. So wie der Genius vom Regenten
oder gar von der Nation weicht, weicht die *Majestas*.

P. 188. Z. 4—14. Wenn die Gabe (der Ergänzung, der
Befreiung oder Erlösung, Restauration) in A concentrirt ist für
Viele, so begreift man (aus dem Gesetze der Derivation), dass
auch alle diese Gebrechen, welche sonst nur unter diesen Vielen
zertheilt blieben, in ihrer Concentration in A sich merkbar und
dem A sensibel machen müssen, gleichsam als Kopf der Schlange
nach der Schriftsprache, welche sich ausserdem in seinen Gliedern
verborgen, somit unfasslich hielte. In diesem Sinne heisst es in
der Schrift, dass der Eine Erlöser alle unsere Sünden auf sich
genommen oder wie an sich gezogen habe. Wenn nun aber A die
Sünde als Action von a an sich zieht, und a hiemit von ihr

frei macht, so muss man doch nicht glauben, dass es blank schon gethan sei, indem hiebei doch noch die Wurzel und Basis dieser Sünde ungetilgt in a bleibt, und dieses nur in der Kraft A (im nun möglich wordenen Kraftschöpfen oder Glauben an oder in A) durch Mitwirken mit A diese Wurzel in sich tilgen kann, womit aber auch A von seinem Tragen der Sünde des a frei wird. Wenn also schon die Protestanten den Katholiken nicht mit Unrecht vorwerfen, dass sie sich auf ein *opus operatum* verlassen, da, wo doch ihr eigen Mitwirken nöthig ist, so trifft sie doch derselbe Vorwurf selber, wenn sie ihre Erlösung als ein solches *opus operatum* ansehen, und sagen, dass der Mensch hiebei so wenig zu thun habe, als Einer, für welchen ein Anderer seine Schuld bezahlt. — Durch das oben bemerkte Hervortreten als Haupt bezeugt sich aber das Böse wie das Gute erst persönlich oder als Geist.

P. 190. Z. 1—4. Im Worte ist also Harmonie und Temperatur der *force* und *résistance*. — Der *rayon collectif* schliesst jeden *rayon ténébreux* (p. 189 Z. 27) aus.

P. 190. Z. 12—22. Das Organ kommt vom Princip, obschon es nur simultan mit ihm entsteht und besteht.

P. 191. Z. 1—6. Einsprechen ist Säen, Besamen. — Wenn ich etwas nennend (denkend) hervorbringe, oder etwas Hervorgebrachtes nenne, oder einem Anderen dieses nenne, so geht in den zwei ersten Fällen wie im letzen Falle eine geistige Immission vor. — Insofern nun Gott alle Dinge nennend geschaffen hat, ist in ihnen allen ein Name, der sich dem Geist mittheilt.

P. 191. Z. 6—11. Durch diese Namen als Kräfte unterscheiden die Kinder die Objecte und sich von ihnen oder befreien sich von ihnen.

P. 191. Z. 12—17. Wäre der Name, den ich ausspreche, nicht im Genannten, so würde ich mich mit ihm (durch Anrufen, Rufen) nicht in Rapport setzen können.

P. 194. Z. 7—12. Wie die Klangfigur, die dem Ton vorgeht und ihn wieder macht.

P. 195. Z. 6—10. Die Zeichen (Schrift) sollen den Sinn der Dinge, die Worte (Laute) unsere Ideen (Gedanken) offenbaren. In der Aufhebung des Zeichens erhebt sich der Sinn, wie in Aufhebung des Wortes der Gedanke.

P. 195. Z. 6—15. Das Fortsprechen des Aus- und Eingesprochenen ist continuirlich. Der Geist als Gründer senkt seinem Werke einen Keim des Lebens ein, welcher wie jene Phantome von Pflanzen in der Pallugenesie immer bereit ist, wieder in die Erweckung zu treten. Derselbe Geist, der sie dem Monument einsenkte, muss aber im Menschen als Erwecker sein.

P. 196. Z. 1—2. Nur der Sprechende hört — wie nur das sonnenhafte Auge sieht.

P. 196. Z. 3—6. Diess gilt von der Natursprache, welche ohne Hilfe anderer Menschen sich selber erklärt.

P. 197. Z. 14—20. Was hier zu mir (als individuellem Geiste) spricht, ist nicht unmittelbar ein anderer individueller Geist, sondern dieser durch den individuellen. — Alle Monumente sind Depositäre des sie errichtenden Geistes. Daher bedeutet das Wort Erinnerung ein Aufschliessen eines Innern, womit der Rapport des Monuments mit dem Einsetzer hergestellt ist. Der Geist ist seiner Natur nach zeit- und raumfrei. — Jedem Product ist der Producens durch eine Immission immanent und bleibt hiemit in Rapport mit ihm.

P. 198. Z. 30. Volk ist Zunge (Sprache), was p. e. vom jüdischen Volke gilt.

P. 199. Z. 14—20. Durch sein Sprechen setzt sich der Mensch mit der *grande parole*, die immer spricht, in Rapport.

P. 200. Z. 15—21. In einer Sprache redend (denkend) setze ich eine Macht in Action, die ich nicht selber bin.

P. 200. Z. 25—29. Nur dem Hörenden wird die Sprache gegeben. Ich höre in einer Region, um in der andern zu reden.

P. 202. Z. 3—5. War das Hervorbringen ein Sprechen, so ist auch das Erhalten ein solches.

P. 202. Z. 11—12. Denn ein Actives kann nur in einer Action oder in einem andern Activen ruhen.

P. 203. Z. 10—19. Mit gutem Grunde zeigt Saint-Martin hier, dass die Möglichkeit, sich Gott zu nähern, von der Möglichkeit, sich von Gott zu entfernen, nicht trennbar ist. Das Eine ist in der That nicht ohne das Andere zu denken. Wenn darum Lucifer in der Zeit nur Verbrechen beging oder begeht, so hätte er sich auch bessern können. Ist er aber unverbesserlich in der Zeit, wie kann die Ewigkeit bessern?

P. 203. Z. 21—26. Die Mehrheit der Zungen bei den Aposteln war also Multiplication der einen Rede in den Hörern in verschiedenen Formen.

P. 205. Z. 12—21. Es gibt ein Ineinandersein von Regionen in demselben Wesen.

P. 209. Z. 12—15. Man kann nur in einer Sprache denken.

P. 211. Z. 19—28. Die innerste Wurzelaction jedes Wesens ist ein Sprechen. Ebendarum lässt sich auch ihr Wesen von uns aussprechen.

P. 212. Z. 11—15. Das Thier sieht nur sich im Gegenstande seines Affects, der Geist sucht sich im andern und diesen in sich. Im göttlichen Affect sieht der Mensch nur Gott in sich.

P. 212. Z. 16—22. Liebend sehe ich mich nicht im Andern, sondern ich verliere mich in ihm, und finde mich nur wieder, weil der Andere sich in mir verliert.

P. 215. Z. 13—20. Das Werk beweiset das Wort, das Wort die Eingebung.

P. 219. Z. 3—12. Dieser Einfluss der Verbrechen und Tugenden des Oberhaupts auf das Volk hat im geistlichen und weltlichen Regimente nachgelassen.

P. 223. Z. 13—18. Die Juden sind keiner Nationalisirung mehr fähig.

P. 228. Z. 4—6. Mit der Auflösung der irdischen Corporation beginnt die Corporation in der höheren Region.

P. 232. Z. 1—4. Alle Apparition eines Höheren in einer niedrigern Region ist Wunder.

P. 233. Z. 1—7. Jeder Leib scheidet, der irdische von Licht und Finsterniss, der Lichtleib von Finsterniss, der Finsterleib von Licht. — Erste *Circoncision* war der irdische Leib (wie die Erde selber). Der grosse Haifisch musste Adam wieder herausgeben.

P. 233. Z. 8—17. *Gloria Principis salus populi.* Denn die Verherrlichung Gottes und Christi geht mit der Seligkeit der Gemeine gleichen Schritt.

P. 234. Z. 18—29 ff. Dem Kreis der Illusion entgegen musste die Weisheit selber dieselbe Kreisform annehmen (nemlich Zeitkreis). Die entgegengesetzte Bewegung hält den Zeitkreis offen.

P. 241. Z. 5—9. Bemerkenswerth weiset Saint-Martin darauf hin, dass ein guter Priester das Höchste und Beste sei, was auf Erden sein könne, dass dagegen aber auch auf der ganzen Erde nichts so schlimm und verderblich sein könne, als ein böser Priester.

P. 243. Z. 1—12. Der Angriff des Bösen ist seit Christus aggressiv.

P. 243. Z. 13—15. Vom Streiten kommt es zum Schlagen.

P. 247. Z. 16—29. Die Integration *en figure* bereitet die reale.

P. 256. Z. 1—26. Eben darum müssen sich im Propheten die gute und die böse Action central treffen.

P. 291. Z. 1—8. Charlatan's versprechen Heilung ohne Schmerz.

P. 298. Z. 1—9. Christus ist auferstanden, sagt Paulus, weil euer Gewissen erlöset ist.

P. 298. Z. 19—27 ff. Freilich kann man von keiner Creatur sagen, dass sie Wunder thue; denn ihr Thun in einer ihr niedrigeren Region ist in der ihr nativen doch nur natürlich. Da aber Gott in der höchsten Region wohnt, so muss all sein Thun für jede Creatur transscendent d. h. Wunder sein.

P. 299. Z. 23—30. Das Innere des Geistes ist Gemüth, Seele.

P. 301. Z. 15—22. Nur das Setzende ist das Erhaltende und durch sein Weichen Vernichtende, Fallenlassende.

P. 308. Z. 11—18. Das Dirigens muss Kräfte geben und nehmen können.

P. 308. Z. 19—26. Unter dem Zeugniss der Himmel wird das der Herrlichkeit des Geistes als der Macht Gottes verstanden.

P. 314. Z. 17—23. Aller Sprachen Wurzel ist das allgemeine Verlangen *de manifester le Principe.* Jede Affection bringt ihre Expression hervor. Lebendig ist nur jene Sprache, die etwas gebiert.

P. 315. Z. 11—16. Wenn man sieht, wie selbst Philosophen von der Bedeutung eines Kant und Hegel allen Affect aus der Wissenschaft verbannt wissen wollen, so darf man sich nicht verwundern, dass Saint-Martin den Grund, wesshalb die Weisen dieser Welt in den menschlichen Wissenschaften nicht zu dem erhabenen Ziele des Erkennens gelangen, darin sucht, dass sie kein Sehnen, d. h. keine Liebe, haben, und dass er der Ansicht ist, dass sie nicht lieben, weil sie nicht erkennen, indem nicht lieben der grösste Beweis von Unwissenheit sei.

P. 315. Z. 17—31 ff. Saint-Martin schliesst dieses Werk mit folgenden bemerkenswerthen Worten: „Sie (die Menschen) werden erkennen, dass Gott sich aus keinem anderen Grunde des guten und Wahrheit liebenden Menschen so mittheilt, als damit er sein Sehnen in allen Regionen verbreiten könne, indem sonst der Abstand, oder vielmehr das Missverhältniss, in welchem diese Regionen mit Gott stehen, zu gross sein würde. Es bestätigt sich dies auf eine umgekehrte und entgegengesetzte Weise in dem Verhältniss des abgefallenen Engels zur Natur, denn dieser abtrünnige Engel ist auch von der Natur getrennt, und bedient sich der leidenschaftlichen und verirrten Menschen, um seine bösen Absichten in dem Universum auszuführen.

Sie werden erfahren, dass, wenn sie auf diese Weise selber das Sehnen Gottes werden, und dieses Sehnen nicht anders als erfüllt werden kann, ihre Bestimmung sein müsse, auch ihrerseits in ihrem Kreise überall jenes Sehnen Gottes zu verbreiten und zu erwecken; oder dass sie alles, was sie geistig und körperlich umgibt, wieder beleben müssen, was nichts anders heisset, als dass wir durch das Werk der Erlösung bestimmt sind, die ganze Atmosphäre unseres Wesens mit den Kräften des Reiches Gottes selber zu erfüllen.

Sie werden erfahren, dass, da ihr ganzes Dasein diesem Geschäft geweihet ist, kein Augenblick ihres Lebens vergehen müsse, der nicht von diesem Erlösungswerke ganz erfüllt sei, und dass einst am Tage des grossen Gerichts alle Augenblicke ihres Daseins auf Erden werden nach diesem Werk der Erlösung in und an ihnen selber und an dem, was ausser ihnen und um sie ist, beurtheilt werden.

Endlich so werden sie erkennen, dass ihnen dort vor jenem grossen Richterstuhl, nichts zu ihrer Verantwortung übrig bleiben wird, indem wir, nach Allem dem, was in dieser Schrift aufgestellt worden, ohne Aufhören von allgemeinen Aufschlüssen und natürlichen Offenbarungen aller Art umgeben sind, und diess sowohl im Guten als im Bösen, und dass der Mensch selber, in seinen Leiden und Freuden, in seinem Wissen und Nichtwissen, seiner eigenen Vernunft eine Offenbarung sei."

… VI.

LE MINISTERE DE L'HOMME - ESPRIT.

L'Homme est le mot de toutes les énigmes.
De l'esprit des choses.

PAR LE PHILOSOPHE INCONNU.

A PARIS,

De l'imprimerie de Migneret.

An X. — 1802.

Der Dienst des Geist-Menschen.

Mit glühendem Feuereifer eröffnet Saint-Martin diese seine reifste Schrift. So oft ein Mann der Sehnsucht, erklärt er sich in der geistvollen Einleitung, sich gedrungen fühlt, seine Stimme an die Sterblichen zu richten, kann er nicht anders, als ausrufen: O, heilige Wahrheit, was soll ich Ihnen sagen! Du hast mich wie zu einem unglücklichen Opfer gemacht und mich dazu bestimmt, vergebens für ihr Glück zu seufzen. Du hast ein brennendes Feuer in mir entzündet, das mein ganzes Wesen ergreift. Ich empfinde für die Ruhe der menschlichen Familie einen Eifer, oder vielmehr ein gebieterisches Bedürfniss, welches mich bestimmt und mich verzehrt. Ich vermag ihm weder zu entfliehen, noch ihn zu bekämpfen, so sehr peinigt und beherrscht er mich..... Wie soll ich mich den vom Strome des Weltlebens hingerissenen Menschen verständlich machen?.... Muss ich mich nicht zuvor vor allem von meinen eigenen Flecken reinigen? Muss ich nicht reuevoll meinen eigenen Abfall und meine Untreue bekennen? Muss ich mich nicht zuvor selbst wieder gesund machen und vergöttlichen, ehe ich an die Heilung und Vergöttlichung der Andern denken darf? Aber die Wahrheit antwortet: Die Zaghaftigkeit ist auch ein Fehler und von allen der schädlichste, weil aus ihm alle andern Verirrungen entspringen können. Fasse Vertrauen zu dem, der dich führt; dieses Vertrauen wird dich reinigen. Lasse nicht erlöschen den Eifer, der dich treibt; er möge dir nicht umsonst verliehen sein. Wer steht dir dafür ein, dass er sich neu entzünde? Wenn du fürchtest, die Menschen möchten deine Worte nicht benützen, so vergiss nicht, dass sie alle der Wahrheit bedürftig sind. Weisst du denn, ob du nicht einigen deiner Brüder das Bedürfniss, das sie unbewusst verzehrt, fühlbar machen wirst? Nur Wenige von ihnen sind so tief gesunken, dass sie mit bewusstem Willen die Wahrheit fliehen. Du vermagst nicht die Macht eines reinen, von tiefem Glauben genährten Eifers zu berechnen. Und dann, welcher Fischer, die Angelruthe in der Hand, wird erwarten, alle Fische, die im Strome schwimmen, zu fischen?... In jedem Falle trage deine Blicke empor über die vergängliche Erde, wohin der Mann der Sehnsucht seine Werke zu säen verurtheilt ist. Das vergängliche Erdleben ist für den wahren Ackerbau die Jahreszeit der Fröste und der stürmischen Winde. In dieser Jahreszeit darfst du die Ernte nicht erwarten. Der Feldarbeiter säet nur für die Zukunft. Sehe auch du, wie er, in deiner Arbeit nur auf das beglückende Ziel der Ernte. Wenn sie kommt, wird der Herr der Erde und die Erde selbst dir deinen Schweiss lohnen." ...

Nicht um Ergötzliches zu bieten, erklärt Saint-Martin zur Feder gegriffen zu haben, sondern er sei gekommen, den wichtigen Dienst des Geist-Menschen auszuüben.

Das Glück, welches das Eigenthum unseres Geschlechtes sein sollte, zeige sich uns nur noch als Phänomen und als Wunder. Wir seien nur noch durch das Unglück mit einander verwandt. Er wolle wohl dem Menschen für einen Augenblick verzeihen, dass er noch die erhabene Bestimmung nicht erkenne, die ihm im Weltall zu erfüllen auferlegt sei, aber er sollte sich doch wenigstens nicht über die armselige Rolle täuschen, die er spiele während der Spanne dieses Erdenlebens. Wirf einen Blick, ruft er aus, auf deine Beschäftigungen während dieses irdischen Zeitraums. Wie könntest du glauben, du seist für eine so nichtige Beschäftigung mit so vielen Fähigkeiten und Eigenschaften begabt? Solltest du nur desshalb in den Tiefen deines Verlangens und deines Gedankens so scharfsinnig, so viel umfassend sein, um dein Dasein mit so langweiligen und einförmigen Beschäftigungen zu verbringen und zu erfüllen, wie die irdischen des sinnlichen Lebens sind?"

Dann bedient sich Saint-Martin wieder eines jener glücklichen Bilder, an denen er so reich ist und die seine Gedanken so ergreifend veranschaulichen: „Betrachtet den Jäger in den Alpen, der oft plötzlich von einem Meere dichter Nebel überfallen und eingehüllt wird, so dass er sogar weder seine eigenen Füsse, noch seine eigenen Hände sehen kann und auf der Stelle, wo er sich befindet, stehen bleiben muss, weil er keinen Schritt mit Sicherheit thun kann. Was dieser Jäger durch Zufall und auf kurze Zeit ist, das ist der Mensch hienieden fortdauernd und ohne Unterlassung. Seine irdischen Tage sind jenes Meer lichthemmender Nebel, welche ihn des Sonnenlichtes berauben und ihn in peinlicher Unthätigkeit zu verharren zwingen, wenn er nicht bei der geringsten Bewegung in Gefahr kommen will zerschmettert in einen Abgrund zu stürzen."

Mit prophetischem Blicke schaut Saint-Martin in die Zukunft und verkündigt mit tiefüberzeugter Zuversicht: „Vielleicht ist die Zeit nicht ferne, wo man in Europa die Blicke mit Eifer auf Gegenstände richten wird, welche jetzt noch von den Meisten mit Misstrauen und selbst mit Verachtung betrachtet werden. Ihr wissenschaftliches Gebäude ist nicht haltbar genug, als dass es nicht bald genug einen Umsturz zu erleiden haben sollte. Die Naturforscher haben bereits in den organischen Wesen eine Kraft erkannt, welche sie Wahlanziehung nennen (Leben ändert nemlich bekanntlich die chemische Affinität), eine Bezeichnung, die sie weit führen kann, mit so grosser Sorgfalt sie auch die Wahrheit mit dem rechten Namen zu nennen zu vermeiden suchen."

Der Fortschritt der orientalischen Studien mit ihren literarischen Reichthümern zur tieferen Erschliessung der theosophischen Systeme erwecken in ihm die besten Hoffnungen für die Zukunft und lassen ihn erwarten, dass nach dem tieferen Aufschluss über die orientalischen Lehren der Perser, Inder, der Aegypter, und selbst der Griechen und Römer seine Schriften weniger dunkel und abstossend erscheinen werden.

Dinge, sondern durch den Menschen die Dinge zu erklären*).
"Descartes hat der Naturwissenschaft dadurch einen wesentlichen Dienst erwiesen, dass er die Algebra auf die materielle Geometrie anwandte (Zahlen auf Figuren). Ich weiss nicht, ob ich nicht dem Denken einen ebenso grossen Dienst erweise, wenn ich den Menschen, wie in allen meinen Schriften geschehen ist, auf jene Art lebendiger und göttlicher Geometrie, die alle Dinge umfasst, und wovon ich den Geist-Menschen als die wahre Algebra und das allgemeine analytische Werkzeug betrachte, anwende."

P. 1. Z. 1—5. Denen, die draussen sind, sagt die Schrift, widerfährt Alles durch Gleichnisse.

P. 1. Z. 5—14. Der Menschenleugner ist Gottesleugner. Nur wenn man den wahren Menschen sieht, sieht man den ganzen Gott über ihm, die wahre Natur unter ihm.

P. 1. Z. 15—18 ff. Als ob man bei jedem Beweise Gottes nicht von Gott anhübe!

P. 2. Z. 4—10. Dennoch gilt: *Deus scitur, non creditur***).

P. 2. Z. 11—14. Die selbstlose Natur oder Creatur kann nicht ohne die Intelligente sein u. v. v., wie das Besessene nicht ohne Besitzer sein kann. Die nichtintelligente Creatur erhält bloss durch die Kinder Gottes das Complement ihrer Existenz, also der Manifestation Gottes. Der Mensch soll die Natur Gott beweisen machen.

P. 2. Z. 14—17. Hier muss nicht der Mensch als der, dem Gott bezeugt werden soll, gemeint sein, sondern nur insofern ein Mensch dem andern Gott zeigt.

---

*) Schopenhauer sagt uns daher jedenfalls nichts Neues, wenn er erklärt, es sei offenbar richtiger, die Welt aus dem Menschen verstehen zu lehren, als den Menschen aus der Welt. (Die Welt als Wille und Vorstellung. Dritte Aufl. II, 736.) Hätte Schopenhauer nur auch das Wesen des Menschen richtig erkannt, so würde er auch die Welt richtiger erkannt haben. v. O.

**) Nicht als ob Gott nicht auch geglaubt werden sollte und würde, sondern dass allem Glauben an und in Gott ein Wissen von Gott zu Grunde liege. v. O.

P. 2. Z. 17—20. Alles ist im und zum Menschen geschaffen, und Alles (vor ihm) Geschaffene ist nur Anfang des Menschenschaffens.

P. 3. Z. 24—30. Nur die intelligente und nichtintelligente Natur zusammen können Gott offenbaren.

P. 4. Z. 12—18. Eine Zeit, die nie angefangen hätte, könnte nie enden.

P. 5. Z. 1—13. Räumlichkeit schliesst das Ueberall, Zeitlichkeit das Immer aus, aber das Ueberall und Immer liegt beiden zu Grund, als Anschauung *a priori*. Die Ewigkeit der zeitlich-räumlich-materiellen Welt behaupten, heisst die Nichtzeitlichkeit und Nichträumlichkeit der zeitlichen und räumlichen Welt behaupten, also etwas sich Widersprechendes setzen.

P. 6. Z. 14—21. Auf diesem Punkte steht der Materialismus der Naturphilosophie in Deutschland [*]).

---

[*]) Baader hatte mit diesem Ausspruche nicht bloss etwa Oken, er hatte zuverlässig zugleich Schelling dabei im Auge. Wie weit er sonst von Tzschirner abstehen mochte, das Bekenntniss dieses Theologen, der eine Zeit lang dem Schelling'schen Systeme angehangen hatte, würde er mit seinen Ueberzeugungen übereinstimmend gefunden haben. In seinen Briefen über Reinhard's Geständnisse erklärt nemlich Tzschirner (1814): „Ich muss gestehen, dass mich das allgemeine Leben, welches diese Philosophie in die todte Natur haucht und den Sonnen und Planeten, wie dem Wurm und der Pflanze mittheilt, die Vereinigung, welche sie zwischen dem Unendlichen und dem Endlichen vermittelt, wunderbar angezogen hat. Die Physik hatte mich die Weltkörper nur als Massen betrachten gelehrt, welche sich seelenlos nach dem Gesetze der Schwere bewegen; die Naturphilosophie beseelte diese Massen, und heiterer blickte ich zu den Sternen auf und fühlte mich ihnen in dem Gedanken befreundet, dass in ihnen, wie in mir, die Fülle des Lebens, obwohl in unendlich höheren Potenzen, und das Bewusstsein ihrer schöpferischen Kraft und ihres fröhlichen Wandels in den himmlischen Sphären wohne. Kant's Criticismus hatte eine scharf trennende Grenze zwischen das Sinnliche und Uebersinnliche gestellt, hatte mir das Schauen und das Wissen genommen; die Naturphilosophie warf die Scheidewand zwischen dem Sinnlichen und dem Uebersinnlichen nieder, vermählte

P. 5. Z. 22—32. Saint-Martin sagt also hier ganz bestimmt, weil Gott als absolutes Wesen schlechthin vollkommen ist, die materielle Welt aber so wie Alles, woraus sie zusammengesetzt ist, unvollkommen, mit Mängeln und widerstreitenden Gegensätzen behaftet ist, so kann die materielle Welt nicht, wie Gott, ewig

---

schauen und schloss Vernunft und Phantasie in ein Vermögen zusammen, in das Vermögen, das Unendliche anzuschauen, und setzte Poesie und Philosophie in die engste Verbindung. Bald aber verschwand in mir die poetische Stimmung wieder. Die nüchterne Ruhe trat wieder ein, und ich suchte den Sinn dieser Philosophie mit Bestimmtheit und Deutlichkeit zu fassen. Da war es mir, als würde mit einemmale ein schöner Zauber gelöst; da sah ich mich nicht mehr von lieblichen Dichtungen, nur von unbestimmten und luftigen Gestalten ohne Consistenz und Haltung umringt; da öffnete sich ein Abgrund, der alles Grosse und Herrliche zu verschlingen drohte. Bei ruhiger Prüfung musste ich an der Naturphilosophie Klarheit und Deutlichkeit und sicheren Begründung zweifeln, entdeckte ich, dass sie zu den trostlosesten Resultaten führe. Mehr hat mir keine Philosophie versprochen, weniger keine gehalten. Sie trägt ein liebliches und glänzendes Gewand; streifen wir aber die schöne Hülle ab, so tritt uns hohl und bleich eine Gestalt entgegen, deren Anblick wir nicht ertragen können. Die Philosophie, die so viel vom Anschauen des Unendlichen, von den Offenbarungen Gottes, vom seligen Leben im Absoluten redet, endigt mit dem Resultate, dass Alles, was ist und geschieht, mithin auch der Mensch mit seinen Gedanken, Entschlüssen und Handlungen, die nothwendige Wirkung einer nothwendigen Lebenskraft sei, welche unablässig zeuge und gebäre und ihre Zeugungen verwandle und umgestalte, um wieder neue Productionen aus ihrer nie erschöpfenden Fülle hervorgehen zu lassen. Diess ist das Resultat der Naturphilosophie, womit sie Alles hinwegnimmt, was dem Leben Würde, Zweck und Bedeutung gibt, die Idee der Gottheit, der Unsterblichkeit, der Freiheit und der Sittlichkeit. Lasse man sich nicht durch die Sprache der Andacht, durch die öftern Erwähnungen Gottes und seiner Offenbarungen verführen. Der Gott der Naturphilosophen ist das Universum, es wohnt in ihm nur Leben und Bewusstsein und zeugende Kraft, aber kein heiliger Wille, keine Güte und Gerechtigkeit. Das selige Leben dieser Philosophie besteht nur in der Exaltation des Gemüths, welches sich selbst vergessend das allgemeine Leben anschaut und betrachtet. Ihr Unendliches ist nur ein gesteigertes Endliches, und was wir das Uebersinnliche nennen, weil es nie in den Kreis der Erfahrung hineintritt, Gottheit, Freiheit, Unsterblichkeit, das sucht man in dem Systeme des Absoluten vergebens." v. O.

sein*). Das Vollkommene ist der materiellen Welt ein beständiges Jenseits in Theorie und Praxis. Der Verfasser lässt nicht unbemerkt, dass die Gelehrten in ihrer Unfähigkeit jene Mängel zu erklären, sie leugnen oder verschleiern **).

P. 6. Z. 11—17. Wenn es, wie anderwärts gezeigt wurde, keinen eigentlichen Atheismus gibt, so ist Saint-Martin gewiss im Rechte, zu sagen, dass die Atheisten und Ungläubigen ein ewiges Princip (irgend etwas Ewiges) nicht leugnen, sondern es nur verrücken und auf etwas übertragen, was freilich diese Uebertragung nicht verträgt. Wenn Gott ausser der Materie, so ist auch die Materie ausser Gott. Allein das Ausser-der-Materie-Sein Gottes ist ein derartiges Ueber-der-Materie-Sein, dass die Materie immer in seiner Macht ist, nicht in seiner Inwohnung, wohl aber in seiner Durchwohnung ***).

P. 6. Z. 18—22. Gott ist nicht bloss über das materielle Universum erhaben; er ist auch über die himmlische Welt erhaben, er ist nicht bloss übermateriell, er ist auch überhimmlisch. Gott ist noch in einem andern Sinne über der Materie, als in welchem überall das Centrum über der Peripherie ist. Denn die materielle Welt ist nicht die Peripherie Gottes als deren Centrum †).

---

*) Die Nichtewigkeit, somit das Entstandensein der Materie und zwar nicht vom Anfang der Schöpfung her, sondern erst auf Veranlassung des Bösen und gegen das Böse hatte Saint-Martin schon in seiner ersten Schrift: *Des Erreurs et de la vérité* behauptet entgegen dem Materialismus, der freilich die Ewigkeit und Nichtumwandelbarkeit der Materie lehren muss. v. O.

**) Schopenhauer leugnet sie nicht, wie Baader wohl wusste, aber er behauptet sie als nothwendig, unausweichlich, unaufheblich für das Ganze der Welt, aufheblich für die einzelnen Wesen nur durch ihren Untergang. Aber wenn sie nothwendig wären, hörten sie nicht auf, Uebel zu sein? v. O.

***) Den Unterschied der innewohnenden und der durchwohnenden Gegenwart Gottes hat Klopstock in seiner Ode: Dem Allgegenwärtigen, in seiner Weise angedeutet. v. O.

†) Gott ist im Sinne Baader's auch nicht im Verhältnis zur gesammten Welt, was das Centrum im Verhältnis zur Peripherie ist. v. O.

P. 6. Z. 28—32. Newton's Hypothese einer unendlichen Bewegung in gerader Linie ist begrifflos. Alles Bewegen ist Figur-Zeichnen.

P. 7. Z. 23—32. Statt dass der Mensch der Natur Gott beweisen sollte, muss sie ihm diesen nun beweisen.

P. 8. Z. 1—9. Wenn Saint-Martin sagt, es sei augenscheinlich, dass wir nichts von der Welt verstehen, in der wir sind, als nur durch den Schimmer der Welt, in der wir nicht sind, so deutet er auf die eingeborenen Ideen und apriorischen Begriffe, durch welche allein Erfahrbarkeit in der materiellen (sinnlichen) Welt möglich ist.

P. 8. Z. 14—23. Wenn Eines sich in Zwei scheidet, so ist jedes derselben das andere. Das Erste, Eine, Einzige und das Absolute (Totalität) sind synonym. Desshalb ist Alles, was nach dem Ersten ist, nur in Bezug auf dasselbe *).

P. 9. Z. 18. Ideal ist Ganzes.

P. 9. Z. 23—25. Wenn Saint-Martin sagt, streng genommen, verliessen wir niemals die andere Welt, d. h. die Welt des Geistes, so ist diess wenigstens für unsern Verstand ganz richtig. — Anschauung *a priori* bei Kant. Sonst unterscheidet der Verf. *monde de l'Esprit* non *monde divin*.

P. 10. Z. 5—9. Gott ist hier als universeller Geist bezeichnet, und Geist ist hier nicht von Gott unterschieden. Richtiger würde gesagt, Gott ist der Geist des Geistes (der Geisterwelt)**). In Gott ist alles, er selbst also Welt, wie im *Esprit des choses* Gott allein Welt genannt wird. Gott ist der Schöpfer der Geistwelt. Welt ist Wohnen, Besitzthum.

---

*) Folglich kann nichts von Allem, was nach dem Ersten ist, in seiner Wesenheit begriffen werden, so lange es ausser dem Bezuge zum Ersten gedacht wird. Diess muss von dem geringsten Stäubchen so gut als vom Menschen und von jedem geistigen Wesen gelten. Folglich kann sich auch der Mensch nicht wahrhaft erkennen ausserhalb seines Bezugs zu Gott. Auch hieraus geht die Wahrheit des Satzes: *Cogitor (a Deo cogitante), ergo sum, ergo sum cogitans,* hervor. v. O.

**) In der Ode: Die Glückseligkeit Aller, feiert Klopstock Gott als Wesen der Wesen und als Geist der Geister. v. O.

P. 10. Z. 10—15. Das Selbstleben der Welten ist den Creaturen (Bewohnern) von Gott nur mitgetheilt. — Ewiges Leben im absoluten Sinne ist erstes Leben oder nach Früherem ganzes Leben.

P. 10. Z. 16—24. Die irdische Welt ist eine gemischte Welt, durch Versetzung ihrer Elemente zusammengesetzt und unter die Einheit gesetzt.

P. 10. Z. 25—31. Ohne diese Traditionen würde er die hier gemeinte Einsicht doch nicht erhalten haben.

P. 11. Z. 1—11. Das materielle Univers ist Scheinwelt, nicht Erscheinungswelt. Die nicht materielle Welt wird hier im Text als eine gegen die zeitliche genommen. Dieselbe andere (erste) Welt wirkt auf die einen Bewohner durch ihren sanften, auf die andern durch ihren herben Einfluss. Obschon Eine Welt ist sie doch eine zweifache, weil die böse in der guten entstund.

P. 12. Z. 1—10. Hier tritt also schon der Begriff des Opfers hervor. Die Schrift spricht von dem Lamm, welches von Anfang geschlachtet worden sei für die Sünde der Welt. Die Spannung des Zeitlebens ist Folge des Versetztseins beider Pole. Die Materie ist verweslich und es ist der Grundirrthum der neueren Physiker, zu meinen, dass die Substanz dieser Welt (Essens der Materie) nicht vergehe, da sie doch entsteht und vergeht.

P. 12. Z. 11—18. Der eigentliche Begriff der äusseren Natur ist der eines Wesens, das bloss äusserlich erfüllt ist.

P. 12. Z. 19—26. Die Corruption oder Nichtcorruption der Sache ist eine andere als die der Person, aber mit dieser im Connex.

P. 13. Z. 1—8. Jener Theil der Action, welcher gegen diesen Widerstand verwendet wird, producirt nichts (wie z. B. Materie). Dieser Widerstand innerlich geht gegen unsere Begründung und dann kann ihm unmittelbar nicht eigene Action entgegengesetzt werden (Schwere). Widerstand ist etwas anderes als Gegenstand, Widerstand ist nicht Mittel, sondern Hinderniss.

P. 13. Z. 21—29. Innerer Widerstand hindert den Menschen also im Gründen, im Kraftfassen.

P. 13. Z. 33—36 ff. Nur wahr ist der Ausspruch des Verfassers, dass der Mensch auf dieser Erde mitten unter seines Gleichen meist einem reissenden Löwen zwischen Lämmern oder einem Lamme zwischen reissenden Löwen gleich sehe, weil unter der grossen Anzahl Menschen kaum einer sei, der nicht das Opfer oder der Henker seines Bruders sei *).

P. 16. Z. 5—9. Hier ist also die Inferiorität des Herzens unter den Geist ausgesprochen.

P. 16. Z. 9—11. Der hier verlangte Bund geschieht durch die Wahl. Durch diese hätten wir auch in uns Geist und Herz geeint. Hiemit ist also auch dem Geistwesen Spontaneität zugeschrieben.

P. 16. Z. 27—30. Das Gebet eint unser Herz mit unserm Geist *(Oeuvres posthumes* II, 418), weil es uns mit dem beide einenden Gott verbindet.

P. 19. Z. 2—6. *Summum crede nefas, animam praeferre pudori!*

P. 19. Z. 19—22. Ebendarum nehmen die Materialisten diese Welt auch für die ewige.

P. 21. Z. 1—2. Im Sterben kann nemlich der Mensch keine Hoffnung schöpfen des Aufhörens, welches eine Befreiung wäre. Suchend den Tod (Selbstmord) findet er ihn nie!

P. 21. Z. 9—17. In dem dermaligen Zustande des Gefallenseins ist alle Cultur und Bildung des Leibes nur Wegräumen des Hindernisses. — Das Verhalten des Physischen zum Geistigen ist wie das Verhalten des Mitlauters zum Vocal. Dieses Verhältnis

---

*) Nach neueren Berechnungen sollen seit dem Anfange der Menschheitsgeschichte ungefähr vierzehn tausend Millionen Menschen in den Kriegen gefallen sein. Wer wird uns berechnen, wie gross die Zahl der Gemordeten und der Mörder, der schauderhaft Gefolterten und Gequälten etc. ist? Ein wahrheitsgetreues Gemälde aller verübten Scheusslichkeiten, wenn es möglich wäre, würde kein Mensch anzusehen im Stande sein. Und doch werden so wenige Menschen erschüttert von der Grösse der durch die Sünde erzeugten Uebel, und doch hüten sich so Wenige, diese Uebel zu vermehren, und denken nicht daran, sich nach Rettung von diesen Uebeln

ist ein anderes, wenn der Mitlauter dem Vocal dient, ein anderes, wenn es ihn hemmt.

P. 22. Z. 8—13. Es ist aber nicht zu übersehen, dass die Traditionen jene Urzeugen wieder weckten.

P. 22. Z. 14—24. Als ob die hier gemachte Abstraction möglich wäre! Zeugnisse und Thatsache müssen coincidiren.

P. 23. Z. 5—6. Die Materialisten würden sich freilich zur Materie machen, wenn sie könnten!

P. 23. Z. 15—19. Dieser Unterschied der Natur von der Materie erhebt Saint-Martin's Lehre weit über die Schelling'sche Naturphilosophie und die seiner Nachfolger. Indem die Schelling'sche Naturphilosophie Natur und Materie vereinerleite, that sie den ersten Schritt (von Kant und Fichte her) zum Materialismus oder zu dem, was Saint-Martin das sich zur blossen Materie Machen des Menschen nennt *).

---

*) Auch Fichte erhob gegen Schelling, von da an, als er sich von seiner Lehre entfernte, den Vorwurf des Materialismus. Man vergl. Fichte's Werke VIII, 898 u. 401—402. Man muss sich nur verwundern, dass Fichte gleichwohl die irdische Leiblichkeit für die einzig mögliche Art erklärte, wie ein geistiges Wesen in leiblicher Gestaltung erscheinen könne. Nachdem Prof. Hoffmann schlagend und entscheidend gezeigt hatte, dass Baader nie der Schelling'schen Philosophie erster Gestalt gehuldigt hatte, nachdem diese Nachweisung so allgemeine Zustimmung erhalten hatte, dass sich Niemand mit dieser grundfalschen Behauptung mehr sehen lassen darf, haben sich Einige darauf geworfen, dass Baader auf dem Standpuncte der zweiten Philosophie Schelling's stehe. So sagt Noack in seiner Geschichte der Philosophie S. 825: „Auf dem Standpuncte der Schelling'schen positiven Philosophie der Offenbarung, als Erneuerer des Böhme'schen Pantheismus (?) der Transcendenz, bewegen sich Franz von Baader, Sengler, Fischer, Papst, Günther, L. Schmid." Aber abgesehen davon, dass die hier genannten Forscher durchaus nicht auf einerlei Standpunct stehen, ist es gänzlich irrig, Baader zum Schleppträger der zweiten Philosophie Schelling's zu machen. Wäre der Standpunct Baader's und der der zweiten Philosophie Schelling's im Wesentlichen identisch, so würde nichts gewisser sein, als dass Baader der Vorgänger und Schelling der Nachfolger wäre. Denn Baader's Standpunct war derselbe von der Veröffentlichung seiner ersten reinphilosophischen Schrift an (1798) bis zu seiner letzten (1841), während Schelling's zweite Philosophie jedenfalls nicht früher als 1809

P. 24. Z. 28—37 ff. Nicht etwa als ob der Mann nicht
liebte, das Weib nicht erkennte, sondern der Mann bedarf des
Weibes zum Lieben, das Weib des Mannes zum Erkennen.

P. 25. Z. 1—8. Hier wird die Verbindung des Mannes
und des Weibes als beider ihre Ergänzung in Sophia bewirkend
vorgestellt, also anders als bei Gichtel. Sie ergänzen sich nemlich in ihren *facultés admirantes* und *aimantes*, also nicht
unmittelbar, sondern damit, dass sie, jedes für sich, erst Gott sich
vereinen.

P. 25. Z. 9—28. Was hier von der wechselseitigen Ergänzung des geistigen Wesens mit der göttlichen Einheit gesagt
ist, gilt von jeder Art der Einigung der Menschen miteinander.

P. 26. Z. 8—9. Der Mensch muss hienieden bewundern,
was er nicht lieben kann (nicht frei) und muss lieben, was er
nicht bewundern kann. — Der Mann hilft aber dem Weibe bewundern, das Weib dem Manne lieben und anbeten und so ergänzen sie sich wechselseitig in ihren Vermögen. Erhabenheit
und Demuth gehören zusammen, wie Hochmuth und Niedertracht.

P. 26. Z. 14—16. *La Prière est la principale religion
de l'homme, parce que c'est elle qui relie notre coeur à notre
esprit. (Deux assemblées en son nom.) Oeuvres posthumes*
П. v. p. 100, 357, 418.

P. 26. Z. 24—32 ff. Gott manifestirt sich anders dem
Manne, anders dem Weibe, und wie jener der Manifestation bedarf zur Ergänzung seiner, welche das Weib erhält, so dieser
jener, welche der Mann erhält, so dass sie in ihrer Verbindung

---

sich zu entwickeln anfing, bestimmteren Character aber erst noch viel später
annahm. Allein der Standpunct Baader's und der spätere Schelling's sind
durchaus nicht identisch, wie denn Baader demselben ausdrücklich und
nachdrücklich bestritt. Den tiefgreifenden Unterschied der Standpuncte
beider Forscher hat Deutinger (Das Princip der neuern Philosophie und
die christliche Wissenschaft S. 251—298 u. 867—870) richtig erkannt und
Baader's Bedeutung so stark hervorgehoben, wie es nur von Wenigen bis
jetzt geschehen ist. Was er materiell an Baader tadelt, dürfte auf Miss-
verständnissen beruhen, von denen erwartet werden kann, dass sie sich
nach Vollendung der Gesammtausgabe seiner Werke auflösen werden. v. O.

beide die ganze Manifestation erlangen. Ohne das Weib kann der Mann sich nicht vertiefen (demüthigen), ohne den Mann das Weib sich nicht erheben. Wie eben der Mann das Weib liebt, das ihn bewundert, so liebt auch das Weib den nur, der in ihr das Göttliche bewundert.

P. 27. Z. 14—31. Es ist schon erwähnt, dass Saint-Martin in der hier ausgesprochenen Meinung vergisst, dass wir dieses Schöpfen aus der Tiefe des eigenen Geistes doch nur eben durch Hilfe jener Traditionen zu vollführen vermögen. Freilich sind sie nur Hilfen, die unsere Arbeit heischen.

P. 28. Z. 14—17. *Ignoti nulla fides* — Glauben und Wissen schliessen sich nicht aus.

P. 28. Z. 30—32. Das Wasser als verbrannter Körper ist ein dem Feuer (der Verbrennlichkeit) abgestorbener Körper. Die Entstehung des Wassers war also eine erste Sündfluth.

P. 29. Z. 5—13. J. Böhme's Ideen sind zu nehmen als ein magisches Verstehen im Geiste, nicht im Sinne, gleich einem Weissagen.

P. 29. Z. 14—17. Die materialisirte Natur ist als Residuum und Umwandlung der ewigen Natur deren *caput mortuum*.

P. 29. Z. 17—19. Keine Intelligenz besteht ohne ein Besitzthum.

P. 29. Z. 19—27. Lucifer wollte freilich nicht, dass das Licht ihm erlösche, indem er sein Reich entzündete. Die Wassererzeugung als erste Sündfluth war es, durch welche Gott den ersten Weltbrand mässigte, ohne ihn völlig zu löschen.

P. 29 Z. 28—32. Wenn der Mensch zugleich aus dem Princip des Feuers, des Lichtes und dem der Quintessenz der elementaren Natur gebildet in diese Welt gesetzt ward, so war hier das Feuer und das Licht abstract, also weder rechtes Feuer, noch rechtes Licht, weil das Lichtprincip ohne Feuer glanzlos ist.

P. 30. Z. 3—5. Indem sich der Mensch dem Zuge des *principe quintessentiel* hingab, verlor er auch dieses und ward vierelementarisch.

P. 30. Z. 5—6. Aus dem Schlafe, in welchen der Mensch (Adam) fiel, und mit welchem seine wahren Sinne eingingen, ist er noch nicht erwacht.

P. 30. Z. 11—15. Die Weisheit ist der Spiegel der Liebe.

P. 30. Z. 29—32 ff. Wenn später die *Sophia épousa* heisst, so heisst sie es nicht in dem Sinne, als ob sie nur die eine der beiden Tincturen hätte. — Wie die *Sophia* beide Tincturen (die feurige und die wässerige) eint, so entzweit der Astralgeist.

P. 33. Z. 1—5. Aber der aus dem Monument hervorgehende Geist ist doch auch activ.

P. 34. Z. 9—11. *Scimus quae facimus.*

P. 37. Z. 21—25. Solche durch die höchste Macht bewirkten Wunder, die fast auch allein im Stande sind, bei den Sterblichen Anerkennung und Achtung zu erwecken, müssen also kommen.

P. 38. Z. 12—18. Gemeinschaftlicher Schmerz wirkt als electrischer Leiter des Göttlichen.

P. 38. Z. 24—30. Nur eine bestimmte Objectivität begründet das Subject.

P. 39. Z. 5—16. Die Essenz aller Dinge ist ewig, immer entstanden, immer seiend, immer sein werdend, aber die jetzige Existenzweise der erscheinenden Natur ist nicht ewig, sondern hat einen Anfang. Es gibt auch eine ewige Natur, aber die materialisirte Natur ist nicht ewig, schon weil sie nicht lauteres Leben ist, sondern die Wohnung des Todes in allen Gestalten. Das Leben ist nicht entstanden aus Nichtleben, aus Tod. Die Primitivität und Divinität des Lebens ist so gewiss, als dass der Tod, die Unordnung, der Zwiespalt secundär und nur aus der Auflösung des Lebens hervorgegangen ist. — Das wahre (vollendete) Leben ist ewiges Leben.

P. 40. Z. 29—31. Das: *Parcere devictis, ast debellare superbos*, gilt selbst gegen die bösen Geister, die eben nur *superbi* sind.

P. 41. Z. 1—2. Doch müssen wir diese Feinde Gottes bekämpfen.

P. 41. Z. 5—8. Die Behauptung, dass Gott keine Feinde (wie keine Gegner) habe, hat den Sinn, dass von Gott nur die böse Action, nicht der Agent gehasst wird und dass Gott als alldurchdringend doch alles in seiner Macht hat und zu seiner Manifestation gebraucht, auch die abgefallenen, bösegewordenen, zerrütteten Wesen. Wer Gottes Feind sein will, ist sich selbst Feind, Gotteshass ist Selbsthass.

P. 41. Z. 9—11. Die Vorrechte des Menschen in seiner Wiedergeburt sind, der Natur, dem Geist, Gott zu helfen.

P. 41. Z. 14—17. Die Weltverbesserung war schon ursprünglich die Aufgabe des Menschen und jeder Mensch sollte im wahren Sinne des Wortes Weltverbesserer sein *).

P. 42. Z. 1—7. Der Mensch soll Herr der Natur, Bruder seiner Mitmenschen und Diener Gottes sein.

P. 44. Z. 6—14. Man kann von Swedenborg nicht sagen, dass er habe unterscheiden können, wie Saint-Martin verlangt, woher die Geister und weswegen sie kamen, ob ihre Sendung gut oder schlimm, nützlich oder schädlich war etc. etc.

P. 45. Z. 1—6. Die unversiegbaren Wunder, welche ewig vor seinem Angesicht sind, spricht Gott durch sein Wort aus und entwickelt sie in der *Enveloppe*.

P. 45. Z. 7—12. Dieses Oeffnen (Sich-suspendiren) vermittelt ein neues Schliessen mit Aufnahme wie v. v. — Da das Sein und Nichtsein als constitutiv kein Thun der Creator ist, so sieht man die Impotenz ihres Strebens (als Action) darnach ein.

P. 45. Z. 18—21. Die Lust der Einung ist um so intenser, je verschiedener die sich Einenden, und je inniger die Attraction der Zeugenden, um so inniger ist jene mit dem Gezeugten.

P. 45. Z. 22—26. Darum sagt Christus: Ihr sollt in meinem Namen den Vater bitten.

---

*) Weltverbesserungsideen gehen daher stets durch die ganze Welt. Wenn sich nur auch die zahlreichen Weltverbesserer besser darüber unterrichten wollten, wodurch die Welt wirklich und wahrhaft gebessert und verbessert werden kann. Man sollte dabei das Sprichwort nie vergessen, dass die Hölle mit guten Meinungen gepflastert sei. v. O.

P. 46. Z. 6—9. Hier ist die Gefahr des Contacts des Reinen mit dem Unreinen angedeutet.

P. 46. Z. 20—27. Unmittelbar kommt das Kind von der Mutter, mittelbar vom Vater. Die Mutter vermittelt Kind und Vater.

P. 47. Z. 11—16. Die Manifestation der Naturwunder ward von Lucifer arretirt.

P. 47. Z. 23—28. Das vollendete Erkennen des Höheren ist Bewundern, also Subjection des Erkennens. Die Essenzen der Dinge bleiben immer Mysterium.

P. 47. Z. 29—32. ff. Was uns hebt, das halten wir unter uns. Insofern die Creatur patent ist, muss der Schöpfer in ihr latent sein. — Was ich durchdringe, das empfinde (fühle) ich nicht. Werde ich bloss durchdrungen, so fühle ich zwar mein Durchdrungensein, aber ich empfinde den Durchdringer nicht. Nur wenn dieser mir innewohnt, finde ich ihn (empfinde) in mir. Das Durchdrungensein ist eine negative, das Erfülltsein eine positive Empfindung.

P. 48. Z. 16—27. Die Natur dringt nicht tiefer (höher) in unser Inneres, als sie selbst steht. Vergl. *Esprit des choses*, II. 340. Die Natur spricht nicht, weil sie nur Sache ist.

P. 48. Z. 27—30. Die Intelligenz soll nemlich selbstthätig jenes Wunderdasein enthüllen und muss also ihres Enthüllungs- oder Durchschauungsvermögens Gränze finden.

P. 49. Z. 1—7. Die göttlichen und geistigen Dinge, die sich uns zu erkennen und zu lieben geben, können uns nicht wie die Naturwunder höher heben, indem sie selbst das Höchste sind. — Eigentlich hebt nur das Wunder unsere Intelligenz in jene Höhe, von der herab wir sie auf Niedrigeres ausüben können. Dieses sagt auch der Satz, dass jede Erkenntniss nur aus einem Princip möglich sei. — Durch die Bewunderung vollbringt sich das Opfer des erkennenden, durch die Anbetung das Opfer des liebenden, durch den Gehorsam das Opfer des wirkenden Vermögens.

P. 49. Z. 20—31 ff. Eine Naturwissenschaft, welche die Behauptung an die Spitze stellte: Ins Innere der Natur dringt kein erschaff'ner Geist, konnte sich freilich nur auf der Oberfläche bewegen.

P. 51. Z. 1—2. Der vollendete Mensch oder die vollendete Person ist dreifaltig (Leib, Seele, Geist).

P. 51. Z. 19—25. Wo also diese Entwickelungsquelle zu ist, da muss freilich die Concentration des Vaters sich zeigen.

P. 51. Z. 25—29. Der Mensch ist nemlich das Auge der Engel in diese Welt hinein u. u.

P. 53. Z. 1—4. *Scientia et potentia coincidunt.*

P. 54. Z. 27—30. Hinkehr zu Gott setzt Einkehr in sich selbst voraus. Ich muss mich von Allem frei machen, um mich Gott geben zu können.

P. 59. Z. 1—9. Von dem ich mich frei durchdringen (aufheben) lasse, dem mache ich mich fasslich, indem ich mich gegen ihn relachire. — Hier ist die usurpirte Manifestation des Weltgeistes in dem und durch den Menschen angedeutet.

P. 65. Z. 1—5. Denn wenn das heilige Feuer nicht jene gute (Consecration) findet, so zehrt es und reinigt nicht.

P. 69. Z. 11—15. Der Spruch: Niemand ist gut als Gott, will sagen, dass wir nur durch Theilhaftwerden des göttlichen Willens gut wollen können. Wir können nur einwilligen mit dem guten Willen Gottes.

P. 69. Z. 24—32. So muss der Buchstabe dem Sinn durchsichtig werden.

P. 70. Z. 5—12. Hier wird das Wort von den zeugenden Mobilien unterschieden.

P. 70. Z. 19—22. Dieser Duplicität der Substanzen widerspricht die Schelling'sche Naturphilosophie, welche den *homme-esprit* dem Astral- oder Materiegeist gleich setzt, und doch ist gewiss, dass der Geistmensch nicht vollständig substanzirt ist, bis der materielle Mensch ganz desubstanzirt ist.

P. 72. Z. 19—24. „Warum, fragt Saint Martin, ist nun aber die Trostlosigkeit die erzeugende Quelle der Lebenssubstanz? und antwortet: Weil nur diese Trostlosigkeit gegenwärtig die erzeugende Quelle des Wortes für uns ist, so wie wir sehen, dass in unseren Krankheiten unsere Leiden es sind, die uns den Schrei auspressen, und dass nur aus dem Schrei die Linderung und Hülfe hervorgeht, die uns zu Theil wird." Jene den göttlichen Feuerhunger latent haltenden Substanzen müssen nemlich erst zerstört werden. Nur durch unser eigenes Sprechen ziehen wir gleichsam das schaffende Wort ins Mitleid mit uns. Wenn die innerste Action aller Dinge ein Reden ist, so begreift man, dass durch Rede jene Action influenzirbar ist. „*Verba movent homines, animalia caetera fustes*".

P. 73. Z. 9—11. Obschon das Wort nicht in der nichtintelligenten Natur wohnen kann, wie in der intelligenten, so sollte doch jene durch letztere desselben theilhaft sein. — Hier ist die *Sophia* das Wesen, welches die *Parole* mit sich bringt.

P. 74. Z. 1—4. Es ist zu bemerken, 1) dass ein Wesen, welches das Wort nicht in sich hat, sich auch nicht manifestiren (generiren) kann, sondern nur manifestirt wird, 2) dass es andern mit einem Wesen ist, welches seiner Natur nach dieses Wort nicht in sich hat, andere mit dem, welches es verloren hat. Dessenungeachtet soll jede Natur ihr eigenes Wort (primitiv oder secundär) haben.

P. 74. Z. 23—31. Ohne Mitleiden (Eingehen in Leiden) gibt es keine Erlösung.

P. 75. Z. 14—19. Man denke an eine Sternennacht. — Von der hier bemerkten Eitelkeit stammt das Herzzehrende alles Weltgenusses. Der Mensch liebt in ihm ein Herz, das keines ist.

P. 75. Z. 20—27. „In der That, die ganze Natur gleicht einem stummen Wesen, das durch seine Bewegung, so gut es kann, die Hauptbedürfnisse uns schildert, von denen es verzehrt wird, da ihr aber das Wort fehlt, so bleibt ihr Ausdruck immer hinter ihrem Verlangen zurück und lässt stets mitten durch ihre Freuden einen gewissen ernsten und traurigen Zug durchblicken, der uns hindert, unsere eigenen Freuden zu geniessen." Die Expression geht auf Mittheilung und Eingehen in einen selbst Hörenden und Sprechenden und die Sichtbarkeit dringt nicht so tief in letzteren als die Rede, oder auch nur der Laut. Alles Verzehren kommt von gehemmter Aeusserung oder Production. Indem ich mich äussere, nach aussen hervorbringe, werde ich lanerlich selber erfüllt oder substanzirt. Der Gebende setzt sich eben im oder als Geben. Das Gleiche gilt vom vernichtenden Hass. Dem Gebenden wird gegeben, — dem Nehmenden wird genommen. — Sodann ist zu bemerken, dass ich immer nur nachspreche, nemlich ich muss erst hören das Wort, sodann aber dieses selber nachsprechen, welches schon für innere Selbstsprache oder Gedankenzeugung gilt. Was ich mir im Hören abmerke und behalte, ist auch nicht eigentlich das ausgesprochene, aus Luft gebildete Wort, sondern der Act der Bildung, das Schema der Function der Sprachorgane, und dies gilt für das innere Wort oder Sprechen, wie für das äussere (laute). Das blosse Nachsprechen ohne Gedankenerzeugung ist natürlich kein wahres Reden. Die Expression soll dem Verlangen entsprechen. — Diese Taubstummheit der Natur erinnert an das Wort oben pag. 60: *La matière n'a point de porte pour sortir.*

P. 75. Z. 28—30 fl. Die Natur zeigt sich unmuthig, dass sie unseres Wortes nicht theilhaft ist. Hier bedeutet aber Sprechen nicht sein Verlangen Erfüllen, sondern selbes (Andern) nur ganz Ausdrücken.

P. 76. Z. 3—7. Die Sprache wird daher als Gemeinschaftsvermittelung des Verlangens und des Ausdrucks erkannt. Die Schwere ist ein unnatürlicher Zustand der Natur. — Luft- und Schallwellen heben die Stagnation immer auf.

P. 78. Z. 12—16. Der Teufel ist während der Dauer der Zeit noch nicht in der Hölle. In dieser Welt hat er noch seine guten Tage.

P. 79. Z. 17—27. Die Corporisation ist Effect der Conjunction der Sternenkräfte mit elementaren Kräften. Bei der höheren Corporisation waltet eine analoge Conjunction.

P. 80. Z. 1—9. Nach J. Böhme wird sie dieses erst durch die materielle Sensibilität, was aber freilich nur für die erloschene höhere Sensibilisation in diesem *Loco* gilt. — Ebenso ist nach J. Böhme die *Passage de la sensibilisation* oder *corporisation matérielle* in die *surmatérielle* zu erwägen, welche der letzte Zweck jener ist.

P. 80. Z. 21—26. Ueber diesen Conflict vergleiche man J. Böhme's Morgenröthe im Aufgang.

P. 80. Z. 27—32 ff. Im Verhältniss ihres Kräftigerwerdens lässt (bei einem gewissen Grade) die reagirende Kraft nach. — Jedes materiell Subsistirende subsistirt nur durch Inwohnung seiner spirituösen Basis, welche es sammelt (nemlich das Elementare).

P. 81. Z. 20—23. Alle Form ist das Product einer Vermälung zweier.

P. 82. Z. 1—12. Die Materie ist *Apparition de la corporisation supérieure*, eine Figur, die sich für die Sache selber gibt.

P. 82. Z. 13—22. Das hier Gesagte gilt für die materielle wie für die höhere Corporisation, und ist die Verbindung der Idea mit der Natur. Magie ist Uebergang vom Keim zur Hülle, Medium zwischen dem Insensiblen und dem sensiblen Zustand. Auch in der ewigen Sensibilisation oder Formation gibt *Sophia (Esprit astral divin)* die Keime (Plane) und das Element die Hülle. Hier ist aber *Sophia* der Mann und das Element das Weib. — Die Generation ist Medium zwischen der abstracten abyssalen Dispersion und der gleichfalls abstracten Condension. *Mariage. Abyssus abyssum invocat.* Der Contemplationsact des Willens ist ein sich Abstrahiren in Object (Lust) und Subject (Begierde).

P. 83. Z. 11—16. Man kann aber auch das: *est* (statt *b)* in der Zeile 14 hier gelten lassen, wenn man unter den Worten: Blume, Thier etc. das unsichtbare Grundwesen versteht, welches zwischen der Wurzel und dem *Ensemble* des Manifestirens in Mitte steht.

P. 84. Z. 5—12. Dieses Medium ist also die Vermittelung der Essenz und Substanz des Grundes und der Existenz.

P. 84. Z. 14—17. Nicht als ob das Ewige nur in Bezug auf die geschöpfliche Manifestation Essenz wäre. Die Essenz des Ewigen als solchen ist schon für sich entwickelt.

P. 86. Z. 1—6. Da dem Menschen diese äussere Natur so nahe ist, er selbst (als Urmensch) so entfernt ist, so sieht er jene so gross, sich so klein.

P. 86. Z. 14—26. Wenn Thales das (äussere) Universum wirklich aus dem Wasser ableitete, so leitete er nur einen Theil des Universums aus dem andern ab oder suchte das Ganze aus einem Theile zu erklären. Empedokles dagegen hat wirklich, abgerechnet dass eines der Elemente (die Luft) nie in die Corporisation gebt, das Verhalten der vier Elemente zu dem éinen richtig angezeigt.

P. 87. Z. 8. *Telliamed* ist *Demaillet?*

P. 87. Z. 13—22. Da man eine wahre Physiologie, Uranologie und Geologie nicht zu Stande bringen konnte, blieb es bei der Physiographie, Uranographie, Geographie etc.

P. 88. Z. 9—16. Man suchte nach einer mechanischen Ursache der Bewegungen der Himmelskörper, obgleich doch eine solche gar nicht möglich ist. War allerdings die Wirbelhypothese des *Descartes* (schon weil mechanisch gefasst) unglücklich, so lag doch unstreitig eine Ahnung der wahren Grundbewegung der Natur in ihr.

P. 88. Z. 16—19. Es war und ist hier kein Mechanismus, sondern ein Dynamismus zu erklären. Man erklärt nichts, so lang man nicht einsieht, dass die Gestaltung (Existenz) eines Sterns und seine Bahn coincidiren müssen. — Erzeugung und Bewegung (Function) fallen hier zusammen.

P. 88. Z. 26—32 ff. Newton vereinerleite fälschlich die Attraction und die Schwere, die sich doch widersprechen, da jener Activität, dieser Passivität eignet. Der Ausdruck, Newton habe in den allerkleinsten Theilen der Naturkörper ein primäres Gesetz vorausgesetzt, sagt doch nur, dass Newton seine Lehre auf die unmögliche und absurde Atomistik gebaut habe. Völlig *gratis* nahm Newton die Schwere als ein allgemeines Aufeinanderstürzungsstreben an. Vielmehr aber ist die Sache also zu fassen: Wenn man einen Himmelskörper *a* von seiner Bahn dem Centralkörper zudrückte, so würde er repelliren; wenn man ihn vom Centralkörper ab nach *d* drückte, so würde er sich schwer zeigen. Wenn die Sonne die Erde nicht trüge, so würde sie ihr entfallen oder in sie fallen.

P. 89. Z. 3—14. Nach Buffon's Hypothese wäre also die Sonne ursprünglich ohne Planeten gewesen. Die Sonne und die Cometen lässt er sich zur Erklärung der Planeten und ihrer Monde schenken. Der Fehler ist: er fängt, wie alle Andern, nicht mit einem primitiven, sondern mit einem secundären Phänomen an, d. h. er fängt nicht an.

P. 89. Z. 23—30. Auch Laplace begeht den Fehler, das Bildende mechanisch äusserlich zu fassen.

P. 90. Z. 20—30. Laplace fragt nicht, wie die Planeten aus der Atmosphäre geworden sind und wie die Sonne ohne Planeten bestehen konnte.

P. 90. Z. 31—32 ff. Eigentlich geben die hier bemerkten fünf Phänomene Veranlassung zu der Hypothese des Laplace.

P. 92. Z. 21—23. Alle diese Fluida sollen im mechanischen Systeme das dynamische Princip ersetzen.

P. 93. Z. 3—10. Diese Forscher nehmen das Eine Einfache nur abstrahirt von der Vielheit, deren Einheit es ist.

P. 93. Z. 11—19. Man muss die Einheit des Producenten zugleich mit der Verschiedenheit, d. h. der Unterschiedenheit der Mittel für die Einheit des Zwecks erfassen.

P. 93. Z. 23—27. Die Einheit der Wurzel besteht zugleich mit der Vielheit der Organe.

P. 95. Z. 18—24. Auch hier coincidirt die Function (Bewegung) und das functionirende Organ (Stern).

P. 96. Z. 24—27. Die Gestaltung und Stellung der Himmelskörper fallen zusammen.

P. 96. Z. 27—31. Die Gelehrten der Welt halten es beim Lichte betrachtet nur darum für unmöglich, Kenntniss davon zu gewinnen, woher die Welt kommt und wohin sie geht, weil sie die Welt für Gott halten.

P. 97. Z. 10—20. Das universelle Princip, Gott, ist nicht bloss Princip (an sich) alles Seins (aller Existenz), sondern existirt schon für sich. Nur alle von ihm hervorgebrachten Wesen sind als Princip in ihm, entwickelt ausser ihm und auch das in gewissem Sinne nicht. Der Vater ist fertig, obschon der Same nicht, den er zeugt.

P. 97. Z. 25—30. Das hier Gesagte gilt allgemein, weil keine absolute Trennung von Gott möglich ist.

P. 97. Z. 31—32. Natur wird vom Geist unterschieden als Selbstloses vom Selbstigen.

P. 98. Z. 2—10. J. Böhme's Formen (Relationsweisen der Essenzen) sind selber Getriebe (Sternbahnen), von denen 7 aufsteigen, in der 8ten aber die 3 höheren herabsteigen, so dass 8 in Mitte von 7 und 3 steht oder 2. Die 7 Gestalten beschränken sich auf die Natur. Sechs von ihnen sind Essenzen, die in der 7ten substanziirt werden.

P. 98. Z. 11—18. *Loi senaire et septenaire.* Verhältniss dieser 7 Urmobilien zu den zeitlichen (6), die jene binden, also zu jenem *Medium* pag. 83 mit den zwei Basen gehörend.

P. 98. Z. 19—28. Die sieben Formen müssen sich in jedem materiellen und geistigen Wesen nachweisen lassen.

P. 98. Z. 30—32 ff. Involution ursacht die Evolution, d. h. in ihr entstehen alle andern. Durch die Selbstaufhebung entsteht ein Entäussertes, in welchem die reagirende zweite Gestalt entsteht. Aber eine Gestalt wirkt immer auf das Wirken der andern. Insofern des Verlangens erstes Thun ein Einschliessen ist, ist es Dichten, Sinnen, Denken. Das zweite ist öffnend zur Ergänzung, das dritte schliesst wieder beide zusammen. Also: Sich Setzen, ein Anderes, Beide zusammen.

P. 102. Z. 1—3. Das Leben ist ein ewig Gewordenes und Werdendes. *La génération est la passage de l'état insensible à l'état sensible,* — Vermittelung des intensiven und extensiven Seins.

P. 102. Z. 15—16. Aber die Sonne und die Gestirne traten nach der Erde auf!

P. 103. Z. 1—5. Danach wären also die Sterne mit der primitiven höhern Natur näher verwandt als die Sonne und die Planeten. Anders spricht sich J. Böhme in den 40 Fragen vom Wesen der Seele aus.

P. 103. Z. 29—31. Lichtwerden ist Feuerlöschen, Feuer- oder Brennen-Erschöpfung.

P. 104. Z. 1 — 12. Zugleich mit dieser explosiven Deposition geschieht die descendirende Oel- und Wassererzeugung, in der das Licht aufgeht.

P. 104. Z. 13 — 18. Diese Condension war ein Heraus- und Herab-Setzen aus den sechs Formen. — Jedes Product ist das Gewirke aller Formen.

P. 105. Z. 2 — 3. Die Trennung der Erde und der Sonne ist analog der Scheidung der Geschlechter. Die Sonne ist jetzt der Mann, die Erde das Weib. Die Erde ist Sonnenleer, Centrumleer geworden.

P. 105. Z. 6 — 7. Aber die Erde drehte sich vor der Sonne. Nach Obigem trägt die Sonne die Erde.

P. 106. Z. 9 — 13. In den Thieren tritt Blutwärme und Gallausbildung zugleich ein.

P. 107. Z. 8 — 12. Die Sonne ist kein geschiedener Körper, sondern entzündeter Weltraum.

P. 107. Z. 13 — 17. Und Jupiter muss doch von Venus moderirt werden.

P. 108. Z. 16 — 22. Wenn die aus der Temperatur getretene Kälte trennt, so vermengt die aus der Temperatur tretende Hitze.

P. 111. Z. 12 — 19. Das ausgesprochene Wort ist in allen Regionen eine formirte Luft. Die sechste Gestalt entspricht der zweiten — *air-parole* — hier als Unterscheider im Gegensatz der zweiten Gestalt. Wie die erste Gestalt die einhüllende, die zweite die enthüllende ist, so ist letzteres die sechste und ersteres wieder die siebente Gestalt.

P. 113. Z. 6 — 13. Das Sonnensystem oder Planetensystem wiederholt sich nicht im astralen, wie Schubert meint. Zwischen dem Sternen- und Planeten-Systeme ist vielmehr ein Gegensatz. Die Sterne sind gleichsam ungelöschte Weltbrandfunken, das Sonnensystem ist erlösend.

P. 115. Z. 3 — 6 ff. Danach gibt es also eine dreifache Naturkenntniss.

P. 116. Z. 13 — 21. Die Einheit oder Sympathie aller Gestirne in ihrer Stellung hat Newton falsch durch *gravitā mortis* erklärt.

P. 117. Z. 11—15. Die Behauptung, dass die Erde existiren würde, auch wenn sie nicht bewohnt wäre, ist so erwiesen nicht. Es ist eben die Frage, ob die Eigenschaft, bewohnt zu sein, ihr nur secundär und fremd ist.

P. 118. Z. 8—20. Hier wird das Erdeprincip auf die Planeten ausgedehnt. — Aber die Erde ist vor allem Gestirn und nicht Stern.

P. 119. Z. 3—6. Alles Geschöpf ist weder bloss Mittel, noch bloss Selbstzweck.

P. 119. Z. 7—10. Der Mensch sollte das *Univers extraligné* wieder mit dem Ewigen reuniren.

P. 120. Z. 27—32 ff. Hier werden wir wieder an jene perspectivische Täuschung erinnert, welche uns dieses Weltsystem (in der Nähe) gross und uns Menschen (in der Ferne) klein zeigt. Dasselbe gilt von der Erde, welche die *base* des Univers ist, im Verhältniss zum Weltsystem. Schön ist, was Saint-Martin von dem Auge im Verhältniss zur Grösse des Leibes und vom Diamant im Verhältniss zur Grösse der Erde sagt.

P. 121. Z. 12—14. Die Fixsterne sind nach neuern Beobachtungen ziemlich luftig und ätherlach erschienen.

P. 122. Z. 17—25. Nach M. Pasqualis ward dem Menschen sein erstes (ausser Gott und auf Lucifer's Anstiftung versuchtes) Geschöpf durch seinen Fall zur Erde (in dem Weib) und er mit. Wie die Erde die erste Circonclsion des abimirten Univers war, so die Erdwerdung des Menschen. Auch gab ja Gott dem gefallenen Menschen selber die irdische Gehilfin und seine Conjunction mit dieser war also nicht die Sünde, sondern jene mit der Abomination (Schlange).

P. 122. Z. 17—25. Die Unscheinbarkeit der Erde erklärt sich nach Saint-Martin auch daraus, dass sie für den Menschen zum Gefängniss geworden ist, was sie früher nicht war. Liegt nicht ein tiefer Sinn darin, wenn er bemerkt, dass selbst nach den Ordnungen der menschlichen Gerechtigkeit den Gefangenen nur abgelegene Räume von geringem Umfang angewiesen würden? —

Das Irdischwerden des Menschen coincidirt dem Verfasser mit der Fixation auf der Erde.

P. 122. Z. 26—30. Wie als Kerker des gesunkenen Menschen erscheint unserem Verfasser die Erde als Auswurf der Natur nach J. Böhme und braucht nicht das Centrum der Bewegung der Sterne zu sein. „Denn, sagt er, ein Düngerhaufe und ein Kerker sind im ordentlichen Laufe der Dinge nicht das Centrum oder der Hauptort eines Landes." In seiner frühesten Schrift *Des Erreurs et de la vérité* p. 398 (Uebers. Ausg. von 1795, S. 449 u. 451) hatte Saint-Martin zwar auch schon gesagt, dass die Erde das Centrum der Gestirnbahnen nicht einnehme, aber doch, von der Vermuthung geleitet, die Erde könne den Gestirnen zum Recipienten dienen, ihre Bewegung im Raume (also ihren Lauf um die Sonne) bezweifelt. Diese Bezweiflung liess Saint-Martin später fallen. Schon im *Tableau naturel* (1782) ist direct und indirect von dem Laufe der Erde um die Sonne die Rede. Man vgl. p. 6 u. 26. Dann *De l'Esprit des choses* I, 222, 225, 229, 230.

P. 124. Z. 19—23. Und doch wäre der Mensch auch in der Herrlichkeit auf der Erde gewesen.

P. 125. Z. 22—30. Das Univers und der Mensch erscheinen hier in der innigsten Correspondenz. Das letzte Ziel der Erkenntniss des Menschen wird ihn zum letzten Ziel der Erkenntniss der Natur führen. Saint-Martin nennt den Menschen *la terre de l'Esprit (temple purificateur pour les esprits.)* — Nur die Verbindung der Ethik und Physik kann beide zum Ziel führen.

P. 126. Z. 7—10. *Connaissance sensible* ist die *connaissance de l'état développée d'une chose.*

P. 133. Z. 16—18. Dieselbe Natur, welche Lucifer im ersten Unschuldstande durch seine eigene fixirte Union mit Gott mit diesem hätte gleichfalls fixirt einen sollen, sollte der Mensch mit Gott reuniren.

P. 134. Z. 26—28. Die Erde entstand aus universeller Condensation.

P. 134. Z. 29—32. Physik ist als Pflicht zu cultiviren, nicht als vorwitzige Kunst oder eigennützige.

P. 135. Z. 1—4. Diese anderen Früchte sind eben die Reintegration der Erde, welche durch Vermittelung des Menschen hervorgebracht werden sollen.

P. 137. Z. 1—5. Die *natura morbi* ist also ein fixirtes *Dérangement* der sieben Generationsorgane des Worts.

P. 137. Z. 14—19. Denn man ist im Anfang wie man das Ende erreicht.

P. 137. Z. 20—25. Sollte das freie Spiel dieser sieben Gestalten nicht in der Erde zuerst durch den Menschen wieder hergestellt werden und von hier aus im Univers?

P. 138. Z. 30—33 ff. Sabbat fällt mit befruchtender Copula zusammen. ✡ so wie ☿ ist das Zeichen des Geistes oder der Allianz von △ (Sonne, Feuer) und ▽ (Wasser), Vater und Sohn, die Harmonie der *résistance* (Intension) und *force* (Expansion).

P. 139. Z. 6—14. Verdichtung und Coagulation (*Dispersion*) macht unsichtbar, finster u. v. v. Das Finstere ist das sich nicht sichtbar machen Könnende (sich nicht aussprechen Könnende). — Die Generationsgeister corrodiren sich, wenn sie nicht alle geeint *ad extra* produciren können, sie können das aber nur als Mitlauter des Wortes und in wechselseitiger Expansion (Liebe).

P. 139. Z. 23—29. Also das Object der Alchemie in höherer Ordnung.

P. 141. Z. 25—32. Nur auf solchem Wege kann der Mensch also jene Sensibilität der Erde inne werden, von der im *Tableau naturel* die Rede ist.

P. 142. Z. 19—22. Denn sie wirken doch immer — und das Wirken ausser der Union ist das einander Hindern im Produciren.

P. 145. Z. 4. Geist ist ebensogut Immission als Emission.

P. 146. Z. 20—27. Auch in der h. Schrift wird der Geist (Gottes) als emanirt, spirirt oder gehaucht vorgestellt.

P. 147. Z. 3. Dieses zweifache Verlangen (welches nur zugleich erfüllbar) ist das der Intension (wo das Viele im Einen oder eine Einheit die Vielheit ist) und das der Extension oder Expansion, Explication (wo die Vielheit Einheit oder das Eine im

Vielen ist), Drei in Einem und Eines in Dreien ungetrennt.
Dieses Innerlichsein und Aeusserlichsein sind nicht zwei Kräfte,
sondern zwei Seinsarten.

P. 148. Z. 4—7. Wenn die Frucht der Erzeugung der
source génératrice trinaire als *Etre Esprit* ist, so ist eine
andere Frucht einer andern *source trinaire* als *Etre Matière*. — *Esprit universel, matière universelle*.

P. 148. Z. 8—19. Vater und Sohn erscheinen hier als
Erzeugungskräfte innerlich und äusserlich. — Hier ist das, was
J. Böhme Geist und Sophia nennt als Eines.

P. 148. Z. 20—31. Die Production (Existenz) wird auch
hier vom Grunde der Existenz *(Centre, puissances génerateurs)*
unterschieden. — Alles was in einem Wesen (hier Gott) ist,
bringt der Geist vor sich (stellt es vor) und weiss es darum. —
Alles Erkennbare wird in dieser Selbstvorstellung vorgestellt. Gott
schaut Alles in seinem Sohn, wie der Mensch alles in seinem
Sohn (dem von ihm gezeugten Willen). — Mit der Einung der
gebärenden Kräfte wächst die Einung mit dem Geborenen.

P. 149. Z. 1—18. Hier unterscheidet der Verfasser 1) die
puissances génératrices, 2) den dreifachen Act der Generation
(Contemplation, amour et acte de l'engendrement) und 3) das
Erzeugte *(fruit), Etre-Esprit*.

P. 149. Z. 19—23. Obschon Emission ist sie doch immanent, denn sie steigt immer. Vergl. *De l'Esprit des choses*
I. 247. — *L'église distingue le genitor d'avec le genitus (fruit)
et tous les deux de leur Esprit comme Emission ou souffle.
L'Auteur semble confondre le dernier avec le Fils en le nommant fruit des puissances génératrices de l'unité*.

P. 150. Z. 13—26. Die Nichtunterscheidbarkeit des Producenten und des Products macht die Erkenntniss des Producirens
unmöglich. Nur die *Factio*, nicht die *Generatio* ist erkennbar.

P. 151. Z. 8—12. Jeder sichtlichen (zeitlichen) Action entspricht eine unsichtige (ewige).

P. 151. Z. 13—22. Der Mensch bemerkt also dieses Anfangen durch das Aufhören des Wahren.

P. 152. Z. 1—9. Gott ist als Selbstbewusstsein, Geist,

immer schon fertig oder absolut und der Creatur nicht bedürftig, die nur Gleichniss ist.

P. 152. Z. 10—18. *Deus est actus purissimus.* — Licht ist Actuosität, ein beständig durchsichtig Machen.

P. 154. Z. 14. Statt Emanation hiesse es richtiger Spiration.

P. 157. Z. 18—22. Liebe ist Ordnung und verlangt Ordnung.

P. 159. Z. 1—2. Wir bitten doch um solche Dinge, aber als Mittel zum gemeinsamen Nutzen.

P. 159. Z. 6—9. Es werde eine Ausgleichung, sagt der Apostel.

P. 166. Z. 8—31 ff. Die nachfolgende Stelle lässt einen tiefen Blick in die Lehre Saint-Martin's werfen: „Der Mensch ist ein Wesen, das bestimmt ist, Gott fortzusetzen, wo er sich nicht mehr durch sich selbst erkennbar macht. Der Mensch setzt Gott nicht fort in dessen radicaler und göttlicher Ordnung oder in seinem undurchdringlichen Ursprung, weil Gott hier nie aufhört, sich durch sich selbst erkennbar zu machen, indem er dort seine geheime und ewige Erzeugung bewirkt. Wohl aber setzt der Mensch Gott fort in der Sphäre der Offenbarungen und Emanationen, weil sich Gott hier nur durch seine Nachbilder und Stellvertreter erkennbar macht. Er setzt ihn fort oder, wenn man will, er fängt ihn von neuem an, wie eine Knospe oder ein Keim einen neuen Baum anfängt, indem er unmittelbar und ohne Zwischenglied aus diesem Baume entspringt. Er erneuert ihn, wie ein Erbe seinen Vorfahren erneuert, oder wie ein Sohn seinen Vater, d. h. indem er alles in Besitz nimmt, was seinem Vorfahr oder seinem Vater gehört hatte, ohne welchen er ihn nicht vorstellen könnte, jedoch mit dem Unterschiede, dass in der geistigen Ordnung das Leben in der Quelle bleibt, aus der es entsprang, weil diese Quelle einfach ist, indess in der materiellen Ordnung das Leben nicht in der Quelle bleibt, die es erzeugt, da diese Quelle gemischt ist und nur, indem sie sich theilt, zu zeugen vermag." Die Zeugung geschieht also hier nicht mit Unterscheidung, sondern mit Trennung. Man muss den lebendigen

P. 167. Z. 5—12. Gott musste die Homification des Wortes selbst übernehmen. Wenn alles Gebrechen *(morbus)* und Verbrechen nur in einem Derangement oder einer Metastasis haftet, so begreift man, dass jedes solches Gebrechen in jedem Theile der Peripherie durch Einrücken des Centrums (Peripherie-Werden desselben) als Universalmittel geheilt wird. Da übrigens der Mensch selbst Centrum in der Welt war, so musste das höchste Centrum erst in ihn einrücken (Mensch werden), um von ihm aus die derangirte Peripherie wieder zu reagiren. „Nicht allein im Augenblicke seines Falles, führt Saint-Martin fort, war Gott genöthigt, den Menschen aufs neue zu beginnen oder seinen göttlichen Bund mit ihm zu erneuern, sondern auch noch in allen Epochen der Gesetze, die er uns zur Wiederherstellung sandte und die alle gleichsam durch die geringe Achtung, die wir seinen Geschenken zollten, und durch die geringe Frucht, die wir daraus zogen, unbrauchbar wurden und die durch eine andere noch wichtigere Epoche, als die vorhergehende, ersetzt werden musste, die jedoch von unserer Seite nur neue Entweihungen hervorgehen sah, und deswegen, statt uns zu fördern, uns nur ebenso sehr aufhielt, und die göttliche Liebe aufs neue aufforderte, uns zu erneuern. Ohne dieses würde diese sichtbare Welt, in die wir eingeschlossen sind, schon längst von neuem in den Abgrund gesunken sein, aus welchem die höchste Liebe sie herausgezogen hat. Vom Verbrechen war der Mensch in die Finsterniss übergegangen. Von der Finsterniss liess die höchste Güte ihn in die Natur übergehen. Von der Natur liess sie ihn in den Dienst des Gesetzes übergehen. Vom Dienst des Gesetzes liess sie ihn in den Dienst des Gebetes oder des Gesetzes der Gnade übergeben, das für ihn alles hätte wieder herstellen können. Da aber das menschliche Priesterthum diesen Weg verunreinigte, so musste auch dieser aufgehoben und durch die lebendige und gewaltsame Action ersetzt werden, und in diesem immer wohlthätigen Geiste der Weisheit lenkt die höchste Liebe alle traurigen Ereignisse, über welche der irdische Mensch murret, indem er vergisst, dass seine eigenen Verbrechen sie veranlassen und die Erde umkehren, da er doch geboren wurde, um als Friedensfürst alles zu verbessern." Das Gesetz der Gnade dauert indess bis zum Ende der Zeit. — Die Juden haben durch ihren Widerstand dem Erlösungsprocess nur eine andere Gestalt gegeben.

P. 168. Z. 20—25. Es gibt kein neues Gesetz wie keine neue Kirche mehr. — Die Zerstörer des Gesetzes würden darum nicht das Volk eines neuen Gesetzes heissen können.

P. 168. Z. 26—31. Der am zehnten August zerbrochene Scepter Frankreichs wurde später nur wieder zusammengeleimt.

P. 177. Z. 28—25. Die Pein, sagte mir jene dämonische Somnambule, welche wir dieser Creatur anthun, ist nur wohlthuender Thau gegen unsere.

P. 181. Z. 1—18. Nach *Esprit des choses* könnte der Urspiegel Gottes diesem nicht als reflectirend dienen, wenn er nicht selber wieder einen Spiegel hätte. Also ein doppelter Spiegel, innerer und äusserer.

P. 181. Z. 25—31. „Durch das Eindringen des Geistes in uns und durch den Aufschwung unseres eigenen Geistes können wir die Action der Dinge werden, weil wir durch diesen Aufschwung ein jedes Princip von seinen Hüllen befreien und es seine Eigenschaften offenbaren lassen; so dass er in uns bewirkt, was das Athmen in den Thieren oder die Luft in der Natur bewirkt." Vergl. p. 146. Wenn unser *propre esprit animal* ohne die beständige Befreiung durch den *esprit universel* sofort unfrei wird, oder erstickt, wie könnte dasselbe nicht für unsern wahren Geist gelten? Das Freie (Unverhüllte oder Entwickelte) befreit, enthüllt, entwickelt. Denn mit jenem *Dégagement* der Principien ist eben ihre freie Entwickelung d. h. ihre Substanzirung wie die Desubstansirung der sie latent oder verhüllt haltenden Substanzen gemeint. Das Freie ist die Substanz und darum befreiend und substanzirend. „Wo der Geist des Herrn ist, da ist Freiheit."

P. 182. Z. 1—8. *L'air de la région divine est la parole vive (en action).* Vergl. *Esprit des choses*, I, 177.

P. 189. Z. 8—17. Man wird hier an jenes sinnvolle Mährchen erinnert von der in ein altes Weib verzauberten Princessin, welche ein Kuss entzaubert. Hier kehrt sich um jenes: *laeta* venire Venus, tristis abire solet ln: tristis venire Venus, laeta manere solet.

P. 190. Z. 1—16. *Scientia et potentia coincidunt*, gilt noch in einem tieferen Sinne, als in welchem Baco es behauptete.

P. 190. Z. 19—23. Der Verfasser hat hier solche Menschen im Auge, die mit dem Sieb aufnehmen, was wir ihnen geben.

P. 191. Z. 18—25. Die Action bleibt dieselbe, indem sie sich immer erneuert, *aliter sed eadem*.

P. 194. Z. 4—7. Das Wort offenbart oder versinnlicht den Gedanken oder drückt ihn aus. Aber es ist eine geistige und eine zeitlich-materielle Versinnlichung zu unterscheiden. So lange das Wort besteht, so lange besteht die Communication der Denkenden. Das Wort eröffnet die Gemeinschaft des hörenden und sprechenden Denkens.

P. 194. Z. 12—20. Die Figur ist nur so lange selbstisch, als die Sache nicht da ist.

P. 195. Z. 10—16. Paulus hörte was er nicht reden konnte.

P. 196. Z. 9—14. Die Bedingung des Verstehens ist das Bestehen oder Begründetsein.

P. 196. Z. 14—17. Nicht unmittelbar sondern aus dem Abgrund, in welchen er fiel, ward der Mensch irdisch.

P. 196. Z. 20—28. Diese Organenherstellung ist also Bedingung jener Kräftewiederkehr, wie der fortwährende Mangel das verzehrende Peinfeuer macht.

P. 199. Z. 1—8. Die Sterne sind Funken des alten Weltbrandes.

P. 206. Z. 3—12. Die Wiederherstellung unseres Urverhaltens zu Gott setzt jenes zu der Natur (wie auch mit unserm Engel-*Esprit*) voraus. Desshalb sagt Saint-Martin (unklar), dass der Mensch nicht recht beten könne, bis das (materielle) Univers verschwunden sei. Durch den Fall ist der Mensch der äussern Natur subjicirt worden. Der Fall entgründete den Menschen und er wurde aus dem Abgrunde gehoben durch einen neuen Leib,

einen neuen Geist und eine neue Seele. Alle drei binden ihn
zwar, sind ihm aber zur Erlösung.

P. 207. Z. 18—29. Seine Sünde bekennen (beichten) heisst
sie (opfernd) den sie tilgenden Heilkräften darbieten.

P. 211. Z. 3—12. Nach J. Böhme wird eben durch jene
Segnung die Attraction der bösen Action vermehrt. Nur das
Reine (Gesunde) kann sich darum opfern. Das Abziehen der
bösen Action vom Blut des Opfernden und Theilnehmen durch
das reine vergossene Blut des Opfers fällt mit dem Herabkommen
der guten Action aus jenem Blut des Opfernden zusammen.

P. 212. Z. 1—7. Der gewaltsame Tod macht durch *arrêt*
der secundären Lebensprincipien den Rapport mit dem Universellen begreiflich und also die Gemeinschaft mit den *actions ré-
gulières* als Basen der höhern Kräfte (durch den Glauben des
Opfernden).

P. 212. Z. 23—32 ff. Dieses Herabgezogenwerden der
höhern Kräfte durch die entwickelten Basen ist von Seite jener
ein freies Herabsteigen und sich selbst Opfern.

P. 217. Z. 14—23. Die letzte Befreiung ist die des Bildes
Gottes vom Blut.

P. 217. Z. 24—31. Denselben Zweck und Dienst leisten
ihm die abgestorbenen Guten (und ebenso schaden ihm die Bösen). „Es ist Euch gut, dass ich hingehe."

P. 228. Z. 18—23. Wie das Gesetz gegeben wird, so
werden auch Kräfte gegeben, es zu erfüllen, weil jenes nur die
Weise des Gebrauchs der letztern angibt. Wenn aber der Mensch
die Kräfte durch Missbrauch oder Nichtbrauch verliert, so bleibt
doch das Gesetz.

P. 236. Z. 22—32. Auch durch den gewaltsamen Tod
allein konnte der Mensch dieses Princip nicht von sich lassen,
und nur Christi Tod machte es flüssig.

P. 252. Z. 25—32 fl. Es ist unverständig ohne die Traditionen des Volkes Gottes die Mythologieen erklären zu wollen.

P. 256. Z. 14—16. „Die Zeitschuld und Zeitlast wächst
mit der Zeitferne. Der Mensch ist Schmied seines Glückes."

P. 259. Z. 5—12. Wenn alles Entwickelte in das Princip zurückgeht, und alles sich aus diesem entwickelt, so muss das Princip die Reminiscenz wie der Prophet sein. — Im Princip (Geist) Sehen ist die Entwickelung magisch Sehen.

P. 261. Z. 2—7. Jedes Gesetz soll dazu dienen, uns die Kräfte zu geben für ein folgendes.

P. 262. Z. 1—4. Man mache davon die Anwendung auf das Privatschicksal des Menschen.

P. 262. Z. 6—15. Darum ist jedes Gesetz Figur für das folgende. Alles Figürliche, Schauliche ist vermittelnd.

P. 263. Z. 15—30. Durch jene Opfer werden noch innerlicher gute gebundene Actionen frei und böse verlieren ihre Basis. — Die Derivation, welche dem am Opfer Theilnehmenden zu gut kommt, gibt diesem nur das Vermögen, sich selber zu befreien, und hiemit dem sich Opfernden selber.

P. 265. Z. 19—25. Die Rückwirkung des Befreiten auf den Sich-geopfert-habenden ist schon in der Solidarität und zwar auch der frei wie bei der Menschwerdung übernommenen begründet. Eine solche Derivation und Reaction zeigt sich auch beim Unterricht.

P. 265. Z. 25—28. Wie dem Geiste die Natur, so dient dem Bilde Gottes der Geist als Basis.

P. 271. Z. 1—4. Leben (hienieden) heisst Kräftesammeln zum — Sterben.

P. 271. Z. 16—31. Durch seinen Tod wurde der Erlöser als *Principe de l'âme* frei. Die dreifache Erlösung geschah übrigens zuerst am Menschen Christus.

P. 272. Z. 19—28. Diese *actions irrégulières* sind nach Obigem jene, die unsere *âme divine* gefangen oder in Dissolution halten, und welche nur das Blut des Heilands an sich ziehend von jener absiehen können.

P. 275. Z. 5—7. Dieses Princip des Menschen ist der *Adam Kadmon* als Urbild des Menschen, in und zu dem diese Welt geschaffen ist.

P. 275. Z. 7—13. Dieses Blut hat alle böse Action von dem der Menschen angezogen und alle gute auf sie gebracht.

P. 277. Z. 21—25. Aller Glaube bedarf Gründung.

P. 278. Z. 1—13. Auch hier wie überall in seinen Schriften erklärt sich Saint-Martin gegen den Manichäismus, indem er behauptet und zeigt, dass das Böse kein ewiges und kein wesentliches Princip sei. Es entspringt nach ihm aus der Freiheit der geistigen Geschöpfe, die Gott ihnen nicht zugleich geben und nehmen konnte. Alles Böse entspringt aus einem *Dérangement* oder einer Transposition der Substanzen und ist und hat kein Sein, keine Essenz, kein Wesen, keine Substanz, sondern haftet nur in einem verkehrten unerfüllbaren, tantalischen Willen, welcher sich nicht also (böse) bestimmen musste, sondern anders (gut) bestimmen konnte und sollte. Zwar ist auch das (freigewollte) Gute in den geschöpflichen Geistern nicht essential, aber doch in der Essenz gegründet, was vom Bösen nicht gilt. Vergl. *L'homme de désir p. 93 et 94.*

P. 278. Z. 19—25. Mit jeder der drei Befreiungen ward der Fürst der Finsternias tiefer gesetzt. Alle früheren Transpositionen waren aber nur theilweise Entfernungen.

P. 284. Z. 1—3. Das *Corpus philosophorum*, sagt J. Böhme, ist das spiritualische Wasser vom Feuer und Licht als die Kraft des Feuers und Lichts.

P. 285. Z. 12—18. Blosses Gleichniss ist noch nicht Extract.

P. 285. Z. 24—29. Gerade hierin irren alle Physiologen.

P. 287. Z. 6—9. Daher ist alle Kunst im Grunde christlich.

P. 290. Z. 5—9. In demselben Volk ist immer der grössere Theil in diesem ersten Alter.

P. 292. Z. 1—3. Mit dem Rufe wird der Name eingesetzt.

P. 292. Z. 3—6. Noth lehrt beten.

P. 293. Z. 21—24. Früher sollte er auch nicht sprechen oder schreiben.

P. 302. Z. 19—25. Ich habe (bin) nur das Wort, das ich ausspreche. — Das Centrum geht nicht, wie die Naturphilosophen meinen, in der Peripherie darauf, sondern eben im Hervorbringen derselben setzt es sich darüber. Allerdings muss aber auch Gott ewig seine Peripherie *(Sophia)* setzen.

P. 305. Z. 10—27. Es ist das Vorrecht des Geistes, dass er nur durch das Wort wirkt.

P. 306. Z. 4—9. Das Wesen dieser Welt vergeht, nur die Figur bleibt.

P. 306. Z. 16—18. Adam ward vom Weltgeist verführt.

P. 310. Z. 6—12. Auch der Mensch lebt (stirbt) vom Wort, das er spricht.

P. 312. Z. 8—17. Wenn wir in Adam noch jetzt alle sterben und in Christo alle auferstehen, so bleibt uns jener so gegenwärtig als dieser.

P. 314. Z. 2—10. *Travailler est un devoir indispensable pour l'homme social, riche ou pauvre, puissant ou faible; tout citoyen oisif est un fripon.* — Jede Cultur ist Exorcismus.

P. 316. Z. 1—5. Nur hiedurch kam es, dass Gott dem Menschen gegenüber auftreten und sich so offenbaren musste. Wunder!

P. 319. Z. 1—10. Jedes Wort ist die Frucht eines Gedankens und jeder Gedanke ist die Frucht einer Allianz. Das göttliche Wort ist also Frucht des göttlichen Gedankens (Geistes).

P. 320. Z. 1—3. Gott als existirend muss man so wie jedes einzelne Existirende als eine Peripherie oder hervorgegangene oder hervorgehende Sphäre betrachten, welche nicht unmittelbar, sondern mittelst eines begründenden, enthebenden Centrums entsteht und besteht. Wobei zu bemerken ist, dass das Entgründende auf die Spitze getrieben und entkräftet der Begründung dient.

P. 320. Z. 32 ff. Jedes Wort ist Mobile der sieben Naturmächte, also des Mediums aller Hervorbringung oder Generation.

P. 321. Z. 1—7. Das Sprechen ist Begründung des Denkens. Der existente Gedanke ist der ausgesprochene.

P. 321. Z. 7—14. Da alles durch den Fall sich vom Centro trennte, ist alles schwer und bedarf eines äusseren Trägers, so lange es innerlich seiner mangelt. — Man kann nur auf eine Action sich stützen.

P. 324. Z. 3—9. *Parole nulle (laquelle ne dit rien)* ist zu unterscheiden von *parole fausse*, welche nicht nur destructiv wirkt auf das, was das wahre Wort sagt, sondern auch Lüge sagt. Das Wort ist das, wodurch oder womit der Sprechende spricht.

P. 824. Z. 25—32 ff. Durch den Menschen sollte das Univers wieder mit dem Wort und der Liebe (dem Ewigen) geeint werden. Reunion mit *Sophia* p. 56. Vgl. 423.

P. 825. Z. 3—9. Logik ohne Logos.

P. 825. Z. 14—23. Die Welt, welche das Wort nicht hat, theilt uns also ihre Stummheit mit.

P. 826. Z. 2—5. In der h. Schrift wird das Wort als Zunge (Sprache) dem Geist beigeschrieben. Denn der Geist brachte das Wort, nachdem es verklärt war.

P. 826. Z. 25—32. Der Same ist das ausgesprochene Wort.

P. 827. Z. 13—22. Wie oben bemerkt wurde, dient eben die entkräftete entgründende Macht der gründenden Macht. Diess gilt von Gott selber.

P. 827. Z. 23—30. Je weniger die Menschen hier einpfuschen, um so besser. Jene Nationen und Individuen, die am wenigsten dessen sich schuldig machten, verdienen den Vorzug.

P. 829. Z. 4—12. Obschon nur das Aufheben (Eingeben) dieser (in diese) Wehen die Kraft der Geburt gibt, so thun die Menschen doch nichts als sich ihnen entziehen.

P. 831. Z. 4—13. Ohne Erzeugung der Finstersubstanz wäre keine Zerstörung (Aufhebung) derselben, sohin kein Feuer- (Natur-) Geist (abgeschiedene Finsterniss), der das Licht aufnähme; aber es kommt doch nie zur wirklichen Finstersubstanzirung. — Die Fülle folgt der Leerung (von falscher Fülle).

P. 831. Z. 14—19. Feuergährung Werkstätte der Kräftesammlung.

P. 831. Z. 17—30. Das Feuer öffnet, bereitet dem erfüllenden Licht Raum.

P. 334. Z. 3—11. Kein Mitwirken ohne Mitleiden und Mitfreuen.

P. 334. Z. 12—23. Daher konnte dieses Verlangen nur in der Trennung des Menschen (Organs) von Gott offenbar werden. S. p. 411 u. 412. *Le Principe se fait organe.* Vgl. *Esprit des choses*. — Nicht das *Verbe*, sondern das *verbe homifié* oder *humainement personnifié* ist dem Verfasser *Parole*.

P. 336. Z. 6—11. Es gibt Schmerzen (Bedürfnisse), die nur durch Weckung eines mächtigeren Schmerzes zum Schweigen zu bringen sind.

P. 339. Z. 3—9. Gott selber hat sich in die Nothwendigkeit hiezu versetzt.

P. 341. Z. 13—24. Eigentlich versteht auch der Mensch nur actuos. *Scit quia facit.* Das Sprechen ist auch Action.

P. 342. Z. 10—12. Beständige Recreation Gottes selbst durch das Wort.

P. 343. Z. 14—19. Obschon er uns erst als Organe oder Mitwirker hiezu befähigt.

P. 344. Z. 1—8. Kein Wesen wirkt unmittelbar, sondern erzeugt erst seinen Wirker (Wort, Sohn). Dieses erste Zeugen des Wortes ist nicht des letzteren Sichaussprechen, d. h. beide zusammen sprechen sich aus, und zwar in ihrer Einung durch ihr gemeinschaftliches Agens (den Geist).

P. 347. Z. 11—14. Verehrung ist Gabe.

P. 350. Z. 24—28. Der Schlaf war schon Anfang des Beutewerdens.

P. 351. Z. 4—15. Wie gemeine Leute bei Nacht von physischen, so werden vornehme von geistigen Insecten verfolgt und geplagt.

P. 353. Z. 1—4. Es versteht sich, dass hier der gefallene Mensch gemeint ist.

P. 353. Z. 16—19. Hier ist nur das Palliativ gemeint, welches jene *racine desordonnée* in ihrer Production hemmt, ohne sie zu heilen.

P. 353. Z. 24—30. Furcht vor dem Lichte macht die Finsterniss stumm. Gegensatz vom Wort-Erzeugen.

P. 354. Z. 12—19. Diese Blindheit des Führers und Gefühls ist Hauptcharakter des Magnetismus.

P. 355. Z. 4—9. Wichtiger als der Gebrauch des Rechts, leibliche Krankheiten zu heilen, ist der jenes anderen Rechts, geistige Krankheiten durch die Anwendung des göttlichen Wortes, als den allgemeinen Balsams zu heilen, welchen alle Dichter, Gelehrten und Schriftsteller spenden sollten. Jeder Gelehrte soll als wortspendend Priester sein.

P. 355. Z. 18—27. Bekanntlich war es Voltaire, welcher behauptete, der Styl sei alles.

P. 356. Z. 20—32. Das hier Gesagte gilt besonders von Frankreich.

P. 357. Z. 14—19. Der sogenannte Orientalismus soll den Neologen alles erklären, was sie in der hl. Schrift nicht verstehen.

P. 358. Z. 29—32 ff. Diese Lügenoffenbarung hemmt die wahre und diese wird bei allen langweiligen Untersuchungen hierüber übersehen.

P. 359. Z. 9—22. Wie jene Geisterfiguren bei Pordage, die sich immer bewegten.

P. 359. Z. 23—29. Ich muss thun, um mich zu sehen und zu wissen. Ich muss sprechen, um mich zu hören. Denn es gibt keine unmittelbare Selbstkenntniss.

P. 360. Z. 3—12. L'ange und esprit werden hier wie im Nouvel homme zur Bezeichnung des Esprit (gegen nature und divin) genommen.

P. 360. Z. 13—19. Da jeder gute wie böse Geist unsere Affecte zu seiner Substanz nimmt, so sollten Schriftsteller sorgfältig über ihre Affecte wachen.

P. 362. Z. 14—22. Ein Verständniss, in das wir nur eingerückt werden. Alles Vereinende ist über den Vereinten. Führten die Schriftsteller ihre Leser in die Region der universellen Intelligenz ein, so würden sie denselben von, durch und für diese Intelligenz als von der allgemeinen Sprache aller denkenden Wesen reden und das Ministerium des Wortes ausüben, wodurch alle Erwartungen und Bedürfnisse aller Wesen erfüllt würden. Aber sie hüten sich meistens in diese Region ihre Leser zu führen, aus Furcht, dass deren Glorie in den Lesern offenbar würde, und ihre eigene verschwände. Der Verfasser behauptet sogar, dass es fast kein von der Einbildungskraft der Menschen hervorgebrachtes Werk gebe, welches nicht auf eine gebrechliche Grundlage oder auf eine Blasphemie oder wenigstens auf eine hypokritische Impietät gegründet wäre. Davon seien auch die über Religion und Moral schreibenden Schriftsteller nicht ausgenommen, wenn sie nicht vermögten 1) uns Gründe von diesen grossen Objecten der Speculation zu geben, 2) wenn sie solche bloss zur Illustration und zu eigener Verherrlichung brauchten und 3) wenn ihre Moral nicht besonders auf die radicale Erneuerung unseres Wesens gegründet sei. Aber diese Schriftsteller suchten dem Leser das Vergnügen der Tugend zu verschaffen, und ihm die Mühe und den Schmerz seiner Wiedererneuerung zu ersparen, sowie sie ihm sein Verbrechen selber insgeheim an das Schicksal gebunden vorstellten, ohne ihn auf das Vermögen in ihm aufmerksam zu machen, über sein Schicksal selber Herr zu werden. — Das grosse Drama des Menschen selber sollte der Gegenstand der Literatur sein.

P. 363. Z. 9 — 18. Hierüber sind die Moralisten stumm und damm.

P. 363. Z. 19 — 25. Wer wird hier nicht an Kotzebue und seines Gleichen erinnert?

P. 363. Z. 26 — 31. Wie wir uns dazu innerlich aufmachen, stören wir jene Angstwehen auf, denen wir wieder feige entfliehen. — Fatalismus ist der Geist unserer meisten Romane und Schauspiele. Selbst in den Wahlverwandtschaften Göthe's spukt Fatalismus.

P. 368. Z. 10 — 12. Der Verfasser identificirt Katholicismus und Papismus. Die äussere Kirche verhält sich zum Christianismus wie der Staat zur Familie. S. 405 heisst Christianismus auch *Philosophie divine*.

P. 369. Z. 13 — 17. Getrennt sind sie in der Zeit nicht die wahren.

P. 370. Z. 29 — 32 ff. Eigentlich ist es erst mit dem Weltgerichte zu Ende. Darum ist auch jetzt noch nichts Vollendetes.

P. 371. Z. 9 — 12. Neophyten sind wir in dieser Zeit alle.

P. 371. Z. 13 — 16. Dass der Katholicismus nicht über den ganzen Erdkreis verbreitet ist, ist nicht seine Schuld.

P. 371. Z. 17 — 20. Ist nicht das geschriebene Wort, oder sind nicht die Traditonen Leiter des innern göttlichen Wortes?

P. 371. Z. 24—28. Als ob diese Beschränkungen nicht zur Zucht, diese Ceremonien nicht Leiter und Stützen wären!

P. 373. Z. 8—11. Muss der Soldat nicht gesund sein, ehe er ins Feld geht?

P. 373. Z. 12—19. Sie sind nur frei gegen einander, wenn sie sich nicht losmachen wollen.

P. 373. Z. 24—28. Beides ist untrennbar. Alles Opfer ist wechselseitig.

P. 374. Z. 2—11. Ist die Eucharistie nicht nach der Himmelfahrt eine andere? Die religiöse Sache kann auch ohne menschliche Minister administrirt werden.

P. 374. Z. 28—32. Gibt es denn nothwendig Katholiken, die um Christen zu werden, akatholisch werden müssten?

P. 375. Z. 1—4. Warum nicht?

B. 375. Z. 29—31. Ganz falsch.

P. 376. Z. 28—32. Das hier Gesagte beweist nichts.

P. 377. Z. 13—17. Phosphorescens der Verwesung!

P. 377. Z. 18—32. Was in Frage steht.

P. 379. Z. 6—8. *Le Catholicisme?* Der wäre also zehn Jahrhunderte ohne den Christianismus bestanden? Es muss bemerkt werden, dass weder J. Böhme noch Saint-Martin den Begriff des Corporativen der Kirche entwickelten.

P. 380. Z. 9—12. Geist und Buchstabe. Der Catholicismus ist die Form des Christianismus. Aeussere und innere Kirche. Der wahre Catholicismus sollte Repräsentant des göttlichen Wortes auf Erden sein.

P. 381. Z. 9—11. Also doch!

P. 382. Z. 15—22. Schlaf ist nach Saint-Martin und J. Böhme eigentlich der Zustand der Abimation Adam's, aus dem er irdisch hervortrat. Hier erst trat die zweite Versuchung (Weib und Mann) ein.

P. 383. Z. 4—10. Vor dem Schlafe war noch keine Geschlechtstrennung. Die Androgyne besteht in der Identität des zeugenden und des formgebenden Princips oder Organs. Auch nach der Geschlechtstrennung war zunächst noch Unschuld bestandes, nur erst das *Posse* thierischen Zeugens und Essens vorhanden.

P. 383. Z. 23—29. Also wurden ihre Thierheitsorgane erst offenbar durch das Essen, nicht schon durch den Schlaf.

P. 388. Z. 6—7. Das wahre Genie ist formfrei, nicht formlos und nicht formwidrig. Anwendung auf Classicität der h. Schriften.

P. 388. Z. 20—30. Was die Bewegung begründet, dirigirt sie auch und bekräftigt sie.

P. 390. Z. 8—11. Es gibt keine Güte (in der Religion) ohne Charakter und keinen Charakter ohne Ueberzeugung.

P. 391. Z. 16—20. Jeder von uns hört (vernimmt), was er nicht selbst nachsprechen kann, und was er bei Andern voraussetzt, dass sie es auch hören.

P. 392. Z. 6—15. Dass er noch über alle Reiche dieser Welt herrsche, das lügt der Feind des Menschengeschlechtes doch. Wenigstens nahm Christus, dem alle Gewalt im Himmel und auf Erden ward, ihm diese Herrschaft im Princip.

P. 395. Z. 1—10. So ist die Nichtanerkennung der höheren Erkenntniss in der Religion nur ein Streben, diese zur Gemeinheit herabzuziehen.

P. 395. Z. 18—22. Lichtentbindung auf Kosten der Wärme.

P. 396. Z. 28—32. Bild ist von der Spiegelsubstanz verschieden, hier aber diese substanzirend. — Nur wechselt mit der Existenzweise die Manifestationsweise.

P. 397. Z. 8—15. Der logische Beweis setzt einen Concurs unseres Erkenntnissvermögens voraus. Ein Theil der Mitwirkung unserer Intelligenz ist freiwillig, der andere nicht, und nimmt jener ab, so muss dieser zunehmen. — Die im Texte bemerkte Reunion hätte auch im Unschuldstande (wenn der Mensch nicht gefallen wäre) geschehen müssen, und zwar unmittelbar die des letzteren und durch ihn jene der selbstlosen Natur.

P. 399. Z. 12—22. Denn der unsterbliche Mensch kann nur der ganze und nicht bloss sein Theil (Geist) sein.

P. 400. Z. 21—26. Wahrhafte Grösse schliesst alle Vergleichbarkeit aus. Gott, der Alles ist, ist darum allein gross. Der

Zählende, Messende und Wägende soll nie in die Reihe der Gezählten, Gemessenen und Gewogenen eintreten.

P. 402. Z. 8—15. Alles Begreifen hat nur die Tendenz im Unbegreiflichen zu ruhen, bewundernd zu begreifen, begreifend zu bewundern.

P. 402 Z. 16—21. Wir sind und leben ja in Gott. Daher ist beides zu sagen, dass wir Alles in Gott sehen, und dass wir in Allem Gott sehen, inwiefern wir nichts sehen würden in jedem Object, wenn das Princip aller Qualitäten d. h. Gott nicht heimlich in ihnen, unmittelbar oder durch seine Kräfte, wäre.

P. 403. Z. 1—3. Die Luft nimmt in sich den Ton wie das Licht (Flamme) auf. Der Klang der Luft ist die Nachbildung der innern Musik dieser Luft. Dasselbe gilt vom universellen Licht, dessen Manifestationskräfte (Glieder, Lichtgeister, Farbengeister) nothwendig zur *vita propria* gelangen müssen, so wie das universelle Licht durch sie.

P. 403. Z. 3—6. Auch hier ist Verwirklichung nur durch Vereinzelung. Das Einzelne ist Orgelpfeife. — Wie mein Auge sonnenhaft, so muss mein Ohr luftartig sein.

P. 403. Z. 13—22. Wo man bei der Creatur sagt: *Esprit de etc., Coeur de etc.*, sagt man bei Gott *Esprit Dieu, Coeur Dieu,* weil hier alles wesentlich, die *faculté* vom Wesen untrennbar ist.

P. 404. Z. 16—18. In der That ist jedes Handeln eine Art Faustismus, weil Magismus. *On cesse de penser (raisonner) en agissant.*

P. 404. Z. 27—32 ff. Saint-Martin meint hier die Frage der rechtlichen Macht des Menschen auf Geister.

P. 405. Z. 10—20. Hier ist der wahre Sinn productiver und unproductiver Verwendung der Geistesgaben und Strebungen angedeutet.

P. 405. Z. 28—33 ff. Wenn der zerstörenden, aufhebenden Action das Zerstörbare (Reagens) fehlt, so wirkt sie als gehemmte Action (als *Gehenna*) in sich zurück. Hiemit entsteht ein Wesen ausser ihr gegen sie und sie wird innerlich wesenleerend. Das Gegentheil davon tritt ein, wenn die aufhebende Action ungehemmt wirkt. Die aufhebende Feueraction verbirgt sich in einer Substanz, so lange als sie innerlich desubstanzirt. Daher die Untrennbarkeit des Gebärens und des Verzehrens.

P. 406. Z. 2—4. Action leitet von Refluens ab.

P. 407. Z. 28—32 ff. Wer seiner Vernunft nur gezwungen folgt, gleicht dem Sünder, der seinem Gewissen nicht mehr entgehen kann. Statt dessen sollte der Mensch der Wahrheit frei entgegen gehen als dem rechtmässigen Herrn der Intelligenz.

P. 409. Z. 28—32 ff. Hier kann also nur von der Willkür des Gebrauchs der Mittel die Rede sein, sich diese Gewissheit oder Ueberzeugung zu verschaffen. Vergl. p. 397.

P. 410. Z. 30—32 ff. Die h. Schrift stellt das Licht der Intelligenz als Belohnung der Liebe zur Wahrheit, die Nichtintelligenz als Strafe auf. Die Intelligenz scheidet wie Gottes Geist Licht und Finsterniss. In der Indifferenz (Ununterschiedenheit) ist weder Licht, noch Finsterniss als solche, und beide entstehen (bestehen) realiter nur in ihrer Geschiedenheit. In diesem Sinne ist Leuchten (Scheinen) Nichtscheinenmachen, Reden Stummmachen, Leichtmachen Schwermachen.

P. 411. Z. 28—33 ff. Das Verlangen *(Désir)* entspringt von der Scheidung oder Unterscheidung zweier durch ihre Essenz oder ihre Eigenschaften analoger Substanzen, und wenn man sagt, dass man nicht verlangt, was man nicht kennt *(Ignoti nulla cupido)*, so beweiset dieses, dass wenigstens etwas von dem, was wir verlangen, bereits in uns und dass also das Verlangte uns nicht ganz unbekannt ist. Uebrigens bringt jedes Verlangen (jede Lust) seine (ihre) Industrie (List-*Sagesse*) mit sich, d. h. jedes Verlangen versteht sich auf die Mittel zum Zwecke.

Damit also das Verlangen im Haben nicht untergehe, muss sowohl die Unterscheidung als ihre Einigung bleiben. — Die Erfüllung, nicht die Erlöschung des Verlangens tritt bei der Einigung ein, und weil nur Geistwesen sich vereinigen können, so sind nur sie des Verlangens fähig.

Das Verlangen ist das Princip der Bewegung und diese ist mit jenem proportional, von dem ersten Wesen an, welches als erstes Verlangen auch das Mobil aller Bewegung ist, bis auf den Stein herab, der bewegungslos, weil verlangenslos ist.

Jedes Verlangen wirkt auf seine eigene Hülle *(enceinte)*, um sich zu offenbaren und je höher die Wesen stehen, um so mehr empfindet die Hülle (und participirt) das Verlangen, welches sie einschliesst, und darum ist der Mensch fähig alle göttlichen Wunder zu empfinden und zu kennen, weil er (seine Seele) die Hülle und das Gefäss des Verlangens Gottes ist.

In der That kann der Mensch wahrhaft durch sein Verlangen nur jenes Einzige begehren, welches wirklich und radical Alles hervorbringen kann und dieses Einzige ist Gottes Verlangen selbst. Alle anderen Dinge, welche den Menschen fortreissen, verlangt er nicht, sondern sie machen ihn sie verlangen und er ist ihr Sclave und Spielzeug.

Das göttliche Verlangen, welches sich der menschlichen Seele fühlbar macht, bezweckt das Gleichgewicht zwischen der letztern und Gott herzustellen, wie denn jedes Verlangen von getrennten, der Einung bedürftigen analogen Substanzen kommt. Dieses Gleichgewicht ist aber kein todtes und inertes, sondern ein actives Entwickeln der göttlichen Eigenschaften, welche die menschliche Seele constituiren, insofern sie ein Extract des göttlichen universellen Verlangens ist. Die Lehrer und Diener der Religion sollten also in dieser höchsten Ordnung der Reunion dessen dienen, was sich verlangt. Schon ein thierisches Verlangen (Begierde, uneigentlich *Désir*) hat den Zweck, ein solch thätiges Gleichgewicht zwischen unserem Leib und der Elementarnatur herzustellen, d. h. jenen zu befähigen zur Manifestation aller Elementarwunder und körperlichen Eigenschaften, aus denen diese Natur diesen Körper (als ihr Extract) zusammensetzte. Wie nun unser lebendiger Leib eigentlich der beständige Ausdruck (weil Hülle) des Verlangens der Natur ist, so sollte unsere Seele der Ausdruck für das Verlangen Gottes sein.

Unserer Reunion mit Gott (und also der Erfüllung des Verlangens) widersetzt sich aber nicht nur unser Leib, der um so mehr unser Gefängniss geworden, als die menschliche Seele sich ihm identificirt oder materialisirt, sondern auch die Tendenz Gottes (wie aller Wesen), sich auf sich zu beziehen und zu beschliessen, und sich von Allem, was er nicht selber ist, zu scheiden. Unterdessen sollte uns diess nicht entmuthigen, weil diese göttliche eine (All-) Welt, indem sie sich zu concentriren strebt, zugleich sich zu universalisiren strebt, weil sie selber Alles ist, oder von Rechtswegen wenigstens alles sein will. Dieses Universalisationsstreben wirkt als auflösend auf alle partielle Sphären (Welten), welche in jener éinen göttlichen nicht bestehen können, und wir dürfen nur unsere eigene Attraction, (welche der Grund dieser Partiellsphäre ist) aufgeben, um dieser disolvirenden Macht Einfluss zu geben, wobei noch bemerkt werden muss, dass dieses Universalisationsstreben der göttlichen Macht nicht eben dahin geht, um alle Partiellsphären in sich zu vernichten, sondern um sie wie einzelne Töne der Einheit der Harmonie conform zu machen und zu erhalten.

Wie die Idea als *Enveloppe* des h. Ternars dessen, somit des Worts, Dienerin ist, wie denn kein Princip ohne seine *Enveloppe* und keine *Enveloppe* ohne ihr Princip zur Manifestation oder zur Realität gelangt, und dem Verlangen des Princips nach seiner Manifestation das reactive Verlangen der *Enveloppe* entspricht, so gilt dieses von der Seele des Menschen, welche nur, indem sie jener Idea sich partiell conformirt, an dieser als dem Urbilde Gottes Theil nimmt, die *Enveloppe* oder Tempel Gottes wird und seiner Manifestation dient. Wie aber die Realität der Idea durch ihr Dienen der Manifestation des Worts bedungen ist, so ist selbe andererseits damit bedungen, dass ihr die Natur als Leib angezogen wird und sie in Bezug auf diese Natur eine *vita propria* (Persönlichkeit) erlangt, welche Persönlichkeit sie aber nicht in Bezug auf das Wort oder den h. Ternar hat. So dass also diese Idea, indem sie des Worts Herrlichkeit ist und seiner Herrschaft als Organ dient, durch die ihr subjicirte Natur selber zur Herrlichkeit gelangt. Obigem Begriffe einer der Manifestation des Worts dienenden *Enveloppe* als Adjutors (Ministers) steht aber jener der dieser Manifestation nicht entsprechenden und widersprechenden *Enveloppe* entgegen als einer zum Thier oder zum Dämon verbildeten monströsischen Idea.

P. 412. Z. 2—14. Man beachte die Duplicität jedes Verlangens als Folge des wechselseitigen Bedürfnisses eines Erfüllenden und eines Enthaltenden. Der Coagulationszustand ist jener der absoluten Trennung durch Liquidität in wechselseitige Expansion übergehend. — Die Erfüllung der Begierde ist eben die Conjunction, daher Dualismus der Begierde. — Was essentiell eins war, zeigt sich in der Trennung der Essenz magisch (magnetisch) eins. — Trennung ist von Distinction zu unterscheiden. Letztere bleibt und begründet den Genuss. Wo aber im Genuss die Begierde (das Verlangen) erlischt, da tritt wahre Trennung ein (z. B. der Geschlechter). — Das Verlangen der Manifestation ist im Princip und seiner *Enveloppe (Adjutor)*, weil beide nur zugleich manifest oder real werden können. Unter Entdecken versteht man also der verhüllenden *Enveloppe* als *Obstacle* und Resistenz eine manifestationfördernde, assistirende als *Moyen* Substituiren.

P. 414. Z. 1—7. Wie das Thier zu speisen verlangt, so verlangt die Natur, sich ihm als Speise zu geben.

P. 414. Z. 10—19. Gott hat immer was er verlangt, und verlangt immer, was er hat. Vergl. p. 412.

P. 415. Z. 6—16. Die Welt ist also ein Individuum.

P. 415. Z. 25—29. Diese Concentration als Aeusserung der eigenen centralen Action geht also unmittelbar auf Selbstexpansion. — Durch Ausbreitung seiner Hülle unterscheidet sich Gott von allem Uebrigen, dieses sich unterordnend in sich oder unter (ausser) sich, d. h. inwohnend in Liebe oder in seiner Macht nur haltend.

P. 416. Z. 11—18. Reine Atmosphäre im Vergleiche ihrer Gestaltungen im Ungewitter (dermalige Sichtbarkeiten).

P. 416. Z. 18—20. Hier ist das Wort (parole) als Agens von seiner Action (voi) unterschieden.

P. 416. Z. 20—25. Vergleiche hiemit jenes: *le Principe se fait organe* bei der Menschwerdung in *Esprit des choses* vol. II.

P. 418. Z. 4—14. Müssiggang ist des Teufels Ruhebank.

P. 419. Z. 12—19. Der Vater ist ewig und der Sohn wird ewig. Letzterer würde nicht ewig, wenn Ersterer nicht ewig wäre, und dieser wäre nicht ewig, wenn der Sohn nicht ewig (geboren) würde. Der beständigen Geburt entspricht die beständige Wieder-Infassung des Wortes vom Vater. *Semper idem et aliter.* — Handeln involvirt die Idee der Zeit als Bewegung. *Fieri.*

P. 421. Z. 3—11. Das Pronunciren des Wortes ist von dessen Effect (Action) unterschieden. — Sprechen ist sich in sich Oeffnen, Expandiren, wie das Ausgegossene wieder in sich Nehmen.

P. 421. Z. 25—31. Gefühl ist Basis der Intelligenz, Anfang und Ende. — Wie nur bei falscher Begierde die Erfüllung den Genuss tilgt, so auch beim Erkennen des Nichtwahren. — Licht wird Wärme, wie diese Licht. Finsterniss wird als centrirt Kälte, diese jene.

P. 422. Z. 12—18. Anfang ist auch Ende. Alles Wissen geht vom Gefühl aus und in Gefühl wieder zurück. Liebe zeugt Wissenschaft und Wissenschaft wieder Liebe.

P. 423. Z. 2—3. Das Wort ist die Hymne der Liebe.

P. 423. Z. 5—10. Nur kehrt die selbstlose Natur auf andere Weise als die selbstische in die Liebe zurück.

P. 423. Z. 11—16. Sprechend eine oder trenne ich mich mit oder von Andern. — Liebe und Sprache sind innere reale Actionen. Nur die Liebe spricht. Das für sich Freie, Harmonische kann ein Unfreies, Disharmonisches nicht frei und harmonisch machen, ohne sich mit ihm solidär zu verbinden. Es kann aber dieses nicht, ohne sich ihm gleich zu machen, somit seine eigene Freiheit und Harmonie zu suspendiren, um sie mit ihm wieder zu erheben. Ohne Mitleiden kein Mitfreuen. Diese Verbindung ist nur durch ein wechselseitig Opfer zu begreifen, gleichwie jeder Alimentationsprocess ein Speiseopfer ist.

P. 423. Z. 26—32. Die böse Creatur kann nur uneigentlich Princip genannt werden. — Es existirt kein Dogma für die Ewigkeit der Höllenstrafen.

P. 425. Z. 2—3. Der Mensch tritt nach J. Böhme in seinen Beruf (guten oder nichtguten) ein oder aus.

P. 426. Z. 1—4. Gott thut was wir wollen, wenn wir

thun was wir sollen und was er will. Liebend gehen wir bestimmend in Gott ein.

P. 426. Z. 5—10. Gott freut sich seinen Meister zu finden.

P. 427. Z. 15—25. Erkanntsein ist eine Affection des Erkannten, wie Bewundertsein, Geliebtsein, Procreirtsein. — Alle *connaissance* durch *sensibilisation*.

P. 428. Z. 5—10. Sich zu bewundern Geben ist Speisen, Verehrung ist Danksagung, Bewundertsein ist Lieben und Herabsteigen zu dem Bewundernden, um ihn zu erheben.

P. 430. Z. 2—5. Insofern jedes Bild Verkünder des Urbildes ist, ist das Wort Bild. v. p. 421 *).

P. 430. Z. 6—7. Die von Gott hervorgebrachten Essenzen der Dinge sind darum doch nicht einwesig mit Ihm.

P. 430. Z. 11—14. Wenn der Verfasser sagt, auf gewisse Weise werde durch das genannte Thun des Menschen die Erzeugung (Generation) auf einer niedern und sichtbaren Stufe wiederholt, denn die höhere Stufe sei Gott allein vorbehalten, so deutet er darauf, dass die Essenzen nur Keime in Bezug auf diese niedrigere Region sind, indess sie in der höheren Region entwickelt sind.

P. 432. Z. 4—10. Zeit ist Gabe wie Strafe. — Die ganze Zeitnatur ist Werk der erbarmenden Liebe Gottes.

P. 433. Z. 16—18. Das Reine vom Unreinen zu scheiden ist auch der Sinn aller Vegetation und animalischen Assimilation.

P. 435. Z. 5—12. Indem Gott uns einsetzte, verliess er sich auf uns.

P. 436. Z. 21—32. Hier ist Gebetsmlas.

P. 437. Z. 1—7. Wer Böses thut, den siehet Gott nicht (3. Ep. Johannis 11) wie er Gott nicht sieht **).

---

*) Das Wort ist nemlich Verkünder des Gedankens. Gedanke und Wort sind daher wie Urbild und Abbild zu unterscheiden, aber nicht zu trennen. Schon Platon bezeichnete das Denken als innerliches Sprechen und das Sprechen als äusserlich gewordenes Denken. v. O.

**) Der tiefe Sinn dieser Behauptung würde gänzlich verkannt werden, wenn er dahin gedeutet würde, als werde gemeint, Gott wisse überhaupt nichts mehr von Jedem, der sündige. Die Unterscheidung des Innewohnens,

P. 437. Z. 19—21. Immer dieselbe und immer neu. Nicht das abstracte Festhalten eines einzelnen Momentes der Veränderung gibt den Begriff des Unveränderten (Bleibenden), sondern das im Verändern sich bleibend Bewähren, das in der Bewegung und bewegend sich unbewegt Bewähren.

P. 439. Z. 8—10. Darum strebt das Wort zur Beleibung. — Dieses Wort bringt daher stets diese solarische Substanz mit.

P. 440. Z. 30—32 fl. Das Laster hat keinen Genuss als in dem Zerstören des Guten.

P. 443. Z. 8—15. Hier gilt, was Dionysius Areopagita sagt, dass die höchste Stufe der Seligkeit Schweigen sei.

P. 444. Z. 12—19. Saint-Martin hält immer am alttestamentarischen Priesterthum.

P. 444. Z. 19—23. Denn dieses steigt immer fort, auch wenn wir zurückbleiben.

P. 445. Z. 6—12. Die sechs materiellen Werktagsmächte halten uns nicht die siebente, sondern die sieben ewigen verschlossen.

P. 445. Z. 23—26. Kein Sprechen ohne Hören.

P. 446. Z. 25—28. Auch diesen Engeln also soll der Mensch den Sabbat feiern helfen.

P. 449. Z. 24—30. Ohne Mitleiden kein Mitwirken oder Helfen und keine Mitfreude.

P. 450. Z. 2—12. Sprechen ein Wort heisst meine Sprechkraft Verwirklichen. Das Wort ist etwas, das fort- (aus-) gesprochen sein will, das erfüllen will. — Der Vater und der Sohn sprechen zusammen mit dem Geiste das Wort (nemlich das ausgesprochene Wort, nicht das innere, welches der Sohn selbst ist). — Nur es aussprechend geht das Wort in mich und habe ich es. Dieses universelle Wort setzt nun jedes partielle Wort und seine partielle Peripherie (Aussprache) zugleich oder es ist als Centrum die Einheit oder der Begriff der Nichtexistenz als Essenz (des Inneren, Latenz) und ihrer Existenz (des Aeussern, der Patenz).

Beiwohnens und Durchwohnens wie im Wollen so im Erkennen gibt den Schlüssel zum Verständnisse der obigen Behauptung an die Hand. v. O.

P. 452. Z. 2—4. Denselben Gedanken *(que parler est agir)* drückt Saint-Martin in seinem Manuscript über Zahlen so aus: „*Le verbe (verber) est l'action (agir) de l'esprit (Dieu); que Dieu n'a pas d'autre action que la parole* (Aussprechen oder *prononcer* seines Gedankens oder Wortes oder Willens) *et qu'il lui suffit de manifester ses pensées (volues) par cette parole pour que les agents les exécutent.*"

P. 452. Z. 26—31. Hier wie öfter sind des Verfassers Ansichten von jenen Gichtel's verschieden.

P. 453. Z. 11—18. Constituiren etwa alle Worte jedes Menschen wieder ein Wort?

P. 455. Z. 8—9. Deselige, so wirst du selig. — Das nach Aussen Beleben belebt den Belebenden. Was ich gebe, das bekomme ich.

P. 455. Z. 16—23. Also auch Gott wiedergebiert sich durch seinen Wiedergebärer. — Gott selber erzeugt sich beständig seinen Beleber.

P. 456. Z. 11—21. Negatives Wort ist tödtendes Wort. Auch der Tod ist also ein Hervorgebrachtes.

P. 456. Z. 26—28. Die Zeit ist uns gegeben, damit wir zeitfrei werden.

P. 457. Z. 26—32 ff. Wir suchen in Zeit die Gegenwart, im Raume das Ganze. — Anstatt durch die Zeit das jenseitige Ufer zu erreichen, lassen wir uns vom Zeitstrome fortschwemmen. — Wir sterben alle (die ganze Zeit durch) der Gegenwart entgegen*); weswegen wir alle vergangene Zeit, wo wir die Gegenwart nicht fanden, für nichts achten. — Man stellt die Gegenwart als ewige Zeit vor, was sich widerspricht.

P. 461. Z. 7—14. Soll das Licht-Centrum in die Peripherie sich verbreiten, also als Centrum gefasst bleiben, so muss das Finstercentrum (Naturcentrum) aufgehoben (in dieser Peripherie den Lichtkräften dienend) werden.

---

*) Tiefsinnig sagt Meister Eckart, er hoffe alle Tage jünger zu werden, d. h. jeden Tag der wahren (ewigen) Gegenwart näher zu rücken. v. O.

P. 461. Z. 15—22. Aber sind die *Essences* nicht alle gut? Das Wort *essences* ist also hier nur aus Uebersehen gebraucht. Es soll *substances* heissen.

Anstatt dass der Mensch das Phantom der Materie als real existenten Seins factisch durch Nichtfolgegebung derselben in sein Inneres widerlegte, hat er ihm nicht nur Folge gegeben (womit er innerlich doch immer leer bleibt, weil die Materie als nur äusserlich oder Schein nicht innerlich werden kann), sondern er hat seine eigene reale Existenz durch Nichtrealisirung der Materie an diese verleugnet und sich, als ob sie die reelle Substanz wäre, nur für einen transitorischen Modus derselben gehalten. Während viele Philosophen noch darüber disputiren, ob die Materie ist und was sie ist, beweiset der Christ factisch, dass sie nicht subjectiv für ihn, folglich auch nicht objectiv ist. Dasselbe gilt von der Zeit, welcher wir selber immer die Existenz geben. Der Mensch selber macht die Lüge für sich wahr, oder die Wahrheit zur Lüge. Die Person ist die Sache bewährend oder nichtbewährend. Das Object ist ohne das Subject nicht solches oder real.

P. 462. Z. 9—18. *Bellum internecinum* des Ichs mit dem Nicht-Ich *).

P. 465. Z. 13—14. *Envoyé* bedeutet hier nicht den Geist als Ausgang des Wortes, sondern dieses selber.

P. 468. Z. 14—30. Hier ist Missdeutung zu melden. Vgl. p. 437.

P. 469 Z. 3—9. Correspondenz innerer und äusserer Luft beim Tönen, Lichts beim Leuchten.

P. 471. Z. 1—5. Sie lehren, die Christolatrie sei unmoralisch.

P. 471. Z. 6—14. „Ich bin nackt gewesen und Ihr habt mich nicht bekleidet."

---

*) J. G. Fichte statuirt einen unaustilgbaren Zwiespalt und Kampf zwischen dem Ich und dem Nicht-Ich, folglich die endlose Unseligkeit des Ichs. v. O.

VII.

1.
ECCE HOMO.
A Paris 1792.

2.
LETTRE A UN AMI,
ou

Considérations politiques, philosophiques et religieuses sur la révolution française.

A Paris. L'An III (1795).

3.
ECLAIR
sur

l'association humaine.

A Paris. 1797. An V.

4.
LE CROCODILE
ou

La Guerre du Bien et du Mal &c.

A Paris. An VII de la république française. (1799.)

1.
Ecce Homo.

P. 3. Z. 1—6. Kein Ueberzeitliches hat ein Warum ausser sich (Tauler). Das Bedingte gründet im Bedingenden. Jede Bewegung kommt vom Unbeweglichen und geht wieder auf es zurück.

P. 3. Z. 7—12. Wäre der Mensch nicht selbst wahr, so könnte er kein Wahres erkennen.

P. 4. Z. 1—6. Alles Gefühl ist Selbstberührung durch ein Medium.

P. 4. Z. 14—21. Dieser Effect ist das aus jenem Effect Gewordene. — *L'axiome-cause est pourtant indépendant des axiomes produits ou étincelles.*

P. 6. Z. 5—16. Wenn man sagt, das *Etre producteur* sei von sich producirt, so unterscheidet man doch wieder auch in Ihm ein Nichtproducirtes, Nichtoffenbares. Spinoza erkannte jenes *Etre*, leugnete aber sein Hervorbringen *). *Etre ist Dasein.*

P. 6. Z. 17—20. Gott ist das Daseiende, dessen Nichtdasein unmöglich ist.

---

*) Spinoza leugnete nicht sowohl das Sein, als vielmehr das ohne immanente Actualität nicht denkbare Dasein Gottes. Hätte Spinoza Gott als lebendiges Wesen erkannt, so würde er ihn wohl auch als geistiges, persönliches Wesen, als den absoluten Geist und dann sicher als den nicht naturlosen, sondern naturgewaltigen und naturfreien Geist erkannt haben. v. O.

P. 6. Z. 20—21 ff. Ohne diesen Contact gäbe es kein Selbstbewusstsein. — Ich weiss mich, weil Gott sich und mich weiss.

P. 7. Z. 7—10. Identität des Auges und des Gesehenen, des Liebenden und des Geliebten *).

P. 8. Z. 2—6. Ohne Innewohnen kein Insichfinden (Empfinden). Contact des innewohnenden und durchwohnenden Gottes. Er muss sich in uns berühren. Daher die Creatur nur in Mitte.

P. 9. Z. 3—10. Und doch muss selbes sich irgendwo und irgendwie realisiren.

P. 10. Z. 2—8. D. h. eben jener Rapport oder Contact des Innern und Aeussern bewirkt die Expansion oder Manifestation.

P. 11. Z. 1. Der Mensch hätte ursprünglich Centralpromulgator sein sollen.

P. 11. Z. 6—10. Intelligenz ist das Vermögen des Geistmenschen, Objecte zu erkennen, Seele (Gemüth) jenes, sich mit ihnen zu verbinden und von ihnen zu scheiden. Sinn und Begehren sind unterschieden von Sensation (Empfindung) und Gefühl.

P. 13. Z. 2—7. Alle Objecte sind Ausdrücke (Zeichen) von Ideen. Daher ist jedes Object eins für den materiellen, eins für den Geist-Menschen.

P. 14. Z. 1—5. Gedanke ist Plan eines Thuns oder Geschehens. Wie könnte man Gott Vollkommenheit zuschreiben, ohne Ihm die höchste Weisheit, und, wenn Weisheit, Ideen und Entwürfe (Pläne) bei seinen Werken zuzuschreiben? **)

---

*) Wenn es ein ewiges Auge gibt, so gibt es auch ein von diesem Auge ewig Gesehenes, wenn es ein ewig Liebendes gibt, so gibt es auch ein ewig Geliebtes. Das ewige Sehende und das ewig Gesehene, das ewig Liebende und das ewig Geliebte ist ein und dasselbe Wesen. Daher ist das ewige Gesehene, das ewige Geliebte nicht etwas Geschaffenes. Das geschaffene Gesehene und Geliebte setzt jenes ewige voraus. v. O.

**) Es ist mehr als sonderbar, dass man geistreich zu sein meinen kann, wenn man Gott als geistlos vorstellt. Nur der Geistlosigkeit kann Gott als geistlos erscheinen. v. O.

P. 15. Z. 18—21 ff. Das Zeichen (Wort) ist also das bleibende Revelationsmittel, zwischen dem sich Revellirenden und dem, welchem es sich revelirt.

P. 18. Z. 8—15. Nur im Gedachten (Gedanken als Product) werde ich meines Denkens (Producirens) inne.

P. 19. Z. 5—20 ff. Alles Erklären ist in den Geist des Erzeugers Treten *).

P. 20. Z. 8—13. Wir hören uns im Urwort **).

P. 25. Z. 2—6. Denn in diese Region waren die Engel geschaffen. — Um mich erheben zu lassen, muss ich in das Erhebende descendiren.

P. 28. Z. 1—2. Wahrhaftes Univers ist *Eternité*.

P. 28. Z. 4—8. Diese Concentration bezweckt eine andere Expansion.

P. 30. Z. 4—10. *Dieu ne pense pas sans enfanter son image. Nouvel homme.* p. 15. *Il l'aime, il opère.*

P. 31. Z. 1—11. Wir sollten diese Union confirmiren. — Dieses Vermögen ist also wieder zu befreien.

P. 36. Z. 1—11. Die Gebrechlichkeit ist Folge jenes Emittirtseins. Eine Beweglichkeit, welche aber aufhören soll ***).

P. 40. Z. 1—2. Wer sich nicht erniedrigt, wird erniedrigt werden.

P. 44. 1—6. Gemeinsame Noth und Calamität sollte die Menschen vereinen.

---

*) In diesem Sinne erklärt Keppler in seinem *Prodromus etc. etc.*, dass er sich zum Weltraich aufschwingen, dort gelaüg umherschauen, die göttlichen Werke betrachten, und Gott seine Gedanken nachdenken wolle. v. O.

**) Es kann gewiss nur höchst befremdend sein, wenn sogar Forscher von der Bedeutung eines Jacob Grimm von einer Sprache Gottes, von der eigentlichen Ursprache, nichts wissen wollen. v. O.

***) Diese Gebrechlichkeit alles Geschaffenen kann und soll überwunden werden, ohne dass darum das Geschaffene Gott oder Theil, Moment, Glied Gottes wird. Bis zu dieser tiefen Einsicht reichte die Leibnitzsche Philosophie nicht. v. O.

P. 44. Z. 14—17. Das Offenbare der Lüge (ihr Scheln) verschwindet, sobald man nicht mehr ihren Fond verheimlicht.

P. 45. Z. 1—5. Zugrundegehen durch Herauskehren des zum Grunde Liegenden.

P. 45. Z. 10—13. Die Entblössung einer falschen Wurzel ist Zerstörung derselben.

P. 46. Z. 5—13. Derselbe Teufel, der uns zum Falle brachte, indem er dem Menschen weiss machte, dass er steigen würde („*Eritis sicut Dii*"), macht uns weiss, dass wir nicht gefallen seien *).

P. 48. Z. 21—22. Der Weltmensch will wie ein Gott angebetet werden und wie ein Vieh leben.

P. 52. Z. 9—13. Der Offenbarung der Glorie muss die der (versteckten) Schande Bahn machen.

P. 53. Z. 3—18. Der Mensch kann den Athem nicht von sich in eine Region geben, ohne sich ihr zu öffnen, also nicht, ohne dass diese in ihn eingeht.

P. 56. Z. 11—19. Die Enthüllung des Centrums (der Seele) heissen unsere Magnetiseur Desorganisation. Der Mensch soll als innerer nicht selber und ungeschirmt sich aus der materiellen Hülle und Isolirung wagen. Er soll sein eigenes Centrum nicht aus dem wahren Centrum in äussere Centra exponiren. P. 80.

P. 62. Z. 11—22 ff. Jeder ächte Richter vergisst sich ganz im Gesetz als dessen Organ.

P. 66. Z. 11—20 ff. Alles Bestreben des Feindes geht dahin, den Menschen aus diesem Centro (Gleichgewicht) zu locken, wodurch wir selbst zertheilt werden als uneins.

P. 76. Z. 4—10. „Ihr glaubt das Leben in der Schrift zu finden, sie zeugt aber von mir."

P. 78. Z. 6—12. Die Naturphilosophie unterlag diesem Irrthume **).

---

*) Die Consequenz der Lüge ist die Lüge. Widersprüche des Lügenden heben die Consequenz des Lügengeistes nicht auf. v. O.

**) Schelling kannte in der Zeit seiner ersten Philosophie keine andere Verleiblichung als die irdisch-materielle. Er ist aber doch zugleich der

P. 80. Z. 1—6. Ohne diese Latenz erheben sie sich egoistisch.

P. 90. Z. 19—21 ff. Diess gilt auch von der wahren Propheseiung.

P. 97. Z. 9—21. *Saint-Simonisme.*

P. 125. Z. 11—16. Bejahung aus Verneinung einer Verneinung, d. i. der falschen Bejahung, welche jene wahre verneint.

P. 133. Z. 1—4. Prose zwischen der verlassenen bösen und der noch nicht vorhandenen guten Poesie.

P. 148. Z. 17—22 ff. Wie dem Despotismus Sclavensinn, so liegt dem Stolze oder der Hoffahrt Selbstverachtung zu Grunde.

---

einzige hervorragende Philosoph, der sich späterhin Baader näherte, indem er die Materialität der Natur als eine nicht normale Existenzweise derselben erkannte. Diese Vertiefung Schelling's erscheint natürlich jenen trivialen Köpfen, die von diesen tieferen Untersuchungen rein nichts verstehen, als ein Abfall von aller Philosophie. Aber es wird sich zeigen, dass Schelling weit mehr durch seine zweite Philosophie, wiewohl ihr noch grosse Mängel anhaften, als durch seine erste in die Zukunft der Philosophie hineinragen und hineinwirken wird. Aburtheilungen Schelling's wie die von L. Noack in seinem zweibändigen Werke: Schelling und die Philosophie der Romantik, werden vor dem Richterstuhle der Geschichte nicht Stand halten. So vielem man auch dem Verfasser im Einzelnen seiner critischen Gänge gegen Schelling beistimmen möchte, im Ganzen ist sein Werk gleichwohl verfehlt. Es ist schon darum verfehlt, weil der Verfasser die Lehren Schelling's gar nicht an und für sich beurtheilt, sondern sie zum grössten Theil in der Weise des leidenschaftlichen Parteimannes aus unlauteren Beweggründen bald des Ehrgeizes und der Ruhmsucht, bald des irdischen Vortheils und der politischen Berechnung hervorgehen lässt. Was er nicht aus solchen niedrigen Beweggründen ableitet, entspringt ihm fast allein nur noch aus der unwillkürlichen Herrschaft der Phantasie, welche die übrigen Geisteskräfte Schelling's überwogen haben soll. Während der Verfasser nicht ermüdet, Schelling Willkürlichkeit im wissenschaftlichen Verfahren vorzuwerfen, verfährt er selbst auf das willkürlichste mit dessen Lehren und erdreistet sich, Kant nicht bloss als unwillkürlichen Vorläufer des neueren Materialismus, sondern geradezu als Kryptoatheisten und Kryptomaterialisten hinzustellen. Da er selber im Materialismus das alleinige Heil der Wissenschaft gefunden zu haben glaubt, so meint er freilich Kant damit die grösste Ehre anzuthun, dass er zu zeigen sucht, dieser grosse Kopf sei doch im

P. 148. Z. 3—10. Die Unwissenheit in göttlichen Dingen reimt sich schlecht für einen berufenen Zeugen derselben.

P. 150. Z. 1—12. Der Mensch muss sich entrüsten über den äusseren Menschen in seinem Inneren, seine zornliche Kraft gegen diesen kehren, wenn er auf der Laufbahn seiner Wiedergeburt vorrücken will.

P. 158. Z. 11—17. „Mein Wort soll mir nicht leer von euch zurückkommen." Der Mensch soll den Samen des göttlichen Wortes zur Blüthe und Frucht in sich auswirken.

Grunde nahezu schon so gescheid gewesen, wie er selbst und seine Vorgänger L. Feuerbach und Plank. Vom Standpuncte des Materialismus aus kann überhaupt nichts nach seinem positiven Gehalte richtig beurtheilt werden, geschweige eine so merkwürdige Erscheinung in der Geschichte der Philosophie wie die der Schelling'schen Lehren in ihren verschiedenen Gestaltungsformen. Dass dem Materialisten der Entwicklungsgang Schelling's im Ganzen als ein rückwärtsgewandeter erscheinen muss, begreift sich leicht. Aber da der Materialismus schon vor dem geringsten Hauche eines ernstlichen Denkens dahinfällt, so ist auf sein Urtheil über Schelling in dieser Rücksicht absolut nichts zu geben. Ist es schon an sich wenig glaublich, dass ein Geist wie Schelling durch sein rastloses Forschen nur immer tiefer herabgekommen sein soll, so widerlegt sich diese Auffassung auf das schlagendste durch ein genaues Eingehen auf die Reihenfolge seiner Hauptschriften, in denen sich vielmehr eine fortschreitende Vertiefung offenbart, wenn auch ein völlig befriedigendes Ergebniss sich uns nicht darstellt. Auffällig ist die Behandlung, welche Noack in dem bemerkten Werke Baader angedeihen lässt. Die in seiner Geschichte der Philosophie aufgestellte Behauptung, dass Baader auf dem Standpuncte der zweiten Philosophie Schelling's stehe, ist hier fallen gelassen worden und vielmehr erscheint hier Baader als derjenige Forscher, dessen kräftiger Einfluss mehr als der aller andern Zeitgenossen dazu beigetragen habe, Schelling aus der ersten Gestalt seiner Philosophie heraus und dem Standpuncte seiner zweiten entgegenzudrängen. So oft und so viel aber auch Noack von Baader spricht, so lässt er sich doch nicht auf eine eigentliche Darlegung seiner Lehre ein, was doch bei dem Baader eingeräumten Einfluss auf Schelling erforderlich gewesen wäre. v. O.

2.
Lettre à un ami, ou Considérations politiques, et religieuses sur la révolution française.

P. 1. Z. 7—9. Erstaunungswürdig mag man die französische Revolution nennen, nur war sie gewisslich nicht bewunderungswürdig. Denn die Beweggründe der Handelnden waren wenigstens häufig, wenn nicht meist, nicht bloss gewöhnlich schlecht, sondern sogar teuflisch. Die Vorsehung waltete freilich hier wie überall das Böse zur Förderung des Guten wendend.

P. 2. Z. 28—32 ff. Glaube bezieht sich auf die Wege, welche Gott unsern Gedanken anzeigt, durch die wir den Absichten seiner Weisheit entsprechen können.

P. 4. Z. 4—11. Ebenso falsch es ist, die Natur für Gott zu nehmen, wie die Naturalisten, ebenso falsch ist es, den Geist (die intelligente Natur, z. B. wie Hegel als absoluten Geist) mit den Idealisten für Gott zu halten*).

P. 4. Z. 16—29. Sehr wahr! Nur darf nicht übersehen werden, dass die geistigen Wesen so wenig von der nichtintelligenten Natur als diese von jenen, und beide von der göttlichen Natur, getrennt zu begreifen sind. — Gott und die menschliche

---

*) Zwischen Hegel's und J. G. Fichte's Lehre waltet nicht eigentlich eine wahre Wesensverschiedenheit, sondern ein blosser Formunterschied ob, wenigstens wiefern bloss die Theorie in Betracht kommt. Allerdings aber besteht doch der tiefgreifende Unterschied, dass Fichte nicht in der Theorie als solcher, sondern im Thun und Handeln den letzten Zweck des Lebens sucht, während für Hegel Alles zuletzt im Erkennen aufgeht. v. O.

Seele sind zwei Spiegel (Augen), die sich einander sehen. Ist nicht jedes Leuchtende ein Auge, oder werde ich nicht mein Gesehenwerden von ihm inne? Insofern wäre Beleuchtetwerden und Gesehenwerden eins.

P. 5. Z. 1—4. Das innerste oder *être divin* im Menschen ist von keiner Creatur berührbar, nur verschliessbar.

P. 5. Z. 4—10. So wie Gott im Geiste halb activ, in der Natur ganz activ ist. — Denkend setzt sich das denkende Wesen selbst, liebend ein Anderes.

P. 6. Z. 11—16. Bewundern heisst ein freies Opfer des intelligenten Vermögens Darbringen, wie Anbeten ein freies Opfer des wollenden (liebenden) Vermögens, also auch des wirkenden Vermögens (im Gehorsam). — Aeussere Freiheit des Denkens, Wollens, Thuns fordert innere Abhängigkeit der Gründung.

P. 7. Z. 1—19. Die Creatur erhielt das Vermögen, sich in ihrem *loco* zu fixiren, ihre Labilität zu verlieren. Der Mensch verlor die Freiheit der Wahl (diese Jungfrauschaft) an den Teufel, statt sie an Gott zu verlieren. — Der Leuchtende macht Anderes sehen und sich selber; aber der Spiegel (Auge) darf sich nicht selber sichtbar machen, weil er sonst blind wird.

P. 7. Z. 20—24. Eigentlich kann nur Gott sein Gesetz in mir erfüllen.

P. 7. Z. 27—33. Denn nur in Erfüllung des Gesetzes ist Seligkeit *).

P. 8. Z. 12—16. Die Wiederbefähigung der Menschen, das Gute zu thun, geht auf Bewirkung ihrer Wiedergeburt.

P. 8. Z. 17—32 ff. Wenn die Acte der Liebe Gottes nothwendig sind, (weil sie eben die Liebe als deren Bethätigung selbst sind), so sind sie doch darum nicht ab- oder aufgenöthigt. Was kann erhabener oder tiefsinniger sein, als was hierüber Saint-Martin in folgenden Worten sagt: „Die Noth-

---

*) Wenn Schelling Sittlichkeit und Seligkeit eins nennt, so ist jedenfalls richtig, dass der Grad der Seligkeit, so weit im Zeitleben von Seligkeit die Rede sein kann, vom Grade der Sittlichkeit abhängt und dass vollendete Sittlichkeit untrennbar von voller Seligkeit ist. v. O.

wendigkeit selbst des Daseins dieser unzählbaren und heilsamen Wege zieht keineswegs die Vostellung eines blinden und uns zwingenden Geschicks nach sich, da diese Nothwendigkeit ein noch nothwendigeres Gesetz vor sich findet: das der Liebe. Denn bekennen wir es hier mit einer hinreissenden und heiligen Kühnheit, Gott selbst ist rücksichtlich all' seiner Geschöpfe in dem Schicksalszwange der ewigen Liebe, welche ihn an dieselben bindet, ohne sich von ihnen ablösen zu können. Aber wie weit ist dieses Geschick, das er sich selbst auferlegt (denn er hat sich diese Solidarität selber frei gemacht, füge ich hinzu), als die eigene Quelle seiner Neigungen, wie weit ist, sag' ich, dieses Geschick, das sich auf die Allheit seines lebendigen allumfassenden Daseins gründet, entfernt von jenem knechtischen und finsteren Schicksalszwange, mit welchem die Dichter und Philosophen den Schöpfer befleckten, so oft sie uns den Schlüssel der veränderlichen und unwillkürlichen Bewegungen seines Geschöpfs nicht zu geben gewusst haben! Nichts ist erhabener in ihm, als diese Nothwendigkeit selbst, denn um vollständig die Tiefe seiner Liebe zu zeigen, muss sie uns die Macht lassen, dem unaufhörlichen Entgegenkommen dieser höchsten Liebe zu entsprechen oder zu widerstehen, damit diese Liebe auf einiger Verwandschaft, auf einer Grundlage, die frei wie jene ist, ruhen könne, und damit wir zugleich die Würde unseres Daseins empfinden, die uns gestattet, nach freiem Willen diese Grundlage sein zu dürfen, auf welcher jenes göttliche und ewige Geschick ruhen möge, die Gott zu dem grössten, furchtbarsten und liebenswürdigsten Wesen macht, weil sie ihn immer und unter allen Beziehungen zu dem liebendsten, lebendigsten Wesen macht*)." — Aller Gegenstand ist Basis und muss activ

---

*) Hätten Kant und Herbart diese tiefe Wahrheit erkannt, so würden sie das Princip der Moral nicht in der practischen Vernunft oder in ideebildenden Gedanken des Menschen (Musterbildern des Wollens) gesucht, sondern den heiligen Willen Gottes als das Princip der Moral anerkannt haben. Hätte Spinoza jene Wahrheit erkannt, die er mit blinder Nothwendigkeit verwechselte, so würde er im Willen Gottes ein unbedingt gebietendes Gesetz für freie Wesen erkannt und die Moral nicht einem blinden Determinismus geopfert haben. v. O.

(Action) für Action sein. Alles Ergründen, Erforschen, ist eine solche Basis Suchen. Diesen Ruhe- und Entwicklungs- nicht Hemmungspunct sucht Kopf, Herz- und Leibeskraft. Ausserdem befinden sich diese im (comprimirten) Fall.

P. 11. Z. 24—29. Z. B. Die Anerkenntniss des höhern Bildungs- und Umbildungstriebs im Gemüth.

P. 14. Z. 21—23. „Nec portae inferi, nec portae hominis praevalebunt."

P. 17. Z. 28—31. Diess trifft die Demagogen mit ihrer falschen Souveränität. (Apokalyptisches Insect.)

P. 23. Z. 6—10. Die Idee der Gattung ist dem Menschen, nicht dem Thier inwohnend.

P. 24. Z. 15—25. Das Gesetz zeigt sich nur, wenn es verletzt worden ist. — Die Liebe ist des Gesetzes Erfüllung.

P. 31. Z. 10—16. Der guten Begeistungsaction von oben steht wohl in jeder Region eine böse begeistende von unten entgegen.

P. 35. Z. 14—19. Die *puissance (parole)* hat eine geistige *force* unter sich.

P. 42. Z. 20—30. Wie die Thiere nur erhoben in ihre Gattungseinheit sich begattend besamen, so auch die Pflanzen.

P. 58. 3—12. Die drei Formen des Gouvernements entsprechen also doch der Verschlimmerung der Nation.

P. 59. Z. 16—25. Diese ist nicht etwa eine im Gebrauch beliebige Facultät, sondern ein diese Begründendes (Leitendes) wie die Erde meine Bewegkraft.

P. 62. Z. 1—4. Im Blicke des Ganzen wird jedes Einzelne bestimmt.

P. 63. Z. 1—5. Nur die Berührung des Gotteswillens kann allen eigenen Willen nehmen. Durch diese Aufgabe meines Selbstwollens (Selbst-Wort- und Geist-Werdens) werde ich aber nicht willenlos (wort- und geistlos), sondern ich erhalte nun nur einen andern guten ins Ganze passenden, mit allen übrigen Gliedern einstimmigen Willen (Wort, Geist), wie dieses von der Sanctionirung des Wissens und Thuns gilt. Das Gegentheil führt zur

Willensfaulheit (Molinos)*), zur Willensfaulheit und Thunsfaulheit. Da nun Essen ein sich (gläubig) Resigniren dem Speisenden ist, so ist jene Sanctionirung durch Essen derselben Speise (Trank, Odem) bedungen.

P. 67. Z. 17—22. Diese Idee ist im französischen Volke erloschen und lebt nur noch in gewisser Weise im Militär.

P. 79. Z. 17—26. Wie nach Swedenborg die Abgeschiedenen nur durch den lebenden Menschen (als Auge) in diese Welt sehen.

P. 82. Z. 10—20. Sowohl die hörbare als die sichtbare Production (Zeichen, Wort) kommt also von einer Fructification (Keim).

---

*) Michael Molinos hatte in seiner Schrift *Guida spirituale* 1675 (deutsch durch Arnold 1699) ein System aufgestellt, welchem man den Namen Quietismus gab, weil er lehrte, damit der Mensch zur Vollkommenheit gelange, müsse sein Gemüth ruhig, ohne alle Empfindung, Bewegung und Wirksamkeit sein; die höchste Blüthe des geistigen Lebens sei ein Zustand, in welchem der Mensch ohne alles reflectirende Bewusstsein sich Gott hingebe. Die Seele müsse sich selbst vernichten, um zu ihrem Anfange und Ursprunge zurückzukehren, wo sie verändert und vergöttlicht werde. Die Vorstellung von Gott löste sich bei ihm in die des allgemeinen unbestimmten Seins auf und die Vereinigung der Seele mit Gott wurde daher nach ihm eine pantheistische Auflösung oder Verschmelzung mit Gott. Vergl. Alzog's Universalgeschichte der christlichen Kirche. Fünfte Auflage. 888—889. Obgleich M. Molinos in ein römisches Dominicanerkloster hatte wandern müssen, wo er 1696 starb, verbreitete sich der Quietismus durch das genannte Erbauungsbuch des Molinos nach Deutschland und Frankreich, gewann in diesen Ländern viele Anhänger und verschmolz sich mehr oder minder mit dem Pietismus in der katholischen wie in der protestantischen Kirche. Madame Guyon gewann dem Quietismus durch ihre zahlreichen Schriften in Frankreich viele Anhänger und als später selbst Fenelon den Schriften der Madame Guyon das Wort redete, erwirkte Bossuet 1699 ein päpstliches Breve, in welchem 23 Sätze aus Fenelon's Buch: *Explications des maximes des Saints sur la vie intérieure*, als irrig verurtheilt wurden. v. O.

8.
Eclair sur l'association humaine.

P. 6. Z. 3—19. Die souveräne Macht ist nicht collectiv, weil dirigirend. Das Dirigirende muss über den Dirigirten sein, welche im Gleichgewicht gegen selbes nicht reagiren.

P. 9. Z. 19—25. Gemeinbesitz wie besonderer Besitz (Eigenthum) sind nöthig*).

P. 10. Z. 6—13. *Quae ad omnes pertinent, a singulis negliguntur.* Darum muss (in Kirche und Staat) die Handhabung jenes mehr ausser jedem sein.

P. 11. Z. 6—12. Als ob dieses kein Widerspruch wäre!

P. 11. Z. 12—20. In einem andern Sinne wahr! — Aus mehreren Personen kann nicht éine Person werden, sondern diese manifestirt sich nur in mehreren Personen als Glieder. *In personis proprietas.*

P. 16. Z. 1—14. Natursocietät soll die höhere einführen. — Was durch die Natur gegeben ist, das ist uns aufgegeben, ein Höheres daraus zu gestalten**). Der Naturstand der Gesellschaft ist nicht, wie Hegel will, der des Verhältnisses des Herrn zum Sclaven.

---

*) Wenn Alles Gemeineigenthum wäre, so ginge die Freiheit der Einzelnen unter. Wenn Alles Sondereigenthum wäre, so hörte aller organischer Verband der Einzelnen auf. Die Aufgabe des Staates ist, beide Extreme ausgeschlossen zu erhalten und Ausgleichung beider Strebungen zu vermitteln. v. O.

**) Die Familiengesellschaft soll sich zur Staatsgesellschaft fortbilden. v. O.

P. 17. Z. 23—25 ff. Eben weil die Socialgesetze constitutiv sind, werden sie regulativ (gegen Kant).

P. 19. Z. 1—10. Das Producens A setzt sein Product B doch nur in sich. Dieses Insichsetzen wäre aber kein Eleviren in A, wenn nicht ein *Descensus* von A vorginge, in welchem das B zuerst gesetzt wäre.

P. 20. Z. 1—9. In Verbindung hätte der Mensch immer mit der niedrigeren Natur sein sollen, nur nicht fix corporisirt in ihr.

P. 22. Z. 1—11. Der Standpunct, in dem der Mensch geschaffen wurde, war noch nicht der höchste seiner Bestimmung.

P. 22. Z. 12—21.
„Der Durst ist nicht ein Ding und doch kann er dich plagen,
Wie sollte nicht die Sünd' dich, Sünder, ewig nagen!"

P. 24. Z. 1—6. Der erste Blick vom Leuchtenden oder vom Spiegel ist Sensation, welcher die Projection des Willens bewirkt und die Rückkehr dieses macht das Sehen. Dieser Reascensus ist nicht etwa Rückkehr in das Keimleben.

P. 25. Z. 1—2. Das Fallen ward nur äusserlich, nicht innerlich arretirt.

P. 25. Z. 3—13. Einigung unter sich coincidirt mit Einigung mit Höherem, aber wie diese sich Einenden von einem Höheren kommen, so treten sie wieder in dieses Höhere durch ihr gemeinschaftliches Produciren und Product (durch Thun). — Vom Product geht *Reascensus* an. Was sich vollendet (fructificirt), steigt von unten auf, weil dessen Same von oben niederstieg. So bei der Lichterfüllung. — Was also aufsteigt, kam schon von oben.

P. 25. Z. 18—23. Nur Hemmung macht forcirte Offenbarung (Wunder).

P. 28. Z. 8—21. Im *Avenir* (vom 10ten Juni 1837) wird gesagt: „Qui se plaint de n'être pas roi, si ce n'est un roi tombé? Or, l'homme aussi fut roi, et maintenant il est esclave! Il ne le sera pas toujours.

P. 32. Z. 16—23. Es gibt also Geister aller drei Regionen.

P. 33. Z. 22—24. Nicht etwa als Priesterregiment. (*Pontifex maximus*). Theocratie kann und soll auch bei der Scheidung (als Unterscheidung) bestehen *).

P. 35. Z. 15—25. Es gibt einen soliden Nexus des Geistlichen und Weltlichen.

P. 39. Z. 6—10. Alles Schlimme hat das Maass überschritten.

P. 39. Z. 14—18. Da der Mensch auf Veranlassung einer Revolte der Geister gesendet wurde, so musste seine Emanation (Generation, Schaffung) tiefer (im Herzen Gottes) gefasst werden. Daher die Superiorität des Menschen.

P. 41. Z. 1—4. Dasselbe, was zeugend, als Wurzel, wirkt auch leitend (gestaltend) das Gezeugte und als Ziel.

P. 44. Z. 21—25 ff. Alle Hast ist amperhaltend, aufhebend.

P. 45. Z. 14—24. Nur im Blick des Ganzen ist solche Direction möglich.

P. 52. Z. 1—5. Der allgemeine Wille (sei er durchwohnend oder beiwohnend) ist der einzigste Wille, weil er von jedem einzelnen Willen sich unterscheidet **).

P. 53. Z. 16—23. Hier wie bei J. Böhme ist der Wille Vater des Gedankens. Wille ist denkend *Genitor*.

P. 54. Z. 5—22. Nur als Imperativ ist der allgemeine Wille der Wille Aller ***).

P. 55. Z. 8—15. Der Wollende kann nur einem Wollenden

---

*) Im Grunde wollen alle Parteien Theokratie, d. h. die Herrschaft dessen, was sie für Gott halten: die Materialisten die Herrschaft der Materie, die Idealisten die Herrschaft des menschlichen Geistes, die Rationalisten die Herrschaft der menschlichen Vernunft (des menschlichen Verstandes). v. O.

**) Diese Unterscheidung hört nicht dann auf, wenn alle einzelnen Willen dem allgemeinen Willen geeint sind. v. O.

***) Der Wille Aller soll stets dem allgemeinen Willen, dem Willen der ewigen Weisheit conform sein, aber er ist es so wenig immer, dass sogar der Wille der Mehrheit dem allgemeinen Willen entgegen, der Wille der Minderheit ihm entsprechend sein kann. v. O.

schärfren und repugniren. Aber des Willens Grund ist Gedanke, also dieser Willens-Ursache *).

P. 60. Z. 10—15. Das Stimmensammeln oder Abstimmen zur Ausmittelung des gemeinsamen Willens ist ebenso ungeschickt als zu jener des allgemeinen Gedankens oder irgend eines mathematischen Satzes.

P. 68. Z. 10—23 ff. Im Loswerfen und im Gebet bei der Wahl war die Gemeine sich bewusst, dass sie nicht wählte.

P. 73. Z. 11—16. Noch mehr die neuen Repräsentanten ohne Stände **).

P. 74. Z. 1—14. Die Entfernung alles Religiösen beweiset die Eigenwilligkeit der Menschen bei den Wahlen.

P. 74. Z. 15—19. Alle Anstalten sind gut, die Menschenwillkür entfernen.

P. 76. Z. 2—6. Constitutionen unserer Zeiten sind Ehepacten vor der Scheidung.

P. 79. Z. 23—25 ff. In diese niedrigere Region gesandt sollte der Mensch ursprünglich sich beliebig seine Form schaffen (Christus nach der Auferstehung), anstatt dass diese Form nun stereotyp ist.

P. 84. Z. 9—14. Die Trennung von Gerechtigkeit und Liebe konnte nur die Creatur selber bezüglich auf sich verschulden ***).

P. 84. Z. 14—17. Obschon das Rechtgeschehen das Heilwerden noch nicht einschliesst. Aber freilich geschieht jedem nur Recht, wenn man ihm zum Heil bilft.

P. 84. Z. 17—21. Die Liebe vereint die Strenge der Gerechtigkeit mit der Milde der Barmherzigkeit.

---

*) Wäre nicht des Willens Grund Gedanke, so wäre der Wille nicht Wille, sondern blinder Trieb, und Gut und Böse, Recht und Unrecht hätte für den Menschen so wenig Bedeutung, als für das Thier. v. O.

**) Baader will nicht monarchischen Absolutismus, sondern Monarchismus mit ständischer Gliederung. v. O.

***) Wer die Gerechtigkeit und Liebe Gottes schon ursprünglich getrennt, also nothwendig getrennt vorstellt, erklärt das Böse für nothwendig, also nicht für böse und leugnet im Grunde sowohl die Gerechtigkeit als die Liebe Gottes. Es ist nicht abzusehen, wie Fichte, Schelling, Hegel, Schopenhauer etc. diesem Vorwurf sich entziehen können. v. O.

P. 87. Z. 1—8. „Dein Reich komme! Dein Wille geschehe!"

P. 89. Z. 6—21. Denn der Gedanke hebt sich erst im Wort auf, ehe er durch Aufhebung (Aussprache) des Worts sich offenbart oder äussert. Anders ist diese Offenbarung, wenn sie unmittelbar einer andern Intelligenz sich mittheilt, anders, wenn durch That, dort vorgestellt, hier dargestellt. — Sagt man, dass *A* sich durch *B* manifestire, so muss *A* in *B* eingehen, sich in *B* verbergen. Das Einschliessende (Bestimmende) wäre der Grund. *A* kann sich nicht unmittelbar offenbaren, sondern es muss *B* (Grund) setzen, in diesen eingehen, in diesem sich verbergen, um aus ihm sich zu offenbaren.

P. 91. Z. 6—17. Was die Menschen bewegt, sind nicht Menschen, wie was die Körper bewegt, nicht Körper sind*).

P. 95. Z. 5—22. Aeussere Form der Theokratie ist Subordination des Staates unter die Kirche, nicht v. v. Diese äussere Form der Theokratie ist aber nicht die wahre.

*) Wie der Geistes-Kosmos so muss der Körper- (Natur-) Kosmos seinen ersten Beweger, Begründer und Leiter in Gott haben. Der Materialismus, der keine Bewegungskraft ausser und über der Materie kennt, verfällt daher der Unvernunft des blinden Zufalls, dem sinnlosen Fatalismus. Treffend und geistvoll äussert sich in diesem Sinne Weisse (Zeitschrift für Philosophie etc. XXXVI, I, 16) „Gibt es noch Naturforscher, welche dieses Ungeheure über sich gewinnen können, die Welt des organischen Lebens — um von dem Bau und den Bewegungen der Himmelskörper nicht zu sprechen — in allen ihren nur nach Hunderttausenden, nach Millionen und Milliarden zu zählenden Nüancirungen, deren jede einzelne, auch die geringste und schlechteste durch die wunderbare Kunst ihrer Anordnung den tiefsinnigsten Verstand des Menschengeistes beschämt, für ein Werk des Zufalls anzusehen, der die Moleküle in den Verhältnissen zusammengebracht hat, wo das Wirken ihrer Kräfte in diese staunenswerthe Wirkung ausschlagen musste; gibt es wirklich noch solche Heroen einer geistesleugnerischen Unvernunft: nun so haben wir an ihnen mit ähnlichem Staunen vorüberzugehen, wie an jener unheimlichen Macht selbst, die durch ihr gedankenloses Spiel Dinge vollbringen konnte, welche zu Stande zu bringen unter jenen Millionen und Milliarden Malen auch nicht in einem einzigen armseligen Falle der durch Jahrhunderte und Jahrtausende hindurch fortgesetzten Anstrengung forschender Denkkraft gelungen ist. Sie selbst, diese Denkkraft kann uns dann nur als eine ohnmächtige Närrin und Gauklerin erscheinen, die sich fortwährend in fruchtlosen Mühen abarbeitet und es nicht merkt, wie sie fortwährend durch Gewalten, welche noch stupider sind als sie selbst, geäfft wird." v. O.

4.
Le Crocodile
ou
La Guerre du Bien et du Mal.

P. 7. Z. 10—13. Man wird hier an den Weltgeist unserer Naturphilosophen erinnert.

P. 41. Z. 18—26. Nur das Einzige ist wahr (in jeder Ordnung).

P. 45. Z. 12—18. Die Geistigkeit und Persönlichkeit des Bösen verkennen, heisst ihm allen Vortheil über uns einräumen. — Das Böse ist übrigens in fortschreitender Elevation begriffen.

P. 50. Z. 3—9. Höhere Persönlichkeit inner der Sphäre niedriger Persönlichkeiten. — Wer in einer höhern Region manifest ist, ist central manifestirbar in jeder niedrigern.

P. 53. Z. 27—30. Desshalb ist Gott als existent unerforschlich*).

P. 54. Z. 3—4. Die beliebige Reconstruction sagt auch (bei Besitznahme und Gewältigung des Princips) die beliebige Arretirung aus.

P. 54. Z. 5—14. Die Schöpfung des materiellen Universums ist mehr Composition, als Production.

---

*) Anderwärts sagt Baader genauer: Gott ist unausforschlich. Man kann sagen: Wer Gott ausforschen will, der will ihn endlich und sich unendlich machen. Die Behauptung, absolutes Wissen zu haben, ist die Behauptung, das Absolute zu sein. Hegel behauptet nur darum absolutes Wissen, weil er den menschlichen Geist für das Absolute hält. v. O.

P. 54. Z. 27—30. Alles anfängt und endet in Gott. Gott ist absoluter Anfang und absolutes Ende aller unteren Anfänge und Ende. — Eine Basis der Gottheit wäre etwas Anderes als Gott, ein Nichtgott, aus dem Gott würde *).

P. 55. Z. 4—7. Dies ist aber doch nicht, weil nur die Weise ihrer Inexistenz in Gott anders ist.

P. 56. Z. 2—9. Sonst gilt dem Verfasser (mit Recht) die Essenz als unverderblich. Er verwechselt öfter Essenz und Substanz.

P. 58. Z. 25—29. Nach diesem Bedürfnisse reguliren sich die (äussern) Wunder.

P. 82. Z. 7—17. Der Mensch ist (seinem Wesen nach) gut, wenn auch manche Menschen schlecht sind, die Religion ist gut, wenn auch manche Priester schlecht sind **).

P. 83. Z. 19—23. Sie sind aber noch einer anderen Sensibilisation fähig.

P. 85. Z. 1—9. Die Physiologen (seit Harvey) beweisen, dass der Mensch im Mutterleibe alle niederen Organisationsstufen durchläuft.

P. 85. Z. 9—11. Da Gott mit der Schaffung des Menschen aufhörte zu schaffen, so fing er eigentlich an, diesen Menschen zu schaffen, als er überhaupt zu schaffen anfing. Der Mensch als Ende aller Creatur war also auch ihr Anfang ***).

P. 86. Z. 25—27. Wie die Speise nicht der Speisende, das Gift nicht der Vergiftende, so ist das Heilmittel nicht der Heilende.

---

*) Wer eine Basis für Gott sucht der sucht einen Gott für Gott, und müsste wieder für die Basis eine Basis u. s. w. suchen. v. O.

**) Die Schlechtigkeit mancher Könige, Staatsmänner, Priester, Philosophen, Kritiker beweiset nichts gegen das Königthum, die Staatskunst, das Priesterthum, die Philosophie und die Kunst der Kritik etc. v. O.

***) Hieraus folgt, dass die Schaffung des Menschen nicht etwa unterblieben wäre, wenn Lucifer nicht gefallen wäre. Der Mensch hätte nur eine andere und nur diejenige Bestimmung erhalten, die ihm ohnedies im allgemeinen Weltplan zugedacht war. v. O.

P. 118. Z. 1—15. Nicht in dem Himmel, sondern ausser ihm (und also allen Gestirnen) ist die Erde geschaffen, die Erdeschaffung war die erste Befreiung des Himmels.

P. 122. Z. 10—15. Der Verlust des Centralsinnes werde durch peripherische Sinne ersetzt.

P. 133. Z. 1—12. Etwas Anderes ist die Centinuität Auflösen, etwas Anderes ist das Trennende derselben Auflösen: positive und negative Vermittelung. Vermittelung ist immer zwischen drei Gliedern, deren wahre Mitte die Einheit ist.

P. 147. Z. 12—18. Die Vermögen in Compression (d. h. die nicht entwickelten, wie das comprimirte Verlangen) sind leer und unerfüllt (nicht wie comprimirte Materie) und sie werden erst voll durch Entwickelung.

P. 222. Z. 18—24. Analog der Swedenborg'schen Vision der Geister in einer grossen Menschengestalt dislocirt.

P. 226. Z. 1—9. Die Menschen leuchten dem Teufel mit ihrer (vermeintlichen, von Gott losen) Vernunft *).

P. 231. Z. 22—31. Alle Pein, die wir euch anthun, ist nur wohlthuender Thau gegen die, welche wir selbst dabei fühlen, sagte der Dämon der Somnambüle Spielmann.

P. 234. Z. 1—8. Hieroglyphe. — Wahrer Idealismus oder Subjectivismus: die Seinsart des Subjects bestimmt die Erscheinungsart (die Art des Zumvorscheinkommens) des Objects. *Quidquid recipitur per modum recipientis recipitur.* Aendere dich (als Subject), so wird sich dein Object ändern **).

P. 253. Z. 1—8. Aus Seligkeit entspringt das Mitleid für Unselige ***).

---

*) Diejenigen leuchten ihm also gerade am meisten und besten, die ihn leugnen. Schelling hätte sich hüten sollen, den Teufel zu einer unpersönlichen Macht zu machen. v. O.

**) Unstreitig standen Kant und Fichte nahe an der Schwelle dieser Einsicht. Aber sie erreichten sie nicht, und Schelling machte grause Irrfahrten, ehe er sich ihr näherte. v. O.

***) Je sittlicher ein Mensch ist, um so seliger ist er und darum ist er auch um so mitleidvoller. In demselben Grade, als der Mensch unsittlicher wird, in demselben wird er unseliger und hiemit mitleidloser. v. O.

P. 279. Z. 1—8. Hier ist von einem Zumvorscheinkommen die Rede, welches auf Kosten eines Anderen wird. Bei der wahren Manifestation findet aber kein solch Verdrängen, sondern bloss eine organische Unterordnung des Mitlauters unter den Selbstlauter statt, womit beide (das Zeichen und das Bezeichnete) zum Vorschein kommen.

P. 280. Z. 1—6. Hier wird: „Aeusserlich", in einem andern Sinne genommen als gewöhnlich, nemlich als Inneres, welches mit meinem Inneren noch geschieden ist.

P. 281. Z. 8—19. Wenn ich eine Aeusserung meines Innern einem Aeusseren eingebe, so setzt sich Derjenige, der dieses Aeussere als Zeichen enthüllt, als Innerer mit mir als Inneren in Rapport. Alle Zeichen haben ursprünglich schon einen Sinn.

P. 281. Z. 20—26. Inneres geht nur auf Inneres.

P. 282. Z. 10—17. Was hier gesagt wird, das gilt auch immanent für die Gemeinschaft der Glieder.

P. 286. Z. 12—17. Thun und Sehen, was gethan wird, sind zweierlei.

P. 286. Z. 17—22. Aller Sinn stammt aus Sympathie.

P. 288. Z. 4—25. Nur das Verlangen imaginirt, d. h. bildet sich die Idee (den Plan) dessen ein, was sie verlangt. Die Idee ist vermittelnd die Erfüllung*). So ist z. B. das Zeichen des Verlangens nach Kleidung der Plan oder die Idee des Kleides. Das Kleid ist das Zeichen jenes concipirten Plans. — Dieses ist aber nicht die eigentliche Bedeutung des Zeichens, welches immer nicht die Sache, sondern die Idee derselben ausdrückt.

P. 291. Z. 10—17. Das Wort folgt dem Gedanken.

P. 294. Z. 1—11. Das Abweisen der allgemeinen synthetischen Principien würde Logik und Mathematik aufheben oder unmöglich machen.

P. 294. Z. 7—11. Damit Etwas zum Vorschein komme, muss ein Anderes verborgen bleiben u. v. v.

---

*) Wer Idealen gerne nachsinnt und nachgeht, verräth ein Verlangen nach Ueberirdischem. Wer in das Irdische imaginirt, der weicht dem Idealen aus. v. O.

P. 297. Z. 7—12. Alle Execution ist Gehorsamen.

P. 297. Z. 20—24. Sinnen ist Eingeben. Den verschiedenen Weisen der Conjunction der Innern müssen verschiedene vermittelnde Zeichen (Worte) entsprechen.

P. 298. Z. 2—5. Wenn die Sinne im Grunde eins sind, so müssen es auch die objectiven Qualitäten sein. Das Gliederungsprincip der Sinne ist dasselbe, welches die Objecte gliedert. — Jeder Sinn wurzelt im ganzen Organismus, — Es ist dasselbe, was ich sehe, höre, fühle etc. Wie ich, derselbe, sehe, höre, fühle etc.

P. 299. Z. 6—16. Daher entspricht die Anzahl der Sinne der Anzahl der Urqualitäten.

P. 299. Z. 25—31. Jeder Sinn hält alle in sich. — Jedes einzelne Object alle. — Alle einzelne Sensation erhebt sich nur aus dem Fond allgemeiner Gemeinschaft. S. *Fermenta cognitionis*. H. 3, S. 43.

P. 300. Z. 1—6. Trüber Hintergrund aller Empfindung.

P. 301. Z. 8—16. Diesen Relationsweisen müssen eben so viele Sehnsweisen entsprechen.

P. 302. Z. 10—22. Ein Anderes ist es, wenn Licht und Finster, Gutes und Böses zu unterscheiden ist, und ein Anderes, wenn bloss das Viele derselben Art zu unterscheiden ist.

P. 303. Z. 23—27. Der Richter urtheilt nach dem Gesetz.

P. 306. Z. 8—19. Scheidung des Lichtes und der Finsterniss hat nur mit dieser Schöpfung begonnen.

P. 307. Z. 15—30. Nur muss hier nicht etwa Gott als Mann, der Mensch als Weib betrachtet werden.

P. 309. Z. 20—30. Auf solche Weise wird die Eheheit (Gott) immer wieder so wie sie ist.

P. 317. Z. 1—9. Unsere Sorgen, Kümmernisse, die wie Felsen unsere Brust belasten und zu erdrücken scheinen, müssen doch keine Felsen sein, weil Töne (Musik) sie zu schmelzen vermögen *).

---

*) In der Oper: des Teufels Antheil, wird die Macht der Musik auf das tief melancholisch gewordene Gemüth eines Königs in ergreifender Weise anschaulich gemacht. v. O.

P. 320. Z. 8—14. Entwaffnung der descendirenden und der ascendirenden Action. Wenn nicht ascendirt, was ascendiren sollte, so descendirt nicht, was descendiren sollte. Es wird sensibel, was nicht sensibel, es wird insensibel, was nicht insensibel sein sollte. Wird das Descendirende nicht envelopirt, so wird das Ascendirende (Reagirende) nicht developirt.

P. 326. Z. 1—10. Feuertilgende Wassererzeugung mit Licht.

P. 329. Z. 21—26 f. Nur (von Gott) Gedachtes ist denkbar *).

P. 340. Z. 12—17. Jedes Ding definirt sich selber oder wird definirt.

P. 352. Z. 2—6. Das Verlangen bedarf ein Mittel zum Erlangen.

P. 359. Z. 8—13. Bastarde propagiren nicht.

P. 368. Z. 2—7. Mit allen Reden kann und soll ich doch nur in dem mich Hörenden sein. Nur das Hören eines Andern als mich kann mich frei machen.

P. 368. Z. 14—19. Dieses Sehen diente nur zum innern Hören.

P. 371. Z. 1—9. Hiermit machten sie sich indessen als Geist aus dem zerbrochenen Gefäss nur wirksamer.

P. 372. Z. 1—9. Die physischen Erscheinungen könnten wohl dieselben Lettern sein, die doch immer Verschiedenes bedeuteten.

P. 422. Z. 9—15. Könnten nicht die Abgeschiedenen zum Theil in die Sterne versetzt sein, und dann wieder (einzeln oder im Weltgericht) auf die Erde kommen?

---

*) Was Gott nicht schon ewig gedacht hätte, könnte vom Menschen nicht gedacht werden. Für den Menschen ist nur denkbar, was von Gott schon ewig gedacht ist. v. O.

VIII.

ŒUVRES
POSTHUMES

DE

M‍R. DE S‍T. MARTIN.

> J'ai désiré de faire du bien, mais je n'ai pas désiré de faire du bruit, parce que j'ai senti que le bruit ne faisait pas de bien, comme le bien ne faisait pas de bruit.
>
> ST. MARTIN, 740.e pensée.

A TOURS,

Chez LETOURMY, Imprimerie-Libraire, rue Colbert, n.o 2.

1807.

Oeuvres posthumes de Mr. de Saint-Martin.
Tome second*).

P. 7. Z. 1—10. Man greift zu den Waffen, wenn der Gegner keine Räson annimmt, oder wenn man ihm selber keine zu geben hat.

P. 8. Z. 23—26 ff. Nach Hegel ist die Vernunft das Erkennende und das Erkannte, welches sich erkennend alle Dinge weiss, also das *Verbum Est* selber. Aber diese Vernunft hat der Mensch nicht, wohl aber sie ihn **).

P. 12. Z. 17—21. Wie jedes Sein auf Wissen, so bezieht sich jedes Wissen auf Sein. Es gibt kein Sein, das nicht gewusst ist ***).

---

*) Tome premier der Oeuvres posthumes fand sich im Nachlasse Baader's nicht vor. v. O.

**) Baader scheint es hier Hegeln noch immer offen halten zu wollen, seine Lehre vom absoluten Geiste im Sinne des höheren Theismus zu fassen, gibt ihm aber zugleich zu verstehen, dass er im anderen Falle in grossem Irrthum sich befinde. Ueber den wahren Sinn der Hegel'schen Lehre vom absoluten Geiste kann man sich nicht täuschen, wenn man die betreffenden Nachweisungen in den Werken J. H. Fichte's, Carl Ph. Fischer's, Ulrici's, Sigwart's u. A. vergleichen will. Lehrreich sind auch die Darstellungen und Beurtheilungen der Hegel'schen Lehre von Schaarschmidt, Barach und Kirchner. Die Vergötterung des menschlichen Geistes durch Hegel ist am prägnantesten nackt und frect ausgesprochen in seinen Vorlesungen über die Geschichte der Philosophie im XV. Band der s. Werke S. 689—690. v. O.

***) Nicht darin irrte J. G. Fichte, dass er kein Sein ausser dem Wissen stellte, sondern darin, dass er nicht begriff, dass das Unendliche ein

P. 13. Z. 12—17. Gott ist *causa sui*, ist durch sich selbst. Alles endliche Sein als Substanz ist Gewirktsein. Der Allsehende ist von Niemand gesehen. „Er versetzt die Berge und sie wissen nicht."

P. 15. Z. 3—8. Die erste Trennung und Opposition der Speculation von der Tradition trat zugleich mit der Vernachlässigung von Seite der Bewahrer der [unleserlich]

P. 19. Z. 5—11. Denn die höhere (intelligente) Natur schliesst die niedrige (nichtintelligente) ein.

P. 20. Z. 15—24. Der Mensch ist intelligenten Wesens, weil das göttliche Gesetz in ihm (nicht von ihm) als Organ oder Mitwirker ist, wogegen selbes nicht in der nichtintelligenten Natur als Werkzeug ist.

P. 21. Z. 2—8. Der Gedanke ist in uns, nicht von uns, und wir denken nur nach und fort. Der Mensch denkt nicht allein und nicht von selbst.

P. 23. Z 5—9. Das Erzeugende oder Gebärende ist auch das Nährende u. v. v. Nicht also eigentlich der kleine Vater und die kleine Mutter, sondern der grosse Vater und die grosse Mutter waren es, die, so wie sie den Geborenen nährten, ihn auch erzeugten.

P. 23. Z. 19—22. Was mir ein Höheres zuschickt, will wieder zurück.

P. 23. Z. 22—26. Intellect kann nicht von Nichtintellect reagirt werden.

P. 24. Z. 3—4. *Alimentatio ist reactio*.

P. 25. Z. 18—21. Gerade nur durch diese Sensibilisation geschieht die Enaction schon als Rede.

Wissendes sein könne und müsse, und dass nur dieses Unendliche Wissende dasjenige Wissende sein könne, ausser welchem ein Seiendes nicht gedacht werden könne. Man vergleiche die gegenwärtige Aufgabe der Philosophie etc. von C. Sigmund Barach §. 30, 35—40, und: Die speculativen Systeme seit Kant und die philosophische Aufgabe der Gegenwart von C. H. Kirchner S. 9—18 und 75—82. v. O.

P. 29. Z. 1—9. Soll der Geist aufsteigen, so muss die Natur niedersteigen (sich scheiden), soll Gott aufsteigen, so muss der Geist niedersteigen.

P. 29. Z. 20—23. „Ich suche nicht meine Ehre, sondern die des mich sendenden Vaters."

P. 30. Z. 6—14. Die keinen Grund und keine Räson haben, müssen beständig sich Grund und Räson zu machen suchen.

P. 30. Z. 14—24. Was erhebt, das erfüllt und gibt das Vermögen zu erfüllen.

P. 36. Z. 1—3. „Wir können uns nicht enthalten zu verkünden, was wir gesehen und gehört haben."

P. 36. Z. 4—10. Jeder Seher ist ein Dichter, aber nicht jeder Dichter ein Seher.

P. 37. Z. 10—14. Das Symbol ist nie höher als die Sache.

P. 39. Z. 14—16. Erhebung ist nicht Aufhebung.

P. 40. Z. 1—3. Construiren ist das Axiom actuos Machen.

P. 40. Z. 12—19. „*Introite, nam et hic Dii sunt.*"

P. 41. Z. 3—13. Geheimniss, weil Verborgenheit der Mittel die Gründung unmöglich macht. *Non causa latet, sed causatio (modus).* Also nicht das Sein, sondern das Wie des Geschehens wird nicht gewusst. Die *causa* kann ich nur in der *causatio* oder als *causans* kennen, nicht bloss im *causato*. Alles Begreifen oder Nichtbegreifen geht nur auf das Wie, nicht auf das Agens und das *Actum*.

P. 43. Z. 7—14. Wunder erhebt, befreit und erfüllt die Intelligenz.

P. 44. Z. 1—2. Das wahre Feuer verzehrt nur, um zu erfüllen.

P. 44. Z. 11—17. Das Bewegung-Erthellende ist das Unbeweglich-Bleibende.

P. 45. Z. 4—11. Dreifache Sensibilisation der éinen Idee oder des éinen Gedankens.

P. 45. Z. 17. Hier wird das Wort nur als äusseres sinn-

P. 45. Z. 20—23. Auch bei centraler Einwirkung ist die entsprechende Sensibilisation (von innen heraus) nöthig, welche uns glauben macht, dass die Einwirkung nur von aussen herein kommt.

P. 46. Z. 4—9. Wenn man auch Bild und Laut nicht mehr als solche wahrnimmt, so sind sie doch.

P. 47. Z. 8—15. Wie das Vermögen in Act geht, muss dieser wieder in Vermögen zurückgehen oder dieses Vermögen confirmiren.

P. 48. Z. 4—10. Same ist Gabe und Aufgabe.

P. 48. Z. 17—23. Jedes eingesäete Wort wird anfangen zu sprechen — zu wirken in, mit, durch uns.

P. 49. Z. 10—16. Lesen schliesst das Sehen der Schrift (nicht des Schreibers) und das Aus- oder Nachsprechen (dem letzteren) ein. Schrift, Wort, Sehen von Angesicht sind drei Stufen der Gegenwart, deren letzte die innigste, die vollendete, ist.

P. 53. Z. 10—19. Die Erde vermählt sich wahrhaft mit dem Himmel im Gewächse.

P. 54. Z. 7—18. Die Erde ist nur selig in ihrem Gewächse.

P. 57. Z. 1—4. Das Bild (Schemen) ist nicht im Spiegel, sondern in dem Auge, welches in den Spiegel blickt. (Blick und Gegenblick.)

P. 59. Z. 11—14. Die active Finsterniss hasst das Licht, welches ihr Pein und Schrecken macht.

F. 60. Z. 1—7. Es besteht ein Gesetz der Relation (Raison) zwischen uns und unserer denkenden Quelle. Selbes macht sich effectiv (sensibel) gemäss allen Traditionen. Dasselbe macht den Inhalt aller Geheimlehren aus. Seine Efficacität ist noch nachweisbar.

P. 61. Z. 3—7. Das hier Gesagte ist nicht gültig. Denn keiner ist solch ein Raum, keiner ist ausser Gesellschaft.

P. 61. Z. 10. Selbst nur um diese *Ministres* als solche zu erkennen, muss er in sein Inneres gehen.

P. 61. Z. 18—23. Ohne ein solches inneres Zeugniss gibt es kein äusseres.

P. 67. Z. 9—16. Es ist ein Irrthum, wenn Hegel und Andere das Wissen als Zweck nehmen. *Dans l'ordre vrai la connaissance et la jouissance coincident.* Das wahre Wissen ist fruchtbringend *).

P. 69. Z. 5—15. Die äussere Natur beweiset Ihm die Gerechtigkeit, der Mensch hätte die Barmherzigkeit des höchsten Wesens beweisen sollen.

P. 69. Z. 23—26 ff. Er kam in die Welt, um der Wahrheit Zeugniss zu geben.

P. 72. Z. 1—5. Sie waren nicht illabil, also noch in dem ersten *stadio* ihres Daseins.

P. 72. Z. 10—21. Auch Fournié sagt aus, dass sie die Pein der Ewigkeit (aber nicht ewig) fühlen werden **).

P. 72. Z. 21—24. Es scheint also, dass auch sie in jene erste Function wieder treten mussten.

P. 74. Z. 6—13. „Meine Speise ist, dass ich den Willen meines Vaters thue." Jedes Organ setzt sich functionirend.

P. 75. Z. 1—6. „*Fata volentem ducunt, nolentem trahunt.*"

P. 75. Z. 20—23. Damit erklärt sich die Negativität des Gesetzes. Der Geist drückt auf Geistleeres.

P. 76. Z. 1—3. Diese Gerechtigkeit tritt dann erst als solche hervor.

P. 77. Z. 3—17. Wir kamen ebensowohl durch ein Herabsteigen als durch ein Erheben ins Dasein.

P. 78. Z. 1—6. Gottesverneinung ist im Grunde doch (zugleich) Selbstverneinung, nicht, weil der Mensch etwa Gott wäre, sondern, weil er nicht sein könnte, wenn Gott nicht wäre. Hass Gottes ist daher auch Hass des eigenen wahren Selbsts.

P. 79. Z. 1. Jede Zahl entspringt unmittelbar aus der Einheit und ist unmittelbar mit ihr verbunden.

---

*) Kant, Fichte und Schopenhauer näherten sich hier mehr der Wahrheit als Schelling und Hegel. Aber jeder der drei genannten Philosophen verdarb sich den Gedanken wieder, jeder auf andere Weise. v. O.

**) Siehe das Werk: *CE QUE NOUS AVONS ÉTÉ, CE QUE NOUS SOMMES ET CE QUE NOUS DEVIENDRONS. Par Pierre Fournié. A Londres, Dulau 1801.* v. O.

P. 80. Z. 16—23. Liebe ist creirend oder allein productiv. Daher ihre Superiorität über die drei Actionen. — Indestructibilität der Essenzen.

P. 81. Z. 3—12. Weil die Essenz der Creatur doch nie von Gott getrennt wird.

P. 82. Z. 13—25. Denn die effective Liebe fordert die Annahme und Rückwirkung.

P. 87. Z. 1—15. Jedes Vermögen ist producirend: das erste den Gedanken, das zweite den Gedanken als Willen, das dritte den vollständigen Gedanken als That: vollständige Production. Die drei Vermögen sind also hier so zu nehmen, dass der Mensch nur denkt, dass er denkt und will und dass er denkt, will und thut.

P. 88. Z. 5—10. Nach Saint-Martin ist das △ der Anfang des Elements, das ▽ der der Corporisirung, die ▽ der Form und Gestaltung. Aber ▽ ist hier Stoff, ▽ Form. Vgl. p. 98.

P. 92. Z. 11—18. In jeder Attaque sollte er die Kräfte zur folgenden erbeuten.

P. 92. Z. 20—22. *L'âme animale* ist von seiner *âme* unterschieden, wie der Körper vom Leib.

P. 97. Z. 1—6. Aehnlich der dreifachen Versuchung des Menschen.

P. 102. Z. 5—10. Diess ist nicht mehr möglich, seitdem der Kopf der Schlange zertreten ist.

P. 103. Z. 2—12. Wie die Thierseele dem Geistmenschen zur Sühnung seiner Geistseele gegeben worden, so der Thierleib und Thiergeist zur Sühnung (Befreiung) seines Geistleibs und Geist-Geistes.

P. 105. Z. 11—25. Die Thierseele ist gegeben zur Expiation der Geistseele heisst, wie Moses sagt: Das Blut ist euch gegeben zur Versöhnung (Lösung) eurer Seele. — Geist bedeutet hier den ganzen Menschen: Geistleib, Geistseele, Geistesgeist. Was von der Thierseele gilt, das gilt auch vom Thierleib und vom Thiergeist.

P. 109. Z. 3—13. Auch bei den Somnambulen scheint bisweilen die *affection corporelle* aufzuhören, obschon nicht der

(Muskel-) Gebrauch desselben. Aber dafür wird die *affection animale* freier.

P. 110. Z. 3—6. Das Subject des Producenten darf weder mit diesem, noch mit dem Product als Object vermengt werden.

P. 113. Z. 6. Hier bedeutet Geist eines der geistigen Vermögen des Menschen.

P. 116. Z. 23—26 ff. Strafe des Bösen (Abkehr vom Guten) ist Vorkennen desselben. — Ohne neue Hilfe Unvermögen seiner Anerkennung.

P. 118. Z. 16—19. Denn mit dem *homme-principe* trat auch das *mal-principe* hervor.

P. 119. Z. 5—11. Der erste Schritt hiezu ist: diese Insinuationen als solche zu erkennen und sie nicht für eigene Einfälle zu halten.

P. 121. Z. 9—16. „Die ihr (Juden und Heiden) weiland nicht éin Volk seid gewesen, nun aber éin Volk Gottes seid."

P. 127. Z. 13—22. Lucifer (Engel) war die erste, der Mensch die zweite, Christus die dritte Emanation. Darum war auch der erste Engel unter dem Menschen als dem Schlussgeschöpf. Daher die Superiorität des Menschen über die gefallenen und alle Engel als aus tieferem Grunde emanirt als die letzteren.

P. 130. Z. 5—9. Die gänzliche Trennung von Gott entspricht der gänzlichen Verbindung mit Satan.

P. 130. Z. 21—25. Obschon bei jedem Leiden der ganze Mensch leidet, so ist doch unterscheidbar, woran er leidet.

P. 141. Z. 23—27. J. Böhme unterscheidet in Gott das éine Princip, drei Organe und Werkzeuge. In jedem jener drei Organe ist eines — Princip, Organ oder Werkzeug vorherrschend.

P. 142. Z. 13—22. Die geistlich-zeitlichen Häupter sind nicht äusserlich ordinirte Priester.

P. 144. Z. 1—6. Die Universitas (Gemeine) basirt im Haupte. — Die Schwäche der Häupter hat sie in neueren Zeiten zu Privaten heruntergebracht. Auch haben seit Christus die Häupter diese Macht nicht mehr.

P. 146. Z. 1—4. Unbeschadet der bestehenden äusseren Ordnung, welche gleichfalls erhalten wird.

P. 153. Z. 1—8. Base, Grund der Existenz ist *verbe (unité des essences p. 157, centre de la vie divine p. 177). Le verbe ou fils dépositaire de toutes les puissances de son père p. 156, principe de la vie p. 220, arche sainte p. 208.*

P. 153. Z. 15—17. Der Empfänger soll sich vertiefen gegen das Vertiefen des Gebers.

P. 154. Z. 5—13. Zu unterscheiden sind Segnungen (guter Wille *actu*) des Leibes, der Seele, des Geistes.

P. 154. Z. 14—19. *Etre* erhalten und behalten ist von der Wurzel geschieden oder vielmehr unterschieden sein also ausgesprochen sein (p. 289).

P. 154. Z. 19—25. Wie ein Wesen seine Existenz vom Vater nur mittelst der Mutter erhielt, so kann sich selbes auch nur mittelst letzterer im Vater erhalten.

P. 155. Z. 3—12. Die geistigen Wesen als intelligente sind activ und durchdringend gegen die bloss sinnlichen oder körperlichen als durchdrungene, passive Wesen. Auch in der ewigen Welt sind intelligente und nichtintelligente Wesen und solche, die beides vereint sind: göttliche, geistige, Natur-Wesen. Die geistigen vermitteln die göttlichen und die natürlichen Wesen. Geist und Natur sind beide ewig. Alle Intelligenz ist überzeitlich. Vergl. was im *Esprit des choses* von den göttlichen, geistigen und natürlichen Spiegeln gesagt wird.

P. 155. Z. 21—25. *Génération du Principe, Emanation de l'Organe, Création de l'Instrument.*

P. 156. Z. 1—8. Wirken, Wollen, Denken sind dreierlei Einwirkungsweisen eines Wesens auf Anderes, deren jede innerlicher ist als die andere und dreierlei Lebensäusserungen.

P. 156. Z. 9—15. Wie der Vater so ist auch der Sohn nicht *faculté*. Das Wort (der Sohn) ist die *facultés* durch Union mit den *puissances* (Organen) effectiv machend. — Der ganze Ternar wirkt, will und denkt. — Wenn die Action der *faculté opérante* durch das *verbe* geschieht, so muss dasselbe für die *faculté volonté et pensante* gelten. Dasselbe Wort, welches immanent das Princip mit dem Organ verbindet, verbindet es auch mit dem emanenten Organ.

P. 158. Z. 1—10. Diess geht nicht auf die göttlichen Personen, die nicht im Grade verschieden sind.

P. 159. Z. 9—18. Die Creatur wird hier wie bei andern Schriftstellern mit der zeitlichen gleichbedeutend genommen und entgegengesetzt dem *Univers des esprits*. S. 167.

P. 160. Z. 17—26 ff. 1) Hervorbringung der materiellen Essention (in Indifferenz), 2) Belebung derselben durch Junction mit einem thätigen Princip (Fermentation), 8) Exlosion. . . . . .

P. 161. Z. 10—15. Gleichsam Entschluss des Willens, welcher die *Essences opératives* determinirt, die erst in Indifferenz im Willen (in der Mutter) waren. Befruchtung ist Junction mit Gedanken.

P. 162. Z. 1—6. Was gar keine Zeit zur Execution braucht, ist absolute Macht. Diese braucht also keine Zeit und keinen Raum aufzuheben.

P. 166. Z. 11—15. Das Wort präsidirt jedem Tod wie jeder Geburt trotz allem Anschein der Gesetzlosigkeit.

P. 168. Z. 1. Ein solches göttliches Wesen ist ursprünglich der Mensch.

P. 168. Z. 19—26 ff. Auch den Naturwesen selbst durch Aufhebung ihrer *Existence en apparence de forme-materielle* (p. 165), der Zusammengesetztheit.

P. 169. Z. 2—3. Sind diese hier jene *Esprits* oder *Miroirs spirituels* im *Esprit des choses*?

P. 169. Z. 14—17. Aber diess kann nur für jene gelten, die nicht im Weltgericht zur Hölle fahren.

P. 169. Z. 22—26. Also ist eigentlich ihre Hölle nur nach dem Weltgericht.

P. 170. Z. 1—2. Hier ist die Frage: ob bloss Rückkehr oder Erhöhung erfolgt?

P. 171. Z. 8—14. Gilt auch für Selbstmord, der diese Bande nicht löset.

P. 174. Z. 12—17. Deren Wohlsein also in ihrer freien Correspondenz besteht. Christus öffnete ihre Communication.

P. 176. Z. 11—13. „Die Kraft des Höchsten wird dich überschatten."

P. 184. Z. 3—13. Hiemit ist zu vereinigen was im *Nouvel homme* gesagt wird, dass dieser Engel nur durch uns das göttliche Leben erhalte, was sehr leicht ist, da er sich expatriirte.

P. 189. Z. 7—13. Hier also nicht jene Engel (im *Nouvel homme*), welche nur durch uns dieses göttliche Leben empfangen. — Und doch! denn sie erhalten es, wenn wir es durch sie erhalten.

P. 191. Z. 1—3. Mit dem Erlöser trat ein anderes Verhältniss des Führers mit dem Menschen ein.

P. 191. Z. 7—13. Wie jedes materielle Individuum seinem zeugenden und erhaltenden Agenten seinen materiellen Tod schuldet!

P. 192. Z. 4. Vorbild ist vorbereitend.

P. 194. Z. 13—21. Schon der erste Moment der nicht gefallenen Creatur ist nichtinteger, obschon nur bei der gefallenen eine Resistenz gegen Reintegration eintritt.

P. 195. Z. 8—10. Denn Finsterniss wie Licht wird gegeben.

P. 195. Z. 12—26 ff. Also Erlösbarkeit. Die Hölle ist also nur das Purificationsfeuer der Ewigkeit, welches darum nicht ewig dauert.

P. 196. Z. 22—27. Welches mit dem Tode jedes Gerechten schon geschieht.

P. 197. Z. 14—23. Dieses Wachsen beweiset die Möglichkeit ihrer Minderung.

P. 198. Z. 10—14. Er würde auch dann die Assistenz des Wortes erlangt haben. Menschwerdung als des Schlangegeschöpfes.

P. 199. Z. 4—9. Also nicht Ferne des Zugeniessenden, sondern Nähe mit Impotenz macht die Pein. — Höchste Spannung zwischen Erkennen und Genuss. Ungansheit und Widerspruch. —

P. 199. Z. 9—16. Die Begierde, welche den Gegenstand nicht erfassen kann, fasst sich selber. Erkannter Mangel ist Begierde, erkannte Erfüllung ist Genuss. — „Der Durst ist nicht ein Ding, und doch kann er dich quälen."

P. 200. Z. 6—14. Nicht die Finsterniss sondern das Licht wird seine Pein sein! Aeusseres Licht und innere Lichtleere: höchste Nichtidentität des Aeussern und Innern.

P. 203. Z. 7—21. Dieses kann man so verstehen, dass das wahrhaft Seiende sich keinen Anfang und kein Ende weiss, dass also sein Gewesensein nie, so wie sein Aufhören nie ist, jenes zu jeder Zeit schon gewesen, dieses zu jeder Zeit noch nicht ist. Sieht man aber auf die beständige Erneuerung, so erhält man ein beständiges Anfangen und beständiges Aufhören, indem das Vergangene immer zur Zukunft, das Zukünftige immer zum Vergangenen wird. Denn daraus merkt man ja nur die Zeit, dass das Vergangene nicht das Kommende ist. — Die drei Zeiten fallen in der Ewigkeit zusammen. Gott ist der war (ehe die Creatur aus ihm kam), der ist (Gott in der Creatur), der sein wird (die Creatur wieder in Gott). — Stagnation zwischen Hervorgang aus Gott und Wiedereingang (Reintegration) macht Zeitdasein.

P. 204. Z. 1—4. *In Personis proprietas, in essentia unitas.*

P. 204. Z. 11—17. Das ist eben die Pein des Bösen, dass ihm Gott nie in Ganzheit wird.

P. 205. Z. 15—17. „Ihm leben sie Alle."

P. 209. Z. 1—3. Ausgang ist nicht Abgang, Eingang ist nicht Zugang *).

P. 213. Z. 22—26 ff. Wie das Wort Alles schafft, so macht es Alles erkenntlich. — Identität des Seins- und Wissens-Princips.

---

*) Baader will hiemit sagen, dass Gott im Schaffen seine Substanz, sein Wesen, nicht theilt oder mindert, und dass im Eingang der freien und durch Vermittelung der freien auch der bewusstlosen Wesen in Gottes Willen seiner Substanz oder seinem Wesen nichts hinzugesetzt, nichts hinzuwachsen gemacht wird und dass also Gott und Welt nicht einwesig sind und nicht einwesig werden, so vollkommen auch immer die Inwohnung aller Dinge in Gott werden mag. v. O.

P. 214. Z. 18—23. Das, was erkennen macht, macht sein.

P. 216. Z. 6—9. Wort ist Fassungseinheit. p. 157.

P. 216. Z. 22—26. Alles, was ich nenne (was ist), nenne ich in mir. Ich höre (vernehme) mich, weil ich mich spreche. — Alles Wort drückt das Sein (ist) aus, nur dass der Geist nicht das schöpferische (schaffende) Wort hat.

P. 217. Z. 12—19. Hiemit höre ich eben auf, dieses Gesetz als solches zu fühlen.

P. 218. Z. 2—12. Schmerz erschöpft die Opposition.

P. 219. Z. 11—15. Wo keine Seele, kein Wort ist, da ist keine wahre Sensibilität.

P. 220. Z. 16—20. Gedanke ist Quelle des Lebens.

P. 221. Z. 12—15. Bewundern ist noch unfrei, nicht Anbeten.

P. 223. Z. 8—14. Der Despot soll des Sclaven, dieser jenes überdrüssig werden.

P. 224. Z. 14—20. Lust-Leere machte, dass er die ganze Last fühlte.

P. 225. Z. 7—11. Wie Licht Einheit und Unterschiedenheit, so ist Finsterniss Trennung und Confusion.

P. 230. Z. 14—18. Wie jenes Wesen seine Essenz hat, so ist es wieder Essenz einem andern Wesen.

P. 232. Z. 1—9. Die hier bemerkte Reintegration ist nicht etwa Verschwinden ihres Wesens oder ihrer Persönlichkeit.

P. 232. Z. 19—26. Verlust der Freiheit ist, wenn das, was dienen sollte (als Organ), herrscht. Organ ins Werkzeug deprimirt, Princip ins Organ.

P. 238. Z. 20—26. Das von mir ausgehende Wort setzt den Hörer in Gemeinschaft mit meinem Zeugewort.

P. 247. Z. 1—12. Jede Production besteht 1) im Act des Ausgangs, worin das Producirende sich gleichsam dem Product als Object (Anderes) subjicirt, selbes bejahend, 2) in der Rückkehr (Wiedereingang), wodurch es sich von ihm erst als sich dasselbe subjicirend unterscheidet. Jenes ist *Descensus*, dieses *Ascensus*. — Alles Anders-Sein ist sein Bild Sein.

P. 248. Z. 6—16. Ohne Fall ist Reintegration Confirmation.

P. 249. Z. 6—15. Diese dermalige Sichtbarkeit ist wie die der Atmosphärillen beim Ungewitter. Der Ursprung aller Wolken aus siderischen Finsternissen und Licht.

P. 250. Z. 14—21. Nur jene *atmosphère impénétrable* ist thätig und nicht fliessend, also auch nicht schwer, sondern solid.

P. 260. Z. 26—27. Ohne einen verbrecherischen Gedanken wäre kein verbrecherischer Wille und keine verbrecherische That.

P. 276. Z. 2—10. Geist ist was die Seele aushaucht und ein.

P. 288. Z. 21. Die Impassibilität ist Zweck der Leiden.

P. 290. Z. 7. Statt Gott anzubeten wollte der Mensch Gott erkennen, heisst so viel als: statt sich gegen Gott zu vertiefen, wollte er ihn sich vertiefen. Uebrigens bete ich nur an, was ich bewundere, was mir überschwenglich ist.

P. 291. Z. 5. Alle Begierde, alles Verlangen ist ein Leiden.

P. 294. Z. 22—25. „Gott ist nicht der Gestorbenen Gott, sondern Ihm leben sie alle."

P. 312. Z. 4—5. Das Wort als geistend unterhält die Lebensflamme.

P. 355. Z. 1—7. Bewundernd verherrliche ich das Bewunderte und einige mich mit ihm. Admiration elevirt und expandirt, Stupefaction deprimirt und comprimirt die Intelligenz. Licht ist begründend mein Sehen, wie Wort mein Sprechen. Was Ruhe gibt nährt. Stützpunct oder Ruhe für die Bewegung der Intelligenz. Die Admiration begründet (substanzirt) und bekräftigt (erleuchtet) die Intelligenz zugleich. Wie der Bewundernde im Bewunderten ruht, so auch ruht der Bewunderte in jenem. Bewundern ist sich Gründen, sich. Erfüllen. Auch in Gott ist das Bewundern das Erste.

P. 356. Z. 21—22. *L'âme admire par l'esprit. L'esprit admire, le coeur adore. L'admirant devient le miroir de l'admiré. (S. Esprit des choses.)* Der Bewunderte sieht sich im Bewundernden. *L'être admiré aime l'admirant activement et lui fait possible le retour d'amour.* Keine Liebe ohne Demüthigung (Wurzeln) gegen den Geliebten. Der Liberale wie der Servile bewundert, jener sich, dieser ein Niedrigeres, und beide können Gott nicht bewundern, weil jener wie dieser von seiner schlechten Bewunderung nicht lassen will.

P. 357. Z. 2—4. Unselig ist der Mensch, wenn er liebt, was er nicht achtet und was er nicht lieben kann, achten muss.

P. 357. Z. 4—7. Hier ist schon die Reunion des Geistes und Herzens oder die der Geschlechter angedeutet.

P. 357. Z. 14—15. Das freie Leben ist das über seine Wurzel erhobene.

P. 358. Z. 1—13. Wir bewundern das uns Unbegreifliche. *Admirable est ce qui n'a point été fait i. e. qui n'est pas faisible par nous. Scimus quia facimus.* Wunder ist Grenze des Wissens weil des Selbstthuns. *Miramur quia non facimus. Deus est faciens non factus.* Das Denken kommt nach dem Bewundern, so wie dieses wieder das letzte ist. Degriff aus und im Unbegreiflichen und zurück in das Unbegreifliche. Die Quelle der Wunder ist übrigens von den Wundern selbst unterschieden, wie ja auch die Gabe vom Geber verschieden ist. Der abstracte Begriffsphilosoph gleicht dem Jäger, der alles Wild in seinen Schnappsack begreifen wollte.

P. 360. Z. 1—7. Ich kann mich nur sehen im Spiegel, also in dem, was sich mir zum Spiegel macht. Auch in der Selbstspiegelung (Selbstbewunderung) ist der Spiegel als das Bewundernde zugleich dem Sichbewundernden dienend.

P. 360. Z. 7—16. *Développement de la chose admirable (sensible surmatérielle).* Ohne Wunder kein Bewundern, kein Cultus Gottes. Unbegreifliche Macht, Weisheit und Liebe. Macht, Weisheit, Liebe Gottes sind dem Menschen unerreichbar. Die Wunder sind Wunder der Weisheit (Intelligenz), der Liebe und der Macht. Je höher der Mensch als intelligent steigt, um so höher steigt Gott.

P. 361. Z. 5—15. Sich generirend, schaut (bewundert) sich Gott, sich bewundernd adorirt (liebt) er sich, sich liebend generirt er sich. Anfang setzt das Ende voraus und umgekehrt. — Wenn Bewunderung auf ein Anderes geht, so ist Liebe ein Ausgehen (Eingeben) in dieses Andere. Jenes ist Gegensatz, dieses Wiederaufheben desselben.

P. 363. Z. 1—6. *Miroir (admirer)* ist das, worin das Höhere sich als im Gleichniss oder Bild sieht (findet) und worin alles Tiefere das Höhere sieht. Der Spiegel (Weisheit) ist das, womit oder worin der Vater sich als Sohn sieht. — Das Empfangen der Wunder und Weiter- (Herab-) Strahlen derselben ist Function des Menschen.

P. 364. Z. 4—14. Dieser Zustand des Menschen muss auf jene Trennung des Geistes und Herzens reducirt werden, welche bei der Bewunderung, insofern sie Anbetung ist, verschwindet. Jene Trennung macht impotent. Die Identität des Schauens (Bewunderns), Liebens und Zeugens darf nicht verkannt werden.

P. 364. Z. 15—21. Die Pflanze bewundert das Gestirn, indem sie aus der Wurzel empor gehalten wird, d. i. indem sie dient als Bild und Spiegel des Gestirns.

P. 366. Z. 12—21. Wenn Gott sich schaut (bewundert), so hat er sich schon causirt (producirt), wenn er sich liebt, so hat er sich geschaut, wenn er sich causirt (zeugt, producirt), so hat er sich geliebt und geschaut.

P. 366. Z. 23—26. Auch wäre sein Glück nicht seine Pflicht, sein Unglück nicht seine Schmach und sein Vorwurf.

P. 367. Z. 1—12. Bewundertwerden ist gleichsam Affect Gottes, aber der Spiegel, in dem Gott sich bewundert, bewundert Gott, sich bewundernd wird er bewundert. — Gott will seiner inneren Bewunderung Andere theilhaft machen.

P. 367. Z. 19—25. Immaneuz. *Dieu ne pose point. c. a. d. la production en lui ne se détache jamais de son Centre générateur et y remonte toujours. Esprit des choses. I, 247.*

P. 368. Z. 1—4. Tiefsinnig sagt hier Saint-Martin: Gott kann sich nicht bewegen, ohne sich zu begegnen; folglich kann er sich nicht von sich entfernen; folglich kann er nicht von sich abweichen (abfallen) und folglich ist nichts von dem, was von ihm abweicht (abfällt), Gott. Der Geist und die Natur können sich dagegen von Gott entfernen, der Geist kann es selbst, die Natur kann es durch den Geist.

P. 368. Z. 5—8. Generation, Emanation oder Creation durch Separation erklären Wollen, ist sie Leugnen.

P. 368. Z. 21—26. Schon hier tritt uns der Ternar von Action, Reaction und Energie entgegen.

P. 369. Z. 2—8. *Esprit de l'âme est fruit de l'âme, comme l'âme-esprit est le fruit de l'âme-Dieu. L'âme est Esprit-l'âme. L'âme admirante se distingue de l'admiré, aimante elle s'y unit, opérante elle coopère.* — *Volonté est être radical essence.*

P. 370. Z. 3—13. Gott ist absolut anfangend, *causa sui*. Die Gott construirende Speculation wäre Ihn tödtend *).

P. 370. Z. 14—21. Wir können nur Gottes Bewunderung theilhaft werden. Gottes Selbstbewunderung ist eine andere als unsere Bewunderung Seiner. — Wo die Bewunderung ruht, da ruht auch Adoration und Zeugung.

P. 371. Z. 1—9. Was Gott nicht ausser sich findet, wollen wir ausser Ihm finden!

P. 371. Z. 16—25. Imperativ des Erfüllt- und Erhobenseins. — *Etisis* als beständige Selbstzehrung im Gegensatz jener Substanzirung.

P. 372. Z. 16—28. Seinshunger, weil unsere innere Substanzirung bedungen ist durch jene Function des Fortstrahlens der Glorie Gottes.

---

*) Daher sagt J. G. Fichte, der Gott und Welt *a priori* construiren wollte: »Eine Philosophie, die mit der Einheit Ernst macht, muss offen aussprechen: Wir müssen zu Grunde gehen oder Gott.« Fichte lässt nur die Wahl zwischen Spinosismus und Ichvergötterung. Entweder Gott ist (Spinosismus), dann sind wir (bin ich) nicht, oder wir sind (ich bin), dann ist Gott nicht (oder vielmehr ich bin dann Gott). Baader dagegen zeigt, dass diese Alternative, die Fichte zu Gunsten des Ichs entscheidet, nicht besteht und dass sowohl Gott (unbedingt) ist, als dass Ich bin, (Wir und die Welt sind, als bedingte Wesen), anders die geistigen Wesen (Engel und Menschen), anders die natürlichen. Das unbedingte Wesen schliesst die Möglichkeit bedingter Wesen, freier und bewusstloser ein; die Existenz bedingter Wesen ist nur möglich unter der Voraussetzung der Existenz des unbedingten Wesens. v. O.

P. 373. Z. 4—7. Erfüllende innerste (centralste) Action und einschliessende. Allbegriff (wie Allmacht).

P. 373. Z. 8—16. Tieferes Sichfassen Gottes zur innigern Vereinigung mit dem Menschen. — Wenn man anfängt zu begreifen, hört man auf, zu bewundern, zu lieben, zu zeugen.

P. 375. Z. 3—20. Eben nur durch Wunder oder Unbegreiflichkeiten gibt sich der Unbegreifliche kund. Es ist darum Nonsens von einem Begriff Gottes in diesem Sinne zu sprechen. Nur Wunder wird bewundert. Ohne Wunder versänke die Intelligenz in Abgrund. Erhabenheit ist Erhobensein.

P. 376. Z. 1—6. Stufenfolge von Leib, Seele, Geist. — Dreifache Sensibilisation.

P. 377. Z. 11—15. „*Expedit a mundo nos, religatque Deo.*"

P. 377. Z. 15—26. Das erkennende Vermögen der Seele ist das erste Receptakel des Wunders.

P. 378. Z. 5—8. Nichtwiderstreitende Religionen sind Momente derselben Religion.

P. 379. Z. 1—5. Geist in uns erhebt sich, das Herz senkt sich. Himmel und Erde. Die Thierseelen erheben sich in den Himmel, nicht über ihn.

P. 379. Z. 5—16. Aufhebung des Gleichgewichts (wie im Wollen und Thun) macht die ausgleichende Action nöthig.

P. 381. Z. 1—7. Ausserdem hat aber der Geist noch Wahres vom Unwahren, das Herz gute von bösen Affecten zu unterscheiden.

P. 382. Z. 13—17. Die Natur ist von ihrer materiellen Corporisation (Verhüllung) zu unterscheiden.

P. 383. Z. 6—12. Der Zweck eines Werkzengs ist sein Sein.

P. 384. Z. 1—4. Man schreibt an Solche, die so weit entfernt sind, als dass sie uns hören, viel minder sehen können.

P. 384. Z. 5—23. Wenn der Mensch die Natur einmal verstünde, so brauchte sie ihre Lectionen nicht immer zu wiederholen, weder zeitlich noch räumlich.

P. 385. Z. 12—16. Seitdem die (ewige) Natur angefangen hat, in dem Schein der materiellen Gestaltung da zu sein, in welcher sie nicht spricht, nicht liebt und mehr in Staunen als in Bewunderung versetzt. — Es ist der verderblichste Nonsens, dass man dem Menschen die ewige Natur verheimlicht.

P. 386. Z. 14—19. Wenn die Seele Spiegel also Geist für Gott ist, so ist der Geist der Seele wieder ihr Spiegel. — Hier ist auch der bleibende Ternar von Gott, Geist und (ewiger) Natur ausgesprochen.

P. 386. Z. 19—26 ff. Das Thier spiegelt den Willen, die Pflanze die Erkenntniss, das Mineral die Action nach aussen.

P. 389. Z. 1—4. Das Einzige (der Einzige — *Unicus* — Gott) kann nur Einziges hervorbringen. Daher auch in Raum und Zeit Alles einzig, nur einmal existirt.

P. 389. Z. 4—17. Handelnd (die Glorie seines Princips operirend) setzt (affirmirt) sich das Organ (und zwar stets neu), darum stete Metamorphose. — Jene beständige Reintegration ist also keine Rückkehr in die Wurzel. — Dauer ist der Schwingungsknoten zwischen Hervorgang (Geburt) und Reintegration (zur neuen Geburt) oder Erneuerung. — Das Wachsen ist ein *Ascensus* zum Vater, wobei aber die Wurzel nie selbst aufsteigt (ausgenommen in Gott). Erste Bedingniss des Wachsens ist also Unterscheidung der Wurzel. (Oben und Unten).

P. 390. Z. 1—2. Jedes emanirte oder creirte Wesen ist also als Frucht (Blatt etc.) des göttlichen Lebensbaumes zu betrachten, welche unmittelbar aus dessen Stamm (nicht dessen Wurzel) hervorgeht.

P. 390. Z. 12—24. So muss also auch jene Rückkehr der Elemente verstanden werden (aus *axe centrale*) nicht als Aufhören der Action, sondern als ihre Simplification. — Nur in Gott steigt das Product beständig wieder ins Zeugecentrum hinauf (hinein) nach *Esprit des choses I.* 247. Insoferne nun in Gott ein Gewächse betrachtet wird, so steigt auch dieses beständig in das Zeugungscentrum empor.

P. 391. Z. 2—5. Innerlich nur kann sich das Intelligente

Wesen trennen von Gott, nicht äusserlich, auch nicht innerlichst (in Essenz), nur im Willen oder nur sich trennen wollend.

P. 391. Z. 5—12. Der ganze Baum ist *divin*, obschon man seine *racine région divine* besonders nennt, den Stamm *région d'esprit*, die Frucht *région de la nature*.

P. 391. Z. 12—14. Lucifer wollte selber Vater sein.

P. 393. Z. 4—8. Im tropfbaren (schweren) Fluidum ist absolute Discretheit. Im Gas oder Aether absolute Continuität.

P. 393. Z. 9—21. Ein Reelles in einer höheren Region tritt in einer niedrigen erst als Plan (Idee, Gedanke) ein. Man darf das im Text Gesagte nicht so verstehen, als ob jener Plan die Idee dieser zeitlichen Natur als des ihm entsprechenden Reellen wäre und als ob er nicht eines anderen Reellen als dieser zeitlichen Natur bedürfte.

P. 394. Z. 1—9. Wie Gott unmittelbar der Intelligenz (dem Geist) präsent ist, so der nichtintelligenten Natur.

P. 395. Z. 1—12. Jede Operation entspricht dem Sein und diess gilt auch vom Willen und Denken. Bei den wollenden (intelligenten) Wesen ist die Action in ihrer Gewalt und von ihnen kann man nicht sagen, dass man sie thun macht, wohl aber bei den nichtintelligenten Wesen, welche zwar auch selber wirken, aber nicht ohne gewirkt zu werden.

P. 399. Z. 10—21. *La nature éternelle (antérieure et future) de ce locus n'a pas pris immédiatement cette existence en apparence de forme matérielle, mais médiatement en passant le cahotique.*

P. 401. Z. 3—8. *En délivrant et s'unissant avec les forces disparues et comprimées de la terre.*

P. 401. Z. 8—11. Bei J. Böhme ist das Centrum *naturae* ein solches permanentes Chaos.

P. 402. Z. 7—16. *L'être, qui inspire l'admiration, se sent pourtant admiré par celui, qui éprouve l'admiration.* Anwendung auf Selbstbewunderung. Das Bewundertsein bewirkt den *Descensus* der erhebenden Liebe. Gott liebt uns, wir be-

P. 404. Z. 1—8. Wo die dumme und rohe Philosophie uns verlässt.

P. 407. Z. 5—12. *Esprit* im *Ministère de l'homme-esprit*. Im *Esprit des choses* heisst *parole l'air divin*. Im Buche der Weisheit c. 7, v. 25 ff. heisst es: „Die Weisheit ist das Hauchen der göttlichen Kraft, ein Strahl der Herrlichkeit, ein unbefleckter Spiegel der göttlichen Kraft und ein Bild seiner Güte." — Wenn die Weisheit das Auge ist, so ist sie alle Sinne.

P. 408. Z. 1—6. Der Mensch ist der offene Punct in der Schöpfung.

P. 408. Z. 6—12. Organischer Rapport, Gemeinschaft der Heiligen, organische Union.

P. 409. Z. 20—25. Zeittrennung macht Raumtrennung, die Trennung der producirenden Action die des Producirten.

P. 410. Z. 4—8. Eine Flamme, die, einmal entzündet, als ewiges Licht sich erhält.

P. 410. Z. 9—13. Noth treibt zu Gott.

P. 410. Z. 18—25. Dem Erkennenwollen entgegnet das Erkanntseinwollen, dem Eindringen, Erforschen, Ergründen, Entdecken das Eingedrungenseinwollen, Erfüllt-, Erforscht-, Ergründet-, Entdecktseinwollen.

P. 411. Z. 1—6. Der Liebende offenbart den Geliebten.

P. 411. Z. 16—24. Wenn der Suchende Finder ist, so offenbart er das Gesuchte. Der sich Offenbarende offenbart sich nur dem ihn Suchenden und dieses gemeinschaftliche Thun ist ihre Union.

P. 412. Z. 5—9. Alles Schaffen begleitet das Anschaffen.

P. 413. Z. 3—8. Alle Vermögen des Menschen sollten Organe der Vermögen Gottes sein.

P. 413. Z. 9—18. Nicht bloss der Geber muss Gott sein in mir, sondern auch der Empfänger, nicht bloss Princip sondern auch Organ. *L'homme a voulu être homme sans Dieu, mais Dieu n'a pas voulu être Dieu sans l'homme.* Der Mensch **wollte** sich zu Gott machen, Gott machte sich **wirklich** zum Menschen.

P. 415. Z. 15—18. Der volle Geist ist eben der leibhafte.

P. 418. Z. 3—8. Gott geht, dringt, forscht in Alles, durchsucht Alles, ist als Vater in Allem, damit Alles als Gefundenes, als Offenbares, Geborenes in Ihm sei. Alles soll ihm den Sohn einbringen, den er in Allem sucht.

P. 418. Z. 8—11. *Car Dieu ne pense point sans créer son image, sans former d'autres Dieux.* Vergl. p. 249.

P. 418. Z. 18—25. P. 382 wird Seele als Essenz von Herz und Geist unterschieden.

P. 420. Z. 1—7. Wie sich alle Gestirne auf einmal bewegen.

P. 423. Wenn der Geist Emission ist, so ist er immanent eine Emission von zweien und wie er exspirirt wird, wird er inspirirt. *(Spiratio et respiratio spiritus sancti.)*

P. 425. Z. 4—14. Denn der Mensch existirt, um Gottes Existenz kund zu thun.

P. 425. Z. 18—23. Die Darstellung z. B. ergänzt die Intelligenz (den Gedanken). *Soire est nihil, nisi sciant et alii.*

P. 426. Z. 5—6. Das Thun des Willens eines Andern hirt mit ihm.

P. 426. Z. 8—19. Das Centrum (der lebendige Begriff) aller Personen muss selbst Person *par excellence* sein (als personificirend).

P. 432. Z. 9—14. Wir sind etwas gegen alle Andern (als Werkzeuge Gottes), insofern wir Nichts gegen Gott sind.

P. 432. Z. 14—22. 1) Alle Zeugungslust ist immanent, denn ihre Intensität ist in Verhältniss der Union der Zeugefactoren. 2) In demselben Verhältniss steht auch die Liebe des Zeugenden zum Gezeugten. — *Nascimus, quia facti sumus.* Wissen des Gethanseins und Wissen des Thuns ist verschieden. Jenes ist ein Fühlen. Hörte ich auf, subjectiv zu fühlen, objectiv zu empfinden, so hörte ich auf zu sein.

P. 433. Z. 5—10. Generation ist tiefer als Gedanke — magisch, d. i. unbegreiflich. P. 368. — Gefühl ist höher (tiefer, innerlicher) und äusserlicher als Erkennen.

P. 433. Z. 10—12. Wie ich nur bewundere, was ich nicht begreife (als mir überschwenglich), wie ich nur liebe, was ich bewundere, nur procreire liebend.

P. 433. Z. 12—19. Gott könnte dann sie arretiren vor Gedanken, da doch der Gedanke sie nur begleitet. Alles Denken ist ein Gestalten der Lust.

P. 434. Alle *sufficientia*, Vollendung, Genügen ist nicht unmittelbar, sondern vermittelt.

P. 435. Z. 9—14. Dann ist die Liebe wahrhaft, wenn die Trennung des Liebenden Selbsttrennung ist. Hier wahre Selbstliebe. Geheimniss der Liebe als wahrer Selbstliebe. — Eckart.

P. 442. Z. 8—17. Dass das mich als wollend oder zum Wollen Sollicitirende im moralischen Gesetz selbst ein Willen oder Wollender ist, ist unmittelbar im Bewusstsein dieses Gesetzes enthalten. Auch braucht diese meine Anerkenntniss der Gegenwart eines Wollenden und mein Wollen Erkennenden im moralischen Gesetz nur entwickelt zu werden. — Wille erzeugt sich Gutes und Böses als Vermögen. Wille macht thun. Aber hier sollicitirt Wille den Willen.

P. 468. Z. 7—19. *Idem in orbe vultus*.

P. 481. Z. 23—26 und 482. Z. 1—4. Der Vater sucht (als Geist) in sich und findet den Sohn, der Geist sucht im Ungrund und findet das Bild des Sohnes. Der Vater sucht das Kind in der Mutter. — Wie die Bewegung nur vom Unbewegten aus und zu ihm hingeht, und das Unbewegte nur im Bewegen, dieses nur in jenem besteht, so gilt dasselbe vom Unveränderlichen und als dem Verändernden und vom Ewigen als dem, von welchem alles Zeitliche aus und in welches es zurückgeht, vom Unausgedehnten, aus dem alles Ausgedehnte (Räumliche) entsteht und in welchem es besteht, so wie umgekehrt alles Unausgedehnte in das Ausgedehnte geht und aus diesem zurückgeht. — Es ist ein Irrthum, wenn man sich das Offenbaren von A (sei es sich selber oder Andern) als allein und ohne das Mitwirken des Erforschenden (des dieses Offenbaren Suchenden) vorstellt. Wer sucht, der findet, heisst: Wer bittet, der empfängt. Wer als bittend (*rogando, interrogando*) in den Gebetenen (Gefragten) eingeht, in den geht der letzte ein. Das Prononciren des Wortes geschieht in Folge des Fragens. Auch der Vater macht durch Eingehen in seine Essenz das Wort sich offenbaren und sucht den Offenbarer in sich.

IX.

QUARANTE QUESTIONS

sur

l'origine, l'essence, l'être, la nature et la propriété

DE L'AME,

et sur ce qu'elle est d'éternité en éternité;

suivies

DE LA BASE PROFONDE ET SUBLIME DES SIX POINTS;

(et instruct. fondamentaux sur le Mystère céleste et terrestre en IX textes.)

Par Jacob Bëhme,

traduites de l'Allemand, sur l'édition d'Amsterdam de 1682,

PAR UN PH. IN.

A PARIS,

De l'Imprimerie de Migneret.
—
1807.

Les Quarante Questions sur l'Ame,
et les six points.

Wenn J. Böhme in der Zuschrift des vorliegenden Werkes: *Psychologia vera* oder Vierzig Fagen von der Seele, an den Fragesteller, Balthasar Walter, sagt, auf dessen Fragen sei der Vernunft nicht möglich zu antworten, denn diess seien die grössten Geheimnisse, die allein Gott bewusst seien, so sagt er diess, wie das Nachfolgende zeigt, nur von der unerleuchteten Vernunft. Wie aber Gott dem Daniel geoffenbart habe, was er dem König Nebucadnezar auf dessen Frage antworten solle, so habe derselbe Gott ihm gegeben, dem Fragesteller Walter zu antworten. „Und sollet solches nicht allzu schwer suchen, es stehet in keiner äusserlichen Vernunft; aber dem Geiste Gottes ist kein Ding unmöglich, sintemal wir Gottes Kinder sind und in Christo wieder in Gott geboren: so siehet ja der Sohn gar wohl, was der Vater im Hause machet, auch lernet er seine Kunst und Werk. So wir denn Gottes Geheimnies sind, sollen wir's darum nicht ansehen, als dürften wir solche Gebeimniss nicht anrühren, wie solches der Antichrist narret; denn Keiner nimmt ihm etwas aus Gottes Geheimniss, es werde ihm denn gegeben. Und St. Jacob saget (C. 1, 17): Alle gute und vollkommene Gaben kommen von oben herab, vom Vater des Lichtes, bei welchem keine Aenderung noch Wechsel ist. Und so Ihr denn solches also heftig suchet, so seid Ihr auch die Ursach des Findens; denn Gott gibt seine Geheimnisse durch Mittel und ohne Mittel."

P. 1. Z. 3. Der Satz: *trinitas reducit dualitatem ad unitatem*, heisst nicht etwa, dass wenn zu Zweien ein Drittes hinzukommt, diese Drei Eins machen. Denn Zahlen entstehen nicht auf solche Weise, sondern der Ternar ist so gut eine Zahl für sich als die Zwei, und kommt nicht etwa aus 1 und 2 zu Stande, weil Zahlen sich nicht vermischen.

P. 2. Z. 1. Wenn zwei Mütter, so sind auch zwei entsprechende *Engendrés*. Unmittelbar geben die Mütter (Principien) Essens und Samen.

P. 2. Z. 18—22. Die Ewigkeit ist Unanfängliches, Ungrund. Es gibt für die Creatur eine dreifache Weise des Hervorgangs aus Gott wie des Seins in Gott.

P. 2. Z. 23—29 ff. Die Natur (Naturgeist) hat ihre Wahrheit nur in Gott.

P. 3. Z. 3—10. Das Fassen des Willens macht die Begierde in ihm als Gefasstes. Das Zusichkommen des Willens ist das Sichfinden als bloss solchen oder als Nichtsein des Habens. Wollen (den Sohn) ist sich Entselbstigen (Aufheben) in ihm. Aber die Expansion des Herzens (Sohnes) als Ausgang aus Willen ist Aufheben des Herzens oder Sohnes. Das Wollen des Herzens ist das des Vermittelns des Geistwerdens. Wollen ist Inne- oder Einhalten, womit die Erfüllung wird (Innigkeit). Vertheilung der Innigkeit durch Vertheilung des Innehaltens. Mit der Geburt des Herzens tritt seine Verkündung ein. Die im Text bemerkte Expansion ist Verwirklichung oder Substanzirung Gottes (Dreieins).

P. 3. Z. 11—14. Finsterniss ist wie Licht ein Producirtes. Licht ist Freiheit, Finsterniss Unfreiheit. Wie Leuchtendes und Leuchten, so ist Finsterniss und Finstern unterschieden. — Das Etwas im Willen ist das Begehren als Völle. Wesen ist Gegentheil von Stille, das Wirkende, Wirkliche ist vom Unwirksamen, Unwirklichen als dem Unrealen unterschieden.

P. 4. Z. 1—3. Das Stillleben oder das ruhende unwirksame Sein bleibt doch zugleich mit dem wirksamen Ineinander.

P. 4. Z. 6. *Essence* ist Inhalt.

P. 4. Z. 11—15. Es findet kein Auseinandergehen des Idealen und realen Seins statt, nur immanente Distinction.

P. 4. Z. 23—29 ff. *Lumière* ist *liberté aiguisée*. — Nur der (in der Finsterniss) gefangene Wille (der Freiheit) wird getrieben zum Gebären, wobei er sich (oder die ihn beengende Natur) in mehrere Gestalten bricht. Denn alles Beengte nimmt mehrere Gestalten an, um sich zu befreien (Proteus) und diese Gestalten (Schwingungsknoten) sind eben die Subjection bezeichnend. Bildungstrieb ist Befreiungstrieb. Jede Grenze ist Siegesmonument.

P. 5. Z. 1—9. Die zum Blitz sich treibende Natur (als Tiefe) sucht die Freiheit. — Licht ist eine Erfüllung (Bestimmung) der Freiheit.

P. 5. Z. 10—15. Wie das Feuer das finster-strenge Wesen bedarf, so dieses Wesen des Feuers.

P. 5. Z. 25—27. Diese zehn Formen sind nicht zehn Personen, wogegen aber drei Personen als Formen der Ewigkeit zu fassen sind.

P. 6. Z. 3—12. Verlangen, Sucht (Attract) kann nur in Folge der Suspension einer Gansheit, also von Zweien zugleich ausgehend oder von éinem Höheren (Ersten) — beide zusammenziehend oder repellirend — gedacht werden, darum im Ternar. Das Anderes- wie das Mich-Sehen setzt einen Rücktritt vom Gesehenen voraus, eine Unterscheidung, aber nicht des Subjects und Objects, sondern ihrer von der Concretheit beider. — Die Sucht (ein Leiden Natur des Willens) geht aus und modelt in sich die Figur. — Das Sichschauen ist als Sich-engloblren sich selber zum Auge und Spiegel Machen. Begehrend stellt der Wille sich, sich sehend begehrt er sich. Sich sehend findet er sich entfernt und zieht an, Distanz aufzuheben suchend.

P. 6. Z. 13—18. Da als zweite Gestalt schon die Begierde gesetzt ist, so wird unter der ersten Gestalt das Sichgestalten des Ungrundes durch den Ternar in's Kraftauge verstanden. — Hier heisst es: *a visu gustus (desiderium, cupido)*. Imaginirender Wille ist die erste, begehrender (verlangender) Wille ist die zweite Gestalt, nur dass sie nicht getrennt sind. — Das Ansehen des Modells setzt dessen Thun voraus. Alles Begehren fasst des Begehrten Bild.

P. 7. Z. 8—11. Im Suchen (als Ferne) entsteht das Bild des Gesuchten.

P. 8. Z. 19—27. Alles Sehen (als Finden) geht von Sucht aus. Das Auge ist Suchen, Gründen ist Gestalten.

P. 9. Z. 3—11. Das erste Sichfinden des Ungrunds im Grund ist im Auge. Sehen ist Finden.

P. 10. Z. 4—9. Das Auge ist die stille Lust der Ewigkeit.

P. 11. Z. 1—7. Eines und dasselbe kann sich als unsubstansiell dem selbes Aufhebenden und als substanziell dem selbes Nichtaufhebenden erweisen.

P. 11. Z. 7—13. Im Angezogenen bezieht sich das Ansiehen, wogegen der durch das Angezogene gesperrte (verfinsterte) Wille dieses Angezogene — als seine Freiheit verneinend — wieder zu verneinen strebt. Eigentlich ist es das Ziehen selber, welches sich durch das Angezogene widerspricht, weil dieses jenes hemmt.

P. 12. Z. 4—6. Das Wesen wird sichtbar (dem Sohne subjicirt). Das Licht offenbart sich und das Finstere.

P. 14. Z. 24—29. Ihr sollt nicht Gott sein, aber in Gott sein *).

P. 15. Z. 1—12. Sucht (abstract) ist Leiden, Unfreiheit, weil Unganzeit. Von Sucht befreit andere Sucht oder das Finden. Aber dieses als Ergänzen, Erfüllen und als Concretheit setzt also immer eine Zweiheit der Suchenden voraus, wenn auch hievon das eine activ, das andere (Sehnen) passiv ist. Das Suchen des Noch-nicht-Habens oder Seins oder des Nicht-mehr-Habens ist dasselbe.

P. 15. Z. 13—21. Nur das Ganze ist frei. — Wenn Du in deinem Suchen nicht Gottes Suchen theilhaft bist, so bist Du es auch nicht im Finden.

---

*) Man kann nicht kürzer und bündiger den Unterschied der Lehre Baader's von den Lehren des Pantheismus ausdrücken. Die Lehre Baader's ist aber genau die des Christenthums und diejenigen, welche das Christenthum pantheistisch machen oder erklären wollen, entstellen seine innerste Natur. v. O.

P. 15. Z. 22—28. Lasset euere eigene Imagination (Begierde) nicht in Willen, wenn ihr Gott und die Wahrheit erfassen und verstehen wollt.

P. 17. Z. 22—27. In beiden kann der Attract nur von zweien Richtungen zusammengehend gedacht werden. Geist ist Finder wie Sucher.

P. 18. Z. 1—6. Das Verlangen (Suchen) ist ein Ausgehen und ein Vorstellen oder Vormodeln, darum im Geist als Ausgang (Expansion), ein Modeln ins Auge.

P. 18. Z. 7—20. Daher Centrifugalität wie Centripetalität in Finsterniss stürzt.

P. 19. Z. 9—13. Diese Jungfrau oder Weisheit ist also nicht der Spiegel oder das Auge, sondern in ihm (Figur, das Sichtliche).

P. 20. Z. 15—21. Die fortgehende Formation des Lichtes ist also durch die des Finstern bedungen.

P. 21. Z. 2—8. Die Finsternisse sollen manifest werden, aber sich nicht selber manifestiren wollen.

P. 23. Z. 1—5. Die Seele muss im Feuer immer anfangen, um immer aufhörend in ihm im Licht anfangen zu können.

P. 25. Z. 1—15. Der Attract, welcher die Finsterniss (Substanz) macht, kann gleichfalls nur als ein Zusammengehen Zweier gedacht werden (Widerspruch). Das Feuer hebt sie wieder auf.

P. 27. Z. 10—18. Es muss also jene Substanzialität von neuem erzeugt werden.

P. 29. Z. 3—15. Sich verzehrend setzt er sich, und sich setzend oder modelnd verzehrt er sich — und bleibt doch nur Blitz und kein standhafter Lichtschein.

P. 30. Z. 12—20. Daher die Beruhigung in vollendeter Production des Mittels, weil hiemit die Unruhe und Unganzheit der Suspension des Anfangs und Endes im Producirten aufhört. *Genitus perficit genitorem.*

P. 31. Z. 1—10. Alles successive (Zeit-) Wirken ist eine Suspension der Offenbarung des Gewirkten. Alle Manifestation setzt eine Suspension in dem Manifestirenden und deren Aufhebung voraus.

P. 32. Z. 3—12. Die Ruhe fällt mit der Manifestation zusammen.

P. 34. Z. 20—28. Der Geist setzt das Feuer, das Feuer den Geist voraus. — Wie die Luft aus Feuer geht, so geht das Feuer aus der Luft, das Feuer hebt sich in Luft auf, diese in Feuer. Das Feuer ist (§ 91) Geist (Luft), d. h. hier immateriell.

P. 35. Z. 1—7. Der Zorn bleibt in der Finsterniss ewig occult.

P. 36. Z. 1—7. Das Licht ist um das Feuer reicher geworden im Durchgang.

P. 39. Z. 23—27. Wenn Vater, Sohn, Geist, jeder begehrend ist, so ist jeder sein Bild machend, oder das Bild aller drei ist dreifach.

P. 47. Z. 3—8. Der Ungrund führt sich in Willen (Vater) ein und dieser in Sucht (Magie) aus.

P. 53. Z. 2—5. Auch das Verlangen, in dem die Figur ist, geht aus dem Willen als Geist.

P. 69. Z. 16—21. Hier ist zu unterscheiden Seele in der Wurzel, Seele als solche und Seele als Wille.

P. 74. Z. 5—12. Wenn Anfang und Ende sich einen, so tritt die erfüllte Mitte hervor.

P. 77. Z. 1—5. Das wasserleere *feu colérique* ist das nichtsubstansirte. Alles wahrhafte Leibwerden geschieht durch Löschen und Aufheben des *feu colérique (turba)*.

P. 80. Z. 11—16. Spiegel oder Figur ist nicht Substanz, und gibt im Reflex nur ideale (Schein-) Erfüllung. Sucht ist englobirend und darum reflectirend.

P. 83. Z. 13—22. Suchen ist die Bewegung zur Begründung. Der Geist suchend findet sich in einem Modell (Grund), dieses hebt sich wieder auf in einem Andern.

P. 85. Z. 6—16. D. h. wenn die Seele aus dem nichtsubstanzialisirten (nichtintegrirten) Feuer nicht in das substanzielle eingeht, so bleibt sie in ihrem eignen urständlichen Feuer. — Feuersucht (Begierde) ist als Substansirungs-, Integrirungsstreben nur die Bewegung zur wahren Beleibung (Gründung, Inwohnung). Als entleibend (zehrend) wirkt sie nur gegen falsche Beleibung.

P. 85. Z. 17—29. Wer sich selber sucht, findet sich nicht, wer Gott sucht, findet Ihn und sich *).

P. 86. Z. 1—7. Eigentlich erwacht die *turba*, wenn das Bild (Substanz) erlischt.

P. 88. Z. 10—12. Alles wird erst unsterblich **). Was das Feuer verzehrt, ist eben die Verzehrlichkeit. Auch hier tilgt die Versuchung die Versuchbarkeit.

P. 89. Z. 14—22. Das Feuer als verzehrend hat sich verzehrt und verbrannt.

P. 91. Z. 1—2. Die Tinctur sucht eine Gestalt nach ihrer Figur.

P. 92. Z. 6—13. Der Wille kommt zu Kraft, indem er zu Wort kommt.

P. 94. Z. 16—22. *Scimus quae facimus.* Nun ist das Schaffen kein Thun der Creatur ***). Aber die Unerklärbarkeit des Schöpfungsactes veranlasste die Philosophen, die Schöpfung zu leugnen oder sie als ewig anzunehmen.

P. 102. Z. 11—20. Die Seele sollte beide Principien dem mittleren subjiciren, indem sie sich dem Lichtprincipe subjicirte.

P. 108. Z. 5—13. Nur ist hier ein Unterschied von blosser Creaturfortpflanzung zu statuiren.

P. 111. Z. 1—6. So lange das Bild nicht fixirt ist.

P. 122. Z. 13—19. Aber der Mann heisst des Weibes Haupt.

P. 123. Z. 5—6. Wo also keine Conception, da ist keine Substanzirung.

P. 132. Z. 3—15. Hier bedingt also das Freisein vom Erkannten das Erkennen.

---

*) Nicht weniger die Natur und zwar sich in Mitte zwischen Gott über sich und der Natur unter sich. v. O.

**) Adam war mit dem *Posse mori* geschaffen und dieses *Posse* sollte überwunden und in ein *Non posse mori* verwandelt werden. v. O.

***) Also kann die Creatur ihr Geschaffenwerden, den Schöpfungsact, auch nicht begreifen. v. O.

P. 137. Z. 6—9. Wie er sich mit ihnen erfüllt, ist er in ihnen.

P. 139. Z. 24—28. Man hat hier nur, was man gibt, wogegen in der Zeit nur, was man nimmt (\ndern).

P. 141. Z. 2—5. Der heilige Geist ist der Geist der Kraft Gottes.

P. 144. Z. 7—16. Feuer (Brennen) ist Suchen — ein nichtfindendes *(feu colérique)* und ein findendes *(d'amour)*. *Motus extra locum turbidus, intra placidus.*

P. 151. Z. 4—7. Die Essenzien im Samen treiben zur Imagination.

P. 155. Z. 3—8. Durch das Wasser wird das Feuer im Leibe gebunden und nun erscheint die Bildniss.

P. 155. Z. 9—14. Der irdische Leib integrirt nicht den Geist, sondern hält ihn desintegrirt.

P. 157. Z. 1—5. Nemlich wenn der Wille sich diesem Sterben der Todesangst frei lässt, und sich nicht erhebend sie gegen sich erhebt.

P. 167. Z. 5—13. In derselben *Sophia*, in welcher dieser Welt Wunder in der ungeschiedenen Figur ewig stunden, stunden auch die Figuren (Ideen) der ewigen Geister. Diese aber wurden (durch die Schöpfung) ewig substanzirt, wogegen die Weltwunder nur zur ewig geschiedenen Figur bestimmt sind.

P. 167. Z. 14—20. Aber dieser Zweck der Creation wäre auch ohne Fall erreicht worden. — Die zeitliche Substanzirung (Materiellheit) dient nur, die ewige ungeschiedene Figur in die ewige geschiedene umzusetzen (magisch, nicht substanziell). In der 19ten Frage § 7 heisst es, dass alles in der Essenz ewig war.

P. 167. Z. 21—28. Wie das Zusammentreffen des Anfangs und Endes das wahre Mittel (Product) offenbart, so tilgt es das falsche.

P. 168. Z. 24—30. Kreisbewegung ist primitiv die nur selbst in sich wird und also ewig ist.

P. 170. Z. 19—28. Doch entspricht das Aeussere dem

P. 172. Z. 4—6. Wo Anfang und Ende sich ewig finden, da ist auch der Wille ewig.

P. 174. Z. 16—21. Die Sensibilität bleibt also, wenn auch die Substanz wieder verschwunden ist. Die Seele substanzirt nemlich in sich die Figur (die geschiedene), welche in Willen getretene Figur nun nicht mehr jene erste magische ist.

P. 179. Z. 2—5. Nicht *vis integra*. Darum aber ist der Zeitleib schlecht, weil er den Geist desintegrirt, statt zu integriren.

P. 197. Z. 15—18. Entzweiung der Finsterniss oder des ersten Princips: centripetal und centrifugal.

P. 180. Z. 7—17. Apparitionen, die nie als solche wahrnehmbar sind, weil sie die Continuität der äussern Erscheinung nicht aufheben.

P. 187. Z. 5—11. Union dieses Auferstehungsleibes mit dem, welchen die Seele bereits aus Christus angenommen hat.

P. 191. Z. 6—8. Ein Wesen, das mit seinem Willen aus sich gehet, d. h. hier, das nicht selbstisch in sich, ausser seinen Ursprung gehet, das kann in sich nichts nehmen, denn es begehret nichts in sich und erweckt darum keine Qual *(centrum naturae)* in sich.

P. 191. Z. 9—17. Der Gottlose in dieser Welt ist mit seinem Willen aus sich gegangen in den Geiz, in Pracht, Wollust etc., also eigentlich in sich hinein, ausser seinen Ursprung, also doch aus seinem wahren Selbst.

P. 195. Z. 13—17. Der tiefste Wunsch der Guten und der Bösen in der Zeit.

P. 196. Z. 8—18. Aber die Hölle (wie der Himmel) erst mit dem Weltgericht offen? (Gans).

P. 220. Z. 4—14. Der irdische Mannes- wie der irdische Weibes-Theil hält nur einen Theil vom himmlischen ersten Leib in sich, deren jeder von Christus ergänzt wird.

P. 229. Z. 22—28. Dieser Wechsel des Wasser-Mangels und Ueberflusses kann öfter schon eingetreten sein.

P. 233. Z. 19—23. Worte sind gebildeter Geist. Geist das *Formabile*.

P. 241. Z. 16—23. Die Wunder für die beiden ewigen Principien können nur ausser ihnen ausgewirkt werden.

P. 244. Z. 1—5. Also nicht ewige Perfectibilität*).

P. 256. Z. 27—29 ff. Vollendung ist Befreiung.

P. 267. Z. 10—16. Der Begriff der Vollendtheit des Gottesbildes schliesst die Androgyne ein als *sibi sufficiens* zur Zeugung und Geburt.

P. 271. Z. 24—27. Nicht *pour savoir*, sondern um sich durch Subjection des Versuchers in Gott zu fixiren.

P. 274. Z. 14—19. Der unrechtliche Besitz ist keiner, weil die unrechtliche Besitzergreifung das Zubesitzende zerstört.

P. 276. Z. 1—6. Da weder das Feuer, noch Licht, noch Luft, noch finstere Materie für sich Substanz sind, so kann keines derselben ohne die andern begriffen werden.

P. 276. Z. 23—28. Und die Kraft fängt dasselbe Ausgehen von der Kraft immer wieder.

P. 295. Z. 8—19. Das Begehren ist selbst nichts als ein Modeln, Imaginiren, Vorstellen der Figur (des Gewollten) und der erste Moment der Hervorbringung des letztern.

P. 295. Z. 20—26. Apperception ist unterschieden von Conception.

P. 296. Z. 18 ff. „Darum lieget es gar an der Imagination: was ein Mensch in seine Begierde einlässet, darin stehet die Bildniss. Und ist dem Menschen hoch Noth, dass er stets wider die irdische Vernunft in Fleisch und Blut streite, und seinen Willengeist der Barmherzigkeit und Liebe Gottes eineigne, und sich stets in Gottes Willen einwerfe, und ja nicht irdisch Gut oder Wollust für seinen Schatz achte, und seine Begierde darein

---

*) Die Behauptung endloser Perfectibilität ist die Behauptung endloser (wenn auch sich stets vermindernder) Unvollkommenheit und endloser Unversöhnheit und Zwiespältigkeit mit Gott. Sie setzt voraus, dass der Mensch danach streben könne und solle, Gott zu werden, welches er nur nie erreichen könne, wiewohl er diesem Punct sich immer mehr annähern vermöge. Wenn man diesen Gedanken nur ein wenig in seine Voraussetzungen und Consequenzen verfolgen wollte, so würde man leicht erkennen, dass er aus Widersprechendem hervorgeht und mit Widersprechendem endet. v. O.

setze, welches ihm die edle Bildniss zerstöret; denn es ist eine Turba der Bildniss Gottes und führet thierische Eigenschaft in die Bildniss ein. In Summa: Christus saget: Wo euer Schatz ist, da ist auch euer Herz, und nach dem will Gott das Verborgene der Menschheit richten und das Reine von dem Unreinen scheiden und das Falsche der Feuerturba geben zu verschlingen und das Heilige, so in Gott ist eingegangen, in sein Reich einführen."

(De la base profonde et sublime des six points*).)

P. 305. Z. 1—15. Innere und äussere Gestaltung oder Substanzirung (Geist und Leib, wo die Seele als Essenz) beider als zweifacher Substanzirung, die indess nur zugleich bestehen. Der Begriff des Geistes ist jener einer Gestalt (Gesicht, *Vultus*, *Façe*). Gott als Urgeist ist also nicht amorph, gestaltlos. Aber die Gestalt des Geistes ist inwendig, von innen heraus, nicht äusserliche. Man kann ein Sehen nur als solches sehen, und das Auge (von aussen nur) sehend sehe ich sein Sehen nicht. Nur also in seiner Signatur (Auge) kann ich das Sehen sehen. — Heilig kommt von Heil, *integer* und *salus*. Der heil. Geist als Heiligmacher ist also Integrator. (Geist Universalmedicin.) *Wholeness — wholyness.*

P. 306. Z. 2—8. Das Hervorgehen ist ein Subjiciren dessen, von dem es hervorgeht im Unterschiede der Subjection des Producta (z. B. des Geschöpfs). — Der Vater sich entselbstigend in der Mutter gewinnt seine Verselbstigung wieder vom Sohne, der sich in ihm und in den die Mutter sich entselbstigt, womit alle drei sich wechselseitig entselbstigen und verselbstigen. Wie der Vater sich entselbstigt in der Mutter, verselbstigt er sich im Sohn, wie die Mutter sich entselbstigt im Sohn, verselbstigt sie sich im Vater, wie der Sohn sich entselbstigt im Vater, verselbstigt er sich in der Mutter. — Eben weil das (im Text bezeichnete) Leben aus allen jenen Leben kam und in ihnen steht, ist es frei von ihnen oder über ihnen; man könnte sagen: essenzfrei, nicht essenzlos, in den Essentien und doch über ihnen. — Die

---

*) Bei J. Böhme: *Sex puncta theosophica*. v. O.

Essentien sind den Monaden zu vergleichen, aber sie sind doch solche nicht, vollends nicht Atome oder Moleküle, weil sie nicht Wesen, nicht Materie sind.

P. 306. Z. 9—14. Aus dem ersten Princip geht das zweite, welches gleichsam rückwirkend jenes erste umwandelt, als welches dasselbe auch das dritte heisst. — Leuchten ist Sehen in sich, und man kann darum das Licht als Sehen nicht von aussen sehen, sondern nur in selbes als Subject-Object eingerückt werden. Das Licht eines partiellen Sehens ist das centrale Sehen, in dem es steht. Siehe p. 314 und 315 (I, 19).

B. 306. Z. 15—20. Der Geist weiss die Natur, indem er sie überwindend sich von ihr befreit. Wie der Geist Gott weiss und declarirt, so declarirt die Pflanze die Erde. Declariren, Erklären, Aussprechen als Definiren, Bestimmen ist als Gestalten ein Subjiciren des Ausgesprochenen oder Aussprechbaren und Formablen. Die Stufen der Gestaltung sind Momente der gewonnenen Subjection oder der verlorenen. — Sinn der Gestalten als Zahlen.

P. 309. Z. 1—4. Jedes Leben ist essentiell und doch zugleich überessentiell. Wille descendirt in Essenz und ascendirt als lebhafter Geist. Wie die Figur in ihm über der Essenz, so ist auch die Lichterfüllung jener über der letzteren. Wollen ist Brennen und Brennen ist Wollen. Der Trieb (die Sucht) in den Essentien kommt vom Willen. Wille ist Treiber der Essentien. Essenz ist weder Geist noch Leib, sondern Samen und wie der Geist (und Leib) aus Essenz entsteht, so besteht er durch Essenz (Speise).

P. 310. Z. 3—12. Der Begriff der Essentien ist (nach § 43) jener der Viele oder Fülle, des Selbstbeweglichen. Der Wille gewinnt seine Verselbstigung (Geistigkeit) nur in der Ueberwindung des ersten unmittelbar Producirten, indem er tiefer sich fassend dieses wieder aufhebt. Der sich erhebende Ungrund hebt die Natur auf. Der Ungrund als feuriger Wille führt sich ins finstre und lichte Sein zugleich. — Das Leblose ist selbstlos, lichtlos, stimmlos oder stumm. Die Thierheit beginnt mit Laut.

P. 310. Z. 13—16. Im Willen ist die Figur, in der Essenz das lebhafte Bild oder der unessentialische Wille ist Figur. Was selbst wesenlos ist, hangt am Wesen. Coincidenz des nichtessentiellen und des essentiellen Wollens.

P. 310. Z. 17—27. Die unoffenbare *Sophia* als unessentialische Figur ist im Willen (Vater). Die lebhafte Gestalt steht in (über) den Essentien. Dieses lebhafte Bild coexistirt mit jener unlebhaften Figur (wie mit der offenbaren). *A visu gustus.* Sich bewundernd begehrt er sich. Begehren ist Imaginiren, d. h. das Bild dessen Fassen (Idee), in das begehrt wird. Wenn in der Begierde des Willens Figur ist, so wohnt der Wille der Begierde durch dieses Bild inne.

P. 311. Z. 5—24. Das Spiegelbild ist unlebhaft und unleibhaft. Der Wille als ewiger Ungrund (mit der verborgenen Figur) ist ausser (nicht ohne) Natur, so wie das lebhafte Bild in und doch als über ihr auch ausser ihr ist, als von ihr unterschieden. — Der (stumme lichtlose) Wille ist Spiegel (Auge, Ohr). Der Spiegel ist begierdelos — Maja, erste unmittelbare Anschauung, *visus inconceptus*. Das Sehen ist unessentiell, aber aus Essenz. Das Auge ist nicht Geist, sondern Gestalt des Geistes, Scheinen im Spiegel. Der Geist wirft Schatten wie der Körper. Wie kein Schatten ohne Leib, so keine (magische) Figur ohne Substanz, welche vor und nach sich Schatten wirft.

P. 312. Z. 1—25. Das Auge ist frei vom Gesehenen, dieses vom Auge und wäre doch eines ohne das andere nichts. Jedes Auge sieht in sich. Das ausser sich Sehen gilt nur vom endlichen nichtcentralen Auge. Alles Sehen ist ein Bestimmen, Erfüllen (Inhalt) des Auges. Das Centralauge oder Sehen ist Licht dem peripherischen. Im Glast (§ 10) — Blitz — sind alle Gestalten potentiell, gleichsam ein *apriori* des Wissens vor dem Sein. Das wirkliche Sehen ist Bestimmtheit des (unbestimmten, unerfüllten) Total- (Central-) Sehens. Es kann nichts im Auge (Spiegel) offenbar erscheinen, was nicht *in potentia* in ihm war und bleibt. Unter der verborgenen Weisheit als der magischen versteht J. Böhme den Ungrund selber, in welchem der Wille als Immanenter Ausgang — Geisten — urständet. Aber der unessentiale Wille setzt nach dem Frühern (als Schatten) die Essenz voraus, so wie der Geist nur in oder aus Essenz besteht. — Die erst im Willen unoffenbare Figur wird im Geist projicirt (Augenschein, Evidenz). Das unoffenbare Sehen macht ein offenbares Sehen oder den Willen zum Offenbaren als Vorstellen, Herausstellen des Sehens. Alles Wirkliche ist nur ein herausgestelltes Sehen. Alles Realisiren eines Gedankens (inneren Schauens) ist Heraussetzen desselben. Daher ist es ungeschickt, von einem Ding an sich (wie Kant) zu reden. Hier wird aber nur von der nichtrealen Herausstellung (Vorstellung) gesprochen, welche gegen Gott nichtreal, wohl aber gegen die Creatur real ist. Obiges ist das Wahre des Idealismus *).

P. 312. Z. 26 — 29 ff. Aus dieser Fassung des Willens und in ihr ist erst die Entwickelung oder Sehen muss erst ingefasst werden, um herausgestellt zu werden.

P. 313. Z. 4 — 14. Der Grund (Ternar) vermittelt das magische mit dem distincten Sehen. — Nur das Gefasste kann expandirt werden. Das ungefasste unmittelbare Sehen geht nur durch Vermittlung der Centrirung ins bestimmte über. Das Fassen des ungefassten Sehens ist als durchwohnende Macht von der Zeugung des in ihr eingeführten Centralschauens zu unterscheiden.

P. 313. Z. 15 — 23. Aus dem Centrum in Willen (Vater) gehend sucht der Geist, ins Centrum gehend findet er. Das Gefundene, aus dem Vater Geschöpfte, im Sohn Gefasste, durch diesen Ausgesprochene ist die offenbare Weisheit. Indem der Geist im Centrum (Wort) sich fasst, fasst er sich selber als Centrum, setzt also jenes Wort als Base voraus. Das Centrum muss schon gefasst sein, soll der Geist in selbes gehen. Da die Weisheit das Ausgesprochene ist, so ist sie nicht mit dem Herz (Sohn

---

*) Baader will mit dem letzten Satze nur sagen, die Wahrheit des Idealismus liegt darin, dass in der That für Gott, als den absoluten persönlichen Geist, kein Ding an sich existirt, sondern alle Realität aus ihm stammt, zunächst die ewige Objectivität seines eigenen Wesens, dann secundär die der bedingten Wesen. Der Idealismus überträgt nur unbefugt was von Gott gilt, auf den bedingten, geschaffenen und noch dazu auf den in den Banden der Sünde und Finsterniss liegenden Geist. v. B.

als sprechendem Wort) zu vermengen, wenn sie schon in besonderer Relation mit dem Wort oder Herz ist.

P. 314. Z. 6—25. Der Vater (Sprecher) spricht aus dem Wort, in dem er die Weisheit fasst, durch den Geist die Weisheit aus (vor sich). Vom Herz ausgehend in Vaters Auge malt der Geist die Idee suchend, vom Vater ins Herz gehend fasst er die Vision zu Wesen. Das Gefundene bringt der Geist ins Herz und von da in die Weisheit. Das Sichaussprechen, Nennen, Darstellen ist seiner selbst Mächtigwerden. — Wie der Sohn das aus der Zerstreuung gefasste Schauen, so ist die offenbare — in das Licht gestellte — Weisheit das aus jenem herausgesetzte schiedliche Schauen. Das sprechende Wort ist die Macht des Sprechens, Sprechkraft und die *figura substantiae* (bei Paulus) die ausgesprochene Sophia.

P. 316. Z. 19—24. Alle drei Principien sind als Figur in der Weisheit.

P. 318. Z. 1—5. Die Hebräer nannten diesen dreifachen Geist als unoffenbaren Ternar den Ensoph.

P. 319. Z. 13—15. Jeder activen Begierde steht ein passives Sehnen entgegen.

P. 322. Z. 1—4. Das Freie wird nur befreiend actuos. Aus Freiheit ohne Bestimmtheit geht der Weg durch Bestimmtheit ohne Freiheit in Freiheit mit Bestimmtheit.

P. 322. Z. 5—13. Da hier keine Succession ist, so kann man ebensowohl die Präcipitation als eine Folge der Elevation, wie diese für eine Folge jener halten. Diese Erhebung ist aber jene erste Ichheit, aus deren Depotenzirung der Vater sein Wesen befreit, welches eben in dieser Trennung (gleichsam in der *matrix*) von ihm jene Selbheit gewann, die es in ihn (in den Freien als dessen Leben) bringt. Wenn aber diesem Aufsteigen ein Durchsinken (in der Freiheit) entspricht, so hat man letzteres nicht mit jenem in die Angst und Verzweiflung Stürzen (im Rade) zu vermengen.. Gott (der Ungrund als Offenbarungswille) kommt hiemit ewig seinem entäusserten Wesen erlösend (durch das Gerichtsfeuer befreiend) zu Hilfe als seinem gleichfalls von ihm ent-

kommenen Wesen. Man kann hier aber nicht mit Daumer *)
sagen: (statt entkommenen) abgefallenen Wesen, so wie auch dieses
Entkommensein nicht bloss vorweltlich (wie in Lucifer), sondern
vor der ewigen Selbstgeburt Gottes ins Licht der Majestät
selber ist.

P. 323. Z. 1—3. Das Vielwerden ist Brechung in Folge
der Hemmung.

P. 323. Z. 15—27. Die Trilogie des Sichaufeinmalnehmens,
des Sichvielmalnehmens und des Wiederzusammennehmens der
Vielheit gilt für jede Formation. Hier ist auch die Anerkennung
der ewigen Quelle nichtintelligenter Triebe im Geist als einer
Eigenen *(Alterum)* ausgesprochen. *Natura (angustia) indigentia
gratiae*. Dieses Naturleben ist, was erlöst werden muss, nicht
(wie Hegel will) fallen gelassen werden. Der Ueberfluss hat das
Bedürfniss erfunden.

P. 325. Z. 1—5. Die Freiheit will von der Leere (Un-
bestimmtheit) und die Naturfülle will von Beengung frei sein.
Die Weite will in die Enge, die Enge in die Weite. — Der
Schrack (Schlag) ist Lichtsammler.

P. 326. Z. 9—13. Dieses Anziehen (Verlangen) ist aber
nicht nehmend, sondern sich — als Angezogenes — gebend, d.
h. dieses Anziehen oder Ansichziehen setzt keinen Stachel der
Unruhe in sich, sondern die Liebe. Durch Ansichhalten wird
auch hier Essenz.

P. 327. Z. 1—6. Die erste Bewegung des Vaters zur
Creatur für den Menschen ist unbegreiflich.

P. 327. 14—24. Die ewige Befreiung supponirt das ewige
Bedürfniss der Befreiung. Das Bedürfniss (Verlangen) angstfrei
zu werden, muss ewig sein wie dessen Erfüllung. Beständige
Erlösung der Natur, Zuhilfekommen seinem in der Naturangst

---

*) Daumer hat später seine Irrthümer erkannt. Man musste sich längst
wundern, dass Daumer sich nicht tiefer mit Baader eingelassen hat. Nachdem er zur katholischen Kirche übergetreten ist, sollte man ein solches
Eingehen vollends für unausweichlich halten. In den seit seiner Conversion
erschienenen Schriften ist noch keine Spur davon wahrzunehmen. v. O.

entäusserten Wesen. Man könnte sagen, die Freiheit habe die Gefangenheit erfunden.

P. 327. Z. 25 — 29. Die Einheit kommt der gebrochenen Vielheit zu Hilfe, indem sie jedem das Complement zu seiner Ganzheit in den andern zuführt.

P. 329. Z. 3 — 13. Selbheit (Geist) urständet im Feuer, gewinnt seine Sänftigung im Licht (Lichtgeist). Licht ist feuerfrei, nicht feuerlos. Vom Feuer imaginirend in Licht oder Finsterniss bringt es jenes oder dieses Wesen ins Feuer zurück. — Da der Geist aus dem Feuer ins Licht kömmt, so ist er als besänftigt nicht mehr entzündlich, und geht also ins Feuer wieder zurück, ohne entzündet zu werden. Wenn also der creatürliche Geist aus dem Licht ins Feuer ging und sich entzündete, so war er noch nicht durch Eingang ins Licht unentzündbar geworden.

P. 329. Z. 14—20. Nur wer die Tödtlichkeit in sich getilgt hat, lebt. Sänfte ist Besänftigung des Zorns. Man muss schon den Blitz und das Licht wieder voraussetzen, um dieses Gift sich erzeugt (ausgeschieden) zu denken und dieses Gift muss da sein, um das Feuer anzuzünden.

P. 332. Z. 2 — 8. Hier erscheint die Zeit nöthig, um im Formationsstreit beide Principien figürlich auszuwickeln.

P. 333. Z. 18 — 26. Das Finster- oder Angst-Centrum ist die Matrix des Feuers als ersten Princips. Das dritte Princip ist das durch das zweite umgewandelte erste. Denn das erste Princip gibt dem zweiten in jenem Einsinken den Stoff dazu. — Alle Begierde nimmt die Eigenschaft in sich und macht sie (sich ihr) zu Wesen.

P. 334. Z. 1 — 5. Die Geschiedenheit des Feuers und des Lichts in Essenz bedingt ihre Union in ausgehender Begierde.

P. 334. Z. 6 — 17. Luft ist Feuerfrei und Lichtfrei. Alle drei, Feuer, Licht, Luft, sind ein Wesen. Keines kann ohne die andern bestehen. Aber nur ihre Unterschiedenheit bedingt ihre Einheit.

P. 335. Z. 4—12. Alles, was ich wirke, habe ich magisch in meiner Begierde. Diese aber muss herausgesetzt werden, um die Figur (Abbild meiner selber) zu wirksamen. Wo die Sache abwesend ist, macht sich die Figur geltend.

P. 338. Z. 2—9. Die falsche Mitte, deren Entstand und Bestand eine Suspension der wahren Mitte machte, muss wieder aufgehoben werden.

P. 339. Z. 17—27. Das Feuer, die Finstersubstanz verzehrend, empfängt die Lichtsubstanz, womit es sich von jener immer trennt, mit dieser immer eint. — Die Finster- und Lichtwunder bilden sich wechselseitig im Conflict aus. — Die Zeitwelt ist nur Werkstätte zur ewigen Manifestation Gottes.

P. 340. Z. 1—5. Aber auch die Wunder (*merveilles*) werden essentiell bleiben, die Creaturen dieser Welt werden in unessentieller Figur bleiben.

P. 340. Z. 18—23. Das Licht ist das Feuerfreie, weil das seine Entzündlichkeit Getilgthabende. Man könnte darum das Licht das Verbrannte nennen; es ist aber das die Verbrennlichkeit Verbrennende und das Verbrannte zu unterscheiden.

P. 340. Z. 24—28. Feuer wirkt unter sich die Finsterwelt, über sich die Lichtwelt. Gäbe das Feuer über sich nicht die Lichtwelt, so könnte es unter sich nicht die Finsterwelt geben u. v. v. — Der Wille (Ungrund) führt sich durch das Feuer in seine vollendete (absolute) Existenz, d. h. in das lichte Sein, wie er sich in das finstere Sein führt.

P. 341. Z. 12—22 Das Wesen, das mich speiset, substanzirt mich (einverleibt mich) in sich. Wer mich nicht isset, sagen die Weltmächte, kann nicht in mir wohnen.

P. 342. Z. 10—21. Eben darum muss das Licht das Bewegende sein. — Also nicht das Feuer ist Princip. — Das *Centrum naturae* als finstere Wurzel ist aber nicht schon Princip. — Hier wird das erste Princip wieder als Wurzel des Feuers, nicht als Feuer angeführt.

P. 349. Z. 18—24. Dieses Feuerprincip muss erweckt werden, wenn die Creatur aus Licht in Finsterniss geht, und ebenso, wenn sie aus Finsterniss in Licht geht.

P. 350. Z. 5—21. In der Creation dieser Sternenwelt

wurde eingeschlossen, was hätte offenbar sein sollen, und offenbar, was hätte verschlossen sein sollen.

P. 351. Z. 1—3. Nur für die Intelligenz hat die Finsterniss keinen Spiegel.

P. 356. Z. 8—18. Mehrheit der Willen, Eigenschaften, Persönlichkeiten in éinem Individuum. — Auch bei der Mehrheit der Willen (Triebe) bleibt die Substanzeinheit.

P. 357. Z. 1—12. Das Leben hat mehrere Triebe in éinem Willen. Aller Wille ist als Bestimmung nur Schlichtung mehrerer Willen, wobei nicht Wahl der Causalitäten, sondern Wahl ihrer Relation oder Stellung stattfindet. Entscheidung setzt Streit voraus (Formationsstreit).

P. 362. Z. 18—20. Jede Seele hat Geist — Odem. Geist des Willens ist Geistbildniss.

P. 364. Z. 11—26. Alles äussere Feuer ist eine Krankheit und ein Monstrum in der Natur. — Was man Licht nennt, ist eine Geistgestalt, die alle andern in sich aufnimmt.

P. 368. Z. 4—7. Sichempfinden ist Sichentfinden, in einem Andern Gefasstsein. Insofern ist jede Empfindung als Bestimmtheit eine Beschränkung, die zur Befreiung treibt. Als empfindend bin ich besessen, als mich empfinden machend besitze ich.

P. 369. Z. 9—22. So wie der Geist im Princip, für das er bestimmt ist, in seiner Essenz entsteht, muss er sich — als Wille — von letzterer scheiden (seinen Willen in den des Princips geben), damit dieses in seine Essenz eingehen und sie formen kann.

P. 370. Z. 20—29. Jedes Princip hat seine Gestalt (seinen Spiegel, sein Auge), der es unmittelbar inwohnt. Daher soll keine Vermischung der Spiegel sein. Ich darf nicht in den Spiegel *a* durch Imagination in *b* den Spiegel *b* ziehen, wenn ich den Spiegel *a* nicht in mir tilgen will.

P. 371. Z. 1—7. Der Empfänger muss erst sich geben dem Geber, diesem glauben, sich verloben. Die Natur (Creatur) bekommt ihr erstes Leben nur dazu, um es Gott geben und so Gott empfangen zu können.

P. 373. Z. 8—17. Sonne wurzelt im ewigen Feuer. J. Böhme gibt diess nicht von den Fixsternen zu.

P. 374. Z. 12—21. Die Sonne imaginirt. Imaginiren ist auch ohne Intelligenz.

P. 375. Z. 7—21. Die beiden Principien als creaturisirend sind äusserlich geworden. Dann könnte man auch sagen, dass die äussere Welt ewig bleibt, wenn schon in anderem Bezuge zu den beiden innern Welten. Was hier von der äusseren Welt gesagt ist, gilt wohl von der Schöpfung überhaupt, wenn gleich der Fall und die Empörung Lucifer's diesen Aeon noch mehr äusserlich machte, aber nicht das in der zweifachen Begierde gefasste Wesen (§. 3) verursachte, weil auch ohne Fall diese Dualität des Wesens der Schöpfungswelt nothwendig war. Weil geschiedenes Begehren der zwei innern Welten ist, darum gibt es ein Doppelwesen der Zeitwelt. — Die creatürliche Lichtwelt wird sich (in Ewigkeit) zur creatürlichen Finsterwelt verhalten, wie sie ewig uncreatürlich sich verhalten.

P. 376. Z. 1—3. Ewiges in der Sonne und Ewiges in Gold und Silber.

P. 376. Z. 4—8. Also hatte schon Lucifer zwischen beiden Welten zu wählen. Die separirte Ichheit der Creatur machte eine separirte producirende Bewegung des Naturcentrums nöthig, weil aus dem Lichtcentrum (Wort) keine Creatur kommen kann. — Beide Centra bilden einen Ternar und darum eine Mitte. — Der Wille kommt zur Macht, indem er zu Wort kommt.

P. 377. Z. 1—10. Das, was in Nichts ist, ist das Ganze, in dem Alles ist. — Wie alle Unterscheidung einen Grund aussagt, in dem die Unterschiedenen nicht unterschieden sind, so setzt alle Scheidung (Trennung) einen *locus communis* voraus. — Nur das Insichbleibende kann sich frei äussern.

P. 377. Z. 11—28. Ausser sich ist hier immanent zu nehmen; es muss doch als befasst (durchwohnt wenn nicht auch eingewohnt vom producirenden Geist) gedacht werden. — Der Geist besitzt das Wesen mittelst seines Gleichnisses. — Die Stätte weiss den Geist, der sie weiss und besitzt. Sie fasst nur sein Gleichniss, ohne doch dieses zu fassen (zu halten). Aber sie

empfindet ihn, insofern der Geist ihr frei inwohnt oder vielmehr
insofern sie sich vom Geist gehalten findet. — Was mich durchwohnt, das sehe ich nicht, fasse es nicht mit dem Auge.

P. 378. Z. 2—6. Wie im Spiegel nur die Aehnlichkeit
(Gleichniss) des Leibes erscheint, so die des Geistes. Aber der
Spiegel kann auch das Gleichniss nicht (zu eigen) halten, welches
untrennbar vom Original ist. — Spiegel als begierdelos hungert
nicht.

P. 380. Z. 26—29. Das Spiegeln ist nicht Reflex, sondern
wahres Gebären aus Samen dem Sichspiegelnden.

P. 381. Z. 1—6. Gott sieht sich im Sünder nicht.

P. 381. Z. 7—10. Weil alles Inwohnen und Wirken nur
durch das Bild vermittelt ist, so gilt dieses auch immanent. —
Imaginer est saisir l'image d'une chose. Hier ist inneres und
äusseres Bild zu unterscheiden. Urbild und Nachbild.

P. 382. Z. 4—10. Blitz ist Schreckensgesicht — blendend,
Gesichtniederschlagend — wie stumm machend. Permanenter Blitz
ist permanenter Schrecken und Blendung. — Die Natur (Begierde)
gewinnt ihre imaginirende (Vision aus Spiegel fassende) Kraft oder
Vermögen erst, indem sie Feuerblitz wird. Denn der Blitz fahet
den Licht- wie den Finsterspiegel. Aber hier bringt sie es nur zum
oder an den Blitz und wird nicht selber blitzmächtig, dieser öffnet
sie nicht. Nur als Feuer gewinnt sie die Tiefe, treibt ihr Inhalten (Selbheit) auf die Spitze und das Verzehren schlägt ins
Gebären (Erfüllen) um.

P. 383. Z. 1—16. Ursprung der Imagination ist Anfang
der Bilderzeugung. Gestalten ist Subjiciren. Die einzelnen Naturgestalten sind so viele gewonnene Stufen der Subjection.

P. 384. Z. 1—13. Nur worin des Geistes Feuer brennt,
kann der Geist sehen. Denn das Feuer empfängt den Glast
(Auge) dessen, worin es brennt. Wohin der Geist wallt, davon
empfaht er das Bildniss (Geist-Auge).

P. 384. Z. 26—28 ff. Er fällt dem ersten Willen zur Natur
(der Ursache der Natur wie des Lichtes) heim. Dieses Sichheimgebenkönnen, welches die Creatur in ihrem ersten Urstand

empfing, verlor sie im Fall und wird ihr vom Erlöser wieder gegeben.

P. 391. Z. 17—26. Wenn die drei Principien drei Mütter sind, so ist das Zeitliche wegen der Opposition der ersten zwei Hermaphrodit — Die Wurzel des Seelenfeuers oder dessen Centrum ist zwar eine Welt (Finsterwelt), aber kein Princip. Vier Welten, drei Principien. — Das *Centrum naturae* (der Seele) oder die Feuerwurzel hat in sich die Finsterwelt. Das Seelenfeuer hat in sich die Feuerwelt. Der Baum (Gewächse, Bild) aus dem Seelenfeuer hat in sich die Lichtwelt oder das zweite Princip. — Der Leib hat in sich die äussere Welt (das dritte Princip).

P. 393. Z. 2—6. Hier müsste also die Finstersubstanz im Finsterfeuer verbrannt werden, womit die Creatur wieder aus der Finsterwelt träte.

P. 394. Z. 4—16. Jedes Feuer, einmal entzündet, macht sich sein *Combustibile* selber (nemlich das lebendige Feuer), es eröffnet im Geistbild die Quelle.

P. 395. Z. 3—9. Um in eines der drei Principien (nach seinem Urstand) wollend eingehen zu können, muss der Geist ausser allen dreien entstehen.

P. 399. Z. 1—6. Wenn der Urwille die *Cause-Centre* aller drei Principien (Essenzen) ist, so geht der Weg von einem zum andern nur durch dieses Centrum, also durch absolute Solution oder Feuer (als aufhebend eine Qualität und Eigenschaft und setzend eine andere). Der Feuercherub steht also zwischen jedem der drei Principien. Hegel's aufhebende (negative) Macht, die aber zugleich ponirend ist, ist Feuer.

P. 410. Z. 1—4. Essenz ist für sich noch Unlebhaftes. „Erweckt der Mensch kein Leben, so bleibt sein Same eine Essenz." (V. 8. 20.) Doch ist der erweckte Same noch nicht Creatur.

P. 411. Z. 12—18. Vom Einwickeln geht es durch Verwicklung zur Entwicklung. Verwicklung bedingt also die Entwicklung.

P. 412. Z. 1—2. Auch des Teufels Essenz ist gut.

P. 416. Z. 6—12. Die Finsterwelt ist an sich nichtintelligent.

P. 418. Z. 17—23. Wie alle Bewegungen frei sind, welche mit der Erde gleichwichtig sind, oder wie ein mit seinem Stadium Gleichwichtiges überall frei steht, und frei sich bewegt. Da das Frei-sich-bewegende nur inner der Gründung sich bewegen kann, so muss das Begründende das Bewegung Ertheilende, das Stellende wie Gestaltende sein.

P. 420. Z. 1—9. Doch bleibt der Widerspruch (Imperativ), wenn schon nur äusserlich, nicht innerlich zugleich, denn sonst hätte der Teufel in der Hölle Frieden.

P. 420. Z. 18—23. Mordtrieb nach aussen schlägt leicht subjectiv um.

P. 439. Z. 1—8 ff. Dass also das Fleisch (Blut, Wasser) der Seele in dieser Welt nicht irdisch- (materiell-) greiflich (sichtlich) ist, und nur magisch (oder gar nicht) in dieser sich zeigt, beweiset nicht, dass selbes an sich nur erst noch magisch und in seiner höhern Ordnung noch nicht substanziell ist. Hier ist der Unterschied des Als-Geist-Erscheinens von jener Manifestation des leiblich (tastbar) obschon beliebig sich kund gebenden Christus zu merken, indem der letztere sagt: Greifet mich an, ich bin es selber und nicht bloss (mein) Geist.

P. 440. Z. 5—9. Die Begierde macht das Wesen (als Aliment des Feuers) und entzündet hiemit letzteres. Die Weisheit hat nur, ist nicht Natur. — Brennen des Feuers ist hier Vollendtheit desselben (Scheinen). — Der Wille im Spiegel sich modelnd modelt sich in Tinctur (zu Tincturleib). — Der Geist führt die Tinctur als die Kraft von Feuer und Licht. — Im scheinenden Licht sind beide (Feuer und Licht) eins; denn nur Licht und Finsterniss sind gegeneinander.

P. 441. Z. 1—8. Die Imagination geht also in eine höhere Region, wie diese durch jene in eine niedrigere wirkt. Daher die Nothwendigkeit des Glaubens als Imaginirens. Im Sacrament ist nicht bloss Imaginiren. Imaginiren ist bei dem Verf. Sinnen, Denken, Speculiren und ist wirkliches Eingehen in das Gedachte.

P. 442. Z. 14—19. Alles Sehen ist ein Hinausstellen in die Peripherie zufolge eines Englobirens. Jede Sensation ist

Expansion in Folge einer Condension. Das Object gibt das Expansible, welches von der Expansionskraft zu unterscheiden ist.

P. 443. Z. 24—29. Die Essenz speiset, nicht die Substanz, denn diese ist die zu Leib ausgewirkte Speise. Was sich mir als Speise gibt, desubstanzirt sich und setzt sich zu Essenz zurück.

P. 445. Z. 17—24. Das Feuer brennt nur, wenn es zu Willen kommt. Der Wille ist das Feuer fangend.

P. 446. Z. 1—6. Zwei Sollicitationen zum Wollen. Die Wahl der Beweggründe ist die des Willens, in den ich als wollend eingehe. Ich entscheide mich für die eine oder die andere Weise des Wollens.

P. 446. Z. 6—15. Wo noch Zwang ist, da ist das Böse unerstorben. — Das Negative ist in Gott nicht böse. Gott ist die ewige *vis medicatrix*. Ihm schadet nichts.

P. 446. Z. 16—29. Nur was dem Feuer abgestorben ist, das ist unverbrennlich, sei es, dass diese Entzündlichkeit als solche aufgehoben wird, oder nachdem sie schon zur Entzündung auskam.

P. 447. Z. 17—23. Nicht ein Anderes, sondern Ich als Anderes. Denn mein Bild ist Nichtich und Ich zugleich, was Fichte nicht einsah. Auf solche Weise wird aus Einem Zwei und bleibt doch Eines.

P. 447. Z. 24—27. Das aufgehobene Finstere ist das Sichtbare.

P. 448. Z. 1—3. Imaginiren geht von Wollen aus, in Anderes ein, und bedingt die Effectivität (Entzündung) des Wollens durch Conjunction. Soll A mich als wollend frei (effectiv) machen, so muss ich erst imaginirend in A selbst ergreifen oder mich von ihm ergreifen lassen. Die imaginirenden Sinne bringen dem Willen das zurück, was ihn schwängert und worin er brennt.

P. 448. Z. 25—28. Wenn Gott sein soll und zugleich die Creatur, so kann diese nur sein Bild (in Liebe oder Zorn) sein. *Exceptio firmat regulam.*

P. 449. Z. 1—6. Der Wille ist nur (effectiv, lebendig, Geist), indem er brennt. Der unentzündete stille, magische Wille träumt nur von seinem Brennen.

P. 449. Z. 13—17. Der Wille oder Geist ist das Ausgehende, nicht Abgehende, darum Inleitende.

P. 450. Z. 26—29 ff. Dieses Vermögen des Willens in Christus zu imaginiren, ist Gabe, durch deren Gebrauch der Mensch allein sein Wollen neugebären kann.

P. 451. Z. 19—29. Der Wille muss die Begierde nicht wollen, die doch sein Feuer will und haben muss. — Der Wille soll nicht imaginiren in die eigene Essenz. — Der ewige Wille geht ewig in die Sucht und scheidet sich ewig wieder von ihr.

P. 452. Z. 13—19. Der aus der Begierde (Natur) in die *Sophia* gehende Wille, in ihr als in der Tinctur sich modelnde Wille ist vor und über Natur.

P. 453. Z. 2—7. Wie derselbe Vater sich im Weltgericht nach beiden Weisen bewegen wird zur Ruhe.

P. 453. Z. 17—20. In beide setzt der Geist die in der Zeit ausgewirkten Wunder.

P. 454. Z. 1—8. Weiter unten VI. 1. wird gesagt: „*Une volonté magique, qui n'existe encore que dans le désir.*" Wie sich der Wille in der Tinctur modellirt (aus dem Spiegel der Weisheit) zum Tincturleib, so macht ihm die Begierde (Natur) Substanz.

P. 454. Z. 9—10. Hier ist das Leibhaftmachen des Bildes, nicht dessen Erzeugung als Figur gemeint. — In der Begierde (Imagination) ist der Wille noch als Figur.

P. 454. Z. 16—23. Nur Seele und Leib zusammen sind das Bleibende, der Leib als solcher ist allein so wenig Substanz als die Seele. Daher der Irrthum der Annahme einer für sich bestehenden (anorganischen, unbeseelten) Materie.

P. 455. Z. 1—7. Der Ternar begehrt sich durch Natur zu offenbaren und bildet sich das Zuoffenbarende ein und vor.

P. 456. Z. 1—7. Praeexistenz der Formen in der Magie als Matrix. *Materia appetit formam.* — Ingress des Willens in sein Modell bestimmt die Magie, demselben *Etre* anzuschaffen.

P. 557. Z. 16—25. Der Glaube ist Magie, und nicht Wissen.

P. 461. Z. 1—7. Die Sucht des Nichts zu Etwas ist die zu Allem. Denn das Etwas (welches nicht Alles) hat nur Bezug auf anderes Etwas, nicht auf Nichts.

P. 461. Z. 14—17 ff. Ausgehend aus der Sucht findet er diese (zugleich sich) als das, von dem er ausging. Wie der Wille als Geist von der Sucht ausgehend entsteht, so entsteht die Sucht als das, von dem jener ausgeht. — Der Ungrund scheidet sich in Actives und Reactives, in wissenden Willen und in gewussten Trieb. — Wie der Wille (Geist, Gedanke), von der Begierde (Natur) ausgeht als sich von ihr scheidend, so geht er wieder (aber nicht jene Unterscheidung wieder aufhebend) in diese Natur ein.

P. 462. Z. 6—24. Der Geist (Wille) macht die Natur (Sucht) wie diese jenen. Der Geist ist der die Natur Aufhebende, sie Wissende, ihrer Gewaltige, die Natur subjicirt und gewusst. — Sonst wird die Scheidung des Willens (Geistes) von der Natur (des zweiten Princips vom ersten) in die vierte Gestalt (Blitz, Feuer) gesetzt, und zwar geht diese Scheidung als Wiederbefreiung des Willens durch Wiederconjunction (mit der Lust der Freiheit als Gehilfin) vor sich. Auch geht diese Scheidung aus dem Involut (*Mysterium magnum*) in der ersten Impression oder Begierde (Sucht zu sein) hervor, welche Scheidung als Entwicklung die Reunion bedingt, somit das Entstehen des Mysterium's eine Desunion macht. — Es sucht sich aber nur, was sich verloren hat, hier ineinander (in Dissemination), und die Sucht des Nichts zu Etwas ist die Sucht, sich aus der Dissemination von einander herauszufinden (in die Formation, in offenbares Sein zu gehen). J. Böhme unterscheidet nun die vier Momente: 1) der Dissemination (Nichts, Stille), 2) der Inovlution, 3) der Fermentation, 4) der Evolution. Nur dass diese Momente als beständig (simultan) ineinander bestehend gefasst werden müssen, so dass dasselbe Seiende zugleich disseminirt, involvirt, fermentirend und evolvirt seiend ist und z. B. die höchste Evolution wieder in die Dissemination geht. Im dritten Moment resistiren sich die Kräfte, im vierten penetriren sie sich und fassen sich zu einem rein actuirten geistlichen Element (Substanz) zusammen.

P. 468. Z. 6—11. Der triebfreie (nicht trieblose) Wille ist Geist.

P. 463. Z. 12—16. Denken und Ausdehnung der Substanz des Spinoza. — Denken und Thun.

P. 464. Z. 1—12. Also nur der triebfreie — aus der Sucht, Natur gegangene — Wille ist begehrend in sich und dieses Begehren entsteht ihm vom *Etre* (der Begierde) d. h. von der Essenz.

P. 464. Z. 24—29 ff. Das Wort Geist wird hier in vierfachem Sinne genommen: 1) als Ausgang aus der Sucht, 2) als in eigener Begierde gefasst (Wort), 3) als sich von diesem wie jenem unterscheidend, 4) als durch Wiederzurückgeben in die Sucht in dieser geweckter essentialer Geist. Wenn J. Böhme übrigens sagt, dass der Geist aus dem Wort in die Natur zurückgeht, so muss man hiemit nicht den Urstand des Geistes (als dritte Hypostase) verstehen, sondern die Action (das Sichaussprechen) des ganzen Ternars. So folgt der Menschwerdung des Wortes (als dessen Sendung) die Sendung des Geistes (in der Menschwerdung). Nicht also als ob der Geist Vater und Sohn zurückliesse, sondern er führt die Tinctur ein als die unmittelbare Stätte des Ternars.

P. 466. Z. 10—18. Durch das Aussich- (Vorsich-) Gerichtetsein der Natur (durch ihr Aussersich- oder Vonsich-Kommen) dient die Natur dem Insichgerichtetsein oder Zusichkommen des Geistes, dessen Reflex also ohne Natur nicht denkbar ist, und v. v., wenn die Natur sich auf oder in sich reflectirt (selbstigt), so kommt der Geist aus sich und von sich. Wenn das Gründen (als Natur) des Ungrundes ein Ausgehen des letzteren (ein Vonsichkommen) ist, so ist das Ausgehen der Natur oder ihr Aussersichkommen ein Wiederzusichkommen des Ungrunds (Freiheit). Aber J. Böhme nimmt das Vorsichgehen im entgegengesetzten Sinne, nemlich als Sichselbsterheben und nicht einem andern sich Subjiciren. Die Natur (als Selbheit) muss in diesem Sinne hinter sich gehen, soll der Geist (Gott) in ihr und durch sie vor sich gehen.

P. 469. Z. 1—14. Nur eine Creatur konnte das Grimmfeuer in der Natur erwecken. Aber dessen Erweckbarkeit be-

dingte den Urstand der Creatur. Zugleich aber auch — durch
Tilgung dieser Erweckbarkeit — die Bewährung der Creatur bedingend.

P. 469. Z. 15—25. Durch die Schöpfung ward nur die Erweckbarkeit des Grimms bedungen. Nachdem aber durch die Creatur es zur wirklichen Erweckung kam, so kann dieses erweckte Grimmleben nur durch Excretion unschädlich gemacht werden. Und diess ist es, was man Anfang der Hölle durch das Weltgericht nennt.

P. 470. Z. 13—20. Alle äussere Gewalt ist auf innere Repulsion (Hass, Lieblosigkeit) begründet. Mit dem Steigen des innern Liberalismus muss der Servilismus äusserlich steigen. Daher das falsche Streben nach Herstellung einer Universalmonarchie. Wie könnte der Despot das Laster, die Irreligion, Lieblosigkeit etc. nicht wollen, da sie seine Macht bedingen?

P. 471. Z. 9—11. Das Vorspiel eines solchen Weltbeherrschers oder Weltdespoten sahen wir in Napoleon.

P. 472. Z. 22—26 ff. Göttliches Mysterium und Natur-Mysterium sind wohl zu unterscheiden.

P. 474. Z. 25—27. Rationalismus ist die Lehre von der absoluten Autonomie der Vernunft. Aber die Gehörigkeit der Vernunft kommt vom Hören, Vernehmen.

P. 478. Z. 4—11. Lucifer statt die Erweckbarkeit der ewigen Natur — in sich — zu tilgen, entzündete sie und machte die Magie der Natur falsch-süchtig.

P. 480. Z. 15—21. Eben das Zurückgehen (Bleiben) der Natur bedingt das Vorwärtsgehen ihrer Wunder in das Licht.

P. 482. Z. 16—18. Die Wunder Gottes sind von dem Bild Gottes zu unterscheiden.

X.

DES NOMBRES.

PAR

SAINT-MARTIN,

auteur de l'ouvrage intitulé :

Des Erreurs et de la Vérité.

OEUVRE POSTHUME.

PARIS.

1843.

Auszüge

aus einem Manuscript von Saint-Martin:

Sur les Nombres.

I.

Die Zahlen sind nur die abgekürzte Uebersetzung oder die concisere Sprache (Zeichensprache) jener Wahrheiten und Gesetze, deren Text und Ideen in Gott, dem Menschen und der Natur sich finden. Man kann sie auch als das intellectuelle Abbild der natürlichen Operationen der Dinge definiren (als innere Kennzeichenlehre im Sinne der Mineralogen), auch als die Schranke und Begränzung ihrer Eigenschaften und als jenes Maass, das sie nicht überschreiten können, ohne sich zu entstellen (*dénaturer*), weswegen Saint-Martin die Zahlen die Weisheit der Wesen nennt, welche sie hindert, dass sie nicht närrisch werden. Der Begriff der Weisheit ist Weisen der Schranke, Richtung etc. Man muss also vor allen Dingen sich gründlich von jenem Text oder den *Idées principes* unterrichten, um sich gegen die Fehler der Uebersetzer und Maler zu bewahren. Die Zahlen sind nur die Zeichen des Lebens.

Ein Hauptirrthum, vor dem man sich bewahren muss, ist die Trennung (Abstraction) der Zahlen von der Idee, welche jede darstellt, und ihre somit von ihrer Activitätsbasis getrennte Vorstellung. Denn man kann (und soll) von jeder Zahl das Wie ihrer Verbindung mit ihrer Actionsbasis nachweisen. Zahlen sind also gleich Formen nichts Selbstständiges. Eine solche inhaltleere Zahlenlehre ist gleich jener unserer blossen Formensprache bei

J. Böhme. Die Kräfte der Dinge sind nicht in den Zahlen, diese aber sind in jenen und entspringen von ihnen.

Kennt man aber das einzelne Werk oder die Function, an welche jede Zahl gebunden ist, so können uns diese Zahlen in unsicheren Speculationen allerdings leiten und selbst falsche corrigiren, und sie leisten uns dasselbe, was die Zahlen im gemeinen Calcul leisten, nur dass hier der Werth der Zahlen willkürlich, bei jenem geistigen Calcul aber von der Natur fixirt ist. Denn diese Zahlen begleiten uns sodann nur in jenen ewigen Regionen, in denen sie beständig entspringen und welche sie nie verlassen.

Die Elevation einer Zahl zu ihrer zweiten Potenz und zum Cubus ist ihre Vervollständigung oder *le cube est le terme parfait de tout nombre (vis ejus integra etc.)*.

Die Zahlen sind an ihnen selbst fix (bestimmt) und in ihren *facultés radicales*, aber unbeschränkt *(infinis)* im Spiel ihrer Potenzen und deren zahllosen Emanationen.

Im gemeinen Calcul, wo die Zahl bloss als Quantum, nie als Quale gilt, geht man von der Wurzel zu den Potenzen und kehrt von diesen zu jenen, ohne die Objecte zu zählen *(nombrer)*, man rechnet *(compter)* sie bloss, und erhält nur Summen, nie Zahlen. *On ne se s'occupe que du calcul des lois et non du calcul des raisons (causes)*.

Man muss einen Unterschied zwischen wahren und falschen Zahlen statuiren. Jene bringen immer die Ordnung, Harmonie und das Leben hervor, und wenn sie sich in freien Wesen alteriren, so ändern sie so sehr ihren Character, dass eine andere Zahl es ist, die ihre Stelle einnimmt, während dann doch ihre *Essence* und *être radical* dieselben bleiben, weil ausserdem die ewigen Conventionen Gottes gebrochen werden könnten, und Confusion die Stelle aller Dinge einnähme.

Die falschen Zahlen produciren nicht (sind impotent) und haben nur die Macht (in ihren Producten) das Wahre nachzuäffen, sie zeigen sich als *démembrements*, nie als *générateurs*, denn sie sind ja eben durch Trennung (von der Einheit) falsch und impotent worden. Z. B. bei der Trennung der 10 Jungfrauen in 2,5 sind auch die fünf weisen Jungfrauen noch nicht in ihrer fruchtbaren Zahl, bis sie mit dem Bräutigam sich vereinen, wo sie dann 10, oder 6 machen (je nachdem man den Bräutigam für jede rechnet, oder für alle zusammen). Die falschen Zahlen dienen aber auch zuweilen als Werkzeuge der Gerechtigkeit oder der Restauration, und wo sie allein wirken, können sie nichts als ihre eigene *iniquité* wirken, wo sie nemlich ganz ausser der *ligne vraie* sind; wo sie aber zur Restauration dienen, braucht das wahre Wesen sie als Form, damit es in die unreine Region (sich dieser gleichend) eingeben kann, aber hiemit rectificirt es diese Form, und, das Wahre dem Falschen entgegensetzend durch diesen Eingang, wird es der Tod des Todes. Eingehend in die falsche Zahl zertheilt oder trennt es diese, wie die Arznei sich überall hin verbreitet in den Körper, wo ihn die Krankheit erfüllt.

Die Elemente der falschen und der wahren Zahl verbinden sich, aber sie vermischen sich darum nicht. Beide sehen wir ihren *terme* erreichen, und sie zeigen hiebei oft gleiches Product, wenn schon das Innere dieses Ganges gänzlich verschieden ist. So zeigte sich bei der Trennung Judas' die Zahl 13, aus 11 (Apostel) und der 2, so wie bei der Wiedervereinigung des Christs mit seinen Aposteln (nach Matthias' Wahl) im Pfingstfeste dieselbe Zahl 12 und 1 = 13. Die Apostel wurden im letzten Falle wieder mit ihrem Meister (8 das *Verbe*) vereint, sie machten nur Eines mit ihm, d. i. die Zahl Zwei ward abgethan.

Wenn aber die Früchte der guten und der bösen Zahlen (als Wurzeln und Elemente) gleich oft dieselben sind, und wenn in obigen Beispielen die Verbindung zweier *binaires* (11 und 2) dieselbe Zahl gibt (als die 13 aus der wiederergänzten Zahl der Apostel und Christi), so zeigt sich hieraus, dass die Macht des Bösen in Bezug auf den Erlösungsprocess schlechterdings auf die Region der Früchte, Resultate, sich beschränkt, und nicht bis in die Region der Wurzel greift, wo also das Gute allein ohne des Bösen Einwirkung und Einfluss operirt.

Man glaubte oft, die Dekadik habe keinen fixen Grund. Da aber alles Daseln inner den dreien Regionen: der des wahren

Geistes, der der Materie und der des Bösen befasst ist, und der Geistesregion die Zahlen 1, 10, 8, 7 und 4 eigen sind, der materiellen oder Formenregion die drei Zahlen: 3, 6, 9, und dem Bösen nur 2 und 5, welche Zahlen alle wieder 10 geben (55), so ist hiemit bewiesen, dass es ausser diesen 10 Zahlen eigentlich keine gibt.

In einer Parallelstelle wird derselbe Gedanke in folgender Weise ausgedrückt:

Man braucht nur zu wissen, wie viel Zahlen das Böse hat, wie viel der Geist und wie viel die Materie, um der Quantität der Zahlen inne zu werden, weil es nichts gibt, was nicht in einer dieser Regionen existirt. Nun aber gibt es für das Böse nur die zwei Zahlen 2 und 5, für den wahrhaften Geist die Zahlen 1, 10, 8, 7 und 4, und für die Materie (Formenregion) 3, 6, 9, so dass also, da die Summe aller dieser Zahlen nur 10 ist, diese Zahl als die natürliche oder Gesammtzahl gilt.

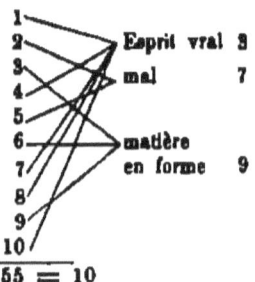

Es gilt allgemein das Gesetz, dass dieselben Zahlen, welche der Production vorstunden, auch die Reintegration leiten oder dirigiren.

In der Zahlenlehre bezeichnet das *Zéro* (Null oder 0) nur die Potenzen der Wesen, welche mobil sind, und welche nicht jener ihren Radicalwerth ändern.

Alles ist wahr in der Einheit, alles, was mit ihr gleichewig, ist vollständig (absolut), alles, was sich von ihr trennt, ist falsch (*altéré*). Nichts (keine Zahl) ist falsch in der Dekade collectiv genommen, abstract ist nichts wahr in ihr, was nicht unmittelbar oder mittelbar mit der Einheit verbunden ist. So sind die zwei

Oelbäume bei Zacharias 4, 4 gut, weil sie vor dem Beherrscher der Welt stehen; so sind die zwei Gesetze der physischen Natur (Action und Reaction) gut, weil sie mit einem dritten Gesetz verbunden sind, welches sie dirigirt, und dieses mit einem vierten, welches sie alle erzeugt. Darum taugen unsere Bemühungen nichts, so lange wir uns beschränken auf die Conception der Gedanken in der Intelligenz, auf die *velléité* unserer *faibles désirs* im Wollen, und so lange wir nicht beide durch *oeuvres* in unserer Action realisiren (cubiren — *parce qu'on est à quatre quand on est à trois.*). — Der Meister kam, um die durch ihre Separation von der *Dekade inique* wordene Zweizahl zu bekämpfen.

Die reellen und activen Zahlen sind von den nichtreellen und nichtactiven zu unterscheiden. Z. B. 6 *(le senaire)* ist zwar der *mode* aller Operationen der Agenten, aber kein *agent individuel* selbst.

Ebenso sind Centralzahlen und peripherische Zahlen zu unterscheiden. Z. B. 4 ist Centralzahl, 8 peripherische Zahl.

Alle Zahlen sind geeint und verbunden der Dekade, keine gibt das Bild der Corruption oder *déformité*, wenn sie nicht aus diesem Verbande heraustritt, und von diesen somit particularisirten (abstrahirten) Zahlen sind 2 und 5 absolut böse, die auch allein die Dekade theilen, andere sind bloss die Heilung operirend, wie 7, 4, 8, andere (3, 6, 9) sind bloss zur Erscheinung zugelassen, wovon man nichts in der Dekade selbst sieht, weil hier weder Missgestalt, noch Leiden, noch Illusion ist.

Nichts kann ohne Zahl sein und Gott selbst hat seine Zahl, aber die Gotteszahl ist nicht Gott, wie überhaupt kein Wesen (bloss) seine Zahl ist, wiewohl keines ohne seine Zahl *(Guide, pivot* und erster Character seiner Existenz) ist. Die Zahl Eins kann nie für ein Wesen verschwinden, und in jedem Geistwesen unterscheidet man 1) das Wesen *(Etre)*, 2) seine Zahl (Gedanke?), ideelle Form? 3) seine Action, 4) seine Operation (Action und Operation sind unterschieden). Die Kabbalistischen Zahlen können nicht die Rapports und Eigenschaften der Körper bestimmen, deren Resultate nach diesem Calcul sich falsch finden; nur durch ihr Princip und die Zahl ihrer Essenz kann man sie messen. Die

Mathematiker operiren noch falscher mit ihren conventionellen Zahlen.

Die Qualitäten, nicht die Quantitäten in den Zahlen gestalten das Wesen; denn jene haben Character, diese keinen. Zweimal zwei Pferde machen wohl vier Pferde, aber vier Pferde sind darum kein Wesen, wogegen die Zahl 4 in der wahren Ordnung ein wirklich existirendes Ding mit bestimmtem Character ankündigt, was von allen Zahlen gilt.

Jede Zahl hat drei Potenzen *(puissances)*: ihre Wurzel, ihr Quadrat und ihren Cubus.

Gewicht, Zahl und Maass sind nur für die Zeit (wie reimt sich dieses mit der Ewigkeit und Göttlichkeit der Zahl?). Die immaterielle Ewigkeit ist ein Zustand freien Genusses und ohne anderes Gesetz als das des lebendigen, sich beständig erfüllenden Verlangens. Es verhält sich hiermit wie mit der politischen Gesellschaft, wo die Gerichte, Armeen etc. etc. sich nur zur Zeit des Bedarfs und der Unordnung bilden, und gleichsam persönlich und characterisirt hervortreten, sich numerotiren. Der natürliche Mensch (in der ungetrübten Naturordnung) hat keine solche Schranken oder, wenn man will, Zahlen, Maasse und Gewichte, und der Mensch der Ewigkeit hat darum keine von den Zahlen, Maassen und Gewichten, welche den Zeitmenschen beschränken.

Die Zahl oder erste Potenz ist jedem Wesen durch seinen Ursprung gegeben; darum sind alle Zahlen Wurzeln. Die zweite Potenz, das Quadrat, ist das Mittel, mit welchem die Wurzel sich potenzirt und seine Frucht producirt; auch ist diese zweite Potenz zweifach in jedem Wesen, was durch die zwei Dimensionen der Oberfläche angezeigt wird, die zwei Hoden am Männchen.

Ich (Saint-Martin) verglich bisweilen die Potenz mit dem Vater, die Zahl mit der Mutter, den Namen mit der Production, und die Zahl ist also secundär gegen die Potenz, so wie der Name das Resultat jener ihrer Vereinigung ist. *Car dans l'ordre vrai radical divin il n'y a point de nombre 1 et tout, et il n'y a que 1 × 10 pour l'essence et 10 pour les opérations et produits.*

In der göttlichen Region sind die Zahlen weder getrennt, noch unterschieden, sondern sind Eins. In der Geistesregion (der ersten und zweiten) sind sie unterschieden, nicht getrennt. In der natürlich-materiellen sind sie minder unterschieden, als getrennt, welches die Ursache der Unordnung und des Aufhörens dieser Ordnung ist, weil in ihr die Zahlen sich nur mit Gewalt nähern. In der irregulären Geistesordnung sind die Zahlen im verkehrten Sinne eins, nemlich in einander gekettet ohne geeint zu sein, und sie haben in dieser Ordnung Hieroglyphen und eine apokryphe Harmonie, welche eine beleidigende Copie der Wahrheit ist.

Wenn wir in Betrachtung Gottes unsere Contemplationskräfte Ihn bewundernd suspendiren oder in Ihm aufheben, um uns ganz von Ihm erfüllen zu lassen, so machen wir eigentlich nur Eines mit Gott und die Zahl Eins ist der lebendige Ausdruck dieser Einigung, welche, so wie sie unter den Attributen dieser Einheit statt findet, so auch zwischen ihr und ihren Creaturen und Productionen statt finden sollte.

Was hier von der Aufhebung (Suspension) der contemplativen (bewundernden) Macht, das gilt von allen. Gegen oder in das Ich mein Vermögen aufhebe, das nimmt dieses Vermögen in sich, und macht sich daraus eine Form, Hülle, Bild, welches dasselbe erfüllt. Jedes Anschauen als Objectiviren kommt durch ein gleiches Subjiciren zu Stande. Bei J. Böhme ist Bild, Hülle, Form, Wesen synonym, und ihm heisst das Erfüllende Geist, nicht Wesen. Wie nun dieses vom Begehren (Sucht) eines andern, so gilt es auch von Selbstsucht, denn auch hier muss ich mit einem Subjectionsact meiner Selbst anheben, um mich mit mir selbst zu erfüllen, mich in mir selbst zu erheben. Denn das Erfüllende ist das Erhobene.

Wenn wir aber, nachdem wir alle unsere Contemplationsmacht oder Vermögen in jener allgemeinen Quelle aufgehoben hatten, diese ganz oder zum Theil wieder herausziehen und sie auf oder in uns selbst wenden (uns selbst bespiegeln) und also uns selbst mit eigener Contemplation erfüllen, somit uns als das Princip jener Klarheit oder Erfüllung unseres Erkenntnissvermögens betrachten, welche wir doch nur der Betrachtung jener Quelle verdanken, so setzen wir sofort in uns zwei Centra der Contemplation (Bewunderung), zwei geschiedene und rivale Principien, zwei Einheiten, die nicht unter sich geeint sind, und deren eine reell, die andere nur Schein ist.

Zum Ursprung dieser unregelmässigen Zahl Zwei zurückkehrend finden wir, dass man der Einheit weder etwas nehmen, noch selbe eigentlich etwas ausser sich hervorbringen machen kann, was eben ihre Absolutheit aussagt. Man vermag also nicht zu machen, dass Eins Zwei hervorbringt, und wenn irgend etwas aus der Einheit hervorgeht, durch Gewalt, so kann dieses nur illegitim und eine Minderung (Deficit) seiner selbst sein. Und es ist leicht, diese so hervorgegangene erste Minderung nachzuweisen. Nemlich diese Minderung oder Diminution muss das Centrum dieses Wesens treffen (d. i. den Stamm, weder die Wurzel, noch die Aeste des Baumes) und diese Minderung ist also eine Halbirung des Ganzen, und dieses ist der Ursprung jenes illegitimen Zwei *(binaire)*. Diese Entzweiung oder Halbirung trifft aber nicht die Einheit, sondern nur das Wesen, welches diese anzugreifen strebt, und welches sofort alles durch ein gebrochenes (halbes) Maass statt durch ein volles erhält. Darum ist das Böse der Einheit fremd. Weil aber doch etwas von ihr in dem *Etre diminué* ist, so veranlasste diese Diminution das Centrum zur Bewegung, um diese Zweiheit oder Halbheit zu rectificiren (reintegriren) und zwar ohne dass das Centrum hiebei aus seinem Rang trat, denn die Einheit ist untheilbar, und diese reintegrirende Bewegung des Centrums ist das sublimste Geheimniss und die unerschöpfliche Quelle der Wunder für das Gemüth und den Geist des Menschen.

Die Einheit ist die einzige Zahl, welche aus der göttlichen Dekade (nach der Unterscheidung der göttlichen, der Geistes- und der Naturregion, deren jede ihre eigene Dekade hat) weder durch ihr Quadrat, noch durch ihren Cubus hervorgeht, sondern welche aus ihrem eigenen Centrum nicht hervortritt und in sich alle ihre Operationen concentrirt. Wenn dieses Wesen — Eins — Leben und Geist in die göttliche, die Geistes- oder die natürliche Region bringt, so geschieht dieses mit Hilfe oder mittelst ihrer radicalen oder Wurzelvermögen und der diesen entsprechenden Emanationen, welche drei Regionen sohin als éin Lebensbaum betrachtet werden können, in deren einer, der göttlichen, die Wurzel immer (als in ihrer Muttererde) verborgen bleibt, dessen Stamm sich in der Geistesregion, die Blüthen und Früchte sich in der natürlichen Region (durch Cubirung) offenbaren, und diese éine gemeinsame Wurzel ist es also, welche diese drei Regionen oder Welten unter sich verbindet, indem sie unaufhörlich durch ihre eigene Wurzel, Quadrat und Cubus die Wurzeln, Quadrate und Cubus der drei Regionen belebt und unterhält, und wenn schon dieses Eine sich nicht durch sich selbst in alle diese Regionen begibt, so ist es doch ihr Wurzeleinfluss, ihr Quadrat- und Cubus-Einfluss, welcher allen Productionen dieser Regionen die Absolutheit oder Ganzheit, d. h. den Character der Einheit gibt.

Ewiges Geheimniss und unerforscht bleibt uns in Bezug auf diese göttliche Einheit die Kenntniss der Weise oder des *Modus* unserer Emanation oder Generation in ihr. So wie das Werk unserer Emanation ausschliessend diesem obersten Princip vorbehalten ist, welches wir unsern Vater nennen zu können das Glück erlangt haben, so gilt dies auch von der Kenntniss des Modus dieses Werkes, ausserdem und wenn wir nemlich dieser Kenntniss theilhaft würden, würden wir selbst Gott sein und dieselbe Emanation bewirken können. Die materielle Generation kann hier nicht in Vergleich und Betracht kommen, weil sie kreisend ist (wie Alles, was geschaffen und aus dem universellen Centrum hervorgetreten ist) und also die Früchte sich erheben, so wie die Keime niedersteigen, und sich in ihrem Laufe am nemlichen Punkte des Rades treffen, alle Kenntnisse ihrer Region nach und nach allen bekannt werden müssen. Dieses Geheimniss der Weise unseres Ursprungs in der Einheit verbürgt eben unsere Unterwerfung und Bewunderung derselben, und so wie wir durch unsere Existenz ihres eigenen Lebens zwar theilhaft werden, so sind wir doch eben in dieser unserer abgesonderten Existenz und in unserer gänzlichen Unwissenheit über den Modus unserer Emanation gezwungen, ihre Superiorität über uns anzuerkennen.

Wenn wir aber schon den Modus oder das Wie unserer Emanation nicht kennen, so kennen wir doch die Weise unserer Restauration, weil nemlich jene im göttlichen Centrum geschah und unsere Existenz betrifft, der sie ein geschieden Dasein gab, diese zwar durch dasselbe Centrum, aber in der Zeitregion vor sich ging und unsere Vermögen betrifft, deren Mitwirkung sie anspricht, wogegen die Emanation ohne unsere Mitwirkung stattfand und ewig bleibt, wenn wir auch die grösste Stufe der Verdorbenheit erreichen. Es ziemt nur der Einheit und Ihrem Denaire, welche ihre eigene *Puissance* ist, Wesen zu schaffen, d. h. den Namen wesentlicher Wurzel zu tragen. 10 ist die *faculté* von 1.

10 ist doppelt essentielle Wurzel, nemlich für 4 und 7, welche ihre zwei *Radii*, jene der göttlichen, diese der geistigen sind. 4 und 7 sind nicht wesentliche Wurzeln, sondern wesentliche Potenzen (Mächte), wobei nicht von einer secundären 7 (die von 16 kommt), sondern von der primitiven die Rede ist. Auch 8 gehört zur Einheit durch seine Operationen und unterschiedenen Fähigkeiten, aber sie vereint sich mit der Einheit, weil in der wahren göttlichen radicalen Ordnung es eigentlich keine unterschiedene Zahl gibt und 1 alles ist oder nur 1 und 10 für die Essenz und 10 für die Operation und Production ist. 1 ist dreifach essentielle Wurzel, nemlich von 10, 4 und 7, aber 10 scheidet sich nie von 1 und wirkt darum in 10 in gleich ewiger Vereinigung. Wenn 10 operirt 4 und 7, so sind 10 und 1 das Princip und 4 und 7 die Productionen. Darum sind auch diese letzten Zahlen keine essentiellen Wurzeln, sondern nur essentielle Quadrate und Cubus, weil es nur der Einheit und dem Denar ihrer eigenen Potenz zukommt, Wesen zu schaffen, d. h. den Namen wahrer Wurzel zu haben. Warum aber gelangt man zur Kenntniss dieser essentiellen Wurzel nur durch Addition, indem man die Quadrat- und Cubikwurzel durch Wurzelausziehen (das Gegentheil der Multiplication) kennen lernt? Weil dem Wesen die Kenntniss des Factums (ihrer Emanation) genügt und das Wie? oder das Mittel hiezu das Zeugungsprincip sich vorbehalten hat. Denn wüssten die Potenzen ihren Zusammenhang mit der wesentlichen Wurzel, so würden sie gleich dieser schaffen wollen. (Lucifer's Wissenslust? welcher sich die *Causes* 4 und 3 *innées et cachées dans le principe supérieur* aneignen wollte, die sodann als Mensch und Materie gegen ihn hervortraten.) Da-

gegen führt die Multiplication von den Quadrat- und Cubikwurzeln zu ihren Potenzen u. v. v., weil diese zweite Production
(im Verhältniss jener des *Etre*) nur die Vermögen der Wesen
betrifft, so müssen diese Wesen das Vermögen haben, selbe zu
entwickeln oder wieder (nach ihrer Freiheit) auf sich zurückzu-
ziehen, und darum ist uns der Zusammenhang der Quadrat- und
Cubikwurzeln mit ihren Potenzen bekannt. In dieser Ausziehung
der letztern Wurzeln oder in der Suspension unserer Vermögen
verschwinden diese ganz, zum Beweise, dass sie keine Wesen
sind, wogegen im Gesetze der Addition (Subtraction?), welche die
puissances essentielles zu den *racines essentielles* zurücksteigen
macht, diese unsere *puissance essentielle*, dieses constitutive Ich,
bleibt, weil selbes ein unzerstörbares Wesen ist.

Dieses dient zur Erläuterung dessen, was J. Böhme über
die Aufgabe der Ichheit ins Nichts sagt, und welches bloss der
Suspension der Vermögen gilt.

Die Z. 3, 6, 9 sind *Puissances 3ᵐᵉˢ*, bloss *exécutrices et
opératrices* (welche *Puissance* immer dasselbe Object habend
und also dieselbe bleibend bloss sich von einem Wesen auf das
andere im Wege der numerischen Generation fortpflanzt). 4, 7,
8, 10 sind *puissances secondaires*, die unmittelbar (nicht wie
jene mittelbar) mit dem Centrum zusammenhängen und zwar nicht
la loi créatrice wie jene (die Einheit), wohl aber *ad-
ministrative* haben. Die Einheit ist die erste einzige Puissance
und durch alle Multiplicationen gibt sie immer nur sich, d. h. 1,
weil sie nie aus sich herausgehen oder eine zweite Einheit hervorbringen kann. Sie ist auch keiner Addition fähig, weil hiezu
mehr als éine Einheit (Absolutes) verbanden sein müsste. Sie
manifestirt sich ausser sich durch ihre 2 und 3 *puissances*, die
ewig mit ihr verbanden sind.

Wir wissen aber nicht, wie sie diese Manifestation oder Expansion ihrer Potenzen bewirkt, nur dass sie selbst nur in ihrer
Dekade diese Expansion operirt. Wogegen jene Expansionen
ausser der Dekade operiren.

Könnte die Einheit sich selbst hervorbringen, sich selbst zu
ihrer Potenz erheben, so würde sie sich wie jeder Keim, der,

indem er sich entwickelt, seine Action beendet, und nicht mehr
producirt, sondern in sein Princip zurückkehrt, selbst zerstören
oder erschöpfen. So z. B. obschon die Zahl der Keime unserer
Gedanken unendlich ist, und wir immer (ewig) denken, so hat
doch jeder Gedanke nur éinen Keim, der nicht wiederkehrt. Die
schaffenden, operirenden und denkenden Vermögen der Gottheit
müssen dasselbe Gesetz haben und jeder Schaffungsact desselben
wiederholt sich nicht, und die schaffende Wurzel, nachdem sie
im Schaffen wirkte, wirkt nur noch als erhaltend, und die geschaffenen
Wurzeln (der Wesen) sind nur die Organe und Canäle, durch die
die Einheit ausser ihr den Ausdruck ihrer Vermögen verwirklicht.

Wenden wir nun dieses Gesetz auf das Centrum selbst an.
Wenn die Einheit ihre essentielle und centrale Einheit hervorbringen könnte, so müsste sie sich in Keim und Product, in
Wurzel und Vermögen unterscheiden können. Nach dem Gesetze
der Keime und Wurzeln würde aber der Keim, nachdem er sein
Product hervorgebracht, unnütz und unwirksam sein, weil er nichts
mehr hervorbringen könnte (sich als hervorbringend erschöpft
hätte). Gott könnte also auf solche Weise sich nicht hervorbringen, ohne sich zu zerstören, und müsste aus Princip durch
das Mittel im *Terme* sich vernichten. Aber diese drei Dinge
sind in ihm nicht unterschieden von ihm selbst, er ist zugleich
Princip (Anfang), *Moyen* (Mittel), *Terme* (Ende), und kennt ebensowenig Succession in der Action, als Differenz in ihren Qualitäten,
und diese Einheit mag sich also immer durch sich multipliciren,
sie wird nie sich hervorbringen, und beweiset eben hiemit, dass
sie nie hervorgebracht ward.

Denn würde Gott als hervorgebracht fortdauern, so hörte er
schon auf, Gott als Hervorbringer zu sein. S. Paulus an die
Thessalonicher.

Die Einheit multiplicirt durch Eins gibt nur Eins, und erhebt
sich nie zu neuen Potenzen, weil sie die Ewigkeit ist.

Man sieht hieraus, dass die Materie keine zeugende Einheit
hat und ihre Wurzel schon ein Hervorgebrachtes, aus der Einheit
Hervorgegangenes und darum eine zusammengesetzte Zahl Tragen-
des ist.

In den physischen Generationen geht das Princip und *Moyen* in den *Terme*, darum sind sie vergänglich und gleich ihren physischen Zeugern. Ihre continuelle Succession gibt ein Bild der stabilen göttlichen Einheit. In den geistigen Productionen geht das Mittel in den *Terme*, was ihr Leben macht, nicht das Princip, darum sind sie unter diesem, obschon sie unsterblich sind (das Leben in sich selbst haben).

Die wahre Wurzel von 4 ist 1, welches das Centrum des erzeugten Triangels ist △. Aber es bleibt uns ewig unbekannt, wie 1 4 producirt, und da alle folgenden Wurzeln an der 4 hangen, so wissen wir nicht, wie sie wirken, da wir nicht wissen, wie 4 gewirkt ist.

Das erste Bild Gottes ist 10.

Jede Zahl hat drei Potenzen: Wurzel, Quadrat und Cubus. Wir können also nie den Unendlichen kennen, weil man, um alle Potenzen einer Zahl zu kennen, vorerst den Werth ihrer Wurzel kennen muss, sodann ihr Quadrat und endlich den Cubus, und wir das Unendliche weder quadriren, noch cubiren können, weil wir seine Wurzel nicht kennen. Denn wie könnte man eine Wurzel erfassen, die unendlich, und indem sie Wurzel, zugleich auch Quadrat und Cubus ist. Denn wenn man sagt, dass die Einheit sich nie ausser sich hervorbringe, so heisst das nicht, dass sie sich nicht inner sich expandire und zu ihrem *Terme* bringe.

Diejenigen, welche Gott zu sein glauben, sollen nur die Zahl 1 manipuliren, so werden sie immer dieselbe 1 erhalten. Gott zeigt sich unsern Gedanken immer als das universelle Wesen, dessen *Puissance* absolut über uns und von uns unterschieden ist.

Dass wir so wenig in unserer Geisteslaufbahn leisten, daran ist Schuld, dass wir versäumen, jedes unserer Werke bis zur 7ten Zeit (Cubus) zu bringen, welche die Ruhezeit ist und ohne die keine Substantialisirung stattfindet (J. Böhme's 7te Gestalt oder Zahl), weil der Kreis nur dann sich vollendet, wenn die Eigenschaft des Centrums sich sechsmal in die Peripherie gesetzt hat.

Die Einheit wirkt nur in ihrer eigenen Totalität und der Vollständigkeit (Absolutheit) ihrer Universalität. Die thierische Zeugung selbst beweiset dieses unsichtbar wirkende Gesetz der Einheit. Denn in der Begattung verschwinden die Geschlechter, das Männlein wird Weiblein, dieses Männlein oder vielmehr das eine und andere sind nicht mehr, weder Mann noch Weib, sie sind Eins — und die Zahl 2 ist von der Erzeugung ausgeschlossen, trotz des Spruchs: *Erunt duo in carne una*.

Im reinen Stand der ewigen Essenz der Dinge ist 1 die Wurzel von 10, und 10 das *Ensemble* aller regelmässigen Wurzeln, welche sich in der universellen Sphäre entwickelt hatten. (Anderwärts heisst es, 1, 10, 8, 7 (Gedanke, Wille, That: Vater, Sohn, Geist) Denn 8 ist der *operant* von 10, wie 7 der *agent direct* des 8, auch ist 10 nicht die Wurzel von 8, sondern eine essentielle Zahl, geich ewig mit ihr und nur unterschieden durch einen andern Charakter der Operation. 8 ist also nicht von 10 hervorgebracht (etwa sein Sohn), sondern dessen Rechte, wie der heil. Geist (7) seine Linke.. Diese 7 hat seine essentielle Wurzel so gut wie 8 und 10, weil sie mit ihnen in der *ordre divin* zugleich wirkt.)

So wie eine Zahl sich von der Wahrheit trennt, so ist diese immer bereit, sie wieder mit sich zu vereinen und aus ihrem Todes- und Impotenzzustande zu erretten. Hieraus sieht man die Function der Kreislinie, auf welche alle krummen Linien sich reduciren. Nemlich so wie das Böse sich von der geraden Linie der Zahlen trennte, so haben alle Zahlen, mit denen jene hätte in Einstimmung wirken sollen, sie als Circumferenz umgeben, um sie als Gefangenen mit sich fortzuziehen.

II.

Les nombres, sagt Saint-Martin, *sont la sagesse des êtres et ce qui empeche qu'ils ne deviennent fous.* Die Zahlen sind nicht die Ideen, sondern stellen diese vor, und die Kräfte der Wesen sind nicht in den Zahlen, sondern diese sind in den Kräften, mit welchen Kräften und Ideen man also die Zahlen nicht vermengen, von welchen man sie nicht trennen darf.

Man kann und soll die Weise der Verbindung der Zahlen mit ihren thätigen Basen nachweisen. Als Beispiel nimmt der Verfasser den Gang der Zahlen E i n s und Z w e i.

Dieselbe untrennbare Einheit, welche alle Attribute der Eins unter sich verbindet, sollte auch dieser ihre Productionen (Creaturen) mit ihr verbinden *). In der That wenn wir zu dieser Eins gekehrt uns in der Betrachtung ihrer Attribute verlieren, alle unsere Kräfte innehaltend, um uns ganz nur von ihr e r f ü l l e n zu lassen, so machen wir nur Eins mit ihr. Sobald wir aber uns von ihr ab, und auf uns kehren, und uns mit uns selbst zu erfüllen bestreben (Selbstbespiegelung), so entstehen für uns zwei einander ausschliessende Basen, Centra oder Einheiten, wenn schon die éine nur wahrhaft, die andere Schein ist **). Aus der

---

*) Die Einheit kann nur aus sich selbst hervorgehen oder sich selbst hervorbringen und erweiset sich eben hiedurch als nicht selbst hervorgebracht.

**) „*Lorsque nous contemplons une vérité importante, telle que l'universelle puissance du Créateur, sa majesté, son amour, ses profondes lumières, ou tel autre de ses attributs, nous nous portons tout entier vers ce sublime modèle de toute chose, toutes nos facultés (de contemplation, d'admiration) se suspendent, pour nous remplir de lui, et nous ne faisons réellement qu' un avec lui. Voilà*

Einheit als Ganzheit oder Vollendtheit (Absolutheit) kann nichts weiter hervorgehen, so wie ihr nichts genommen werden mag. Was also aus ihr hervorträte, könnte nur ein Illegitimes, eine Verminderung sein, und diese Verminderung könnte nur das Centrum, die Mitte, der Einheit treffen, weil beider Extremitäten Verminderung doch immer wieder vom Centrum ergänzbar sein würde, ohne dass dieses von seiner Stelle wiche. So wenn ich einem Baume mich nahend ihn verletzen will, so kann ich dieses nur, indem ich seinen Stamm oder seine Mitte treffe, weil mir seine Wurzel unsichtbar und seine Aeste unerreichbar sind. Ein Wesen in der Mitte treffen und verletzen heisst es entzweien, als Ganzes halbiren, und dieses ist der wahre Ursprung der Zweizahl.

Diese Entzweiung trifft indess hier nicht die unverletzbare Einheit, sondern denjenigen, der sie zu entzweien strebt, und welcher, das Eine Centrum in sich doch nicht vertilgen könnend, und ein zweites neben selbem setzend, sich gleichsam selbst zum Zähler des Bruchs $1/_2$ macht, und also nur sich selbst entzweit*).

Weil indess doch Etwas von dem Eins in dem so Entzweiten oder Bösegewordenen blieb, so hat eben diese Verminderung oder Mangel das Centrum zu einer ergänzenden Bewegung veranlasst, wobei freilich dieses Centrum selbst voll, untheilbar und unbewegt blieb. Und diese Ergänzungs- oder Restaurations-Bewegung ist das erhabenste Geheimniss und die unerschöpfliche Quelle der Bewunderung für den erkennenden Geist.

Diese Zweizahl oder *binarius* ist keine bloss imaginirte, sondern eine wirkliche Macht (*puissance*), die wir schier alle

---

l'Image active de l'unité et le nombre un est dans nos langages l'expression de cette unité ou de l'union indivisible, qui existant intimement entre les attributs de cette unité, devait exister également entre Elle et toutes ses créatures et productions. Des Nombres par Saint-Martin. Oeuvre posthume p. 2. v. O.

*) Der dem 1 nächst stehende Bruch ist $1/_2$, und dieses $1/_2$ ist die geistige Wurzel von 2, ein Bruch, welcher, je mehr man ihn potenzirt, um so mehr sich von der Einheit (durch Minderung) entfernt. Hieraus ersieht man zugleich die Unmöglichkeit der Rückkehr dieses $1/_2$ in die Einheit.

517

Augenblicke unseres Lebens virtualisiren. Sie wirkt in dem *Senarius* der Formen (welche an sich nur die passive Addition oder Zusammensetzung zweier Ternare) und ist durch die Multiplication seiner Elemente das Mobile der Bewegung und Empfindungen (Gefühle) dieser Form. So dass dieser ihre Sinne insensibel (unfühlbar) werden, so wie der Binaire die Form verlässt, und umgekehrt jedes Gefühl (Wollust und Schmerz) in der Form, das Innewohnen des Quadrats der Zweizahl ($^1/_4$) beweiset. Denn es ist eine leidige Wahrheit, dass 5 und 6 (böser Geist und Materie) in der Zeit in einer reciproquen Activität sind, und dass jene $^1/_4$ sich der Form als seine eigene zerstörende Operation verhüllend bedient. Das Product dieser falschen Wurzel ($^1/_9$) gibt in der Form das Scheinwesen 5, dem der Mensch als 4, um es zu vernichten, entgegen gesendet worden. Denn obschon dieser Mensch selbst nur ein Viertel der Einheit ist, so kann und soll er doch in seinem Wirken mit dieser als *Entier* oder Gänze verbunden bleiben.

Man unterscheidet die **göttliche**, die **geistige** und die **Naturregion**, und erkennt die Correspondenz der ersten mit den zwei übrigen, sohin die Nothwendigkeit, dass die Zahlen der göttlichen Ordnung ihre Bilder und Repräsentanten in den zwei folgenden haben müssen. Wer aber den Schlüssel der Zahlen nicht hat, fällt in Irrthümer über diese Correspondenzen. Dieser Irrthümer sind vorzüglich drei.

1) Sie lassen sich hiebei durch die gemeine Arithmetik leiten, welche die Zahlen nur als gleichartig und nicht nach ihren Eigenheiten betrachtet, von denen sie nur die conventionellen oder durch Willkür der Menschen ihnen geliebenen kennt. Hiegegen darf man nur den Unterschied der Multiplication und Addition betrachten, welche beide Operationen in der gemeinen Arithmetik völlig Gleichartiges geben, indess im lebendigen Calcul die Multiplication erzeugt, und die Addition die Natur der Production und der Resultate zu erkennen gibt, sowohl dieser unter sich als mit ihrem Radicalprincip. Der gemeinen Arithmetik sind Producte, Wurzel, Potenzen, alles gleichartige Dinge, nur durch Quantität verschieden, und dieses begrifflose und todte Verfahren genügt

ihr bei dem todten Gebrauch für unsere materiellen, todten Bedürfnisse.

2) Der zweite Irrthum ist, dass sie die obigen drei Unterscheidungen in drei Dekaden beschliessen wollen, so dass wir über 80 hinaus keiner Zahlen mehr bedürften. Auf diese Weise würden aber diese drei Regionen nicht ineinander ein und übereinander übergreifen, sondern als Haufwerk nebeneinander liegen bleiben, und die Zahlen würden in ihrer lebendigen Fortschreitung widernatürlich gehemmt.

3) Der dritte Irrthum ist, dass, getäuscht durch die Aehnlichkeit der arithmetischen Reihung, sie in der 2. und 3. Ordnung dieselben Principien als in der ersten wirken sehen wollen. — Wenn aber der lebendige Calcul die zusammengesetzten Wurzeln ausschliesst, deren sich die gemeine Arithmetik bedient, so widerlegt die Multiplication der einfachen Wurzeln diese Aehnlichkeits- und Contiguitätsbehauptung.

Denn ausgenommen die drei ersten Zahlen bleibt kein Quadrat der übrigen inner der göttlichen Dekade, und von selben geht ein einziges in die spirituelle Dekade, ein einziges in die natürliche, die folgenden alle gehen in die folgenden Dekaden; und es finden sich drei Dekaden, in welchen keine der Zahlen 6, 8, 10 enden. Endlich kann man nur uneigentlich von einem Quadrat der 2 in der göttlichen Reihe sprechen, weil eben nur durch diese falsche Operation (welche ein falsches 4 gibt) der Lügengeist den Menschen verführte.

Wenn nun schon die Erhebung zur ersten Potenz eine ganz andere Zahlenreihe gibt, als die der Contiguität der 3 Decaden, so wird diese Verschiedenheit noch marquirter, wenn wir die Zahlen zur zweiten Potenz erheben oder cubiren, welcher Cubus der vollendende *Terminus* aller Zahl ist. Hier bleiben nur zwei Zahlen in der ersten Dekade, oder eigentlich nur eine (d. i. die 1 selbst), denn die Cubirung von 2 ist falsch, und wie sein Quadrat den Menschen betrog, so betrog und betrügt sein Cubus (8) die Welt mit falschen Christ's. — Von den übrigen Zahlen geht kein Cubus in die Geistordnung. Eine geht sofort in die Naturordnung, eine in die siebente Dekade etc. Wenn man übrigens von der Uebereinstimmung der Ordnung *(range)* der Zahlen in den drei Dekaden sich frappiren liess, so hat man doch übersehen, dass dieser Rang mit der Zahl der Dekade selbst immer absteigt; eine tiefe Wahrheit, welche uns lehrt, warum alle Geistbewegungen zirkelrund oder kreisend sind, und warum alles Existirende nur aus so viel Rädern besteht, welche immer um ihre Centra laufen und immer sich ihnen nahen wollen.

Diejenigen, welche in die Kenntniss der Zahlen eingedrungen, erkennen, wie die Vorsicht ihre Mächte *(puissances)* in die verschiedenen Regionen sendet, deren (Regionen) Zahl eben so fixirt ist, als die der Operationen mit diesen Zahlen, dass dieser ihre Radicalfähigkeiten gleichfalls 6x sind, obschon das Spiel ihrer Mächte (Potenzen) und ihre Emanationen unendlich. Sie werden endlich erkennen, dass die Eins die einzige Zahl ist, die nicht nur nie aus der göttlichen Dekade weder durch ihr Quadriren, noch ihr Cubiren heraustritt, sondern die auch in ihrem eigenen Mysterium oder Centrum hiebei bleibt, und alle Operationen in sich beschliesst.

Wenn diese *Unité Etre* sich in die göttliche, die geistige oder die natürliche Region versetzt *(transporte)*, so thut sie diess durch ihre eigenen *facultés radicales* und durch die diesen entsprechenden Emanationen, obschon die Pläne und Eigenschaften, die sie hiedurch offenbart, weit über die materiellen Begriffe der gemeinen Arithmetik sind. Auf solche Weise trägt dieses *Etre un* sein Leben und seinen Geist in die drei Regionen, welche man darum als einen Baum betrachten kann, dessen Wurzel stets in der göttlichen Region als seiner Muttererde verborgen bleibt, dessen Stamm und Körper in der Geistregion sich durch das Quadrat, dessen Zweige (Blüthen und Früchte) sich in der Naturregion durch die Cubirung manifestiren. Zwischen diesen drei Regionen oder Welten herrscht eine thätige Einheit oder Gemeinschaft, weil sie eine gemeinsame Wurzel haben, und weil es geistige Quadrate gibt, die sich bis in die Naturregion, und Naturcubus, die sich in die Geistregion erstrecken, unterdessen die göttliche

Einheit wie der Saft alles hervorbringt und alles erfüllt, indem sie durch ihre eigene Wurzel, Quadrat und Cubus alle Wurzeln und Potenzen der übrigen Zahlen belebt, obschon sie selbst sich nicht in diese Regionen (die geistige und natürliche) begibt.

Auch die Grenze unserer Erkenntniss weiset uns die Zahlenlehre. Für immer nemlich wird uns die Art und Weise unserer Generation in der göttlichen Einheit und unsere Emanation aus ihr ein undurchdringliches Geheimniss bleiben. Denn wie das Werk dieser Emanation ausschliesslich nur Gottes Sache ist, so auch ist die Weise dieses Werkes Ihm allein bekannt, deren Kenntniss uns in den Stand setzen würde, dasselbe Werk zu leisten, d. h. Götter zu sein.

Dagegen erlangen wir aber durch die Zahlenlehre die Einsicht, dass diese unsere Emanation göttlich ist.

Dem Menschen kommt besonders der Name einer essentiellen Potenz *(Puissance)* zu, nicht aber der einer essentiellen Wurzel, und hierin liegt der Schlüssel zum Beweis unserer Emanation aus Gott und der Unmöglichkeit der Erforschung der Art und Weise oder des Wie jener.

Nöthig war auch dem Menschen die Erkenntniss und der (durch die Zahlenlehre gegebene) Beweis der Falschheit der Betrachtung der Zweizahl als Wurzel, und man kann diesen Beweis damit führen, dass man die Nothwendigkeit des Gebrauchs der Bruchrechnung hiebei nachweist. Nun gibt es aber in der wahren Ordnung der Wesen keine Brüche, und diese nähern sich dem Nichts, so wie sie sich in ihre Potenzen erheben.

Die wahren Zahlen produciren immer Leben, Ordnung und Harmonie, die falschen haben sich trennend ihre Productionskraft verloren, und sind impotent, auch äffen sie das Wahre nach, ohne es nachahmen zu können. So befinden sich die 5 thörichten Jungfrauen ohne Oel, weil sie sich von den 5 weisen Jungfrauen trennten, und diese selbst erzeugen nur mit dem Bräutigam, mit dem sie 10 oder 6 bilden.

Ausserdem dass die Wahrheit sich der falschen Zahlen zur Handhabung der Gerechtigkeit bedient, bedient sie sich ihrer

selbst bisweilen zur Restauration, und die Wahrheit nimmt dann
selbst die Hülle der falschen Zahl an, um in ihre vergiftete
Region hinabzusteigen, und dem Tod ein Tod sein zu können.
Hiebei verbinden sich die wahren und falschen Zahlen, aber vermischen sich nicht, und jede schreitet bis zu ihrem Ziel *(Terme)*
fort, jene um zu siegen, diese um abgethan zu werden. Eben
wegen dieser Verbindung hat man so sehr sich vor der äusseren
Gleichförmigkeit der Zahlen, deren Genese doch ganz verschieden,
in Acht zu nehmen, und nicht von jener auf diese zu schliessen.

Wenn wir aber über die Weise unserer Emanation nichts wissen
können, so können wir doch die Weise unserer Restauration
wissen, denn an dieser müssen wir selbst mitwirken, oder dabei
sein, diese geht in unseren *Facultés* vor, jene in unserer Essenz,
jene in der Region der Zeit, diese in der göttlichen Region, und
wenn die Restauration als Werk der Liebe der Emanation vorgeht, so doch diese als Macht jener.

Beispiel der Activität des *Binaire*, als durch den Austritt
des Judas die Zahl der Jünger 11 geworden, und nun die Macht
des Dämons sich entfalten konnte, wogegen durch Wiederergänzung
der Apostelzahl durch Matthias das Gute wieder herrschend war
(s. B. Geistesausgiessung etc.)

Die Macht des Bösen breitet sich übrigens nur in den
Früchten und der *Apparence* aus, indessen das Gute von ihm
unerreichbar in eine tiefere Region wirkt.

Das Product 4 beweiset, dass Gott unsere Wurzel und der
universelle Kreis unser Reich, so wie das Product 5 beweist,
dass der Feind ein die Wahrheit und den wahren *Quinaire*
nur nachäffender Geist, dass er nur sich und das, worauf er wirkt,
trennend wirken kann, und seine Wurzel ein Bruch ist.

Ueber die Wurzel 2.

Der nächste Bruch an 1 ist $1/2$, welches $1/2$ geistig die
wahre Wurzel von 2 ist, und welche Wurzel also nie zu ihrem
Ursprung aufsteigen kann, weil ein Bruch durch seine Multiplication sich nur immer mehr der Unfruchtbarkeit und dem Nichts
naht.

Geist der Zahlen 1, 2 und 3.

Eins (1) hat das Princip in sich und hat es von sich —
in se, a se, sibi sufficiens — ganz activ.

Zwei (2) hat es in sich, nicht von sich —
in se, non a se, nec sibi — halb activ, halb passiv.

Drei (3) hat es weder in sich noch von sich —
nec in se, nec a se, nec sibi — ganz passiv.

(Gott, Geist, Natur. S. 4 werden diese 3 als Dekaden aufgeführt.)

Dieses gilt für die Geist- wie für die Naturregion, nur dass wir in der letztern oder materiellen dermalen leichter diese Gesetze bemerken.

Das Thier hat seine Kraft in sich und zieht alles ausser sich an sich. Die Pflanze hat eine Kraft in sich, aber kann sie nur gebrauchen durch die oder mittelst der Erde. Das Mineral hat keine Kraft in sich, und nimmt nichts von sich.

Eben so lassen sich die drei Classen der immateriellen Ordnung betrachten, deren jede vierzahlicht ist oder

Superieur, Majeur, Interieur, Mineur.

I. Classe oder Göttliche:

$$1 \quad 10 \quad 8 \quad 7 \qquad 10 \diamondsuit 8 \qquad 26 = 8 \text{ oder}$$
$$\text{Gott, Gedanke, Wille, Action,} \qquad {}^{1}_{7} \qquad 17 = 8$$

II. Geistig-seitliche, welche doppelt:

$$10 \quad 8 \quad 7 \quad 4 \qquad 8 \diamondsuit 7 \qquad 29 = 11 = 2$$
$$\text{Göttl. Gedanke, G. Wille, G. Action, Mensch.} \qquad {}^{10}_{4}$$

III. Körper- und materielle Productionen:

$$8 \quad 7 \quad 4 \quad 3 \qquad 7 \diamondsuit 4 \qquad 22 = 4$$
$$\text{Göttl. Wille, G. Act., Mitwirk. d. Mensch., Elem.-Prod.} \qquad {}^{8}_{3}$$

Die erste Classe hat alles in sich und von sich, die zweite (oder der Mensch, der sie hervorbrachte) hat alles in sich, nichts von sich, die dritte (oder die der elementarischen Productionen) hat nichts in sich und nichts von sich, weil sie ihre Formirung durch Beihilfe des Menschen erhielt.

In jeder dieser Classen ist immer eine Eigenschaft, die der andern mangelt, und eine, die sie mit der andern gemein hat, worauf ihre Gemeinschaft und ihre Unterscheidung beruht *).

Tausend Jahre sind vor Gott wie ein Tag.

Jeder Act des Ewigen constituirt ein Centrum mit drei Winkeln △. Jenes ist das hervorgebrachte Wesen (*Etre*), diese sind seine *facultés* oder *puissances*. In allen Wesen ist nur das Centrum fix, die Kräfte *mobil*, und die mit dem Centrum gleiche Fixität der *puissances* kömmt nur Gott zu. Das fixe Centrum wird mit 1 bezeichnet, die Beweglichkeit der *puissances* mit 0, weil das *Zero* nur die *Puissances* einer Zahl und nicht deren Radicalwerth ändert. Indem nun der Schöpfer die Welt durch 6 Gedankensacte (Tage) schuf, so hatte jeder dieser Tage ein Centrum mit 3 Winkeln d. h. 1000 **). Jede Null bezeichnet eine *puissance*, welche 6 Centra und 6 Revolutionen durchlief. Auf solche Weise präsentiren sich die Productionen dem Gedanken des Ewigen, und sie sind im Moment ihrer Existenz erfüllt, d. h. die Zeiten waren für Ihn *revolvirt* sobald sie anfingen, woher auch der Name *annus*, Ring. Diese 3 Zero's oder Jahreskreise,

---

*) Man muss immer den Unterschied der Essenz der Dinge und der ihrer Action und der Gesetze dieser im Auge behalten, weil jede Classe mit der ihr nachbarlichen eine gemeinschaftliche Eigenschaft hat, so wie jeder eine Eigenschaft fehlt, die die ihr nachbarliche hat. Durch diese Progression, welche die Superiorität und den Unterschied jeder vorhergehenden über und vor der nachfolgenden festsetzt, breitet sich die Einheit (das göttliche Leben) bis in die letzten Verzweigungen der Dinge, und ist Gott alles, obschon nichts von dem, was Er nicht ist, Gott ist.

**) △ oder 1,000.

vor denen eine Einheit hergeht, stellen also Eintausend Jahre dem Gedanken des Menschen vor, um so mehr dem Gottes. Jeder Act (Tag genannt) stellte Ihm auf einmal und in éinem Puncte die Entwickelung von tausend Jahren vor, weil Er alles in der Erfüllung sieht.

Elemente des Messias ohne binaire.

Der Christ war dreizahlicht in seinen Operations-Elementen, wie Er es in seinen essentiellen Elementen ist. Man kann seine Zahl 8 aus den vier einfachen und primitiven Wurzeln 1, 2, 3, 4 nicht ausziehen, ausgenommen durch Verbindung von 1, 3, 4, von welchen die Entwicklung des 3 die 1, 4, 9 durch die Verbindung von 1 mit der Multiplication von 7 ($7 \times 7 = 49$) producirte. Diese Art Extraction muss nicht mit jener vermengt werden, welche 10 in 8 zeigt, und beweiset uns, dass der Christ in seinem Zeitwerk zugleich Göttlich, Körperlich und Sensibel war: wogegen Er in der ewigen Ordnung und seinen 3 Elementen Göttlich war. Er ist der Weg, die Wahrheit und das Leben. Er ward empfangen den 14. des Mars Monden, womit Er die 10 Macht *(puissance denaire)* vereint mit der einfachen Macht des Quaternairs zeigte, verbindet man hiemit die Incorporation 3, $= 17 = 8$. In dieselbe Epoche fiel die Auferweckung des Christs, denn die umgekehrten Gesetze correspondiren den directen, weil sie den Zweck haben alles in seinen ersten Rang zu setzen.

Nothwendig war Ihm das Göttliche, die sensible Seele und das Körperliche; um hienieden auf die sensible Ordnung und die ganze Creation zu wirken. So wie unsere denkende Seele sich unserer groben besonderen Hülle nicht ohne Vermittlung eines besondern sensiblen Bandes verbinden konnte, so auch der Gottes-Repräsentant. In Ihm hat diese sensible Seele die Zahl 4, sein göttlich Wesen 1, sein Körper 3. Bei uns trägt die göttliche Seele 4, der Körper 9, aber die Zahl unserer sensiblen Seele (von Einigen zu 15 angegeben) ist mir unbekannt, ich halte dafür, dass sie 6 sei. Das Geheimniss des Menschen liegt in dieser seiner ihn mit dem Leib verbindenden *âme sensible*, da aber diese Verbindung nicht freiwillig wie die des Christs ist, so ist sie uns auch geheim.

Geistige und circuläre Progression des Quaternars in dem Geistig-Göttlichen Cirkel.

1) 1, 2, 3, 4 10
2) Stand und ursprüngliche Bestimmung des Menschen 4, 5, 6, 7 4
3) Stand des Menschen als gefallen, leidend, rückkehrend und wiedergeboren 5, 6, 7, 8 8
4) Destruction der Formen und Reduction der materiellen Apparenz auf seine drei constitutiven Principien 6, 7, 8, 9 . 3
5) Reintegration der Wesen in ihre geistige Kraft 7, 8, 9, 10 7
6) Reintegration derselben in die göttlichen Kräfte durch die Operation des *Huitenaire* 8, 9, 10, 1 1

Woher die Zahlen ihre Qualität haben.

Alles ist wahr in der Einheit, alles, was gleichewig mit ihr, ist vollkommen (absolut), alles was sich von ihr trennt, ist falsch. Nichts ist falsch in der Dekade collectiv genommen, abstract genommen nichts in ihr wahr, was nicht unmittelbar oder mittelbar mit der Einheit verbunden. Darum sind jene zwei Oelbäume (bei Zacharias) gut: weil sie vor dem Herrn ihm dienend, darum durften reine und unreine Thiere in die Arche. Darum trägt das Thier in der Apokalypse eine unwahre Zahl und erreichen die Verdammten (nach Swedenborg) nicht den dritten Stand nach dem Tode, sondern nur die zwei ersten, die Verdammniss und die Pein. Darum sind die zwei Gesetze der Natur (der physischen) rein, weil sie an ein drittes Gesetz gebunden, dieses an ein viertes, was sie alle erzeugt. Darum sind alle unsere Kenntnisse und Bestrebungen (*velleités*) nichts, wenn wir sie nicht durch Acte oder Werke realisiren (cubiren). Darum endlich ging die Zweizahl nicht in die Elemente oder Basen der Erscheinung des Christs und in seine Zeitoperationen ein, weil Er eben kam, um diese Zahl, welche sich durch Trennung der Dekade böse gemacht, zu bekämpfen, welche Zweizahl eben die Sünde ist, die Er auf sich, nicht in sich, nahm *).

Ueber die Neunzahl.

1) Neun, zu was immer für einer Potenz erhoben, gibt immer 9, und, zu was immer für einer Zahl gebracht, ändert dieser ihren Werth nicht. Z. B. $2 \times 9 = 18 = 9$, $2 + 9 = 11 = 2$. Zum Beweise, dass die Materie sich nicht mit dem Geist mischt.

2) Aus jeder Zahl den Geist gezogen erhält man immer 9 als *Caput mortuum*. Zum Beweise, dass man allemal den Geist von der materiellen Hülle scheiden kann, welche Scheidung der Mensch sowohl an sich als an andern Dingen vornehmen kann, wenn er den Schlüssel *Petri* hat. Matthäus. 16, 19.

Nur indem man Gährung veranlasst, und die verschiedenen Essenzen bewegt und reagirt, kann man den Geist frei machen.

Multiplication und Addition.

Was man durch Addition erhält, ist Wurzel, was durch Multiplication ist Product oder *Puissance*. So ist 10 die Wurzel von 4, weil man von 4 zu 10 durch Addition kommt, aber 16 ist die *puissance* von 4, weil man durch Multiplication von 4 dazu gelangt.

Man sieht, dass die Potenzen (*Puissances*) der Zahlen sich nicht inner der ihnen von den Arithmetikern gesetzten Schranke halten; denn obschon 10 ganz sicher die Quadratwurzel von 100 und die Cubikwurzel von 1000, so ist es noch die von

---

*) Am Schlusse des §. 10, woraus das Obige stammt, sagt Saint-Martin (p. 87): »Aussi a-t-il (le divin Réparateur) éprouvé toutes nos tentations, hors le péché (Hebr. 4, 15), parce que ce péché ou ce nombre 2 n'entrait point dans ses élémens constitutifs de ses opérations temporelles. Il est annoncé: ex Deo natus ante omnia secula. V. le Credo. (Ex utero ante Luciferum genui te. Ps. 109. 3.). Ce sont là ses élémens divins dans lesquels tous les nombres sont compris parce qu' aucun de ces nombres pris dans l'ordre divin ne peut se séparer de la décade. Dieu lui a dit une autre fois: hodie genui te. Ps. 2. 7. Voilà sa mission dans le temps.« v. O.

4, und diese Wurzel kann man die **essentielle** und **Integrale**
heissen. — Diese drei Wurzeln genügen, um jedes Seiende zu
vollenden, denn durch die wesentliche Wurzel hat es die Existenz
oder das Leben, durch die Quadratwurzel den Progress, durch
die cubische das Complement oder Ziel. Alle anderen *Puissances* sind nur Wiederholungen oder Multiplen dieser primitiven
Wurzeln, *(sèves secondaires)*. — 10 ist auch wesentliche Wurzel
von 7, weil 7 durch seine Addition 28 zu 10 rückkehrt, wogegen 4 nur die Quadratwurzel von 7 ist, durch 16, und die
cubische von 61.

4 ist keine essentielle Wurzel, weil es nur Quadrate producirt, und wir keine Zahl kennen, die durch einfache Addition auf
sie zurückkommt. 10 ist doppelt eine solche essentielle Wurzel,
für 4 und 7, die zwei Strahlen *(rayons)* oder *puissances*, die
göttliche und die geistige. 4 und 7 sind keine wesentlichen Wurzeln, sondern wesentliche *(essentielles) puissances*, wo aber
nicht von 7, welches von 16 kömmt, sondern vom primitiven 7
die Rede ist. Ich rede hier auch nicht von 8, welches an 1
hält durch seiner distincten *facultés* Operationen, was aber hier
mit 1 sich vermischen muss, weil in der wahren göttlichen Radicalordnung es keine Zahl gibt. 1 ist hier alles, es ist nur
1 und 10 für die Essenz, und 10 für die Operationen und Producte. Es (1) ist dreifach wesentliche Wurzel, nemlich 10, 4
und 7, aber 10 scheidet sich nicht von 1, darum wirkt dieses
in 10, und in ewiger Einigung. Wenn 10, 4 und 7 operirt, so
sind 10 und 1 das Princip, 4 und 7 die Producte. Auch sind
diese Zahlen nur Quadrat- keine essentiellen Wurzeln, weil es
nur der Eins Principe und ihrem *Denaire* als ihrer eigenen *Puissance* zukommt, Wesen zu schaffen, d. i. den Namen einer wesentlichen Wurzel zu tragen. Aber warum kann diese wesentliche
Wurzel nur durch Addition sich kennen, und warum findet sich
die Quadrat- und Cubikwurzel nur durch Wurzelausziehen oder
dem Verkehrten der Multiplication? [*])

---

[*]) Hier bricht das Manuscript ab. Wir erlauben uns nur noch oben
im Text die Antwort Saint-Martin's auf die gestellte Frage aus dem Ori-

„*La racine essentielle ne se peut connaître que par addition parce qu'il suffit aux êtres de savoir qu'ils tiennent tout de cette racine essentielle ou de ce principe universel générateur, et qu'ils ne doivent pas savoir comment ils viennent de lui. Le f a i t est tout ce qu'il était nécessaire de prouver aux êtres produits: le m o y e n, le principe générateur se l'est réservé. Or, ce fait est prouvé par cette loi d'addition: — 1, 2, 3, 4 = 10.*

La multiplication, au contraire, est la route tracée pour aller des racines quarrées et cubiques à leurs puissances, et vice versâ; parce que cette production seconde ne tenant qu'aux facultés des êtres, il faut qu'ils aient la facilité de les produire et de les replier sur elles-mêmes, ce qui devient un nouvel argument pour la liberté, qui indépendamment de notre sentiment naturel est prouvée ici par les lois des nombres."

---

ginal mitzutheilen, wie sie sich in dem *Oeuvre posthume Des Nombres* p. 48 findet. v. O.

XI.

ΜΑΓΙΚΟΝ

oder das

geheime System einer Gesellschaft unbekannter Philosophen,

unter

einzelne Artikel geordnet, durch Anmerkungen
und Zusätze erläutert, beurtheilt und dessen
Verwandtschaft mit älteren und neueren
Mysteriologien gezeigt.

In zwei Theilen.

Von

einem Unbekannten des Quadratscheins,
der weder Zeichendeuter noch Epopt ist.

Frankfurt und Leipzig.
1 7 8 4.

Wenn Saint-Martin*) Gott als *l'Etre Principe, premier Principe, Principe universel* bezeichnet, so spricht er damit nicht bloss die Einzigkeit Gottes, sondern auch dessen ewige

---

*) Der Inhalt des Magikon, welches Kleuker zum Verfasser hat, besteht aus zwei Theilen. Der erste stellt in sechs Abschnitten, die mit zahlreichen Anmerkungen versehen sind, die Lehre Saint-Martin's dar, wie sie aus den bis dahin erschienenen zwei Schriften dieses Forschers: *Des Erreurs et de la vérité* (1775) und *Tableau naturel des rapports qui existent entre Dieu, l'homme et l'Univers* (1782) geschöpft werden konnte. Der zweite Theil enthält eine Beurtheilung der dargelegten Lehre Saint-Martin's (von Kleuker zufolge irriger Annahme das geheime System der Unbekannten genannt) nebst besonderen Erläuterungen, Bemerkungen und Zusätzen über einzelne Hauptlehren des Systems. Baader schätzte das Werkchen sehr und widmete ihm fleissiges Studium. Ich verweise besonders auf Kleuker's Darstellung der Saint-Martin'schen Zahlenlehre S. 157—185 und seine Bemerkungen über dieselbe S. 338—350. Nach S. 260, wo Kleuker die vermutheten Verfasser der beiden oben bemerkten Werke in einer Klammer als St. M. und W. bezeichnet, scheint er ausser Saint-Martin auch Willermooz bei der Abfassung als betheiligt angenommen zu haben. In dieser Annahme wurde er wohl bestärkt durch die zu Anfang des *Tableau naturel* etc. eingerückte *Avis des Editeurs,* worin gesagt wird: "*Sur les marges du Manuscrit de cet Ouvrage, que nous tenons d'une personne inconnue, il existoit un grand nombre d'Additions d'une écriture différente. Ayant observé que non seulement ces Additions ne lioient point le discours, mais que quelquefois même elles en interrompoient le fil; que d'ailleurs elles étoient d'un genre particulier qui semble differer de celui de l'Ouvrage, nous avons cru devoir les désigner par des guillemets placés au commencement et à la fin des différents morceaux de ce genre: en sorte que s'ils ne sont point de l'Auteur, et qu'ils aient été ajoutés par quelqu'un à qui il auroit confié son Manuscrit, chacun pourra facilement les discerner.* Wie es sich mit diesen Zusätzen verhält, ist mir unbekannt. v. O.

Actuosität aus, womit ihm also Gott nicht als blosse *Puissance*, Möglichkeit der endlichen Dinge oder Idee, die erst als Welt ihre Wirklichkeit erlange, gilt.

P. 5. Z. 5—9. Wenn Action und Reaction für jede Causation nöthig ist, so musste selbe schon für die Causation des Vaters nöthig sein.

P. 5. Z. 21—25. Keine Production ohne eigene Reaction.

P. 8. Z. 10—15. Der Ausdruck, Gott folge bloss seinem eigenen Gesetze oder Gott sei sich selbst Gesetz, ist wie der Begriff der *causa sui* nur negativ zu verstehen.

P. 8. Z. 16—19. Saint-Martin unterscheidet *Emanation* und *Création*.

P. 9. Z. 1—2. Die hier bemerkten Emanationen, von denen gesagt wird, dass sie unzerstörbar seien, weil Gott nur Principien und keine Composita emanire, sind eben darum immer dieselben und immer neu. Sie dürfen aber doch nicht als fertige Einheiten angesehen werden *).

P. 11. Z. 3—5. Das unermessliche All als das zeitlich-räumlich-materielle Universum wird von dem Unendlichen unterschieden.

P. 13. Z. 9—14. Die reinen Geister ohne grobe körperliche Hülle sind doch nicht leiblos.

P. 13. Z. 19—20. Nicht die sogenannten göttlichen Wesen oder höchsten Geister nach Gott, sondern nur die göttlichen Personen sind aus der Essenz des göttlichen Wesens. Die höchsten geschöpflichen Geister sind daher auch nicht vermischt mit dem göttlichen Wesen oder der göttlichen Weisheit, wenn auch geeinigt.

P. 16. Z. 16—22. Ohne die Principien der geschöpflichen Wesen, welche ihrer Natur nach einfach und unzerstörbar sind, was auch von den Principien der Materie gilt, seien sie primäre

---

*) Unter fertigen Einheiten versteht Baader hier offenbar entwicklungsunfähige Einheiten und sucht also mit Saint-Martin den Fehler der Monadologie des Leibniz und Anderer nicht in der Statuirung unzerstörlicher Einheitswesen überhaupt, sondern entwicklungsunfähiger Wesen. v. O.

oder secundäre, könnten die drei Elemente (Feuer, Wasser, Erde) nicht als individualisirte Form sich äussern.

P. 17. Z. 1—4. Die sinnlichen Bilder der Action jener Principien gehen zwar ihrem zeitlichen Bestande nach unter, bleiben aber nach J. Böhme als Figur.

P. 17. Z. 18—19. Wenn jedes Principium der Vater seiner körperlichen Hülle ist, so müssten analog die drei Elemente die Mutter sein.

P. 17. Z. 24—26. Dass die Individuen wie die Arten ihre Zahl beibehalten müssen, heisst soviel, als dass sie ihre Natur beibehalten müssen. Zahl ist Natur.

P. 18. Z. 7—14. Princip der Materie wird auch erste Materie genannt.

P. 18. Z. 13—17. Die aus dem Laufe der materiellen Sinnlichkeit in ihren Ursprung zurückgekehrten Principien hören nicht auf zu sein, sondern fangen nur nicht ein neues isolirtes oder Zeit- und Raum-Leben an. Mit Recht hebt Kleuker hervor, dass jene Principien nach Saint-Martin die Unteragenten sind, die an Gottes Statt das Vergängliche wirken, so lange die Zeit dauert.

P. 19. Z. 19—23 ff. Nächst den sieben unsichtbaren Mobilien oder Urgestalten, unter welchen die verschiedenen göttlichen Kräfte *ad sustentandum Universum* vertheilt sind, ist der Ternar der Elemente nicht zu vergessen.

P. 21. Z. 5—9. Das allem andern Bösen zuvor freiwillig böse gewordene Wesen wird nicht mit Recht Princip genannt. Es ist es auch der Sache nach nicht bei Saint-Martin, wie man aus Kleuker's (richtigen) Worten ersieht, wenn er sagt: „Allein dieser Urheber des Bösen ist (nach Saint-Martin) weder ewig, noch unbeschränkt, sondern verdankt sein Daseln dem unendlichen Guten, und war bis zu seinem Abfalle gut." Gut heisst hier unschuldig, also fallbar.

P. 23. Z. 5—8. Wenn Ausbreitung der Alleinherrschaft des Unendlichen und Vereinigung zur Einheit der Gegenstand und Zweck aller göttlichen, geistigen und physischen Action ist, so ist leicht zu erkennen, dass die göttliche als Mitte die beiden andern vereint.

P. 24. Z. 4—9. Das Gebiet des Intellectuellen enthält nicht bloss die Urbilder alles Sinnlichen, sondern ist auch selbst nicht sinnlos.

P. 24. Z. 17—19. Wenn der Vater zur Form des Kindes das Feuer, die Mutter das Wasser gleichsam gibt, so muss ein Drittes sie Verbindendes den ☿ und mit ihm das *Principe innè* einführen; die Form selber ist die Mitte (erst als Figur, sodann, reell erfüllt, als Bild).

P. 25. Z. 23—26 ff. Wahrhaft grossartig ist der Gedanke Saint-Martin's, dass die Entstehung des Uebels und die Schöpfung (was wir so Schöpfung heissen) des Raumes, in welchen es eingeschlossen worden, in der wahren Ordnung keineswegs eine grössere Menge von Dingen hervorgebracht und die Unermesslichkeit vermehrt habe; vielmehr sei dadurch nur dasjenige vereinzelt worden, was seinem Wesen nach allgemein sein sollte, Wirkungen seien getrennt worden, welche hätten vereinigt bleiben sollen, das sei desubstanzirt worden, was hätte desubstanzirt sein sollen, zusammengedrängt sei worden, was getrennt gewesen und zerstreut sei worden, was hätte beisammen sein sollen. Für die Grösse dieses Gedankens hat freilich eine Zeit keinen Sinn, welche sich in dem im Grunde doch nur flachen Gedanken Spinosa's berauschen kann, Gott habe darum nicht alle Menschen so geschaffen, dass sie bloss durch die Vernunft geleitet werden, weil er Stoff gehabt habe, Alles zu schaffen von der niedrigsten bis zur höchsten Vollkommenheit, oder, wie er diess erläutert, weil die Gesetze seiner Natur so weit seien, dass sie hinreichten, Alles hervorzubringen, was von einem unendlichen Verstande begriffen werden könne *).

---

*) Was würde man wohl dazu sagen, wenn Jemand behaupten wollte, Raphael würde ein um so grösserer Maler gewesen sein, je mehr er zugleich neben seinen Meisterwerken und etwa noch vollkommeneren auch zahllose Gemälde in allen Graden und Abstufungen der Güte und der Schlechtigkeit gemalt hätte? Wenn Gott bloss Macht, also im Grunde nur

P. 28. Z. 10—13. Bei J. Böhme ist eben die Erde den übrigen Elementen entfallen.

P. 30. Z. 4—11. Form vermittelt das Centrum mit der Hülle.

P. 31. Z. 14—20 ff. Reagirend heisst auch das Weckende, obschon besser das Erweckte so genannt wird.

P. 33. Z. 12—17. Auch in der Zeugung werden die Keime nicht hervorgebracht, sondern nur belebt.

P. 36. Z. 1—4. Die Erde ist *âme sensible*.

P. 38. Z. 1—3. Die Erde ist der Sonne entfallen (*femme descendue*), durch Christi Himmelfahrt aber wieder erhöht.

P. 39. Z. 8—16. Den Umlauf der Erde um die Sonne leugnet oder bezweifelt Saint-Martin nur in seiner frühesten Schrift *Des Erreurs et de la vérité*, in den späteren Schriften nicht mehr.

P. 41. Z. 16—21 ff. Wenn der Mensch aus Gott hervorging, um die zerstörte Harmonie des vollkommenen Einklanges wieder herzustellen, so musste er schon darum tiefer gefasst sein in Gott als Lucifer und seine Schaaren. Der Heiland war die dritte und tiefste Fassung.

P. 45. Z. 20—24. Die hier bemerte Unverwundbarkeit ist die Unversuchbarkeit, wenigstens ist die erste erst in der letzten vollendet.

P. 46. Z. 5—19. Des Menschen Selbstgestaltung war im Paradiese beliebig wie sein Wort.

P. 48. Z. 1—6. Sieben ist Organ und Hülle von Vier.

P. 53. Z. 1—7. Saint-Martin folgt hier besonnen der Lehre des M. Pasqualis nicht, nach welchem der Mensch das von Satan (Lucifer) nur projectirte Verbrechen (Creatur zu schaffen) ausführte und die irdische Form (Eva) hervorbrachte.

P. 55. Z. 1—5. Des gefallenen Menschen Verbindung mit der Erde war erste Aufrichtung. Aus der Abimirung (Schlaf) trat der Mensch als Adam und Eva hervor.

---

blinde Naturgewalt wäre, so würde Spinoza's Behauptung vielleicht wohl gelten müssen. Wenn aber Gott auch Weisheit, Güte, Liebe ist, so erweist sich jene Behauptung als falsch. v. O.

P. 55. Z. 21—27. Himmel und Erde hat sich ihm selbstisch gemacht.

P. 56. Z. 19—22. Der Mensch sollte sich das ihn versuchende Sinnliche unterwerfen.

P. 57. Z. 3—7. Hiemit trat die Emission dieses ersten Agenten aus Gott ein.

P. 57. Z. 16—22. Unter den thierischen Fellen, unter die sich der aus dem Paradiese verstossene Mensch verbarg, sind wohl nur die vier irdischen Elemente gemeint.

P. 58. Z. 4—5. Dem höhern Ternar des Menschen (Leib, Seele, Geist) entspricht der des irdischen Leibes (Unterleib, Brust, Kopf).

P. 65. Z. 13—16. Wie die eine Form den Menschen trennt, so vereint ihn die andere.

P. 67. Z. 20—27. Unter den höheren Reactionen, die Gott dem deren bedürftigen Menschen zu Theil werden lässt, sind neben den ausserordentlich erwählten Menschen, himmlischen Agenten und dem allgemeinen Erlöser die ordinirten Institute nicht zu vergessen.

P. 71. Z. 5—11. Licht — Oben, Finsterniss — Unten. Die Worte Lichten, Erleichtern, Leichtmachen sind verwandt.

P. 71. Z. 12—22. Hier gilt vom moralischen Befinden, was Hippokrates vom leiblichen sagt: „*Qui lingua arida sitiunt pessime habent.*"

P. 73. Z. 9—14. Reinigung ist Erhebung, weil Einigung.

P. 79. Z. 1—3. Der Mensch war ursprünglich nicht zur politischen Gesellschaft bestimmt; denn diese kann ohne materiellsinnliche Bande und ohne intellectuelle Privationen nicht stattfinden, welche doch im Urzustande nicht vorhanden waren. Beider Verstärkung ist Zweck aller Despotie.

P. 79. Z. 14—19. Die hier angedeutete Quelle der Gesellschaft ist es nicht bloss für das bürgerliche, sondern auch für das kirchliche Regiment.

P. 80. Z. 1—11. Was hier von dem Beruhen der Rechtmässigkeit der jetzigen Herrschaft eines Menschen über den andern auf dem Mehr oder Weniger der einzelnen Verdorbenheit gesagt wird, gilt nicht von der politischen oder ordinirten Autorität, welche mit der nichtordinirten zugleich fortbesteht.

P. 81. Z. 6—10. Wenn Hinderung und Hebung der Uebel, unter deren Druck die gesunkene Menschheit seufzt, und Befriedigung ihrer wahren Bedürfnisse das Ziel einer wahrhaft menschlichen Regierung sind, so kann dieselbe nur Theokratie sein, die darum nicht Klerokratie ist.

P. 83. Z. 24—28. Reduction des Metalls gibt den Regulus. Königliche Kunst!

P. 84. Z. 1—6. Kreuz und Schwert. Esoterische Regierungen.

P. 85. Z. 1—4. Persönliche Vorzüge sind zu unterscheiden von dem *Character indelebilis* der Priester- und Königsordination.

P. 87. Z. 1—8. Dahin gehören also nach dem Verfasser die meisten Ehen.

P. 87. Z. 9—13. Diese Ehebrüche waren geistige.

P. 89. Z. 17—20. Also Organ Christi, des wahren moralischphysischen Gesetzes, soll jeder menschliche Richter werden.

P. 90. Z. 9—11. Dem Suchen geht Glauben (die starke Imagination) vor.

P. 91. Z. 11—18 ff. Wie gross gedacht: alle Gaben und übernatürlichen Kräfte sind jedem Menschen erreichbar: jede Kunst und Wissenschaft erfordert nicht nur ein höheres Licht, sondern auch eine ganz eigentliche Erleuchtung von Oben *Illuminari est luci subjici.* Bemerkenswerth ist hier Kleuker's Zusatz: „So viel ist gewiss, dass die Absicht Christi und der Apostel nicht sein konnte, dass es mit der Kirche und Justiz so kommen sollte, wie es gekommen ist (1 Kor. 6, 1 ff.) und dass, wenn die ersten Sitten rein geblieben wären, auch die Gaben und Kräfte, welche nicht bloss zum Schaugepränge des Christenthums in seiner Wiege dienen sollten, fortgedauert haben würden."

P. 92. Z. 1—8. Gewiss der Mensch findet nur Ruhe in Betrachtung dessen, was über ihm ist. Selbst schon das Thier ruht ja nur in dem, was über ihm ist. Der Mensch als Geist kann nur durch Geistiges befriedigt werden.

P. 92. Z. 13—14. „*Religio expedit a mundo nos, religatque Deo.*"

P. 93. Z. 22—26 ff. Ich kenne, sagt der Verf. trefflich, keinen sichereren Stein, wonach der wahre Werth eines Menschen zu prüfen wäre, als sein Verhältniss oder Missverhältniss zur Religion. Je weniger Geschmack Jemand hier zeigt, desto mehr verräth er, wie weit er vom Gesetz seiner ersten Natur abgewichen ist, und wie wenig er den Quell seines wahren Genusses kennt."

P. 95. Z. 7—15. Der Mensch hat, wie ich verschiedentlich nachgewiesen habe, nicht nur das Bedürfniss zu erkennen, sondern auch erkannt (anerkannt) sich zu wissen von Höhern, Gleichen, Untern. Alle Religion bezweckt effective Gemeinschaft. Der Zug des Gemüths zu Gott ist doch nicht ganz von selbst (aus dem Gemüth oder Ich), sondern angeregt vom Zuge des Vaters.

P. 96. Z. 4—5. Entfernung vom Quell des wahren Lichtes ist Entfernung von der Assistenz Gottes.

P. 96. Z. 22—23. Wenn sich auch allerdings aus dem Angegebenen die falschen Religionen erklären, so doch nicht auch zugleich die bösen.

P. 97. Z. 18—21. Keine Religion ist ganz die Frucht menschlicher Erfindung. Der Geist spricht und betet, sobald er erwacht.

P. 100. Z. 6—9. Nachdem der Mensch einmal in diese niedere Region versetzt war, konnte er nicht durch Sichlosmachen von diesen materiellen Banden, sondern gleichsam nur durch Durchsichtigkeit derselben oder damit, dass sie ihm zu Leitern eines Höhern wurden, seinen Rapport mit dem letztern wieder gewinnen. Es war daher eine Ordination dieser Sinnlichkeiten nöthig. Sacramente, überhaupt die äussere Kirche.

P. 100. Z. 17—26 ff. Das sind goldene Worte: „Das Wesen der Religion besteht nicht in blosser Moral. Wer die Wahrheit einer Religion durch weiter nichts als ihre gute Moral beweisen kann, verdient wenig Zutrauen. Eben diese Moral erhob sich selten über die Sphäre des bloss Sinnlichen und Politischnützlichen und war daher so beständigen Verschiedenheiten unterworfen. Auch die vollkommenste Sittenlehre, wie die christliche, ist nur eine Zugabe und natürliche Frucht der Religion, nicht aber ihr Grund und ganzer Gehalt. Die Neuern fehlen darin sehr, dass sie den ganzen Werth der Religion auf *Actus humanitatis* bauen: eine verschleierte Ignoranz, die sich den Augen eines Weisen wenig empfiehlt. So nothwendig auch diese Tugend jedem Menschen ist, so erschöpft sie doch nicht den ganzen Quell seiner innern Thätigkeit, noch weniger soll sie den ganzen Gesichtskreis seiner Aussicht beschränken." Die Religion bewirkt die Rehabilitation des Menschen, die Moral supponirt ihn schon als rehabilitirt. Die Neuern haben verkehrter Weise Dogma, Cultus und Moral getrennt.

P. 101. Z. 13—16. Nach gänzlicher Wiederherstellung des gesunkenen Menschen wird die Religion nicht mehr *religans Deo* sein, sondern die schon geschehene Verbindung erhaltend.

P. 102. Z. 1—4. Es gibt in den Traditionen allerdings eine Einheit.

P. 102. Z. 5—8. Das Gesetz der wahren Religion fordert Versöhnung der sinnlichen und intellectuellen Natur des Menschen, also Bindung und Austreibung des feindlichen Princips in der Sinnlichkeit. Diese Austreibung hat die Subjection und Union mit dem Princip der Sinnlichkeit zur Folge.

P. 102. Z. 8—18. Innere Subjection ist zwar die Basis aller äussern. Aber ohne auch den äussern Führer wird das Ziel doch nicht erreicht.

P. 102. Z. 18—21. Der Dualismus aller materialisirten oder Zeitwesen beweiset den Vermittler ($\diamondsuit$), der zugleich über den Zuvermittelnden und unter jenem steht, mit dem er sie vermittelt.

P. 103. Z. 13—16. Die Gewissheit wird nur durch die Vermittlung eigenen Wollens und Thuns erlangt.

P. 105. Z. 1—12. Dass die Religionen der verschiedenen Zeitalter mehr auf eine stufenweise Fortbildung, als auf wesentliche Verschiedenheit führen, kann nicht ganz anerkannt werden. Wohl aber ist tradirte, ordinirte Form und nichtordinirte zu unterscheiden, aber immer die Nothwendigkeit der ersten fest zu halten. Die höchste Weisheit ist aus keiner Form ausschliessbar und in keine einschliessbar, ausgenommen, wo positive Uniform eingetreten wäre.

P. 106. Z. 22—24. Durch die Religion erhält sich der Mensch im Gefühl seiner höhern Bedürfnisse, so wie der effective Cultus dieses Bedürfniss befriedigt.

P. 107. Z. 3—5. Hier ist zeitliche Action und Reaction gemeint. Siehe S. 31. In der Zeit ist Reaction getrennt und diese doppelt — gut und böse.

P. 107. Z. 11—20. *Tradition-mère.*

P. 110. Z. 18—23. Heisst nicht in der Schrift der Christ das Licht, welches jeden Menschen, der in die Welt kommt, erleuchtet (anscheint), auch durch die Schrift?

P. 113. Z. 5—9. Diese Sinnbilder, Zeichen *(signes)*, sind von den Agenten unterschieden.

P. 113. Z. 13—20. Durch diesen *Descensus* als Beleibung wird der Blitz bleibend Licht in jeder Region oder inwohnend.

P. 114. Z. 1—4. J. Böhme gibt der *Sophia* diese Form (die menschliche). Nach *Pasqualis* ist dem Geiste nach der Mensch *la ressemblance*, dem Leibe nach *Image* Gottes, d. h. *Image de l'Image spirituelle divine (du plan spirituel que le créateur conçut au commencement des temps pour la création universelle).* Menschenform ist also Anfang und Ende des Storchenschnabels für das Universum. Wie sich das Gesicht zum übrigen Leibe des Menschen, so verhält sich dieses ganze Menschenbild zum Universum. Daher die Virtualität des Menschenbildes (des ursprünglichen, minder des dermaligen). Die Bundeslade war wohl nur das Menschenbild.

P. 114. Z. 25—29. Erschien ja doch auch Christus nach seiner Auferstehung seinen Jüngern.

P. 115. Z. 3—5. Dieses Nothwendiggewordensein äusserer Religionsanstalten schliesst auch jenes (nach §. 79) des äussern Kirchenregiments ein.

P. 115. Z. 8—14. Die bemerkte Gegenaction des bösen Princips erscheint innerlich als Zeit, äusserlich als Raum. Das Nie und Nirgend steht dem Immer und Ueberall entgegen.

P. 116. Z. 11—15. In der Schrift werden Sterne oft Engel

P. 117. Z. 7—13. Durch jene symbolischen Handlungen wurde der Einfluss der höhern Kräfte nicht bloss sinnbildlich, sondern auch effectiv gemacht wie in jedem physischen Experimente.

P. 119. Z. 5—19 ff. Was die organische Form dem Leben (selbes befreiend) ist, das ist die symbolische Form dem Erkennen. Diess gilt für Wort und Schrift. Mit jener Oeffnung ist aber auch eine Schliessung (für Böse) verbunden.

P. 121. Z. 7—14. Dieses System der Erklärung der Mythologie ist schon darum falsch, weil es keine ursprüngliche Wildheit des Menschen gab, sondern nur eine Verwilderung des Menschen, aus welcher er sich nicht allein durch eigene Kraft herausarbeiten konnte. Der Mensch war ursprünglich, wenn man diesen Ausdruck nicht missdeuten will, ein Hausthier Gottes.

P. 122. Z. 6—16. Im zweiten System ist der höhere Beruf des Menschen gänzlich verkannt.

P. 123. Z. 1—11. Niemand hat den wahren Gegenstand der mythologischen Traditionen bis dahin tiefer gefasst als Saint-Martin, wenn er in ihnen die Wissenschaft und Geschichte des Menschen selbst, seinen Ursprung, sein Gesetz und sein Ziel, sammt der Geschichte des Universums versinnbildlicht glaubt.

P. 126. Z. 5—9. Im *liquidum* ist das Böse frei, im *solidum* gebunden (*arres, arreter, terra*), auch die Luft (Vcste) ist verschlossen für es.

P. 127. Z. 8—18. Der Brief meines Freundes ist freilich dieser nicht selbst.

P. 128. Z. 12—24. Wie mögen Jene, welchen diese Welt die heilige Manifestation Gottes und der Weltgeist der heilige Geist ist, einen Welterlöser verstehen?

P. 130. Z. 1—5. Bezüglich der Saint-Martin'schen Deutung des: Im Anfange (בראשית) als: Im Gedanken, vergleiche man p. 114 dieser Schrift.

P. 130. Z. 19—22. Der Mann hebt die Action an, das Weib setzt sie fort.

P. 131. Z. 7—12. Centrumlose Fülle objectiv wie subjectiv im Zeitfluss.

P. 142. Z. 7—10. Endlich gibt es Menschen, für die der Erlöser kam und nicht blieb.

P. 143. Z. 1—4. Die Zahl 4 ist also zugleich 7 als in Mitte zweier Ternare.

P. 143. Z. 4—13. Als ihr Vermittler ward die mittlere dieser drei *vertus* in ihm vorherrschend.

P. 143. Z. 14—15. Selbstbewusstsein bewegt sich in dem Ternar der (drei) intellectuellen Organe des Menschen, Ohr, Gesicht und Wort.

P. 144. Z. 17—20. Befreiung des septenarischen Gesetzes vom senarischen.

P. 150. Z. 1—12. Was Wissen (Gewissen) subjectiv, ist Wahrheit objectiv. Die Möglichkeit zuverlässiger Wissenschaft gründet im Gesetz und Wesen des Menschen.

P. 151. Z. 1—4. Insofern der Mensch seiner zweifachen Natur nach ein Spiegel der Wahrheit selbst ist, in dem die Gesetze alles Intellectuellen und Sinnlichen in seiner eigenen Natur concentrirt sind, ist der Mensch göttlicher Natur.

P. 151. Z. 24—26. Das Durchsichtiggewordene ist darum nicht als Hülle unsichtig geworden.

P. 153. Z. 1—5. Unterscheiden ist Beziehen, also das Gegentheil von Trennen. Aber der Bezug kann freundlich oder repellirend sein.

P. 154. Z. 9—10. Wie umgekehrt der falsche Spiritualismus.

P. 155. Z. 2—12. Diese Naturforscher haben die Naturwissenschaft in eine blosse Phänomenologie verwandelt.

P. 157. Z. 14—18. Grundbestimmungen sind Gliederungen, Begränzungsweisen. Zahl ist also Weise der Begränzung.

P. 159. Z. 4—6. Die Zahlen sind Formen, welche das Princip und die Hülle vermitteln. Insofern würden sie, die äussere (materielle) Form mit dem Princip vermittelnd, doch (dem Geiste) äusserlich (objectiv) sein.

P. 160. Z. 9—12. Zahl zeigt das Quale, nicht das Quantum.

P. 160. Z. 19—21. Der Verlust der Zahl ist wie Ent-

P. 160. Z. 25—28. Jede Handlung (Bewegung) ist Figurbeschreibung.

P. 161. Z. 1—7. Form ist hier äussere Hülle.

P. 163. Z. 1—9. Die Zahlen als Innere-Äusserliche Formen sind materiell unsichtig, geistig sichtig (äusserlich).

P. 163. Z. 12—18. Zahlen sind nicht die Ideen selbst. Das Fassen der unsichtbaren Positionen und Terminationen der Dinge geschieht eben durch Bestimmen. Wichtig ist die Bemerkung, dass das Intellectuelle so gut als das Physische Zahl, Maass und Gewicht (also dreierlei Fassungen), seine Positionen und Terminationen habe. — Geht und deutet nicht Zahl auf Eternität, Maass auf Ubiquität und Gewicht auf Allmacht zurück?

P. 166. Z. 1—18. Die zählende Einheit ist nicht in die Reihe der gezählten Zahlen zu stellen. Ebenso die messende und wägende Einheit nicht. — Was in der Progression die Zahl hat (z. B. 2 oder 3), das hat selbe auch als Termination. Die unmittelbare Eradiation hätte also den Charakter der Dyas, die durch sie vermittelte (3te) jenen der Trias.

P. 166. Z. 22—27. Energie und Reaction heisst auch sonst Action und Reaction, welche nicht Vater und Sohn sind, sondern die ausgehende Energie ist Geist, deren Reaction die Sophia. — Was das Doppelgesetz und die Doppelaction im Geistigen und Sinnlichen betrifft, so sagt der Commentator von der eigentlichen bösen Deutung nichts.

P. 167. Z. 1—3. Drei ist darum noch nicht Resultat.

P. 176. Z. 1. Zahlqualität ist von ihrer Quantität verschieden.

P. 178. Z. 16—23. Diess gilt selbst von räumlicher Bewegung, die mit der Gestaltung zugleich entweder passiv (wie alle unbelebte Materie mit der Erde) oder selbstständig wie die der Gestirne oder alternativ wie die der Thiere ist. Jede Bewegung ist Aufhebung des Verbands mit der Erdbewegung.

P. 180. Z. 1—3. Rad bei J. Böhme.

P. 180. Z. 20—21. Die Versuche, die Quadratur des Cirkels zu finden, sind so eitel wie der Versuch, in der Sinnlichkeit Bestand und Ruhe zu finden.

P. 181. Z. 16—20. Die Peripherie ist durch die Form mit dem Princip verbunden.

P. 186. Z. 1—2. Dieses Lesen (besser Hören) ist zur Peripherie das Centrum Finden; Sprechen zum Centrum die Peripherie. Hören ist unmittelbar der gestaltenden Centralaction Theilhaftwerden.

P. 187. Z. 1—4. Sprechend und schreibend übt der Mensch eine Mimik des Gegenstandes. — Sprechend schreibe ich, aber schreibend spreche ich nicht nothwendig.

P. 187. Z. 5—8. Jede Bewegung geht von innerer Figur aus zur äusseren und umgekehrt.

P. 188. Z. 1—7. Sprechen und Schreiben ist Andere Denken Machen.

P. 189. Z. 7—10. Sprechen ist Denken (Gedanken Erzeugen). Der Mensch spricht selber, obschon nicht von sich selber.

P. 189. Z. 20—26. Der an solchen Körper gebundene Geist spricht diese Sprache sich und Andern umsonst, wenn er nicht zugleich sie in die Körpersprache übersetzt.

P. 190. Z. 5—13. Eigentlich ist Sprache das, was die Kräfte mit diesen Mitteln der Aeusserung (den Organen) vermittelt oder sie verbindet, die *substantiva* mit den *adjectivis*, womit selbe pronunciren. — Sprache als Aeusserung kann nur die Uebertragung oder Fortsetzung eines innern Zustandes in Andere bezwecken und vermitteln.

P. 192. Z. 14—20. Die erste ist nur hörbar und unaussprechlich (Paulus im dritten Himmel).

P. 193. Z. 6—14. Wenn die Menschen dieses fortgehenden Sprechens und Schreibens theilhaftig wären.

P. 194. Z. 8—11. Anders ist das Sprechen zum Geist, anders zum Nichtgeist. Dasselbe gilt vom Schreiben.

P. 194. P. 26—27. Reden, sagt Kleuker, setzt Denken voraus. Aber es darf nicht übersehen werden, dass Denken wieder Reden voraus setzt. — Ist Sprechen und Schreiben, Hören und Lesen nicht primitiv zugleich? Kann ein Geist anders (als erst zu sich) sprechen, schreiben, wirken?

P. 195. Z. 5—13. Jeder Gedanke ist ein Satz oder eine Formation.

P. 195. Z. 14—20. Man könnte also diese Laute und Zeichen nicht rühren, ohne die mit ihnen immer verbundenen Gedanken zu rühren.

P. 196. Z. 14—29 ff. Alles Erkennen ist vermittelt durch Product, Erscheinen, Frucht.

P. 198. Z. 3—5. Was Saint-Martin innere und äussere Sprache nennt, ist die mentalische und sensualische bei J. Böhme.

P. 198. Z. 5—12. Die Rede eines Geistes zu einem Geiste ohne Laut, die vernehmlicher ist, als alle Worte organischer Laute und Buchstaben sein können, ist gleichwohl eine Oeffnung zur Theilhaftmachung jenes Mitsichselbst-Redens.

P. 199. Z. 11—16. Was den Geist durchdringt, ist Geist des Geistes.

P. 201. Z. 14—19. Daher stammt der Rapport oder die Rügbarkeit dieser Dinge durch die Aussprache dieser Namen.

P. 202. Z. 1—4. Wenn hier Auge und Ohr als die beiden einzigen zugleich intellectuellen Sinne des Menschen bezeichnet werden, so will diess nicht sagen, dass nicht auch die andern Sinne vergeistigt werden könnten. — Man erinnere sich des Zusammenfallens der Sinne in éinen bei dem Hellsehen.

P. 206. Z. 25—28. Jedes Wesen hat innere Gestalt und äussere Figur. — Gebärde des Wortzeugens — Centrum und Peripherie.

P. 210. Z. 17—22. Was ich mit dem Namen rufend treffe, muss mich hören. Der innerlich gehörte Name wird auch äusserlich gehört.

P. 211. Z. 4—15. Der Mensch hätte diesen Namen sich von diesem Dinge in sich erzeugen lassen sollen. Denn die Dinge afficiren unser Sprachvermögen wie unsern Sinn.

P. 213. In der Ueberschrift bedeutet hier Schrift nicht Wortschrift, sondern Hieroglyphe.

P. 215. Z. 1—8. Alles Sprechen als Bewegen (Geste) ist Figurbeschreiben. Wort ist gleichsam die Seele jedes Wesens, das characteristische Zeichen ist äusseres stummes Sein — Leib. Nur sprechend schreibe ich (primitiv).

P. 215. Z. 9—15. Der Mensch ist somit das Gesicht (Antlitz) des Universums (ursprünglich und die Monstrosität durch den Fall abgerechnet).

P. 216. Z. 16—25. Der wohlthätige Gedanke ist schön. Es gibt aber einen lügenhaften Schein des Schönen.

P. 219. Z. 9—16. Wie vor allen unsern Worten in unserer Seele *le tableau sensible* dessen, was wir ausdrücken wollen, *intellectuellement* hergebt, so auch das Bild dessen, was wir sollen und wollen.

P. 237. Z. 1—11. Die Meinung Kleuker's, dass das im ersten Theile seines Magikons vorgetragene System nicht die Lehren eines einzelnen Mannes, sondern einer ganzen Gesellschaft sei, die dasselbe zur Regel ihres Lebens mache, ist nicht genau richtig. Die beiden bis zu Kleuker's Magikon (1784) in Frankreich erschienenen Schriften des *Philosophe inconnu*, die daher Kleuker auch nur allein seiner Schrift zu Grunde legen konnte, (so wie alle späteren dieses *Philos. inc.*) sind jedenfalls nicht Werke einer ganzen Gesellschaft, sondern Saint-Martin's allein (*Oeuvres posthumes I, 23*). Saint-Martin stiftete aber meines Wissens keine Gesellschaft oder Schule, wiewohl er mit vielen Freunden und Anhängern seiner Lehre in Beziehung und Verkehr stand und zu mehreren seiner Schriften bald von diesem, bald von jenem angeregt wurde. Es ist längst erwiesen, dass der Stifter der geheimen Loge der Martinisten nicht Saint-Martin, sondern dessen Lehrer Martinez Pasqualis war, von dessen theurgischen Operationen und Experimenten sich Saint-Martin bald ausdrücklich lossagte*):

---

*) Caro unterscheidet zwei Schulen der Martinisten und stellt das Verhältniss beider in folgender Weise dar: *C'est dans la seconde moitié du dix-huitième siècle, vers 1768, que nous voyons apparaître à Paris la secte des Martinistes. Une confusion très-naturelle de nom et d'origine a fait attribuer souvent à Saint-Martin la fondation de cette école. Il suffit d'être au courant des idées du Philosophe inconnu pour s'appercevoir de l'erreur. Il y a eu deux écoles successives et distinctes des Martinistes: la première en date*

P. 239 und 245. Das von Kleuker erwähnte *Tableau de Paris* urtheilt über Saint-Martin's Lehre vom Sinnlichen und

Materiellen mit demselben Unverstande, der seitdem in zahlreichen Schriften in Frankreich und Deutschland sich zur Schau stellt. Der Verfasser des Artikels *Les Martinistes* in dem *Tableau de Paris* sagt nemlich: „*Les objets que nous voyons sont autant d'images fantastiques et trompeuses: ce que nous ne voyons pas est la réalité. Les expériences physiques sont des erreurs: tout est du ressort du monde intellectuel; il n'y a rien de vrai au-delà: nos sens sont des sources éternelles d'impostures et de folie.*" Hiegegen bemerkt Kleuker mit Recht: »Dass der Verf. (des Artikels im *Tableau de Paris*) die Lehre der Martinisten (Saint-Martin's) von Wahrheit und Schein nicht recht gefasst hat, darf ich dem wohl nicht erst sagen, der den ersten Theil dieses Werkes gelesen hat.... Die sichtbaren körperlichen Gegenstände sind nichts weniger als blosse Phantasien und täuschende Blendwerke, sondern sie stellen allerdings natürliche Bilder und Charactere der Wahrheit dem Auge und Gedanken des Menschen dar, aber nur einer relativen und abhängigen Wahrheit, d. h. einer solchen, die unmittelbar an die Wahrheit einer höhern Ordnung grenzt und daraus abstammt *)."

des hommes distingués, comme M. d'Hauterive, l'abbé Fournier et le célèbre mystique Cazotte, se firent affilier à la secte. Des femmes aussi y furent initiées. Mme de la Croix joua dans l'école un certain rôle. L'esprit l'honore à certaines heures de ses visites secrètes, et la comble de ses ravissements. Elle représente dans la secte la sensualité du mysticisme. Après le départ de Martines, et sa mort à Saint-Domingue, en 1779, l'école se fonda à Paris, dit M. Gence, biographe consciencieux de Saint-Martin, dont la secte des Grands Profès, ou dans celle des Philalèthes, professant en apparence la doctrine de Martines et celle de Swedenborg, mais cherchant moins la vérité que le grand oeuvre. Il n'en fut plus question. L'école de Saint-Martin fit oublier celle de son maître, et, s'il y eut des Martinistes après 1790, en France; s'il y en a encore, comme on nous l'assure, dans l'Allemagne et dans la Russie, chez les peuples du Nord, dont l'imagination rêveuse est une conquête assurée pour toutes les doctrines illusoires qui jouent avec les mystères du monde invisible, il est fort à présumer que ce sont autant de disciples du Philosophe inconnu. Essai sur la vie et la doctrine de Saint-Martin. Par Caro, p. 25 – 28. v. O.

*) Ganz dieselbe Missdeutung erfuhr Baader von Erdmann und Andern, deren Ungrund Prof. Hoffmann nachgewiesen hat. Wenn Weisse

P. 248. Z. 1—19. Die hier angedeutete Filiation des Saint-Martin'schen Systems als eines theosophischen Magismus oder einer magischen Theosophie ist unverkennbar richtig. Der Grundstamm aller Theosophie ist Tradition, deren Wurzel göttliche Offenbarung ist.

P. 250. Z. 17—21. Dieser Schrecken vor der Kabbala herrscht noch immer, obwohl Kleuker, der sie kannte, mit Recht sagt, dass es unter allen Theologien und Philosophien des Alterthums nichts gebe, was der Kabbala den Rang streitig machen könnte. Den Adel der geläuterten Principien der Kabbala besser kennen zu lernen, hat Niemand unter den Neuern mehr geleistet als Molitor in seinem leider noch unvollendeten Werke: Philosophie der Geschichte oder Ueber die Tradition. Münster, Theissing 1834 ff. Unter den ältern Schriftstellern über die Kabbala hebt Kleuker mit Recht J. G. Wachter hervor, aus dessen *Elucidarius Cabalisticus* ich anderwärts Proben gegeben habe *).

P. 255. Z. 2—10. Im göttlichen Lichte sind drei Lichter oder Leuchtende ein Licht.

P. 255. Z. 15—19. Die Tradition schliesst die Originalität nicht aus, wie diese nicht jene.

---

gegen Baader den Vorwurf erheben zu dürfen glaubt, dass seine Speculation zur Verkennung der Bedeutung und Tragweite der mechanischen Principien in der Naturwissenschaft hinneige, so ist er gänzlich im Irrthum, da Baader dem Mechanischen ausdrücklich seine berechtigte Sphäre lässt und nur, wie Weisse in so weit selbst, nicht zugibt, dass das innere Wesen der Natur mechanisch erklärbar sei. Weisse stimmt ganz mit Baader's Ansicht überein, wenn er sagt: „Denn nicht das mechanische Princip an sich selbst, wohl aber die unbedingte Geltung, welche im Bereiche des natürlichen Geschehens für dieses Princip in Anspruch genommen wird, und die Folgerungen, welche für die vorauszusetzende Grundgestalt des körperlichen Daseins daraus gezogen werden: diess ist es, was einer geistigen Auffassung des Wesens auch der körperlichen Natur und dem Verständnisse ihres Ursprungs aus einem geistigen Urquell entgegensteht." v. O.

*) Vergl. Vorlesungen über J. Böhme's Theologumena und Philosopheme im III. Bande dieser Gesammtausgabe der Werke Baader's S. 357—432.

P. 255. Z. 19 — 27 ff. Die Kirchenväter Tertullian, Tatian etc. waren allerdings von der Kabbala berührt, die Verwandtschaft des Neuplatonismus mit der Kabbala ist nicht zu leugnen und man kann mit Grund die christliche Theosophie eine erweiterte, bereicherte und (christlich) modificirte Kabbala nennen.

P. 256. Z. 17 — 22. Nur der Weg zum Geheimnisse ist offenbart, und im *Tableau naturel* wird eben die Profanation des christlichen Mysteriums als Ursache des Kirchenverfalls angegeben.

P. 257. Z. 1 — 3. Der Leuchter steht immer über dem Auge und dem Gesehenen.

P. 258. Z. 2 — 6. Sehen ist etwas gezeigt Bekommen.

P. 259. Z. 11 — 15. Was Kleuker hier von den hieroglyphischen Sinnbildern und Emblemen des Saint-Martin'schen Systems sagt, dass sie zur alten Tempelweisheit gehört hätten, gilt auch von jenen der Freimaurer.

P. 260. Z. 1 — 16. Von Pasqualis und seinem Verhältnisse zu Saint-Martin weiss Kleuker hier nichts.

P. 261. Z. 1 — 6. Kleuker irrt, wenn er hier von Uebergang von drei zu vier wie von der Seele des Thiers zur Seele des Menschen spricht. Es giebt hier keinen Uebergang.

P. 261. Z. 23 — 27 ff. Die Heraussetzung dieser secundären Agenten zur Bildung der sichtbaren Welt geschah nach Saint-Martin zufolge der Empörung Lucifer's.

P. 261—262. Recht gut stellt Kleuker die Schöpfung der materiellen Welt in den Worten dar: „Dass sie (die Martinisten, d. h. Saint-Martin) die sichtbare Welt nicht (unmittelbar) von Gott schaffen, sondern durch *Agents secondaires* bilden lassen, hat seinen Grund darin, dass die göttlichen Eradiationen unzerstörbar und ewig dauernd sind, wie der Geist des Menschen und alle denkenden Wesen, dahingegen die sichtbare Welt ihrer Natur nach, wie sie glauben, nothwendig untergehen muss, so dass nur die Principien derselben fortdauern. Alle Körper und Schemate der Sinnlichkeit sind blosse Explosionen dieser Principien, (nachdem sie aus der Einheit herausgesetzt worden), welche waren, sind, die aber, weil sie selbst nicht denkend, sondern nur energisch (Natur) sind, auch nichts Regelmässiges und Allharmonisches hervorbringen würden, wenn ihre Wirksamkeit nicht durch die beständige Aufsicht der *Cause active et intelligente* regiert würde." Wenn diese Lehre Kleukern übrigens nicht gefallen will, so sind doch die Gründe, die er dagegen anführt, nicht tiefgehend und jedenfalls hätte man erwarten sollen, von ihm die Untrennbarkeit dieser Lehre vom gesammten System durchschaut und ausgesprochen zu sehen. Kaum wird man die erhobene Einwendung für Ernst zu nehmen haben, wie ja auch sonst in dieser Schrift unverkennbar ist, dass ihr Verfasser, damit er um Gotteswillen von seinen Zeitgenossen auch nur angehört werde, öfter Vorbehalte macht, an deren vollen Ernst man zu zweifeln Grund hat.

P. 263. Z. 26—27. Die Frage: ob es drei oder vier Elemente gibt, ist nicht so unerheblich als Kleuker meint.

P. 264. Z. 1—17. Wenn das Wesen in drei ist, so ist die Einheit in der Form.

P. 265. Z. 4—12. Die drei chemischen Gründe: Merkur, Schwefel und Salz verhalten sich zu den drei Elementen: Feuer, Wasser und Erde, wie Organe zu ihren Kräften *(facultés)*.

P. 267. Z. 1—10. Wie die Action der Gottheit kein Schaffen aus Nichts ist, ebensowenig ist sie ein Zeugen als Vervielfältigung seiner selbst. Sie ist vielmehr (aus sich) schaffende Energie, wie J. Böhme sagt.

P. 268. Z. 6—16. Mit andern Worten die Neueren haben mit ihrem abstracten Theismus und Deismus einen naturlosen und menschenlosen, unnatürlichen und unmenschlichen Gott eingeführt.

P. 268. Z. 21—27. Doch! — Ich spreche und es bewegt sich mein Arm.

P. 269. Z. 14—26. Sehr gut sagt Kleuker: „Wer den uralten Grundsatz, dass alles Sichtbare im Unsichtbaren wesentlich und urbildlich enthalten sei, gelten lässt, dem wird es leicht, von sieben sichtbaren Mobilien auf sieben unsichtbare zu schliessen." Wir sehen nemlich nur die *Contenta*, aber die durchsichtigen

P. 274. Z. 8—23. Die Menschen sind mehr oder weniger unrein, weil sie uneins sind und hiemit schwer und unkräftig. Schwere ist Unterworfensein einem äussern Führer.

P. 275. Z. 5—10. Die Bemerkung Kleuker's ist richtig, dass Christus und die Apostel zur gründlichen Heilung des Menschen keine geringeren Proben der Entsagung verlangte als die Moral und Ascetik Saint-Martin's verlangt.

P. 276. Z. 1—3. Die Menschen fürchten sich nemlich, dass auch nur éine Geistergeschichte wahr wäre.

P. 280. Z. 16. Die hier bemerkten Theosophen St. M. und W. sind Saint-Martin und Willermooz.

P. 282. Z. 1—7. Das allerheiligste Drei ist nicht sowohl der ewige Ausdruck der Einheit, als vielmehr eigentlich das sie Ausdrückende (Sprechende); denn der Ausdruck ist die *Sophia*.

— Die drei *faculté* umgeben das *Etre*. △. — Producirende Energie ist Wort als herausziehende *vis*, die aus welcher gezogen wird, ist Natur.

P. 286. Z. 10—17. Hier war schon Vermengung des Schöpfers mit dem Geschöpfe eingetreten.

P. 292. Z. 7—13. Die Behauptung, dass alles Geistige und Intellectuelle, wie Licht von Licht, aus Gott geboren sei, gilt nur immanent, nicht emanent, oder vom Geschaffenen.

P. 292. Z. 21—28. Diese Vorstellung des Aus- oder Herausziehens lässt doch immer die falsche Vorstellung einer Präexistens, also eines Nicht-Gewordenseins sondern nur Versetztseins zurück. Doch ist der Begriff des Ziehens als Herausziehens (*Extraction*) bei J. Böhme's Dualismus von Ziehen und Halten als Scheiden und Geschlossenhalten der Begierde anwendbar. Das Wort *Producere* sagt ein Hervor- oder Herausziehen, aus sich oder Anderem, aus. Im ersten Falle ist das Ziehende und das, woraus gezogen wird, doch unterschieden. Das Wort ist *producens*, nicht *productum* oder *id, quo producit* und also vom Wort als *ore productum* unterschieden.

nation sagen. Das Wesen der Sache (des Schaffens) ist ein Aussprechen. „Gott sprach und es ward."

P. 296—98. Hier sind noch die sieben Pforten des Mithra und die sieben Aeonen der Gnostiker in Erinnerung zu bringen. — Da die sieben Mobilien als Organe dem *Primogenitus* dienen, so heissen sie als vermittelnd Gott mit Creatur gleichfalls *Primogeniti*.

P. 298. Z. 2—7. J. Böhme heisst diese Quadrate Principien.

P. 300. Z. 12—21. Weil die Philosophen dieser Classe das Denken nur als ein Thun des Leibes (der Materie) als allein Seienden ansehen.

P. 301. Z. 7—17. Wenn die Materialisten annehmen, die Seele sei in dem Körper enthalten, so nehmen sie gewissermaassen an, dass Grössere sei in dem Kleinern enthalten.

P. 801. Z. 17—27. Man muss also ein (reelles) Sein in der Seele von ihrem Thun unterscheiden. Identität des Seins und des Thuns (primitives Leben) ist weder Confundirung (Vereinerleiung), noch Trenuung beider.

P. 306. Z. 5—10. Sicher war der Urmensch bei seinem Urstand noch nicht glorificirt, d. h. fixirt.

P. 309. Z. 4. Und doch sichtig.

P. 311. Z. 17—28. Im Uebergang *ad actum* (der doch nöthig war) fiel der Mensch und zerfiel. — Missbrauch der geistigen Fortpflanzungsmacht.

P. 317. Z. 1—6. Jede Creatur (also auch der Mensch, die Natur) war tiefer geschaffen, als sie durch ihre Vollendung steigen sollte.

P. 318. Z. 4—8. Nur erinnert werden können wir.

P. 328. Z. 5—11 ff. Zeitraum ist nicht ein Stück Zeit, sondern Ausartung des Immer und Ueberall.

P. 329. Z. 7—10. Die Sinescu sind Nouchiten.

P. 333. Z. 1—3. Das Unbewegliche ist das die Bewegung Leitende.

P. 333. Z. 8—16. Wenn objectiv kein solches Princip wäre, so wäre es auch nicht subjectiv.

P. 334. Z. 8—19. Vieles auf einmal übersehen zu lassen, liegt im Wesen des Lichtes.

P. 335. Z. 9—16. Alle Erleuchtung ist bedingt durch Unterordnung oder Unterwerfung unter das Licht.

P. 336. Z. 1—12. Zahlen sind das Determinirende. Zählen geht dem Messen voraus, wie beides dem Wägen. Das Messen vermittelt also das Zählen und Wägen.

P. 336. Z. 19—25. Die Zahl bezeichnet das Quale, nicht den Grad, aber dieser entspricht jenem.

P. 337. Z. 9—14. Terminus ist Ecke, wie bei jeder Zahl ein neuer Anfang von der Einheit, ein neuer Reflex (Ruhepunkte).

P. 387. Z. 14—25. Alles Bestimmen ist Vergleich mit der Totalität (Einheit), welche die Zahl augibt.

P. 341. Z. 1—6. Nach Saint-Martin sind die Zahlen der Dinge keineswegs eins mit den Ideen, sondern unterschieden.

P. 342. Z. 6—12. Der Unterschied der Zahl und des Zählbaren ist der Unterschied des Zählenden und des Gezählten, ein Unterschied, der auch für Masse und Gewicht gilt. — Die Action wird gezählt, die Reaction gemessen, die Energie gewogen.

P. 344. Z. 1—9. Wird der Uebergang zu drei suspendirt, so ist zwei böse.

P. 356. Z. 9—12. *Forma* vermittelt das Innere und Aeussere.

P. 360. Z. 4—19. Der Mensch ist das Antlitz des Universums.